A saga dos intelectuais franceses

François Dosse

A saga dos intelectuais franceses

Volume II
O futuro em migalhas
(1968-1989)

Tradução
Leila de Aguiar Costa

Título original: *La Saga des intellectuels français* — II. l'avenir en miettes (1968-1989)
© Éditions Gallimard, 2018
© Editora Estação Liberdade, 2023, para esta tradução

PREPARAÇÃO Nina Schipper | REVISÃO Cacilda Guerra | EDITOR ASSISTENTE Luis Campagnoli
SUPERVISÃO EDITORIAL Letícia Howes | EDIÇÃO DE ARTE Miguel Simon | EDITOR Angel Bojadsen

FOTO DA CAPA Michel Foucault em Paris nos anos 1980.
© Jerry Bauer/opale.photo.

Cet ouvrage a bénéficé du soutien des Programmes d'aides à la publication de l'Institut Français. Publié dans le cadre des Programmes d'Aide à la Publication 2019 Carlos Drummond de Andrade de l'Ambassade de France au Brésil, il bénéficie du soutien du Ministère de l'Europe et des Affaires Etrangères.

Este livro contou com o apoio à publicação do Institut Français. Publicado no âmbito do Programa de Apoio à Publicação 2019 Carlos Drummond de Andrade da Embaixada da França no Brasil, contou com o apoio do Ministério da Europa e das Relações Exteriores.

CIP-BRASIL. CATALOGAÇÃO NA PUBLICAÇÃO
SINDICATO NACIONAL DOS EDITORES DE LIVROS, RJ

D762s

Dosse, François, 1950-
 A saga dos intelectuais franceses, volume II : o futuro em migalhas (1968-1989) / François Dosse ; tradução Leila de Aguiar Costa. - 1. ed. - São Paulo : Estação Liberdade, 2023.
 768 p. ; 23 cm.

 Tradução de: La saga des intellectuels français, II. l'avenir en miettes (1968-1989)
 Sequência de: A saga dos intelectuais franceses, volume I
 Inclui bibliografia e índice
 ISBN 978-65-86068-81-8

 1. Intelectuais - França - História - Séc. XX. 2. França - Vida intelectual - Séc. XX. I. Costa, Leila de Aguiar. II. Título.

23-86612
CDD: 305.520944
CDU: 316.344.32(44)

Gabriela Faray Ferreira Lopes - Bibliotecária - CRB-7/6643
11/10/2023   17/10/2023

Todos os direitos reservados à Editora Estação Liberdade. Nenhuma parte da obra pode ser reproduzida, adaptada, multiplicada ou divulgada de nenhuma forma (em particular por meios de reprografia ou processos digitais) sem autorização expressa da editora, e em virtude da legislação em vigor.

Esta publicação segue as normas do Acordo Ortográfico da Língua Portuguesa, Decreto nº 6.583, de 29 de setembro de 2008.

EDITORA ESTAÇÃO LIBERDADE LTDA.
Rua Dona Elisa, 116 | Barra Funda
01155-030 São Paulo – SP | Tel.: (11) 3660 3180
www.estacaoliberdade.com.br

Sumário

Introdução	Conjurar a catástrofe	9
Parte I	O acontecimento 1968	21

1 Os clérigos na linha de fogo 23
Um vento de revolta que sopra de longe, 33 — A revanche de Sartre, 40 — Abalos nas estruturas, 44 — A rebelião dos protestantes, 47 — Os católicos sobre a ponte, 51 — Uma revolução pela via estética, 59 — O grupo de Félix Guattari, 63 — Resistências a Maio, 69 — A cultura da elite na mira da crítica, 76

2 A contestação 87
O fundo do ar é vermelho, 87 — A guinada Mao, 100 — Uma nova figura de intelectual, 108 — Contestação da autoridade eclesiástica, 115 — O impasse da violência, 121 — Renascimento da extrema direita, 124

3 Mudar a vida 129
Viver a utopia, 129 — A autogestão, 141 — Vincennes entre ciências e utopias, 148 — Revolução nas práticas culturais, 163

4 O "pensamento 1968" 171
O anti-Édipo, 171

5 Os sobressaltos da historicidade 183
A "Nova História", 183

6 O feminismo 197
1970, o MLF, 197 — Identidade ou igualdade?, 202 — O combate pela IVG, 208 — Uma escrita feminina/feminista?, 224

Parte II	Um tempo desorientado	235

7 Paris-Praga 237
A onda de choque, 239 — A confissão, 250

8 O caso Soljenítsin 255
A saída do universo carcerário, 256 — Terremoto na França, 260

9 As duas vias do antitotalitarismo 277
Os "novos filósofos", 277 — A segunda esquerda, 296

10 Desmoronamento da maofilia, nascimento do humanitário 313
Implosão de um mito, 313 — Os French Doctors, 329

11 DISSIDENTES EM DEFESA DOS DIREITOS HUMANOS *341*

A lição dos dissidentes, 343 — A Carta 77, 351 — Defesa dos direitos humanos, 358

Parte III — UM FUTURO OPACO *365*

12 A CONSCIÊNCIA ECOLÓGICA *367*

A reviravolta conjuntural de 1974, 367 — As duas filiações, 373 — Reservas teóricas, 377 — Os ecologistas na batalha política, 388

13 OS INTELECTUAIS EM QUESTÃO *395*

O desaparecimento do ícone Sartre, o nascimento da revista Débat, 395 — À falta de futuro, 405 — Emergência do intelectual democrata, 410

14 UMA ESQUERDA INTELECTUAL HÁ MUITO TEMPO DESORIENTADA *417*

O silêncio dos intelectuais de esquerda, 417 — A temática do pós-, 428 — Luz sobre o terceiro-mundismo, 440 — Um momento tocquevilliano, 450

15 O RENASCIMENTO IDEOLÓGICO DAS DIREITAS *463*

A Idade de Ouro do liberalismo, 463 — A "nova direita" na ofensiva, 480 — Ressurgência da extrema direita, 486 — A batalha da escola, 504

16 O DESAPARECIMENTO DOS MESTRES-PENSADORES *511*

Mudança de era, 511 — Variações em torno do indivíduo, 526 — Levar os atores a sério, 534 — Prevalência dos fenômenos singulares, 546 — A tirania da memória, 549

17 ASCENSÃO DO ÉTICO *559*

A criatividade avariada, 559 — Novos referenciais intelectuais, 573 — Uma ética atravessada pelo trágico, 588 — O recurso ao religioso, 594

18 O MOMENTO 1989 *607*

O fim do comunismo, 607 — Fome de história?, 616 — Adeus 1989, ou a Revolução de luto, 621 — A crise dos modelos explicativos, 629 — A Europa, novo horizonte?, 638

Conclusão — UM FIM DE SÉCULO SEM BÚSSOLA *647*

Ascensão da insignificância, 650 — Resistir ao ceticismo, 654 — Rumo ao choque das identidades, 657

Apêndices *669*

FONTES CITADAS *671*

ÍNDICE ONOMÁSTICO *717*

DO MESMO AUTOR *745*

INTRODUÇÃO

CONJURAR A CATÁSTROFE

O acontecimento 1968 relança as utopias e as loucas esperanças depositadas nas potencialidades da história. O marxismo volta a ganhar interesse e a alimentar um pensamento hipercrítico, intimamente contestatário. Este é também o grande momento do feminismo, que retoma para si a herança de Simone de Beauvoir[1], embora dela se descole para insistir sobre a singularidade da condição feminina. Os intelectuais desse movimento das mulheres colocam-se então nas linhas de frente da teorização de um movimento social que irá transformar a sociedade francesa profundamente. Em seguida, pouco a pouco, a onda "Maio de 1968" reflui, e as revelações dos dissidentes dos países do Leste, cujo ponto culminante é o testemunho de Soljenítsin[2] em 1974, irão desencorajar os intelectuais a esperar por um futuro melhor, tanto mais porque no horizonte, mesmo que longínquo, nenhuma experiência parece ainda encarnar as aspirações rumo às potencialidades revolucionárias. Os *boat people* vietnamitas e o genocídio cambojano virão encerrar a desesperança coletiva e dissuadir toda uma geração de crer em um curso da história emancipador.

Com o fim dos Trinta Gloriosos e a recrudescência das inquietações, nasce a convicção de que o sentido da história se inverteu; a certeza de futuro radiante cedeu lugar à espera e ao temor de uma catástrofe por vir, que é necessário conjurar. A maior preocupação torna-se completamente outra, como dizia Albert Camus em 1957 por ocasião da entrega

---

1. BEAUVOIR, 1949a. As referências completas das obras mencionadas em nota encontram-se nas fontes citadas, ao final do volume (p. 671 ss).
2. SOLJENÍTSIN, 1974.

do prêmio Nobel em Oslo: "Sem dúvida, cada geração se crê destinada a refazer o mundo. Entretanto, a minha sabe que não o refará. Mas seu papel é talvez maior. Ele consiste em impedir que o mundo se desfaça."[3] Todos esses elementos contribuem, nos anos 1980, para ratificar a crise da historicidade, caracterizada por uma outra consciência do presente que se volta com frequência ao instantaneísmo. Ao mesmo tempo, essa opacificação do futuro é vivenciada por muitos como uma desintoxicação, uma libertação que retira a chapa de chumbo que pesava sobre o pensamento. A crise do futuro, que com ela se regozijem ou que a deplorem, modifica radicalmente a relação com o passado. Ele deixa de ser concebido como a fonte na qual o presente vai beber para construir o futuro. Retorna-se assim para um passado do presente tão indeterminado quanto pletórico, que serve para alimentar o presente. Nesse novo contexto, a memória "não é mais o que se deve reter do passado para preparar o futuro que se deseja: ela é o que torna o presente presente a ele mesmo".[4] Como bem o assinala François Hartog, essa autossuficiência do presente, ou "presentismo", estende-se na direção do passado e do futuro, carregando a um só tempo a responsabilidade dos dispositivos de precaução e o fardo da dívida e da preservação do patrimônio. O presente "é a um tempo tudo (há tão somente presente) e quase nada (a tirania do imediato)".[5]

Nesse contexto, o eletrochoque de 1989 põe fim não à história, como sugeriu Fukuyama[6], mas a esse trágico século XX, que deve ceder lugar a um século XXI aberto a todas as novas conceitualizações para pensar um mundo tornado outro, obrigado a se desembaraçar das ilusões de ontem e a reconstruir um novo horizonte de expectativas. Para tanto, o trabalho intelectual é ainda mais necessário em um momento em que as escolhas não se fazem entre o preto e o branco, mas, com frequência, como dizia Paul Ricœur, entre o cinza e o cinza. Na ausência de projeto de emancipação, o controle imoderado do meio ambiente e a proliferação de meios de

---

3. CAMUS, [1957] 1997, pp. 17-18.
4. NORA, [2002] 2011, p. 412.
5. HARTOG, 2003, p. 217.
6. FUKUYAMA, 1992.

destruição maciça transformam o futuro em ameaça para o equilíbrio do ecossistema. Prometeu desacorrentado pode se voltar contra seus mestres feiticeiros, e a preocupação com o futuro pode se curvar diante daquela de preservar o patrimônio existente, em razão de decisões conservadoras empregadas para evitar catástrofes de dimensão planetária. Uma ética do futuro substitui então uma política da utopia e encontra suas possibilidades no "princípio de responsabilidade" do filósofo Hans Jonas.[7]

Se o intelectual que se coloca a serviço de uma causa histórica morreu há muito tempo, a inteligência hipercrítica conhece então uma crise de languidez. Não surpreende que se tenha podido falar do "silêncio dos intelectuais", ainda mais contundente após 1981, e da vitória da esquerda política com um programa ao qual não aderem realmente os intelectuais que se apropriam das teses críticas do marxismo expressas por Raymond Aron já em 1995, no livro *O ópio dos intelectuais*.[8] A controvérsia suscitada por esse "silêncio" foi particularmente ruidosa. Para Jean-François Lyotard, ele anuncia o início do "túmulo dos intelectuais".[9] Por sua vez, Maurice Blanchot sai de sua reserva costumeira e chama a atenção para o risco de um repouso eterno dos intelectuais, pois, na hipótese de que colocassem a mão sobre um túmulo que sabiam estar vazio — como os Cruzados que partiram para "liberar o Cristo no santo sepulcro" —, não estariam "no fim, mas no começo de suas dificuldades, uma vez que tomaram consciência de que não haveria descanso senão na busca infinita das obras".[10] Ao constatar que o termo "intelectual" tem má reputação e cada vez mais se torna fonte de injúrias, Maurice Blanchot pretende perseverar em uma função crítica que condena os intelectuais de fugirem de suas responsabilidades: "Não faço parte daqueles que colocam com alegria a lápide funerária sobre os intelectuais".[11] Ele os aconselha a permanecer em um espaço, na retaguarda do político, que lhes permita pensar a ação social e assim evitar a retirada. O intelectual é convidado a permanecer como um sentinela e manter-se

---

7. JONAS, 1990.
8. ARON, [1955] 2002.
9. LYOTARD, [1983] 1984.
10. BLANCHOT, 1984, p. 4.
11. Ibidem, p. 5.

consciente de seus limites como "o obstinado, o persistente, pois não há maior coragem do que a coragem do pensamento".[12]

O nascimento da revista *Le Débat* em 1980 pode parecer o sinal ou o marco simbólico de uma reviravolta da conjuntura intelectual. Essa nova publicação não pretende mais ser o suporte de um sistema de pensamento, de um método de vocação unitária; ela convida, antes, à passagem de um engajamento político para um engajamento de tipo intelectual. Ao substituir uma comunidade de opinião por uma comunidade de exigência, ela convida para as suas colunas uma pluralidade de autores de convicções diferentes. A revista torna-se assim um cruzamento de ideias. Pierre Nora, seu diretor, enuncia então a questão "O que podem os intelectuais?", apostando que o deslocamento do centro de gravidade da literatura em direção às ciências humanas começa a se inverter. As ciências sociais compreenderam que se fala outra linguagem que aquela que se crê falar, que se ignora os motivos pelos quais se age, e que o ponto de conclusão escapa ao projeto inicial. Se a tese convenceu e se impôs, cumpre doravante construir uma nova relação com o saber, pois "é sob o abrigo da função crítica que a irresponsabilidade política dos intelectuais funciona a todo vapor".[13]

Século da irresponsabilidade? Século dos trágicos ou tragicomédia? Raymond Aron censura o presidente Valéry Giscard d'Estaing por "ignorar que o mundo é trágico". Aqui, conta-se a crônica dos intelectuais franceses às voltas com a história nesta segunda parte do século xx, uma maneira de honrar o passado e de lhe construir um "túmulo" para tornar novamente possíveis reaberturas de projetos de futuro esvaziados dos erros desse passado.

Sem aspirar a quaisquer privilégios de competência interpretativa, devo me situar nessa história como pertencente a uma geração que acreditou não ter de fazer o luto que levou a geração precedente — aquela do pós-guerra, com muitos historiadores que passaram pelo PCF (Partido Comunista Francês) (François Furet, Denis Richet, Jacques Ozouf, Mona

---

12. Ibidem, p. 6.
13. Nora, 1980a, p. 17.

Ozouf, Emmanuel Le Roy Ladurie...) — a se separar do objeto de sua adoração. No entanto, pelo contrário, foi igualmente necessário passar por esse trabalho de luto com relação àquilo que muito contribuiu para nossa identidade política, a identidade política de nossa juventude, alimentada por uma convicção inabalável em amanhãs que cantam, consagrando todos os seus esforços para fazer cantar a história por ocasião de uma próxima Grande Noite.

Foi preciso compor com a morte da ideia de ruptura salvadora, ao ritmo das descobertas daquilo que ela recobria. Em um ataque polêmico a respeito dos excessos dos novos filósofos[14], o cronista Pierre Viansson-Ponté, do jornal *Le Monde*, estigmatizou essas "crianças mimadas", esses "pobres gatinhos perdidos". Com efeito, foi preciso viver "anos órfãos"[15] e reencontrar outras vias de esperança. O caminho seguido foi aquele de um laborioso trabalho de catarse e de anamnese para submeter à crítica o que fora objeto de crença e dela apreender os limites e as aporias, ao mesmo tempo que se evitava abandonar as muito célebres reviravoltas em 180 graus que, em geral, a vida intelectual francesa bem conhece. Retomando a bela metáfora de Michel de Certeau, poder-se-ia dizer que os percursos singulares que já tracei, aqueles de Paul Ricœur, Michel de Certeau, Félix Guattari, Gilles Deleuze, Pierre Nora e Cornelius Castoriadis, são de certa forma um modo de honrar o passado, colocando suas ilusões de volta em seus lugares, para que elas não venham assombrar o presente sem que nos demos conta. Acompanhando esses percursos biográficos, minhas pesquisas sobre a evolução da escola histórica francesa, seguida daquela das ciências sociais em geral, participavam da busca por uma nova abordagem que escapasse das facilidades do reducionismo. É chegado o momento de fazer a síntese de todo esse período para recuperar da melhor maneira possível as suas pulsões coletivas.

---

14. Viansson-Ponté, 1977, pp. 15-16.
15. Guillebaud, 1978.

Introdução

Essa crônica dos grandes desafios que mobilizaram os intelectuais franceses entre 1944 e 1989, nos planos tanto político e cultural quanto teórico, suscita a noção de "geração" como iluminadora, conforme exemplificou Jean-François Sirinelli em sua tese.[16] As gerações de intelectuais que se sucederam desde o pós-guerra aderiram ao movimento existencialista, em seguida ao estruturalista e, finalmente, assumiram uma reviravolta que pode ser qualificada como reflexiva e voltada ao sentido da ação do homem.[17] Mais lábil, estilhaçada em certas circunstâncias históricas, a noção de "geração" se cristaliza mais facilmente quando ela define a identidade coletiva em torno de um acontecimento que mobilizou fortemente os espíritos. Assim ocorreu com a geração revolucionária de 1789; em seguida, com aquelas de 1830 e de 1848, com a dos *communards*, a dos antigos combatentes da Primeira Guerra Mundial, a da Resistência. A se seguir os ensinamentos de Hegel interpretados por Kojève, 1968, que não deixou vítimas, seria um não acontecimento — mas devemos interpretar o que é um acontecimento apenas à luz de seus cadáveres? É inegável que 1968 foi um daqueles momentos de cristalização geracional.[18] Esse acontecimento enigmático serve aqui de escansão maior entre dois períodos, divididos em dois volumes que delimitam, como toda ruptura, um antes e um depois.

No que diz respeito a mim, esse acontecimento terá sido ainda mais forte, pois que aos 17 anos não se tem ainda uma visão estratégica de conjunto sobre o que acontece; atravessa-se o episódio recebendo em toda a sua carga a parte subversiva e a criativa. Maio de 1968 foi apreendido com discernimento por Michel de Certeau em um texto escrito no calor da hora, já no mês de junho.[19] Ele bem analisou o que exprimia uma geração que não se satisfazia com a circulação mercantil do sentido e que manifestava um espírito de fraternidade, de sociabilidade aberta em prol de um degelo da palavra, abrindo portas e janelas dos habitáculos privados

---

16. Sirinelli, 1988.
17. Ver Gauchet, 1988a; Dosse, [1995] 1997.
18. Ver Hamon; Rotman, 1987-1988.
19. Certeau, 1968.

para dar lugar ao outro e ao diálogo. Resultado: um terremoto de história, uma revolta de natureza essencialmente existencial.

Para mim, como para muitos, essa irrupção do ano 1968 foi marcante, pois em alguns meses tive a oportunidade de viver três intensas experiências em lugares diversos. Inicialmente, em maio, nas ruas de Paris, onde esse movimento que "deslocava as linhas" e liberava uma palavra confiscada punha fim ao curso magistral ministrado por um poder que impunha sua única via, sua única voz. Enquanto eu descobria, ainda adolescente, a força irruptiva dessa primavera, em agosto de 1968, eu me encontraria fortuitamente em Praga, onde vivi os dez primeiros dias da ocupação pelas tropas soviéticas. Ver tanques impor suas leis, em nome do comunismo, a um povo unido e lograr romper essa resistência foi uma segunda lição de história recente. O terceiro momento constitutivo desse ano de 1968 iniciou-se com minha vida estudantil no microcosmo muito singular da universidade experimental de Vincennes, renomado espaço da modernidade e da fixação do esquerdismo, localizada à margem da cidade, em pleno bosque. Se houve um lugar de expressão do pensamento, foi justamente esse. Fora de todo academicismo, a Universidade de Vincennes faria da pluridisciplinaridade sua religião. A uma efervescência intelectual espetacular acrescentava-se uma agitação política permanente com a ideia de que Maio de 1968 não era senão um "ensaio geral" de uma revolução por vir, muito próxima, da qual não era possível perder o começo. Desejoso de conferir uma dimensão coletiva a meu engajamento político, eu aderia então à nascente LCR (Liga Comunista Revolucionária), que, naquele início de 1969, contava no campus com certo número de vedetes, dentre as quais Henri Weber, então membro do gabinete político, e que se tornaria senador, assim como o antigo dirigente dos CAL (Comitês de Ação dos Liceus) de Maio de 1968, Michel Recanati, ele também membro do gabinete político e que se suicidaria alguns anos mais tarde.[20] Para nossa geração, foi imperativo fazer esse trabalho de luto e então se alinhar, de modo diferido, à geração que nos precedeu.

---

20. Ver o belíssimo filme que lhe foi consagrado por seu amigo Romain Goupil, vencedor do prêmio Câmera de Ouro no Festival de Cannes com *Mourir à trente ans* [Morrer aos trinta anos].

Introdução

Esta história dos intelectuais foi concebida para colocar à prova os esquemas de explicação reducionistas. Ela torna necessária uma verdadeira cura para a redução gradual dos argumentos explicativos. É fato: um certo número de instrumentais metodológicos são úteis para dar conta deles, mas eles não podem ser senão mediações imperfeitas, que deixam escapar uma boa parte daquilo que é o sal da história intelectual. Essa história constitui um domínio incerto, um emaranhado de abordagens múltiplas às quais se associa a vontade de redesenhar os contornos de uma história global. Daí resulta uma forma de "indeterminação teórica" que eu postulo como um princípio de pesquisa e de conhecimento no registro da história intelectual.

Essa indeterminação reenvia àquele entrelaçamento necessário de um procedimento puramente interno que não levará em consideração senão o conteúdo das obras e das ideias e de um procedimento externo que se contentará com uma explicação dos conteúdos segundo seus contextos. A história intelectual só é possível quando ultrapassa essa alternativa enganosa e pensa os dois polos em conjunto. Portanto, é vão considerar uma crônica que parasse no limiar das obras, à margem de sua interpretação, que privilegiasse apenas as manifestações históricas e sociais da vida intelectual.

O estudo do modo de engajamento político dos intelectuais é indispensável, mas ele não dá conta senão parcialmente da maior parte da atividade intelectual propriamente dita, alimentada por visões de mundo, por representações, por práticas sustentadas por escolas de pensamento, por paradigmas no sentido amplo, que inspiram orientações convergentes associadas a momentos singulares. Considerar conjuntamente um ponto de vista, a um tempo interno e externo, permite testemunhar a complexidade das situações e se descolar das relações causais estreitas como aquela, por exemplo, que preside à lógica da suspeita, reduzindo o outro a seu posicionamento social, espacial ou à sua personalidade psicológica. Uma tal abordagem muito serviu às empreitadas de desqualificação e, carregadas pela preguiça, estas últimas se dão o direito de julgar sem ouvir, de desconsiderar o conteúdo em nome daquele que fala sem seu conhecimento. Jean-François Sirinelli justamente advertiu contra toda tentação de evitar o "coração do ato de inteligência" nos estudos que se limitariam a restituir os efeitos microssociais das redes de sociabilidade intelectuais: "Há inegavelmente um imperativo categórico da história das elites culturais: essa história não deve se abstrair do estudo das obras e das correntes".[21]

Tal abordagem supõe uma entrada no próprio discurso, uma imersão nas obras, ao mesmo tempo que um distanciamento guiado por uma preocupação constante em compreender o outro. É a atitude de espírito que adota, por exemplo, Olivier Mongin, diretor da revista *Esprit*, quando publica uma obra cobrindo o período 1976-1993.[22]

Seu mérito é o de levar a sério os atores da vida intelectual, de entrar no interior de suas obras para ali reconhecer os desafios teóricos que opõem as diversas correntes animando a vida das ideias. Pois, como sublinha Marcel Gauchet, "as ideias não engendram tão somente a realidade histórica; são por elas secretadas, situam-se na história".[23]

---

21. SIRINELLI, 1997, p. 288.
22. MONGIN, 1994.
23. GAUCHET, 1988a, p. 169.

Parte I

O ACONTECIMENTO 1968

1

Os clérigos na linha de fogo

A contestação universitária, particularmente viva desde o início do ano de 1968 no campus universitário de Nanterre, resulta na constituição do Movimento Autônomo 22 de Março, cujo maior engajamento é o apoio ao combate organizado pelos vietnamitas. A invasão e a ocupação dos locais administrativos pelos estudantes que reclamavam a libertação de Xavier Langlade, militante da JCR (Juventude Comunista Revolucionária), preso por ocasião de uma ação contra a embaixada americana, constituem o primeiro ato transgressivo que confere ao Movimento 22 de Março sua imediata popularidade. Em Nanterre, os cursos são desorganizados até o início de maio, e, quando o historiador René Rémond tenta garantir que o seu se realize em um dos grandes anfiteatros da universidade, ele encontra a sala ocupada pelos organizadores das duas jornadas anti-imperialistas. Considerando que a prioridade deveria ser dada ao ensino em detrimento da agitação política, René Rémond recusa-se a ceder: "Apresentei um protesto ao decano Grappin: esse fato, juntamente com outros, o levou novamente a solicitar o fechamento da faculdade. É esse efetivo fechamento na noite de quinta-feira, dia 2, que resultou no deslocamento dos estudantes de Nanterre em direção a Paris no dia seguinte."[1] Em Paris, essa contestação assume uma nova dimensão quando o reitor Roche, transgredindo a "autonomia universitária"[2], apela para a polícia: "A intervenção das

---

1. RÉMOND, 1976, pp. 265-266.
2. A "autonomia universitária" remonta à Idade Média, quando foi concedido um estatuto particular às universidades, graças ao qual elas escapavam ao poder temporal. Eis por que as forças da ordem não podiam intervir sem seu acordo.

forças policiais na Sorbonne, em 3 de maio de 1968, constitui, para a *intelligentsia* — em particular para os universitários —, mais do que um erro político; trata-se, antes, da violação de um "território sagrado".³ Essa inabilidade ímpar suscita a reprovação do conjunto dos universitários e alimenta a crescente popularidade do movimento, que se choca com as brutalidades policiais, siderantes naqueles tempos de paz civil.

O fechamento da Sorbonne, a prisão e a condenação dos manifestantes a penas carcerárias exacerbam a contestação, que insistentemente reivindica a anulação de tais medidas. O 6 de maio, uma segunda-feira, promete ser um novo dia quente. Cohn-Bendit e sete de seus colegas devem comparecer diante de uma comissão disciplinar reunida na Universidade de Paris. Uma manifestação é prevista para as dez horas, no momento em que deve começar o inquérito dos estudantes. Daniel Cohn-Bendit, Jean-Pierre Duteuil, Yves Fleisch e seus camaradas sobem confiantes a rua Saint-Jacques, cantando a Internacional, seguidos de um bando de jornalistas. A comissão, presidida pelo diretor da Escola Normal Superior, Robert Flacelière, e composta pelos decanos das faculdades e pelo reitor Roche, reúne-se em uma Sorbonne vazia, fechada pela polícia, em uma atmosfera irreal: "Em princípio, os estudantes deveriam comparecer um a um. Mas, desde o início da sessão, começou uma aglomeração diante da Sorbonne."⁴ Dentre os "advogados" dos estudantes incriminados, Henri Lefebvre, Alain Touraine e Paul Ricœur se apresentaram à audiência, que se transforma em uma paródia antes de se dissolver de maneira pouco gloriosa: "Por volta das 12h30, o presidente de sessão me fez notar que, incluindo ele, éramos apenas dois 'juízes' dos cinco previstos, e que, por isso mesmo, não estávamos em condições de tomar qualquer decisão. O reitor não havia reaparecido."⁵ À saída, diante dos microfones dos jornalistas, Cohn-Bendit pôde dizer, triunfante: "Divertimo-nos bastante". O dia apenas começava. Ele era o prelúdio da mais violenta noite de enfrentamentos, que deixaria mais de quatrocentos feridos do lado dos

---

3. Brillant, 2003, p. 177.
4. Grappin, 1993, p. 256.
5. Ibidem, p. 257.

manifestantes, e duzentos entre os policiais. Enquanto o mal-estar universitário se transforma em "cataclisma nacional", como havia temido Ricœur em 1964[6], um certo número de professores do Departamento de Filosofia partilha das esperanças de mudança radical defendida pelos estudantes. É sobretudo o caso de Henry Duméry, de Jean-François Lyotard e do amigo de Ricœur, Mikel Dufrenne.

A partir de 7 de maio, a solidariedade com os estudantes estende-se e reúne sensibilidades políticas bastante diversas. A petição à solidariedade publicada no jornal *Le Monde* de 7 de maio declara "reagir com vigor contra a violação do território universitário de que a Sorbonne foi pela primeira vez o teatro"[7], atestando essa expansão ao mundo intelectual. Ao mesmo tempo, para evitar que os estudantes fossem deixados sós diante das forças policiais, muitos universitários se manifestam ao lado deles. Enquanto a repressão policial perdura e o governo não cede sobre reinvidicação alguma, um "Comitê de apoio aos estudantes atingidos pela repressão" é constituído basicamente por colaboradores da revista *Temps modernes* e daqueles da antiga revista *Arguments*, chamando à expansão da mobilização e ao apoio dos trabalhadores.[8] Até mesmo Raymond Aron, que a seguir seria pouco amistoso com relação ao movimento de Maio, censura uma "falsa manobra do governo"[9], despertando um elã de solidariedade para com os "raivosos". Em 8 de maio, cinco prêmios Nobel assinam conjuntamente um telegrama enviado ao presidente da República: "Pedimos veementemente senhor faça pessoalmente gesto suscetível tranquilizar revolta dos estudantes. Anistia dos estudantes condenados.

---

6. Ricœur, [1964] 1991, p. 379.
7. Petição assinada pelo gaullista de esquerda David Rousset junto com o comunista Jean-Pierre Vigier, grupo em que figuram também Colette Audry, Claude Aveline, Emmanuel Berl, dr. Bernard, Daniel Guérin, Michel Leiris, Clara Malraux e Robert Merle (informações extraídas de Brillant, 2003, p. 180).
8. Com efeito, ali estão Simone de Beauvoir, Colette Audry, Jean-Paul Sartre, Michel Leiris, Jean-Pierre Vigier, Daniel Guérin, Robert Merle, André Pieyre de Mandiargues, Olivier Revault d'Allonnes et Kostas Axelos (*Le Monde*, 9 de maio de 1968).
9. Aron, 1968a.

Reabertura das faculdades. Profundos respeitos."[10] Em 9 de maio, apesar das múltiplas intervenções que clamam pelo apaziguamento, o Ministério da Educação Nacional informa que "a Sorbonne permanecerá fechada até que a calma se restabeleça".[11] Os estudantes recebem o apoio de um novo grupo de intelectuais, dentre os quais numerosos gaullistas de esquerda[12], que pede a demissão do reitor Roche, anistia dos estudantes e reabertura da Sorbonne. Eles recebem igualmente o firme apoio dos surrealistas, que, desde 5 de maio, distribuem um folheto redigido por seu líder, Jean Schuster, em nome de um "coletivo de vanguarda contra a repressão": "Nada de Pastores para essa ira!"[13] Essa explosão da juventude havia sido pressentida e desejada pelo movimento surrealista, que se sente reconfortado pelo acontecimento. Vale lembrar que Jean Schuster havia, com Mascolo, reagido em 1958 ao golpe de Argel, criando a efêmera revista *Le 14 juillet*, que denunciava uma "fascização" da vida política francesa. A revista do movimento surrealista *L'Archibras* irá se reconhecer plenamente na dessacralização do escritor, no primado concedido à imaginação e a uma outra relação com o real como modo de escapar à alienação. Pouco antes dos acontecimentos, os surrealistas reafirmavam que a missão do pensamento poético era "oferecer ao homem o poder de profecia". O movimento que se expressa em Maio de 1968 é, pois, para eles, uma divina surpresa que reabre o campo dos possíveis: "Ele preenche as expectativas do movimento outrora encarnado por André Breton, e acolhe seu profetismo."[14]

Ainda em 9 de maio, Aragon cruza com os estudantes contestatários no Quartier Latin sob uma chuva de zombarias, insultos e vaias. Ele encarna o PCF vilipendiado pelos estudantes, pilar, entre outros, da ordem

---

10. Telegrama assinado por cinco prêmios Nobel: François Jacob, Alfred Kastler, André Lwoff, François Mauriac e Jacques Monod.
11. Rioux; Lucien; Backman, 1968, p. 170.
12. Apoio assinado por Charles d'Aragon, Emmanuel d'Astier de La Vigerie, Jean de Beer, dr. Bernard, Francis Crémieux, Jacques Dauer, Jacques Debû-Bridel, Joseph Kessel, Albert-Paul Lentin, Joël Mordellet, Pierre-Henri de Mun, David Rousset, Philippe de Saint Robert, Nicolas Martin (*Le Monde*, 10 de maio de 1968).
13. Gobille, 2018, p. 30.
14. Ibidem, p. 239.

em vigor e vetor de todas as mentiras que correm sobre o bloco do Leste. Portanto, Aragon de fato não se encontra em um território conquistado. Ele deve a possibilidade de expressar seu apoio ao movimento estudantil a Daniel Cohn-Bendit, que, atentando para o fato de que mesmo os traidores podem se exprimir, obtém o silêncio: "Percebe-se a coragem que foi necessária a Aragon para enfrentar a multidão e a ela oferecer seu discurso em meio à hostilidade geral."[15] Diante da Sorbonne, Aragon consegue dizer que apoia os estudantes e promete abrir espaço para eles no número seguinte da revista *Lettres françaises*: "Estou com vocês! Pensem disso o que quiserem. Farei tudo para conquistar para vocês o máximo de aliados."[16] Aragon manterá sua promessa, trazendo um apoio fervoroso para o movimento estudantil na edição de 15 de maio da revista, na qual publica testemunhos de estudantes sobre a violência policial, assim como a transcrição de uma mesa-redonda com os militantes do Movimento 22 de Março e da Unef (União Nacional dos Estudantes Franceses).

Outra petição, que aparece no mesmo dia, inscreve o movimento estudantil em um registro mais global de constestação, a qual, havia já algum tempo, assumira uma dimensão internacional. Publicado em *Le Monde*, o comunicado é assinado por "Jean-Paul Sartre, Henri Lefebvre e um grupo de escritores e de filósofos". A repressão é ali vigorosamente denunciada como sintoma da violência própria a todas as sociedades contemporâneas. A petição clama por uma recusa radical, única via capaz de evitar a armadilha do enfraquecimento ou do retraimento. É pois de "importância capital, talvez decisiva, que o movimento dos estudantes, sem nada prometer e, ao contrário, rejeitando toda afirmação prematura, oponha e mantenha uma potência de recusa capaz, assim acreditamos, de inaugurar um futuro".[17]

A política de força prevalecerá e provocará a ruptura decisiva. Uma negociação derradeira acontece ao vivo, nas ondas da rádio Luxembourg,

---

15. Forest, 2015, p. 740.
16. Aragon, citado in Gobille, 2018, p. 62.
17. Petição assinada, entre outros, por Robert Antelme, Maurice Blanchot, Maurice Nadeau, Louis-René Des Forêts, Marguerite Duras, Jean Schuster, Michel Leiris, Claude Roy, Dionys Mascolo. Ver lista completa em *Le Monde*, 10 de maio de 1968.

entre o reitor Chalin e o secretário-geral do Snesup (Sindicato Nacional do Ensino Superior), Alain Geismar, enquanto, de cada um dos lados das barricadas, prende-se a respiração. Chalin afirma que não está autorizado senão a reiterar o que já disse o reitor Roche. O enfrentamento torna-se inevitável, e a manifestação de 10 de maio, depois que Louis Joxe, primeiro-ministro interino, dera a ordem para evacuar o Quartier Latin, termina com numerosos feridos. Malogram os esforços de conciliação de acadêmicos como Alain Touraine, que negocia com o reitor Roche, ou como Jacques Monod, François Jacob, Alfred Kastler ou Antoine Ciulioli, que fazem telefonemas insistentes durante a noite; a decisão de enfrentamento vencerá:

> Um ilustre erudito — que conheço e admiro — me telefonou, por volta das três horas da manhã, pedindo-me para pôr fim àquela "carnificina". "Mas do que o senhor está falando, senhor professor? Dos jovens que ferem os policiais com paralelepípedos, que poderiam ser armas mortais, e que levantam barricadas em plena Paris, ou de policiais que tentam restabelecer a ordem?"[18]

Essa noite de enfrentamentos é particularmente brutal e, no amanhecer, contabilizam-se 367 feridos entre manifestantes e forças da polícia. Milagrosamente, ou graças ao sangue-frio e à sensatez do chefe da polícia de Paris, Maurice Grimaud, essa noite de barricadas termina sem que nenhum morto possa ser deplorado.[19] Nos meios universitários, a emoção está em seu auge. No dia seguinte, junto a duzentos professores das faculdades de ciências de Paris e de Orsay reunidos em assembleia geral, Jacques Monod submete ao voto uma moção que declara que "o ministro da Educação Nacional não desfruta mais da confiança deles".[20] O mesmo se dá na Sorbonne, onde se exige que as reivindicações dos estudantes sejam atendidas: libertação dos estudantes presos, reabertura

---

18. FOUCHET, [1971], pp. 248-249, 2003, pp. 189-190.
19. Ver GRIMAUD, 1977.
20. *Le Monde*, 15 de maio de 1968.

da Sorbonne, retirada das forças de polícia do Quartier Latin. De maneira bastante rápida, todas as instituições universitárias aderem à revolta, até mesmo a ENA (Escola Nacional de Administração), onde os alunos votam uma moção de repúdio aos métodos empregados pelas forças da ordem. A crise instaurada ultrapassa as fronteiras da universidade. Greves operárias eclodem em setores de ponta como Sud-Aviation; em seguida o movimento se expande no conjunto da sociedade francesa em greve e em crise quanto ao regime político ao longo de todo o mês de maio.

Os meios de comunicação contribuem consideravelmente para dar ampla dimensão ao movimento. Em 1972, Pierre Nora reconhecerá a importância da brecha aberta por ocasião de Maio de 1968, que vê surgir o "acontecimento monstro" na história e consagra "o retorno do acontecimento".[21] Na origem dessa reflexão, encontra-se a própria experiência que ele vivenciou ao acolher um jornalista da rádio Europe 1 na sacada do bulevar Saint-Michel durante a noite das barricadas de 10 de maio de 1968. Pierre Nora assiste como testemunha direta às explosões das grandas ofensivas, acompanhadas de seu infinito eco. Ele compreende sobretudo a extraordinária capacidade de amplificação que a mídia radiofônica possui para fazer viver aquele acontecimento em uma relação de imediatez em todo o território francês, em seus lugares mais recônditos. É por isso, conclui, que na modernidade não é possível separar artificialmente um acontecimento de seus suportes de produção e de difusão. Longe de se manter em uma relação de externalidade, os *mass media* participam ativamente daquilo que transmitem. É mesmo graças a eles que o acontecimento existe. Para existir, o acontecimento deve ser conhecido, e as mídias encarnam cada vez mais o papel de vetores dessa tomada de consciência: "É aos *mass media* que começava a regressar o monopólio da história. Ele lhes pertence. Em nossas sociedades contemporâneas, é por eles e apenas por eles que o acontecimento nos atinge, e não pode deixar de nos atingir."[22] O primeiro acontecimento moderno, o caso Dreyfus, foi orquestrado pela imprensa e a ela tudo deve, a ponto de ser possível dizer que, sem a imprensa, teria

---

21. Nora, [1972] 1974.
22. Ibidem, p. 212.

havido, é fato, uma denegação de justiça, mas não um assunto de caráter nacional. À imprensa juntou-se a mídia radiofônica, que desempenhou enorme papel durante a Segunda Guerra Mundial — ouvir a rádio Londres era já um ato de resistência. É exatamente porque compreendeu a relevância dessa potência de amplificação, sofrendo suas consequências durante todo o mês de maio de 1968, que o general De Gaulle conseguiu mudar radicalmente a situação, em 30 de maio, com um discurso potente e unicamente radiodifundido, levado a todos os transistores, em todo lugar de trabalho em plena tarde, relembrando a consciência coletiva do famoso apelo de 18 de junho de 1940. Com a mídia televisual, essa centralidade na fabricação do acontecimento não deixou de crescer. As imagens dos primeiros passos do homem na Lua foram a ocasião de um acontecimento em dimensão mundial graças à televisão, que transmitiu tudo ao vivo.

Le Monde e *Le Nouvel Observateur* não escondem sua simpatia pelo movimento estudantil. Eles denunciam a política repressora conduzida pelo governo e abrem suas colunas para os intelectuais, que exprimem seu entusiasmo em face do que lhes parece ser uma reabertura da história. No mundo editorial, a euforia igualmente está em seu auge junto a alguns editores. É o caso de Paul Flamand, que funda a Éditions du Seuil com Jean Bardet. Ele atravessa os acontecimentos de Maio de 1968 com paixão: "Não era fácil evocar com Paul essas jornadas da primavera de 1968. Ele estava enfeitiçado."[23] Flamand vê nelas a expressão de um desejo de reconquista de sentido por parte da nova geração, que a ele lembra, certamente, seus primeiros engajamentos pessoais. Encanta-se com aquele transbordar de ideias na rua, à margem do saber acadêmico confinado na universidade e em ruptura com ele — pois que não esqueceu sua posição de letrado autodidata, que deve muito aos encontros, à troca fraternal de palavras. Em sua editora, descobre interessados em acompanhar o movimento de reflexão, de interpretação, de elaboração de instrumentos militantes e de dossiês factuais para com eles construir a história. É sobretudo o caso de Claude Durand, que chega à Seuil em 1965 pela revista *Écrire* e pela coleção de mesmo nome, dirigidas por Jean Cayrol.

---

23. LACOUTURE, 2010, p. 198.

Em 1968 ele cria a coleção "Combats", a partir de um questionamento da evolução excessivamente neouniversitária da editora, e acompanha os engajamentos mais radicais mundo afora. Mas Claude Durand não é o único a orquestrar na Seuil o estado de espírito de 1968. Jean Lacouture, apesar de suas profundas hesitações quanto ao movimento de Maio, dele se torna igualmente o porta-voz em sua coleção "L'Histoire immédiate", na qual encontra Alain Touraine, Pierre Vidal-Naquet ou, ainda, Edgar Morin. São mais de cem publicações que vão pontuar "o espírito de Maio" até dezembro de 1968. A Éditions du Seuil chega mesmo a publicar *O pequeno livro vermelho*, de Mao, em circunstâncias rocambolescas. Como a China não assinou a convenção universal de 1952 sobre os direitos autorais, esse best-seller não tem direitos protegidos. A questão de sua eventual publicação é discutida pelo conselho editorial da Seuil. Metade do conselho, liderada por Luc Estang, enfurece-se: como é possível publicar tal instrumento de propaganda de um regime totalitário? Acrescenta que a ética editorial os impede de chegar a isso. Teríamos editado *Mein Kampf* [Minha luta]? A outra metade do conselho considera, ao contrário, que a Seuil tem o dever de tornar público aquilo sobre o que todos falam, o que não implica adesão alguma às teses do Grande Timoneiro. O tom sobe, a situação corre o risco de se degenerar e, ao final de algum tempo, o codiretor da Seuil, Jean Bardet, ausenta-se. Ele fora levar o texto ao impressor. Essa ação violenta e autoritária, que leva à venda de cerca de 170 mil exemplares, rapidamente reconstitui o consenso em torno da direção da editora. Essas utopias de Maio motivam o entusiasmo de Flamand, que tem a inteligência de recuperar para a Seuil, no final dos anos 1970, muitos órfãos de Maio, antigos militantes da extrema esquerda reciclados.[24] Junto a esses jovens contestatários que construíram uma cultura ligada às suas esperanças, Flamand encontra ecos de seu percurso à margem das instituições acadêmicas.

---

24. Ao longo desses anos, a editora Seuil recrutou Olivier Rolin, antigo dirigente do serviço de ordem da Esquerda Proletária, e Jean-Pierre Barou, antigo maoista, um dos fundadores do jornal *Libération*. Éric Vigne, que vem igualmente dos meios maoistas, é recrutado como colaborador, e o diretor Olivier Bétourné torna-se adjunto de Jacques Julliard.

Epicentro dessa efervescência na expressão dos sem-voz e dessa vontade de tomar a palavra, o editor François Maspero não pode senão vibrar no seio do movimento de Maio de 1968. Sua editora e sua livraria são então consideradas mais do que nunca como o lugar mesmo de enunciação da nova sensibilidade que emerge naqueles tempos de contestação frontal. A livraria é, como ocorreu durante a Guerra da Argélia, um espaço de enfrentamentos. Em 6 de maio, depois da dispersão da manifestação no bulevar Saint-Michel, numerosos manifestantes se refugiam na livraria La Joie de Lire, sendo perseguidos pela polícia até mesmo em seu interior, e enfrentam o lançamento de granadas que liberam um gás não identificado. Diversos livreiros, dentre os quais Georges Dupré e Claire Grima, ficarão cegos por vários dias e serão hospitalizados.

Ao final de Maio de 1968, Maspero pode se felicitar pelo indiscutível êxito de sua editora, cujas vendas e número de coleções não deixaram de crescer.[25] O sucesso e o afluxo do público são tais que o espaço da livraria rapidamente se torna exíguo. Maspero decide então investir, endivida-se e, com a ajuda de Jérôme Lindon, compra um local na frente da sua livraria, no número 19 da rua Saint-Séverin. Ali inaugura uma segunda livraria, que disponibiliza obras de filosofia, das diversas correntes do marxismo, de ciências humanas, livros de bolso, assim como uma biblioteca estrangeira, enquanto a livraria-mãe, no número 40 da mesma rua, reúne literatura, artes e revistas. Animado pelo entusiasmo do ano de 1968, Maspero, embora continue a edição de todas as correntes do marxismo, adere em 1969 à Liga Comunista, dirigida por Alain Krivine, seção francesa da IV Internacional, uma das menos sectárias organizações trotskistas. As publicações militantes multiplicam-se, novas coleções são criadas.[26] A radicalização da orientação política da editora está expressa de forma clara: "Ao estilo amplamente aberto (universitário) das Edições Maspero deve suceder um estilo mais

---

25. As tiragens globais passam de 64 mil em 1965 para 360 mil em 1968, para atingir 760 mil em 1971. Nesse momento, o número de títulos publicados passa de 25 em 1965 para sessenta em 1968 e, em seguida, para noventa em 1971 (números extraídos de HAGE, 2010, p. 136).
26. "Livres rouges", "Classique rouge", "Poche rouge", "Marx ou crève", "Cahiers de la Quatrième internationale".

diretamente político, agora que a reputação da editora está bem estabelecida."[27] Ele pensa fazer de sua editora um lugar de confluência dos diversos componentes da extrema esquerda, tanto Togliatti, Castro quanto Mao, enquanto, na época, todo aquele mundo político fechava-se terrivelmente em fronteiras que se temia ultrapassar.

Um vento de revolta que sopra de longe

Quando os acontecimentos de Maio de 1968 eclodem, abalando seriamente o gaullismo e dando lugar ao mais amplo movimento social que a França conheceu, com seus dez milhões de grevistas e um país paralisado durante quase um mês, todos se surpreenderam com a potência daquela ruptura. Entretanto, esse vento de revolta havia envolvido uma boa parte da juventude escolarizada desde meados dos anos 1960. Alguns pequenos grupos, bastante marginais, é fato, ali haviam descoberto os sinais precursores, como o grupo Socialismo ou Barbárie, que edita uma revista de mesmo nome. Alguns dos sobreviventes dessa revista, que parou de ser publicada em 1965 e se autodissolveu em 1967, seguem o movimento com fervor, perplexos com o fato de que o que haviam analisado como uma apatia bastante ancorada na *durée* transforma-se repentinamente em desejo de ação e de criação coletiva, com uma juventude que coloca a imaginação no poder. Enquanto toda uma construção mitológica sublinhará o impacto da Internacional Situacionista sobre a eclosão desse movimento de contestação, a realidade está mais do lado de Socialismo ou Barbárie. Daniel Cohn-Bendit, líder e até mesmo símbolo de Maio de 1968, figura emblemática e carismática do Movimento 22 de Março, é prova disso. Estudante de sociologia na Universidade de Nanterre, ele segue, entre outros, os cursos de Henri Lefebvre e de Alain Touraine, e toma de empréstimo argumentos do Socialismo ou Barbárie para contestar este último: "Touraine discutia sobre o desenvolvimento da sociedade francesa e

---

27. François Maspero, ata da reunião do conselho executivo de 30 de junho de 1972, arquivos La Découverte, citado in JOSEPH, 2010, p. 263.

falava do fim do proletariado; foi então que eu lhe disse: 'O senhor deveria ler *Socialisme ou barbarie*, pois essa revista demonstra que o proletariado existe, que não se trata de um fantasma intelectual.'"[28] Daniel Cohn-Bendit conhece a revista por intermédio de seu irmão Gabriel, mais velho que ele nove anos, e que pertence então à minoria de um grupúsculo de maioria anarquista que busca reconciliar marxismo aberto e ideais libertários: "Pegamos emprestado um pouco de tudo o que existia nas bordas das grandes escolas do pensamento, sobretudo das totalitárias; por isso, *Socialisme ou barbarie* foi para nós muito importante."[29]

Por sua vez, Socialismo ou Barbárie foi uma das primeiras correntes a ecoar na França os acontecimentos de Berkeley (1962-1963) como uma revolta significativa da juventude contra a ordem estabelecida. Daniel Cohn-Bendit encanta-se com a revista, cuja concepção do político antecipa o que mais tarde será uma revolução cultural, sem ser recuperada em seu interior por esquemas tradicionais do marxismo-leninismo, e que considera esses movimentos dos *campi* americanos como acontecimentos sociais de um novo tipo. Em sua obra *Le Gauchisme. Remède à la maladie sénile du communisme* [O esquerdismo. Remédio à doença senil do comunismo], publicado logo após Maio de 1968, Daniel Cohn-Bendit assinala essa proximidade entre as teses de Socialismo ou Barbárie e o que expressou a contestação de 1968:

> O movimento estudantil é revolucionário e não universitário. Ele não recusa as reformas (sua ação as provoca…), mas tenta, para além das satisfações imediatas, elaborar uma estratégia que permita a mudança radical da sociedade. Essas teses, expressas desde 1963 por *Socialisme ou barbarie*, revelam-se, à luz dos recentes acontecimentos, justas e inelutáveis.[30]

Daniel Cohn-Bendit confirmará essa influência por ocasião de um debate público com Castoriadis, em Louvain, em 1981:

---

28. COHN-BENDIT, 1996.
29. Ibidem.
30. Idem, 1968, p. 49.

> Poucas pessoas compreenderão por que me sinto incomodado a falar depois de Castoriadis. Se há pessoas que me influenciaram e evitaram que eu fizesse muitas bobagens políticas antes de eu começar a fazer política, são pessoas como Castoriadis e o grupo a que ele fez referência, Socialismo ou Barbárie, e também meu irmão, que lia essa revista e, indiretamente, fazia parte de seu grupo. E, nesse momento, encontro-me um pouco na situação de um marxista que teria passado anos lendo Marx e, um dia, vê-se conversando com Marx. Posso assegurar que não é fácil [...]. Líamos *Socialisme ou barbarie*, tomávamos exemplos da história: os conselhos operários húngaros, os conselhos operários alemães.[31]

No centro dessa revolução de um novo tipo a que conclamou com seus votos, ininterruptamente, desde o pós-guerra, Castoriadis, de forma solitária, sem revista à sua disposição, esforça-se para reunir novamente seus camaradas dispersos e submeter-lhes um texto de análise no calor dos acontecimentos em curso. Em uma pequena dezena, os antigos membros de Socialismo ou Barbárie se reunirão diversas vezes em sua casa durante os meses de maio e de junho de 1968, discutindo seu texto e se perguntando se não seria oportuno voltar ao trabalho, relançando o grupo. No reduto da classe operária, sempre em Renault-Billancourt em 1968, Daniel Mothé, impulsionado pelos acontecimentos, sai do isolamento: ele assume a liderança do movimento operário que decide desacelerar junto à empresa Renault sem esperar as orientações sindicais.

Castoriadis, que ainda não tem a nacionalidade francesa, deve prestar atenção para não dar um passo em falso que o possa expor à extradição: ele não assina seu texto. Como também não seria possível assinar o documento com o nome de um grupo defunto, após discussões com seus membros ele redige um panfleto sob o pseudônimo de Jean-Marc Coudray. Esse texto, que ficou pronto por volta de 20 de maio, tem uma extensão excepcional para um panfleto: 26 páginas. Inicialmente mimeografado pelos meios disponíveis, ele será rapidamente divulgado como texto de intervenção no seio do movimento. Por sua vez, Edgar Morin insiste sobretudo no

---

31. CASTORIADIS; COHN-BENDIT, 1981, pp. 50-53.

aparecimento de uma nova força política e social, aquela da juventude contestatária em face dos adultos, em uma espécie de luta de classes movida pela faixa etária e desencadeada contra a autoridade que decorre da experiência. Ele retoma suas análises *in loco* no jornal *Le Monde*, que as publica no mês de maio.[32]

Logo em seguida, já no início do verão 1968, o trio de amigos — Morin, Castoriadis e Lefort — publica *La Brèche*, pela editora Fayard. O livro constitui-se das "tribunas" de Morin publicadas em maio pelo jornal *Le Monde*, do texto mimeografado de Castoriadis assinado como Coudray, acrescido de uma segunda parte escrita para essa publicação, e de um texto de Claude Lefort. Trata-se, muito certamente, ao lado daquela de Michel de Certeau publicada na revista *Études* em junho de 1968, da melhor análise do movimento, a mais próxima possível de seus atores. Imediatamente o livro conhece um grande sucesso: "O número de leitores de *La Brèche* cresce de forma inesperada. Uma breve mensagem de Orengo me anuncia 'uma segunda reimpressão'."[33]

Em sua contribuição, atento ao que se passa e ao sentido que se vai construindo, Castoriadis situa o movimento de Maio de 1968 na linhagem daqueles que o precederam: 1871, 1917, 1936, 1956..., sem no entanto tornar a novidade tributária da tradição, mesmo que esta fosse revolucionária. Porque, segundo Castoriadis, "é a primeira vez que, em uma sociedade burocrática moderna, não mais a reivindicação, mas a mais radical *afirmação* revolucionária apresenta-se de modo evidente aos olhos de todos e se propaga pelo mundo".[34]

Ele vê na explosão desse movimento a emergência das potencialidades criativas até então contidas pelo sistema. Ele exprime seu entusiasmo diante de um movimento que tem sua dinâmica própria e autônoma, ao abrigo das manipulações de aparelhos, todos ultrapassados e em plena desordem; o que atesta, segundo ele, a justeza da análise enunciada por Socialismo ou Barbárie, sem que o nome dessa corrente seja citado. Para

---

32. MORIN, 1968a e 1968b.
33. Claude Lefort, carta a Castoriadis, 13 de agosto de 1968, arquivos Castoriadis.
34. CASTORIADIS, [1968] 2008, p. 122. Grifo do autor. [N.T.]

ele, a linha de fratura que divide a sociedade moderna não passa de fato entre proprietários e força de trabalho, mas entre dirigentes e executantes. Por outro lado, Castoriadis deplora o que ele conhece bem, por ter vivido no interior do movimento trotskista: a rotinização ideológica dos grupos de extrema esquerda enclausurados em seu dogma, incapazes de fazer outra coisa senão "redesenrolar interminavelmente fitas cassetes, que a eles servem de entranhas, gravadas de uma vez por todas".[35]

Na mesma obra, Claude Lefort insiste sobre a novidade do movimento: "O acontecimento que sacudiu a sociedade francesa: todos tentam nomeá-lo, todos tentam aproximá-lo de algo conhecido, todos tentam prever suas consequências... Em vão."[36] Ele o interpreta como um movimento de contestação das relações hierárquicas e da divisão entre dirigentes e executantes, separação que Socialismo ou Barbárie já havia diagnosticado como constitutiva do sistema burocrático. Em contrapartida, se Castoriadis considera que Maio de 1968 resulta numa revolução malograda, abortada por falta de organização, Lefort vê nela, antes, uma revolta bem-sucedida, que conjugou audácia e realismo, na medida em que, segundo ele, o poder não está aí para ser tomado, mas para ser contestado. Reconhece-se sua teoria da indeterminação do poder político em uma democracia, do reagrupamento ao redor de um lugar vazio. Maio de 1968: "[...] revolução política para Castoriadis, apoiada pela organização de um movimento revolucionário orientado em direção à tomada do poder; para Lefort, revolução simbólica".[37]

Um foco particular de efervescência surge em 1968 no campus de Caen, onde Lefort é professor de sociologia desde 1966. Ele pede a um jovem e brilhante socioeconomista, Alain Caillé, que se torne seu assistente. Este último desenvolvia então uma pesquisa com o objetivo de desconstruir o mito da planificação como "ideologia da burocracia", tese muito próxima daquelas de Socialismo ou Barbárie, que ele descobre com

---

35. Ibidem, p. 131
36. LEFORT, 2008, p. 45.
37. Antoine Chollet, *Claude Lefort et Cornelius Castoriadis: croisements théoriques autour de Mai 1968* [Claude Lefort e Cornelius Castoriadis: cruzamentos teóricos em torno de Maio de 1968], texto datilografado comunicado ao autor, p. 10.

o maior interesse. Todo o campus de Caen, com exceção dos historiadores, sob a influência de Pierre Chaunu e fortemente ligados à defesa do poder estabelecido, voltou-se para o campo da contestação a partir de uma fala determinante de Lefort. Em 12 de maio, enquanto Alain Caillé almoça com Lefort, estes escutam no rádio que a polícia poderia intervir nas universidades. Nesse momento, dois mil a três mil estudantes estão reunidos em assembleia geral (AG); Lefort intervém e anuncia em dois minutos a necessidade de se organizar, de ocupar os locais, de fazer barricadas; todos se põem em ação. Em Caen, o estudante mais talentoso e mais apreciado de Lefort é Marcel Gauchet. Nascido em 1946 no vilarejo de Poilley, na região da Mancha, ele é filho de um operário de manutenção de estradas e de uma costureira. Ele é admitido em 1961 na Escola Normal de Professores de Saint-Lô; tem 16 anos quando encontra Didier Anger, militante ativo da Escola Emancipada, que o inicia nas teses defendidas por sua organização, Poder Operário, saída da cisão com Socialismo ou Barbárie, em 1963. Seu primeiro ato político é uma greve de fome para protestar contra a repressão policial da estação de metrô Charonne, em 1962. O meio bastante politizado da Escola Normal, cindido entre comunistas e esse pequeno grupo antistalinista reunido em torno de Didier Anger, introduz Marcel Gauchet à leitura de *Socialisme ou barbarie*, cujos números, apesar da cisão, são considerados como documentos sagrados e devotamente conservados como tais. Marcel Gauchet descobre os artigos de Castoriadis sob os nomes de Chaulieu ou de Cardan, sobretudo seu famoso artigo sobre as relações de produção na Rússia, que já nessa leitura ele considera um texto fundador.

O primado do político leva Marcel Gauchet a uma verdadeira sede de saber. Ele empreende três licenciaturas ao mesmo tempo: filosofia, história e sociologia. Buscando radicalizar sua ruptura com a vulgata marxista, estima que Lefort é muito apegado a Marx, que ainda representa o essencial de seu curso. Marcel Gauchet não hesita em jogar fora o bebê com a água do banho, isto é, Marx com Stálin: é no registro da história que ele vê a possibilidade de uma verdadeira resposta, pensando na construção de uma teoria da história alternativa. Maio de 1968 torna Marchel Gauchet extremamente feliz, pois que ali ele reconhece a expressão mesma de seu pensamento de já algum tempo. Ele participa plenamente do movimento em seu componente dominante, espontaneísta, e se desloca com frequência entre Caen e Paris, satisfeito com o abalo dos aparelhos institucionais, sejam eles gaullistas ou comunistas. Em torno de Marcel Gauchet, todo um grupo de estudantes de Caen está em sintonia: Marcel Jaeger, Jean-Pierre Le Goff, Paul Yonnet, Pierre Boisard...

Em Nanterre, no exuberante Departamento de Sociologia, verdadeiro abscesso em que se fixa o mal-estar estudantil, com perspectivas profissionais bastante incertas e bastante interessantes, domina a figura do professor Alain Touraine. Este último privilegia, no saber que ele transmite, o papel da ação e os possíveis papéis da mudança, a função dos indivíduos e das categorias sociais nessas transformações. Ele estabelece um paralelo entre os movimentos estudantis dos anos 1960 e os movimentos operários do século XIX, valorizando assim a instituição universitária como lugar decisivo da mudança. Sua crítica da sociedade francesa em nome de uma necessária modernização se encontra em sintonia com boa parte do movimento estudantil, verdadeiro movimento social ao qual dedicará desde 1968 sua obra *Le Mouvement de mai ou le communisme utopique* [O Movimento de Maio ou o comunismo utópico].[38] A outra personalidade do campus de Nanterre que presta um saber crítico é o filósofo Henri Lefebvre. Seu curso em Nanterre centra-se sobre uma crítica da sociedade sob seus mais diversos aspectos. Seu mérito essencial é ter sabido ultrapassar o nível economicista para incluir em sua análise os diversos aspectos da vida cotidiana da população: seu espaço de vida, o urbanismo, as crenças. Henri Lefebvre faz funcionar os conceitos de forma, de função e de estrutura sem privilegiar nenhum deles, e censura os estruturalistas por fazerem prevalecer o último em detrimento dos outros níveis de análise. Inicialmente no CNRS, em seguida na faculdade de Estrasburgo, lugar de nascimento do situacionismo e do opúsculo *Da miséria em meio estudantil*, de 1958 a 1963, Henri Lefebvre é nomeado para Nanterre em 1964, a partir a criação da universidade. Seu trabalho crítico é retomado por seus dois assistentes: Jean Baudrillard e René Lourau. Nota-se um sincretismo

---

38. TOURAINE, 1968.

similar em Jean Baudrillard, inscrito em tese de doutorado com Pierre Bourdieu em 1966-1967, cujo trabalho crítico muito se aproxima daquele de Roland Barthes. Na continuidade do trabalho inacabado de *Mitologias*, Jean Baudrillard prossegue esse ataque crítico à ideologia da sociedade de consumo em uma perspectiva sociossemiológica, publicando em 1968 *O sistema dos objetos*[39] e, em 1969, um artigo na revista *Communications*, no qual critica a noção usual de necessidade, de valor de uso dos objetos de consumo, propondo em seu lugar a noção de signo.[40]

O Departamento de Filosofia de Nanterre é igualmente dominado por duas personalidades à escuta da juventude: Paul Ricœur e Emmanuel Levinas, partidários de uma perspectiva fenomenológica. Quanto ao Departamento de Psicologia, dois de seus quatro professores, Didier Anzieu e Jean Maisonneuve, são profissionais da psicologia social clínica, cercados por assistentes que têm experiência em dinâmica de grupo; suas referências são essencialmente americanas: Jacob Levy Moreno, Kurt Lewin, Carl Rogers. Publicando então sob o pseudônimo de Épistémon, Didier Anzieu vê na contestação que cresce na faculdade de Nanterre uma extensão dessa dinâmica de grupo: "O que o psicólogo social concebia como dinâmica dos grupos restritos tornava-se bruscamente dinâmica dos grupos generalizados".[41]

A revanche de Sartre

Acesso de febre existencial por parte da juventude, esse movimento representa para Sartre uma revanche que ele saboreia, tanto mais porque se julgou poder enterrá-lo dois anos antes, quando Michel Foucault o apresentava como um bom filósofo do século XIX. Como escreveu Épistémon (Didier Anzieu): "O motim estudantil de Maio experimentou por conta própria a verdade da fórmula sartriana: 'O grupo é o começo da

---

39. BAUDRILLARD, 1968.
40. Idem, [1969] 1982.
41. ÉPISTÉMON (Didier Anzieu), 1968, p. 33.

humanidade.'"⁴² De fato, a análise sartriana da alienação dos indivíduos tomados em um prático-inerte, valorizando sua capacidade de impor a liberdade pelo engajamento, constituindo-se em grupos que se fundem em uma dialética que os incite a sair da serialização, da atomização, permite que se compreenda melhor essa irrupção do movimento de Maio de 1968.

Este não se engana a esse respeito, e o único grande intelectual admitido a falar no anfiteatro da Sorbonne no auge dos acontecimentos é Jean-Paul Sartre, que se reconcilia com a juventude. Em 20 de maio, ele toma a palavra em uma universidade ocupada dia e noite pelos estudantes há uma semana: "Ao ser anunciada a vinda de Sartre, milhares de jovens tomaram literalmente de assalto esse magnífico lugar de talhas douradas; e como nada nem ninguém poderia impedi-los de entrar ali em número que ultrapassasse a capacidade máxima, eles desafiaram todas as orientações de segurança."⁴³ Foi uma alegria, uma comunhão excepcional; perguntas pululavam de todos os lados, e Sartre se dava ao exercício de responder a elas em meio a uma multidão indescritível. A curiosidade e o entusiasmo eram tais que alto-falantes foram instalados nos corredores e no pátio central da Sorbonne, onde numerosos grupos se apertavam para ouvir a voz de Sartre. Seus anos de companheiro de aventura do PCF (Partido Comunista Francês), de 1952 a 1956, foram então esquecidos. Ele apoia o movimento de contestação dos estudantes, critica as posições tomadas pelo PCF e pela CGT (Central Geral dos Trabalhadores), opõe-lhes o modo de democracia direta praticada pelo Movimento 22 de Março e afirma o caráter revolucionário da situação. Nas ondas do rádio, ele explica que não resta aos jovens senão a violência para se expressar em uma sociedade que recusa o diálogo com aqueles que não querem mais o modelo adulto que lhes é apresentado. Na véspera da famosa noite das barricadas de 10 de maio de 1968, o jornal *Le Monde* publica um texto assinado por Jean--Paul Sartre, Maurice Blanchot, André Gorz, Pierre Klossowski, Jacques Lacan, Henri Lefebvre, Maurice Nadeau, que claramente toma o partido do movimento estudantil:

---

42. Ibidem, p. 83.
43. COHEN-SOLAL, 1985, p. 589.

A solidariedade que afirmamos aqui para com o movimento dos estudantes no mundo — esse movimento que chega bruscamente, neste momento vibrante, para abalar a sociedade dita do bem-estar, perfeitamente encarnada no mundo francês — é de início uma resposta às mentiras com as quais todas as instituições e as formações políticas (com poucas exceções), todos os órgãos da imprensa e da comunicação (quase nenhuma exceção) buscam há meses distorcer esse movimento, para dele perverter o sentido ou, mesmo, para tentar torná-lo derrisório.

Em 20 de maio, a revista *Le Nouvel Observateur* publica um debate entre Sartre e o porta-bandeira do movimento de Maio, Daniel Cohn-Bendit. O diálogo apresenta uma face invertida: o filósofo coloca-se à escuta do jovem estudante contestatário e renuncia a toda posição de altivez. Longe de se apresentar como alguém que dá lições, ele se faz de jornalista, de simples entrevistador: "O senhor poderia obter 'disposições' que realmente introduzam elementos revolucionários na universidade burguesa — que façam, por exemplo, que o engajamento conferido à universidade esteja em contradição com a função principal da universidade no regime atual: formar quadros bem integrados ao sistema atual?"[44] Concluindo a entrevista, Sartre expressa seu apoio sem restrições ao ícone de Maio: "Algo emanou do senhor, algo que surpreende, que perturba, que nega tudo o que fez de nossa sociedade o que ela é hoje. É o que eu chamaria de extensão do campo dos possíveis. Não renuncie a isso."[45]

Para todos aqueles que, como Sartre, haviam sido engolidos pela onda estruturalista, é a divina surpresa! Eles estão em harmonia com a juventude contestatária que faz vibrar as cordas da história e desmente, pela ação, o imobilismo a que se desejava reduzi-la. É o caso de todo o antigo grupo da revista *Arguments*. Jean Duvignaud, então professor no Instituto de Filosofia de Tours, "sobe" para Paris. Para mostrar que se trata antes de tudo de uma festa, ele coloca junto com Georges Lapassade um piano no pátio central da Sorbonne. Durante quinze dias, ele percorre a

---

44. Sartre, 1968b.
45. Ibidem.

Sorbonne "liberada" com Jean Genet, anunciando sem rodeios, no grande anfiteatro, diante de um público atônito e de um Jean Genet siderado, "o fim e a morte do estruturalismo".

Por ter sido negada, a história parece negar sua própria negação, e Épistémon anuncia que Maio de 1968 "não é tão somente o motim estudantil em Paris [...], mas também o ato de morte do estruturalismo".[46] Em novembro, Mikel Dufrenne, que prega abertamente *Pour l'homme*, confirma: "Maio foi a violência da história em um tempo que se queria 'sem história'."[47] O congelamento do tempo que Edgar Morin designava como triunfante quando liquidou sua própria revista *Arguments*, em 1962, cede lugar à primavera, e nos muros se multiplicam as inscrições que fazem a apologia da imaginação, da espontaneidade e da expressão das diversas formas do desejo. Esse sopro de ar coletivo não se restringe apenas às árvores do Quartier Latin. Por detrás dos carros capotados, os códigos são visados, pulverizados. É o retorno estrondoso do reprimido: o sujeito, o vivido, e essa palavra, eliminada pelo estrutural-epistemismo em prol da língua, corre então em um fluxo ininterrupto. O abalo que Maio de 1968 representa para o edifício estruturalista pode igualmente se ler na confusão que experimentam seus ícones. No auge dos acontecimentos, Algirdas Julien Greimas encontra Lévi-Strauss no Collège de France, o qual não esconde seu despeito: "Acabou. Qualquer projeto científico está interrompido por vinte anos", diz ele. Nesse clima deletério, Lévi-Strauss, de modo bastante gaulliano, decide se retirar do Collège de France, esperando ser novamente chamado: "Quando notei rangidos, retirei-me sob diversos pretextos e os deixei entregues a eles mesmos. Houve cerca de oito dias de agitação interna, e, em seguida, vieram me procurar."[48] Para o pai do estruturalismo, Maio de 1968 se apresenta como uma descida aos infernos, a expressão de uma degradação universitária, de um declínio iniciado desde a noite dos tempos, de geração em geração. Maio de 1968

---

46. Épistémon, 1968, p. 31.
47. Dufrenne, 1968.
48. Levi-Strauss, 1988a, p. 114.

confirma sua concepção pessimista de uma história que não é senão o avanço de um longo declínio em direção do desaparecimento último.

Quanto a Algirdas Julien Greimas, grande mestre da semiótica mais científica, igualmente persuadido de que o projeto científico sofrerá um atraso de vinte anos, está prestes a conhecer um período difícil. Durante três anos, ele é reduzido ao silêncio em seu próprio curso sobre as ciências da linguagem, e o grupo que se constituiu em torno dele, entre 1964 e 1968, se dispersa.

Abalos nas estruturas

Se houve realmente um "pensamento 1968", um pensamento em consonância com o movimento de 1968, este não se encontra propriamente entre os partidários do estruturalismo, mas, antes, do lado de seus adversários: Jean-Paul Sartre, Edgar Morin, Jean Duvignaud, Claude Lefort, Henri Lefebvre, Cornelius Castoriadis... A discussão sobre a dominação do estruturalismo por Maio de 1968 é tal que *Le Monde* publica um dossiê sobre o tema em novembro do mesmo ano: "Le structuralisme a-t-il été tué par Mai 1968?" [O estruturalismo foi assassinado por Maio de 1968?]. Nele intervêm Épistémon (Didier Anzieu), Mikel Dufrenne e Jean Pouillon, este último assumindo o papel dos capacetes azuis. Sob o título "Réconcilier Sartre et Lévi-Strauss" [Reconciliar Sartre e Lévi-Strauss], ele confere a ambos um território específico e bem delimitado: método etnológico para um, filosofia para o outro; pelo fato de não se situarem no mesmo plano, não podem se confrontar ou se opor.[49]

Quase ninguém foi poupado. Se a contestação atinge a raiz da teoria estrutural, ela ataca igualmente alguns de seus representantes, considerados mandarins, mesmo que até então eles tenham conquistado apenas posições periféricas. Certo dia, Catherine Backès-Clément chega de uma assembleia geral de filosofia e lê uma longa moção de três páginas, que termina assim: "É evidente que as estruturas não descem às ruas." Tal

---

49. POUILLON, 1968.

constatação, que soa como definitiva, é escrita no quadro-negro, sendo amplamente comentada diante de Greimas, com intensidade. No dia seguinte, este último, que havia assistido ao nascimento da fórmula, encontra um grande cartaz colado à porta: "Barthes diz: as estruturas não descem às ruas. Nós dizemos: Barthes também não."[50] Ao atribuir a proposição a Barthes, quando este estava ausente da discussão, o movimento ataca o estruturalismo em geral, apreendido como a ciência dos novos mandarins, aqueles da nova geração.

Quanto a Althusser, sabe-se que uso o movimento faz dele: "*Althusser à rien*."[51] A explosão de Maio parece ilustrar ainda mais as teses do jovem Marx, que denuncia a alienação sofrida pela humanidade. Por sua vez, Michel Foucault está em Sidi Bou Saïd, perto de Túnis, quando eclode o Maio de 1968. Ele ali escreve *A arqueologia do saber*. Defasado em relação ao acontecimento, ele só volta a Paris por alguns dias no final de maio e, ao ver passar um cortejo de estudantes, confia ao diretor da revista *Nouvel Observateur*, Jean Daniel: "Eles não fazem a revolução, eles são a revolução."[52] Na primavera de 1968, alguns desses estudantes da Universidade de Túnis são presos e torturados pelo regime. Foucault intervém firmemente para defendê-los junto às autoridades, ajuda ativamente na mobilização para libertá-los e coloca seu jardim à disposição dos militantes para que ali imprimam seus panfletos. Importunado pela polícia à paisana, espancado por esta na estrada que o conduz a Sidi Bou Saïd, Michel Foucault, totalmente envolvido na ação contra a repressão, vive ele também a efervescência estudantil. Para esse filósofo acima de tudo reformador — ele participou da elaboração da reforma universitária de Christian Fouchet —, desde sua antiga ruptura com o PCF, trata-se de uma mutação decisiva: "Lá, na Tunísia, fui levado a ajudar os estudantes de modo concreto [...]. De certa forma, precisei entrar no debate político."[53]

---

50. Anedota extraída de Calvet, 1990, p. 204.
51. Em francês, o jogo de palavras se faz com a última sílaba de "Althusser" ("-sser"), que tem o mesmo som do verbo "*servir*" conjugado na terceira pessoa do singular ("*sert*"). "Althusser à rien", isto é, "Althusser não serve para nada". [N.T.]
52. Foucault, proposições enunciadas em Éribon, 1989, p. 204.
53. Ibidem, p. 207.

Nessa primavera de 1968 nasce, pois, um novo Michel Foucault, que encarna as esperanças e os combates da geração estudantil de Maio. Tais acontecimentos o incitam a reintroduzir a prática em um horizonte até então puramente discursivo. Ele participa doravante de todos os combates, de todas as resistências contra as diversas formas de exercício disciplinador. Como não ocupava qualquer lugar de poder na França, Michel Foucault logrou escapar da contestação contra os mandarins, e viverá uma osmose feliz com o movimento desde o outono de 1968, por ocasião de seu retorno a Paris.

Na maior parte das vezes, os mestres pensadores dos anos 1960 permanecem quase afásicos nesse mês de maio de 1968, para grande surpresa do historiador Marc Ferro, entusiasta do movimento: "Ver aqueles que figuravam como os grandes pensadores da época — Claude Lévi-Strauss, Roland Barthes e Raymond Aron — tornarem-se almas mortas! Eles não mais ousavam se expressar. Estavam aturdidos."[54] À semelhança de Foucault, Fernand Braudel estava descentrado por ocasião de Maio. Mostra-se atônito quando, ao voltar de sua turnê pela América, seu discípulo e fiel secretário de redação da revista *Annales*, Marc Ferro, sugere em assembleia geral que Braudel possa se candidatar à presidência da VI seção da EPHE (Escola Prática de Estudos Avançados), para um mandato renovável por uma vez: "Naquele momento, ele me lançou um olhar furioso. Era uma traição utilizar o termo 'renovável': para Braudel, a presidência era para toda a vida."[55]

É paradoxal que as vanguardas se vejam ao mesmo tempo impulsionadas pelo movimento de Maio de 68 e equivocadas quanto a suas orientações teóricas. É o caso da revista *Tel Quel*, que procura encarnar a quintessência da modernidade. A revista de Sollers defende então a linha de um "textualismo" estrito, à margem de todo referente, aderindo por completo ao paradigma estruturalista e dando as costas para a história e para o sujeito. Além disso, *Tel Quel* cultiva naquele momento laços com o PCF e a CGT, buscando reconhecimento do lado do partido da classe

---

54. FERRO, 2011, p. 338.
55. Ibidem.

operária. Essa proximidade política irá colocar a revista à margem dos acontecimentos de Maio. Sollers chega mesmo a criticar um discurso "revolucionarista" estéril, condenado a permanecer um "psicossocialismo sem relação direta com a análise das forças e das relações de produção, sem consciência clara da luta de classes".[56] Esse posicionamento divide a vanguarda literária e teórica e faz surgir uma nova revista, *Change*, publicada pela mesma editora, Seuil. O projeto dessa nova revista remonta, na verdade, ao outono de 1967, data em que Jean-Pierre Faye deixa o conselho de redação de *Tel Quel*. Entretanto, o primeiro número de *Change*, de outubro de 1968, carrega a marca da ruptura de Maio. A revista de Jean-Pierre Faye compreende imediatamente a medida do abalo que o acontecimento produz sobre o paradigma estruturalista, e declara já em seu número inaugural que ela lutará contra "a ditadura estruturalista de *Tel Quel*".[57]

A rebelião dos protestantes

Os jovens protestantes constituem um meio particularmente contestatário. Seu alvo é a geração dos mais velhos, aquela dos barthianos.[58] Os jovens rebeldes a eles opõem um "cristianismo irreligioso", reivindicam "viver o Êxodo" e censuram seus mestres por terem permanecido enclausurados em sua eclesiologia. No entanto, a marca barthiana não está ausente dessa controvérsia. Ela se inspira sobretudo no primeiro Barth, mormente junto aos ellulianos, onde encontra motivos de entusiasmo. Essa referência ao Barth do início, a seu radicalismo teológico, pode igualmente se conjugar a uma vontade radical de derrubar os ídolos. Toda essa jovem geração de protestantes transpõe sua contestação para a sociedade, criticada em

---

56. SOLLERS, 1968, pp. 94-95.
57. GOBILLE, 2018, p. 284.
58. Karl Barth (1886-1968) é um teólogo suíço, autor de uma monumental *Dogmatique* [Dogmática], que muito influenciou o mundo protestante depois da Segunda Guerra Mundial. Ele lembra, em razão de seu cristocentrismo, a alteridade absoluta de Deus com relação ao mundo temporal.

sua globalidade. A revista *Le Semeur*, publicada desde 1902 pela FFACE (Federação Francesa das Associações Cristãs de Estudantes), a "Fede", torna-se a expressão de uma radicalidade contestatária no seio do movimento protestante.

Em 1966 e 1967, é Jean Baubérot quem está à frente de *Le Semeur*, onde já atuava como colaborador principal. Ele acaba de participar da fundação, em 1965, de um pequeno grupo político cuja existência será efêmera, o CRIR (Centro Revolucionário de Intervenção e Pesquisa), que reúne antigos integrantes da tendência italiana da UEC (União dos Estudantes Comunistas). Ele considera *Le Semeur* como um componente integral da extrema esquerda, militando por uma revolução "política, cultural e ética (vida cotidiana)", que multiplica as "resistências ideológicas".[59] O modelo revolucionário se torna cada vez mais predominante, mesmo na geração dos mais velhos. Um número da revista *Christianisme social* de 1967 intitula-se, de forma significativa, "1517, 1917, 1967", reivindicando, a um só tempo, Lutero e Lênin como os dois precursores da revolução a ser empreendida.

Se a geração mais jovem tende a exercer seu espírito crítico e cáustico para sacudir os mais velhos, Ricœur é não somente poupado mas frequentemente legitimado pelos jovens contestatários de *Le Semeur*. Então presidente do Cristianismo Social, ele não encarna de modo algum a ortodoxia barthiana para esses jovens protestantes que não hesitam em atacar de modo corrosivo tudo o que representa o *establishment*. A maioria dos professores da faculdade de teologia protestante de Paris, barthianos, passa por maus momentos. Jean Bosc deve responder à interpelação provocadora de Jean Baubérot e Pierre Encrevé, com os quais cruza no bulevar Arago e que lhe perguntam: "Diga-nos: em qual nuvem ele está, o Deus pai?"[60]

Quando eclode o movimento estudantil de Nanterre, Ricœur não se surpreende. Na verdade, sente-se de imediato em consonância com as aspirações expressas pelos estudantes. A agitação já ganhou todo o campus

---

59. BAUBÉROT, 1967, pp. 633-640.
60. DOSSE, 1997, p. 463.

de Nanterre quando, em 30 de abril de 1968, milhares de estudantes se reúnem no anfiteatro D1, onde Daniel Cohn-Bendit propõe aproveitar a reunião do conselho da faculdade para pedir aos professores eleitos que partam para liberar os camaradas presos pela polícia por terem distribuído panfletos. Estes últimos, uma vez livres, entram como heróis no anfiteatro. Enquanto isso, no conselho da faculdade, cerca de vinte professores assinam uma petição que exige sanções exemplares: "Uma pequena minoria, em contrapartida, da qual fazem parte Paul Ricœur e Alain Touraine, preconiza o diálogo. O reitor Pierre Grappin, abatido, arrasado, acaba por ceder. Ele perdeu o comando do navio."[61] A Universidade de Nanterre é fechada por decisão de seu reitor a partir de 2 de maio de 1968. Uma investigação judicial é aberta contra Cohn-Bendit e alguns outros responsáveis pelo Movimento 22 de Março. Os confrontos deslocam-se então para o Quartier Latin. Como o comício anti-imperialista previsto não pôde se dar em Nanterre, ele é realizado na Sorbonne em 3 de maio e se transforma em uma manifestação contra a repressão e a favor da reabertura de Nanterre. A polícia adentra a Sorbonne e prende todos os militantes presentes no pátio interno. Essa intervenção põe lenha na fogueira. Espontaneamente, os estudantes reagrupam-se, formam múltiplos cortejos que afrontam as forças da ordem aos gritos de "Libertem nossos camaradas!". É a primeira noite das barricadas, totalmente improvisada: os militantes mais experienteees, os "líderes", são presos em camburões.

Esta explosão é assunto de análise imediata por Ricœur, no jornal *Le Monde* dos dias 9, 11 e 13 de junho de 1968. Ele ali reconhece a expressão de uma revolução cultural própria às sociedades industriais avançadas e retoma o tema, já evocado em diversas ocasiões, da perda progressiva de sentido na sociedade moderna. Segundo ele, essa revolução ataca tanto o capitalismo quanto a burocracia. A tensão permanece viva e deve ser preservada entre a via reformista e a via revolucionária: "Entramos em uma época na qual é preciso atuar como reformista *e* permanecer revolucionário. Toda a arte do legislador, nos tempos vindouros, será aquela de organizar instituições leves, revogáveis, reparáveis, abertas para um

---

61. HAMON; ROTMAN, 1987, p. 442.

processo interno de revisão e para um processo externo de contestação."[62] Ricœur questiona a relação hierárquica instituída entre os que ensinam e os que aprendem. Ele reconhece a assimetria desse laço e as dificuldades de sua instituição, preocupando-se em lembrar que o estudante contribui com alguma coisa: aptidões, gostos e, sobretudo, um projeto de realização pessoal. Ele se dedica aí a uma prática da escuta, sobre a qual seus próprios alunos deram amplo testemunho. Com efeito, ele considera, sinceramente, que o professor continua a aprender; chega mesmo a conceber o professor como "aquele que aprende" com seus próprios alunos. Portador de convicções, de uma tradição, o professor institui uma relação de poder que torna necessário considerar sua potencial contestação. O elemento de conflito subjacente à relação pacificada do ensino deve, pois, ceder lugar à instauração de instituições reguladoras desses conflitos. O estabelecimento de comissões paritárias de professores e estudantes encarregados de discutir as formas e os conteúdos de ensino deveria ser um exemplo disso. Para permitir uma melhor adequação entre a demanda dos estudantes e a oferta dos professores, convém realizar uma autonomia real, praticar uma pluralidade de métodos, já desejada em 1964, a fim de romper com o ranço administrativo, com as situações de monopólio; convém sacudir uma instituição esclerosada e liberar a iniciativa, conferindo prioridade aos "departamentos", que são as estruturas de base da vida universitária.

Em junho de 1968, a universidade deve satisfazer dois imperativos aparentemente contraditórios: "a exigência de gestão partilhada entre professores e alunos" e a "exigência de contestação, isto é, de crítica e de criação".[63] É essa dialética delicada da reforma e da revolução que, naquele momento, constitui a utopia de Ricœur; é sua maneira de ser um reformista ousado para permanecer um revolucionário. O objetivo é permitir à revolução continuar seu curso e ajudá-la a difundir sua força propulsiva para fora da universidade, a transformar as relações hierárquicas no mundo industrial e a inaugurar um mundo novo que possa mudar a vida.

---

62. Ricœur, [1968] 1991, p. 381.
63. Ibidem, p. 394.

Entretanto, essa análise corre o risco de não ser audível no contexto de junho de 1968. Rejeitada com desdém por todos os defensores da maneira forte, partidários de controlar a "rebelião" dos jovens com golpes de cassetete para assegurar a defesa das autoridades instituídas, ela é interpretada do lado dos contestatários como uma manobra de recuperação, um movimento destinado a enfraquecer as iniciativas que visam a provocar rupturas irreversíveis a fim de quebrar a instituição, de derrotá-la e de mudar toda a sociedade a partir do modelo da Grande Noite revolucionária.

Os católicos sobre a ponte

"Cristo, o único revolucionário": eis o que se podia ler, entre as incontáveis pichações contestatárias, nas paredes da Sorbonne em pleno Maio de 1968. Já bastante engajados em um processo de transformação começado com a preparação do Concílio Vaticano II, em seguida muito aprofundado e prolongado em razão de sua participação no movimento terceiro-mundista e de seu apoio ao povo vietnamita, numerosos católicos se sentiram imediatamente em sintonia com o movimento de Maio de 1968. A obra do teólogo Harvey Cox intitulada *A cidade secular*, publicada no início de 1968 e que considera o processo de secularização como uma chance para a vida cristã e não como um obstáculo a ser ultrapassado, torna-se um best-seller. O padre Jean Cardonnel professa esse ponto de vista e se radicaliza ao se mostrar defensor de uma teologia da libertação que conhecerá grande sucesso na América Latina.[64] Assiste-se a fenômenos espetaculares de radicalização, como aquele da revista *Frères du monde*, que passa do apoio à causa vietnamita a uma adesão ao maoismo, intitulando seu número especial de janeiro de 1968 "Foi et révolution" [Fé e revolução]. Mais representativo e igualmente radical, um colóquio ocorre em 25 de março de 1968, em Paris, sobre o tema "Cristianismo e revolução", que conclui com uma legitimação da violência revolucionária

---

64. CARDONNEL, 1968a.

e com a necessidade imperiosa de questionar o modo de funcionamento da autoridade eclesiástica.[65]

Enquanto o Movimento 22 de Março, com Daniel Cohn-Bendit e seus camaradas, invade a sala do conselho da universidade de Nanterre para protestar contra a prisão de estudantes contestatários, "no mesmo dia, no Palácio da Mutualité[66], em uma tribuna colocada diante de um amplo tecido vermelho marcado com uma cruz branca, o dominicano Jean Cardonnel prega uma conferência de Quaresma. No exterior, uma multidão se aglomera para entrar".[67] Essa prédica de Jean Cardonnel, que não é uma figura marginal, mas uma grande figura intelectual, denuncia a persistência das injustiças. Dominicano, ele contribui regularmente com a revista *Frères du monde*. Consagrado padre em 1947, ele se liga aos padres operários nos anos do pós-guerra; em seguida, denuncia publicamente a tortura na Argélia. Quando retorna em 1966 de uma longa temporada de ensino no Brasil, ele adota posições terceiro-mundistas e começa a publicar libelos nos quais exprime sua crítica contundente com relação à instituição eclesiástica. A seu livro *Dieu est mort en Jésus-Christ* [Deus morreu em Jesus Cristo][68], publicado em 1967, o conselho permanente dos bispos retorque: "Deus está sempre vivo no Cristo ressuscitado."[69] Nessa Quaresma, e como em eco aos acontecimentos de Nanterre, Jean Cardonnel ataca com vigor a hierarquia, denunciando os chefes e os professores que não "veem os homens senão sob a forma de sujeitos e de alunos".[70] Os domi-

---

65. Nessa ocasião, diversas revistas cristãs tomam posição sobre a legitimidade da luta revolucionária: *Témoignage chrétien, Christianisme social, Économie et humanisme, Lettre, Frères du monde, Terre entière, Idoc* (informações retomadas de PELLETIER, 2002, p. 32).
66. O Palácio da Mutualité, ou simplesmente Mutualité, é um edifício *art déco* construído em 1930, no coração do Quartier Latin. Originalmente um teatro, com 1.789 lugares — referência à Revolução Francesa —, torna-se espaço polivalente que abriga 1.732 pessoas. A Mutualité é, sobretudo, quartel-general da militância de esquerda, embora seja igualmente utilizada por partidos ecologistas e da direita e extrema direita. [N.T.]
67. RAISON DU CLEUZIOU, 2012, p. 297.
68. CARDONNEL, 1968a.
69. *La Documentation catholique*, n. 1.514, 7 de abril de 1968, col. 603-606.
70. CARDONNEL, 1968b, p. 20.

nicanos estão particularmente à frente da contestação nesse mês de maio de 1968, ainda mais porque muitos deles já estão bastante engajados no apoio aos movimentos latino-americanos, como o padre Paul Blanquart, que participou do Congresso dos Intelectuais em Havana, em janeiro de 1968, e que assinou juntamente com três padres um manifesto para o engajamento na "luta revolucionária anti-imperialista".[71]

Quanto à hierarquia católica, ela permanece prudente. O novo arcebispo de Paris acaba de suceder o cardeal Veuillot, falecido em 14 de fevereiro de 1968. O monsenhor Marty, arcebispo de Reims, é empossado apenas em 2 de maio, na catedral de Notre-Dame de Paris. Sua nomeação provoca surpresa, até mesmo para ele, que, originário de uma família de agricultores da região de Aveyron, não desejava particularmente carregar tal peso: "O monsenhor Marty é como um interiorano 'que desembarca em Paris'. De fato, a decisão pontifical não deixou de surpreendê-lo."[72] Sua intervenção na rádio RTL será ouvida ao longo da noite das barricadas, em 11 de maio, às 3h50: "Lanço um apelo para que tenhamos calma. É preciso que a violência cesse imediatamente. Peço a todos aqueles que carregam uma responsabilidade, de um lado ou de outro, que novamente se encontrem. É preciso chegar rapidamente a uma decisão justa. Todos nós estamos concernidos." Se tal mensagem dá mostras de sua sensibilidade aos acontecimentos de Maio, ele será repreendido pela ala radical da Igreja, que o censura pela neutralidade do tom. Por sua vez, Georges Montaron, diretor de *Témoignage chrétien*, em seu editorial de 16 de maio, faz-se o porta-voz da insatisfação dos cristãos progressistas diante de uma posição tão reservada: "Sua atitude tinha a marca da caridade; entretanto, objetivamente, ele auxiliou a ordem estabelecida representada naquela noite pela polícia. Sobretudo, sua declaração não será acompanhada de gesto algum [...]. O arcebispo, à semelhança da grande maioria dos cristãos, nada compreenderam."[73] A confusão experimentada pela hierarquia

---

71. Declaração assinada por Paul Blanquart, monsenhor Guzman, Juan Carlos Zaffaroni e Pedro de Excurdia e citada em *Signes du temps*, n. 4, abril de 1968, p. 12 (informações retomadas de RAISON DU CLEUZIOU, 2012, p. 298).
72. BARRAU, 1998, p. 29.
73. MONTARON, 1968.

católica, imprensada entre uma ordem estabelecida que não quer contestar e a contestação de uma juventude em busca de sentido que poderia se juntar à sua exigência espiritual, suscita um comentário crítico de Henri Fesquet, jornalista do jornal *Le Monde* que cobre os assuntos de religião: "A Igreja hierárquica parece ter pouco a dizer àquela juventude que desfruta do direito de censurar-lhe por seus silêncios, ainda mais porque, desde o concílio, ela não deixa de falar ao mundo sobre presença."[74] O descontentamento latente nos movimentos laicos de profissão católica é ainda maior, uma vez que os estudantes cristãos se viram imediatamente visados pela repressão exercida pelo poder. Desde 3 de maio, a polícia interpela Jean Clément, presidente do Centro Richelieu, seio da comunidade católica da Sorbonne. Ele é condenado em 5 de maio a dois meses de prisão quando, na verdade, nem mesmo participava da manifestação, mas passava por lá para buscar livros de canto com vistas à peregrinação de Chartres! Nas fileiras dos oito mil estudantes católicos que retornavam da peregrinação, eclode evidentemente a indignação. Um comunicado é assinado pela Missão Estudante, pela ACU (Ação Católica), pela ACGE (Ação Católica das Grandes Escolas) e pela JEC (Juventude Estudante Cristã). Pouco depois, em 7 de maio, "os responsáveis e capelães das comunidades católicas de diversas faculdades da Universidade de Paris se solidarizam com a tripla reivindicação dos estudantes (libertação dos estudantes presos, reabertura da Sorbonne, retirada das forças de polícia do Quartier Latin)".[75] Os militantes das organizações cristãs participam amplamente do movimento de Maio de 1968, com dois polos particularmente ativos: o Centro Saint-Guillaume, a capelania de Sciences-Po, e o Centro Saint-Yves da rua Gay-Lussac, uma comunidade de dominicanos dirigida por Henri Burin des Roziers. A corrente cristã dá igualmente alguns porta-bandeiras aos movimentos de Nanterre, como Patrick Viveret, militante da JEC, ou Nicolas Boulte, secretário do CVN (Comitê Vietnã Nacional). Por ocasião da manifestação de 13 de maio, padres e pastores unem-se sob uma única bandeira: "Cristãos solidários com os estudantes." Em 21 de maio,

---

74. FESQUET, 1968.
75. BARRAU, 1998, p. 36.

numerosas personalidades dos mundos católico e protestante lançam um "apelo aos cristãos" que reivindica em alto e bom som sua solidariedade com os movimentos estudantis e operários e convida os cristãos a se unirem a eles: "A presença cristã na revolução supõe e requer a presença da revolução na Igreja, em seus modos de vida e em seus hábitos de pensamento, em suas expressões tanto coletivas quanto individuais."[76] Em 22 de maio, um novo "apelo de personalidades cristãs" é publicado para "fazer uma nova sociedade".[77] O conteúdo é mais político do que moral, próximo das teses da CFDT e anunciador de uma corrente que será importante nos anos 1970, aquela da segunda esquerda: "O objetivo político a ser atingido é uma transformação das relações sociais e das formas de poder de modo a serem efetivamente reconhecidos, em todos os níveis da sociedade, a autonomia das pessoas e dos grupos, seu direito à contestação, seu direito à participação nas decisões que lhes dizem respeito."[78] Alguns laços são transformados em focos de contestação e de debate, como o Centro Saint-Yves, que acolhe noite e dia um fórum permanente sob a bandeira "Os cristãos e a revolução". Os militantes cristãos que participam podem encontrar ali Georges Casalis, Robert Davezies ou Paul Blanquart. Desses encontros nasce o Care (Comitê de Ação para a Revolução na Igreja), que se faz conhecer graças a algumas ações de impacto como a interrupção da missa de Pentecostes na igreja de Saint-Séverin, em 2 de junho de 1968, ou da cerimônia religiosa no templo da rua Madame, em 16 de junho, graças a um lançamento de bolinhas antitraça aos gritos de "Vocês são a naftalina da terra".[79] Entretanto, a Igreja resiste a esse espírito de Maio e se vê, na condição de instituição conservadora, como que presa de uma contestação crescente. O arcebispo de Paris, interrogado em 22 de maio sobre o "silêncio" da Igreja, confessa sua perplexidade. Em sua resposta, deixa entretanto escapar uma frase que conforta aqueles que protestam: "Se as instituições passam, somente Deus permanece absoluto [...]. Deus

---

76. "Appel aux chrétiens" [Apelo aos cristãos], ver BRILLANT, 2003, p. 359.
77. Ver lista dos signatários em SERROU, 1968, pp. 76-77.
78. "Faire une nouvelle société" [Fazer uma nova sociedade], *Christianisme social*, n. 3-4, 1968, pp. 225-227.
79. Citado in PELLETIER, 2002, p. 39.

não é conservador." Quando o monsenhor Marty se contenta com reforçar o primado da ordem divina sobre a ordem terrestre, é uma interpretação política que disso se faz. Como assinala Grégory Barrau, o episódio da noite de 10 de maio revela a ambivalência da posição da hierarquia católica.

Por sua vez, a revista jesuíta *Études* engaja-se plenamente no movimento. Seu diretor, Bruno Ribes, profundamente chocado com o silêncio que acompanhou a Guerra da Argélia, havia prometido, ao assumir a responsabilidade pela revista, intervir em caso de evento maior. Com efeito, a Companhia de Jesus havia permanecido amorfa durante o que se chamou oficialmente "os acontecimentos", contrariamente aos cristãos progressistas, que se alarmaram com o uso da tortura. O número de janeiro de 1963 abre novas rubricas, como "Perspectivas sobre o mundo" ou "Situações e posições", e exprime sua vontade de "tomar consciência das grandes correntes de nossa época". Bruno Ribes, que compreendeu que devia cobrar uma palavra sobre os acontecimentos políticos, pressente bastante cedo, aliás, que o fogo arde sob o tédio de que fala Pierre Viansson-Ponté na edição de *Le Monde* de 15 de março de 1968. Desde outubro de 1967, o reitor Vedel mantém-no informado sobre a agitação que ganha o campus de Nanterre e, em dezembro de 1967, a revista *Études* começa a dar conta das diversas manifestações da crise estudantil. Em fevereiro de 1968, Ribes vai ao campus de Nanterre para ouvir os líderes estudantis. Ele decide programar artigos sobre a Revolução que, preparados um pouco antes, aparecem no número de 1º de maio de 1968, isto é, dois dias antes da explosão decisiva no Quartier Latin.

Ao longo dos acontecimentos de Maio de 1968, a rua Monsieur, meca dos jesuítas em Paris, torna-se um dos centros da contestação. É naquela ilhota até então tranquila que se reúne o serviço de ordem dos estudantes da Sorbonne, liderado pelo Departamento de História, com a participação de Dominique Julia; dele participam alguns jovens jesuítas da casa. No auge da agitação, Bruno Ribes recebe personalidades políticas importantes, que entram discretamente em seu escritório pela porta dos fundos. Como diretor de *Études* e superior da rua Monsieur, Ribes é conselheiro junto ao arcebispo no Exército, o monsenhor Jean Badré, e recebe convites em linguagem críptica — o arcebispo reúne regularmente quatro dos sete coronéis que dirigem os regimentos estacionados ao redor de Paris. Durante todo o mês de maio de 1968, Certeau mostra-se atento ao movimento, dividido entre a Sorbonne e o Teatro do Odéon, com uma preferência pelo teatro. À rua Monsieur, reúnem-se e confrontam-se informações, impressões; uma reflexão coletiva no calor da hora se esboça sobre o acontecimento. É nesse clima que Certeau escreve um artigo para o número de *Études* que é publicado no começo de junho e que muito certamente se constitui em uma das mais luminosas análises sobre o sentido dos abalos em curso. Esse artigo começa com uma frase que fará fortuna, a ponto de ser citada por Edgar Faure na Assembleia Nacional, em seguida por Georges Pompidou em suas memórias: "Em maio último, tomou-se a palavra como se tomou a Bastilha em 1789."[80] Essa definição da natureza do acontecimento situa-se na continuação das longas discussões coletivas da rua Monsieur sobre a oposição que separa uma revolução por ideias, como 1789, e uma revolução pela palavra, como 1968. Bruno Ribes reconhece em seu editorial que a amplidão da crise desconcerta a todos e conclama para o discernimento necessário sobre o assunto, para uma compreensão a partir do interior. Ele indica bastante claramente em que campo se situa: "Estudantes ou assalariados, esses jovens se lançam cegamente à reconquista de sua dignidade de homens, estimulando seus irmãos mais velhos. Nós estamos ao lado deles."[81] Os superiores da Companhia de Jesus não reagem de modo hostil a essa tomada de posição. Tanto mais porque Jean-Yves Calvez, provincial desde 1967 e especialista, entre outros, em Marx, foi igualmente conquistado pela causa estudantil.

Milagrosamente, em uma França paralisada havia um mês, o número de *Études* aparece nas livrarias já em 2 de junho de 1968 e pode desempenhar um papel em pleno acontecimento junto a seus atores. A análise que dele faz Certeau é aquela de um movimento que se opõe frontalmente ao anonimato progressivo de uma sociedade de consumo que transforma o indivíduo em simples cliente. Apreendendo totalmente

---

80. CERTEAU, [1968] 1994, p. 40.
81. RIBES, 1968.

a força existencial da expressão da contestação, ali ele encontra sua própria aspiração a jamais se deixar enclausurar em qualquer identidade que seja. A criatividade, a imaginação e a pluralidade que se exprimem sem tabus nesse mês de maio insuflam em Certeau um entusiasmo não desprovido de lucidez sobre os limites de uma expressão essencialmente negativa: "Uma vida insuspeita surgia. É fato que essa tomada da palavra tem a forma de uma recusa. Ela é protesto. Nós veremos, sua fragilidade está em apenas se exprimir contestando, em testemunhar tão somente o negativo. Talvez seja igualmente sua grandeza."[82] A célebre multidão solitária da modernidade encontra ali o meio de se tornar uma multidão poética. Nessa circunstância excepcional, um panfleto na Sorbonne chama a atenção de Certeau: "O poeta deflagrou a palavra." Certeau busca decifrar o sentido daquele "indizível" da revolução de Maio, para que a questão enunciada para o conjunto da sociedade não se perca nos reajustes desta última. Ele bem apreende a tensão em marcha entre a exigência nova e inesperada de uma geração que exprime sua insatisfação e a linguagem antiga que ela emprega para se expressar retornando a um passado trotskista, fourierista, existencialista ou selvagem.

Ele já revela algumas operações de recuperação cientificista que não cessarão de se desenvolver e que, do ponto de vista das ciências sociais, pretendem enclausurar a "heresia", o aberrante, em seus esquemas de inteligibilidade para deles reduzir a força de interrogação, reconfortando uma legitimidade disciplinar: "Acontece que são inúmeros os interessados que ali não se reconhecem: recusam-se a se perceber da maneira como são explicados."[83] Certeau dá assim uma lição de metodologia às ciências humanas, advertindo-as contra o recurso dos esquemas preestabelecidos de leitura de acontecimentos que, por natureza, ultrapassam os registros instituídos e devem ser lidos a partir de seus processos de inovação: "Um acontecimento não é o que se pode ver ou saber dele, mas o que ele se torna. Essa opção se compreende apenas no risco e não pela observação."[84]

---

82. CERTEAU, [1968] 1994, p. 41.
83. Ibidem, p. 48.
84. Ibidem, p. 51.

Uma nova linguagem transgride, torna-se inaugural e escapa às sintaxes em uso. Se é legítimo reconhecer empréstimos feitos ao passado no novo acontecimento e convocar tanto Petrogrado quanto a Comuna de Paris, de modo algum se pode reduzir o que advém a uma simples reconfiguração do antigo. Certeau critica a tentação dos historiadores ou dos sociólogos de achar que nada aconteceu, de negar até mesmo a existência do novo. Estes que não teriam compreendido que a encenação é o próprio acontecimento.

Entretanto, não se pode concluir que todos os jesuítas franceses concordam em uníssono com esse diagnóstico, até mesmo no número 15 da rua Monsieur. O filósofo Xavier Tilliette somente encontra seus referenciais quando o general De Gaulle retoma a iniciativa em 30 de maio de 1968. Na sala comum, quando os padres reunidos seguem atentamente os resultados das eleições legislativas de junho de 1968 que provocarão um maremoto gaullista na Assembleia Nacional, o padre Tilliette, exasperado com os comentários desagradáveis que acompanham a eleição de candidatos gaullistas, exclama: "Silêncio, perdedores!"

Uma revolução pela via estética

A eclosão da revolta de Maio é frequentemente associada à radicalidade da IS (Internacional Situacionista), à sua iconoclastia, a seu sentido da provocação, da insolência e do imperativo de imaginação "que se apodera de uma parte da juventude".[85] Esse pequeno grupo que se autoproclamou vanguardista encontrará seu porta-voz em Guy Debord, preocupado em construir imediatamente sua lenda e sua estátua ao acumular o prestígio da crítica radical da cultura e aquele da radicalidade política no pequeno cenáculo da Internacional Situacionista. No contexto histórico da radicalização e da contestação de uma juventude escolarizada, notadamente estudantil, a IS se faz conhecer em 1966 graças ao caso Estrasburgo. O grupo apoderou-se do escritório da Afges (Associação Federativa Geral dos

---

85. BRILLAND, 2003, p. 73.

Estudantes de Estrasburgo) e assumiu um tom escandaloso em *Nouvelles*, seu boletim local da Unef. A IS decidiu publicar uma brochura que se quer provocadora e que se tornará célebre, *Da miséria em meio estudantil considerada sob seus aspectos econômico, político, psicológico, sexual e, sobretudo, intelectual e sobre alguns meios para remediá-los*. No outono de 1966, para fazer reverberar suas teses, os situacionistas decidiram, aliás, promover o escândalo por ocasião da cerimônia de inauguração da cadeira de psicossociologia de Abraham Moles. Este último é alvo de um jato de tomates da "operação Robot": "Penso que os cem cretinos que estavam lá falarão disso por todos os cantos, falarão como se fosse um acontecimento mesmo assim extraordinário."[86] Esse movimento ficará conhecido sobretudo por *A sociedade do espetáculo*, de Guy Debord, e por *A arte de viver para as novas gerações*, de Raoul Vaneigem, ambos publicados em 1967. *A arte de viver* e *Da miséria* são fontes de inspiração para certo número de coletivos marginais bastante ativos: "De início, os situacionistas conquistam êmulos entre os protagonistas de Maio de 1968. Mas sua organização não entra em cena senão a partir da ocupação da Sorbonne pelos estudantes em 13 de maio."[87] Essa entrada em cena é selada por um acordo com o Comitê dos Raivosos de Nanterre e pela ocupação da sala Cavaillès da Sorbonne, rebatizada sala Jules-Bonnot. Os panfletos do Comitê Raivosos-Situacionistas conclamam para a ocupação imediata de todas as fábricas da França e para a formação de conselhos operários. Na metade de maio, os situacionistas fundam com seu movimento um comitê para a manutenção das ocupações. Entretanto, em meados de junho, diante da violência policial, seus principais animadores fogem para a Bélgica, para a casa de Raoul Vaneigem, para fazer um balanço do movimento. O núcleo parisiense conta com algumas pontas de lança no interior, mas seu impacto imediato sobre o meio estudantil é mais limitado, pois que a IS professa uma fundamental desconfiança em relação ao meio estudantil e cultiva seu lado

---

86. DEBORD, carta a Mustapha Khayati, 27 de outubro de 1966, citada em TRESPEUCH-BERTHELOT, 2015, p. 278.
87. DEBORD, citado in TRESPEUCH-BERTHELOT, 2015, p. 364.

blousons noirs politizados[88]: "Nós nos consideramos honrados pelo fato de o termo 'situ' [...] comportar certas conotações que evocam o vândalo, o ladrão, o malfeitor."[89] No momento da decomposição do movimento em junho, os situacionistas se encontrarão então ao lado daqueles que foram chamados de os Katangais.[90] Enquanto isso, eles deram sua concepção da expressão estética, desviando as evidências da doxa para ridicularizá-las. No entanto, naquele instante, contrariamente ao que afirma Emmanuelle Loyer, que evoca uma língua inovadora, sua capacidade imaginativa está, antes, a reboque de um movimento que não compreendem: "As mais poéticas palavras de ordem de Maio de 1968 não são de origem situacionista."[91] Em contrapartida, estão prontos para construir sua lenda desde o final do verão de 1968, para contradizer as narrativas que não lhes atribuíam um papel relevante nos acontecimentos. A seis mãos, Guy Debord, Mustapha Khayati e René Riesel, refugiados em Bruxelas na casa de Raoul Vaneigem, redigem um texto que conta o gesto épico deles no coração do movimento de Maio.[92] A eclosão da contestação revelará a manifestação da precisão de suas teses sobre a alienação, cuja tomada de consciência chegou mesmo a afetar "os vis que se dedicavam a reforçar o positivo do mundo dominante"[93], visando em um mesmo saco de detestação os professores de colégio, os empregados de banco, as sociedades de seguro e as grandes casas como as da ORTF. O que Maio carrega de criatividade, de imaginação, de dimensão poética e de crítica da sociedade produtivista é creditado à IS: "O direito à preguiça, não apenas nas inscrições populares como 'Não trabalhem nunca' ou 'Viver sem tempo morto, usufruir sem entraves', mas sobretudo a alegria da atividade lúdica [...]. Cada um pôde medir assim a soma de energia criativa desperdiçada nos períodos de sobrevida, nos dias

---

88. "*Blousons noirs*" (blusões negros) foi um grupo de rock dos anos 1960 cujos integrantes eram considerados jovens delinquentes. [N.T.]
89. Debord, 1969, p. 26.
90. Em 1968, os Katangais eram militantes de extrema esquerda espontaneístas. Militarizados, eles organizaram diversas ocupações, como a da Sorbonne.
91. Trespeuch-Berthelot, 2015.
92. Viénet, 1968.
93. Ibidem, p. 130.

condenados ao rendimento, ao shopping, à televisão, à passividade erigida em princípio."[94] Essa disposição para a criatividade se fez acompanhar, segundo os situacionistas, de uma generalização e de uma banalização da criação artística: "Quanto à crítica do projeto artístico, não era junto aos caixeiros-viajantes do *happening*, nem junto às ralés vanguardistas que era preciso procurar, mas na rua, nos muros, no movimento geral de emancipação que carregava a realização mesma da arte."[95] Entretanto, foi apenas *a posteriori*, estando o acontecimento 1968 terminado, que se revelou o conteúdo subversivo da conjunção operada nessa corrente entre o esquerdismo político e a contracultura.

As origens desse movimento remontam ao letrismo, ao movimento CoBrA (acrônimo de Copenhague-Bruxelas-Amsterdã) e à rede integralmente seminal de Asger Jorn, assim como à sociabilidade singular de artistas marginais na Paris do bairro Mabillon nos anos 1950. A IS, que se quer inicialmente e antes de tudo uma vanguarda artística, opera em 1961 uma reviravolta radical sob o impulso de Guy Debord, que dela faz um movimento de natureza política. Antes dessa reviravolta política, tratava-se de um pequeno fulcro de operações convergentes que se queriam vanguardistas e que se reagruparam em 1957 em uma Internacional Situacionista. O mais velho do grupo, Asger Jorn, nasce em 1914 na Dinamarca e se torna pintor. Integrante da Resistência durante a Segunda Guerra Mundial, naquele momento ele é comunista. Desliga-se do PC em 1948 e se dedica a federar as vanguardas artísticas, lançando antes da IS não menos que quatro movimentos internacionais, permanecendo muito ligado aos artistas de CoBrA e escrevendo em sua revista para estigmatizar tanto a figuração quanto a abstração e substituí-las pela experimentação: "Nossa experimentação procura deixar o pensamento se expressar espontaneamente, fora de todo controle da razão."[96] A esse precursor se junta um componente holandês em torno de Constant Nieuwenhuys, nascido em Amsterdã em 1920, que de 1939 a 1941 cursou a Academia de

---

94. Ibidem, pp. 141-142.
95. Ibidem, p. 147.
96. JORN, "Discours aux pingouins" [Discurso para os pinguins], in BERRÉBY (org.), 1985, p. 65.

Belas-Artes e que se uniu no pós-guerra em Paris aos surrealistas, criando em 1948 a revista *Reflex*, participando ainda do movimento CoBrA, fundado ao final de 1948. É a esses diversos integrantes que Guy Debord, o mais novo desse movimento, nascido em 1931, se juntará com seus amigos do Quartier Latin no início de 1950; ele logra federá-los em uma Internacional Situacionista em 1957, por ocasião de uma reunião em uma cidadezinha da Ligúria, Cosio d'Arroscia, que se desenrola em um ambiente festivo e bastante alcoolizado: "Ficamos bêbados durante uma semana. É assim que a Internacional Situacionista foi criada."[97] Quanto ao conteúdo teórico das bases da nova geração, em essência ele é preparado por Guy Debord e se apresenta como um manifesto cultural de inspiração basilarmente marxista: "No início, pensamos que era preciso mudar o mundo. Queremos a mais libertadora mudança da sociedade e da vida em que vivemos enclausurados. Sabemos que essa mudança é possível por meio de *ações apropriadas*."[98]

O grupo de Félix Guattari

Assim que a contestação se generaliza, Félix Guattari parece um peixe dentro d'água. Ele é psicanalista em La Borde, na região de Loir-et-Cher, e diretor do Cerfi (Centro de Estudos, de Pesquisas e de Formação Institucionais), um coletivo de pesquisadores em ciências humanas. O deslocamento das esperanças revolucionárias, para o qual ele trabalha desde suas *Thèses de l'opposition de gauche* [Teses de oposição de esquerda], em direção ao movimento estudantil, concebido como ponta de lança da luta social e o único capaz de contornar os aparelhos burocráticos, desenrola-se sob seus olhos. Embora informado por seu grupo sobre o que se passa há alguns meses no campus de Nanterre, Guattari mostra-se surpreso com o caráter espontâneo dessa eclosão: "Quando 1968 eclode, tenho a impressão de subir pelas paredes. Experimento um sentimento estranho,

---

97. RUMNEY, 1999, p. 43.
98. DEBORD, citado in BERRÉBY (org.), 2004, p. 1.

total. Vejo-me naquela Sorbonne onde me aborrecia, o anfiteatro Richelieu […]. Extraordinária, era uma experiência extraordinária. Nada vi chegar e nada compreendi. Em alguns dias, entendi."[99] Já em abril de 1968, Guattari, intrigado, foi à Universidade de Nanterre para medir o pulso de um movimento que já tem seu porta-bandeira carismático na pessoa de Cohn-Bendit, que acumula o talento de tribuno, o humor devastador e o sentido nato da oportunidade. Guattari volta para La Borde, onde vive e trabalha, e convoca as tropas ao convidar médicos, monitores e estagiários, assim como pacientes, para vir reforçar as fileiras da revolução em andamento nas ruas de Paris.

Dentre os "feitos" de Guattari e seu grupo durante o mês de maio, estão a ocupação na rua d'Ulm do Instituto Pedagógico Nacional lançada pelos professores da FGERI (Federação de Grupos de Estudos e de Pesquisas Institucionais), federação criada por ele em 1965, e pelos situacionistas. Guattari, que é próximo de Fernand Oury, fundador da pedagogia institucional, bem conhece as questões ligadas a esse assunto, e seus amigos da FGERI têm por hábito trabalhar com os pesquisadores do instituto, ao passo que os militantes de base do movimento ignoram até mesmo sua existência: a ocupação de seus locais lhes parece um tanto fantasiosa. Com a ocupação do Teatro da França do Odéon, é visado o símbolo da cultura oficial francesa. Guattari participa da ocupação e coloca a serviço da tomada do Odéon todo o dispositivo de *savoir-faire* da FGERI, seus médicos, suas diversas redes de militantes. Muitos trabalham nos hospitais e enchem seus carros com ataduras, mercurocromo, antibióticos, enquanto outros se ocupam do reabastecimento alimentar necessário para enfrentar um hipotético cerco. Depois da grande manifestação de 13 de maio, o Odéon é tomado de assalto no dia 15, às 23h45: o movimento assim se apodera, sem nada quebrar, de um espaço onde artistas e intelectuais como Julian Beck e seu Living Theatre, assim como uma multidão de anônimos, tomaram a palavra. No *hall* de entrada, o comando-líder escreve em vermelho a seguinte advertência: "Quando a Assembleia Nacional se torna um teatro burguês, todos os teatros burgueses devem se

---

99. Félix Guattari, entrevista com Danièle Linhart, arquivos Imec, 1984.

tornar assembleias nacionais!" Jean-Jacques Lebel, Daniel Cohn-Bendit e Julian Beck explicam para um público entusiasta que se acomodou nas confortáveis poltronas da plateia e dos balcões que não se trata de confiscar o teatro de Barrault-Renaud, mas de devolvê-lo ao público. Jean-Louis Barrault, diretor do teatro, e Madeleine Renaud tentam explicar aos ocupantes que seu teatro é um lugar de vanguarda, que encenou peças como *O rinoceronte*, de Eugène Ionesco, ou *Oh les beaux jours* [Oh os belos dias], de Beckett, *Des journées entieres dans les arbres* [Dias inteiros nas árvores], de Marguerite Duras, ou, ainda, *Os biombos*, de Jean Genet. Mas tal argumentação se choca com uma recusa radical de transigir, de tal maneira que "Jean-Louis Barrault ratifica sua própria destituição proclamando, dramaticamente, na terceira pessoa, que ele não é mais o diretor do teatro, mas um autor como outro qualquer, e que 'Jean-Louis Barrault está morto'".[100] Progressivamente, o conjunto dos assalariados se une ao movimento de contestação, sobretudo após a noite das barricadas de 10 de maio, em um país totalmente paralisado pela greve — a maioria das fábricas está ocupada por seus operários. Enquanto a regra, com exceção do dia de 13 de maio, é aquela da separação, alimentada pelos aparelhos do PCF e da CGT, entre a contestação estudantil e o mundo operário, o Grupo Jovens da fábrica automobilística Hispano-Suiza, que já havia abalado a hierarquia dos responsáveis pela burocracia sindical, pode nesse momento se manifestar às claras. Seu responsável, Jo Panaget, grande amigo de Guattari, pede aos militantes do Cerfi uma ajuda para a Hispano, em La Garenne-Colombes. A fábrica, como todos os lugares, está cercada pelo PCF e pela CGT. Diante da porta de entrada, uma grande praça serve de fórum permanente de discussões, onde os militantes do Movimento 22 de Março vêm distribuir panfletos, animar debates e informar sobre o que se passa nos *campi*. O grupo dos amigos de Guattari chega para ajudar materialmente os operários em greve, que pedem aos responsáveis para poder discutir em um ambiente mais institucionalizado, no interior da fábrica. Chega-se a um acordo, e alguns estudantes do movimento podem entrar no local do conselho de empresa. Os representantes do aparelho

---

100. Gobille, 2018, p. 81.

constatam então, com estupefação, que os operários da base não hesitam em tomar a palavra e em exprimir uma revolta particularmente radical: "Puseram-se a falar de modo bastante violento, dizendo: 'O que estamos fazendo aqui? Deveríamos, todos, descer às ruas para nos manifestar.' Com violência e intensidade tais que os caras do aparelho ficaram completamente assustados."[101] No dia seguinte, os funcionários sindicais, depois de aprenderem a lição, preparam a reunião e monopolizam a palavra: as portas da fábrica rapidamente se fecham para os elementos vindos de fora.

No fim do mês de maio, o vento muda com o discurso incisivo do general De Gaulle, de volta de Colombey e de Baden-Baden, e com a grande demonstração gaullista nos Champs-Elysées. Guattari denuncia então as tentativas de recuperação lançadas pelos grupúsculos de extrema esquerda de todas as profissões de fé, que se aproveitam do retorno de De Gaulle para recrutar as forças vivas do movimento. Guattari espera preservar o Movimento 22 de Março com sua espontaneidade, sua criatividade transgressora, e ver viver todos os comitês surgidos ao longo da mobilização, tanto nos lugares de trabalho quanto nos bairros. O pensamento do Movimento 22 de Março "deve defender o direito para os comitês de base de permanecerem independentes de todas as estruturas que pretendem controlá-los".[102] Guattari ali reconhece o tipo de grupo que ele desejava: "O que é excepcional com o 22 de Março não é que um grupo tenha podido assim enunciar seu discurso sobre o modo da associação livre, mas que ele tenha podido se constituir como 'analista' de uma massa considerável de estudantes e de jovens trabalhadores."[103]

Na manhã de 6 de junho de 1968, os confrontos se deslocam para a fábrica de Flins-sur-Seine, na região de Yvelines, onde milhares de CRS e policiais móveis ocupam os locais desde as três horas da manhã, cercando a fábrica da Renault. Os operários, em greve há dezenove dias, recusam-se, apesar dos acordos de Grenelle, a retomar as atividades. Para enfrentar essa ofensiva policial massiva, alguns operários solitários que escaparam

---

101. Debate do Grupo Jovens da Hispano com Félix Guattari, gravação de 29 de junho de 1968, transcrição datilografada transmitida por Jo Panaget.
102. GUATTARI, [1968] 2003, p. 211.
103. Idem, [1968] 1972, p. 217.

ao cerco deixam seus braseiros e vão a Paris procurar ajuda. Eles irão à faculdade de belas-artes, contatar o grupo do 22 de Março e os comitês de ação parisienses. A mobilização geral é decretada, e um encontro é previsto para o dia seguinte, 7 de junho, às cinco horas, perto da fábrica. Embora as barreiras policiais tenham sido erguidas às portas de Paris para impedir que os militantes chegassem a Flins, muitos conseguem escapar da vigilância policial, e os confrontos se multiplicam nos entornos do perímetro proibido, com perseguições pelos campos, nos dois lados do rio Sena. O dia termina tragicamente, com o primeiro morto de Maio de 1968, o estudante Gilles Tautin.

Por sua vez, Félix Guattari pega seu carro para chegar a Flins:

> Em Flins, dei carona para pessoas muito jovens. Conversamos: "O que vocês fazem?" "Somos estudantes." "Estudantes do quê?" Eles hesitam. "Eh, bem, na Sorbonne." Eram operários bastante jovens, talvez aprendizes. Não era para blefar que se diziam estudantes, mas porque não podiam se dar a dignidade de irem combater, a não ser que se considerassem estudantes.[104]

Em junho de 1968, Guattari estima que os dois acontecimentos mais significativos do movimento, que mostrou sua capacidade de romper com os acordos de fachada, ocorreram em Flins e em Sochaux: "Em Flins, a CGT e os policiais estavam assustados: denunciavam em uníssono os 'elementos incontroláveis'."[105] Em Sochaux, em 11 de junho, a intervenção pesada da polícia na fábrica ocupada se conclui com a morte de dois operários, um deles abatido por bala. O deslocamento dos estudantes no terreno mesmo das lutas operárias carrega um valor transgressivo: as fronteiras bem guardadas entre os dois mundos haviam sido ultrapassadas.

A onda de choque de Maio de 1968 não pode não abalar a clínica de La Borde. Numerosos são aqueles que não deixam de ir e vir entre as manifestações parisienses e a clínica. A radicalidade da contestação

---

104. Ibidem, p. 221.
105. Ibidem, p. 223.

antiautoritária vai atingir como um bumerangue esse universo construído contra toda forma de anquilose institucional. Com efeito, em La Borde, a revolução é permanente, cotidiana; os grupos constituídos não têm senão uma existência efêmera a fim de evitar a burocratização, e os pacientes ocupam postos de responsabilidade ao lado dos enfermeiros, sem ordem hierárquica. Esse pequeno mundo de vanguardistas não pode se arrastar atrás de um movimento que ele cuidadosamente preparou. Na clínica constitui-se um comitê de greve e assegura-se a ligação com os estabelecimentos psiquiátricos da região do Vale do Loire. Contatos são feitos com as fábricas de Blois, de Vendôme e de Romorantin. Os numerosos estagiários vindos de Paris e recrutados por Guattari garantem o acesso à capital e colocam seus carros 2CV à disposição para abastecer a clínica, formando laços com os agricultores dos arredores. Para os residentes da clínica, o mês de maio é também aquele de um envolvimento maior com as funções materiais de uma clínica frequentemente desertada por seus profissionais, que se dedicam então a suas funções de militância. Questionamentos radicais vindos dos funcionários se fazem ouvir: "Do movimento vêm insistentes questões. O que vocês fazem em Cour-Cheverny? A loucura parece a vocês um fenômeno político? Por que a psiquiatria? Quais são os direitos dos doentes, seus poderes? Curar, o que é curar?"[106] O movimento de Maio leva La Borde da psicoterapia institucional aos limites da antipsiquiatria que então se desenvolve com as teses de Laing, de Cooper, de Basaglia, segundo as quais a própria instituição deve ser abatida. Mas essas posições são consideradas irresponsáveis pelo chefe do local, Jean Oury, que se põe meticulosamente a vigiar a fim de conservar seu instrumento de trabalho, apesar da contestação de que ele é alvo. Daí decorrem seus sentimentos ambíguos sobre esse período, que, segundo ele, produz efeitos funestos sobre o futuro da psiquiatria.

Gilles Deleuze não é um militante revolucionário como seu futuro amigo Guattari. Eles ainda não se conhecem, e suas preocupações de então parecem bastante distintas. Quando se olha mais de perto, entretanto, nota-se que esse acontecimento, o qual vivem cada um à sua

---

106. POLACK; SIVADON-SABOURIN, 1976, p. 54.

maneira, prepara o encontro dos dois. Em Maio de 1968, Deleuze, que é professor na Universidade de Lyon, mostra-se imediatamente receptivo à contestação estudantil. Ele é um dos raros professores da universidade a declarar publicamente seu apoio, a participar das assembleias gerais e das manifestações dos estudantes de Lyon. É mesmo o único no Departamento de Filosofia a marcar sua presença no movimento. Mostra-se a ele simpático e à sua escuta. Sem Maio de 1968, o encontro de Deleuze com Guattari organizado pelo psiquiatra Jean-Pierre Muyard não teria acontecido.[107] O acontecimento 1968 opera junto a eles uma espécie de ruptura instauradora. Seguindo o ensinamento de Joë Bousquet, bastante evocado em 1967 por Deleuze, sua primeira obra comum, *O anti-Édipo*, publicada em 1972, enraíza-se no movimento de Maio; ela carrega a marca da agitação intelectual do período. Comentando a publicação dessa primeira obra comum, Guattari confirma essa ancoragem: "Maio de 1968 foi um abalo para Gilles e para mim, como para tantos outros: nós não nos conhecíamos, mas esse livro, atualmente, é sem dúvida uma sequência de Maio."[108]

Resistências a Maio

Não foram todos os intelectuais ou universitários que aprovaram o movimento de Maio 1968, contudo. O filósofo Jean Guitton, titular na Sorbonne de uma cadeira de história da filosofia desde 1955, aterrorizou-se com o que qualificou de verdadeira tempestade. Naquele oásis de paz, ele pensava estar ao abrigo das tempestades, protegido por seu sistema de franquia. Enquanto ele considera sua sala de aula como o "santo dos santos"[109], eis que ela se transforma em berçário: ao discurso socrático que ali se podia ouvir se substituíram os gritos das crianças pedindo suas mamadeiras: "Ali se respiravam odores insípidos, ouviam-se lamúrias. No pátio da

---

107. Ver Dosse, 2007.
108. Deleuze; Guattari, [1972] 2003, p. 26.
109. Guitton, 1988, p. 119.

Sorbonne, as estátuas de Pasteur e de Victor Hugo estavam cobertas de bandeiras negras."[110] Se alguns poderiam ter rido com isso, Jean Guitton sente-se deportado da história, do saber; há um odor de lama, de absurdidade que ele não pode suportar: "Que impressão desconcertante aquela de ver subitamente se instalar no lugar do espírito o que a Bíblia chama *tiamat*[111], a balbúrdia, o caos, o informe e o vazio das primeiras origens [...]. Tratava-se de um carnaval, de um psicodrama, de uma quermesse?"[112]

Foi na Sciences-Po que Pierre Nora viu os acontecimentos de Maio de 1968, acontecimentos que transformarão a venerável instituição da rua Saint-Guillaume em um efêmero Instituto Lênin. A bandeira vermelha flutua sobre aquele centro de formação da elite francesa. O anfiteatro Boutmy é rebatizado anfiteatro Che Guevara e, por ocasião da greve geral de 13 de maio, a assembleia geral decreta a ocupação dos locais — o poder muda provisoriamente de mãos. Ele é mantido por uma comissão paritária que abrange tanto professores eleitos quanto estudantes. Pierre Nora atravessa essas perturbações com humor. Enquanto um clima de angústia se espalha junto a muitos responsáveis, os acontecimentos lhe fazem, antes, o efeito de gás hilariante. Contrariamente a Jean Guitton, ver a bandeira negra sobre a cabeça de Taine e a bandeira vermelha sobre a de Boutmy o fez rir muito, secretamente.

Com vários colegas, dentre os quais Raoul Girardet, Pierre Joxe, Gérard Vincent e Jean-Pierre Chevènement, Pierre Nora passa algumas noites no escritório do diretor, Jacques Chapsal, que não viu esse período com serenidade e humor. Trancado em seu escritório, ele recusa todos os apelos ao diálogo com os estudantes. A ala reformista não deixa de aconselhá-lo a descer e a iniciar a discussão, o que para ele seria o máximo da desonra naquela função que ocupa com uma dignidade solitária. Quando seus protetores lhe perguntam como reagiria a uma invasão dos agitadores em seu escritório, Chapsal responde que, naquela horda, qualquer que seja aquele que penetrasse em seu escritório, ele lhe apresentaria o

---

110. Ibidem, p. 120.
111. "Tiamat" é nome de uma deusa babilônica que representaria o caos da criação primordial. [N.T.]
112. Ibidem, p. 119.

ato de nominação outorgado por Maurice Thorez em 1945. Sua guarda se aproxima e imediatamente o dissuade disso: o PCF não tem odor de santidade no coração de Maio de 1968. Mas Jacques Chapsal continua: que entrem realmente em meu escritório, "até aqui", ele especifica apontando para sua mesa — abre uma gaveta, dela retira um revólver, agita-o diante dele: "Então!... Não para eles, mas para mim", e o aponta para sua têmpora. "Não faça isso!", responde novamente o coro. Naquele tumulto, Chapsal não se furta, entretanto, às suas responsabilidades: vai todos os dias à Sciences-Po. Um grupo de professores assegura a ligação entre o escritório de Jacques Chapsal e o térreo, permanecendo à escuta dos estudantes contestatários ao mesmo tempo que busca acalmar o jogo para restabelecer o diálogo.

Na Universidade de Caen, onde a agitação atinge seu ápice em maio, apenas o departamento dos historiadores — que encontrou em Pierre Chaunu o intransigente pronto a enfrentar o movimento, e, se fosse o caso, impor o restabelecimento da ordem *manu militari* — é poupado:

> Um dia, no anfiteatro, onde durante vários meses eu dera um curso sobre a Espanha e as origens do antissemitismo, chega um grupo que começa a bagunçar para me impedir de dar aula. Digo, então: "O que é isso? É um canto revolucionário, vamos cantar a 'Marselhesa', e vamos pô-los fora ao som da 'Marselhesa'!" Todo o anfiteatro entoa a "Marselhesa", e o grupo é posto para fora, é expulso.[113]

Em maio de 1968, Raymond Aron, por sua vez, terá sido mais do que um espectador engajado. Em seus editoriais no jornal *Le Figaro*, ele se opõe de modo radical à agitação crescente. Plenamente consciente do mal-estar universitário, não esperou Maio para criticar o sistema de organização do ensino superior. Mas a solução que preconizava, de tornar mais difícil o processo de seleção para o ingresso na universidade, não tinha como receber o assentimento dos estudantes. Como não é mais professor da Sorbonne, Aron mantém-se inicialmente na expectativa. Inquieto com o

---

113. Chaunu, 1994, p. 93.

recrudescimento dos confrontos, participa depois da noite das barricadas do 10 de maio de uma reunião com Claude Lévi-Strauss, Charles Morazé, Jean-Pierre Vernant e alguns outros para condenar a violência. O resultado dessa reunião é um comunicado que "exprime sua consternação diante do restabelecimento da ordem efetuado nas primeiras horas do 11 de maio" e pede uma "lei de anistia".[114] Na semana seguinte, ele embarca para os Estados Unidos, onde fora convidado para proferir diversas conferências: "De longe, acompanhei com ansiedade a multiplicação das greves, das manifestações e das sublevações. Em 20 de maio, decidi voltar para a França, desculpando-me por não honrar o compromisso assumido junto ao American Jewish Committee."[115] Aquela Comuna estudantil lhe inspira "uma repulsa imediata: não se discute sobre gostos e sobre cores".[116] Suas posições são da ordem da mais profunda rejeição. Ele recusa mesmo a ideia de revolução, da qual denuncia o caráter de alteridade absoluta: "A irrupção dos bárbaros, inconscientes de sua barbárie."[117] Ele associa esse desejo revolucionário, do qual deplora o caráter repetitivo na história francesa, a um verdadeiro vírus que gangrena a sociedade a partir do interior. Ele compara a situação de 1968 à base daquela incapacidade que desde 1789 os franceses demostraram para estabilizar um regime democrático que, na falta de consenso viável, se vê submetido a incessantes sobressaltos. Quanto aos atores da revolta de 1968, Aron os vê como fantasmas saídos dos sonhos do socialismo utópico do século XIX, que recorrem a um repertório já conhecido, mas, como diria Marx, em uma retomada que muito tem de farsa: "O senhor Sauvageot ou o senhor Geismar agiam e falavam como líderes da Comuna de Paris de 1789 e de 1790, como líderes improvisados de fevereiro de 1848, em uma conjuntura totalmente diferente."[118] Essa pálida imitação da história, essas declarações, essas ações inspiradas em uma situação para sempre superada condenam-nos a serem tão somente os atores de um embuste grotesco, contra a sua vontade. Para além da farsa,

---

114. Brillant, 2003, p. 192.
115. Aron, [2003] 2010, pp. 611-612.
116. Idem, 1968c, p. 14.
117. Ibidem, p. 13.
118. Ibidem, p. 35.

Maio de 1968 seria a expressão de uma patologia, que para Aron se deveu aos efeitos da superpopulação estudantil parisiense nos locais que não mais seriam apropriados para a massificação dos cursos: "Sabemos que os ratos e muitos outros animais, a partir de uma densidade excessiva em um dado espaço, manifestam todos os sinais de desregramento que nós, no reino humano, associamos à nevrose."[119] Nessas condições, a civilização tem a obrigação de reagir da maneira mais resoluta possível para combater esse tumulto animalesco que arrisca fazê-la cair na barbárie. Isso explica a que ponto o retorno poderoso do general De Gaulle no final de maio e seu triunfo eleitoral agradam a Aron. Uma vez passada a comoção da onda revolucionária, ele julga os acontecimentos de modo um pouco menos crispado. Ele os encara apenas como uma manifestação carnavalesca, um psicodrama passageiro, uma revolução a um tempo anacrônica e futurista, anunciando uma sociedade pós-industrial em uma França ainda insuficientemente modernizada. Inicialmente inquieto, ele se tranquiliza plenamente ao ouvir a alocução radiodifundida do General em 30 de maio, e exclama "Viva De Gaulle!". Embora nunca tivesse sido um gaullista fervoroso, ele vai ao Champs-Elysées, com Kostas Papaïoannou, onde a multidão se reúne.

As posições de Raymond Aron suscitam um novo choque frontal entre os dois "pequenos camaradas". Em uma tribuna publicada em 19 de junho no *Nouvel Observateur*, Sartre reage vivamente ao engajamento de Aron, aquele mandarim que nunca se colocou em questão:

> Quando o velho Aron repete indefinidamente a seus alunos as ideias de sua tese, escrita antes da guerra de 1939, sem que estes que o escutam possam exercer sobre ele o menor controle crítico, ele desempenha um real poder, mas um poder que certamente não se fundamenta em um saber digno desse nome [...]. Coloco minha mão no fogo para dizer que Raymond Aron nunca se contestou, e é por isso que ele é, a meus olhos, indigno de ser professor.[120]

---

119. Ibidem, p. 54.
120. SARTRE, 1968a.

E Sartre conclama a tomar a Bastilha Aron para que o rei se ache nu: "É preciso, agora que toda a França viu De Gaulle completamente nu, que os estudantes vejam Raymond Aron completamente nu. Suas roupas lhe serão devolvidas apenas se ele aceitar a contestação."[121] Os alunos de Aron, sobretudo Pierre Hassner e Jean-Claude Casanova, tomam a iniciativa de escrever uma carta coletiva, uma carta de protesto contra aquele ataque[122], que será publicada no *Nouvel Observateur*. Sartre não é o único a se indignar com as posições de Aron. O historiador Pierre Vidal-Naquet, escandalizado, conta-lhe em uma carta sobre seu estupor: "O senhor me dissera certa vez — e não sem razão — que, por ocasião de todas as crises, viam-se os judeus destruírem-se entre si. Julgo lamentável que o senhor reserve seus golpes mais duros a Cohn-Bendit, a Geismar e a Morin."[123] O historiador sabe que ele toca ali em um ponto sensível, e se mostra incisivo em um momento em que as linhas de clivagem alcançam seu paroxismo.

Em junho de 1968, Aron engaja-se a ponto de assumir a iniciativa de criar um organismo de salvaguarda da instituição universitária. "Talvez seja chegado o momento, contra a conjuração da covardia e do terrorismo, de se reagrupar, fora de todos os sindicatos, em um vasto comitê de defesa e de renovação da universidade francesa."[124] Nesse apelo publicado no *Figaro*, ele pede àqueles que partilham de suas inquietações que lhe escrevam para ajudá-lo a organizar esse comitê. A ideia causa forte impressão junto aos leitores do jornal, e Aron recebe uma infinidade de cartas: "Na verdade, foi na casa do próprio Aron, no Quai de Passy, que se instalou uma pequena equipe, composta por Emmanuel Le Roy Ladurie, Alain Besançon, Jean Baechler, Kostas Papaïoannou, Annie Kriegel, Roland Caillois e Jean-Marie Carzou, que se lançaram a triar e abrir os milhares de cartas

---

121. Ibidem.
122. Sem título, *Le Nouvel Observateur*, 3-9 de julho de 1968, carta assinada por Jean Baechler, Yvon Bourdet, Jean-Claude Casanova, Alfred Grosser, Pierre Hassner, Serge Hurtig, Pierre Kende, Jacques Lautman, Raymonde Moulin, Pierre Nora, Kostas Papaïoannou e Alain Pons.
123. Pierre Vidal-Naquet, carta a Raymond Aron, 13 de junho de 1968, arquivos pessoais de Raymond Aron, citada in BAVEREZ, 2006, p. 512.
124. ARON, 1968b.

que ele recebeu."[125] A associação iniciada em 21 de junho, presidida por Aron, com Gérard Lagneau como secretário-geral e Claude Polin como tesoureiro[126], terá uma existência bastante efêmera.

Se Aron auxiliou o general De Gaulle em plena tempestade de Maio de 1968, o que então dizer dos intelectuais gaullistas, como seu ministro da Cultura, André Malraux, que, em 30 de maio, se põe a gritar na avenida dos Champs-Elysées, clamando para quem quisesse ouvir que De Gaulle não estava sozinho. Malraux, que fora designado pelo presidente para retomar o Teatro do Odéon, pede a Jean-Louis Barrault, então diretor do teatro, para que fizesse a EDF cortar a luz, e as PTT, o telefone. Barrault se recusa, com a seguinte tirada teatral: "Servidor, sim. Serviçal, não!"[127] Isso lhe custará o cargo. Malraux o demite de suas funções em agosto. O ministro da Cultura, ao analisar o acontecimento como sendo mais sério do que sobre ele falara Aron, interpreta-o como a expressão de uma crise de civilização e aquiesce à sugestão do presidente, por ocasião do Conselho dos Ministros em 23 de maio, de organizar um referendo: "Sim, é o referendo e nada além disso que se impõe. A escolha deve ser feita pelo país: trata-se ou da reforma, que apenas o senhor com seu governo poderá conduzir, ou da revolução. É simples, e o povo compreenderá."[128] Sabe-se que essa iniciativa será inócua e que ela não permitirá a De Gaulle virar o jogo. Será preciso esperar por sua partida para um destino desconhecido — mais tarde se saberá que se tratava de Baden-Baden —, sua volta em seguida ao Eliseu, para que o chefe de Estado retome o controle da situação, ajudado por seus apoiadores. Para François Mauriac, que julga que De Gaulle encarna a Graça, a travessia de Maio de 1968 é penosa. Manifestamente chocado com a fúria da repressão por ocasião da noite das barricadas de 10 de maio, ele assina com outros um apelo contra a

---

125. BAVEREZ, 2006, p. 509.
126. Ela tem como principais responsáveis pelas relações com as universidades François Bourricaud, Michel Crozier, Francis Balle, Raymond Boudon, Jacqueline de Romilly, Jean Bastié, Julien Freund, Georges Gusdorf, Roland Caillois, François Crouzet e Michel Haar (informações extraídas de BAVEREZ, 2006, p. 310).
127. Jean-Louis Barrault, citado in TODD, [2001] 2002, p. 765.
128. André Malraux, citado in ibidem, p. 767.

violência policial: "Nada poderia ser pior do que um confronto do poder com a juventude estudantil; tratava-se a um tempo de jogar o jogo dos líderes que meditavam uma operação política de envergadura e trair os outros, aos quais era preciso proteger contra a tentação da violência."[129] Mauriac refugia-se na escrita de *Un adolescent d'autrefois* [Um adolescente de outrora], que será publicado dez meses mais tarde. Apavorado em ver seu herói naufragar, não se sente porém tranquilo com seu discurso de 24 de maio, no qual anuncia o referendo sobre a participação. Seu retorno de Baden-Baden em 30 de maio e a vivacidade de sua alocução, da qual cada palavra fere como uma bala, reanima sua chama gaullista. Ao final de sua vida, Mauriac se encontra nos braços de Maurice Schumann nos Champs-Elysées, saudando o renascimento da V República e de seu General: "Vi [...] nessa praça, onde cada pedra está carregada de história, rios humanos serem desviados e, acima deles, a bandeira tricolor, insultada durante tantos dias por aquela da anarquia."[130]

A cultura da elite na mira da crítica

A contestação é particularmente radical na esfera da cultura. No cinema, será mesmo vivido um Maio antes de maio, pois que essa contestação começa em fevereiro de 1968 com "o caso Langlois", de grande repercussão. Em 1936, Henri Langlois cria uma instituição que se tornará *cult* para todos os cinéfilos, e, sobretudo, para os partidários da *nouvelle vague*, a Cinemateca Francesa. Em 9 de fevereiro de 1968, o ministro da Cultura, André Malraux, nomeia seu sucessor, Pierre Barbin, sob a pressão, ao que parece, do ministro das Finanças, Pierre Moinot. Mas Langlois é um monstro sagrado, um personagem adulado, e a medida é denunciada como uma tentativa de controle estatal sobre o cinema, sobretudo sobre o CNC (Centro Nacional do Cinema), o que provoca uma onda de protestos. "Uma decisão surpreendente" é o título do jornal

---

129. MAURIAC, 1993, p. 76.
130. Idem, 1968a.

Le Monde; Françoise Giroud escreve na revista *L'Express* que "a mais bela vitrine dos Assuntos Culturais acaba de ser estilhaçada". Organiza-se um comitê em defesa da Cinemateca, presidido pelo cineasta Jean Renoir. No dia seguinte, numerosos diretores, dos mais venerados pelo público, anunciam a retirada imediata de seus filmes da Cinemateca Francesa.[131] Decide-se por uma série de ações espetaculares para se opor a tal evicção. Em 14 de fevereiro, um apelo à manifestação na esplanada do Trocadéro reúne três mil pessoas, que ouvem inicialmente o chamado dos "filhos da Cinemateca", lido por Jean-Pierre Léaud e Jean-Pierre Kalfon. Elas serão dispersadas pelas forças da polícia: "A manifestação prossegue, é atacada a cassetete com uma violência que surpreende a todos; diversos feridos leves são tratados, dentre os quais Truffaut, Godard, Bertrand Tavernier."[132]

Em 25 de fevereiro, o líder da esquerda francesa, François Mitterrand, deposita uma pergunta escrita na Assembleia Nacional. Ele questiona por que Malraux, "em condições particularente chocantes, procedeu à evicção do diretor da Cinemateca Francesa, a quem o cinema deve, há mais de meio século, a salvaguarda de suas criações".[133] O radical de esquerda Henri Caillavet faz a mesma coisa no Senado. Malraux justifica sua decisão pelo caráter desastroso da gestão de Langlois, que teria colocado em perigo milhares de bobinas entrepostas em estado catastrófico. Com efeito, sabe-se que Langlois zela ciosa e amorosamente por seu tesouro cinéfilo e que ele recusa que ali se venha penetrar: "Ele reina sobre quantidades fabulosas de filmes que lhe foram confiadas por cineastas do mundo inteiro, e das quais ninguém — nem mesmo ele, dizem seus críticos — conhece o número, o estado, o conteúdo ou a localização."[134] Mas Malraux não considerou a que ponto o homem, para além de seus erros de gestor, encarnou o cinema para toda uma geração de cineastas e de cinéfilos, e tampouco que ele não poderia assim atacá-lo sem causar graves estragos. As projeções por ele organizadas regularmente nas salas do Museu Guimet,

---

131. Essa decisão é tomada pelos maiores diretores do momento, ver Frodon, 1995, p. 223.
132. Ibidem, p. 227.
133. François Mitterrand, citado in Todd, [2001] 2002, p. 756.
134. Frodon, 1995, p. 222.

em seguida na rua d'Ulm e, desde 1963, no Palácio de Chaillot foram mesmo o lugar de formação de toda essa geração.

O caso assume uma dimensão nacional. Em 22 de março, em Grenoble, Pierre Mendès France, ao lado de François Truffaut, Claude Lelouch, Philippe de Broca e Michel Simon, anima o comício de apoio a Langlois, sob a iniciativa do PSU local. Finalmente, Malraux cede diante dos protestos gerais em 21 de abril, e anuncia que um organismo público sem representantes do Estado se ocupará da Cinemateca, o que permite à assembleia geral dos membros da Cinemateca reeleger Henri Langlois.

Mas o mês de maio começa com seus confrontos sucessivos, e o meio dos cinéfilos, já habituado a ações espetaculares, não pensa se contentar com esse recuo e com a reabertura da Cinemateca na rua d'Ulm. A mobilização do meio se desloca para os lados do prestigioso Festival de Cannes, obrigado a suspender as projeções durante 24 horas. Em solidariedade aos estudantes, numerosos cineastas pedem que seus filmes sejam retirados da competição.[135] Robert Favre Le Bret, o delegado geral, procura uma saída ao propor a continuação de um festival que renunciaria aos sucessos comerciais. A contestação perdura e impede as projeções; Jean-Luc Godard e François Truffaut montam sobre as cortinas para impedir sua abertura, enquanto outros ocupam o palco, até que Favre Le Bret se vê obrigado a renunciar e a declarar o fechamento do festival. Nesse momento, a categoria profissional está em greve, e é nesse contexto que em 17 de maio têm início os EGCF (Estados Gerais do Cinema Francês). O CNC está sendo acusado, e os Estados Gerais declaram a supressão dele em sua publicação, *Le Cinéma s'insurge* [O cinema se insurge], que reúne os nomes dos primeiros 385 signatários da petição contra o CNC.

Com a contestação da política teatral, toda a política de Malraux se torna objeto de crítica e de recusa. O Teatro da França imediatamente se transforma em local de *meetings* ininterruptos dia e noite e, durante um mês, se torna um espaço por excelência da expressão contestatária, onde

---

135. "Em 18 de maio, Truffaut e outros cineastas presentes na Croisette, Godard, Malle, Lelouch, Albicocco, Berri, Resnais, Polanski, mas também os tchecoslovacos Milos Forman e Jan Nemec, o inglês Richard Lester, o espanhol Carlos Saura pedem para que seus filmes sejam retirados da competição" (BAECQUE [DE], 2008, p. 319).

se refaz a sociedade por meio do processo da cultura burguesa.[136] Será preciso esperar até meados de junho para que o governo retome o Teatro do Odéon, alegando depredações que segundo ele teriam sido cometidas por um grupo de Katangais. Em pleno verão, a contestação perdura e se radicaliza ainda mais, deslocando-se para o Festival de Avignon, e, dessa feita, fazendo o processo da política encarnada por Jean Vilar, que, desde que dirige o TNP (Teatro Nacional Popular), pensa colocar ao alcance do público os tesouros do repertório. Ele é acusado de ter-se transformado em um serviçal da cultura burguesa. Embora tenha organizado um programa particularmente moderno, com os Balés do Século XX, de Maurice Béjart, e a trupe Living Theatre, dirigida por Julian Beck e Judith Malina, ele é alvo de ataques virulentos. Entretanto, ele se abrira à cultura *underground*, às mais inovadoras experiências em matéria de teatro coletivo e político, mas o foco do movimento de Maio migrou para Avignon e ataca todas as cabeças em posição de exercer algum poder. Vilar vê, pois, aparecer contra ele cartazes que cobrem os muros da cidade e que atacam o "Papapa".[137] É mesmo possível descobrir um surpreendente slogan: "Vilar, Béjart, Salazar"! "Os confrontos nas ruas e na praça de l'Horloge se multiplicam, os CRS atacam diversas vezes. O festival se tornou um *meeting* permanente."[138] Da praça de l'Horloge à praça des Carmes, a efervescência chega a seu ápice. O público é convidado a invadir o palco, e o teatro se desloca para a rua. Reivindica-se um teatro gratuito, popular, inovador, espontâneo e crítico: "A contestação enriquece-se com atitudes específicas da cidade de Avignon: a soltura de galinhas-d'angola na Cour d'honneur (uma especialidade de Georges Lapassade, apelidado de 'Doutor Lapintade'[139]); o desnudar expresso torna-se um ato militante, uma prática de provocação e

---

136. Ver BOUYER, 1968, e RAVIGNANT, 1968.
137. "*Papape*", no original. O termo joga aqui, de modo zombeteiro, com a ideia de "papa" (Sumo Pontífice) e de "papai", significando a autoridade duplamente negativa representada pela figura de Jean Vilar. [N.T.]
138. LOYER; BAECQUE [DE], 2007, p. 232.
139. "Doutor Lapintade", isto é, "Doutor Apintada" — alude-se aqui a um sinônimo de "galinha-d'angola", "pintada". [N.T.]

de escândalo."[140] Como escreve Claude Roy na edição de 21 de agosto de *Le Monde*, os contestatários fazem com que Jean Vilar pague pelo malogro político e social do movimento de Maio.

Enquanto isso, outro foco de contestação iniciou-se no Teatro da Cité de Villeurbanne, sob a iniciativa de Gabriel Monnet, diretor da casa de cultura de Bourges, de Hubert Gignoux e de Roger Planchon. Durante três semanas, de 21 de maio a 14 de junho, cerca de quarenta diretores de casas de cultura e de centros dramáticos ou de trupes permanentes se reúnem em conclave para debater a função da atividade teatral. Dessas reuniões resulta uma "Declaração do comitê permanente de Villeurbanne", que faz um balanço do malogro da política de democratização do acesso à cultura e assinala o agravamento da distância entre aqueles que têm acesso à cultura e os outros. Fazendo sua autocrítica e questionando a política de André Malraux, os signatários da declaração de Villeurbanne atacam a cultura "hereditária, individualista, burguesa" que teria sido veiculada pelas casas de cultura.[141] Eles se engajam em restabelecer um laço dialético entre ação teatral e ação cultural, implicando aquilo que chamam o "não público" e colocando-se em uma perspectiva de contestação positiva.[142] Essa radicalidade, que se encontra em todos os setores artísticos, alcança seu paroxismo nas artes plásticas, tanto mais porque a Escola de Belas-Artes, com a criação de seu ateliê popular, transformou-se em espaço por excelência de criatividade e de mobilização. Em 14 de maio, quando se inicia a ocupação da Belas-Artes, um pintor e escultor, Guy de Rougemont, propõe a criação de um ateliê de serigrafia a serviço das lutas em andamento. Muitos pintores vêm oferecer seu talento a tal iniciativa.[143] Os primeiros contatos entre artistas, estudantes e críticos de arte se teceram na Sorbonne, onde, sob a iniciativa de Jean Duvignaud e de Georges Patrix, organizou-se um Comitê de Agitação Cultural a fim de refletir sobre o papel da arte na sociedade e de questionar os laços tecidos

---

140. Loyer, 2008, p. 399.
141. "Déclaration de Villeurbanne", in Abirached (org.), 1994, p. 197.
142. Essa declaração é assinada pela jovem guarda teatral, ver Loyer, 2008, p. 398.
143. Ver Brillant, 2003, p. 299.

entre criação artística e leis do mercado. Constatando que não cabe ao público ir ao encontro da arte, mas à arte chegar diante do povo, eles empregarão sua criatividade na concepção de cartazes. Depois de uma semana de debates, o comitê se transforma em Grupo de Ação de Artes Plásticas, e reúne pintores e galeristas solidários ao movimento. Diversas ações espetaculares são então organizadas, ações que visam notavelmente tudo o que pretende encarnar a modernidade: "Em 18 de maio, um certo número de pintores e de críticos de arte reunidos na Sorbonne caminha em direção ao Museu Nacional de Arte Moderna, com a firme intenção de proceder a seu fechamento."[144] Como encontram as portas fechadas, os manifestantes colam cartazes nos muros do museu: "Fechado devido a inutilidade." Outros escolhem boicotar as exposições; alguns chegarão mesmo a tentar retirar dali suas telas.

Também os arquitetos e os urbanistas exprimem seu profundo desconforto: havia já algum tempo, denunciavam um ensino afastado da realidade e instrumentalizado pelas lógicas de mercado e especulativas; decidem, pois, se juntar à explosão de Maio.[145] "Na noite de 20 de maio, milhares de arquitetos — professores e alunos — reúnem-se em assembleia geral no pátio da Escola e adotam uma moção."[146] Decidiu-se ao mesmo tempo pela ocupação ilimitada dos locais da Ordem dos Arquitetos e por sua dissolução, ratificada em 22 de maio por ocasião da reunião de 1.200 arquitetos que constituem o Movimento 22 de Maio, cuja ambição é favorecer uma política de socialização do tempo, da arte e do espaço e desmistificar a natureza de classe do que é colocado em prática. Todos, urbanistas, arquitetos e artistas-pintores, consideram que é preciso lograr uma verdadeira mutação no modo de abordar a criação, fazendo com que a ambição da "arte para *todos*" torne-se aquela da "arte *por* todos".[147] O mercado da arte, que se parece com o mercado da Bolsa ao transformar a obra de arte em produto mercantil, reservando a uma elite selecionada

---

144. Ibidem, p. 294.
145. GODET, 1968.
146. BRILLANT, 2003, p. 297.
147. MOULIN, 1968, p. 134.

o status social de artista, passou pelo crivo da crítica. Os artistas são, pois, instados a renunciar a seus privilégios e a trazer seu *savoir-faire* ao alcance de todos, fazendo com que a arte desça às ruas. Diversas revistas, como *Archibras* ou *Phases*, defendem a efervescência criativa dos estudantes da Escola de Belas-Artes.

Os escritores, eles também, não são os últimos a entrar na dança contestatária. Em 18 de maio, tomam posição como escritores graças à voz do Comitê Nacional dos Escritores, que publica um comunicado pelo qual exprimem sua solidariedade com os estudantes. No mesmo momento, uma reunião ocorre na Sorbonne. Ela reúne cerca de cinquenta romancistas, filósofos e críticos, que constituem um Comitê de Ação Estudantes-Escritores Revolucionários (CAEE).[148] Esse comitê não somente tem a tarefa de apoiar o movimento social em pleno desenvolvimento, mas pretende igualmente transformar a relação entre editores e autores e, por isso mesmo, "revisar as condições de exploração dos escritores pelos editores, em acordo com todos os trabalhadores do Livro, para chegar a uma nova definição econômica e social da relação do escritor com a sociedade".[149] Como cada profissão deve atacar um lugar simbólico para ocupá-lo, os escritores escolhem por alvo o Hôtel Massa, sede da Sociedade dos Letrados, invadida em 21 de maio por escritores que pensam assim reeditar a tomada do Palácio de Inverno.[150] A partir de seu novo quartel-general, os ocupantes constituem uma União dos Escritores e lançam um apelo: "Os escritores abaixo-assinados decidiram ocupar os locais da Sociedade dos Letrados [...]. Eles decidem fundar nos antigos locais da Sociedade uma União dos Escritores, em estreita ligação com os estudantes e os trabalhadores do Livro. Aberta a todos os que consideram a literatura como uma prática indissociável do processo revolucionário atual, essa União será um centro permanente de contestação da ordem literária estabelecida."[151] Os escritores contestatários se

---

148. Ver Brillant, 2003, p. 267.
149. *Le Monde*, 23 de maio de 1968.
150. Entre esses escritores estão Michel Butor, Nathalie Sarraute, Jean-Pierre Faye, Jacques Roubaud, Yves Buin, Jean Duvignaud e Maurice Roche.
151. "Appel de l'Union des écrivains", 21 de maio de 1968, in Gobille, 2018, p. 99.

dotam de um escritório provisório.¹⁵² Em Censier, Jean Duvignaud, em companhia de Michel Leiris, lança um dos slogans mais conhecidos de Maio de 1968: "Sejamos realistas, peçamos o impossível!" Constitui-se um Comitê de Ação Escritores-Estudantes-Trabalhadores, que se reúne alternadamente em Censier e na Sorbonne, onde são vistos Marguerite Duras, Maurice Blanchot, Dionys Mascolo e outros escritores que se mobilizam em apoio a essa juventude contestatária. Suas tomadas de posição, relatadas por Maurice Nadaud em *Les Lettres nouvelles*, terão grande ressonância. A Comissão Estamos Avançando do Comitê de Ação de Censier proclama em suas teses: "A partir da criatividade de cada um, uma nova cultura e uma nova ideologia são fundadas."¹⁵³ Em 26 de maio, os membros desse comitê se declaram "solidários com os jovens revoltados, 'raivosos' de ontem, 'blusões negros' hoje. Contra qualquer tentativa de segregação no interior do movimento, nós, que havíamos participado das ações atribuídas a uma pretensa máfia, afirmamos que estamos todos amotinados, que somos todos a máfia".¹⁵⁴ No seio desse comitê, Maurice Blanchot desempenha um papel de inspirador das análises difundidas:

> Revolução [...] mais filosófica que política, mais social que institucional, mais exemplar que real; e destruindo tudo, sem ter nada de destruidor; destruindo, mais do que o passado, o próprio presente onde ela se realiza e não buscando se dar um futuro, extremamente indiferente ao futuro possível, *como se o tempo que ela procurasse abrir estivesse já para além dessas determinações usuais.*¹⁵⁵

---

152. Esse escritório provisório é composto por Philippe Boyer, Yves Buin, Michel Butor, Henri Deluy, Jean-Pierre Faye, Jean-Claude Montel, Maurice Roche, Paul Louis Rossi, Jacques Roubaud, Nathalie Sarraute, Franck Venaille, Pierre Guyotat, Jean Duvignaud, Alain Jouffroy, Eugène Guillevic.
153. Tese 47 do Comitê de Ação de Censier, citado in Gobille, 2018, p. 18.
154. Baynac, 1978, p. 220.
155. Ibidem, p. 221. Grifos do autor. [N.T.]

Maurice Blanchot vem de longe. Cronista de extrema direita nos anos 1930[156], ele foi igualmente pró-marechal Pétain no começo da guerra, antes de ser solicitado por Jean Paulhan para contrabalançar as posições colaboracionistas de Drieu La Rochelle na *Nouvelle Revue Française* (NRF). Michel Leiris, por sua vez, abre seu apartamento do cais dos Grands-Augustins para os estudantes que tentam se proteger das perseguições dos CRS. Esse apartamento se torna o quartel-general de um jornalista do *Figaro* que dali transmite suas mensagens a seu jornal durante a noite dos confrontos de 24 de maio, em meio a ácidas discussões entre trotskistas e maoistas. O movimento leva em seu rastro um Jean Genet que, cuidadosamente apartado da política até aquele momento, havia mesmo se recusado a assinar o Manifesto dos 121, e cuja peça *Os biombos* constituía sobretudo uma defesa do individualismo, e não a expressão de um apoio à causa argelina. Em Maio de 1968, ele apoia Daniel Cohn-Bendit contra as proposições caluniadoras do secretário do PCF, Georges Marchais, e escreve um artigo extremamente elogioso do líder do Movimento 22 de Março:

> Cohn-Bendit está na origem, poética ou calculada, de um movimento que está destruindo ou, ao menos, abalando o aparelho burguês e, graças a ele, o viajante que atravessa Paris conhece a ternura e a elegância de uma cidade que se revolta. Os automóveis, que são sua gordura, desapareceram; Paris se torna enfim uma cidade magra, perde alguns quilos, e, pela primeira vez em sua vida, o viajante experimenta como que uma alegria, vindo à França, e a felicidade de rever rostos — que ele viu sem brilho — enfim alegres e belos.[157]

A União dos Escritores que se constitui se dá portanto em um escritório provisório, e sua presidência é assegurada por Michel Butor. Ela se beneficia da adesão de mais de cinquenta escritores (em junho, eles serão 150)

---

156. Ver BIDENT, 1998, pp. 49-232.
157. GENET, [1968] 1993, pp. 498-499.

que aprovam e apoiam essa iniciativa.[158] Do mesmo modo que os artistas atacam a noção de artista apartado do público, os escritores mobilizados condenam o que designam o "mito" do escritor e a suposta fronteira que o separaria de seu leitorado:

> O lugar do escritor hoje não está nos "Congressos Literários", e o do cineasta não está nos "Festivais": trata-se, com efeito, de criar os lugares de encontro onde os intelectuais se recusarão a considerar os outros como um "público", e onde eles se esforçarão para estabelecer novas formas de comunicação com todos os trabalhadores, sem exceção. E igualmente para mudar as "funções".[159]

---

158. Dentre os quais, entre outros, Jean-Paul Sartre, Simone de Beauvoir, Jean Cayrol, Claude Roy, Michel Leiris, Maurice Nadeau, André Pieyre de Mandiargues, Max-Pol Fouchet, Marguerite Duras. Ver COMBES, 1984, p. 268.
159. JOUFFROY, 1968.

2

A contestação

O fundo do ar é vermelho

Com a eleição de uma câmara azul-horizonte[1] em junho de 1968, alguns acreditam que o recreio havia acabado e que o curso normal das coisas seria retomado como se nada houvesse acontecido, ainda mais porque a desaprovação da contestação, assim com ficou manifesto nas urnas, foi particularmente amarga para aqueles que desejavam questionar o gaullismo. Eis aí um equívoco. A sombra de Maio flutua sobre o começo dos anos 1970 com uma intensidade que irá mesmo suscitar mudanças profundas em diversos domínios: o lugar das mulheres, as relações entre adultos e jovens, entre educadores e educandos, as relações com a justiça, a questão do trabalho e do meio ambiente. Em todos os setores da sociedade, a questão da autoridade é posta em xeque pela reivindicação da palavra e pelo desejo de participar das decisões de modo mais coletivo. Toda a atividade intelectual e cultural recebe a onda de choque.

Em primeiro lugar, o marxismo, que já entusiasmara um número crescente de intelectuais com a teoria de Althusser, torna-se, mais do que nunca, a língua comum que se impõe a todo partidário de uma mudança na sociedade. É fato que outras posições mais nuançadas se expressarão, mas aquelas da maioria dos intelectuais de esquerda, ainda amplamente dominantes, repousam implicitamente sobre fundações marxistas. O sopro

---

1. Referência à cor dos uniformes do exército francês na Grande Guerra e das tropas metropolitanas francesas entre 1915 e 1921. [N.E.]

de 1968 suscita, mesmo, um reforço da convicção marxista com a ideia de que o vento sopra no bom sentido e que basta se colocar em sua direção. Essa crença faz a alegria dos pequenos grupos que proliferam no pós-Maio, com trotskistas ou maoistas exercendo então uma real atração junto aos intelectuais, e substitui aquela exercida pelo PCF, enfraquecido pela existência de um novo polo sobre a esquerda. Para esses grupos, Maio de 1968 não foi senão um ensaio geral do que irá inelutavelmente advir: a revolução é iminente.² Um novo ganho de fé no curso da história, expresso pelos dois líderes trotskistas das JCR (Juventudes Comunistas Revolucionárias), Henri Weber e Daniel Bensaïd, volta a reavivar a convicção leninista em um detonador e em uma conflagração por vir. Do lado maoista, não se está longe de um esquema similar com a obra coletiva *Vers la Guerre civile* [Na direção da guerra civil], que decreta a revolução iminente: "Sem querer profetizar: no horizonte de 1970 ou 1972 da França, eis a revolução [...]. Estamos nos primeiros dias da guerra popular contra os exploradores, nos primeiros dias da guerra civil."³ Daniel Cohn-Bendit, por sua vez, à diferença dos marxistas-leninistas, privilegia em suas análises o princípio da autonomia, que ele toma emprestado da corrente Socialismo ou Barbárie, valorizando o componente libertário e autogestionário do movimento⁴: "Alimentada pelos clássicos do marxismo, a jovem *intelligentsia* contestatária não duvida pois do caráter eminentemente revolucionário do movimento."⁵

Para se expressar, a contestação pós-1968 toma de empréstimo amplamente seu discurso daquele marxista, e encontra no althusserianismo o meio de reconciliar adesão ao marxismo e desejo de rigor científico. Isso acontece, por exemplo, entre tantos outros, com o aprendiz-filósofo André Comte-Sponville, então um estudante de 18 anos que perde a fé, deixa a JEC (Juventude Estudante Cristã) e adere ao "partido da classe operária". Antes de entrar em *khâgne*⁶, ele lê Althusser durante suas férias, o que

---

2. BENSAÏD; WEBER, 1968.
3. GEISMAR; JULY; MORANE, 1969, pp. 16-17.
4. COHN-BENDIT, 1968.
5. BRILLANT, 2003, p. 442.
6. "Khâgne", isto é, as classes preparatórias para os cursos superiores de Letras. A origem do termo é anedótica: no século XIX, os alunos da Escola Militar de Saint-Cyr,

por muito tempo perturba sua relação com a filosofia: "Dois livros [*Pour Marx* (Para Marx) e *Lire le Capital* (Ler o *Capital*)] tiveram sobre mim o efeito de uma revelação fulgurante, que me abria como que um novo mundo."[7] André Comte-Sponville torna-se, como muitos de sua geração, um marxista de obediência althusseriana, impressionado com o rigor de Althusser em sua dimensão trágica, quase jansenista: "Ele era meu mestre, e permaneceu sendo meu mestre."[8]

Enquanto a juventude estudantil se alimenta das teses althusserianas, Althusser e os seus permanecem discretos. É preciso esperar pelos anos 1972 e 1973 para vê-los voltar com protagonismo à cena editorial, no momento em que a esquerda clássica se recompõe em torno do programa comum e o esquerdismo político corre para as margens. Esse retorno a toda força efetua-se com as publicações quase simultâneas de *Réponse à John Lewis* [Resposta a John Lewis] em 1972 (Maspero), *Philosophie et philosophie spontanée des savants* [Filosofia e filosofia dos eruditos] em 1973 (Maspero) e *Éléments d'autocritique* [Elementos de autocrítica] também em 1973 (Hachette). O fenômeno editorial é notado a tal ponto que o filósofo, um iconoclasta no seio de seu próprio partido, o PCF, vê-se enfim oficialmente reconhecido por este em 1976, quando *Positions* [Posições], uma coletânea de diversos artigos publicados entre 1964 e 1975, é publicada pelas Editions Sociales. Essa consagração no seio do PCF segue-se àquela, no seio da universidade, do novo professor, que defende sua tese de doutorado em Amiens, em junho de 1975, "*sur travaux*"[9], uma vez que não havia logrado um primeiro projeto apresentado em 1949-1950 a Jankélévitch e Hyppolite, cujo assunto era "Política e filosofia no século XVIII". Apesar dessa consagração universitária tardia, Althusser permanecerá até o final

---

para zombar de seus colegas "literários", apelidam-nos de "*cagneux*", que, de forma elíptica, se refere a "joelhos virados para dentro (*cagneux*)". Para tornar o termo mais "erudito", os "literários" o grafam com "k", aproximando-o do grego. Essas classes preparatórias são sinônimo de prestígio e sucesso escolar. [N.T.]

7. COMTE-SPONVILLE, [1988] 1989, p. 174.
8. Ibidem, p. 177.
9. Essa tese foi apresentada pelo doutorando na forma de artigos ou partes de monografia, antes de sua defesa. [N.T.]

como diretor de estudos na ENS de Ulm, ou seja, eterno *préparateur* na *Agrégation*[10] de filosofia.

O surgimento da coleção "Analyse" em 1973, pela editora Hachette, dirigida por Althusser — que desde 1965 já era o responsável na editora Maspero pela coleção "Théorie" —, ilustra esse novo interesse pelas teses althusserianas. Em 1976, a revista *Dialectiques* dedica a ele um de seus números, no qual Régine Robin e Jacques Guilhaumou expressam suas dívidas afetiva e intelectual: "Era para nós o momento da respiração [...]. Para nós dois, simplesmente a possibilidade de fazer história [...]. Althusser nos obrigava a reler os textos."[11] Para esses historiadores, ele encarna a brecha que permite quebrar a ganga stalinista, demolir os tabus da vulgata marxista-mecanista, abrindo espaço para um possível desbloqueio discursivo.

Esse althusserianismo triunfante dos anos 1970 não é, entretanto, o mesmo que aquele das obras de meados dos anos 1960. Ele faz eco ao acontecimento 1968 e a seu desafio (*"Althusser à rien"*), deslocando-se da teoria para a análise, como indica o título da nova coleção criada pela Hachette. Graças a esse deslocamento, ele anuncia a passagem de um ponto de vista puramente teórico e especulativo para a consideração de uma "análise concreta de uma situação concreta" sem, no entanto, se forçar ao empirismo, partindo de categorias conceituais. A conjuntura e o terreno preciso de investigação devem doravante ser estudados a partir da teoria marxista: os althusserianos descem de suas torres de marfim e renunciam à simples exegese dos textos de Marx para enfrentar o real.

Em 1979, é a partir dessa perspectiva que Althusser define um vasto programa de pesquisa em seu artigo "Idéologie et appareils idéologiques d'État" [Ideologia e aparelhos ideológicos de Estado].[12] Ele diferencia os "aparelhos repressivos de Estado", que se apoiam sobre a violência para assegurar a dominação, dos "aparelhos ideológicos de Estado" (AIE), que

---

10. *"Agrégation"* é um concurso nacional francês para admissão como professor no ensino médio ou superior. Ser *"préparateur* na *agrégation"* significa preparar alguém para esse concurso. Althusser foi, por exemplo, *préparateur* de Michel Foucault. [N.T.]
11. ROBIN; GUILHAUMOU, 1976, p. 38.
12. ALTHUSSER, [1970] 1976.

incluem a família, os partidos, os sindicatos, a informação, a cultura, as instituições escolares ou as Igrejas, e perpetuam a sujeição à ideologia dominante, a submissão à ordem estabelecida.

Althusser atribui à escola uma posição estratégica central na organização do dispositivo hegemônico da sociedade capitalista moderna, como já havia sugerido Gramsci: "É o aparelho escolar que, na verdade, substituiu em suas funções o antigo aparelho ideológico de Estado dominante, a saber, a Igreja."[13] Althusser desloca o estudo da ideologia como simples discurso àquele da ideologia como prática, o que aproxima suas posições daquela de Michel Foucault em 1969, quando este último evoca a necessária abertura do discursivo para as práticas não discursivas, e suas recíprocas articulações. A ideologia recobre então para um e para outro uma existência material: ela se encarna nos lugares institucionais. Althusser funda, mesmo, sua abordagem sobre uma ontologização da ideologia, considerada como categoria a-histórica: "A ideologia não tem história."[14] Derrubando as posições da vulgata que via na ideologia uma simples excrescência deformadora do real, Althusser a considera, ao contrário, uma estrutura essencial que exprime a relação dos homens com o mundo: "Retomarei palavra por palavra a expressão de Freud e escreverei: a ideologia é eterna, assim como o inconsciente."[15]

Althusser abre assim um amplo campo de trabalho para a corrente que representa. É por isso que, desde 1971, Christian Baudelot e Roger Establet analisam o modo de seleção vigente na instituição escolar com a publicação de *L'École capitaliste en France* [A escola capitalista na França] (Maspero). Establet, um dos autores de *Lire le Capital* [Ler o *Capital*], ao contrário do grupo de filósofos da Escola da rua d'Ulm, voltou-se, bastante rapidamente, para a sociologia e aprendeu estatística. Seguindo a dupla impulsão dada por Althusser e Bourdieu, este último com *Os herdeiros*, Establet testa, com Baudelot, a hipótese dos aparelhos ideológicos de Estado para medir sua validade estatística no universo escolar.

---

13. Ibidem, p. 93.
14. Ibidem, p. 98.
15. Ibidem, p. 101.

Nesse início dos anos 1970, todo o campo das ciências humanas parece adotar o discurso althusseriano, que aparece como um meio de reunir todas as disciplinas e todos os saberes regionais em torno de uma ambição teórica: abrir-se para a totalização conceitual que propõe um esquema de análise capaz de dar conta da diversidade do real para além das compartimentações habituais.

Essa adoção dos conceitos althusserianos como chave de leitura do real é evidente na revista *Tel Quel*, que tem como ambição, em finais de 1968, construir uma "teoria de conjunto". À dissociação arbitrária entre dois gêneros, "romance" e "poesia", Marcelin Pleynet opõe uma aproximação do percurso textual que se inspira diretamente nas três generalidades expostas por Althusser: "generalidade 1 (generalidade abstrata, trabalhada), a língua; generalidade 2 (generalidade que trabalha, teoria), arquiescritura; generalidade 3 (produto do trabalho), o texto".[16] A dialetização da teoria e da prática em obra junto aos membros da revista *Tel Quel* refere-se não à redução de um dos termos ao outro, mas à definição que Althusser oferece da teoria como forma específica da prática, antecipando uma nova ciência: a escritura. "O texto é a um só tempo um processo de transformação sobredeterminado pela economia escritural e, segundo a fórmula de Althusser, uma 'estrutura com contradições múltiplas e desiguais'."[17]

Esse mesmo desejo de totalização é encontrado junto ao grupo que cria em 1973 a revista *Dialectiques*. O núcleo fundador dessa revista situa-se na dupla filiação de Jean-Toussaint Desanti, em razão de seu desejo de explorar concretamente os diversos campos da cientificidade, e de Althusser, em razão de sua vontade de articulação dos diversos níveis do saber. *Dialectiques* deve sua originalidade ao alto nível de conceitualização, à sua independência militante e à sua recusa a toda subordinação. A revista torna-se rapidamente um sucesso e constrói, sem suporte editorial, uma rede eficaz de distribuição que lhe permite atingir uma tiragem de mais de dez mil exemplares. O projeto nasce imediatamente após 1968, em Saint-Cloud, onde se reúne um pequeno grupo de alunos da

---

16. PLEYNET, [1968] 1980, p. 102.
17. SOLLERS, [1968] 1980, p. 78.

Escola Normal Superior: Pierre Jacob, David Kaisergruber e Marc Abélès. Membros do PCF na época, eles rapidamente tiveram problemas com a direção do partido, que os convoca diante de sua mais alta instância, o Escritório Político.

Logo após 1968 e até o início dos anos 1970, a radicalidade da crítica teórica se faz acompanhar por uma radicalização dos confrontos e de uma contestação persistente nos *campi* universitários. Os choques com as forças policiais são ainda intensos e numerosos. A Universidade de Vincennes, abscesso de fixação das diversas famílias esquerdistas, é disso um exemplo paroxístico. Entretanto, as outras universidades são igualmente palco de severos confrontos, pois os estudantes que protestam se recusam a se deixar enclausurar no modo de participação que lhes propõe o ministro da Educação Nacional, Edgar Faure, que os acusa de desejar resgatar o movimento de Maio.

Em 1970, em Nanterre, o ciclo provocação-repressão continua até a caricatura. O clima de retorno às aulas não está verdadeiramente sereno, pois os contestatários de Maio de 1968 querem agora atacar o poder, esperando secretamente que o outono oferecerá o que Maio abortou: a revolução. Os tempos estão, antes, para a ideia de que as eleições são "armadilhas para tolos", uma simples manobra para marginalizar as vanguardas revolucionárias. Em consonância com as ideias de Maio, não se pode suspeitar de que Ricœur se oponha ao movimento. Antes de escolher deixar a Sorbonne por Nanterre, a fim de ali instituir um verdadeiro diálogo com as diversas partes da comunidade educativa, ele aparece como o mais bem posicionado para buscar as vias de um consenso em torno da ideia de eleições. O novo conselho de gestão deve se dotar de um reitor da Universidade de Letras e Ciências Humanas, segundo os termos da reforma de Edgar Faure. Sua escolha recai sobre Ricœur, em 18 de abril de 1969. René Rémond, já conhecido e reconhecido como grande especialista em consultas eleitorais, é, por vez, designado responsável pelo Departamento de História: ele apresenta-se como versado em estratégia política junto ao filósofo; como especialista pragmatista junto ao sábio. Em janeiro de 1970, confrontos eclodem na faculdade de direito, e o conflito se espalha rapidamente pela faculdade de letras.

A tensão é novamente extrema no campus de Nanterre quando, em 26 de janeiro, Ricœur, cansado de acumular as preocupações próprias à presidência da universidade, às quais se acrescentam suas aulas e as oitenta teses que orienta naquele ano, vai até a lanchonete para tomar um café. Ele se apressa no corredor do térreo coberto de grafites, saudado como sempre pelos *lazzi*[18] de alguns grupos de espontaneístas, escapa por um triz de uma "interceptação" tentada por cerca de vinte alunos. Mas estes últimos esperam sua volta e aproveitam para acumular papéis e detritos em uma lixeira. Quando Ricœur reaparece, cospem em seu rosto e esvaziam o conteúdo da lixeira sobre sua cabeça. Decidido a não ceder por nada àquelas novas provocações, Ricœur retira a lixeira da cabeça e vai ao anfiteatro para dar sua aula. Quando chega ao estrado, abre seus papéis e cadernetas, como de hábito, e em seguida muda de ideia: "Não, não posso dar aula", lança ele a seus estudantes, que ignoram o que acaba de ocorrer. Sem nada acrescentar, arruma suas coisas e deixa o anfiteatro em face do estupor geral. Dessa vez, os provocadores ganharam: tentaram testar seus limites e, enfim, os encontraram. Não porque o reitor deseje dar queixa e entrar na engrenagem desejada pela pequena minoria que o atacou, mas porque ele é vítima de um mal-estar. Por ter o coração frágil, seu médico o obrigará a um repouso de quinze dias, de 3 a 17 de fevereiro. Ricœur será mal aconselhado por seus próximos, que querem ir em seu auxílio e manifestar grande estardalhaço. O ocorrido gera ampla difusão, e logo se torna a manchete dos jornais. Em vez de provocar o sobressalto esperado, Ricœur se torna vítima do riso geral, e essa imagem indelével do reitor com uma lixeira à cabeça vai colar-se à sua pele.

A tranquilidade não volta ao campus. Em 12 de fevereiro, um sindicalista CGT da Renault, que fora auxiliar os estudantes comunistas contra os maoistas, é quase assassinado por estes últimos, que o deixam com uma dupla fratura craniana: ele permanecerá oito dias em coma. De volta de sua licença forçada, Ricœur fica consternado com o rumo tomado pelos acontecimentos e teme que a violência perpetrada acabe por resultar em morte no território universitário pelo qual é responsável. Embora qualquer

---

18. Literalmente "brincadeiras" em italiano. O termo se refere a rotinas teatrais e circenses encenadas para fins cômicos. [N.T.]

solução policial lhe seja repugnante, Ricœur não pode, nem quer, assumir o risco de responder por homicídio. O conselho delibera e toma a decisão, maior, de "banalizar" o campus; todos têm consciência da gravidade, pois que essa medida supõe renunciar à autonomia universitária e atribuir a manutenção da ordem às forças policiais. Esse terrível coquetel que mistura policiais e estudantes em um campus deverá explodir um dia, o que acaba por ocorrer em 3 de março, com confrontos de singular violência. Quando militantes de extrema direita da União-Direita vêm do exterior a fim de proteger a manutenção dos exames parciais previstos em ciências econômicas, os contestatários de extrema esquerda penetram no prédio da faculdade de direito e os retiram de lá. A maioria dos militantes de extrema direita é salva pelas forças da ordem. Eles se protegem abrigando-se atrás da polícia. As primeiras pedras voam. Logo em seguida se inicia a assembleia geral da faculdade de letras. Por volta das dezesseis horas, a multidão estudantil, bastante numerosa, sai do anfiteatro B-2 aos gritos de "Policias fora do campus!". As forças da ordem assumem posições nas vias que margeiam as faculdades, e o confronto generalizado começa. Os estudantes bombardeiam os policiais com a ajuda de toda espécie de projéteis, esvaziando as salas de aula de suas cadeiras, de seus cinzeiros, dos pés das mesas. Por seu lado, os policiais reagem arremessando projéteis e atirando granadas lacrimogêneas na direção dos estudantes. René Rémond assiste ao "espetáculo", aflito e impotente. Tudo o que resta fazer é impedir que a polícia penetre no interior dos locais universitários:

> Visto do escritório do decano, no segundo andar do prédio administrativo, o espetáculo era de uma beleza fascinante e quase irreal [...]. Nos bastidores, algumas centenas de ativistas da contestação, lutando como demônios, corriam pelos terraços de onde eles atiravam projéteis diversos sobre as forças da ordem reunidas embaixo [...]. Ao pé dos edifícios, enfileirados em formações compactas e regulares, com capacetes e escudos de plástico que os faziam parecer cavaleiros da Idade Média, brilhantes ao sol, diversas centenas de policiais.[19]

---

19. RÉMOND, 1979, p. 116.

René Rémond está em contato permanente com o escritório do ministro da Educação, assim como com aquele do Interior e com a prefeitura, pois a pressão a favor de uma invasão ao interior dos edifícios é forte: os policiais não apreciam a posição em que se encontram, encurralados sem direito de perseguição e sem outra possibilidade senão aquela de recolher seus feridos — sessenta, ao final desse dia de 3 de março. Por volta das dezenove horas, quando a tensão parece se acalmar e as duas faculdades se esvaziam com o anoitecer, algumas centenas de estudantes ainda presentes ali se dirigem ao restaurante universitário, onde já estão aqueles que haviam permanecido indiferentes aos confrontos do dia. Os policiais, cujo grau de exasperação está em seu ápice, perseguem os estudantes que se refugiam de modo improvisado no interior do restaurante. Eles quebram os vidros, lançam ao interior suas granadas lacrimogêneas e desalojam os estudantes, asfixiados pelo gás. Uma vez do lado de fora, os encurralados são acolhidos com golpes de cassetete; aos gritos de "Morte aos estudantes!", os policiais atêm-se em especial àqueles que estão caídos no chão, decididos que estão em transformar as ambulâncias que chegam ao campus em "carros funerários". Será preciso que os policiais móveis intervenham, servindo de força de interposição e protegendo os estudantes do furor repressivo. As forças de polícia, descontroladas, atacam os carros estacionados, quebram os vidros a golpes de cassetete, furam os pneus e estragam as carrocerias. No total, além dos estragos materiais, serão computados 187 feridos!

Ricœur divulga um comunicado no qual critica a precipitação dos poderes públicos em julgarem relevante o emprego das forças da ordem:

> Desaprovo a pressa com a qual a banalização foi realizada. Ela não foi precedida por consulta alguma relativa à escolha do momento oportuno e das modalidades de sua aplicação. Sua execução imediata pela polícia, sob a forma de uma demonstração de força que deu lugar a uma irrupção nos locais universitários sem requisição prévia de minha parte, privou essa medida dos efeitos que o conselho esperava sobre o plano da segurança.[20]

---

20. Ricœur, 1970.

Esse comunicado não impediu o rumor de correr: Ricœur havia chamado a polícia! Ele é responsável pela carnificina!

A contestação da juventude escolarizada, saída das universidades e das escolas, ilustrará esses anos de perturbações exacerbadas por múltiplos excessos policiais. Richard Deshayes, jovem professor maoísta de VLR (Viva a Revolução), perde seu olho direito, que é atingido por um tiro saído de um fuzil lança-granadas, antes de ser pisoteado por uma brigada especial da polícia. Cada ato de repressão do poder suscita um amplo movimento de solidariedade da parte dos alunos de colégios, prontos a descer às ruas. Em 1971, Gilles Guiot, aluno das classes preparatórias no Lycée Chaptal em Paris, preso em 9 de fevereiro no momento da dispersão de uma manifestação, é condenado a três meses de prisão, sem direito a *sursis*, por flagrante delito de "violência a agente". A condenação desse colegial apolítico suscita uma forte reação de massa que resulta em sua soltura. Outro excesso policial, de maio de 1971, diz respeito a Alain Jaubert, jornalista de *Nouvel Observateur*. Ao sair de um restaurante com sua esposa, ele é jogado em um camburão de polícia, espancado, conduzido ao hospital com dois traumatismos, e, em seguida, diante de um juiz, é condenado como culpado por ataques a agentes da força pública. Toda a classe dos jornalistas se mobiliza, e seiscentos entre eles manifestam diante do Ministério do Interior para pedir a demissão de Raymond Marcellin. O ápice da contestação colegial é atingido em 1973, por ocasião das manifestações contra a entrada em vigor da lei Debré, votada em 1970, que suprime os *sursis* militares dos estudantes.

Nesse início dos anos 1970, uma boa parte da juventude escolarizada nos colégios e nas universidades se encontra mais ou menos sob a influência de pequenos grupos de extrema esquerda muito ativos, muito presentes no local, que difundem amplamente sua propaganda. Trata-se de organizações trotskistas e maoístas que se reconstituíram depois das dissoluções pronunciadas no mês de junho de 1968. Do lado trotskista, a Liga Comunista, fundada em 1969, goza de certo esplendor, contando em seu seio com líderes que marcaram a explosão de Maio, como Henri Weber, Alain Krivine, Daniel Bensaïd e Michel Recanati, líder dos Comitês de Ação dos Liceus em 1968. A família trotskista não se reduz, entretanto, aos frankistas[21] da liga, onde também estão os lambertistas[22], aqueles da OCI (Organização Comunista Internacionalista) e sua organização de juventude, a AJS (Aliança dos Jovens para o Socialismo), aos quais se acrescentam os militantes da Luta Operária e os pablistas.[23] Os componentes maoistas são igualmente diversos, entre o PCMLF (Partido Comunista Marxista-Leninista da França), a GP (Esquerda Proletária) e o VLR. O espírito contestatário é regra, constantemente alimentado, e as mobilizações são conduzidas por organizações que estão à esquerda do PCF. Em 1971, por ocasião da comemoração do centenário da Comuna de Paris, muitas manifestações ocorrem; elas permitem reivindicar os *communards* de 1871 como inspiradores da Comuna estudantil de 1968 e suas sequências: "Os cortejos ao muro dos Federados são a ocasião para que cada organização dê uma demonstração de força, e, igualmente, um momento de formação dos jovens militantes."[24] Por sua vez, em 16 de maio de 1971, os trotskistas da Liga e da Luta Operária mobilizam um cortejo internacional de trinta mil jovens ao cemitério Père-Lachaise; quanto ao PCF, ele ali reúne cinquenta mil pessoas em 23 de maio.

A contestação assume frequentemente um aspecto violento ou espetacular, sobretudo com o ataque de uma delegacia e de diversos furgões de polícia pelos maoistas da GP, em Marselha, em novembro de 1969. Para fazer face à repressão, a GP endurece sua estratégia e cria uma organização paramilitar, a NRP (Nova Resistência Popular). A essas provocações, o poder responde com medidas mais severas de repressão e adota uma lei antiarruaceiros que abre a via para uma justiça expeditiva. Os dois diretores do jornal maoista *La Cause du peuple*, Jean-Pierre Le Dantec e Michel Le

---

21. Pierre Frank, membro do secretariado da IV Internacional e dirigente da seção francesa.
22. Seu nome vem de Pierre Lambert, alcunha de Pierre Boussel, líder da corrente trotskista francesa — são chamados de lambertistas não por seus membros, mas por seus adversários. A corrente lambertista é excluída do Partido Comunista Internacionalista em 1953. [N.T.]
23. Michel Raptis, dito Pablo, líder da unidade das diversas correntes trotskistas durante a Segunda Guerra Mundial que permitiu a criação do Partido Comunista Internacionalista em 1944.
24. VIGREUX, 2014, p. 219.

Bris, são presos em junho de 1970 após uma interdição da GP em maio, por uma decisão tomada no conselho dos ministros.

Em reação uma nova organização que mistura diversas gerações, dentre as quais aquela dos resistentes, surge o Socorro Vermelho. O apelo é assinado, entre outros, por Charles Tillon, André Marty et Jean-Paul Sartre, seu ícone, que apresenta a nova geração à imprensa em 19 de junho de 1970. Essa organização pretende opor à política repressiva do poder uma frente unitária das formações políticas de extrema esquerda para sensibilizar a opinião pública quanto às decisões que atentam contra a liberdade de expressão. Tendo como ambição intervir cada vez que o exercício das liberdades, da justiça e da igualdade é posto em questão, o Socorro Vermelho organiza múltiplas operações nesse início dos anos 1970. As mais marcantes são aquelas que logram popularizar ações de greve de fome empreendidas por militantes políticos encarcerados e que exigem o respeito dos direitos do prisioneiro. Essas greves de fome recebem o apoio de certo número de intelectuais, dentre os quais Pierre Vidal-Naquet, Paul Ricœur e Alfred Kastler, que obtêm uma audiência junto ao Ministério da Justiça.

A melhora das condições de vida dos trabalhadores imigrantes em lares insalubres constitui outra frente de luta. É assim que, depois da morte por asfixia de cinco africanos em um lar em Aubervilliers, se dá a "batalha de Ivry", em 1970. Depois dos enterros, um grupo do qual participam Marguerite Duras, Jean Genet, Maurice Clavel e Pierre Vidal-Naquet ocupa a sede do CNPF, o sindicato patronal, enquanto outro grupo, a que estão associados Jean-Pierre Faye, Michel Leiris e Jérôme Peignot, apoia malianos em greve de aluguel — eles vivem em uma antiga fábrica em condições terríveis, sem água nem eletricidade: "Cerca de meia hora mais tarde, cerca de vinte camburões de polícia cercam a fábrica. Os ocupantes são levados, algemados nos punhos, e a silhueta de Michel Leiris cercada por dois CRS em roupas de combate aparece bem frágil nas imagens filmadas por um repórter da televisão."[25]

---

25. ARMEL, 1997, p. 666.

A guinada Mao

"Não sou mao": é assim que Jean-Paul Sartre começa seu prefácio ao livro de Michèle Manceaux *Les Maos en France* [Os maoistas na França], publicado em 1972.[26] Se ele se preocupa em assinalá-lo, é porque nesse início dos anos 1970 pratica um aprendizado ativo com tal corrente e, sobretudo, com a GP e com um de seus dirigentes, Benny Lévy, dito Pierre Victor. Nesse prefácio, Sartre subscreve às três grandes particularidades que, segundo ele, singularizam a corrente maoista francesa: o fato de reatar com a violência revolucionária, seu espontaneísmo e o caráter antiautoritário de sua contestação, que confere um aspecto moral à ação revolucionária. Sem ser maoista, Sartre vê nessa corrente uma prática que encarna o futuro:

> Os partidos clássicos da esquerda ficaram no século XIX, no tempo do capitalismo da concorrência. Mas os maos, com sua práxis antiautoritária, aparecem como a única força revolucionária — ainda em seu princípio — capaz de se adaptar às novas formas da luta de classes no período do capitalismo organizado.[27]

Durante essa época, a GP multiplica as ações de impacto, como a operação Fauchon de maio 1970, na qual cerca de vinte militantes saquearam uma mercearia refinada, reputada particularmente onerosa, para redistribuir o fruto do saque nas periferias de Nanterre. Seu panfleto denuncia o escândalo: "Não somos ladrões, somos maoistas. Salário mínimo de um OS: 3,50 francos por hora. Um quilo de *fois gras*: duzentos francos, isto é, sessenta horas de trabalho. Um quilo de café: 18,50 francos, isto é, seis horas de trabalho... Então? Quem são os ladrões?" Em seguida, o grupo desloca-se para as periferias de Saint-Denis e para um lar de trabalhadores em Ivry para oferecer aos habitantes siderados e encantados caviar, lagostas, *fois gras*, castanhas, bebidas alcoólicas de luxo...

---

26. Sartre, 1972, p. 7
27. Ibidem, p. 15.

Essa ação repercute mais do que o grupúsculo esperava. Alguns grupos de imprensa chegam mesmo a saudar a ação justiceira desses "Robin Wood" modernos. A ação faz mais barulho ainda porque uma jovem estudante de sociologia, de vinte anos, é presa durante essa operação selvagem e se vê condenada a treze meses de prisão, sem *sursis*: "Quem afinal coloca em perigo a democracia?", indigna-se Françoise Giroud em *L'Express*.[28] A prisão dos diretores de *La Cause du peuple*, Michel Le Bris e Jean-Pierre Le Dantec, precipita o engajamento de Sartre junto aos maoistas. Ele preside o *meeting* de protesto no Palácio da Mutualité, em 25 de maio de 1970, e, em seguida, presta depoimento no Palácio da Justiça: "As ações judiciais estão incompletas, elas deveriam se exercer contra mim", declara ele ao presidente. Jean-Pierre Le Dantec é condenado a um ano de prisão; Michel Le Bris, a oito meses, e o governo pronuncia no mesmo dia a interdição da GP. Em 30 de maio, é a vez de o secretário do Snesup em Maio de 1968, Alain Geismar, ser preso na Santé. Sartre decide reagir e, em 4 de junho, toma a iniciativa de criar uma Associação dos Amigos de *La Cause du peuple*. A cena será imortalizada pelos fotógrafos: Sartre com seus amigos distribuindo, aos gritos, nas ruas de Paris, o jornal maoista proibido: "Peçam *La Cause du peuple...*" O ministro do Interior, Raymond Marcellin, habitualmente pronto a prender todo vendedor às escondidas do jornal maoista e a traduzi-lo diante da Corte de Segurança do Estado, não ousa atacar aquele que o general De Gaulle qualifica como "intocável", dando assim, involuntariamente, crédito à demonstração que os maos desejavam fazer: há de fato desigualdade diante da justiça, dois pesos e duas medidas em função da posição de classe. Usufruindo dessa imunidade, Sartre se torna o diretor de *La Cause du peuple* e, em seguida, de outros jornais da obediência maoista como *Tout!*, *La Parole au peuple* e *Révolution!*.

Por ocasião do processo de Alain Geismar, em 21 de outubro, Sartre vai ainda mais longe. Ele não se apresenta ao banco das testemunhas, onde é esperado, e se contenta em enviar um telegrama para a 17ª Câmara Correcional, explicando que, já que os dados foram lançados, ele prefere testemunhar na rua. A imagem de Sartre tomando a palavra, em 21 de

---

28. Marzorati, 2012, p. 60.

outubro, diante do lugar simbólico das fábricas da Renault de Billancourt está em todas as lembranças. Ela ilustra a lenda daquele que tudo fez para não desiludir Billancourt e que clama agora pela libertação de Geismar: "Ele, esse pequeno homem que usava sobre um pulôver branco um blusão de pele e tricô bege e, sobre esse blusão, um casaco do tipo canadense com gola de pele falsa, de pé sobre um tonel de combustível, e falando com um microfone nas mãos diante dos operários, na saída das fábricas Renault-Billancourt."[29] Em dezembro de 1970, deslocando suas intervenções para o meio operário e seguindo assim a estratégia da GP, Sartre preside em Lens um tribunal popular organizado pelo Socorro Vermelho do Norte, que pretende julgar a responsabilidade das carboníferas do norte pela morte de dezesseis mineiros em razão de uma explosão de gás.

O engajamento de Sartre prossegue com a criação, em 1972, do *Libération*, convocado a se tornar um jornal diário nacional de primeira importância. Ao lado do pequeno círculo de maoistas está também o católico fervoroso Maurice Clavel. Nas reuniões preparatórias, estão igualmente presentes Michel Foucault, Claude Mauriac e o cineasta Alexandre Astruc. Benny Lévy, desejando ampliar o círculo para tornar esse jornal outra coisa que não um simples órgão maoista, irá roubar para a empreitada o jornalista Philippe Gavi e seus amigos: "De um lado, os maos puros e duros. De outro, o 'grupo de Gavi'."[30] Estes últimos, Yves Hardy, Aline Isserman, Philippe Nahoun e Sylvie Péju, são qualificados pelos maoistas como "nietzschianos". Benny Lévy faz com que Serge July volte de Bruay-en-Artois[31] e se torne o porta-voz dos maos em uma redação que conta em seu seio com jornalistas profissionais: Claude Mauriac, Philippe Simonnot, Claude-Marie Vadrot, Évelyne Le Garrec, Jacqueline Remy. Sartre, que é designado diretor da publicação, quer engajar-se com sua pluma e emite o desejo de escrever um artigo já no número experimental publicado depois do primeiro turno das eleições legislativas de março de 1973:

---

29. COHEN-SOLAL, 1985, p. 613.
30. GUISNEL, 1999, p. 33.
31. Ver nota 57, p. 113.

Ele vai à rua de Lorraine para escrever seu artigo, acompanhado de Simone de Beauvoir e de Liliane Siegel, sua filha adotiva. Sobre essa consulta, seu ponto de vista não é muito diferente daquele dos maoistas, que pode ser reduzido à famosa fórmula: "Eleições, armadilha para bestalhões." Ele pensa, pois, defender a abstenção no segundo turno.[32]

Surpresa: Philippe Gavi, recrutado como jornalista, não maoista, decide, como cofundador do jornal, não publicar esse apelo ao boicote, no momento em que os partidos do programa comum da esquerda começam a representar uma alternativa crível à direita.

O interesse crescente pela China em plena Revolução Cultural, ocorrido graças ao sucesso fenomenal de *O pequeno livro vermelho*, que reúne toda uma série de citações do presidente Mao, está no seu auge. O mito chinês chegará mesmo a afetar a moda vestimentária, com o sucesso da gola Mao. Todos se entusiasmam diante do heroísmo de um povo que enfrenta todos os desafios, levado às telonas por Joris Ivens e Marceline Loridan em um documentário de doze horas em homenagem à Revolução Cultural, *Comment Yukong déplaça les montagens* [Como Yukong deslocou montanhas], filmado de 1971 a 1975 e difundido em salas de cinema a partir de 1976. Da mesma forma como houve aquela viagem à URSS com os relatos do retorno, testemunhos maravilhados pela descoberta de um novo mundo portador do sentido da história, a viagem para a China atrairá muitos intelectuais ao longo desses anos. Esses primeiros viajantes são, claro, estreitamente controlados: devem ser considerados como amigos patenteados da China Popular, e da sua estada se encarrega a agência chinesa de viagens, a Luxingshe, o equivalente do que foi Intourist na URSS. A impressão que fica é a de fascinação, mesmo à direita. Alain Peyrefitte, ao publicar *Quand la Chine s'éveillera... le monde tremblera* [Quando a China acordar... o mundo tremerá], ao retornar de uma missão parlamentar que fora pesquisar sobre a Revolução Cultural, produz instantaneamente um best-seller.[33] O diretor dos serviços de política externa do jornal *Figaro*,

---

32. GUISNEL, 1999, p. 41.
33. PEYREFITTE, 1973.

Roger Massip, volta de seu périplo igualmente com um testemunho de título evocador: *La Chine est un miracle* [A China é um milagre]. Do lado da esquerda, é o testemunho de uma intelectual italiana, Maria-Antonietta Macciocchi, jornalista de *L'Unità*, órgão do PCI, que obtém grande sucesso. De viagem à China, em 1970, em companhia de seu marido, Alberto Jacoviello, ela publica em 1971 *De la Chine*[34] [Sobre a China]. "Pelas polêmicas que suscita quando de sua publicação, pelo *affaire* que engendra, essa narrativa de viagem inaugura sob diversos aspectos o que se pode chamar de epopeia da gesta maoísta."[35] Nesse clima de curiosidade em face do Oriente vermelho, esse livro que faz a apologia da experiência chinesa é acolhido com um concerto de elogios. Essa crônica de uma estada efetuada entre outubro e dezembro de 1970 numa China imaginada como paraíso terrestre se acomoda ao espírito do tempo. A conclusão a que ela chega depois de sua incursão no coração mesmo da Revolução Cultural, apesar do culto a Mao, como ela própria o constata — que nunca foi tão intenso, com os slogans, os cartazes convidando o povo a reconhecer a proximidade entre Marx, Mao e Stálin —, é que Mao nunca foi stalinista: "Mao foi e permanece sendo 100% leninista. É justamente por essa razão que ele pôde se opor a toda 'transposição mecânica', que ele pôde *não ser stalinista*."[36] O testemunho todo se parece com a narrativa de um sonho acordado durante o qual o autor assimila tudo o que lhe dizem com a ingenuidade de uma criança: "Pequim me aparecia como a capital da austera pureza revolucionária, a capital de uma sociedade de homens iguais. As ruas são percorridas sem trégua por cortejos políticos: as crianças vão à escola em grupos, com o retrato de Mao e tambores à frente."[37] A seus olhos, o povo chinês é sem pecado. A partir desse postulado, ela pode se maravilhar com o fato de os operários recusarem um aumento de salário e não se importarem com a ausência de organizações sindicais absolutamente supérfluas, ou de os

---

34. MACCIOCCHI, 1971.
35. HOURMANT, 1997, p. 19.
36. Ibidem, p. 538.
37. Ibidem, p. 39.

camponeses colocarem em prática a filosofia e o pensamento de Mao para trabalhar a terra.

> Ela havia, por exemplo, relatado com deslumbramento o testemunho da dirigente de uma comuna campesina onde todas as plantações foram, em certo ano, devastadas pelo granizo. Graças ao reforço do Exército Popular de Libertação e da leitura conscienciosa de *O pequeno livro vermelho*, "os campos, dizia aquela militante esclarecida, recobriram-se novamente de verde. Nossa luta por transformar a natureza, guiada pelo pensamento de Mao que nos incita a sermos decididos em tudo, foi vitoriosa".[38]

Encontram-se em seu livro as mesmas ingenuidades que os intelectuais ocidentais convidados, e enquadrados, à União Soviética dos primórdios ou, ainda, à Cuba do início dos anos 1960 já repetiam incessantemente, o que não deixa de suscitar o ceticismo dos sinólogos que debatem na revista *Esprit*. Macciocchi, a quem a revista comunicou as passagens que a concerniam, responde rudemente que ela não reconhece ali senão banalidades polêmicas, e declara com toda a modéstia: "Reenvio meu leitor a meu artigo publicado na *Tel Quel* de março de 1972 sobre sinofilia e sinofobia, meu *Anti-Dühring*, de certo modo."[39] E ela ainda acrescenta que trabalha para o desvelamento da verdade sobre a China: "Procurei restabelecer, contra as mistificações e as calúnias, um pouco de verdade sobre a Revolução Cultural."[40]

Exceção feita ao PCF: nesse contexto de denúncia cotidiana do revisionismo soviético no país de Mao, o partido não pode aprovar esse posicionamento. Antoine Casanova e Jacques de Bonis dão o tom, condenando a imprensa burguesa, que incensa esse livro e denuncia um complô contra a verdadeira pátria do socialismo. Por ocasião da Festa de *L'Humanité*, o PCF recusa-se a expor o livro de Macciocchi. O *affaire* explode: Philippe Sollers, o aliado de ontem, que se tornara companheiro de estrada

---

38. BONCENNE, 2015, p. 19.
39. MACCIOCCHI, 1972, p. 81. *Anti-Dühring* é um texto de Friedrich Engels, considerado como um dos escritos mais importantes sobre o pensamento marxista. [N.T.]
40. Ibidem, p. 83.

do PCF, e sua revista *Tel Quel* partem em defesa de Macciocchi. A China exerce sobre a equipe um fascínio crescente, e Sollers se pôs a traduzir os poemas de Mao:

> Sollers, quanto a ele, no que diz respeito à China, está bastante perturbado (a ponto de aprender chinês). Ele me escreve (encontrei cinco ou seis de suas cartas, de outubro 1966 a janeiro de 1967) que nosso combate não deve mais se dar senão no plano político, que é preciso se ajustar à China, que a revolução não deve tanto se fixar, mas se tornar uma maneira de ser, que a *violência* está na ordem do dia.[41]

Sollers protesta com veemência nas colunas do jornal *Le Monde* contra o interdito de que Macciocchi é vítima:

> Nenhum intelectual vanguardista, e, ainda mais, nenhum marxista pode, ao que parece, permanecer indiferente diante dessa medida. *De la Chine* representa, hoje, um admirável testemunho sobre a China revolucionária, mas, também, uma fonte de análise teórica que seria ilusório crer reprimida [...]. Mas o trabalho de Maria-Antonietta Macciocchi tem, diante dele, toda a história.[42]

Esse *affaire* acaba por converter a equipe de *Tel Quel* ao maoismo militante, e o número 47 da revista, de outono de 1971, abre com uma citação de Mao: "Entre a cultura nova e as culturas reacionárias, uma luta de morte foi desencadeada." Nesse mesmo número, *Tel Quel* torna públicas as "Posições do Movimento de Junho de 1971", que se concluem com a seguinte proclamação: "Abaixo o dogmatismo, o empirismo, o oportunismo, o revisionismo! Viva a verdadeira vanguarda! Viva o pensamento Maotsetung!" Como escreve Philippe Forest, "da noite para o dia, o escritório da rua Jacob é ocupado pelos 'dazibaos'".[43] A conversão

---

41. THIBAUDEAU, 1994, pp. 124-125.
42. SOLLERS, 1971.
43. FOREST, 1995, p. 385.

é total e radical. *Tel Quel* transforma-se num órgão cultural maoista, retomando à sua maneira a vulgata da luta de morte entre as duas linhas: aquela, revolucionária, de Mao, e aquela mais moderada, revisionista, do PCF. Essa batalha encontra em Sollers seu "Grande Timoneiro". Na primavera de 1972, a revista publica um número duplo, exclusivamente consagrado à China.

A junção é feita com *Les Cahiers du cinéma*, que a partir de meados dos anos 1960 vivem também sua travessia maoista. Eles encarnam uma posição ultrateórica, lacano-althusseriana, em quase nada orientada pela linha popular de *O pequeno livro vermelho* do presidente Mao, e dão as costas decididamente para o cinema burguês. Essa linha provoca a ruptura com François Truffaut, que faz com que suprimam seu nome dos *Cahiers* a partir de 1970. As vendas sofrem com isso.[44] Nesse início de década se constitui um Front Q — pelo cultural —, que reúne *Tel Quel*, *Cinéthique* e *Les Cahiers*. Este último organiza violentas campanhas contra Yves Boisset, Louis Malle, Jean-Louis Bertuccelli e outros cineastas ditos burgueses. Apenas Jean-Marie Straub e Jean-Luc Godard, JMS e JLG, são respeitados. Assim, o ano de 1972 será para a revista o ano Godard, que vê seu filme *Tout va bien* [Tudo vai bem] elevado aos píncaros da glória.

A linha maoista da *Tel Quel* provoca certo número de partidas da revista, como aquelas de Denis Roche, Jean-Louis Baudry e Pierre Rottenberg. Essas rupturas não fazem senão reforçar a ancoragem mao. No outono de 1972, após a publicação de um novo número sobre a China, os membros da revista encontram o grupo Foudre (originário da União de Comunistas da França Marxista-Leninista), fundado por Alain Badiou, com Bernard Sichère, Sylvain Lazarus e Natacha Michel. Mesmo que esse reagrupamento não siga adiante, ele é significativo da evolução dos membros de *Tel Quel*. Na primavera de 1974, uma delegação da revista vai à China em viagem oficial. É assim que Philippe Sollers, Julia Kristeva, Marcelin Pleynet, Roland Barthes e François Wahl descobrem por eles mesmos a sociedade de seus sonhos. Tomam o avião em 11 de abril

---

44. Entre 1968 e 1973, a circulação dos *Cahiers* passa de quinze mil exemplares (assinaturas e vendas de números avulsos) a 3.403! (Números extraídos de BAECQUE [DE], 1991, p. 225.)

para um périplo de cerca de três semanas, bastante supervisionado pela agência Luxingshe. Sem deixar que esse grupo de intelectuais descanse, as visitas acontecem umas após as outras às fábricas, às universidades, aos hospitais, aos museus, às gráficas... Enquanto Barthes, acostumado a privilegiar o acaso dos encontros, julga esse ritmo particularmente pesado, Sollers vive um sonho acordado. Ele está encantado, apaixonado por tudo aquilo que vai descobrindo. Entretanto, essa viagem acaba com um bom número de ilusões, e, no retorno, a tonalidade dos relatos, sobretudo os de Julia Kristeva e François Wahl, é mais marcada pela decepção. Roland Barthes, que não deixou de manifestar seu mal-estar durante essa viagem muito supervisionada, volta porém com a visão de uma China tranquila, o que contrasta com as projeções militantes vindas de alhures: "Um povo (que em 25 anos já construiu uma nação considerável) circula, trabalha, bebe seu chá ou faz ginástica solitária, sem teatro, sem estrondo, sem pose, enfim, sem histeria."[45] François Wahl também é bastante crítico. Ele considera que o que viu advém de uma versão muito oriental do modelo soviético e lamenta que a nova China rompa assim com seu glorioso passado.[46] Esse distanciamento crítico não é do gosto de Sollers, que "replica rudemente no número 59 [de *Tel Quel*], contradizendo François Wahl ponto por ponto".[47] Outros intelectuais fazem o deslocamento: Alberto Jacoviello, Alberto Moravia, Charles Bettelheim, Alfred Max, Claudie e Jacques Broyelle, Colette Modiano, René Duchet, Michelle Loi, K. S. Karol, Gaston Martineau. Com exceção do casal Broyelle, que retornará à França com um olhar lúcido, os outros enunciam relatos apologéticos.

Uma nova figura de intelectual

No centro do confronto de Maio de 1968, Sartre foi elevado à condição de ícone do movimento, retornando à cena principal da contestação

---

45. BARTHES, 1974, citado in ARTIÈRES; ZANCARINI-FOURNEL, 2008, p. 499.
46. WAHL, 1974.
47. SAMOYAULT, 2015, p. 506.

depois de um longo purgatório nos anos 1960. No pós-1968, uma nova figura de intelectual tende a tomar seu lugar, acompanhando as inflexões militantes: com Michel Foucault, a questão da derrocada frontal do poder em atuação não está mais na ordem do dia. Trata-se, agora, de multiplicar os eixos de oposição à lógica do Estado a partir de frentes ditas secundárias, lá onde é possível obter avanços. Foucault contesta a postura de dominância do intelectual que encarnava os valores universais e define uma nova figura, aquela do intelectual específico, que fala a partir de um saber, de uma posição singular. Não se pede mais ao intelectual que seja capaz de falar de tudo, ele deve agora se limitar a seu domínio de competência. Na relação saber/poder, a verdade não está aí para ser desvelada, mas para ser reposicionada na articulação entre o exercício de uma autoridade e aquilo sobre o que ela se apoia. Trata-se de conectar os dispositivos do poder sobre os corpos (o biopoder) com as formações discursivas. Foucault exprime, em nível especulativo, e não mais a partir de um terreno etnográfico, esse desejo de abalar o universalismo: "Sonho com um intelectual destruidor das evidências e das universalidades."[48] Ao combate sartriano, otimista com relação à liberdade, Foucault opõe uma microfísica da resistência tópica aos poderes, uma função intelectual, circunscrita pelas delimitações precisas de seu campo particular de saber. Ele pressente o fim do intelectual universal para substituí-lo por aquele que descreve o impensado das categorias oficiais do conhecimento graças a uma transgressão permanente dos limites.

Assiste-se à historicização das categorias e ao fim de toda referência ao universal. A essa sistemática, é preciso acrescentar o desaparecimento do nome do autor, de sua existência significante. O autor deve se apagar por detrás das leis da linguagem, ele não é senão um polo que executa uma composição que não lhe pertence. Quanto ao intelectual, ele limita seu papel àquele de um passeante nas margens, de um desmantelador dos preconceitos, de um destruidor de mitos. Nesses tempos de suspeita, o intelectual renuncia à ideia de uma visão globalizante de mundo que dele emanaria, em nome de uma consciência representante e representativa da

---

48. FOUCAULT, [1977] 1984.

universalidade. Para Foucault, "o intelectual específico" ocupa um lugar singular a partir do qual ele pode adquirir certa legitimidade, unilateral e parcial, sem poder pretender, à maneira de Sartre, dizer a verdade escondida: "O intelectual não deve mais desempenhar o papel daquele que dá conselhos. O projeto, as táticas, os alvos: encontrá-los compete justamente àqueles que por eles se batem e se debatem."[49]

O intelectual renuncia a encarnar o universal, ao mesmo tempo que continua seu trabalho crítico de desvelamento, utilizando suas competências e seus conhecimentos de campo para mostrar que a realidade das coisas é bastante diferente do que delas se diz:

> O papel do intelectual consiste, desde um certo tempo, em tornar visíveis os mecanismos de poder repressivo que se exerceram de modo dissimulado. A mostrar que a escola não é apenas uma maneira de aprender a ler e a escrever e de comunicar o saber, mas igualmente uma maneira de impor.[50]

Tendo renunciado ao mundo das ideias gerais, cabe doravante a ele se tornar mais eficaz em um domínio particular em que se encontra ligado a pessoas engajadas em uma prática social.

Em 1976, por ocasião de uma entrevista concedida a uma revista italiana, Foucault precisa "o que ele chamaria o intelectual específico em oposição ao intelectual universal. Essa nova figura tem outra significação política: ela permitiu, se não soldar, ao menos rearticular categorias bastante próximas que haviam permanecido separadas".[51] Com isso, Foucault visa evidentemente as posturas adotadas por Sartre e por Aron, assim como aquela, mais antiga, do escritor sacralizado. Ele faz coincidir a ruptura histórica, ainda que a mutação fosse inconsciente por ocasião da Segunda Guerra Mundial, com as experiências do físico teórico Oppenheimer, possuidor de um saber a um tempo específico e de alcance planetário, que se viu em dívida com a sociedade em razão de seu saber científico. Se

---

49. Idem, [1975a] 1994a, p. 759.
50. Idem, [1975b] 1994a, p. 772.
51. Idem, [1976b] 1994b, pp. 154-155.

Oppenheimer está na confluência dos dois tipos de intelectual, a parte do especialista irá rapidamente prevalecer a partir de relações transversais nas redes de sociabilidade que retiram o intelectual de seu isolamento romântico: "Assim, os magistrados e os psiquiatras, os médicos e os trabalhadores sociais, os trabalhadores de laboratório e os sociólogos podem, cada um, em seu lugar próprio, e graças à vida de trocas e de apoios, participar de uma politização global dos intelectuais."[52] Considerando que o ideal-tipo universal nasceu na categoria do jurista-eminente, Foucault vê a nova concepção do intelectual específico se enraizar na figura do cientista-especialista e, particularmente, nas duas disciplinas que teriam formado os viveiros mais fecundos dessa aparição: a biologia e a física, esse novo paradigma que implica a passagem da sacralização da escritura literária àquela do saber erudito. Esse movimento teria se desenvolvido sobretudo a partir de 1960, ao ritmo da modernização acelerada. Em 1976, Foucault julga que convém reelaborar essa figura do intelectual específico que assume lugar crescente na sociedade: "O importante, creio eu, é que a verdade não está fora do poder nem sem poder [...]. A verdade é desse mundo [...], cada sociedade tem seu regime de verdade, sua política geral de verdade: isto é, os tipos de discurso que ela acolhe e faz funcionar como verdadeiros."[53] Na retaguarda da tensão althusseriana entre ideologia e ciência, Foucault confere uma função um tanto diferente aos intelectuais específicos, aquela de espreitar a verdade sob as lógicas de poder segundo tópicos especializados, em uma perspectiva de desvelamento entretanto similar.

No início dos anos 1970, essa orientação filosófica conhece um prolongamento político com a criação por Foucault do GIP (Grupo de Informação sobre as Prisões) e o engajamento de Deleuze a seu lado. O GIP nasce por ocasião da interdição da GP, decidida pelo ministro do Interior, Raymond Marcellin, em maio de 1970. O poder, que então endurece sua política de repressão da agitação esquerdista no pós-1968, envia para a prisão muitos militantes da organização dissolvida, como Alain Geismar. Em setembro de 1970, militantes presos se lançam a uma greve de fome

---

52. Ibidem, p. 155.
53. Ibidem, p. 158.

de 25 dias, pedindo pelo estatuto de prisioneiro político — o que não obterão. Em janeiro de 1971, inicia-se uma nova greve de fome, mais amplamente apoiada pela opinião pública. Uma audiência solicitada por Alfred Kastler, Paul Ricœur e Pierre Vidal-Naquet junto ao ministro da Justiça, René Pleven, permite obter a promessa de que uma comissão será constituída a fim de estatuir sobre a condição carcerária. Enfim, após 34 dias de jejum para alguns, "os advogados Henri Leclerc e Georges Kiejman anunciam em 8 de fevereiro de 1971, em uma coletiva de imprensa na capela Saint-Bernard, a suspensão da greve de fome"[54] e a instauração de um regime especial de detenção. Durante essa coletiva de imprensa, três intelectuais de renome, Michel Foucault, Pierre Vidal-Naquet e Jean-Marie Domenach, diretor da revista *Esprit*, anunciam a criação de um Grupo de Informação sobre as Prisões.

Em um primeiro momento, esse grupo diretamente saído da corrente maoista se dá como objetivo proteger da arbitrariedade os militantes da GP perseguidos. Os antigos da GP haviam criado, com efeito, uma OPP (Organização de Presos Políticos) sob a responsabilidade de Serge July e, em seguida, de Benny Lévy. Entretanto, o GIP logo ganhará autonomia e se descolará da organização maoista. Sem avisar previamente, Daniel Defert, um dos iniciadores do movimento, antecipa o nome de Foucault como o responsável por uma comissão de exame da situação nas prisões. Foucault aceita e, no "final de dezembro, reúne em sua residência aqueles que julgava capazes de constituir ou de preparar uma comissão de enquete sobre as prisões".[55] O método de investigação é decidido: a advogada Christine Martineau prepara um livro sobre o trabalho na prisão e já realizou com a filósofa Danielle Rancière um questionário que é preciso agora fazer chegar aos detentos: "Nosso modelo era a enquete operária de Marx."[56] Sob a iniciativa de Foucault, de certo modo um pouco escaldado

---

54. ARTIÈRES; QUÉRO; ZANCARINI-FOURNEL, 2005, p. 28.
55. DEFERT, 2005, p. 317. Dentre as vinte pessoas reunidas em torno de Michel Foucault, citemos, entre outros, Daniel Defert, Casamayor, Jean-Marie Domenach, Louis Joinet, Frédéric Pottecher, Christian Revon, Jean-Jacques de Felice, Christine Martineau, Danielle Rancière e Jacques Donzelot.
56. Ibidem, p. 318.

pelas enquetes populares organizadas pelos militantes maoistas depois de 1968[57], esse projeto de comissão se transforma, e o GIP se organiza de modo totalmente descentralizado: um grupo por prisão. Muito rapidamente, o modelo parisiense expande-se pelas prisões do interior. Deleuze é logo seduzido por esse tipo de organização guiada por uma resistência prática, efetiva, que rompe com todas as formas de aparelho burocrático centralizado e, ao mesmo tempo, se define como uma microestrutura: "O GIP desenvolveu um dos únicos grupos esquerdistas que tenha funcionado sem centralização [...]. Foucault soube não se portar como um chefe."[58]

Sob o pretexto de uma tensão crescente desde a rebelião na prisão de Clairvaux em setembro de 1971, que terminou com a tomada de reféns — um guarda e uma enfermeira — por dois prisioneiros, Buffet e Bontems, o ministro da Justiça decide, naquele ano, a título de sanção coletiva e para tranquilizar a inquietação dos guardas, suprimir os pacotes de Natal para o conjunto dos detentos. Essa decisão atiça a contestação nas prisões: durante o inverno de 1971-1972, contam-se 32 movimentos de revolta, sendo que alguns deles chegam mesmo a destruir as celas e a ocupar os telhados. Na central da prisão de Toul, violentos confrontos resultam em cerca de quinze feridos, entre eles detentos. Na noite de Natal, o GIP organiza diante da prisão da Santé, em Paris, uma manifestação da qual participam Foucault e Deleuze.

Para além das ações que concernem às prisões, o GIP mobiliza-se para assuntos de repressão e de caráter racista. No outono de 1971, um jovem argelino maltrata a zeladora de seu prédio, no bairro parisiense chamado Goutte d'Or. O marido da zeladora, Daniel Pigot, vê a cena, pega seu fuzil e mata Djellali Ben Ali, acidentalmente, diz ele, sob o pretexto de que o

---

57. Sobretudo em razão do caso de Bruay-en-Artois, em 1972. O corpo desnudo e mutilado de uma adolescente de 16 anos, Brigitte Dewèvre, filha de um mineiro, foi encontrado não longe do bairro dos mineiros de Bruay. O juiz Pascal rapidamente decidiu inculpar um notário local, Pierre Leroy. O jornal diário maoista *La Cause du peuple* estima que apenas um porco burguês pode estar na origem de um tal crime, um notário dado a "orgias", "que comeu sozinho oitocentos gramas de carne na noite do crime", casado com uma "castelã", "a única a comer lagosta em Bruay". Um tribunal popular se institui em nome da necessária justiça popular.

58. DELEUZE, 1986.

jovem havia tentado violentar sua esposa. O contexto da crescente tensão racista no bairro é revelado por esse caso, e manifestações denunciam um crime racista. Quando o zelador do prédio, que foi a julgamento, é condenado à pena bastante indulgente de sete meses de detenção, Foucault toma a iniciativa de um Comitê Djellali encarregado de conduzir a enquete.[59] Em 27 de novembro de 1971, Sartre e Foucault assumem a liderança de um encontro na Goutte d'Or em nome de um "apelo aos trabalhadores do bairro", assinado por Gilles Deleuze, Michel Foucault, Michel Leiris, Yves Montand, Jean Genet, Jean-Paul Sartre, Simone Signoret. Claude Mauriac se surpreende que sejam apresentados, um ao outro, Michel Foucault, com quem está, e Sartre, que acaba de chegar para a manifestação. De fato, é a primeira vez que se encontram e tomarão sucessivamente a palavra na rua: "Sartre é patético, lá, caminhando diante de nós para um sacrifício que lhe é mais uma vez recusado, para-raios eficaz, mas graças ao qual, entretanto, nós mostramos àqueles argelinos aterrorizados que é possível falar com eles e defendê-los publicamente em pleno bairro da Goutte d'Or."[60]

Essas intervenções militantes de 1971 e de 1972 permitem a Deleuze e a Foucault entreter um diálogo que tem como assunto o modo pelo qual definem as novas funções dos intelectuais em relação ao poder. É por ocasião de uma entrevista de 1972 que Deleuze retoma a fórmula de Guattari: "Somos todos grupúsculos."[61] Deleuze reconhece no GIP a expressão de um novo tipo de organização capaz de renovar as relações entre teoria e prática, reposicionando-as em um contexto concreto, local e parcial: "Para nós, o intelectual teórico deixou de ser um sujeito, uma consciência representante e representativa."[62] Por sua vez, Foucault considera que o papel do intelectual como encarnação do discurso de verdade está ultrapassado: a democratização da sociedade permitiu a cada categoria

---

59. O Comitê Djellali era composto, entre outros, por Gilles Deleuze, Michel Foucault, Jean Genet, Michel Leiris, Jean-Paul Sartre, Simone de Beauvoir, Yves Montand, Marianne Merleau-Ponty, Monique Lange e Michèle Manceaux.
60. MAURIAC, 1993, p. 194.
61. DELEUZE; FOUCAULT, [1972] 1994, p. 289.
62. Ibidem, p. 289.

social bem expressar suas insatisfações sem necessitar da mediação dos intelectuais. Estes últimos devem se concentrar na luta contra as formas de poder, delimitando seus focos e retraçando sua genealogia.

Contestação da autoridade eclesiástica

A brecha de Maio de 1968 encontra igualmente prolongamentos na Igreja junto aos laicos e religiosos que contestam, eles também, certa forma de hierarquia e que trabalham em prol de uma maior fraternidade e uma maior colegialidade das decisões: "O que é estranho é o forte rastro *après--coup*[63] desse momento na consciência e, mesmo, na biografia daqueles que, como eu, não haviam estado nos camarotes."[64] O boletim dirigido por Jacques Chatagner, Michel Clévenot e André Mandouze, intitulado *La Lettre*, exprime essa sensibilidade cristã infletida pelas exigências de Maio de 1968. Um grupo de padres funda em novembro de 1968 o movimento Trocas e Diálogo e adota em janeiro de 1969 um manifesto que recolhe 605 assinaturas; estes últimos "contestam a figura do clérigo separado dos homens e reivindicam para o padre o direito ao trabalho assalariado, ao casamento e ao engajamento político. Eles criticam o princípio da autoridade hierárquica".[65] Aproveitam a efervescência da contestação antiautoritária para pedir por uma democratização da instituição eclesial e o aparecimento de uma nova figura de padre "desclerigado".

Entre eles, Robert Davezies, um dos primeiros padres-operários, que havia sido preso em razão de seu apoio à causa argelina, é um dos mais engajados, e milita nesse início dos anos 1970 no Socorro Vermelho. Outros, religiosos ou laicos, buscam mudar seu modo de vida engajando-se nas comunidades informais, que se encontrarão em diversas ocasiões para estabelecer um balanço e para trocar suas experiências. Em outubro de 1970,

---

63. "*Après-coup*" é um termo da psicanálise freudiana, repensado por Lacan. Em resumo, trata-se de um remanejamento de acontecimentos passados que apenas adquirem força de sentido em tempo ulterior à sua primeira aparição. [N.T.]
64. Schlegel, 2008, p. 65.
65. Rousseau, 2008, p. 637.

Témoignage chrétien organiza em Bourges o primeiro desses encontros, que reúne quinhentas pessoas para debater o tema "Por uma Igreja solidária com a libertação dos homens". A abadia de Boquen desempenha esse papel na Bretanha em torno de seu prelado Bernard Besret. Michel Clévenot é bastante representativo desses cristãos em busca[66]: capelão nacional da JEC até 1972, ele é chamado para trabalhar com os dominicanos nas Éditions du Cerf, onde cria diversas coleções e publica a célebre *Lecture matérialiste de l'Évangile de Marc* [Leitura materialista do Evangelho de São Marcos], de Fernando Belo.[67]

Entretanto, Maio de 1968 não suscita unicamente a adesão. Como no conjunto do país, uma reação de crispação e de medo leva certos cristãos a se debruçarem sobre a defesa da tradição. A partir de 1970, um movimento integrista se reagrupa assim atrás do monsenhor Lefebvre contra as decisões do Vaticano II, acusado de entregar a Igreja ao protestantismo. Essa corrente chegará mesmo à ruptura em 1976, constituindo-se em contra-Igreja.

Uma decisão de Roma acentua a confusão daqueles que acreditaram na mudança e relança a contestação contra a autoridade eclesial. Com efeito, a encíclica *Humanae Vitae*, assinada por Paulo VI em 25 de julho de 1968 e publicada em 29 de julho, condena os meios não naturais de contracepção e se declara contra a pílula anticoncepcional. Essa encíclica está na contracorrente da evolução da sociedade francesa, que acaba de adotar a lei Neuwirth em 1967, lei que autoriza o uso de contraceptivos. É igualmente o momento para que a corrente feminista reclame a emancipação das mulheres, condenadas até então a encarnar apenas o segundo sexo: "Mal se imagina hoje a violência das reações à encíclica *Humanae Vitae*."[68] Antes de sua promulgação, uma comissão havia sido encarregada de refletir sobre a questão da contracepção, e, dentre três projetos, o papa finalmente escolheu o mais severo. O diretor da revista *Études*, o jesuíta Bruno Ribes, está no momento em Roma, onde tem uma reunião

---

66. CLÉVENOT, 1989.
67. BELO, 1974.
68. SCHLEGEL, 2008, p. 68.

com Paulo VI, que lhe pede que comente favoravelmente a encíclica. De volta a Paris, como ninguém quer enveredar por esse terreno, Bruno Ribes escreve um artigo muito ponderado que lhe vale a ira do papa e uma convocação ao Vaticano.

Nem todos os católicos entram para a dissidência, e muitos seguem o papa em sua condenação da contracepção moderna. Os jornais *La Croix* e *Le Figaro* se fazem de arautos da encíclica. O padre Riquet, jesuíta, escreve neste último: "O papa não acredita que a felicidade e o progresso da humanidade possam se obter pelo milagre de uma pílula."[69] No mesmo jornal, Jean Guitton justifica, ele também, o mérito de uma encíclica que François Mauriac evoca, por sua vez, em seu "Bloc-notes" do *Figaro littéraire* de 16 de setembro.[70] Reconhecendo que as objeções a *Humanae Vitae* são "muito fortes", o acadêmico confessa: "[Se o papa tivesse aprovado a contracepção], teria sido um golpe duro para minha fé, porque a meus olhos a linha que separa a armadura da Santa Igreja do mundo moderno como ele é hoje teria sido ultrapassada."[71] Jacques Nobécourt, correspondente do jornal *Le Monde* em Roma, mostra-se mais circunspecto e testemunha a confusão suscitada pela decisão do papa: "Todos os analistas constatam, com efeito, que, tratando de um ponto particular que aparentemente diz respeito à pura disciplina, a encíclica contém em germe reorientações teológicas, o retorno à concepção antiga da família e os riscos de ruptura do corpo da Igreja."[72]

A direita católica naturalmente saúda com fervor o ato de autoridade pontifical, à imagem de *La France catholique* de 2 de agosto, que publica o seguinte título, com estardalhaço: "Não à degradação do amor." Mais surpreendente é a adesão à encíclica por parte de Maurice Clavel, engajado em todos os combates esquerdistas, e que dela se faz defensor apaixonado nas colunas da revista *Nouvel Observateur*. Em definitivo, *Témoignage chrétien* é o único hebdomadário católico a assumir posição abertamente

---

69. RIQUET (S.J.), 1968.
70. Sevegrand, 1995, p. 313.
71. MAURIAC, 1968b.
72. NOBÉCOURT, 1995, p. 296.

contrária ao Vaticano ao publicar um editorial do dominicano François Biot, "Uma decepção para muitos". Uma outra voz conhecida do grande público eleva-se contra a encíclica, a do abade Oraison. Por ocasião de um grande debate na rádio Europe 1, ele declara: "É preciso esperar pelos meses de outubro e de novembro para ler em algumas revistas católicas ou de inspiração cristã como *Esprit* artigos que contestam abertamente a encíclica."[73] Com efeito, o diretor dessa última revista, Jean-Marie Domenach, ali denuncia uma decisão em contradição com a mensagem do Vaticano II e que semeia a confusão.

Confortada pelos acontecimentos de Maio de 1968, a crítica à Igreja como instituição cresce tanto junto aos católicos, sobretudo em *Témoignage chrétien*, quanto junto aos protestantes de Cristianismo Social, Cimade, Jovens Mulheres e Missão Popular. Em 1969, as iniciativas se multiplicam para criar estruturas de diálogo e de ação comuns entre cristãos de todas as fés. A revista *Christianisme social* adota uma linha revolucionária, que coloca o presidente do movimento, Ricœur, em situação delicada diante das instâncias dirigentes da Igreja reformada: para ele, a linha revolucionária deve simplesmente alimentar um projeto de reforma radical, enquanto, para muitos, a via chinesa ou cubana deixam antever Maio de 1968 como um ensaio geral da Grande Noite.

Em uma intervenção de 1970, Ricœur se afasta das ilusões daqueles que amalgamam as instituições em um bloco indiviso e repressivo chamado "poder". Essa estratégia de desvelamento não pode senão resultar em uma lógica de confronto violento. Em outro campo, uma tentativa reativa se volta temerosamente para a manutenção do status quo e a defesa da ordem. Recusando uma tal alternativa, Ricœur preconiza uma atitude adulta feita de escuta e de discernimento. Sem negar sua inclinação pelas experiências de dissidência, ele não se furta a seu papel de adulto e se aplica a discernir as atitudes criativas e as virtualidades de cada situação. Ele defende uma estratégia de brechas, que consiste em descobrir as fissuras do sistema para ali introduzir cada vez mais a autogestão. Uma tal perspectiva se descola dos grandes mitos políticos.

---

73. SEVEGRAND, 1995, p. 302.

A CONTESTAÇÃO

A publicação de *Christianisme éclaté* [O cristianismo estilhaçado] em 1974 é a ocasião de um confronto entre Jean-Marie Domenach, iniciador com Foucault do GIP, defensor rigoroso da independência de sua revista com relação a Roma, e o jesuíta Certeau.[74] Logo fica claro que aquele que assume o discurso mais crítico em face da Igreja não é quem se acredita. Diante de Certeau, Domenach aparece como defensor da tradição, constantemente desestabilizado pelas audácias sempre mais eloquentes do jesuíta. Quando o primeiro evoca a invenção e o recomeço necessários das práticas religiosas, o segundo lhe opõe a importância do laço com o passado. Quando Certeau fala em decomposição dos signos, Domenach o retifica, evocando a primazia da vida sobre a atividade destruidora da crítica. Diante da insistência de Certeau sobre o caráter particular da história do cristianismo e sobre a alteridade, Domenach, ao contrário, chama a atenção para a universalidade de sua mensagem.

Certeau faz a análise de um cristianismo que deserta progressivamente os locais mais tradicionais da experiência religiosa e se prolifera em espaços profanos. Ele constata o avançado desinteresse em relação às práticas religiosas, a crise de frequentação dos lugares de culto, a desagregação de uma instituição eclesial relegada às margens diante de um processo acelerado de secularização da sociedade. Nessa segunda metade do século XX, a desarticulação entre o dizer e o fazer que Certeau tomou como objeto de estudo a respeito do século XVIII é espetacular e se amplia ainda mais a partir dos anos 1970: "A constelação eclesial se dissemina à medida que seus elementos se desorbitam. Ela não se sustenta mais, porque não há mais uma articulação sólida entre o ato de crer e os signos objetivos."[75] A substância da mensagem cristã, que perdeu seu laço, seu caráter particular, é recuperada pela sociedade sob uma forma estetizante, que converte a espiritualidade em suplemento de alma decorativo. Os testemunhos da revelação sub-repticiamente deram lugar à constatação sobre o estado de ruínas admiráveis de um mundo

---

74. CERTEAU; DOMENACH, 1974.
75. Ibidem, p. 12.

para sempre ultrapassado. Retomando a tese de Kołakowski[76], Certeau evoca a multiplicação dos cristãos sem Igreja:

> Isso quer dizer que a instituição cristã se desmorona, à maneira de uma casa abandonada: cristãos deixam-na pela janela; recicladores entram por todas as portas. Esse lugar é atravessado por movimentos de toda natureza. Ele é utilizado para todos os fins. Não há mais um sentido nem mais o indicativo social de uma fé.[77]

À via de uma Igreja que difunde uma verdade que ela encarnaria Certeau opõe uma perspectiva fundada em uma dinâmica de questões saídas dos campos da atividade social, própria à dimensão evangélica. A um sentido em torno de um corpo de verdade, ele prefere os atalhos das práticas significantes. O sentido evangélico não é mais um lugar, "ele se enuncia em termos de instaurações e de deslocamentos relativos aos lugares efetivos, ontem religiosos, hoje civis".[78] À questão de Domenach se é preciso refundar a Igreja, Certeau responde:

> Quanto à hipótese de um cristianismo abandonado pela história, ela está aberta. É possível que o cristianismo ou, mais genericamente, a religião seja apenas uma figura histórica dos grandes problemas do homem em sociedade e que outros hoje o sucedam. A hipótese não é nem nova nem temerária. É, desde o século XVIII, uma tese, uma afirmação.[79]

O advento de Jesus e a partida de seus discípulos supõem um corte instaurador, um deslocamento da relação: a conformidade à lei dá lugar a uma "conversão em direção ao outro; não mais uma fidelidade, mas uma fé".[80] É a esse sobressalto místico de despossessão de si e de abertura para o outro que convida Certeau, seja para a saída de seu lugar de origem

---

76. KOŁAKOWSKI, 1969.
77. CERTEAU; DOMENACH, 1974, pp. 11-12.
78. CERTEAU, 1974, p. 89.
79. Ibidem, pp. 74-75.
80. Ibidem, p. 94.

graças a uma itinerância, seja para um exílio, para uma impossível parada. A linguagem do crer inscreve-se nos temas da fraqueza, do perecível, da rasura e do desaparecimento, e Certeau retoma a seu modo a expressão dos místicos de uma escritura religiosa como "gota d'água no mar", incorporando-se à sociedade civil secular.

Essa gota d'água provocará algumas ondas, tanto mais porque o livro se beneficia de um amplo eco na imprensa e encontra um público leitor importante. A tensão no seio da Companhia de Jesus é ainda mais forte porque Certeau é lido com entusiasmo pela jovem geração de jesuítas marcada pelo movimento de Maio de 1968. É o caso de Guy Petitdemange, estudante de teologia em Fourvière desde 1970, em seguida professor de teologia em Lyon, que a partir de 1972 oferece um seminário com estudantes de Fourvière. Para animar os debates, ele convida certo número de jesuítas; Certeau não apenas responde positivamente como participa de todos os encontros, que acontecem alternativamente em Fourvière e em Grenoble, ao ritmo acelerado de três a quatro jornadas por mês. Esse seminário conta com cerca de quinze participantes, entre os quais Jean-Louis Schlegel, Guy Lafon, Bruno Revesz, Christian Mellon e Pierre Lardet, que se interrogam sobre as fronteiras entre teologia e filosofia, entre fé e não fé, sobre o corpo ou, ainda, sobre as relações entre teologia e psicanálise. Nesse grupo, as teses defendidas por Certeau são particularmente bem acolhidas. Elas evidenciam a crise real atravessada não somente pela instituição eclesial mas, igualmente, pela própria Companhia: é testemunho disso o próprio lugar de Fourvière, que passa por uma verdadeira hemorragia com a partida maciça de jovens jesuítas que, repentinamente, tomam o caminho da liberdade uma vez concluído seu longo percurso de formação de quinze anos.

O impasse da violência

Na primavera de 1972, quando o aerólito que é *O anti-Édipo* despenca no continente do saber e no mundo político, quatro anos transcorreram desde a explosão de Maio de 1968, e a obra carrega ainda sua marca e seu efeito termodinâmico, senão de enxofre.[81] Desde a condenação de Alain Geismar a dois anos de prisão, em outubro de 1970, a situação é cada mais tensa entre o poder e os maoistas. Como represália, os maoistas, dotados de sua organização paramilitar, a NRP, sequestram um deputado da maioria, Michel de Grailly, que consegue fugir. Olivier Rolin mergulha na clandestinidade, dirige as operações e ameaça: "Faremos mais. Serão as primeiras execuções de torcionários, de policiais fascistas. Mas não atacaremos senão o punhado de torcionários mais detestados, aqueles que não podem se redimir. Atacaremos de modo cirúrgico."[82] Em 1972, o movimento de Maio habita ainda os espíritos, e a agitação ainda é diária, enfrentando uma repressão cada vez mais severa. A GP envereda gradativamente pela via da violência assumida. Em janeiro, a direção das fábricas da Renault despede dois operários maoistas, que iniciam uma greve de fome diante da fábrica. Pelo fato de a mobilização dar mostras de enfraquecimento, a direção da GP decide organizar uma incursão violenta no interior da fábrica. Os militantes maoistas ultrapassam os portões e se chocam com os vigias. Pierre Overney, militante da GP de 23 anos, cassetete na mão, enfrenta Jean-Antoine Tramoni, um agente de segurança, que saca de seu revólver e ameaça atirar caso aquele não recue. O tiro é disparado e Overney cai. Nessa ocasião dramática, o esquerdismo político logra transcender suas divisões, reunindo cem mil pessoas em 4 de março por ocasião do enterro de Pierre Overney. A tentação por parte de certo número de grupos de extrema esquerda de compensar sua fraca implantação por meio do uso da violência é real, mas fraca aos olhos da deriva terrorista junto aos vizinhos alemães e italianos. Em reação ao assassinato de Pierre Overney, a NRP organiza o sequestro de Robert Nogrette, executivo da Renault, encarregado das contratações da empresa. Graças à repercussão na mídia, esse sequestro se torna assunto nacional. Olivier Rolin, que o organizou, diz à vítima que ela nada deve temer, que não é questão de morte. Com efeito, ela é solta 48 horas mais tarde.

---

81. No original, "*effet de souffle, sinon de soufre*": há ali um jogo sonoro e verbal entre "*souffle*" e "*soufre*", que a tradução em portugês não permite manter. Tal jogo insinuaria os efeitos ainda explosivos de Maio de 1968. [N.T.]
82. Olivier Rolin, citado in MARZORATI, 2012, p. 63.

O destino trágico do militante revolucionário Pierre Goldman, nascido em 1944 em Lyon, no seio de uma família judia e comunista da Resistência, simboliza a violência da época:

> Em meu berço, havia panfletos e armas escondidos. Pouco após meu nascimento, minha mãe foi chamada a Grenoble para ali substituir um responsável que os alemães haviam fuzilado. Levou-me com ela. Não tenho lembranças dessa época, mas conservo, sei, a marca desse combate e muito deambulei para dela reencontrar o sabor. Se desejei estar morto, se vivi na morte, é porque quis, desejei, obscuramente, na opacidade de uma paixão visceral, viver um tempo impossível em que eu estava morto porque não havia nascido, um tempo em que, nascido, eu ainda não existia totalmente.[83]

Aos 5 anos, seu pai o tira da guarda da mãe, que retorna para a Polônia: "Não sei se meu pai tomou-me porque me amava. Sei que meu pai não desejava que seu filho vivesse em um país onde milhões de judeus haviam sido exterminados."[84] Em meados dos anos 1960, ele se engaja na UEC (União dos Estudantes Comunistas) e, em 1968, parte para se aliar às forças revolucionárias na Venezuela e depois na Colômbia. De volta à França em setembro de 1969, ele se junta ao meio do gangsterismo e participa de três assaltos. Preso em abril de 1970, é acusado do assassinato de dois farmacêuticos por ocasião de um assalto no bulevar Richard-Lenoir. Quando nega ter participado desse assalto, o *Libération*, novo jornal de tendência maoista, vem em seu auxílio e defende sua causa.[85] Em 5 de maio de 1976, os juízes concluem por sua inocência no caso. Ele sai da prisão em outubro, após ter cumprido pena pelos ataques à mão armada que ele acabou admitindo. No entanto, pouco aproveita da liberdade; é assassinado em 20 de setembro de 1979.

---

83. GOLDMAN, 1975, p. 31.
84. Ibidem, p. 32.
85. KRAVETZ, 1974.

Quanto à família trotskista, em particular a Liga Comunista, dirigida por Alain Krivine, ela igualmente conhece seu momento de tentação militarista ao se opor frontalmente, e em duas ocasiões, à organização de extrema direita Ordem Nova: em março de 1971 e em junho de 1973, no mesmo teatro da operação do Palácio das Exposições da Porta de Versailles, para impedir pela força o *meeting* de extrema direita. A violência dos confrontos com a polícia provoca a dissolução da Liga e da Ordem Nova no verão de 1973. Essa deriva militar, assumida pelo antigo líder dos Comitês de Ação dos Liceus em Maio de 1968, Michel Recanati, condenado à prisão depois dessa última manifestação, acaba ao mesmo tempo que a vida deste, que se suicida.

Renascimento da extrema direita

A persistência da contestação da ordem estabelecida depois da explosão de Maio de 1968 suscita a reação da extrema direita, que recruta para enfrentar o esquerdismo. Depois de ter encontrado seu lugar durante a Guerra da Argélia, apoiando-se no sentimento de adesão à presença francesa no território argelino e associando seu combate àquele da OAS, a extrema direita é marginalizada por sua política da terra arrasada e pela determinação da política gaullista. A força da erupção de Maio de 1968, que drena uma ideologia contestatária de extrema esquerda, atiça o outro extremo, que se apresenta como defensor da tradição, do enraizamento da origem, de valores eternos. A extrema direita desenvolve uma estratégia mais unitária que favorece o ressurgimento dessa ideologia. Em 1969, um certo número de grupúsculos reúnem-se no seio de uma organização comum, a Ordem Nova, que organiza seu primeiro *meeting* em 1970 e que, em 1972, conta com cerca de 4.700 membros por ocasião de seu segundo congresso. Esse movimento é logo denunciado pelos militantes de extrema esquerda como renascimento do fascismo. Para sair da marginalidade, um reagrupamento se dá sob a bandeira de um partido que toma o nome de Frente Nacional e tem como porta-vozes Jean-Marie Le Pen, Pierre Durand, Alain Robert, Roger Holeindre, François Brigneau e

Pierre Bousquet. Esse movimento se beneficiará da dissolução da Ordem Nova pelo governo em 1973, e inicia uma progressão constante.

O fenômeno verdadeiramente novo é o rearmamento ideológico da extrema direita. Alguns intelectuais dessa corrente consideram que a única maneira de vencer a esquerda é combatê-la no plano das ideias, da doutrina. Nesse plano, desde o pós-guerra, a hegemonia ideológica se situou à esquerda, a ponto de a própria noção de "intelectual de esquerda" parecer para alguns redundante: não podia haver intelectuais senão de esquerda. Para levar adiante esse combate de ideias, uma nova organização foi criada, o Grece (Grupo de Pesquisa e de Estudos para a Civilização Europeia), cuja primeira reunião nacional ocorreu no início de maio de 1968, e cujos estatutos são apresentados em janeiro de 1969. Assiste-se, pois, paradoxalmente, no momento mesmo em que a França é vencida por uma febre de extrema esquerda, à emergência de uma direita extrema que se fortalece ideologicamente para se dotar de um "*corpus* ideológico tão coerente quanto possível".[86]

O Grece constrói assim um sistema ideológico totalmente original em face dos valores transmitidos pela direita tradicional. Ele chega mesmo a tomar empréstimos amplamente de seu adversário de esquerda; chega a arrogar para si mesmo uma afinidade com o pensador marxista italiano Gramsci, que mostrou que o pensamento político deve se apoiar sobre uma posição hegemônica no plano ideológico e cultural. Esses intelectuais de extrema direita tomam emprestados assim da esquerda seu antitotalitarismo, seu antirracismo, seu antifascismo, segundo uma linha que se apresenta como uma terceira via "definida pela dupla recusa do individualismo e do totalitarismo".[87] Apesar de seus esforços para construir uma perspectiva inovadora, o Grece permanece em um primeiro momento na mais absoluta confidencialidade, apenas reagrupando um punhado de militantes em torno da revista *Nouvelle École* e de seu diretor, o ideólogo Alain de Benoist, que então escreve sob o pseudônimo de Robert de

---

86. BENOIST (DE), 1979a.
87. CHEBEL D'APPOLLONIA, 1988, p. 321.

Herte.[88] No transcorrer dos anos 1970, esse organismo assumirá importância, diversificará suas atividades, suas publicações, intervirá nos domínios mais debatidos. Além de *Nouvelle École*, o Grece publica *Élements*, e consagra números especiais a temas do grande público, como aborto, regionalismo, Terceiro Mundo, paganismo... Ele organiza igualmente um centro de formação para os estudantes, um cineclube, universidades de verão e exposições.

A estratégia de conquista de Alain de Benoist, o doutrinário do movimento, consiste em tomar da esquerda um certo número de posições, dando-lhes um sentido totalmente diverso. É o caso, por exemplo, do tema diferencialista que alimentou o pensamento anticolonial dos intelectuais de esquerda: o Grece retoma essa postura para si a fim de combater as doutrinas universalistas e, acima de tudo, o projeto liberal que, segundo Alain de Benoist, "impossibilita a instauração de todo projeto histórico de civilização".[89] A segunda hidra a ser derrubada é o marxismo, que "reproduz sob a forma laica a teoria cristã da história".[90] Daí resulta uma defesa do tema do enraizamento que passa pela exacerbação do diferencialismo cultural. À guisa de antídoto contra as pretensões das religiões monoteístas e de seus sucedâneos laicizados, Alain de Benoist defende o paganismo e todas as formas de politeísmo contra todos os pensamentos do Um. Essa corrente carrega em si uma concepção elitista da sociedade e da evolução histórica contra "as ideologias igualitárias niveladoras".[91] Para levar adiante essa ofensiva ideológica, Alain de Benoist mobiliza sua leitura pessoal de Nietzsche, que nada tem a ver, evidentemente, com aquela de um Foucault ou de um Deleuze, mas também lê Guilherme d'Ockham, Joseph de Maistre, Martin Heidegger e Ernst Jünger, assim como os trabalhos de geneticistas, para demonstrar que a desigualdade entre os homens encontra sua fonte nas diferenças entre suas heranças genéticas. A habilidade dessa

---

88. Seus principais animadores são Roger Lemoine, Dominique Gajas, Jean Mabire, Jacques Bruyas, Michel Marmin, Jean-Claude Valla (secretário-geral de 1974 a 1978) e, sobretudo, Alain de Benoist (ibidem, pp. 321-322).
89. BENOIST (DE), 1982, p. 19.
90. Idem, [1979] 1988, p. 324.
91. GRECE, 1977, p. 182.

corrente terá sido a de disseminar suas ideias-força em um certo número de *news magazines* de grande circulação, como *Le Figaro Magazine*, e de realizar conexões com a direita política clássica, dando a ela uma face de solidez: "Por ocasião das eleições de 1974, o novo secretário geral do Grece, Jean-Claude Valla, pediu aos militantes da Nova Direita que votassem em Valéry Giscard d'Estaing no segundo turno."[92] Incontestavelmente, essa corrente serve de viveiro de ideias para uma direita política que encontra uma vivacidade e uma vitalidade que haviam sido perdidas nos meandros das soluções de compromisso com o ocupante durante a Segunda Guerra Mundial.

---

92. CHEBEL D'APPOLLONIA, 1988, p. 326.

3
Mudar a vida

Viver a utopia

Nesse imediato pós-Maio de 1968, um certo número de pensamentos heterodoxos e radicais que pretendem ir à raiz dos problemas a serem tratados ganha certa popularidade e se torna fonte de inspiração para, a um tempo, perpetuar um pensamento crítico e modificar seu modo de vida. É nesse contexto que se dá o "fenômeno Illich", como o chama Frédéric Gaussen na edição de 11 de abril de 1972 do jornal *Le Monde*, em face do número bastante elevado de tiragens realizadas de suas publicações, considerando-se que são obras teóricas. A primeira metade dos anos 1970 é balizada pelo sucesso estrondoso de suas obras: *Libérer l'avenir* [Liberar o futuro] (1971), *Sociedade sem escola* (1971), *Énergie et équité* [Energia e equidade] (1973), *La Convivialité* [A convivialidade] (1973), *Némésis médicale* [Nêmesis médica] (1975).[1] Ainda antes de Maio, Illich havia atraído o interesse de numerosos intelectuais cristãos em razão de sua crítica do Vaticano II. Dentre os admiradores de Illich, Paul Flamand, diretor da Éditions du Seuil e seu editor, vê em sua obra a possível concretização de numerosas esperanças humanistas. "Prelado dos Trópicos", como o qualifica Jean Lacouture, Illich é professor em Cuernavaca, no México, onde criou um Centro para a Formação Intercultural (CIF), que se tornará o Cidoc (Centro Intercultural de Documentação) em 1966 e

---

1. Números de vendas dessas obras publicadas pela Éditions du Seuil: *Libérer l'Avenir*, 18.290; *Une Société sans école*, 151.665; *Énergie et équité*, 23.057; *La Convivialité*, 65.915; *Némésis médicale*, 64.575 (números extraídos de TABET, 2012, p. 92).

funcionará até 1976, permitindo-lhe lançar as bases de um mundo mais apropriado à realização plena do homem. O fascínio exercido por Illich junto a Paul Flamand remonta ao início dos anos 1960 — bem antes de aquele ter adquirido notoriedade no mundo intelectual francês —, quando o editor, por não ter podido encontrá-lo por ocasião de uma de suas viagens a Nova York, atesta com pesar:

> Monsenhor, quando estive em Nova York na primavera passada, tentei encontrá-lo, mas me disseram que o senhor não estava nos Estados Unidos naquele momento. Lamentei muito, como deve imaginar... [...] Será que eu poderia ajudá-lo? E como? O senhor sabe em qual pensamento nós nos reunimos, e eu gostaria que pudesse contar comigo em tudo aquilo que pensar ser possível me pedir.[2]

Nascido em 1926 na Áustria, Ivan Illich lança-se em seus estudos de história e defende uma tese sobre Toynbee em Salzburgo. Na Itália, estuda cristalografia na Universidade de Florença e teologia na Gregoriana de Roma. Verdadeiro poliglota, ele fala servo-croata, italiano, alemão, assim como francês e as línguas antigas: "Em seguida, e sempre na prática, aprende híndi, português e se sai bem em outras línguas, como o japonês."[3] Ele está destinado a ser padre e obtém um posto na paróquia porto-riquenha de Nova York a partir de 1951, mas numerosos desacordos com a hierarquia eclesial o levam ao México em 1970, onde funda o CIF no ano seguinte. Torna-se então uma das figuras de destaque do terceiro-mundismo católico. Quando é convocado pela Congregação para a Doutrina de Fé em Roma, o diretor de *Esprit*, Jean-Marie Domenach, indigna-se: "Enfrentamos os contragolpes de cem anos de dogmatismo e, particularmente, de costumes repressores que se instalaram na Igreja católica ao final do reinado de Pio XII."[4] Illich é demitido de suas funções eclesiásticas, mas conserva sua qualidade sacerdotal e os votos que vêm com ela.

---

2. Paul Flamand, carta a Ivan Illich, 19 de setembro de 1961, Imec, acervos da Éditions du Seuil.
3. PAQUOT, 2005, p. 9.
4. DOMENACH, 1969.

À margem das instituições, animada pelo desejo de mudar a vida, a obra de Illich seduz uma boa parte da geração dos *baby boomers* à sombra de Maio de 1968, que estão em busca de valores afastados daqueles da sociedade de consumo e de seu modelo produtivista. Illich ataca cada instituição para mostrar que, longe de realizar aquilo para o que ela existe, sua vocação é malograda. É o que acontece com a escola, que deveria ensinar e que rompe as potencialidades das jovens gerações; com o hospital, que deveria cuidar e que acaba por transmitir doenças mortais. No contexto da contestação da escola e da universidade e da aspiração a uma nova relação entre mestre e escola nesse início dos anos 1970, as teses de Illich são um sucesso. Seu pensamento responde perfeitamente à emergência do que então se chamavam frentes secundárias autonomizadas em relação à dimensão política global, que não atacam diretamente o poder político, mas que o desviam engajando batalhas essencialmente culturais e societais: "A marcha para a frente será retomada por aqueles que não desejam se submeter ao determinismo, aparentemente inevitável, das forças e das estruturas da idade industrial. Nossa liberdade e nosso poder de ação se definem por nossa vontade de assumir a responsabilidade pelo futuro."[5] Como assinala Alexeï Tabet: "Eis por que a ação política que ele preconiza deve se originar em uma recusa do poder."[6]

A Éditions du Seuil e *Esprit* desempenham um papel central na difusão das teses de Illich: este publica, na revista, "L'Envers de la charité" [O avesso da caridade], em maio de 1967; "Métamorphose du clergé" [Metamorfose do clero], em outubro de 1967; "'Birth control' et conscience politique" ["Controle de natalidade" e consciência política], em junho de 1969; "Pour en finir avec la religion de l'école" [Para acabar definitivamente com a religião da escola], em dezembro de 1970; e "Comment éduquer sans école?" [Como educar sem escola?], em junho de 1971. *Esprit* dedica dossiês inteiros à reflexão sobre seu pensamento.[7] Jean-Marie Domenach

---

5. ILLICH, 1971a, pp. 15-16.
6. TABET, 2012, p. 29.
7. *Esprit* dedica seu número de março de 1972 ao dossiê "Illich en débat" [Illich em debate] e seu número de julho-agosto de 1973 ao tema "Avancer avec Illich" [Avançar com Illich].

exprime entusiasmo em seus editoriais e busca constituir discípulos, como em 1974, quando organiza um debate em torno do pensamento de Illich[8] no CCIF (Centro Católico dos Intelectuais Franceses). Definitivamente desiludido pelo Concílio Vaticano II, Domenach, que busca novas razões para ter esperanças, encontra em Illich uma fonte essencial para pensar o tempo presente, e cada um de seus encontros com ele "reforça essa sedução fascinada".[9]

Seu pensamento também encontra repercussão na redação do *Nouvel Observateur*, em particular graças a André Gorz, que escreve nas colunas do hebdomadário sob o pseudônimo de Michel Bosquet. Entre Gorz e Illich uma cumplicidade amistosa se trama em torno do passado de ambos, que apresenta algumas semelhanças: "Um e outro nascem em Viena. André Gorz, em 1923, e Illich, três anos mais tarde. O primeiro é filho de um comerciante de madeira judeu austríaco convertido ao catolicismo; o segundo é neto, pelo lado materno, de um judeu convertido ao catolicismo que fez fortuna no negócio da madeira na Bósnia."[10] Muitos são os intelectuais que foram para sempre marcados por esse encontro e esse pensamento. É o caso, por exemplo, de Thierry Paquot, editor, filósofo que investiga o urbanismo, autor de um grande número de obras, e que prefaciou os livros de Illich e se tornou um de seus amigos.[11] O primeiro círculo dos fiéis é pouco numeroso, mas apaixonado. Ali está sobretudo o filósofo Jean-Pierre Dupuy. "Meu encontro com Ivan Illich no início dos anos 1970 foi decisivo para meu itinerário intelectual e, simplesmente, para minha vida", confessa este último, que se tornou seu discípulo[12] e que vai regularmente ao Cidoc de Cuernavaca, onde aprecia em particular o clima informal e convivial dos debates que ali acontecem de forma permanente, em um lugar excepcional, ao pé dos vulcões Popocatepetl e Chimalhuacán, desde o café da manhã, às cinco horas, até a hora tardia de ir dormir, e dos quais participam até duzentas pessoas.

---

8. Solé, 1974.
9. Tabet, 2012, p. 43.
10. Ibidem, p. 39.
11. Paquot, 2005; ver também idem, 2012.
12. Dupuy, 2007.

A Éditions du Seuil confia a Jean-Pierre Dupuy a responsabilidade de uma nova coleção illichiana, "Techno-critique". Ali se lê sua crítica radical da sociedade industrial, que persegue os efeitos de contraprodutividade da gestão tecnocrata, que nasce do seguinte paradoxo: "As pessoas passam a maior parte do tempo tentando ganhar produtividade."[13] Illich tenta sair desse círculo contraprodutivo da modernidade tecnológica com a linguagem trágica do religioso, da deusa da vingança (Nêmesis) que pune os homens culpados de desmedida (húbris). Por sua vez, Jean-Pierre Dupuy pensa que a epistemologia pode trazer uma resposta a essas disfunções. É graças a Illich que ele trava encontros que serão decisivos, sobretudo aquele com Heinz von Foerster, o pioneiro da cibernética. Em 1976, este sugere, após ter tomado conhecimento em Cuernavaca das teses de Illich, utilizar a teoria dos autômatos para modelar a contraprodutividade. Ele lidera então o centro de pesquisas interdisciplinares da Universidade de Illinois, e Dupuy se interessa particularmente por sua pesquisa sobre as relações entre corpo e espírito — o que tem a ver com a memória e com a percepção — a partir de observações feitas por ocasião de simulações informatizadas ou em redes de autômatos. Foerster aconselha Dupuy a encontrar dois biologistas: Henri Atlan e Francisco Varela. Dupuy reconcilia-se assim com sua formação inicial e se associa a um eminente clube de pensamento, o "Grupo dos Dez"[14], do qual Henri Atlan é um membro ativo. De seu escritório na Éditions du Seuil, Dupuy organiza durante dois anos uma vasta rede de pesquisadores interessados no tema da auto-organização, que reúne físicos, matemáticos e políticos, com a intenção precisa de preparar a "década" do 10 ao 17 de junho de 1981, em Cerisy[15], na região da Mancha. Graças a esse colóquio, ele reconcilia as duas culturas. Ali está o que Pierre Rosanvallon, presente em Cerisy,

---

13. Idem, 1982, p. 86.
14. Constituído em 1967, o "Grupo dos Dez" reunia na verdade, desde a origem, mais de dez membros: Robert Buron, Henri Laborit, Edgar Morin, Jacques Robin, René Passet, Alain Laurent, Jacques Sauvan, Jack Baillet, Gérard Rosanthal, Jean-François Boissel, David Rousset e Bernard Weber. No início dos anos 1970, ele engloba Joël de Rosnay, Jacques Attali, Jacques Piette et Henri Atlan. O grupo cessou suas atividades em 1979.
15. Atas reunidas em DUMOUCHEL; DUPUY (orgs.), 1983.

chamará de "galáxia auto", na qual a segunda esquerda, em ruptura com os aparelhos e em busca de uma nova cultura, dialoga com os cientistas: "Todas as pesquisas dificilmente são dissociadas e, por razões tanto conceituais quanto sociológicas, elas formam um todo, uma quase disciplina, sustentada por uma quase comunidade."[16]

O que se chamará "a segunda esquerda", menos confiante nas virtudes do Estado e mais voltada para as iniciativas locais, distanciando-se assim da doxa marxista, encontra igualmente em Illich uma fonte de inspiração no momento em que a esquerda renasce de suas cinzas com o congresso do PS em Épinay, em 1971, e com o programa comum da esquerda de 1972. Valorizando as lógicas próprias do que se chama cada vez mais de "sociedade civil", essa segunda esquerda à maneira de Michel Rocard define uma terceira via entre os adeptos do capitalismo selvagem e os adeptos do Estado máximo. Os intelectuais da CFDT, como Pierre Rosanvallon, se alimentam das teses críticas de Illich sobre a contraprodutividade. É igualmente o caso de Patrick Viveret, que pertence à geração marcada por Maio de 1968, que apoia a segunda esquerda autogestionária e que lança com Rosanvallon a revista *Faire*, em 1975, para renovar a cultura política. Pouco depois, ele publicará uma obra que se dedica a Illich, como ícone.[17]

Segundo Illich, trata-se de desconstruir o mito do controle racional total, demonstrando que, quando chega a certo grau de desenvolvimento, a instituição criada para dele ser o suporte volta-se contra ela mesma e perverte sua finalidade, tornando-se um obstáculo à realização de sua primeira ambição. Uma tal perspectiva crítica sobre as instituições está especialmente em consonância com a geração pós-1968 porque Illich opõe ao modelo da sociedade de consumo uma atitude de resistência pessoal e preconiza viver concretamente e sem espera uma vida feita de renúncia, e operar um retorno à sabedoria antiga. "A *askêsis*, que em francês se traduz por 'ascese', significa, é verdade, 'austeridade', mas designa igualmente, em Homero, o trabalho do artesão e, em Tucídides, o exercício, em particular

---

16. Ibidem, p. 13.
17. Viveret, 1976.

o exercício físico."¹⁸ Sua crítica das instituições visa a propensão destas a criar megainstrumentos que, em vez de liberar o homem de suas restrições, agravam seu estado de dependência. Disso decorre o necessário esforço de rearmamento intelectual e moral que pode ser produzido pela *askêsis*. Fazendo uma distinção entre a esperança que encontra seu enraizamento em uma confiança na bondade da natureza e nas esperanças suscitadas pelas transformações humanas, Illich deplora que "o *ethos* prometeico tenha abafado a esperança. A sobrevida da raça humana depende de sua redescoberta como força social".¹⁹

Illich lança as bases de uma ecologia política que não está senão no início de uma longa caminhada. Ele alerta para o esgotamento dos solos provocado pela agricultura moderna e considera que a criação de necessidades sempre novas conduz diretamente ao inferno terrestre. A situação é ainda mais dramática porque "nós não dispomos de um interruptor para prevenir o holocausto ecológico".²⁰ Dois *ethos* se enfrentam, aquele da insaciabilidade da modernidade, marcada pela desmedida, o ideal prometeico alimentado pelo saque do meio físico, a polarização social e a passividade psicológica, e o *ethos* encarnado pelo irmão de Prometeu, Epimeteu, que deu nascimento à *arché* da humanidade.

Com a publicação de *Némésis médicale* [Nêmesis médica] em 1975, Illich conhece um grande sucesso, mas suscita igualmente uma viva controvérsia. Em sua maioria, os profissionais da saúde estão escandalizados com essa tese que afirma que os progressos da medicina tornam o homem cada vez mais doente. A imprensa se torna o suporte de numerosos depoimentos de médicos que se opõem a ela, a ponto de perturbar o editor de Illich. "É certo que esse livro inquieta, desconcerta", escreve Paul Flamand a seu autor.²¹ A acolhida das publicações de Illich na França, após esse fogo defensivo, alimentado por toda uma profissão que se sentiu agredida, pouco a pouco se deteriorará.

---

18. PAQUOT, 2005, p. 22.
19. ILLICH, 1971b, p. 173.
20. Ibidem, p. 180.
21. Paul Flamand, carta a Ivan Illich, 17 de junho de 1975, acervos da Éditions du Seuil e do Imec, citado in TABET, 2012, p. 67.

Herbert Marcuse é outra figura tutelar da primeira metade dos anos 1970, cuja obra não circulou na França até maio de 1968 senão pelo meio da imprensa e das revistas. A adequação entre suas teses e a brecha constituída por Maio de 1968 suscita um entusiasmo por sua obra, descoberta por muitos como uma teorização *a posteriori* dos acontecimentos de Maio. Alguns bons conhecedores de sua obra, como Jean-Michel Palmier, fazem imediatamente a relação entre o pensamento de Marcuse e Maio de 1968 e contribuem assim amplamente para torná-lo conhecido e para divulgá-lo. Desde o final de 1968, Palmier publica na coleção de bolso 10/18 uma *Présentation d'Herbert Marcuse*[22] [Apresentação de Herbert Marcuse] e, em seguida, põe-se a escrever uma enorme suma sobre *Marcuse et la nouvelle gauche*[23] [Marcuse e a nova esquerda].

Nascido em Berlim em 1898 em uma antiga família judia, Marcuse participou da Revolução Espartaquista de 1919, mas nunca aderiu ao KPD, o partido comunista da Alemanha. Depois de uma tese de doutorado defendida sob a orientação de Heidegger, ele inicia pesquisas com Adorno sobre a autoridade e a família. Judeu e marxista, ele é forçado ao exílio em razão da ascensão do nazismo. Depois de um longo périplo que o faz passar pela Suíça até chegar em Paris, finalmente se estabelece nos Estados Unidos em 1934 e dá aulas sucessivamente em Columbia, Harvard e Boston, terminando sua carreira na Califórnia, na Universidade de San Diego. Suas duas grandes obras, das quais a juventude estudantil contestatária alemã e italiana se apropriará antes mesmo que os franceses, são *Eros e civilização*, publicada nos Estados Unidos em 1955 e, em 1963, na França[24], e *O homem unidimensional*, publicada em 1964 nos Estados Unidos e, em 1968, na França.[25]

As hesitações de Jérôme Lindon, diretor de Les Éditions de Minuit, em publicar este último título, que no entanto será um best-seller, são reveladoras da confidencialidade de sua obra antes de Maio de 1968.

---

22. PALMIER, 1968.
23. Idem, 1973.
24. MARCUSE, [1955] 1963.
25. Idem, [1964] 1968.

Quando ele recebe o manuscrito de *O homem unidimensional*, ele o entrega para Paul Flamand, com um bilhete amistoso em que observa que se trata do texto de um autor já publicado por ele, mas que julga um pouco "frouxo". Se decidiu enviá-la para ele, é justamente porque a Éditions du Seuil talvez se interesse. Paul Flamand lê o manuscrito e, sem falar a ninguém de seu meio a respeito dele, reenvia-o para Lindon, dizendo-lhe: "Meu caro Jérôme, se eu fosse você, olharia duas vezes e mesmo assim o publicaria." A obra, editada no limiar de Maio de 1968, em 28 de abril, é vendida ao ritmo de mil exemplares por semana. Crítica ácida a um tempo da sociedade de consumo capitalista e da sociedade burocrática soviética, Marcuse se torna uma fonte essencial para todas as tentativas de vida comunitária.

Alimentado por Freud e por Marx, Marcuse se torna crítico do pessimismo expresso por Freud em *O mal-estar na civilização*. Segundo ele, é preciso pensar com Freud e opor a própria teoria freudiana à tese defendida pelo fundador da psicanálise quando ele afirma que não pode haver senão uma civilização repressora. Com efeito, nessa obra, Freud defende a ideia de uma sujeição permanente do homem a seus instintos, sobre a qual se sustenta a civilização. Ora, segundo Marcuse, "a própria teoria de Freud fornece argumentos para colocar em questão sua tese".[26] Ele se apoia nos trabalhos de Margaret Mead, que mostram que uma educação não repressora permitiria evitar a maior parte dos conflitos neuróticos conhecidos pelos jovens ocidentais. Não tão distante de Illich, Marcuse conclama à morte de Prometeu e à ressureição de Orfeu, reviravolta que permitiria afastar os valores do trabalho, da força, da violência em benefício daqueles do amor, da alegria, do canto.

Depois dessa crítica de Freud em nome do freudismo, Marcuse ataca Marx, para mostrar que a sociedade moderna terminou por integrar o proletariado ao lhe prometer uma elevação de seu nível de vida, ao passo que este deveria desempenhar um papel motor para realizar o mundo novo e operar a ruptura revolucionária. Em *O homem unidimensional*, Marcuse mostra como a contestação, sob todas as suas formas, desapareceu de uma

---

26. Idem, [1955] 1963, p. 16.

sociedade na qual a corrida ao consumo predomina e conduz o conjunto do corpo social a uma certa uniformização: "A originalidade de nossa sociedade reside na utilização da tecnologia mais do que do terror para obter a coesão das forças sociais em um movimento duplo: um funcionalismo esmagador e uma melhora crescente do padrão de vida."[27] A partir dessa constatação, Marcuse se pergunta se ainda existem forças capazes de pensar um futuro qualitativamente outro e de romper com um sistema que conduz maciçamente a um processo de dessublimação que deslegitima toda forma alternativa de imaginário social. As pessoas não mais se reconhecem senão nas mercadorias produzidas, sejam elas seus carros, seus equipamentos de cozinha ou seu *microsystem* de alta-fidelidade: "A tese de Marcuse consiste em afirmar que apenas aqueles que vivem à margem dessa sociedade têm um ideal ainda autenticamente revolucionário. Tal é o caso dos negros norte-americanos, dos combatentes da América Latina, dos estudantes americanos e europeus."[28]

Amplamente apoiados pelas teses marcusianas, muitos jovens escolherão depois de Maio de 1968 a via dessa marginalidade radical, rompendo com o sistema e experimentando a via alternativa, aquela que foi qualificada como utopia comunitária[29], mudando assim a vida do aqui e agora, sem esperar por hipotéticas Grandes Noites revolucionárias. Sem se tornar um fenômeno muito maciço, a multiplicação das pequenas comunidades de vida, rurais e urbanas, no início dos anos 1970, é suficientemente importante para suscitar o interesse dos poderes públicos a partir do verão de 1971. O Ministério do Interior francês debruça-se sobre a questão para dela medir o alcance e vigiar de perto uma situação que não deve degenerar em focos revolucionários. Em 1973, no momento em que essas tentativas de vida comunitária estão bastante desenvolvidas, os relatórios de polícia contam trezentos grupos diferentes, que reúnem 1.600 pessoas; há ainda outras mais, se aí for incluído o número bastante elevado dos intermitentes da vida comunitária, que apenas passam por eles, sobretudo durante o

---

27. Idem, [1964] 1968, p. 16.
28. PALMIER, 1968, p. 125.
29. LACROIX, 1981.

período estival. Se a amplidão desse movimento de fundo é difícil de ser avaliada, estima-se que ele concerniu entre cinco mil e dez mil pessoas. A maioria desses grupos está em busca de outros valores que promovam uma nova forma de fraternidade, que pratiquem a não hierarquia, o igualitarismo nos meios, uma liberdade das trocas (inclusive as sexuais), e, para as comunidades rurais, uma forma de autossubsistência que permita permanecer à margem dos grupos capitalísticos.[30]

Outra característica desse período de busca por uma vida mais comunitária, mais fraternal, é o sucesso dos grandes encontros da juventude em torno de concertos de música pop. O mais espetacular é o concerto de Woodstock, no estado de Nova York, que deveria reunir cinquenta mil espectadores em pleno mês de agosto de 1969 e acabou por receber quinhentos mil, que vieram ouvir Jimi Hendrix, Santana, Richie Haven, Joe Cocker... Uma semana mais tarde, na ilha inglesa de Wight, trezentos mil jovens verão Joan Baez, Donovan, Leonard Cohen...

O filósofo protestante Jacques Ellul é outra figura da crítica da tecnoestrutura que marca a nova geração nesse início dos anos 1970. Ele é sobretudo influenciado pelos meios cristãos e por sua crítica veemente da sociedade tecnicizada. Marginal na vida intelectual francesa, provinciano fiel a Bordeaux, ele permanece sendo um pensador atípico, inclassificável, que transgride as fronteiras disciplinares. Contestatário e excelente conhecedor da obra de Marx, ele valoriza a postura crítica. Nos anos 1930, junta-se à corrente personalista, da qual representa, juntamente com Bernard Charbonneau, a ala libertária. Jurista de formação, no pós-guerra Ellul se torna professor de ciências políticas na Universidade de Bordeaux. Seus numerosos escritos inscrevem-se em duas ordens distintas: de um lado, teológica; de outro, sociológica. Ele desfaz a supremacia adquirida pela técnica e as ameaças que esta faz pesar sobre a humanidade.

A partir de 1954, Ellul denuncia o processo de autonomização da tecnociência e a ilusão da separação entre "meios" e "fins".[31] Ele critica a subordinação total do homem aos meios dos quais ele se dotou para dominar a

---

30. Ver HERVIEU-LÉGER, 1979.
31. ELLUL, 1954.

natureza, a inversão pela qual a sociedade suporta o poder implacável de uma tecnologia moderna tornada autônoma e sobre a qual o homem não tem mais controle. Ellul acaba por pensar que a técnica não é mais controlada por ninguém, que ela se autonomizou a tal ponto que nenhuma categoria social pode mais contê-la. Cada vez mais adepto do decrescimento, desmistificando o que ele denuncia como falsos valores, Ellul se torna o arauto de uma outra via, que deve recolocar o homem no centro, permitindo-lhe mudar a vida.[32] Ele está em consonância com Illich e Castoriadis, entretendo com este último uma extensa correspondência.[33]

Ele se torna uma referência central para toda a geração de jovens intelectuais marcados pelo movimento de Maio, como Jean-Claude Guillebaud, que fez seus estudos em Bordeaux e foi aluno de Ellul antes de se tornar seu amigo, seu editor, e cujas obras, em sua maioria, carregam a marca de Ellul. É ele quem organiza o encontro entre Castoriadis e Ellul em 1981:

> Acabo de enviar para a gráfica um livro de Jacques Ellul que publicaremos em março próximo, *La Métamorphose du prolétaire* [A metamorfose do proletariado]. Nesse livro, Jacques Ellul não somente lhe rende homenagens, por vezes vibrantes, manifesta uma comunidade de pensamento com o senhor, mas, igualmente, "dialoga" amplamente com Castoriadis, sobretudo na última parte. O senhor deve imaginar como me alegrou esse encontro […]. Tive a ideia de organizar um almoço a três, com Jacques Ellul. O que pensa a respeito?[34]

Jean Baubérot, que a partir de 1965 dirige *Le Semeur*, a revista da "Fédé" protestante, é igualmente marcado pelo pensamento elluliano, embora se mantenha a distância dele em razão de seu engajamento, depois de Maio de 1968, no movimento maoista VLR (Viva a Revolução). Olivier Abel, que se tornará professor de filosofia no Instituto Protestante de

---

32. Idem, 1965 e 1972.
33. Ver Dosse, 2014.
34. Jean-Claude Guillebaud, carta a Cornelius Castoriadis, 1º de dezembro de 1981, arquivos Castoriadis, Imec.

Teologia, é, por sua vez, influenciado por Ellul, assim como o foi, e ainda mais, por Paul Ricœur. Para além do pequeno círculo dos protestantes, Ellul estende a influência de suas teses junto a um número importante de personalidades que pertencem a outras obediências: Noël Mamère, José Bové, Didier Nordon, Serge Latouche.[35]

A autogestão

Em um primeiro momento, se Maio de 1968 não consegue produzir uma mudança política, a brecha aberta por tal acontecimento ao menos produz efeitos no clima social; e a contestação, persistente nos primeiros anos de 1970, alimenta-se com novas exigências. Tanto em áreas rurais quanto nas cidades, manifesta-se uma aspiração a melhor controlar seu meio de vida, a participar ativamente do domínio de seu tempo de trabalho, a não mais se contentar em executar ordens exteriores. Uma palavra-valise, "autogestão", cristaliza essa esperança e parece conseguir reger a vida cotidiana nas esferas pública e privada.

Esse ideal autogestionário atinge seu ápice graças àquilo que se chama "a segunda esquerda", à margem das soluções estatais, e graças a teóricos que buscam uma vida intermediária entre reforma e revolução. André Gorz, intelectual influente que, além de publicar suas obras, se tornou o pilar operário da revista de Sartre, *Les Temps modernes*, e colabora em *Le Nouvel Observateur* sob o pseudônimo de Michel Bosquet publica regularmente análises sobre a situação social e defende as posições críticas de Marcuse e de Illich. Em Maio de 1968, Marcuse e Gorz aprovam totalmente o movimento estudantil. Depois de 1968, Gorz descobre com fascínio a obra de Ivan Illich, que publica em *Les Temps modernes* a partir de 1969. Se as teses de Illich são sobretudo difundidas pelos meios católicos e por *Esprit*, André Gorz e *Le Nouvel Observateur* permanecem discretos em um primeiro momento, até que Jean Daniel confia a Gorz um texto de Illich para ser traduzido, "Réoutiller la Société" [Reinstrumentalizar a sociedade], visando

---

35. Ver ROGNON, 2012.

publicá-lo em *Le Nouvel Observateur*. Trata-se do primeiro esboço de um ensaio que será publicado em 1973, *La Convivialité*[36] [A convivialidade]. "Não há dúvidas de que Illich contou bastante para Gorz e que a partir dos anos 1970 este último se impregnou das categorias illichianas."[37] A aspiração a um mundo autoadministrado é comum a ambos e passa por uma crítica radical dos efeitos deletérios da tecnoestrutura. Em sua obra *Réforme et révolution* [Reforma e revolução], escrita essencialmente antes de 1968, mas publicada em 1969, André Gorz, que contesta as teses de uma integração da classe operária nas estruturas capitalísticas, vê-se confortado pela brecha de Maio de 1968, que mostrou a via a seguir, aquela da valorização de todas as formas de estímulo das iniciativas para se dotar de objetivos a um tempo realizáveis e disruptivos:

> A autodeterminação na base dos objetivos e dos métodos de luta, a autogestão da própria luta, graças ao debate permanente, nos comitês de ateliê e de fábrica, nos comitês de greve, eleitos e revogáveis, tantas são as experiências emancipadoras que revelam para a classe operária sua soberania possível.[38]

Esse tema autogestionário é retomado e assumido como ideal pela CFDT, muito ativa em certo número de conflitos sociais que exprimem aquela vontade de um melhor controle da gestão das empresas pelos próprios trabalhadores. Essa nova radicalidade que contorna o obstáculo do Estado é igualmente assumida pela *Esprit*. Jean-Marie Domenach vê aí um novo horizonte de espera que lhe aparece como o prolongamento do personalismo: "A volta à exigência de participação dos trabalhadores na gestão do instrumento de produção confirma a esse respeito a constatação de malogro do projeto modernizador."[39] Daniel Mothé, antigo membro de Socialismo ou Barbárie, operário na Renault, participa nesse início dos

---

36. ILLICH, 1973.
37. GIANINAZZI, 2016, p. 174.
38. GORZ, 1969, p. 23.
39. BOUDIC, 2005, p. 338.

anos 1970 do "Journal à plusieurs voix" [Jornal a diversas vozes], da revista *Esprit*. Ele denuncia os efeitos funestos da taylorização, conferindo um sentido mais amplo à noção de autogestão, aquele da vontade expressa pelos trabalhadores de se verem reconhecidos em sua dignidade e de não mais se contentarem em ser simples executantes. Uma corrente autogestionária no seio da CFDT organiza-se e reagrupa a tendência rocardiana do novo Partido Socialista, nascido em Épinay em 1971. Pierre Rosanvallon aí desempenha um papel fundamental como conselheiro econômico do secretário-geral da CFDT, Edmond Maire, redator-chefe da revista da organização sindical, *CFDT aujourd'hui*, e diretor de uma coleção de livros militantes chamada "Objectifs". É ele quem pede a Daniel Mothé que escreva o primeiro da série, *Militant chez Renault* [Militante na Renault]. Na CFDT, Rosanvallon está ao lado de Marcel Gonin, antigo operário da Manufatura de Armas de Saint-Étienne, que frequentou o Círculo Saint-Just, onde conheceu Lefort e Castoriadis. Ele chama a atenção de Pierre Rosanvallon para um certo Castoriadis, que acaba de publicar em 1973-1974 toda uma série de livros de bolso da Éditions 10/18. Na época, a CFDT diz estar ligada a um programa autogestionário e com frequência se encontra na origem dos mais avançados movimentos sociais, como aquele da fábrica Lip. Rosanvallon alimenta sua reflexão sobre a autogestão com a leitura de Castoriadis e convida seus leitores a tomar conhecimento de *A instituição imaginária da sociedade*[40] para melhor compreender a dialética do instituído enquanto ordem estabelecida e do instituinte como "contestação que germina".[41] A instituição deve ser compreendida como resultado de incessantes compromissos entre dois polos: "*A instituição imaginária da sociedade*, de Castoriadis, pode a partir de agora ser considerado um livro fundador. Ele apresenta uma análise magistral da dificuldade do marxismo em apreender a questão do poder e conclama a uma sociedade que se autoinstitui ao se emancipar dos esquemas positivistas."[42] Essa aspiração autogestionária visa, para além do mundo da empresa, a fazer

---

40. CASTORIADIS, 1975.
41. ROSANVALLON, 1976, p. 92.
42. Ibidem, p. 184.

valer o desejo de aprofundamento da democracia, da partilha das decisões, do questionamento das relações hierárquicas. A autogestão torna-se então uma palavra-totem que recobre ideais variados e uma noção que "funciona enfim como o termo unificador de leituras, de sensibilidades e de orientações relativamente diversas".[43] A referência à autogestão serve igualmente para Jean-Marie Domenach, que mantém um equilíbrio em sua redação entre os adeptos de uma perspectiva radical e revolucionária e aqueles que buscam definir uma via reformadora. Numerosos conflitos sociais eclodem no início dos anos 1970 à margem dos aparelhos sindicais, conflitos que suscitam a desconfiança da CGT e o apoio da CFDT. Eles afetam com maior frequência zonas sem tradição de luta operária, setores recentemente industrializados, mal saídos da ruralidade, e categorias até então marginalizadas, como as mulheres, os operários especializados (OS), os imigrantes: "Esse fenômeno vem acompanhado de um recrudescimento das práticas, que se exprime pelo recurso recorrente à ilegalidade: ocupações, sequestros, violências, sabotagens."[44]

A greve com ocupação de fábrica no Joint Français, filial da CGE (Companhia Geral de Eletricidade), em Saint-Brieuc, em março de 1972, é significativa desse tipo de movimento. Em zona rural, essa fábrica que produz peças técnicas de borracha, implantada em 1962, emprega mil pessoas, das quais 60% são mulheres, que nunca haviam parado as atividades. Recebendo salários menores pelo mesmo trabalho que seus colegas da região parisiense, eles decidem ocupar a fábrica. Para lá são enviados policiais móveis, que os removem com truculência. A situação não avança, os OS recusam-se a retomar o trabalho a menos que suas reivindicações sejam atendidas: aumento de setenta centavos por hora de salário e pagamento do 13º salário. Como o patrão recusa qualquer concessão, a greve se eterniza e a região organiza uma rede de solidariedade: "Os agricultores dos entornos trazem para eles legumes, manteiga, ovos, frangos. Os *meetings* e os *galas* de apoio reúnem milhares de pessoas a cada vez."[45] O conflito

---

43. Ibidem, p. 339.
44. GEORGI, 2008. Ver também VIGNA, 2007, pp. 51-52.
45. MARZORATI, 2012, p. 90.

do Joint Français assume então uma dimensão nacional e a CGE escolhe a prova de força, ameaçando fechar a fábrica se o trabalho não for retomado. Toda a cidade de Saint-Brieuc se mobiliza, e 55 padres da região se reúnem e declaram:

> Os imperativos econômicos tão frequentemente privilegiados não poderiam justificar o menosprezo da dignidade das pessoas, a recusa ao diálogo, o desconhecimento das organizações sindicais e profissionais, a intervenção das forças de polícia, nem a exploração econômica das regiões desfavorecidas.[46]

A mobilização cresce, e a pequena cidade de Saint-Brieuc vê desfilar em 18 de abril cerca de dez mil pessoas em apoio os operários do Joint Français, que, depois de oito semanas de conflito, obtêm, em 8 de maio, aquilo que reivindicavam. Duas grandes lutas, particularmente longas e que se tornaram altamente simbólicas dessa exigência autogestionária, logram transformar uma situação singular e local em uma batalha de dimensão nacional e trazer para suas causas numerosos intelectuais e uma boa parte da opinião pública.

Em 1971, a primeira parte da guerra de poder com o Estado se inicia em pleno mundo rural, no planalto de Larzac, onde o ministro da Defesa, Michel Debré, pretende aumentar o campo militar fazendo-o passar de três mil a dezessete mil hectares, expropriando assim 103 agricultores, criadores de ovelhas, produtores do queijo roquefort. Esses agricultores recebem o apoio do bispo de Rodez, da FDSEA da região do Aveyron, e também de uma míriade de organizações de extrema esquerda. Confiantes nesses apoios, eles assinam um pacto em 28 de março de 1972: a promessa de permanecerem unidos em sua determinação de não ceder suas terras e opor-se ao projeto de extensão do campo militar. Dentre eles, Pierre Burguière, um dos responsáveis pelo movimento, que tem 28 anos em 1971, assinala o impacto diferido de Maio de 1968 sobre o movimento de revolta de Larzac: "Digamos que Maio de 1968 passou por Larzac nos

---

46. Declaração de 55 padres, citada in ibidem, pp. 90-91.

anos 1970. Para nós, nosso Maio de 1968, nós o fizemos no momento da luta de Larzac, e com tudo o que isso quer então dizer em relação a nossa educação cristã."[47] Como o poder não cede, os agricultores de Larzac decidem responder com ações espetaculares e não violentas, como, por exemplo, soltar rebanhos de carneiros na praça da prefeitura da comuna de La Cavalerie, e em seguida no Campo de Marte, ao pé da Torre Eiffel, em outubro de 1972: "Uma grande manifestação foi organizada com um comboio de tratores que convergiam em direção a Paris. Em cada cidade do caminho, os camponeses eram acolhidos por comitês de apoio."[48] Ao chegar em Paris, o cortejo é acompanhado por uma multidão de parisienses, impressionante, silenciosa. Em agosto de 1973, cerca de cem mil pessoas se encontram no planalto de Larzac para apoiar uma luta que se tornou exemplar. A causa dos agricultores de Larzac é apoiada por um número crescente de comitês que se constituem em 75 regiões do país. Apesar desses apoios, em 1981 os agricultores de Larzac, em luta desde 1971, estão esgotados, e o candidato Giscard d'Estaing insinua que sua reeleição colocará um termo às pretensões deles. É o sucesso de Mitterrand em maio de 1981 que assegura a vitória dos agricultores de Larzac.

Outra luta simbólica é a operária. Ela começa em 1973 junto aos assalariados da fábrica da relojoaria Lip, em Besançon. Alguns anos antes, Fred Lip tentara um plano de economia: desejando fechar alguns ateliês, ele então se chocou com uma frente sindical unida que o obrigou a ceder seu lugar em fevereiro de 1971 para um novo patrão, Jacques Saint-Esprit. O bloqueio subsistiu, pois o plano de reestruturação implicaria demissões entre os 1.300 assalariados. Como os bancos não concederam mais crédito, Jacques Saint-Esprit também partiu, sendo substituído por dois administradores provisórios. Em reação ao anúncio de um plano de demissão de 480 trabalhadores, os assalariados sequestram os dois administradores. Descobre-se uma pequena nota manuscrita no porta-documentos de um dos responsáveis: "480 a retirar". Os CRS intervêm para libertar os administradores. Desde o dia seguinte, os assalariados ocupam

---

47. Pierre Burguière, citado in BRUNEAU, 2008, p. 345.
48. VIGREUX, 2014, p. 246.

a fábrica e decidem autogerenciar a fabricação dos relógios Lip: "Charles Piaget, Raymond Burgy, Roland Vittot, Jeannine Pierre-Émile e Michel Jeanningros lançam a greve e a ocupação da fábrica."[49] Os operários e as operárias tomam 65 mil relógios do estoque como um espólio de guerra e eles mesmos fazem funcionar a fábrica e suas cadeias de fabricação: "O movimento torna-se um laboratório de utopia autogestionária."[50] Toda a cidade, solidária, coloca-se ao lado dos Lip. Em 15 de junho, as cortinas das lojas permanecem fechadas e os sinos da igreja tocam o alarme enquanto o prefeito da cidade lidera um cortejo de manifestantes. O caráter exemplar dessa luta conta com uma rede nacional de apoio. Muitos intelectuais defendem ativamente "os Lip", e vêm ver como se desenvolve concretamente essa experiência de autogestão. Dentre esses intelectuais, Maurice Clavel, particularmente implicado no conflito, a ele dedica uma obra[51]:

> Fui às fábricas da Lip de Palente em 23 de junho de 1973, cinco dias depois de os operários, mestres dos locais e de seus instrumentos de trabalho, terem decidido produzir e vender eles próprios, para admiração do povo, estupor do Estado, terror do patronato. Talvez eu tenha sido afetado mais que qualquer outro, tanto pela audácia de seu ato quanto pela imensa riqueza interior dos seres, que crescia cada vez mais. Eu o descrevi como pude no *Libération*.[52]

Esse católico apaixonado que é Clavel adere totalmente a esse movimento que carrega uma dimensão metafísica. O desmantelamento da fábrica da Lip provoca uma viva reação do arcebispo de Besançon, o monsenhor Lallier: "Não é possível, não é humano manter os trabalhadores em uma tal ignorância acerca do dia seguinte."[53]

Durante mais de sete meses, os operários da empresa organizam vendas "espontâneas" por todos os cantos da França para apoiar o movimento, que

---

49. Ibidem, p. 248.
50. Pelletier, 2002, p. 270.
51. Clavel, 1974.
52. Ibidem, p. 9.
53. Monsenhor Lallier, citado in Marzorati, 2012, p. 92.

encontrou em Charles Piaget, militante sindicalista da CFDT e militante político no PSU, seu chefe carismático. O componente cristão é bastante forte nesse movimento, do qual muitos militantes, como Charles Piaget, são originários da JOC (Juventude Operária Cristã), e cujo principal líder do comitê de ação é um dominicano, Jean Raguenès: "Ele fazia parte da comunidade do Centro Saint-Yves em Maio de 1968, quando este era um dos principais locais da contestação estudantil cristã em Paris."[54] Em 29 de setembro de 1973, uma marcha para Besançon é organizada e cem mil manifestantes se encontram nas ruas da cidade para apoiar "os Lip". A imprensa de esquerda se entusiasma: "Um sonho que se tornou realidade" é a manchete de *Libération*; "Nunca mais como antes", diz *Le Nouvel Observateur*. O contexto geral se presta particularmente à popularidade dessa luta: no mesmo momento, a juventude escolarizada se mobiliza plenamente contra a lei Debré, que suprime os *sursis* militares dos estudantes. Finalmente, é um patrão de esquerda, próximo do PSU e número dois da empresa de publicidade Publicis, Claude Neuschwander, que retoma a empresa em fins de janeiro de 1974, ao final de um protocolo de acordo com a maioria dos assalariados.

Vincennes entre ciências e utopias

Em pleno bosque de Vincennes, ao lado de um campo de tiro, o Ministério da Defesa restitui por tempo limitado um terreno da Cidade de Paris, que ali constrói apressadamente uma universidade experimental, aberta desde o início das aulas universitárias no final de 1968, início de 1969. Essa nova universidade, Paris VIII, deve ser a anti-Sorbonne, uma verdadeira concentração de modernidade; sua vocação é aquela de sair dos caminhos conhecidos e abrir perspectivas científicas originais. Vincennes faz da pluridisciplinaridade sua religião e recusa os cursos tradicionais de preparação para os concursos nacionais, a fim de privilegiar a pesquisa. Com algumas exceções, o curso magistral é proscrito: a palavra deve circular nos grupos

---

54. PELLETIER, 2002, p. 271.

das "unidades de valor" que trabalham em pequenas salas de curso. O academicismo e a tradição devem ficar de fora dessa universidade que se quer resolutamente contemporânea, aberta para as mais sofisticadas tecnologias e para os métodos mais avançados das ciências do homem a fim de assegurar a renovação das antigas humanidades.

Visto que a modernidade se identificou com o estruturalismo, Vincennes será estruturalista. Ela chega mesmo a simbolizar o triunfo institucional dessa corrente de pensamento até então marginal, que faz aqui sua entrada pela porta da frente. O projeto interior da faculdade é fabuloso, uma verdadeira joia da coroa de um regime gaullista desgastado que se oferece aí uma vitrine: carpete por todos os lados, televisor em cada sala de aula ligado a uma central, decoração com a assinatura da Knoll[55], e tudo isso sem o barulho da cidade, em um espaço verdejante apenas perturbado pelo treinamento de tiros longínquos dos recrutas.

Os elementos mais contestatários do movimento de Maio encontram refúgio em Vincennes. Ali se veem muitos maoistas em abstinência de guardas vermelhos, que tendem a considerar esse microcosmo como o centro do mundo ou a limitar este ao campus da universidade. As forças vivas da contestação de 1968 encontram-se nesse universo confinado, enfeltrado, onde a agitação pode desabrochar ao abrigo da sociedade, em total liberdade: seus ecos chegam enfraquecidos a seus destinatários, muito felizes de terem circunscrito o mal no meio de uma floresta que dele constitui o cordão sanitário. Entretanto, uma geração passou por ali para conquistar as armas da crítica, e, em 1980, o poder acabará por exorcizar o perigo dessa fogueira destruindo tudo a golpes de tratores para reinstalar a universidade na planície de Saint-Denis. Em Vincennes, o projeto de modernização e de faculdade-vitrine vê-se rapidamente deserdado: a universidade, asfixiada pela ausência de verbas suficientes, é deixada nos limites da mendicância.

Privada de meios materiais adequados, vítima de deteriorações cotidianas e presa a um afluxo de inscrições que excedem amplamente

---

55. Criada em 1938 em Nova York, Knoll é uma empresa fabricante de móveis que se tornaram ícones do design — trinta de suas produções chegaram mesmo a ser expostas no MoMA. [N.T.]

sua capacidade de acolher⁵⁶, Vincennes, cujos tetos são destruídos pelos estudantes que buscam saber se a polícia não teria ali instalado microtransmissores, torna-se rapidamente um terreno baldio. Entretanto, o lugar será sempre animado pelo desejo dos professores e dos estudantes, todos orgulhosamente apegados a preservar as liberdades conquistadas, a qualidade das trocas e a palavra emancipada — conquista fundamental de Maio —, a prosseguir a experiência. Por detrás da vitrine, a agitação dos militantes ocupados de um lado, e o hedonismo evidente dos outros, há os trabalhos e os dias, o labor subterrâneo que se quer cada vez mais moderno, o mais científico de todas as universidades de letras da França, e que aspira a uma projeção internacional. Se Paris não é a França, Vincennes poderia ser o mundo.

Encarnação da modernidade, do pensamento epistemológico ou estruturalista, três carecas conversam entre si no campus de Vincennes, assumindo ares de certo prazer perverso ao passearem ao redor da fonte central sob o olhar surpreso dos estudantes: o filósofo Michel Foucault, o linguista Jean-Claude Chevalier e o *littéraire*⁵⁷ Pierre Kuentz. Com outros, eles encarnam o sucesso do estruturalismo, a concretização de um longo combate que, graças às barricadas, leva à realização de um sonho impossível: uma universidade literária reconciliada com a ciência, que concede grande espaço ao pensamento estrutural.

O professor contatado pelo ministro da Educação Nacional, Edgar Faure, para se tornar reitor de Vincennes não é outro senão Jean Dubois, responsável em Nanterre e na editora Larousse pelo programa estruturalista em linguística, e membro do PCF reputado por sua mente aberta. Ele aceita se encarregar da criação de um Departamento de Linguística e recua com relação ao resto. Será o reitor da Sorbonne, o anglicista Raymond Las Vergnas, que se encarregará da instalação dessa nova universidade e

---

56. Criado para 7.500 estudantes, com uma superfície prevista de trinta mil metros quadrados, o centro acolhe 8.200 alunos desde 1969-1970, em dezesseis mil metros quadrados, isto é, dois metros quadrados por estudante.
57. "*Littéraire*" é todo aquele, profissional ou não, que se interessa e se dedica aos estudos literários. Optou-se por manter aqui o termo no original. [N.T.]

que solicitará que Hélène Cixous, Bernard Cassen e Pierre Dommergues constituam o núcleo cooptador e dirijam a equipe constitutiva:

> A meu redor, os entusiastas não se fazem de rogados. Peço a Jacques Derrida que seja meu conselheiro (segredo: ele não é nomeado, mas reconhecido por Las Vergnas). Por seu intermédio, asseguro igualmente o recrutamento da comissão de experts, um círculo erudito que garante a qualidade dos recrutados, dentre os quais se verá Georges Canguilhem ou Roland Barthes.[58]

Na urgência de assegurar uma volta às aulas o mais rápido possível, o plano estabelecido por Hélène Cixous e sua equipe é submetido a Las Vergnas, que o transmite ao ministério, que, por sua vez, o aprova. Resta agora implementá-lo: "Como faço? Telefono, escrevo, encontro: isso tudo começa lendariamente com Michel Foucault. Naqueles dias, de regresso da Tunísia, ele atravessa Paris, decidido a deixar o Velho Mundo em direção aos Estados Unidos. Telefono para ele. Conto-lhe a história. Ele responde imediatamente sim à Floresta pensante [Vincennes]."[59] Em outubro de 1968, uma comissão de orientação de cerca de vinte personalidades se reúne sob sua presidência, dentre os quais Roland Barthes, Jacques Derrida, Jean-Pierre Vernant, Georges Canguilhem, Emmanuel Le Roy Ladurie... Rapidamente, cerca de doze pessoas são designadas para formar o núcleo cooptador que se encarrega da nomeação do conjunto do corpo docente: professores, professores assistentes e assistentes da faculdade. As nomeações respeitam certa coerência, privilegiando a corrente estruturalista. Em Sociologia, os dois membros do núcleo cooptador são Jean-Claude Passeron e Robert Castel, isto é, as duas ramificações do estruturalismo sociológico: bourdieusiano com Passeron e foucaultiano com Castel. Por ocasião de uma assembleia geral (AG) na Sorbonne, em novembro de 1968, o sociólogo Georges Lapassade conta a Castel sobre sua vontade de ensinar em Vincennes. Ele ouve que os sociólogos formam uma equipe que necessita

---

58. Cixous, 2009, p. 22.
59. Ibidem, p. 22.

manter sua coerência epistemológica: "Mais tarde, Jean-Marie Vincent e Serge Mallet, ambos sociólogos, enfrentam igualmente uma espécie de 'veto' do mesmo departamento."[60] No Departamento de Sociologia, Nicos Poulantzas encarna uma sociologia althusseriana de altos voos. Naquele de Filosofia, é Michel Foucault quem se ocupa das nomeações; em Literatura Francesa, Jean-Pierre Richard; em Linguística, Jean Dubois, Jean-Claude Chevalier e Maurice Gross. E, grande inovação, a universidade conta com um Departamento de Psicanálise, sob a responsabilidade do segundo da organização lacaniana: Serge Leclaire.

O grande projeto é transformar Vincennes em um pequeno MIT, uma universidade à americana, um modelo de modernidade, um enclave de projeção internacional, cuja ambição assumida é a interdisciplinaridade. A realização está longe do modelo, por falta de recursos materiais, mas igualmente porque o investimento dos docentes no interior da universidade não é, na França, o mesmo que nos Estados Unidos, embora os professores passem em Vincennes a maior parte do tempo: a "reuniãonite" é a doença infantil dessa universidade. É sobretudo nas AGs e nos comitês de ação que os professores mais ativos estão presentes, e, finalmente, apesar de algumas tentativas, os contatos transversais entre disciplinas e especialistas são bem pouco numerosos. Quanto às trocas com os estudantes, praticadas, é verdade, nas "unidades de valor"[61] — o que já é excepcional —, elas se dão sobretudo no refeitório.

Mede-se a força de atração de Vincennes pelo número de estudantes que deixaram suas universidades de origem, insatisfeitos com o saber que lhes era transmitido. Eles chegam bulímicos a esse universo de sonho onde podem passar de um departamento a outro sem paredes para serem atravessadas. Os estudantes assalariados e os não bacharéis podem vislumbrar um *cursus* universitário à noite: a faculdade funciona até as 22 horas para que eles possam seguir os cursos. Para eles, é a noite. Eles serão a lenda e o orgulho dessa universidade fora do comum, assim como aquele motorista-entregador que aproveita suas paradas na universidade

---

60. Georges Lapassade, citado in Debeauvais (org.), 1976, p. 219.
61. Uma "*unité de valeur*" de uma universidade é o conjunto de matérias que constituem parte de um exame universitário. [N.T.]

para se inscrever no Departamento de História, ali seguir o curso e obter a *Agrégation*.

O brilho da linguística está então em sua intensidade máxima, e os professores têm numerosos estudantes para difundir um saber particularmente difícil e técnico. É essa cientificidade que orienta a escolha da nova geração de 1968. Esse fascínio pela perspectiva científica se conjuga então muito bem com o engajamento marxista vivido como a ciência da ação política. Uma das orientações que caracterizam esse departamento é a sociolinguística, que conhece um desenvolvimento espetacular no pós--1968. Pierre Encrevé, especialista na área, é recrutado por Maurice Gross para ensiná-la, ao lado da fonologia. Assistente de André Martinet, professor da Sorbonne, Pierre Encrevé conta a Gross que havia brigado com Martinet, o que constituiu um critério suficiente para ele ser admitido: "Gross lhe disse: 'Não preciso saber se você é um bom fonólogo ou não, você está contratado.' [...] Pois Vincennes será uma máquina de guerra contra a Sorbonne, Censier e Martinet."[62]

Se o Departamento de Letras, em princípio menos "científico", vê-se inicialmente desvalorizado aos olhos dos linguistas, ele contribui plenamente com a modernidade estruturalista. Os partidários da nova crítica que lá estão participaram em meados dos anos 1960 dos grandes encontros de Estrasburgo e de Besançon e pensam o estudo da literatura a partir do paradigma estrutural e das técnicas linguísticas. A interdisciplinaridade e a modernidade são as duas crianças desse novo departamento, dirigido por Henri Mitterand, Jean-Pierre Richard, Claude Duchet, Jean Levaillant, Pierre Kuentz, Jean Bellemin-Noël, Lucette Finas... Preocupados em não se limitar ao campo tradicional da literatura, os *littéraires* de Vincennes promovem uma perspectiva interdisciplinar, sobretudo na direção dos psicanalistas e dos historiadores, segundo os dois modelos de análise freudiana e marxista revisitados pelo estruturalismo ao qual adere a maioria dos professores do departamento: "O campo de seus estudos não é limitado, por princípio, à literatura francesa, nem mesmo à expressão 'literária'."[63]

---

62. Ver Dosse, 1992, p. 190.
63. Debeauvais (org.), p. 116.

O anúncio mais espetacular é, incontestavelmente, a nomeação à frente do Departamento de Filosofia de uma das estrelas do estruturalismo: Michel Foucault. Responsável pelo recrutamento, ele convida a se juntar ao grupo o seu amigo Gilles Deleuze, que, muito doente, não virá a Vincennes senão dois anos mais tarde. Michel Serres segue imediatamente Foucault na aventura vincennense. No outono de 1968, Foucault endereça-se à Escola Normal Superior da rua d'Ulm por intermédio do *Cahiers pour l'analyse* com um objetivo preciso: recrutar os althusser-lacanianos para Vincennes. É assim que ele consegue convencer Judith Miller, Alain Badiou, Jacques Rancière, François Regnault. A totalidade dominante é estrutural-maoista, mesmo se algumas nomeações permitam escapar ao corte exclusivo dos "maos", sobretudo aqueles de Henri Weber, da Liga Comunista, e de Étienne Balibar, althusseriano, membro do PCF. Para permitir que o conjunto funcione sem choques, Foucault convida um homem que promove a concórdia: François Châtelet, há pouco convertido à causa estruturalista.

O calderão vincennense vibra com os sotaques de uma revolução ininterrupta, e o Departamento de Filosofia anuncia então, por ocasião de sua AG constitutiva de 11 de dezembro de 1968, a linha a ser seguida. Sua vocação não é "fabricar cães de guarda", mas prosseguir a luta política e ideológica. O exercício da filosofia deve se curvar estritamente diante desse imperativo. As tarefas do departamento definidas em março de 1969 têm como objetivo apreender a natureza exata da "frente filosófica", estudar a ciência como questão da luta de classes e, assim, contribuir para a "implantação nas massas estudantis da preponderância teórica do marxismo-leninismo".[64] O primeiro ano vincennense (1968-1969), diretamente colado ao movimento de Maio, é ritmado pela preparação ativa da revolução por vir, que parece ser para amanhã, com os cursos de Jacques Rancière sobre "Revisionismo-esquerdismo" e "Formação do conceito de ideologia"; de Judith Miller sobre "A revolução cultural"; de Alain Badiou sobre "A contradição em Hegel e Marx" e "A luta

---

64. Proposição de orientação sobre o ensino da filosofia, março de 1960, Nanterre, BDIC (Biblioteca de Documentação Internacional Contemporânea), arquivos Vincennes.

ideológica", e de Étienne Balibar sobre "Ciência das formações sociais e filosofia marxista".⁶⁵

O poder, que desejou conceder a Maio de 1968 e à contestação estudantil esse concentrado revolucionarista, começa em janeiro de 1970 a se alarmar com a radicalidade demonstrada por esse Departamento de Filosofia tão afastado das normas acadêmicas. O ministro da Educação Nacional, Olivier Guichard, denuncia em janeiro de 1970 o caráter "marxista-leninista" dos cursos filosóficos de Vincennes e a atribuição bastante permissiva das unidades de valor aos estudantes. O Departamento de Filosofia de Vincennes se vê privado da habilitação nacional de seus diplomas. Foucault protesta e justifica a orientação bastante engajada dos filósofos vincennenses: "A filosofia não deve consistir unicamente em um comentário dos textos canônicos e escolásticos"; ela deve ser "uma reflexão sobre o mundo contemporâneo e, pois, necessariamente política".⁶⁶

Esse início de 1970 é igualmente marcado pelo caso Judith Miller, que acentuará ainda mais o caráter marginal dos filósofos de Vincennes. Em uma entrevista concedida à revista *L'Express*, essa militante da Esquerda Proletária (GP) declara ironicamente: "Alguns coletivos decidiram por um controle de conhecimentos graças a um trabalho, outros optaram pela atribuição do diploma a todo estudante que pensava obtê-lo."⁶⁷ Esse anúncio provocador suscita uma reação imediata. Em 3 de abril de 1970, Judith Miller recebe uma carta do ministro que põe fim a seu posto no ensino superior e a reenvia ao ensino médio. Essa expulsão provoca a ocupação da universidade em 22 de abril de 1970 e sua evacuação à uma hora da manhã pela polícia, que manda para o hospital Beaujon 115 pessoas, dentre as quais cinquenta professores. A essa tensão é preciso acrescentar um clima de sobrevalorização que ainda tem como alvo privilegiado o Departamento de Filosofia, conquistado pela GP e suas figuras de proa: Judith Miller como mártir, ou Gérard Miller, que dirige as tropas militantes da organização. Este último desembarca em plena reunião do Departamento

---

65. Informações retomadas de SOULIÉ, 1998, p. 51.
66. FOUCAULT, 1970.
67. MILLER, 1970.

de Filosofia, convidando seus membros a participar de sua campanha de massa no metrô, procurando ultrapassar "à sua esquerda" o clã Badiou e seu grupo Foudre. De seu lado, Badiou estampa um *dazibao* que se quer ainda mais radical que as posições incendiárias de Judith Miller:

> Haverá entre seus UV aqueles que terão condensado todo o pensamento filosófico em uma gravura ou em uma inscrição mural, aqueles que nunca vieram, mas que assim mostraram em relação às suas ausências um desprendimento louvável das coisas desse mundo e uma meditação profunda.

Durante o ano de 1970, Foucault deixa Vincennes, não porque, segundo boatos que correram no campus, ele teria sido relegado a um colégio do ensino médio, mas porque acaba de ser eleito professor no Collège de France. Ele passa a direção do departamento para François Châtelet, único professor capaz de fazer navegar aquele barco fantasma. Este último deve enfrentar uma grave crise em um departamento que faz água por todos os lados e que conhece uma verdadeira hemorragia de seus efetivos estudantis, que derretem sob o sol do Oriente vermelho: 416 inscritos em filosofia no primeiro ano (1968-1969), 247 em 1970-1971, 215 em 1971-1972, isto é, a metade dos efetivos, enquanto no mesmo ano a universidade passa de 7.900 estudantes em 1968 a 12.500 em 1971-1972.[68]

É nesse contexto de crise aguda, de batalhas intramaoistas pela conquista de uma posição hegemônica, que Deleuze chega no outono de 1970 e consagra seus primeiros cursos a temas um pouco em descompasso com o espírito do ambiente: "Lógica e desejo" e "Lógica de Espinosa". Entretanto, ele entra imediatamente em sintonia com seu público, sem contudo ceder quanto ao conteúdo bastante filosófico de seu curso, que não sofre nenhuma instrumentalização política. Sua notoriedade já estabelecida quando ele chega em Vincennes, seu talento excepcional como pedagogo e o rumor que corre em Paris sobre o caráter excepcional de seu curso vão valer a ele, imediatamente, um auditório bastante amplo.

---

68. Números extraídos de Soulié, 1998, p. 57.

As pessoas se aglomeram para ouvi-lo na pequena sala onde ele dá seu curso às terças, recusando-se até o final a afastar-se de seus alunos e, por isso, a dar aulas em um anfiteatro. Deleuze, que não deixará Paris VIII deslocada para Saint-Denis senão para se aposentar ao final do ano 1986-1987, é logo seduzido, conquistado por seu público compósito: "Era um público de um novo tipo que misturava todas as idades, com alunos vindos de atividades muito diferentes, inclusive dos hospitais psiquiátricos, como doentes. Público bastante variegado e que encontrava uma unidade misteriosa em Vincennes."[69] Essa diversidade no seio de seu público convém magnificamente ao ensino transversal de Deleuze, que busca ir além do *corpus* clássico da filosofia para abri-lo para as ciências e para as artes. Para ele, Vincennes realiza um salto no tempo e logra certa forma de modernidade. Ele acolhe estudantes vindos do mundo inteiro, atraídos pela qualidade de suas publicações e fascinados por sua personalidade: "Em ondas, subitamente havia cinco ou seis australianos que lá estavam não se sabia por quê. Havia os japoneses, isso era constante: quinze ou vinte todos os anos, e os sul-americanos." Faz igualmente parte de seu público um bom número de não filósofos.

Para além do Departamento de Filosofia, Foucault intervém na instalação do Centro Experimental. Ele deseja sobretudo afastar os psicólogos em favor dos psicanalistas, que poderiam assim fundar por si sós um departamento autônomo, que dispusesse de todos os créditos e que se tornasse responsável pelas nomeações no seu interior. A ideia de um tal departamento, posta em prática por Foucault, vem na verdade de Jacques Derrida. É Serge Leclaire que dele assume a direção. Uma briga já havia eclodido entre Lacan e Derrida — este último impedirá o guru da psicanálise de encontrar em Vincennes um espaço universitário sólido. Enquanto Foucault assume o Departamento de Filosofia, a outra estrela do estruturalismo será privada do Departamento de Psicanálise.

Se Lacan permanece à margem de Vincennes, o lacanismo ali se introduz massivamente e conduz a psicanálise a fazer sua entrada oficial no seio de uma universidade literária: os professores são todos membros da

---

69. DELEUZE, 1997, letra P., "Professor".

Escola Freudiana de Paris (EFP) e dirigem nada mais nada menos do que dezesseis cursos. Ali estão Serge Leclaire, Michèle Montrelay, François Baudry, René Tostain, Jacques Nassif, Jean Clavreul, Claude Rabant, Luce Irigaray, Claude Dumézil, Michel de Certeau e Jacques-Alain Miller. É ali que bate o coração da universidade, e não apenas porque a criação desse departamento constitui a inovação mais marcante desse período. A GP reina, com efeito, como mestre no campus, e é a família Miller que dela assegura a direção local: Jacques-Alain, Judith, sua esposa, que ensina filosofia, e seu irmão Gérard, que se ocupa da organização política. Gérard Miller enfrenta a concorrência feroz de outro movimento maoista, qualificado de "mao--spontex" (a tendência espontaneísta dos maoistas) pela Liga Comunista: o Comitê de Base para a Abolição do Salariado e a Destituição da Universidade, liderada por Jean-Marc Salmon. O brilho desse Departamento de Psicanálise é tal que ele está sempre em fórum permanente. Inscritos ou não, muitos são aqueles que vêm visitá-lo pela beleza do espetáculo: todos os dias acontece algo de novo. O cume é atingido quando Lacan, convidado pelo Departamento de Filosofia, vai a Vincennes em 3 de dezembro de 1969, para ali fazer uma sessão de seu seminário no anfiteatro 1, onde se aglomeram os mais contestários do campus, felizes antecipadamente por poderem zombar "do" Lacan. A confrontação é surrealista, digna de Dalí:

> – J. Lacan (*um cachorro passa no estrado por ele ocupado*): Falarei de minha musa que é dessa natureza. É a única pessoa que eu conheço que sabe do que ela fala — não digo do que ela diz —, pois não é que ela não diga nada: ela não o diz em palavras. Ela diz alguma coisa quando está angustiada — isso acontece —, ela coloca sua cabeça sobre meus joelhos. Ela sabe que vou morrer, o que um certo número de pessoas também sabe. Ela se chama Justine [...]. *Intervenção*: Ei, está maluco? Ele nos fala de seu cachorro! — J. Lacan: É minha cadela, ela é muito bonita e vocês a teriam ouvido falar [...]. A única coisa que lhe falta em relação àquele que passeia é não ter ido à universidade.[70]

---

70. Seminário de Jacques Lacan, 3 de dezembro de 1969, Vincennes, excertos de um relatório feito por Bernard Marigot, in DEBEAUVAIS (org.), 1976, p. 267.

Com efeito, o mestre não está mais sozinho no estrado, um perturbador sobe e começa a se desnudar. Lacan o encoraja a ir até o final: "Ouça, meu velho, já vi isso ontem, quando estava no Open Theatre; havia um cara que fazia isso, mas ele tinha mais topete do que você, ele se punha a nu completamente. Faça-o, mas faça-o bem, continue, merda."[71] O público exige do mestre uma crítica da psicanálise, do discurso universitário, e uma autocrítica segundo os conformes, como na China durante a Revolução Cultural. Mas Lacan responde aos agitadores que a operação revolucionária não pode resultar senão no discurso do mestre: "Aquilo a que vocês aspiram como revolucionários é a um Mestre. Vocês o terão [...]. Vocês desempenham a função dos hilotas desse regime. Vocês não sabem mais o que isso quer dizer? O regime mostra a vocês. Ele diz: 'Vejam-nos gozar.' [...] Pois bem. É isso. Até logo por hoje. *Bye.* Acabou."[72]

Lacan suporta cada vez menos a autonomia e o poder conquistados por Serge Leclaire em Vincennes, de onde se sente excluído. Serge Leclaire, que desejava fazer do Departamento de Psicanálise um departamento autônomo, liberto da tutela dos filósofos e que assegurasse a libertação de suas unidades de valor, é então atacado de todos os lados: questionado por Alain Badiou, que o acusa de ser um agente da contrarrevolução, ele é desautorizado pela EFP, cujos membros desembarcam no campus para denunciar esse alinhamento hierático às normas universitárias, enquanto, de seu lado, Lacan atiça o fogo, encorajando cada um a abandonar Serge Leclaire. Jean Clavreul sucede Serge Leclaire na chefia do departamento, mas ele se contenta em gerir os assuntos correntes até ser substituído, deixando o campo aberto a cada qual.

Alguns anos mais tarde se dá o segundo ato: a normalização e a subserviência do departamento à férula da direção da EFP, isto é, Lacan, por intermédio de um genro. Em 1974, é confiada a Jacques-Alain Miller a direção dos professores de psicanálise de Vincennes. Roger-Pol Droit divulga o caso dessa tomada de poder em *Le Monde* e a qualifica como

---

71. Citado in ROUDINESCO, 1986, p. 561.
72. "Seminário de Jacques Lacan", 3 de dezembro de 1969, in DEBEAUVAIS (org.), 1976, p. 271.

depuração, denunciando o espírito de Vichy do negócio.[73] O *putsch* produz algumas ondas, e é possível julgar seu conteúdo graças a um panfleto assinado por Gilles Deleuze e Jean-François Lyotard, que denunciam uma "operação stalinista", verdadeira novidade em matéria universitária, pois a tradição proíbe as pessoas privadas de intervir diretamente na universidade para ali proceder a destituições e a nomeações: "Todo terrorismo se acompanha de lavagem: a lavagem do inconsciente não parece menos terrível e autoritária do que a lavagem do cérebro."[74] Então normalizado pelo Husák local, Jacques-Alain Miller, o Departamento de Psicanálise de Vincennes sustenta Lacan em uma estrita ortodoxia. Em 1969, Lacan havia prevenido: "Vocês encontrarão seu mestre"; se os estudantes acreditavam ingenuamente que ele pensava em Pompidou, ele falava de si mesmo. A Psicanálise de Vincennes torna-se então uma estrutura de ordem que terá vencido a agitação para restaurar a hierarquia. Nos outros departamentos de Vincennes, os conflitos de poder são menos agudos: espera-se conduzir os confrontos no interior da pluridisciplinaridade. É o objetivo declarado do Departamento de História, que visa destruir a ilusão de que existiria uma ciência histórica adquirida, e que se interroga sobre o objeto mesmo dessa disciplina confrontando seus métodos àqueles das outras ciências sociais.

Essa pluridisciplinaridade está igualmente na origem de um departamento novo em uma universidade literária, o de Economia Política. O projeto já fora preparado por André Nicolaï, que, contudo, não será professor em Vincennes. O departamento, que não vai além da licenciatura, não oferecerá afinal senão os dois primeiros anos. Em uma época em que triunfa a econometria, isto é, a matematização da linguagem econômica, esse Departamento de Economia Política, amplamente aberto para uma reflexão de ordem histórica, sociológica, filosófica e antropológica, que parte do postulado de que não há economia pura, é uma exceção. Michel Beaud, que dirige o departamento, estima reatar com a tradição da economia política do século XVIII. Até mesmo a geografia, disciplina um tanto abandonada na hierarquia dos saberes, reveste-se em Vincennes

---

73. DROIT, 1974.
74. DELEUZE; LYOTARD, [1974] 1976, p. 272.

de aspectos inovadores com o curso de Yves Lacoste, que cria a revista *Hérodote*. Essa revista se tornará uma autoridade na constituição da inteligibilidade das relações entre as lógicas espaciais e as lógicas de poder, sobretudo militares.[75]

Outra grande inovação de sucesso em Vincennes é a criação de um Departamento de Cinema, que conhece uma afluência espetacular: 1.200 estudantes, dos quais mais de quinhentos em sua opção principal. Se ele assegura um ensino técnico à maneira do IDHEC (Instituto de Estudos Cinematográficos Avançados), esse departamento se inscreve essencialmente em uma perspectiva crítica e contribui para o florescimento da semiologia nascente do cinema. A obra de Christian Metz torna-se a fonte de inspiração essencial do trabalho teórico de Paris VIII. Michel Marie aplica sobretudo a *Muriel*, o filme de Resnais, o método de *découpage* em unidades discretas, as mais finas possíveis: a análise textual permite buscar as unidades pertinentes, mínimas, da linguagem cinematográfica.

Outro departamento bastante inovador, o de Urbanismo, é criado de modo fortuito pelo geógrafo Jean Cabot. São 431 alunos que ali se inscrevem no outuno de 1968, em sua maioria oriundos das Belas-Artes. Eles contestam a implantação desse departamento da Universidade de Paris-Dauphine, menos propícia à expressão de seus ideais de esquerda. Não estava previsto instalá-lo em Vincennes, mas, diante do afluxo das demandas, a administração registra as inscrições para um departamento fantasma, que será finalmente criado em 1969 pelo administrador provisório do Centro Experimental de Vincennes.

Discurso científico de um lado, discurso delirante de outro, por vezes trazidos sucessivamente pelos mesmos: essa é a dupla realidade de Vincennes, ilustrada muito bem pelo momento particular de loucura alcançado nos anos 1970 com o grupo Foudre [Raio], promovido por Alain Badiou e liderado por Bernard Sichère. Esse grupo maoista vê-se como um núcleo de intervenção cultural, e não recua diante do método terrorista: ele inscreve em seu ativo a interdição da projeção no campus do filme de Liliana Cavani *O porteiro da noite*. Seu foco privilegiado é uma

---

75. Ver Lacoste, 1976.

professora, mesmo que grande admiradora da China, Maria-Antonietta Macciocchi. Essa intelectual e militante italiana, que naquela época fazia um trabalho coletivo sobre o fascismo, se vê acusada de fascismo, de querer transformar sua unidade de valor em oficina de propaganda, por ter, entre outros filmes, projetado *Le Juif Süss* [O judeu Süss]. Embora seu objetivo seja compreender por que as massas aderiram ao fascismo, isso é demais para os maoistas, convencidos de que a pureza do povo não pode ser de forma alguma alterada. Quando Macciocchi chega à Universidade de Vincennes, onde lecionará como assistente no Departamento de Sociologia, entre 1972 e 1980, ela ali descobre uma grande bandeirola sobre a qual está inscrito, em letras negras sobre fundo vermelho, "*Pi-Ling-pi-Kong-pi-Macciocchi*", que significa "Contra Lin Piao, contra Confúcio, contra Macciocchi". Algo que era de bom augúrio. O que veio a seguir esteve à altura:

> Aqueles que se batizaram grupo Foudre Marxista-Leninista (tendência Lin Piao): eles chegavam toda sexta-feira, dia de minha aula, pontuais, meninos e meninas, para colocar minha sala de ponta-cabeça. Batiam em cadeiras e mesas, ritmicamente, gritando, por exemplo, "Fora a revisionista!" e, mesmo, "Fora *La Ritale*"[76] [...], "Macciocchi fascista!". Em seguida, lançavam as cadeiras ao ar, contra as paredes, lançavam os livros, enquanto outros liam; gritavam naquela barulheira infernal o jornal chinês *Renmin ribao* [Diário do Povo], estouravam os chumbos dos contadores elétricos para nos impedir de projetar os filmes sobre o fascismo.[77]

O ápice do delírio é atingido em março de 1976, quando o grupo Foudre divulga um panfleto intitulado "Bolas que rolam não enfraquecem massas":

---

76. "*La Ritale*", isto é, "A Italiana", em gíria popular, por vezes com sentido pejorativo. [N.T.]
77. MACCIOCCHI, 1983, pp. 392 ss, citada em SOULIÉ (org.), 2012, p. 337.

Infelizmente, não reveremos mais a ilustre Pitonisa do Mundo Ocidental, aquela que nos faz tanto rir! [...] Um dia, ela pensou ter encontrado a solução — por que procurar na realidade quando ela tinha uma bola de cristal! Excelente quiromante, conforme voltasse sua bola para o Oriente ou para o Ocidente, ela via aparecer bigodes, sem bem saber se eram de Stálin ou de Hitler, mas que sempre terminavam como os rabos daqueles peixes que cruzam, dizia ela, o arquipélago do Gulag. Um dia, ela acreditou ver passar em sonho um Navio Fantasma e sentiu os galões do comandante Sollers crescerem em sua cabeça; olhou-se seriamente no espelho e se achou bela. Isso foi o fim, ela tornou-se gaga e confundiu tudo, o marxismo e a psicanálise, os assassinos e os estudantes, a paranoia e a paranoia, a tinta e o esperma, as barricadas e o divã do senhor Dadoun, o Marquês de Sade e os campos de concentração, o fascismo e os grupos marxistas-leninistas.[78]

Vincennes, a Loucura? Para além do folclore e da catarse delirante de um desejo impotente de encarnar um povo ausente, foi sobretudo Vincennes, a Estruturalista.

Revolução nas práticas culturais

Em Maio de 1968, a contestação da política cultural de Malraux e de seu caráter considerado elitista conduz o governo, no início dos anos 1970, a uma inflexão dessa política, cujo executor, de 1971 a 1973, é Jacques Duhamel. Renunciando às grandes declarações líricas e às espetaculares ações malraucianas, Jacques Duhamel prefere falar de "desenvolvimento cultural" em profundidade, para realizar uma verdadeira expansão do público, favorecendo as iniciativas locais: "Convencido de que nesse registro nada mais se decreta e de que a liberdade deve reinar, ele acaba com a censura, instala os Drac, delegações regionais do ministério mais

---

78. Panfleto distribuído em março de 1976, assinado PCC. Jacques Prévert, grupo Foudre d'intervention culturelle, 4 de março de 1976, reproduzido em DEBEAUVAIS (org.), 1976, pp. 275-276.

próximas do território, coloca as coletividades locais face a face com suas responsabilidades, ajuda na criação."⁷⁹

A partir de 1971, com Jacques Duhamel, o voluntarismo unitário de Malraux cede lugar a uma política mais descentralizada, apoiando-se mais sobre a diversidade dos projetos de equipamento cultural. Preso entre o desejo de um retorno à ordem e a crítica radical *soixante-huitarde*, "as iniciativas e os discursos de Jacques Duhamel à frente do ministério são indissociáveis de uma vontade de descontração política".⁸⁰ A noção mesma de "desenvolvimento cultural" torna-se a senha da época, o vetor de uma política de compromisso, de negociação entre eleitos, artistas, criadores e animadores.

No início dos anos 1960, um estudo preciso sobre o estado das práticas culturais dos franceses, cuja necessidade se fazia sentir, se impõe no registro do planejamento, implicando o ministro, Malraux, e o comissário-geral do plano, Pierre Massé. Em 1963, Jacques Delors encarrega Augustin Girard de pôr em andamento uma célula de estudos e de pesquisa sobre a ação cultural, que é criada em 1965. Girard apresenta-a como "um meio caminho entre o gracejo e o sacrilégio"⁸¹: a cultura se encontra presa em uma reflexão que pode parecer iconoclasta ao olhar de uma visão romântica pouco habituada com a consideração de parâmetros econômicos e sociais. No pós-1968, a cultura dos profissionais é qualificada como "burguesa" e apresentada, conforme os esquemas de análise althusserianos, como um puro produto dos aparelhos ideológicos de Estado. Quanto aos estudos sobre as práticas culturais, eles fazem parecer o sonho de Malraux de uma cultura para todos como um horizonte sempre longínquo. Com efeito, os dados estatísticos mostram que "a difusão da 'cultura nobre' — idas ao teatro, ao museu, ao concerto — não atinge senão uma minoria".⁸² Uma vasta reflexão é então lançada pelo Ministério dos Assuntos Culturais, onde um grupo de estudos integrado à comissão do VI Plano, animado

---

79. BERSTEIN; RIOUX, 1995, p. 288.
80. URFALINO, 1996, p. 250.
81. GIRARD, [1993], 1999, p. 42.
82. MOLLARD, 1999, p. 105.

pelo poeta Pierre Emmanuel, associa personalidades de tendências políticas bastante diversas.[83]

Paralelamente, o pequeno grupo de estudos liderado por Augustin Girard mobiliza um certo número de intelectuais reunidos no seio de um Conselho Superior de Desenvolvimento Cultural, que Jacques Duhamel decide instituir a pedido de Pierre Emmanuel. Augustin Girard é em seguida designado como membro do Conselho Superior de Desenvolvimento Cultural, instituído por um decreto de 19 de outubro de 1971. Esse grupo se torna a fonte máxima de inspiração dos trabalhos da comissão do VI Plano, na condição de estrutura encarregada de pensar em termos de finalidades de pontos de encontro de múltiplas redes, o que implica estar em contato com as demandas concretas do terreno, das coletividades locais, e, ainda, aceitar os projetos de equipamentos culturais diversificados.[84]

Augustin Girard, agente principal desse período marcado pela personalidade de um Pierre Emmanuel que faz figura de "vice-ministro"[85], aplica as intenções de seu ministro, elevando a um alto nível suas ambições nesse domínio: "Doravante, o desenvolvimento cultural não é mais para as sociedades e para os indivíduos um luxo que poderiam dispensar, o ornamento da abundância: ele está ligado às condições mesmas do desenvolvimento geral."[86] É nesse contexto que, seduzido pela personalidade de Certeau, Girard pede a ele que preparem juntos, e com Geneviève Gentil, um colóquio europeu que deve acontecer na primavera de 1972 em Arc-et-Senans, na região do Doubs, sobre o tema "Prospecção do desenvolvimento cultural".[87]

Surpreendentemente, esse homem das margens que é Certeau torna-se a fonte essencial de inspiração da política cultural conduzida pelo

---

83. Figuram nessa comissão presidida por Pierre Emmanuel, sobretudo Paul Teitgen, Jack Ralite, Sylvain Floirat, Jean-Marie Domenach, Aimé Maeght, Hubert Dubedout, François-Régis Bastide, Claude Mollard, René Dumont, André Chamson, Jean Maheu, Philippe Saint-Marc e Pierre Schaeffer.
84. Ver, a esse respeito, GAYME, 1995.
85. MOLLARD, 1999, p. 135.
86. GIRARD, 1972.
87. *Analyse et prévision*, *Futuribles*, número especial "Prospective du développement culturel", outubro de 1973.

governo francês dos anos 1970. Esse colóquio de Arc-et-Senans reúne cerca de vinte participantes, pesquisadores de diversas disciplinas, representando cerca de dez países. Seu objetivo é preparar a reunião de junho de 1972, em Helsinque, entre os ministros da Cultura europeus para ali definir as bases estratégicas de longo prazo em matéria de política cultural. No início do colóquio, a constatação é a de uma crise geral da cultura, ligada a toda uma série de tendências pesadas da sociedade, que vão do modo de urbanização à desagregação do trabalho, passando pela complexificação e burocratização da organização social. A ideia inovadora dessa reunião consiste em romper a separação entre a política cultural e seu substrato social.

O título do relatório preparatório de Certeau, "La culture dans la société" [A cultura na sociedade][88], é significativo de uma concepção, que se tornou globalizante, da cultura que não deve mais ser encarada como simples camada superficial, expressão de um fenômeno de elite. A definição que Certeau oferece da própria noção de cultura é bastante ampla: ela designa a um só tempo os traços do homem cultivado — "isto é, conforme ao modelo elaborado nas sociedades estratificadas por uma categoria que introduz suas normas lá onde ela impunha seu poder"[89] —, um patrimônio de obras a preservar, assim como a compreensão do mundo específico a um meio ou a um tempo dados, os comportamentos, as instituições, as ideologias, os mitos constitutivos de registros de referência (os *patterns of culture*), o adquirido enquanto distinto do inato e, enfim, todo um sistema de comunicação cada mais mais carregado de sentido.

Certeau elabora o quadro da crise cultural pela qual passa a Europa insistindo na hipertrofia das instituições culturais, cuja tendência a afastar os atores da vida encoraja os comportamentos do tipo "esperar para ver". Mais do que elaborar uma constatação de deploração, ele busca alargar o campo das possibilidades estratégicas de ação. Afastando-se das análises dominantes à época do desvelamento em ampla escala dos empreendimentos de manipulação ideológica, ele privilegia a singularidade do terreno e

---

88. CERTEAU, [1973] 1993.
89. Ibidem, p. 167.

dos grupos engajados em uma dinâmica de mutação, de transformação do cotidiano: "Não é possível dizer o sentido de uma situação senão em função de uma *ação empreendida* para transformá-la."[90] Às articulações institucionais, as mais eficazes ações serão aquelas que saem dos modelos, renunciando a alguma exemplaridade. A dialética própria da ação cultural que visava até então responder a necessidades supostamente intangíveis deve ser substituída pela constituição de laboratórios de experimentação social. O objetivo, cujo sucesso necessita de uma politização da cultura, é evitar que a criatividade seja relegada às margens de uma sociedade produtivista que dela fará um simples lazer, um suplemento de sentido supérfluo.

O ministro dos Assuntos Culturais, Jacques Duhamel, presente nessas jornadas de Arc-et-Senans, está à escuta, e sua intervenção ao final dos trabalhos testemunha sua determinação para considerar no mais alto nível a análise e as sugestões que daí resultam. Elas se tornam a fonte de inspiração de sua política:

> Imaginar, descobrir lugares de articulação, definir as iniciativas, precisar quais são as ações institucionais de que falou Michel de Certeau, eis o que me parece indispensável e de curto prazo, pois os jovens — em nenhum país e sobretudo não no meu — não esperarão por anos agora para que se possa reinventar o que será a cultura deles.[91]

Definindo o papel do Estado em matéria cultural, Jacques Duhamel enuncia as palavras, as pedras de toque que irão guiar sua ação: criatividade e não reprodução, atividade e não consumo, responsabilidade e não facilidade, pluralidade e não unicidade, comunicação e não conservação. Como assinala Claude Mollard: "O novo ministro se diz tributário da 'cultura do plural' cara a Michel de Certeau, muito mais do que da visão erudita da cultura."[92]

---

90. Ibidem, p. 181.
91. Jacques Duhamel, *Analyse et prévision*, número especial "Prospective du développement culturel", outubro 1973, pp. 155-156.
92. MOLLARD, 1999, p. 281.

A grande realização dessa metade dos anos 1970 é a abertura do Centro Georges-Pompidou no coração de Paris, grande centro de arte contemporânea bastante caro ao presidente Georges Pompidou. O CCI (Centro de Criação Industrial), nascido em 1969 sob a iniciativa de François Mathey e François Barré, instala-se no Centro Beaubourg e se torna a ponta de lança da arte contemporânea: "A vocação do CCI é imediatamente apresentada como vocação crítica."[93] Defendendo uma leitura crítica da mercadoria e do consumo e engajando sua prospecção no coração dos elementos da vida cotidiana, o CCI cria uma revista em 1975, *Traverses*, que se quer resolutamente pluridisciplinar, e cuja direção é confiada por François Mathey a Huguette Le Bot e François Barré.[94] Com esse Centro, ainda que se trate de uma realização parisiense, a política de Jacques Duhamel encontra pontos de aplicação na expansão dos teatros na periferia parisiense e nas grandes cidades do interior. É o grande momento em que os diretores de teatro criativos e os festivais encontram os teatros descentralizados.[95]

Nas telonas, os filmes projetados no início dos anos 1970 são ainda mais inspirados pela contestação de 1968, pelo desejo de uma mudança de vida e pela vontade de exprimir um ponto de vista político. Em 1972, em *Tout va bien* [Tudo vai bem], filme *cult* dos *Cahiers du cinéma*, Jean-Luc Godard, colocando em cena Yves Montand e Jane Fonda, faz o relato da ocupação de uma fábrica e do sequestro de um patrão. Por sua vez, em 1971, Marin Karmitz filma uma greve em *Coup pour coup* [Golpe por golpe], assim como Chris Marker, em 1967, na fábrica da Rhodiacéta de Besançon para seu filme *A bientôt j'espère* [Até breve, espero], que estreia em 1968. A esse cinema militante se justapõe um cinema mais voltado

---

93. LAUXEROIS, 1996, p. 134.

94. O comitê de redação de *Traverses*, por ocasião da publicação de seu primeiro número, é composto por Jean Baudrillard, Michel de Certeau, Gilbert Lascault e pelo marido de Huguette Le Bot, o historiador da arte Marc Le Bot.

95. Jean Dasté em Saint-Étienne, Jack Lang e o Festival Internacional de Nancy, Marcel Maréchal na Cothurne de Lyon, sem esquecer a periferia parisiense, particularmente rica em criatividade, com Ariane Mnouchkine e seu Théâtre du Soleil na Cartoucherie de Vincennes, Pierre Debauche nos Amandiers de Nanterre, René Allio no Théâtre de la Commune d'Aubervilliers... Sem esquecer o Berliner Ensemble, fundado por Bertolt Brecht, cuja *tournée* na França em 1970 conhece um grande sucesso.

ao grande público, porém igualmente político, como o de Costa-Gavras, que conhece com *Z* um grande sucesso em 1969 ao denunciar a ditadura dos coronéis na Grécia. Em 1971, o cineasta suíço Alain Tanner eleva ao paroxismo a sensibilidade da nova geração com *La Salamandre* [A salamandra] e seus atores-fetiche: Bulle Ogier, Jean-Luc Bideau e Jacques Denis. É também o momento em que o público francês descobre, com a estreia em 1973, *Último tango em Paris*, de Bernardo Bertolucci, e *La Grande Bouffe* [A comilança], de Marco Ferreri — aqui, a sociedade de consumo e os atos sexuais são representados do lado italiano com a mesma audácia e a mesma causticidade.

É igualmente o momento da exacerbação do discurso crítico que eleva ao máximo o espírito de derrisão dos desenhistas de *Hara-Kiri* e de *Charlie Hebdo*. A manchete deste último por ocasião da morte do general De Gaulle fez escândalo e permanecerá nas memórias: "Baile trágico em Colombey: 1 morto." Alguns periódicos nascem para dar vazão à vontade de desenvolver toda uma contracultura a um tempo revolucionária e festiva, comunitária e individual: "*Actuel* anuncia esse mundo paralelo. Os temas orientalistas, hedonistas, *beat*, *underground* ali se agregam em uma contracultura heteróclita."[96] Esse periódico é lançado por Jean-François Bizot, que volta entusiasmado de sua temporada nos Estados Unidos durante o verão de 1969 e deseja importar para a França o sucesso que a cultura *underground* conhece junto aos americanos. Outros escolhem linhas de fuga e fazem grandes viagens para a Índia, em direção a Katmandu ou pela Estrada 66 para atravessar de leste a oeste o continente norte-americano e escapar do conformismo da sociedade de consumo. Assiste-se a certo entusiasmo pela cultura, que evidencia seja a busca pela inovação, seja a busca por raízes, início de um gosto patrimonial que não deixará de crescer ao longo dos anos 1970 e 1980.

---

96. DELANNOI, 1990, p. 117.

4
O "pensamento 1968"

O anti-Édipo

Um dos efeitos mais fecundos de Maio de 1968 no plano intelectual terá sido o encontro em 1969 entre Félix Guattari e Gilles Deleuze. Naquele momento, Guattari, membro da Escola Freudiana, participa plenamente do brilho do estruturalismo em sua versão psicanalítica. Deleuze, desejoso de sair dos limites da história da filosofia, é bastante sensível à efervescência em curso nas ciências humanas. A figura do esquizofrênico não deixa de interpelá-lo sob sua forma clínica e sob sua forma literária. Nem um nem outro podem se satisfazer com uma simples adesão às teses dominantes da época. Antes mesmo de seu encontro, é possível considerar que suas posições já se opõem de modo vivo ao estruturalismo. Em 1969, quando Guattari toma a palavra diante da Escola Freudiana de Paris, ele já havia rompido com a evolução formalista e logicista de Lacan. Ele não é mais o sucessor presumido do Mestre, que o preteriu em benefício de seu genro Jacques-Alain Miller e de seu círculo da Escola Normal da rua d'Ulm, que está na origem, em 1966, dos *Cahiers pour l'analyse*. Guattari apresenta uma conferência cujo título é já por si só evocador do alvo visado: "Máquina e estrutura"[1], e que poderia ter-se igualmente intitulado "Máquina contra estrutura". Em sua intervenção, Guattari evidencia os ângulos mortos do esquema de análise estrutural; a noção de máquina que ele anuncia como operatória é destinada a pensar o recalque do estruturalismo, que se

---

1. Guattari, [1969] 2003.

encontra na articulação dos processos de subjetivação e de acontecimento histórico. É o primeiro texto de Guattari que se refere a Deleuze. Ele ainda não o conhece, mas leu e apreciou sua tese, *Diferença e repetição*, e *Lógica do sentido*, que ele cita logo no início, dizendo-se tributário de sua definição da estrutura. Partindo das teses de Deleuze e recorrendo a essa noção de "máquina", Guattari experimenta a necessidade de convocar um elemento diferenciador que reintroduza acontecimento e movimento: "A temporalização penetra a máquina por todos os lados e não pode se situar em relação a ela senão à maneira de um acontecimento. O surgimento da máquina marca uma data, uma ruptura, não homogênea a uma representação estrutural."[2] É evidente a proximidade de suas posições e de seus discursos antes mesmo do encontro entre eles. Guattari se faz o porta-voz de uma filosofia do acontecimento que constitui o tema último da *Lógica do sentido*.

Se Guattari encontrou matéria para argumentação nas duas obras publicadas por Deleuze em 1968 e 1969, é porque a orientação filosófica de ambos se distingue do paradigma dominante e sem partilha naquela época. Em sua tese *Diferença e repetição*, Deleuze se mostra vigilante em face de toda tentação estruturalista de reduzir o acontecimento à insignificância. Ao contrário, ele defende a recusa da escolha entre estrutura e acontecimento, e defende a articulação entre ambas: "Não há oposição estrutura-gênese, assim como não há oposição entre estrutura e acontecimento, estrutura e sentido."[3] Deleuze reconhece, entretanto, no estruturalismo, sua capacidade de ser um "teatro das multiplicidades"[4] que, longe de buscar uma síntese ideal da recognição, de representação adequada do identitário, escrutiniza os problemas no seio mesmo dos movimentos de experimentação.

O "agenciamento Deleuze-Guattari" que se põe em marcha ao longo do ano de 1969 vai radicalizar a postura crítica de ambos, a ponto de tomar um aspecto notadamente polêmico no início dos anos 1970. As primeiras palavras de *O anti-Édipo* são significativas de uma recusa de todo

---

2. Ibidem, p. 241.
3. DELEUZE, 1968, p. 247.
4. Ibidem, p. 248.

fechamento estrutural, mesmo que eles devidamente registrem a ausência de pertinência do "Eu" em benefício de lógicas maquínicas polimorfas. Eles afirmam o primado absoluto das multiplicidades em relação ao binarismo estrutural. *O anti-Édipo*, concebido como verdadeira máquina de guerra contra o estruturalismo, contribuirá amplamente para a aceleração da desconstrução do paradigma iniciado desde 1967-1968, fazendo-o explodir a partir de seu interior.

Ao formalismo dos estudos estruturais, Deleuze e Guattari opõem, graças à sua própria escritura comum, o contraponto da experimentação. Nesse início dos anos 1970, o projeto de ambos é opor as ciências sociais ao paradigma estrutural. Para desfazê-lo, eles se apoiam sobretudo em uma releitura dos avanços realizados pela antropologia, pela semiótica, pela psicanálise e pela história, quando essas disciplinas tomam caminhos laterais em relação ao esquema estrutural. Segundo Deleuze e Guattari, as máquinas são de todas as ordens: técnicas, cibernéticas, de guerra, econômicas, significantes, desejantes, institucionais, mas igualmente literárias. É uma verdadeira senha que se propõe a destituir o precedente de "estrutura". A máquina se torna tão central que, quando Deleuze publica uma nova edição de seu *Proust e os signos* em 1970, ele acrescenta uma segunda parte intitulada "A máquina literária", incluindo uma descrição das "três máquinas" de *Em busca do tempo perdido*.

Enquanto *O anti-Édipo* se abre com um capítulo consagrado às máquinas desejantes, o conceito é abandonado alguns anos mais tarde em *Mil platôs*, muito certamente porque ele teria feito seu papel de abalar a noção de estrutura, que então não mais necessita ser questionada em 1980: o paradigma estruturalista não é senão uma lembrança. Em contrapartida, o conceito de transversalidade de Guattari é amplamente utilizado para melhor apreender os cortes de fluxo pelos quais se define a máquina desejante. A travessia das ciências humanas praticada nos dois volumes de *Capitalismo e esquizofrenia* por Deleuze e Guattari terá sido uma maneira de explodir o paradigma estruturalista a fim de libertar as multiplicidades, as singularidades de seu fechamento.

A máquina desejante deve abrir para si um caminho nas estruturas a fim de desestabilizar o significante-mestre defendido pelos lacanianos.

A interpretação psicanalítica se desenvolve a partir da noção de falta primeira, de ausência, enquanto os cortes subjetivos, verdadeiros cortes de fluxo, partem, segundo nossos autores, no sentido contrário de um excesso. Epistemologicamente *à côté* de seu objeto, a psicanálise é, ainda, estigmatizada como movimento de normalização, de repressão, perseguindo a obra de enclausuramento e de fechamento sobre si predita pela psiquiatria no século XIX: "Em vez de participar de um movimento de liberação efetiva, a psicanálise coloca-se ao lado da mais geral repressão burguesa."[5] A esquizoanálise pretende reconectar o inconsciente ao social e à política. A chave de leitura edipiana seria tributária a um tempo de uma forma de reducionismo mecanista e de uma abordagem de simples aplicação. Na verdade, a aparelhagem estrutural do lacanismo se daria como função reprimir o desejo, levar a que ele se renuncie e, assim, completar no plano terapêutico a obra do aparelho de repressão: "Estendendo a ele o espelho deformante do incesto (hein, é isso que você queria?), o desejo se faz vergonhoso, estupefato, é posto em uma situação sem saída, é persuadido a renunciar a 'si mesmo'."[6] Recolocar o desejo em movimento, torná-lo produtivo se torna a função primeira da máquina desejante, que deve se substituir à estrutura edipiana que enclausura. É ainda preciso desfazer a unidade estrutural postulada pela máquina. A diferença se situa no nível das máquinas molares e das máquinas moleculares, sendo que o essencial é que o desejo seja da ordem da produção, que esta se efetue em escala micro ou macro. Ora, a unidade estrutural em torno da teoria da falta impõe um conjunto molar: "A operação estrutural é isso: ela instala a falta no conjunto molar."[7]

A publicação de *O anti-Édipo* é um sucesso, a obra aparece como um concentrado do que se pode chamar "o pensamento 1968". As primeiras linhas da obra dão uma ideia de um estilo que não é mais aquele do academicismo universitário:

---

5. Idem; GUATTARI, 1972, p. 59.
6. Ibidem, p. 142.
7. Ibidem, p. 366.

Isso funciona por toda parte: umas vezes, sem parar; outras, descontinuamente. Isso respira, isso aquece, isso come. Isso caga, isto fode. Mas que asneira ter dito *o* isso. O que há por toda parte são máquinas, e sem qualquer metáfora: máquinas de máquinas, com as suas ligações e conexões. Uma máquina-órgão está ligada a uma máquina-origem: uma emite o fluxo que a outra corta. O seio é uma máquina de produzir leite e a boca, uma máquina que se liga com ela.[8]

Imediatamente a obra encontra um amplo público — a primeira tiragem se esgota em três dias —, e a imprensa reverbera esse sucesso espetacular para um livro difícil, significativo do espírito do momento. O jornal *Le Monde* consagra duas páginas à obra, e Roland Jaccard, que apresenta o dossiê, considera que ela se reveste de aspectos proféticos em seu objetivo de esquizofrenizar a sociedade. O grande artigo de apresentação fora encomendado a um amigo de Deleuze, seu antigo aluno na Sorbonne nos anos 1950, o escritor Rafaël Pividal, então professor de filosofia em Paris VII. Ele saúda o livro que retoma as interrogações sobre a pertinência do discurso psicanalítico de um Reich e de um Marcuse, situando-os novamente no contexto histórico do capitalismo. Ele lembra que a evocação da esquizofrenia não consiste em fazer a apologia da doença de mesmo nome, mas em valorizar uma máquina que, "em vez de organizar as letras do alfabeto para fazer palavras, decompõe as palavras para fazer um alfabeto. Picasso não fez outra coisa. Mas serão Beckett, Kafka e Artaud que servirão de exemplo".[9] François Châtelet, amigo e colega de Deleuze em Vincennes, testemunha seu entusiasmo diante do que ele vê como o combate de um novo Lucrécio, em seu esforço de inteligibilidade para compreender o que leva os homens a combater para aumentar sua servidão. Para essa interrogação de monta, há duas respostas dadas, uma por Marx, outra por Freud, e "é a elas que Deleuze e Guattari se dedicam, não para atacá-las, mas para lhes devolver aquela força que

---

8. Ibidem, p. 7.
9. PIVIDAL, 1972.

a dobra idealista quer delas retirar".[10] Em seu luxuoso domicílio da rua Clauzel, no 9º *arrondissement* de Paris, François Châtelet organiza uma reunião que dura toda a noite com Deleuze, Guattari e cerca de trinta pessoas. Em contrapartida, nas mesmas colunas de *Le Monde* o tom é francamente crítico do lado do psicanalista André Green e do psiquiatra Cyrille Koupernik, que estima que o remédio preconizado por Deleuze é pior do que o mal: "Aquilo pelo qual Deleuze substitui o Édipo, isto é, finalmente, por um desejo biológico inumano, a-humano, protopessoal, parece-me ainda mais temoroso. É a imagem em espelho da entropia que assombrou Freud."[11] No jornal *Le Figaro*, Claude Mauriac, engajado nas lutas do Grupo de Informação sobre as Prisões ao lado de Michel Foucault, Jean-Marie Domenach e Gilles Deleuze, julga o "livro considerável": "É preciso lê-lo, relê-lo, meditar sobre ele, esperando as reações que não deixará de suscitar."[12] Na revista *L'Express*, Madeleine Chapsal insiste sobre sua radicalidade, sobre sua intenção revolucionária em uma vassourada que não se esquece em canto algum. E esse livro, "repleto de imagem e de imaginação, faz sonhar. Uma vez o espaço liberado, Deleuze e Guattari se instalam em seu centro e começam a apresentar suas novidades. Há para todos os gostos".[13] Na revista *La Quinzaine littéraire*, Maurice Nadeau organiza em torno dos dois autores um debate animado por François Châtelet com o psicanalista Serge Leclaire, o psiquiatra Horace Torrubia, o etnólogo Pierre Clastres e, ainda, com Roger Dadoun, Rafaël Pividal e um estudante, P. Rose. A confrontação de três horas está transcrita sob a forma de sessenta páginas datilografadas, cujos extratos são publicados pelo periódico. Deleuze e Guattari explicam os modos de concepção desse trabalho comum. A discussão permanece cordial, nem um pouco polêmica. Serge Leclaire, representante da psicanálise, é lacaniano, mas a oposição não é frontal: *O anti-Édipo* ocupa um lugar particular em um

---

10. Châtelet, 1972.
11. Koupernik, 1972.
12. Mauriac, Claude, 1972.
13. Chapsal, 1972.

artigo de Serge Leclaire sobre "La Réalité du désir" [A realidade do desejo], considerado como precursor da ideia de um inconsciente-máquina.[14]

Quanto às grandes revistas intelectuais, elas igualmente cedem um amplo espaço a *O anti-Édipo*. *Critique* confia a resenha da obra a Jean-François Lyotard e a René Girard. O primeiro exprime sua admiração diante desse turbilhão que desloca águas volumosas: "É um pantógrafo que pega a energia elétrica da linha de alta tensão e permite transformá-la em rotação de rodas sobre os trilhos, para o viajante em paisagens, em devaneios, em músicas, em obras por sua vez transformadas, destruídas, arrastadas."[15] Jean-François Lyotard chama a atenção dos leitores para a interpretação equivocada que o título da obra de Deleuze e Guattari pode suscitar: ele não anuncia um livro polêmico e destruidor, mas se apresenta como uma afirmação, um ato positivo, posicional. O livro subverte sobretudo o que ele não critica — o marxismo — e castiga alguns cadáveres como o proletariado, a luta de classes ou a mais-valia. Por sua vez, René Girard, admitindo com Deleuze e Guattari que não se deve ver na primeira infância o lugar de emergência de toda patologia social, é mais crítico em face de um texto que não concede pertinência alguma ao mito e à tragédia. Ele não os segue na estigmatização que fazem da crença religiosa e estima que, na verdade, enunciam "uma nova forma de devoção, particularmente etérea, em detrimento das aparências".[16] Se Girard aprova a vontade de Deleuze e de Guattari de dar conta de um certo delírio societário, a isso confere uma outra chave de leitura que não cessa de desenvolver em sua obra, aquela do desejo mimético aquém de toda representação e de todo objetivo singular, pois é o desejo do desejo do outro.[17] A partir desse modelo, René Girard renuncia a toda ancoragem fisiológica ou psíquica do desejo, assim como a todo pansexualismo para locar o desejo mimético sobre o único plano do devir recíproco. A esse respeito, ele se alinha ao nietzschianismo de Deleuze e de Guattari:

---

14. LECLAIRE, 1970
15. LYOTARD, [1972], p. 925.
16. GIRARD, René, 1972, p. 961.
17. Idem, 1961.

"À diferença de Freud, que permanece preso em seus pais e suas mães, Nietzsche é o primeiro a descolar o desejo de todo objeto."[18] No final das contas, René Girard considera que Deleuze e Guattari atribuem muita importância ao Édipo, que sai intacto de seu manifesto e, mesmo, engrandecido: *O anti-Édipo* é "evidentemente edipianizado até o último fio de cabelo, pois que integralmente estruturado sobre uma rivalidade triangular com os teóricos da psicanálise."[19]

A revista *Esprit* concede, igualmente, uma grande importância à publicação de *O anti-Édipo*, que se torna objeto de um dossiê constituído de uma apresentação sobretudo favorável das teses mais relevantes da obra.[20] Os psicanalistas Jean Furtos e René Roussillon censuram Deleuze e Guattari de empobrecer seu assunto, esquecendo-se do nível molar para valorizar o único nível molecular: seria mais útil articular esses dois níveis. De seu lado, o sociólogo Jacques Donzelot faz a apologia do que ele chama "uma antissociologia".[21] Ele vê na obra uma espécie de justaposição de blocos erráticos de saberes que prejudicam o fluxo de sua escritura. Com *O anti-Édipo*, a psicanálise deve enfrentar o assalto do pensamento nietzschiano. Ultrapassando as oposições frontais entre as descrições funcionalistas e as análises estruturais, mas igualmente entre infraestruturas e superestruturas, e resistindo à tendência a evitar a questão do Estado, Deleuze e Guattari conseguem escapar de um certo número de aporias habituais próprias às análises sociais. Em vez de se perguntarem, sem conseguir responder, "O que é a sociedade?", os autores de *O anti-Édipo* têm o mérito de enunciar uma questão interpelativa: "Como vivemos em sociedade? Questão concreta que leva a outras: onde vivemos? Como habitamos a terra? Como vivemos o Estado?"[22] Jean-Marie Domenach, diretor de *Esprit*, conclui o dossiê com um artigo mais crítico, mesmo se ele recomenda a leitura de *O anti-Édipo* como uma distração. Segundo ele, sua inventividade é roborativa e ali se encontra maior diversão do que em Lacan: "Deixemo-nos

---

18. Idem, 1972, p. 965.
19. Ibidem, pp. 976-977.
20. Furtos; Roussillon, 1972.
21. Donzelot, 1972.
22. Ibidem, p. 849.

levar um momento por esse gracejo. Não temos mais tantas ocasiões de rir."[23] Mas rir não é subscrever, e Domenach recusa se dobrar àquilo que ele estima ser uma técnica da campanha intensiva feita a golpes de fórmulas vigorosas não demonstradas e repetidas à exaustão: "Bem sei: criticar em nome da lógica um livro que se apresenta como uma apologia do discurso delirante parece inadequado."[24] Quanto à teoria do desejo de Deleuze e Guattari, por que não?, mas o desejo nunca definido: "Censuro esse livro pelo fato de ele não ter enfrentado o mal, por ter-se furtado à questão do sofrimento. Graças a uma bonita metáfora pode-se dizer 'máquina desejante'; é mais difícil dizer 'máquina sofredora'."[25]

Oito anos após a publicação de *O anti-Édipo*, Deleuze encara esse acontecimento editorial como um fracasso. Maio de 1968 e seus sonhos afastam-se do horizonte, deixando um gosto amargo para aqueles que foram movidos pela esperança e se veem atingidos pelos maus odores do conservadorismo. É essa amargura que Deleuze expressa a Catherine Backès-Clément:

> *O anti-Édipo* é pós-1968: era um período de efervescência, de pesquisa. Hoje, há uma reação bastante forte. É toda uma economia do livro, uma nova política, que impõe o conformismo atual [...]. O jornalismo ganhou cada vez mais poder sobre a literatura. E, em seguida, uma massa de romances redescobrem o tema familial mais rasteiro, e desenvolvem ao infinito todo um papai-mamãe: é inquietante, quando se encontra um romance todo pronto, pré-fabricado, na família que se tem. É realmente o ano do patrimônio, a esse respeito *O anti-Édipo* foi um fracasso completo.[26]

No contexto de violentas tensões no início dos anos 1970, a publicação de *O anti-Édipo* marca um dos tempos fortes de cristalização de um

---

23. DOMENACH, 1972, p. 856.
24. Ibidem, p. 857.
25. Ibidem, p. 863.
26. DELEUZE, [1972] 2003, pp. 162-163.

movimento que teria podido descambar para o terrorismo a fim de conter a fase de refluxo na qual se viu preso a partir de 1972. O desaparecimento em novembro de 1973 da organização mais próxima da tentação terrorista, a GP (Esquerda Proletária), não é significativo dos efeitos dissolventes, corrosivos da esquizoanálise sobre a paranoia militante? Não é possível afirmá-lo, mas, se a teoria do desejo contribuiu para apagar a pulsão coletiva de morte dessa juventude militante maoista, ela terá proposto algo útil. A máquina de guerra em que haviam se transformado a GP e Benny Lévy, isto é, Victor, seu chefe mais em evidência, é um dos alvos favoritos de Guattari, que escreve em seu *Diário* em 1972: "Decididamente, a GP se tornou uma grande coisa! [...] Esses maos são os inimigos irredutíveis do movimento revolucionário naquilo que é sua essência: a liberação da energia desejante [...]. A astúcia de Victor é inesgotável."[27]

No final de 1974, Robert Linhart, outro líder maoista, não se engana quando ataca Guattari e seu grupo do Cerfi em *Libération*, sob o título "Gauchisme à vendre?" [Esquerdismo à venda?]. Por detrás dos ataques a pessoas, ele denuncia os efeitos deletérios de *O anti-Édipo*. A obra é mencionada já no subtítulo de seu ato de acusação: "Consequências inesperadas de *O anti-Édipo* ou como aprendi a ser um bom vendedor e a não mais me importar com isso."[28] Serge July, diretor do jornal, dá aval à operação em nome de uma necessária crítica do pós-esquerdismo, no momento em que o giscardismo toma emprestadas dele algumas ideias:

> Não é mais segredo para ninguém. A famosa "mudança" giscardiana toma emprestadas suas ideias da contestação [...]. Ainda mais porque certo número de *gauchistes* joga o jogo. Com esse artigo de Robert Linhart, é toda uma rubrica que é preciso abrir e manter sobre os destinos do pós-esquerdismo.[29]

---

27. Félix Guattari, diário, notas, 1º de abril de 1972, arquivos Imec.
28. LINHART, Robert, 1974.
29. JULY, 1974.

Robert Linhart considera *O anti-Édipo* como a fonte de todos os males do maoismo agonizante. O livro autorizaria, sobretudo, a releitura de Freud à luz dos ensinamentos de Taylor para fazer com que os proletários engulam que eles, ao produzirem, realizam seus desejos: "Que o operário consiga 'ficar satisfeito' aumentando sua disciplina, e ele será revolucionário."[30]

Em contrapartida, a obra encontra em Foucault um aliado de peso. *O anti-Édipo* reveste-se a seus olhos de um estatuto absolutamente singular, aquele de uma fulgurância que deve ser apreciada em razão de sua faculdade afetante:

> Eu penso [...] n'*O anti-Édipo*, que não se refere a nada mais do que à sua própria e prodigiosa inventividade teórica; livro ou, antes, coisa, acontecimento, que conseguiu fazer enrouquecer, até mesmo na prática mais cotidiana, aquele murmúrio — embora longamente ininterrupto — que fugiu do divã para a poltrona.[31]

Entusiasta, Foucault redige o prefácio da versão americana da obra, publicada em 1977.[32] Nesse que ele estima ser um grande livro, ele vê se articular uma arte de viver em três registros: *ars erotica, ars theoretica, ars politica*: "Eu diria que *O anti-Édipo* (que os autores possam me perdoar) é um livro ético, o primeiro livro ético que se escreveu na França desde há muito tempo."[33] Foucault assinala três tipos de adversários desse livro: os profissionais da revolução que professam o ascetismo para fazer triunfar a verdade; os tecnicistas do desejo que são os psicanalistas e semiólogos que perseguem os sintomas sob os signos; e, enfim, o verdadeiro inimigo, o fascismo, não apenas como tipo de regime político, mas como o que está latente em cada um de nós. O mérito essencial dessa obra é oferecer a seus leitores uma introdução à vida não fascista, da qual Foucault

---

30. LINHART, 1974.
31. FOUCAULT, [1976a] 1994b, pp. 162-163.
32. Idem, [1977], pp. xi-xiv; 1994, pp. 133-136.
33. Ibidem, p. 134.

destaca alguns princípios fundamentais. Entre eles, a advertência contra os atrativos do poder que implica resistir a toda forma de enclausuramento unitário, favorecer a ação, o pensamento e o desejo fazendo-os proliferar, e se libertar da categoria do negativo. Verdadeiro guia de natureza a modificar a vida cotidiana de todos, *O anti-Édipo* não deve, entretanto, ser lido como a nova teoria "tão frequentemente anunciada: aquela que irá a tudo englobar, aquela que é absolutamente totalizante e tranquilizante".[34]

---

34. Ibidem.

5
Os sobressaltos da historicidade

A "Nova História"

Quem teria imagindo que em 1975 uma publicação saída da prestigiosa, austera e erudita coleção criada por Pierre Nora em 1971, a "Bibliothèque des histoires", se tornaria um verdadeiro best-seller? É o caso da obra de Emmanuel Le Roy Ladurie *Montaillou: Cátaros e católicos numa aldeia occitana*, que atinge a tiragem acumulada de trezentos mil exemplares, pouco habitual para um historiador universitário. Se Le Roy Ladurie explora aí um documento excepcional — os registros do bispo de Pamiers a partir dos quais ele restitui a vida comum desse pequeno lugar da região de Ariège, no início do século XIV, em uma narrativa vívida e magistral —, explica-se com dificuldade um tal entusiasmo. Nessa metade dos anos 1970, favorável a uma volta poderosa dos historiadores e, em particular, a uma perspectiva da história marcada pelo olhar etnográfico dedicado às profundezas da sociedade francesa em seu mais longínquo passado, exacerba-se o gosto por uma forma de exotismo do interior, para além do corte desse mundo que perdemos. Graças a tal sucesso, Pierre Nora coloca em primeiro plano um dos principais atores da Escola dos Annales, autor de uma tese sobre *Les Paysans de Languedoc* [Os camponeses do Languedoc], herdeiro de Fernand Braudel, a quem sucede no Collège de France em 1973. É o momento em que os historiadores dos Annales, e sobretudo aqueles que promovem a história das mentalidades, tomam o lugar dos etnólogos.

A fecundação estrutural da Nova História a que se assiste torna mais lenta a temporalidade, até o ponto de uma quase imobilidade. O episódico é relegado à ordem do epifenômeno ou do folhetim em benefício do que se repete, do que se reproduz. A perspectiva da temporalidade privilegia os longos intervalos estacionários; e quando Emmanuel Le Roy Ladurie assume a sucessão de Braudel no Collège de France, ele intitula sua aula inaugural "A história imóvel".[1] Segundo ele,

> desde cerca de meio século, de Marc Bloch a Pierre Goubert, os melhores historiadores franceses, sistematicamente sistematizadores, fizeram estruturalismo com conhecimento de causa, ou, por vezes, sem sabê-lo, mas mais frequentemente sem que isso se soubesse.[2]

Nessa ocasião solene, ele deixa evidente sua admiração pelos métodos estruturalistas aplicados por Lévi-Strauss às regras de parentesco e às mitologias do Novo Mundo. Se ele circunscreve a eficácia destas últimas em outros céus, retém para o historiador a ideia de que é preciso apreender a realidade a partir de um pequeno número de variáveis, construindo modelos de análise.

O acontecimento-ruptura de Maio de 1968 abalou o anti-historicismo do estruturalismo dos inícios, abrindo amplamente o canteiro das investigações possíveis para uma história já renovada pelos Annales, mas reconciliada com o ponto de vista estrutural, mais atenta às permanências do que às mutações, mais antropológica do que fatual. Os historiadores, excluídos nos anos 1960 de uma atualidade intelectual que manifestava mais interesse pelos avanços dos linguistas, dos antropólogos e dos psicanalistas, têm agora sua revanche. É o início de uma verdadeira Idade de Ouro junto a um público que assegura o sucesso das publicações de antropologia histórica. Essa adaptação do paradigma estrutural ao discurso do historiador é sobretudo orquestrada pela nova direção da revista *Annales*, onde uma jovem geração de historiadores (André Burguière, Marc Ferro, Jacques Le

---

1. LE ROY LADURIE, [1973] 1978.
2. Ibidem, p. 11.

Goff, Emmanuel Le Roy Ladurie e Jacques Revel), à qual Braudel cede lugar em 1969, abandona os horizontes da história econômica em prol de uma história voltada para o estudo das mentalidades.

Em 1971, essa nova equipe publica um número especial da revista, cujo tema, "História e estrutura", bem traduz o desejo de reconciliar esses dois termos que eram vistos como antinômicos, casamento entre o fogo e a água. A participação de Claude Lévi-Strauss, Maurice Godelier, Dan Sperber, Michel Pêcheux ou Christian Metz junto aos historiadores mostra que o tempo dos combates está morto e que, ao contrário, se assiste a um diálogo próximo entre historiadores, antropólogos e semiólogos.

Uma ampla aliança se tece, carregando um ambicioso programa de pesquisas comuns que será de grande fecundidade ao longo de toda a década. André Burguière, que apresenta o número, percebe bem o movimento de refluxo do estruturalismo, afetado pela grande reviravolta de 1967-1968, e vê aí a ocasião para os historiadores de colher os frutos. Ele defende para a disciplina o programa de um estruturalismo aberto, bem temperado, capaz de fazer a demonstração de que os historiadores não se contentam em perceber o nível manifesto da realidade, como dizia Lévy-Strauss em 1958, mas que se interrogam igualmente sobre o sentido escondido, sobre o inconsciente das práticas coletivas, à semelhança dos antropólogos.

Fernand Braudel já havia proposto a longa duração como meio de acesso à estrutura para a disciplina histórica e como linguagem comum a todas as ciências sociais. André Burguière irá mais longe ao traçar as linhas de um programa de história cultural, de antropologia histórica, que deve permitir se instalar no terreno mesmo dos estudos estruturalistas, aquele do simbólico. É nesse registro privilegiado que a eficácia do método estrutural poderá se desenvolver mais facilmente, e os historiadores dos Annales defenderão em 1971 uma forma de estruturalismo adaptada à disciplina histórica. André Burguière levanta mesmo bastante alto o estandarte: "Um pouco de estruturalismo afasta da história, bastante estruturalismo a ela faz regressar."[3]

---

3. Burguière, 1971, p. vii.

Após o desafio lançado pelos antropólogos aos historiadores, a antropologização do discurso histórico conduz à trégua nesse início dos anos 1970. Lévi-Strauss, convidado em 1971 para o programa radiofônico dos Annales na rádio France Culture, "As segundas-feiras da história", reconhece, por ocasião de um debate com Fernand Braudel, Raymond Aron e Emmanuel Le Roy Ladurie: "Tenho a sensação de que fazemos a mesma coisa: o grande livro de história é um ensaio etnográfico sobre as sociedades passadas."[4]

Os historiadores mergulham nas delícias da história fria, das permanências, e a historiografia privilegia por sua vez a figura do Outro em relação à imagem tranquilizadora do mesmo. Os historiadores dos Annales, defendendo uma história estruturalizada, dão-se por ambição lograr essa federação das ciências humanas desejada por Durkheim em benefício dos sociólogos, captando o modelo estrutural e fazendo da história uma disciplina nomotética e não mais ideográfica. Após o grau zero da fonologia descoberto por Jakobson, o grau zero do parentesco de Lévi-Strauss e o grau zero da escritura de Barthes, Le Roy Ladurie descobre por sua vez o grau zero da história: esse "crescimento demográfico zero"[5] permite ao historiador aceder aos grandes equilíbrios estáveis. Sua nova tarefa não consiste mais em pôr em evidência as acelerações e as mutações da história, mas as permanências que vão no sentido da reprodução dos equilíbrios existentes. É dessa maneira que os agentes microbianos ganham a cena como fatores decisivos de estabilização do ecossistema. É "ainda mais profundamente nos fatos biológicos, muito mais do que na luta das classes, que é preciso buscar o motor da história maciça, ao menos durante o período por mim estudado".[6]

O homem tomado dentro da nassa encontra-se assim tão descentralizado quanto na perspectiva estrutural, e não pode senão se dar a ilusão da mudança. Tudo quanto diz respeito às grandes rupturas da história deve ser relativizado em benefício das grandes tendências, mesmo se elas

---

4. Lévi-Strauss, 1971.
5. Ibidem, p. 16.
6. Ibidem, p. 9.

relevam uma história sem os homens.⁷ Le Roy Ladurie termina sua aula inaugural com uma nota otimista para a disciplina histórica, que ele julga novamente conquistadora:

> A história, que durante algumas décadas de semidesgraça foi a pequena Cinderela das ciências sociais, encontra doravante o lugar eminente que lhe pertence [...]. Ela simplesmente havia passado para o outro lado do espelho para ali perseguir o Outro no lugar do Mesmo.⁸

Na escola da história fria, alguns, como François Furet, já encontraram o antídoto necessário para se libertar do engajamento comunista. A estruturalização da história torna-se a alavanca capaz de sair do marxismo, da dialética, para em seu lugar colocar a cientificidade: "A história das inércias não é apenas uma boa disciplina, mas é igualmente uma boa terapêutica contra uma visão da historicidade herdada da filosofia das Luzes."⁹

Em 1968, quando Michel Foucault escreve *A arqueologia do saber* na Tunísia, ele tenta responder às múltiplas objeções feitas às teses de seu grande sucesso, *As palavras e as coisas*, e às questões enunciadas pela nova geração althusseriana do Círculo de Epistemologia da rua d'Ulm, que acaba de escolher a prática política, o engajamento e a ruptura com o aparelho do PC. A grande reviravolta que precede Maio de 1968 e que continua para além dessa data favorece a derrocada do estruturalismo. Foucault, que busca com essa obra o meio de conceitualizar sua perspectiva e tomar suas distâncias com relação a suas posições estruturalistas de ontem, engaja-se em uma via singular, ao sugerir uma nova aliança com os historiadores da Nova História, os herdeiros dos Annales. Graças a essa aproximação, Foucault se instala doravante no território dos historiadores e trabalha com eles. Essa orientação será a fonte de numerosos mal-entendidos, pois Foucault se engaja na disciplina histórica como Canguilhem tratava a psicologia, para desconstruí-la do interior, à maneira de Nietzsche. Ele mesmo

---

7. Ver Dosse, [1987] 2010.
8. Le Roy Ladurie, [1974] 1978, p. 34.
9. Furet (org.), 1971.

expõe as inflexões de seu pensamento que vão afastá-lo de seus trabalhos anteriores. *História da loucura* privilegiava de maneira excessiva o "sujeito anônimo da história"; em *O nascimento da clínica*, o recurso "à análise estrutural ameaçava esquivar a especificidade do problema enunciado"[10]; em *As palavras e as coisas*, a ausência de moldura metodológica explícita pôde permitir pensar em análises em termos de totalidades culturais. Essa moldura metodológica que falta em seus trabalhos é justamente o objeto de *A arqueologia do saber*, cuja forma original foi aquela de um prefácio para *As palavras e as coisas*. Essa obra ainda carrega a marca do estruturalismo triunfante de 1966, mesmo se, entre a primeira versão e a publicação em 1969, múltiplas alterações intervieram na conjuntura intelectual e Foucault remanejou profundamente seu pensamento.

A mais espetacular dessas reviravoltas é o abandono do conceito que parecia organizar as rupturas que operavam em *As palavras e as coisas*: a *epistémè*, que desaparece de *A arqueologia do saber*. É sintomático que Foucault empregue uma terminologia próxima da história para caracterizar sua perspectiva, sem entretanto se colocar como historiador: ele se define como arqueólogo, fala de genealogia e rodeia a disciplina histórica para se situar em um fora da história, o que explica as relações no mínimo ambíguas, e frequentemente conflituais, com a corporação dos historiadores.

Na verdade, os interlocutores privilegiados aos quais Foucault se dirige em 1968-1969 são os althusserianos da segunda geração, aqueles que não participaram de *Ler o Capital* e que se interessam mais pela dimensão política do engajamento filosófico do que pela definição de uma moldura metodológica comum à racionalidade contemporânea. Essa geração (Dominique Lecourt, Benny e Tony Lévy, Robert Linhart, etc.) rompeu com o primeiro althusserianismo. Para esses militantes que se lançaram ao engajamento político — com frequência maoísta —, há ainda um problema em suspenso, aquele da práxis, da prática. Ora, a maior inovação de *A arqueologia do saber* consiste justamente a levar em consideração esse nível da prática a partir da noção de prática discursiva a fim de infletir o paradigma estrutural para além da única esfera do discurso, aproximando-o

---

10. FOUCAULT, 1969a, p. 27.

do marxismo. Essa noção de prática "estabelece uma linha de partilha decisiva entre *A arqueologia do saber* e *As palavras e as coisas*".[11]

Com efeito, a ruptura essencial com o estruturalismo se situa nessa nova afirmação segundo a qual "as relações discursivas não são internas ao discurso".[12] Entretanto, essa posição não significa que Foucault deixa o campo discursivo, que permanece como objeto privilegiado, mas que é considerado como prática, nos limites de sua existência; não significa que não se deve contudo procurar em uma exterioridade do discurso: "Não são entretanto relações exteriores do discurso que o limitariam [...]. Elas estão [as relações discursivas] de certo modo na fronteira do discurso."[13]

Foucault justifica essa historização do paradigma estrutural apoiando-se no percurso realizado pelos historiadores dos Annales, que derrubaram radicalmente seus três ídolos tradicionais: o biográfico, o episódico e a história política. A abertura de sua *A arqueologia do saber* testemunha o interesse maior que ele concede à nova orientação dos historiadores:

> Há dezenas de anos já que a atenção dos historiadores se dirigiu, preferencialmente, para os longos períodos, como se, abaixo das peripécias políticas e de seus episódios, eles empreendessem evidenciar os equilíbrios estáveis e difíceis de serem rompidos.[14]

Essa história quase imóvel chama a atenção de Foucault, que coloca em exergo de seu trabalho teórico a reviravolta epistemológica empreendida pelos Annales em 1929. Segundo ele, o documento muda de estatuto; enquanto o historiador de ontem transformava os monumentos em documentos, a Nova História "transforma os documentos em monumentos".[15] A filiação dos Annales é explicitamente reivindicada por Foucault para definir a nova tarefa do arqueólogo do saber: "O que Bloch, Febvre e Braudel mostraram para a história pode ser mostrado, creio, e é preciso

---

11. LECOURT, 1972, p. 110.
12. FOUCAULT, 1969a, p. 62.
13. Ibidem.
14. Ibidem, p. 9.
15. Ibidem, p. 15.

dizê-lo, pela história das ideias."[16] Essa nova aliança permite a Foucault ultrapassar a alternativa entre método estrutural e devir histórico, apresentando a Nova História como uma das figuras possíveis das pesquisas pós-estruturalistas.

A partir da reviravolta de 1968-1969, a explosão da Nova História é espetacular, e as obras que se inscrevem em suas fileiras tomam o lugar das publicações psicanalíticas e antropológicas. Em 1974, o número de volumes dedicados à história é seis vezes maior que em 1964, e as posições-chave deixam ver uma preponderância absoluta dos Annales. Esse entusiasmo pela história se inscreve em uma certa continuidade com o interesse suscitado pela antropologia nos anos 1960. Trata-se sempre de descobrir a figura do Outro, não em lugares longínquos, mas no interior mesmo da civilização ocidental, nas profundezas de seu passado. A sensibilidade histórica desse período dirige-se ao estudo das mentalidades, e evacua o acontecimento em benefício da permanência, do calendário repetido da gesta cotidiana da humanidade, cujas pulsações se reduzem às manifestações biológicas ou familiais de sua existência: o nascimento, o batismo, o casamento, a morte. A partir de sua posição de editor, Pierre Nora acompanha e dirige esse retorno positivo dos historiadores, decidindo-se a lançar em 1971, pela Gallimard, sua coleção, a "Bibliothèque des histoires". Os historiadores, que até então haviam se sentido à margem da efervescência estruturalista, tomam o trem em movimento, com a avidez e o triunfalismo dos retardatários. A conexão essencial pela qual o estruturalismo fecunda o campo de investigação dos historiadores passa pela obra de Michel Foucault e pelas relações privilegiadas que ele entretém com seu amigo e editor Pierre Nora, na Gallimard. O título mesmo da coleção lançada por Pierre Nora, "Bibliothèque des histoires", sublinha a inflexão epistemológica realizada.

A história, que doravante se escreve no plural e sem maiúscula, renuncia a seu programa de síntese para melhor se deslocar em direção aos múltiplos objetos que se oferecem a seu olhar sem limites. Pierre Nora elabora um texto de apresentação da coleção bastante marcado pela filosofia

---

16. Idem, 1969b.

foucaultiana: "Vivemos o colapso da história. Novas interrogações, fecundadas pelas ciências sociais vizinhas, o alargamento no mundo inteiro de uma consciência histórica que durante muito tempo permaneceu como privilégio da Europa enriqueceram de modo prodigioso o inquérito que os historiadores dirigem ao passado [...]. A história mudou seus métodos, seus recortes e seus objetos..." A multiplicação desses objetos novos, a dilatação do território do historiador parecem tanto signos de um triunfo da história e, ao mesmo tempo, da renúncia à ideia de um sentido contínuo em via de concretização.

Antes do lançamento de sua coleção, Pierre Nora havia tentado publicar um livro-manifesto, pequena obra sintética que condensa as posições teóricas defendidas por uma Nova História a ser promovida. Ele fala a esse respeito com Michel Foucault, François Furet e Emmanuel Le Roy Ladurie. A iniciativa assume uma amplidão inesperada: Pierre Nora, que necessita ser ajudado em seu trabalho de editor, convida Jacques Le Goff, um dos diretores da revista *Annales*, que se aproxima então da Gallimard. Este último se engaja com tal entusiasmo que, ao convidar inúmeros colegas da VI seção da EPHE (Escola Prática de Estudos Avançados), ele transforma a ideia de uma pequena obra em três espessos volumes da coleção "Bibliothèque des histoires", *Faire de l'Histoire* [Fazer História], da qual assume a direção, com Pierre Nora. Trata-se de uma enorme suma que é publicada em 1974, uma verdadeira Carta para a Nova História, com uma forte presença da Escola dos Annales e de seu conselho de direção — dentre os colaboradores estão, além de Jacques Le Goff, o codiretor da iniciativa, outros diretores da revista: Emmanuel Le Roy Ladurie, Marc Ferro, Jacques Revel, André Burguière. Entretanto, Pierre Nora resiste ao desejo de Jacques Le Goff de adotar como título *La nouvelle Histoire* [A Nova História]: não se trata de um manifesto da Escola dos Annales, por mais brilhante que ela seja.[17]

Outra via de historização do paradigma estrutural encarnou-se no programa de antropologia histórica conduzido por Jean-Pierre Vernant.

---

17. NORA; LE GOFF (orgs.), 1974: I. *Nouveaux problèmes*; II. *Nouvelles approches*; III. *Nouveaux objets*.

Ele reagrupa em torno de si uma grande equipe pluridisciplinar que renovará o olhar sobre a Grécia Antiga e se fará conhecer sob o nome de Escola de Paris. Paradoxalmente, esse novo centro de pesquisas comparadas sobre as sociedades antigas, denominado Centro Gernet, não abriga, por ocasião de sua constituição, helenistas, com exceção de Vernant[18]: "Nem minha própria obra, nem minha vida, nem minha pessoa podem ser separadas da equipe. Fui levado continuamente pelo trabalho e pelas pesquisas de todos aqueles que, eu mesmo talvez, com o mesmo elã, eu formava."[19] Essa busca implica sair de um certo número de categorias filosóficas atemporais para se confrontar dessa feita à história, a partir de uma perspectiva de tipo antropológica. É o que faz Jean-Pierre Vernant, vindo da filosofia; em 1948, ele chega mesmo a pertencer à comissão de filosofia do CNRS e se interessa pela categoria do trabalho no sistema platônico. Engajado nessa perspectiva, ele descobre os limites do modo de problematização que é habitualmente projetado quando se parte de uma realidade contemporânea: com muita frequência se transpõe para o passado uma ferramenta mental anacrônica. Ele assinala que não há em Platão termo para expressar a noção de "trabalho", e essa falta o conduz a historicizar sua abordagem. Em sua primeira obra, *As origens do pensamento grego*, publicada em 1962, ele mostra que entre os séculos VIII a.C. e VI a.C. se passa, assim, de um universo mental a outro.[20]

Em busca da noção de "trabalho", Vernant encontra sobretudo a onipresença do fenômeno religioso. Helenista, ele se torna aluno e discípulo de Louis Gernet, que escreveu uma antropologia do mundo grego e cuja perspectiva globalizante, na linha de Marcel Mauss e de seu "fato social total", representará a ambição teórica sempre presente de seus trabalhos.

---

18. A equipe criativa do Centro Gernet se constitui, entre outros, por Jean-Pierre Vernant, seu diretor; especialistas em Roma, como Jean-Paul Brisson; assiriólogos, como Elena Cassin, Paul Garelli, em seguida, Jean Bottéro; sinólogos, como Jacques Gernet; orientalistas, como Paul Lévy, em seguida, Madeleine Biardeau e Charles Malamoud; egiptólogos, como Jean Yoyotte, e antropólogos, como André-Georges Haudricourt, Georges Condominas, em seguida, Maurice Godelier, aos quais virão se juntar africanistas.
19. VERNANT, [1996] 2000.
20. Idem, 1962.

No final dos anos 1950, após ter historicizado seu objeto, Vernant o estruturaliza com sua leitura do mito hesiódico das raças. Nesse estágio, em 1958, Vernant analisa os mitos gregos "a partir do modelo proposto por Lévi-Strauss e Dumézil".[21] Ele logo acrescenta: "Procedi, pois, como estruturalista consciente e voluntário."[22] Esse primeiro trabalho estruturalista sobre o mito das raças iniciou-se com uma nota sobre a Grécia na qual Dumézil enunciava o problema da trifuncionalidade. Essa filiação dumeziliana é importante para Vernant, que deixa a VI seção da EPHE, onde trabalha desde 1958, para integrar em 1963 a V seção graças a Georges Dumézil. Com ele, Vernant mantém diálogos frequentes sobre essas questões:

> Um dia de 1973, saindo de sua casa, desci a escada quando, do andar em que, seguindo seu costume, me acompanhara até a porta, ele me chamou: "Senhor Vernant, senhor Vernant!" Voltei-me, subi alguns degraus. "Senhor Vernant", disse-me ele, "o senhor já pensou no Collège [de France]?" Fiquei por um momento atônito. "Eu?", respondi, "de modo algum." "Pois bem, alguns já pensaram pelo senhor. Vá ver Claude Lévi-Strauss." Foi o que fiz. Lévi-Strauss recebeu-me calorosamente, como eu nunca teria sonhado. Ele se encarregou de apresentar minha candidatura diante da assembleia dos professores.[23]

Diante da candidatura de Jacqueline de Romilly, ele perde por pouco nessa primeira tentativa, mas alguns meses mais tarde, graças à liberação de uma nova cátedra, dessa vez sem concorrentes, Vernant, apresentado por seu colega da EPHE André Caquot, é facilmente eleito.

Em 1975, Vernant faz assim sua entrada no Collège de France e, com ele, um ramo do estruturalismo, a antropologia histórica, encontra-se no ápice da legitimação. Com Vernant, Clio não está mais exilada, pelo contrário: o que o apaixona é o movimento, a passagem de um estágio

---

21. Idem, 1987.
22. Ibidem.
23. Idem, 2004, p. 64.

a outro, e a psicologia/antropologia histórica que ele defende decorre de uma ciência do movimento, e não da vontade de enclausurar a história em qualquer estatismo. Nesse sentido, uma de suas referências mais relevantes é Marx, que ele considera como o verdadeiro ancestral do estruturalismo; mas não o Marx de Althusser, aquele da pós-ruptura epistemológica, do processo sem sujeito; para Vernant, pelo contrário, o sujeito é, justamente, objeto privilegiado de atenção.

Além disso, Vernant engloba todos os aspectos da vida dos gregos para pensá-los em conjunto, na contramão de uma tendência a retirar do real certa categoria de fenômeno para dele examinar a lógica interna e imanente. Herdeiro de uma ambição globalizante, aquela de Louis Gernet, ele não pensa a religião, seu domínio de pesquisa de predileção, como uma entidade separada, muito pelo contrário. É nesse sentido que ele analisa uma instância pouco presente nos estudos estruturais, a organização política, da qual ele estuda o advento graças às reformas de Clístenes em Atenas. A organização gentílica é substituída pelo princípio territorial na nova organização da Cidade: "O centro traduz, no espaço, os aspectos de homogeneidade e de igualdade, não mais aqueles de diferenciação e de hierarquia."[24] A esse novo espaço que a *polis* instaura corresponde uma outra relação com a temporalidade e a criação de um tempo cívico. O advento da filosofia grega, da razão, não resulta, segundo Vernant, de puros fenômenos contingentes; a razão é exatamente a "filha da Cidade".[25]

Em maio de 1973, um colóquio organizado em Urbino, na Itália, sobre o mito grego, destinado a confrontar o estruturalismo francês com outras correntes de interpretação dos mitos, permite a Vernant precisar sua visão do estruturalismo. A escola semiótica de Paris, com Joseph Courtès e Paolo Fabbri, está ali fortemente representada. Jean-Pierre Vernant está lá, assim como sua escola de antropologia histórica: Marcel Detienne ali apresenta uma comunicação sobre o "Mito grego e análise estrutural: controvérsias e problemas"; Jean-Louis Durand, sobre "O ritual do assassinato lavrador e os mitos do primeiro sacrifício", e Vernant, sobre "O mito prometeico em

---

24. Idem, [1965] 1971, t. I, p. 209.
25. Ibidem, t. II, p. 124.

Hesíodo". É a ocasião de um confronto na cimeira com a escola italiana de Angelo Brelich e a corrente empirista britânica de Geoffrey Stephen Kirk. Em sua intervenção final, Vernant defende firmemente a coerência do procedimento de sua escola e, depois de ter assinalado que os estudos de caso apresentados acalmaram os temores expressos de uma evacuação da história, ele prossegue reivindicando fortemente o programa estrutural:

> O estruturalismo não é, para nós, uma teoria toda pronta, uma verdade já constituída e que iríamos buscar alhures para aplicá-la em seguida aos fatos gregos. Nós consideramos, é evidente, as mudanças de perspectiva que os estudos mitológicos como os de Claude Lévi-Strauss trouxeram nos últimos anos; delas testamos a validade em nosso domínio, sem, no entanto, nunca perder de vista o que esse material sobre o qual trabalhamos comporta de específico.[26]

Às críticas severas dirigidas à comunicação de Marcel Detienne, que a ele objetam que o sacrifício grego resultava dos rituais de caça e que o mito de Adônis era tributário de uma antiga civilização de apanhadores outrora presente na Grécia, Vernant opõe a defesa ardente da perspectiva estrutural:

> Eu gostaria de fazer uma pergunta a Kirk: basta batizar de "História" uma reconstrução da qual é possível dizer, no mínimo, que ela é puramente hipotética, para assim se encontrar reunido no campo dos prudentes, dos positivos? Situar mitos do sacrifício no conjunto do contexto religioso grego, comparar versões múltiplas de diversas épocas no seio de uma mesma cultura para tentar obter modelos gerais, colocar em evidência uma ordem sistemática: isso seria mais aventuroso do que caminhar alegremente do Neolítico à Grécia do século v? [...] A meu ver, essa história no melhor dos casos inscreve-se no campo da ficção científica; no pior dos casos, no do romance de imaginação.[27]

---

26. Idem, 1973, "Intervento conclusivo", pp. 397-400.
27. Ibidem.

Vernant faz escola, e um grupo de pesquisadores, entre os quais se encontram Pierre Vidal-Naquet, Marcel Detienne, Claude Mossé, Nicole Loraux e François Hartog, inscreve seus trabalhos em seu rastro. Essa pesquisa antropológica sobre o material histórico resulta sobretudo em uma obra coletiva em 1979, organizada por Detienne e Vernant, *La Cuisine du sacrifice en pays grec* [A cozinha do sacrifício em país grego]. Ali, os autores investigam a vida cotidiana dos gregos, suas práticas culinárias, à maneira de Lévi-Strauss, não por exotismo, mas a fim de mostrar que, no modo de funcionamento da sociedade grega, o sacrifício é obra de pacificação, de domesticação da violência. Nessa sociedade democrática, ele diz respeito a todos nos limites da cidadania, que se detém nos integrantes masculinos. As mulheres continuam excluídas desse rito, assim como da condição de cidadão. Se elas tomam dos instrumentos sacrificiais, é para transformá-los em armas mortíferas, castradoras. O corte da carne consumida é de competência do homem, que serve os pedaços para sua esposa. A significação do sacrifício oferece um acesso privilegiado à sociedade grega. Lévi-Strauss reconhece nesses trabalhos uma grande semelhança com suas próprias observações sobre os mitos americanos: "Os trabalhos de Jean-Pierre Vernant, Pierre Vidal-Naquet, Marcel Detienne parecem mostrar que há na sociedade grega alguns níveis onde se está quase em situação de igualdade com o pensamento americano."[28]

A descoberta apaixonada das diversas figuras da alteridade, do Outro permite realizar essa simbiose de dois mundos de abordagem que são a antropologia estrutural e a antropologia histórica nessa investigação do reverso da Razão ocidental, e constitui um desafio de monta para o filósofo.

---

28. LÉVI-STRAUSS, [1972] 1979, pp. 174-175.

6
O feminismo

1970, o MLF

A onda de choque de Maio de 1968 dá lugar a um movimento que revolucionou a sociedade francesa: o MLF (Movimento de Libertação das Mulheres). Para a jovem geração saída da explosão de Maio, que a anima, tudo começa nesse ano de nascimento do MLF. Em julho de 1970, a revista *Partisans* publica um dossiê especial: "Libération des femmes, année zero" [Libertação das mulheres, ano zero]. Isso era esquecer a mobilização das organizações de mulheres ao longo dos anos 1950 e 1960 e a contribuição de Simone de Beauvoir. Entretanto, é incontestável que as jovens mulheres de 1970, tomando emprestado de Maio de 1968 um modo de ação espetacular e usando da derrisão, dão um sopro novo àquilo que será qualificado de segunda onda do movimento feminista, em que se encontram, assim como na primeira onda, os intelectuais de primeira linha.

A primeira ação marcante é a celebração, em 26 de agosto de 1970, por um pequeno grupo de mulheres, não mais que uma dezena, do quinquagésimo aniversário do sufrágio feminino nos Estados Unidos. Apesar do clima de torpor estival que reina em Paris nesse mês de agosto, elas combinam, alertando a imprensa, de tomar de assalto um lugar simbólico de Paris, o Túmulo do Soldado Desconhecido. Elas mal saíram do metrô e já desfraldam bandeirolas com a inscrição "Há ainda desconhecido maior que o Soldado Desconhecido: sua mulher", e ali colocam uma coroa de flores. Quando a polícia obriga as nove contestatárias a subir no camburão, os fotógrafos lá estão para imortalizar o instante, que se tornará lendário para o movimento a seguir. Entretanto, as contestatárias estão um tanto desapontadas de se verem tão pouco numerosas. Uma estudante vinda de Berkeley recorda:

> Quando chegamos ao Arco do Triunfo, ouvi Christine Delphy dizer, um pouco decepcionada: "Somos apenas oito!" E então compreendi: "Estamos fritas!" Em seguida, a nona apareceu [...]. Carregávamos quatro bandeirolas, uma delas proclamava: "A cada dois homens, um é mulher." Um dos policiais que lá estava me interpelou, examinou meu passaporte e me disse: "Você realmente pensa, você que é americana, que aqui, na França, a cada dois homens um não é viril?"[1]

Esse punhado de contestatárias — Cathy Bernheim, Monique Bourroux, Julie Dassin, Christine Delphy, Emmanuelle de Lesseps, Janine Sert, Margaret Stephenson, Monique Wittig e Anne Zelensky — está particularmente motivado.

Em 1967, Anne Zelensky funda com Jacqueline Feldman o FMA (Feminino, Masculino, Futuro), que pretende radicalizar as posições do MDF (Movimento Democrático Feminino), dirigido por Andrée Michel, Colette Audry e Yvette Roudy e ligado à FGDS (Federação da Esquerda Democrática e Socialista) de François Mitterrand, considerada como muito reformista e suspeita de evitar os problemas maiores das mulheres no que diz respeito ao corpo. Elas denunciam frontalmente a ordem patriarcal, fundamentada na instituição do casamento e nas normas da sexualidade na sociedade capitalista. A esse grupo radical se junta a jovem socióloga Christine Delphy. Quando Maio de 1968 explode, o FMA se sente encorajado em sua contestação das normas masculinas dominantes e se radicaliza ainda mais ao se apropriar da ideologia marxista ambiente. A organização modifica o conteúdo de sua sigla: doravante, FMA quer dizer "Feminismo, Marxismo, Ação". Esse pequeno grupo se vê como um peixe dentro d'água na Sorbonne ocupada em pleno Maio de 1968 e ali organiza o primeiro *meeting* feminista, que se revela um grande sucesso.

---

1. Estudante americana citada in BARD, 2010, pp. 8-16.

Egresso de Maio de 1968 nasce outro grupo, igualmente radical, mas mais marcado pela psicanálise e pela referência a Lacan; é um grupo que desempenha um papel relevante na emergência do movimento das mulheres. Ele reúne a escritora Monique Wittig e sua irmã Gille, Antoinette Fouque, Françoise Ducrocq, Josiane Chanel, Margaret Stephenson, Marcia Rothenburg e Suzanne Fenn. Em razão da presença de suas militantes americanas, ele é bastante inspirado pelos Women's Lib, movimentos de libertação das mulheres nos Estados Unidos, em pleno desenvolvimento. Quanto à sigla MLF, ela é inventada no calor da hora pela imprensa, que dá conta das ações das contestatárias feministas da Sorbonne, de Vincennes e do Arco do Triunfo. Essa denominação conhece um tal sucesso que ela se torna objeto de litígio entre diversas correntes que dela reivindicam a invenção. Antoinette Fouque chegará mesmo a registrar a sigla oficialmente.

Em janeiro de 1968, Antoinette Fouque encontra Monique Wittig, escritora renomada, vencedora do prêmio Médicis com *Opoponax*[2], e que acaba de traduzir *O homem unidimensional*, de Marcuse.[3] De 1976 até sua morte, em 2003, ela será professora da disciplina estudos franceses e das mulheres, nos Estados Unidos: "Não há dúvidas de que ela estava mais bem informada do que eu acerca dos movimentos como o dos Panteras Negras, que eu ignorava: eu era antiamericana, traço do comunismo de meu pai, nada sabia sobre os Estados Unidos."[4] É Monique Wittig que convence Antoinette Fouque a ir à Sorbonne em 13 de maio, onde elas criam o CRAC (Comitê Revolucionário de Ação Cultural), que se dá como tarefa divulgar a arte vanguardista e reunir intelectuais, artistas, operários e mulheres: "Vieram ao CRAC Maurice Blanchot, Marguerite Duras, Nathalie Sarraute, André Téchiné — que dirigia então seu primeiro filme —, Dominique Issermann, Danièle Delorme, Bulle Ogier, Marc'O, Pierre Clémenti e tantos outros."[5] Segundo Antoinette Fouque, sem esse movimento estudantil, não teria havido movimento de libertação

---

2. WITTIG, 1964.
3. MARCUSE, 1968.
4. FOUQUE, 2009, p. 40.
5. Ibidem, p. 41.

das mulheres. Ao mesmo tempo, ela experimenta, como outras, um intenso mal-estar nesse momento de contestação que privilegia os valores viris, guerreiros e machistas, e deplora que as mulheres se encontrem presas entre o fuzil e o falo: "A experiência da Sorbonne logo nos ensinou, a Monique e a mim, que se não colocássemos nossas próprias questões, em terreno livre, seríamos ou subjugadas ou excluídas."[6] Desse mal-estar nasce o desejo de se encontrar entre mulheres no imediato pós-Maio. A partir de outubro de 1968, um grupo de cerca de quinze mulheres mobilizadas se reúne quase diariamente na Sorbonne, em torno de Monique Wittig e de Antoinette Fouque, para falar de suas vidas íntimas e dos problemas ligados à sexualidade: "Monique e eu estávamos estupefatas: descobríamos a realidade e a amplidão de um sofrimento sobre o qual ninguém falava na época."[7] Esse grupo cria vínculos, tece contatos no exterior e se dá como tarefa consolidar seus fundamentos teóricos apoiando-se em textos de Engels, Marx, Freud, Marcuse e em todo o pensamento vanguardista dos anos 1960. O funcionamento desse grupo é então fundado na recusa do caráter misto para facilitar a palavra feminina e liberar sua identidade de todo entrave masculino.

Nesse clima agitado de 1970, essas mulheres vão tocar sua partitura autônoma. Em outubro, quando o líder maoista Alain Geismar está preso e comparece diante da Corte de Segurança do Estado, um grupo de cerca de quarenta mulheres se acorrenta diante da prisão da Petite-Roquette e distribui um panfleto que fala da singularidade da condição delas: "Prostitutas, ladras, abortadas, donas de casa, mães solteiras, homossexuais, heterossexuais, manifestantes, militantes, somos todas irmãs. A cada vez que somos nós mesmas, estamos fora da lei."[8] Elas são conduzidas à delegacia do 2º *arrondissement* de Paris, onde os policiais não sabem na verdade como reagir aos cantos delas, a suas zombarias e a seus acessos de riso.

A causa das mulheres torna-se a tal ponto decisiva que a revista *Elle* decide organizar os "estados gerais da mulher", que devem se concluir com

---

6. FOUQUE, 1990, p. 131.
7. Idem, 2009, p. 42-43.
8. Panfleto das militantes do Movimento de Libertação das Mulheres e do Comitê Liberdade, 19 de outubro de 1970, citado in PICQ, 1993, p. 18.

uma grande manifestação no Palácio des Congrès, após ter distribuído oitenta mil questionários que visavam avaliar a opinião feminina na França: "Algumas feministas conseguem penetrar no coquetel de apresentação à imprensa. Elas cercam o microfone e denunciam a pretensão da revista *Elle* de representar todas as mulheres e a 'mistificação' que é o questionário."[9]

Elas reivindicam em alto e bom som o direito das mulheres ao domínio de seu próprio corpo: "Quem está mais apto a decidir o número de seus filhos? O papai que nunca os teve, o presidente que tem como educar os seus, o médico que respeita mais a vida de um feto do que a de uma mulher, seu marido que faz cosquinhas neles ao voltar para casa à noite, você que os carrega e educa?"[10] Ao questionário de *Elle*, as feministas respodem com um pastiche. Por exemplo, a questão de *Elle* "Segundo você, as mulheres são mais dotadas, menos dotadas, tão dotadas quanto os homens para dirigir um carro?" se torna "Segundo você, o duplo cromossomo X contém o gene da dupla embreagem?", ou, ainda, "Uma feminista é esquizofrênica, histérica, paranoica, homossexual ou, simplesmente, malvada?".[11] Nesse ano de 1970, Anne Zelensky e Jacqueline Feldman, que propuseram a Maspero uma obra sobre o movimento das mulheres, recebem a responsabilidade de editar um número duplo da revista *Partisans* consagrado à causa das mulheres. Centrado na relação entre sexualidade e revolução, ele dá conta das mobilizações americanas contra a dominação masculina.[12] Ali se leem traduções de textos de feministas americanas da Costa Leste, como o Bread and Roses (Pão e Rosas), um grupo de Boston, ou o Redstockings (Meias Vermelhas), de Nova York. Entretanto, nesse clima bastante movimentado pela voga da psicanálise, Freud é objeto de críticas por ter privilegiado o modelo da sexualidade masculina, uma sexualidade fálica, e ignorado a

---

9. Ibidem, p. 21.
10. "*Elle* et elles", *Politique-Hebdo*, n. 7, 19 de novembro de 1970, citado in PICQ, 1993, p. 23.
11. Ibidem, pp. 22-23.
12. SALO; MCAFFEE, 1970.

sexualidade feminina.¹³ Por sua vez, Christiane Rochefort ataca outro mito, o da frigidez feminina.¹⁴

Identidade ou igualdade?

Uma importante linha de demarcação opõe a maneira com que Simone de Beauvoir havia proposto o problema da emancipação das mulheres e aquela da jovem geração pós-1968. O combate de Simone de Beauvoir se inscrevia em uma perspectiva universalista e existencialista, convidando as mulheres a combaterem pelo reconhecimento de uma igualdade plena e completa com relação aos homens, em nome de um questionamento do postulado de uma certa essência feminina. A maioria dos movimentos dos anos 1970 insiste, ao contrário, em uma singularização da feminilidade e em uma necessidade para a sociedade global de admitir um diferencialismo que dê lugar a uma identidade propriamente feminina. Quase todos esses movimentos praticam a recusa do caráter misto para melhor evidenciar essa identidade até então muda e oprimida. Nesse tempo forte da radicalização, duas orientações divergentes se manifestam. De um lado, convém se libertar da tradicional vocação da maternidade e denunciar, com a mais eloquente virulência, o homem como a encarnação do déspota. De outro, se é preciso afirmar a identidade feminina, esta não deve abandonar sua dimensão maternal, que é, justamente, sua singularidade.

O grupo de Antoinette Fouque, bastante marcado por Lacan e entusiasmado pela efervescência ideológica em curso, assume o nome de Psicanálise e Política, dito igualmente "Psychepo". Ele conhece uma projeção evidente. Antoinette Fouque estabelece um laço bastante forte entre a explosão de Maio, que ela percebe como a expressão de um grito, e a emergência do movimento das mulheres, em que "é inicialmente o grito que apareceu e o corpo com o grito".¹⁵ Às vésperas de Maio de 1968,

---

13. KOEDT, 1970.
14. ROCHEFORT, 1970.
15. FOUQUE, 1990, p. 126.

Antoinette Fouque é professora de letras, em terceiro ano de doutorado sobre a noção de vanguarda, sob a orientação de Roland Barthes. Já engajada em um trabalho de leitora e de crítica por François Wahl na Éditions du Seuil, avaliando o interesse de manuscritos sobre linguística e psicanálise, ela não concluirá sua tese.[16]

Ela sempre dedicou grande admiração a sua mãe, que não sabia nem ler nem escrever: "Minha mãe é a mulher mais inteligente que conheci, a mais independente. Ela tinha uma espécie de gênio da liberdade sem violência. Seu pensamento estava sem cessar em movimento."[17] Não somente ela não rejeita a maternidade como a assume e exprime sua alegria diante do nascimento de sua filha em 1964, apesar do alto risco de lhe transmitir uma doença congênita que prejudica sua motricidade:

> O que eu perderei em mobilidade, eu ganharei em perspectiva do que, quanto mais eu me questione, me preocupa [...]. Nasci mulher e re-nasci mulher ao ter gerado uma mulher, assumindo assim, apesar da opressão de todas as instituições simbólicas (reforçadas pelas imposições de um certo feminismo), o destino psicofisiológico de meu sexo.[18]

Antoinette Fouque se revela bastante crítica com relação às posições de Simone de Beauvoir, que tende a desvalorizar a vocação maternal da mulher. Segundo ela, a reivindicação igualitária ignora a diferença irredutível da mulher. Ela contesta igualmente a concepção freudiana, reforçada por Lacan, de uma sexualidade necessariamente fálica, pois que, para a psicanálise, não se nasce mulher, mas homem ou homem castrado. "Nessa perspectiva, a identidade 'feminina' não pode ser senão uma identidade derivada e negativa, pois que determinada pela ausência ou insuficiência de um equivalente peniano (segundo Freud e Lacan)."[19] Recusando a redução da mulher a seu útero, isto é, etimologicamente, àquilo que está

---

16. Idem, 1995.
17. Idem, 1990, p. 129.
18. Ibidem, pp. 59-60.
19. Ibidem, p. 61.

atrás, pré-natal, e chama pois uma regressão, ela prefere o termo "fêmea", que, para ela, dá a entender a obra de corpo ou de carne que especifica a mulher enquanto tal. Não é o trabalho doméstico ou a maternidade, contrariamente a tantas outras feministas, que desencadeia o protesto de Antoinette Fouque, mas o fato de que a sociedade não considera essas atividades e coloca a dona de casa na população dita inativa. A esse respeito, sua corrente se singulariza criticando a reivindicação de uma identidade dita neutra em nome da igualdade desejada:

> Para produzir vida, simbólica e realmente, não é preciso que o Um se ponha em relação com o Outro? Os apóstolos do grande Neutro, que ocupam neste momento a cena midiática ocidental, amalgamam como querem a exigência de um reconhecimento da diferença dos sexos e as manifestações dos nacionalismos separatistas e outros integrismos que aparecem um pouco por todo o mundo.[20]

Para Antoinette Fouque, há a incomensurabilidade da condição feminina, que se revela sobretudo pela gravidez e permite a experiência do outro. Nesse início dos anos 1970, a maioria das concepções femininas denuncia a inferiorização da mulher, reduzida às funções maternais e domésticas. Assim, para a socióloga Colette Guillaumin, as mulheres não são mais apenas dominadas, mas "apropriadas": "[Guillaumin] fala de 'sexagem' como de uma escravidão"[21], e ela recusa a ideia de que a feminilidade seria portadora de qualidades ditas naturais, não vendo nessa retórica senão um discurso de legitimação da exploração. As posições da socióloga Christine Delphy são semelhantes. Ela publica em 1970 um texto com enunciado evocador: *L'Ennemi principal* [O inimigo principal], que ela retomará mais tarde como título de uma obra em dois volumes.[22] Ela designa o sistema patriarcal como o adversário número um: "Para Christine Delphy, o casamento é o equivalente da escravidão e da servidão: a esposa,

---

20. Ibidem, p. 70.
21. Mossuz-Lavau, 2009, p. 180.
22. Delphy, 1998 e 2001.

o servo, o escravo devem dar ao mestre toda a sua capacidade de trabalho, e esse mestre pode dela fazer uso como bem lhe aprouver."[23] Levando ao extremo a oposição aos homens, à sexualidade masculina, e encorajando as tendências homossexuais, ela, junto com Monique Wittig e algumas outras, está na origem da criação, em 1971, das "Lésbicas Vermelhas", incentivando as lésbicas a escaparem da dominação masculina. Monique Wittig o expressa claramente:

> A heterossexualidade é o regime político sob o qual vivemos, fundado na escravização das mulheres [...]. O lesbianismo neste momento nos oferece a única forma social na qual podemos viver livres.[24]

Como sublinha Florence Rochefort, "liberação sexual e amor das mulheres incitam a uma homossociabilidade cujas fronteiras com a homossexualidade com frequência se revelam porosas. Mas é difícil ultrapassar as divisões internas quando homossexuais do movimento desejam cada vez mais especificar sua perspectiva e suas reivindicações, até o separatismo completo, para algumas".[25]

Nos anos 1970, entre as intelectuais diferencialistas que marcaram o movimento das mulheres, Luce Irigaray insiste na diferença irredutível da mulher em relação ao homem. Ela rompe com o horizonte neutro do universalismo e, ela também, pretende assim afirmar a singularidade feminina.[26] Masculino e feminino, segundo ela, opõem dois modos de relação com o mundo: o primeiro privilegia a abstração, o horizonte de um infinito em um transcendente sempre diferido; o segundo, ao contrário, situa a expressão feminina no concreto do horizonte de percepção, no aqui e no agora da fruição da existência. Desejando exaltar a singularidade feminina, a escritora Annie Leclerc irá ainda mais longe com a publicação, em 1974, de *Parole de femme* [Palavra de mulher].[27] Ali, ela faz a apologia da vida

---

23. Mossuz-Lavau, 2009, p. 181.
24. Wittig, [1980] 2001, pp. 13 e 52.
25. Rochefort, 2008, p. 541.
26. Irigaray, 1984.
27. Leclerc, Annie, 1974.

da mulher, que se manifesta pelo prazer da gravidez, do aleitamento, da menstruação, do trabalho doméstico que é feito cantando, em oposição ao destino masculino, que remete a seu reverso negativo: "Não, não é vida ser homem [...]. Porque quando se é homem, é preciso ser viril, e isso sem cessar, pois a menor fraqueza comprometeria o todo."[28]

Outra musa do Movimento de Libertação das Mulheres, principal organizadora do Centro Experimental de Vincennes, Hélène Cixous marca igualmente esse momento:

> Vi uma esbelta mulher de corpo magro e cujo rosto me lembrava irresistivelmente aquele de Nefertiti, que eu tanto apreciara descobrir em Berlim no museu de Dalhem em 1959: maçãs do rosto salientes, boca pequena, olho negro sublinhado pelo *khôl*, e o crânio bem visível sob um penteado alto. Hélène não usava o penteado da rainha do Egito, mas ela tinha seu pescoço e os cabelos muito curtos quase raspados.[29]

Hélène Cixous propõe a Catherine Clément participar do primeiro curso de estudos femininos na França, na Universidade de Vincennes. Toda uma corrente feminista adquire, aliás, certo prestígio, que chega até os Estados Unidos, onde se pode seguir a evolução do movimento graças aos escritos da tríade que Christine Delphy chama ironicamente de as "Três Graças" ou a "Santa Trindade"[30]: Julia Kristeva, Hélène Cixous e Luce Irigaray, que têm em comum o fato de pertencerem ao mundo intelectual universitário e de entreterem relações estreitas com a psicanálise. Associadas em seu modo de expressão ao que se chama nos Estados Unidos de *French Theory* [Teoria Francesa], isto é, o pensamento de Barthes, Derrida, Foucault, Lacan, entre outros, essas três figuras prolíficas do feminismo francês, em ruptura com o igualitarismo da geração precedente, insistem sobre a diferenciação feminina. Em geral, essa nova geração nada diz sobre a contribuição de Simone de Beauvoir, ou a critica severamente. Hélène

---

28. Ibidem, p. 109.
29. CLÉMENT, 2009, p. 220.
30. BARD, 2012a, p. 147.

Cixous, que defende a ideia de uma escritura específica às mulheres por ocasião de um artigo publicado em *L'Arc*, "Le Rire de la Meduse" [O riso da Medusa] — que ela retomará em uma obra que toma emprestado seu nome —, não faz alusão alguma a Simone de Beauvoir, omissão tanto mais significativa porque esse texto aparece em um número consagrado à companheira de Sartre.[31] À morte de Simone de Beauvoir em 1986, Antoinette Fouque "aproveita-se do acontecimento para declarar sua implacável hostilidade à autora de *O segundo sexo*"[32], denunciando em suas teses um universalismo tão rancoroso e intolerante quanto redutor de todo outro. Luce Irigaray evita igualmente o nome de Simone de Beauvoir: em passagem alguma de *Le Speculum* [O *speculum*] ela menciona o seu papel de pioneira.[33] Em contrapartida, ela estigmatiza o falocracismo de Freud, que vê na menina apenas um homenzinho que não pode se tornar mulher senão como homem diminuído, com um pênis atrofiado: "Mais invejoso e ciumento, porque menos bem-dotado. Sem atração para os interesses sociais partilhados pelos homens. Um homenzinho que não teria outro desejo senão o de ser, ou de permanecer, um homem."[34] Segundo Freud, o devir-mulher seria o reconhecimento da atrofia fálica. Para Luce Irigaray, o feminismo beauvoiriano visa suprimir a diferença dos sexos e se inscreve, por isso mesmo, em uma perspectiva quase criminosa, assimilável à preparação de um novo holocausto! "Querer suprimir a diferença sexual é chamar por um genocídio mais radical do que tudo o que pôde existir como destruição na história."[35] Beauvoir pior do que Goebbels! Se sob a pluma de Julia Kristeva não há esse gênero de excesso, procurar-se-á em vão referências a Simone de Beauvoir. Quando, em 1990, ela escolhe *Les Samourais* [Os samurais] como título para seu romance, é evidentemente em contraponto a *Os mandarins*, para significar a passagem a uma outra época e a outras figuras de identificação. O samurai evoca uma ruptura violenta, enquanto o mandarim remete ao instituído.

---

31. Cixous, [1975] 2010.
32. Moi, 1995, p. 293.
33. Irigaray, 1974.
34. Ibidem, p. 26.
35. Ibidem, p. 13.

O combate pela IVG

Para além das divergências entre igualitaristas e os adeptos da singularidade feminina, todas as feministas se encontram em um mesmo movimento de emancipação que visa conquistar o domínio de seu corpo e impor a concepção da maternidade como escolha e não como fatalidade orgânica. Dois combates se seguem um ao outro. O primeiro se dá em torno do acesso à contracepção moderna, em particular à pílula, cujo uso já estava generalizado, em particular graças à lei Neuwirth de 1967, chocando-se contra sólidas resistências, entre elas a de Roma, onde o papa condena sua utilização na encíclica *Humanae vitae*. O segundo é o grande combate desses anos 1970: ele diz respeito ao direito da interrupção voluntária de gravidez (IVG), em uma época em que o aborto é ainda considerado como um crime. Aliás, a situação torna-se cada vez mais intolerável, pois que a essa criminalização se junta a injustiça social: as mulheres das camadas sociais mais pobres têm de se resignar a uma maternidade não desejada ou assumem o risco de colocar sua própria vida em perigo ao recorrerem a meios pouco fiáveis, enquanto aquelas que dispõem de meios financeiros vão abortar na Suíça, na Inglaterra ou em outros lugares. Em seu artigo 317, o Código Penal prevê condenações que vão de seis meses a dois anos de prisão e de cem a cinco mil francos — em moeda da época — para as mulheres que se submetem a um aborto.

O acontecimento retumbante desse combate toma como suporte *Le Nouvel Observateur*, que publica em 5 de abril de 1971 "a lista das 342 francesas que tiveram a coragem de assinar o manifesto 'Eu me fiz abortar'".[36] Esse manifesto consegue reunir correntes múltiplas em torno dessa causa: "A reivindicação do aborto livre e gratuito *provoca movimentos*[37]: ela faz convergir militantes de percursos biográficos e políticos diversos e contribui para tornar o MLF nascente visível na cena pública francesa."[38]

---

36. Para a lista completa das 343, ver SIRINELLI, [1990] 1996, pp. 475-479.
37. Em itálico, no original. [N.T.]
38. PAVARD, 2012, p. 135.

Essa iniciativa, que varre todas as divisões geracionais e políticas, claramente faz que a causa das mulheres passe do estrito terreno da reivindicação cívica à afirmação mais radical da vontade de dominar seu corpo e sua sexualidade. O texto proclama:

> Um milhão de mulheres se faz abortar cada ano na França. Elas o fazem em condições perigosas em razão da clandestinidade a que são condenadas quando essa operação, praticada sob controle médico, é das mais simples. Nada se fala sobre esses milhões de mulheres. Declaro que sou uma delas. Declaro ter abortado. Assim como exigimos o livre acesso aos meios anticoncepcionais, exigimos o aborto livre.[39]

A iniciativa é lançada conjuntamente pelas feministas do MLF e as jornalistas do *Nouvel Observateur* Nicole Muchnik, Michèle Manceaux e Katia D. Kaupp. Estas últimas desejam se apoiar em personalidades para dar a maior repercussão possível a esse manifesto, enquanto as militantes desejam sobretudo recolher a assinatura de anônimas. Chegam a um acordo, e as feministas mobilizam suas cadernetas de endereços para recolher assinaturas de celebridades, assim como de desconhecidas. Ali se encontram reunidas Anne Zelensky, Christine Delphy, Anne de Bascher, o "grupo aborto", assim como Simone de Beauvoir, Delphine Seyrig, Christiane Rochefort. Estão igualmente entre as peticionárias artistas, cineastas e atrizes engajadas, como Agnès Varda, Françoise Fabian, Nadine Trintignant, Marie-France Pisier, Bernardette Lafont, Jeanne Moreau, Ariane Mnouchkine, Brigitte Fontaine.

O impacto é imediato e espetacular. A capa do *Nouvel Observateur*, cuja tiragem se eleva a 350 mil exemplares, tem o efeito de uma bomba: "*Le Monde* retoma a informação na primeira página; *Europe 1* no jornal das vinte horas; *Charlie Hebdo*, 'jornal tolo e maldoso', se pergunta: 'Quem engravidou as 343 vagabundas?' O aborto, assunto tabu, se é o caso, repentinamente se torna aquele do qual todos falam."[40] *Le Monde* e

---

39. Manifesto das 343, *Le Nouvel Observateur*, 5 de abril de 1971.
40. Picq, 1993, p. 56.

Politique publicam no mesmo dia a lista das 343, e para André Fontaine, que dedica seu editorial de *Le Monde* ao assunto, esse manifesto fará história. Declarando-se fora da lei, as 343 desafiam o poder a fazer respeitar as regras estabelecidas. Em caso de malogro, o aspecto jurídico deverá ser modificado. Elas denunciam o perigo a que se submetem as mulheres sem recursos que colocam sua vida em risco:

> Do varão da cortina ao ramo flexível do salgueiro, [...] da vareta de guarda-chuva ao fêmur de frango [...]. Tudo o que pica, corta, espeta, perfura foi utilizado, diz uma tese de medicina. Os acidentes não são raros, as sequelas, frequentes (sobretudo, esterilidade secundária). Duzentos e cinquenta a trezentas mulheres morrem cada ano de complicações *"post-abortum"*.[41]

Esse manifesto suscita uma intensa mobilização em torno do "grupo aborto" do MLF, que mantém uma permanência cotidiana na Escola de Belas-Artes para recolher o afluxo de novas assinaturas.

Esse ato de desobediência civil expõe menos as vedetes do cinema e as intelectuais, e mais as desconhecidas, a medidas de retaliação do Estado. Com efeito, algumas signatárias sofrem perseguições judiciais. Para responder a esse perigo e proteger essas mulheres, Gisèle Halimi, advogada signatária do manifesto das 343, acompanhada de Simone de Beauvoir, cria a associação Choisir [Escolher], que pretende lutar contra todas as formas de regulamentação que reprimem o aborto, a fim de garantir sua liberdade e sua gratuidade: "Seu slogan, 'A contracepção: minha escolha. O aborto, meu último recurso. Dar a vida: minha liberdade', traçou o programa de nossas lutas."[42] Ela igualmente se dá por missão assegurar defesa jurídica a toda pessoa perseguida por sua ação em favor do aborto. Essa associação, que reúne as militantes do MLF em torno de algumas vedetes como Simone de Beauvoir, Gisèle Halimi e Delphine Seyrig, dota-se

---

41. "Je me suis fait avorter" ["Eu me fiz abortar"], dossiê organizado por Jean Moreau (enquete de Michèlen Manceaux, Nicole Muchnik, Mariella Righini, François-Paul Boncour), *Le Nouvel Observateur*, 5 de abril de 1971.
42. HALIMI, 2002, p. 297.

de um secretariado nacional composto por dezesseis membros, dentre os quais Rita Thalmann[43], que dele se torna secretária-geral. A partir de 1973, Choisir faz da revogação da legislação sobre o aborto seu principal combate e, em 1977, conta com mais de 1.500 membros.

A esse manifesto das 343 se segue um segundo, igualmente noticiado pelo *Nouvel Observateur*, em que 252 médicos denunciam uma lei que, em razão de sua incoerência, torna-os culpados de "não prestar assistência a pessoas em perigo" e cúmplices de uma política de discriminação fundada sobre o dinheiro. Eles se pronunciam pela liberdade irrestrita da interrupção voluntária de gravidez. O MLF aumenta a pressão sobre o poder, multiplicando reuniões públicas e manifestações. A primeira, que acontece em 20 de novembro de 1971, inaugura uma série de protestos bastante originais por causa de seu caráter festivo e irônico, em comparação com as marchas tradicionais:

> Nada de bandeiras vermelhas, mas echarpes floridas. Nenhuma força policial, nenhum megafone puxando slogans. Estes dançam ao vento em balões multicoloridos: "Somos todas abortadas. Trabalho, família, pátria, estamos cheias disso. Contracepção, abortos livres e gratuitos." Um grupo de crianças, no alto de um carro florido, entusiasma-se. Maquiadas, hilárias, elas são reis: "Crianças desejadas, crianças amadas. Nada de crianças em cadeia, nada de correntes para as crianças. Nós teremos os filhos que quisermos."[44]

O cortejo é estimado em quatro mil pessoas, e não se trata senão de um começo promissor: as fileiras das manifestantes, que vão rapidamente crescer, obterão ganho de causa em 1975. Nesse intervalo de tempo, o movimento se dota de um jornal, *Le torchon brûle*, cujo primeiro número é publicado em maio de 1971, com uma tiragem de 35 mil exemplares, e os seguintes, num ritmo aleatório, ainda que esse órgão de imprensa e de luta se declare "menstrual". Animado pelas militantes vindas dos grupos esquerdistas

---

43. THALMANN, 2004.
44. PICQ, 1993, p. 70.

VLR (Viva a Revolução) ou GP (Esquerda Proletária), ele se abre para os outros componentes do movimento. À maneira de 1968, *Le torchon brûle* maneja a provocação. Seu segundo número é acusado de ultraje aos bons costumes por causa de "duas fotos, que ilustram um artigo traduzido do inglês americano 'O *con*[45] é belo!', que mostra um sexo de mulher. Em repouso sobre uma, ele é sobre a segunda transfigurado pela excitação".[46]

Os meios progressistas cristãos apoiam a causa das mulheres em sua vontade de controlar seus corpos. É o caso da revista jesuíta *Études*, que, com seu diretor Bruno Ribes, entra na controvérsia. Ela multiplica as tomadas de posição em favor da descriminalização do aborto:

> Sob o impulso de Bruno Ribes, *Études* assume uma posição. Qual é a responsabilidade do legislador na matéria? Que lugar o aborto assume na sociedade? O embrião é já um ser humano? Recorrer ao aborto é cometer infanticídio? Em janeiro de 1973, *Études* publica um manifesto, "Por uma reforma da legislação francesa relativa ao aborto", assinado por uma quinzena de personalidades, dentre as quais Bruno Ribes, que, entre outras coisas, redigiu o *lead* que introduz o texto.[47]

Em contrapartida, os meios tradicionalistas, inquietos, opõem-se fortemente a toda liberalização do direito ao aborto. O contra-ataque é deflagrado em janeiro de 1971 por Jérôme Lejeune, médico e professor de genética fundamental na faculdade de medicina de Paris, que cria a associação Laissez-les-vivre [Deixem que eles vivam]. Para ele, assim como para seu colega dr. Paul Chauchard, o ser humano começa desde a concepção, desde o encontro de duas células sexuais. Essa associação multiplica as publicações, as reuniões e consegue trazer para seu combate,

---

45. De origem latina, *cuniculus* e *cunnus*, a palavra "*con*", em seu sentido primeiro, e antes de se tornar um termo injurioso, um insulto — em seus sentidos posteriores, "*con*" significa "estúpido", "panaca", "imbecil" —, refere-se ao sexo da mulher. Em razão dessa polissemia, optou-se por deixá-lo em sua forma original francesa. [N.T.]
46. Ibidem, p. 115.
47. AVON; ROCHER, 2001, p. 229.

além de alguns médicos e juristas, o historiador Pierre Chaunu, ardente defensor da causa Laissez-les-vivre:

> Trata-se de uma daquelas coisas de que me orgulho. Fui eu que fundei a Associação dos Universitários pelo Respeito à Vida. Logo em seguida, eu disse que iríamos nos bater pela honra em um combate perdido desde o início. Mas era necessário que ele tivesse existido para dizer que a vida humana começa na concepção, e que matar uma criança no ventre de sua mãe é um crime.[48]

Com efeito, o manifesto das 343 suscita uma viva reação dos oponentes à IVG, e a associação Laissez-les-vivre relembra suas posições por ocasião de seu congresso de novembro de 1971. Seus membros "declaram estar absolutamente decididos a se opor, por todos os meios legais, a quaisquer modificações da legislação que por razões sociais, terapêuticas ou eugênicas ofendessem o respeito devido à vida ao expandir as condições do aborto legal".[49]

O processo de Bobigny, um caso judiciário do qual a advogada Gisèle Halimi, cofundadora de Choisir, decide se encarregar para transformá-lo em um momento-chave da luta, ilustra magistralmente a causa das mulheres favoráveis à interrupção voluntária da gravidez. O caso a ser defendido é, em si, um verdadeiro escândalo, significativo da dupla pena de que são vítimas muitas mulheres. A acusada que comparece ao tribunal em outubro de 1972 é uma adolescente de 17 anos, Marie-Claire Chevalier, violada por um colega de classe, que a denuncia quando ele descobre que ela abortou clandestinamente. Sua mãe, solteira, cuida de seus três filhos com seu magro salário de *poinçonneuse* no metrô.[50] O ginecologista aceita proceder a uma operação que custaria cerca de 4.500 francos, enquanto o salário mensal da sra. Chevalier é de 1.500 francos.

---

48. CHAUNU, 1994, p. 104.
49. Resoluções do congresso nacional de Laissez-les-vivre, 6 de novembro de 1971, citado in PAVARD, 2012, p. 149-150.
50. *Poinçonneuse* era a funcionária no metrô que perfurava as passagens para validá-las. Com o advento das passagens automáticas em 1971, o ofício foi extinto. [N.T.]

Em razão do custo da operação, ela decide recorrer a uma "abortadora", que intervém pela soma de 1.200 francos. A operação não corre bem, e a adolescente deve por cinco vezes em alguns dias colocar uma sonda artesanal e utilizar um espéculo, que desencadeiam uma hemorragia que a leva a uma hospitalização de três dias. Na véspera do processo, o MLF convoca uma manifestação de apoio diante da Ópera de Paris, manifestação que é duramente reprimida. O caso torna-se então uma questão nacional. A jovem acusada reivindica seu ato e afirma: "Não queria uma criança nessas condições. Eu não estava pronta. Eu escolhi." Gisèle Halimi conduz o processo segundo uma hábil estratégia que visa dar a ele a maior repercussão possível, colocando-o contra a lei. Além de Simone de Beauvoir, que se mobiliza e expõe seu ponto de vista diante do tribunal[51], Gisèle Halimi convoca ao tribunal, como testemunhas, um certo número de personalidades. Apesar dos desacordos internos, ela recorre igualmente a testemunhos masculinos, como os do deputado Michel Rocard, de Jacques Monod e de François Jacob, prêmio Nobel de Fisiologia e de Medicina e professor do Collège de France, e do biologista Jean Rostand, membro da Academia Francesa. Ao lado de Simone de Beauvoir, participam igualmente do processo a atriz Delphine Seyrig e, ainda, a vice-presidente do Planning Familial [Planejamento familiar], Simone Iff.

Em seus depoimentos, François Jacob e Jacques Monod contestam o argumento de Jérôme Lejeune segundo o qual a vida começaria desde a concepção. Para eles, a tese é absurda tanto no plano antropológico quanto no biológico: "Penso que a personalidade humana está ligada muito precisamente à atividade do sistema nervoso central, isto é, à consciência", afirma François Jacob. À questão do presidente, que pergunta como se manifesta a consciência e enuncia a hipótese de que seria pelos batimentos do coração, Monod responde:

---

51. Além de seu testemunho no processo de Bobigny, Simone de Beauvoir redigirá o prefácio da obra que divulga para o público as peças do processo, acrescentando uma nova infração ao registro legal, desafiando as autoridades judiciárias com aquilo que aos olhos de todos aparece como um ato de delito: *Avortement, une loi en procès*, 1973.

Justamente, não. Na hora atual, e retomo a argumentação sobre a qual se baseia a circular ministerial, é incontestável que a atividade do sistema nervoso central se manifesta por sinais objetivos, o que se chama eletroencefalograma. É por isso que hoje se autoriza a retirada de órgãos de um homem ou de uma mulher que não está morto segundo as definições anteriores da morte. Seu coração bate, a circulação funciona, mas o eletroencefalograma está plano."[52]

O médico Paul Milliez é solicitado por Gisèle Halimi a testemunhar no processo. Ele lhe explica que é hostil ao aborto, mas que está a tal ponto escandalizado pela situação em que se encontra a família incriminada que é um dever para ele intervir: "Todas as semanas, via desfilar mulheres que partiam ou voltavam de Haia ou de Londres para um aborto, porque haviam conseguido dinheiro e os processos [...]. Eu estava indignado. Não se poderá dizer que médico algum não foi defender essas infelizes."[53] No tribunal, Paul Milliez declara ao juiz que, se a jovem acusada tivesse vindo pedir a ele conselho, ele a teria ajudado a encontrar uma solução. Seu depoimento provoca escândalo junto aos responsáveis pela ordem dos médicos, diante da qual ele é convocado a comparecer a fim de dar explicações a seu presidente, Bernard Lortat-Jacob, e ao ministro da Saúde, Jean Foyer: essa tolice lhe vale uma repreensão pública.

Simone de Beauvoir acusa uma lei iníqua que foi concebida para oprimir as mulheres. Não apenas ela afirma ter abortado diversas vezes, mas acrescenta: "O que faço há muito tempo e com frequência: ajudo as mulheres que vêm me pedir para ajudá-las a abortar, dou ou empresto a elas dinheiro, endereços e, mesmo, algumas vezes, a elas empresto minha casa para que a intervenção se dê em boas condições."[54] Na verdade, se Beauvoir ajudou de fato na prática do aborto, ela mesma jamais abortou: "Nunca fiquei grávida, como poderia ter abortado? [...] Mas cabia a mulheres como eu assumir o risco em nome daquelas que não podiam

---

52. François Jacob, depoimento no processo de Bobigny, in *Le Proces de Bobigny*, [1973] 2006, pp. 103 e 104.
53. MILLIEZ, 1980, p. 267.
54. BEAUVOIR, [1973] 2006, p. 127.

assumi-lo."⁵⁵ A estratégia de Gisèle Halimi se revelará bem-sucedida. Não apenas Marie-Claire, a adolescente posta em causa, é solta, mas esse processo marca uma etapa decisiva na opinião pública. A lei de 1920 não sai ilesa desse processo, e não se pode mais pensar a IVG como antes, depois de Bobigny. Até mesmo a revista *Paris Match*, que não pode ser suspeita de conivência com o MLF, dedica uma reportagem às mulheres que procuram clínicas especializadas londrinas para abortar, a fim de denunciar um sistema desigual: "A Inglaterra para as ricas, o tribunal para as pobres." Nas colunas do jornal, pode-se ler: "Lentamente, penosamente, parece que uma página dos *Miseráveis* está sendo virada." Na noite do veredito, ao apelo de Choisir, duas mil pessoas festejam o acontecimento no Palácio da Mutualité.

Vencida a batalha, a luta se intensifica e se enriquece com novas organizações, como o MLAC (Movimento pela Liberdade do Aborto e da Contracepção), criado em 1973, que reúne mais amplamente homens e mulheres, militantes associados, políticos e sindicalistas, nesse combate comum.⁵⁶ Monique Antoine, advogada, dele assegura a presidência; Simone Iff, do Planning Familial, e Jeannette Laot, da CFDT, são dele vice-presidentes. Essa organização se dota de uma Carta que se coloca três objetivos: uma difusão mais ampla da informação com conteúdo sexual, a liberdade da contracepção para todos e a liberdade do aborto, que passa pela revogação da lei de 1920. Essa Carta constitui um acordo entre "o vocabulário clássico da extrema esquerda e da esquerda" e o "discurso feminista".⁵⁷

O MLAC, que desempenha o papel que o Planning desempenhou no período precedente com relação à contracepção, apoia-se em um novo método, aquele de Harvey Karman. Esse psicólogo americano, militante pela liberdade do aborto, encontrou nos anos 1950 o meio de praticar a IVG por aspiração, método simples e sem perigo se praticado nas oito

---

55. Simone de Beauvoir, citada in BAIR, 1990, p. 634.
56. Ver ANTOINE, 1988.
57. ZANCARINI-FOURNEL, 2003.

primeiras semanas da gravidez. Os atendimentos do MLAC são mantidos para receber as mulheres:

> A fila é longa na calçada, vira a esquina da rua Geoffroy-Saint-Hilaire. O local explode. O atendimento se desloca para o Jardim das Plantas. E a clandestinidade se organiza em público. O MLAC deve responder a uma enorme demanda, acolher, encontrar soluções coletivas [...]. Três viagens por semana para a Inglaterra, duas para a Holanda. O MLAC pesquisa sobre as clínicas, seleciona as mais sérias, as menos caras, as mais acolhedoras.[58]

O MLAC encontra um local na rua Vieille-du-Temple e se espalha por todos os lados na França: a associação reúne então 169 comitês locais implantados em 73 departamentos, mais presentes nas cidades do que no meio rural.

Esse combate pelo aborto vê Simone de Beauvoir voltar às primeiras fileiras; ela se tornou o alvo de críticas cada vez mais ácidas por parte de numerosas correntes do feminismo da segunda geração. As líderes de um movimento que a consideram como representativa de um passado encerrado apelidaram-na "Momone", com afeição — ela é a mãe de todas —, mas, igualmente, com condescendência. Por sua vez, Simone de Beauvoir qualifica essas feministas da nova geração como "senhorinhas". A distância e o fosso geracional são evidentes. Beauvoir tem 62 anos, enquanto a ala progressista do MLF, essencialmente herdeira do *baby boom*, tem cerca de trinta anos. O que não impede Beauvoir de se lançar nesse combate das mulheres pelo domínio de seu corpo em um momento em que o casal Sartre-Beauvoir se aproxima dos maoistas. Sartre dirige *La Cause du peuple*, e Beauvoir, *L'Idiot international*, o jornal fundado por Jean-Edern Hallier: "No momento em que as feministas em grande número rompiam politicamente com os esquerdistas, Beauvoir se aproxima deles cada vez mais."[59]

---

58. Picq, 1995, p. 156.
59. Chaperon, 2012, p. 87.

Apesar dessas orientações divergentes, no início de 1970, Beauvoir pede para se encontrar com as líderes feministas. O encontro acontece em um café de Montparnasse: "Foi ela quem desejou nos ver. Ver com que se pareciam suas herdeiras, no final das contas. A entrevista foi breve."[60]

Um segundo encontro acontece, dessa feita a pedido de Anne Zelensky, para o lançamento do manifesto em favor do aborto livre. Beauvoir participa dele ativamente: "Na casa de Simone, redigimos um Manifesto, no qual declarávamos que havíamos feito um aborto."[61] Ela está então na linha de frente das celebridades que se engajam e dão maior visibilidade a esse manifesto: "A crônica do sexismo comum e os números especiais de *Temps modernes*, que perduraram de 1974 ao início dos anos 1980, apresentavam também outra forma de colaboração privilegiada."[62] Beauvoir aprecia particularmente a liberdade de tom, a causticidade dessa crítica enunciada pelas feministas da nova geração. Ela diverte-se com essa escrita insolente que contrasta com a seriedade habitual das contribuições publicadas na revista de Sartre: "Eu tinha a obrigação e a responsabilidade, por ter escrito *O segundo sexo*, por ter expressado minhas convicções na literatura engajada, de me pôr a serviço da causa das mulheres."[63] Ao partilhar esse combate das feministas, Beauvoir toma distância de suas posições de outrora: "Tudo o que posso constatar, e que me levou a modificar minhas posições em *O segundo sexo*, é que a luta de classes propriamente dita não emancipa as mulheres."[64] Sua adesão ao movimento dos anos 1970 é a um tempo tangível e distanciada. Ela aceita a utilização de seu nome e de sua notoriedade para servir o movimento, sem, entretanto, participar das múltiplas reuniões e assembleias gerais deste último. No entanto, ela se encontra regularmente com o MLF: "Todas as participantes assinalam sua modéstia: ela jamais adotou uma posição de autoridade. As trocas eram

---

60. ZELENSKY-TRISTAN, 2005, p. 54.
61. MONTEIL, 2002, p. 307.
62. CHAPERON, 2012, p. 89.
63. Simone de Beauvoir, citada in BAIR, 1990, p. 630.
64. BEAUVOIR, 1972.

sempre vivas, os desacordos, importantes, mas ela não buscava impor seu ponto de vista."[65]

> Em torno dela estavam, além de Anne Zelensky, a advogada Gisèle Halimi, Christine Delphy, socióloga, diretora de *Questions féministes*, Monique Wittig, autora sobretudo do belíssimo livro *Le corps lesbien* [O corpo lésbico], Delphine Seyrig, vestida de calças e não mais de vestido longo como no [filme] *O último ano em Marienbad* [...]. Eu esperava que ela nos transmitisse seu saber e sua experiência. Mas, para minha grande surpresa, ela perguntava a uma, perguntava a outra, sobre a melhor campanha a conduzir pela liberalização do aborto.[66]

Essa mobilização da sociedade civil, animada por alguns intelectuais de renome, encontra uma saída no plano político. Em 1973, o Partido Socialista deposita no escritório da Assembleia Nacional uma proposta de lei elaborada por Choisir, que fica no papel. Em 1974, a esquerda malogra com a candidatura de François Mitterrand — ele perde por pouco para Valéry Giscard d'Estaing, que enuncia um discurso novo sobre as mulheres. Ele cria um secretariado de Estado voltado para a condição feminina, confiado a Françoise Giroud, personalidade de esquerda que se pronunciou pelo aborto livre.[67] Entretanto, o dossiê deve ser tratado por Simone Veil, ministra da Saúde e a única ministra do governo. Um relatório sobre a questão é pedido a Henry Berger, que, em quatro meses de pesquisas de opinião, compreende o ponto de vista de 42 organizações. Simone Veil, convencida de que uma reforma se impõe, apresenta diante dos deputados um primeiro projeto de lei: "O debate sobre a contracepção prepara aquele sobre o aborto. Com uma lei liberal sobre a regulação dos nascimentos, pode-se esperar lutar contra o aborto, evitando que este último seja utilizado como um meio de contracepção."[68] O texto é desde então

---

65. CHAPERON, 2012, p. 94.
66. MONTEIL, 2002, p. 306.
67. GIROUD, 1972.
68. PAVARD, 2012, p. 244.

cuidadosamente elaborado, e informações são difundidas antes da avaliação parlamentar.[69] As reações de uma parte da maioria política não se fazem esperar. Claude Labbé, presidente do grupo gaullista UDR, declara que a "UDR opor-se-á a todo projeto de tipo permissivo". Na contramão de sua maioria, Simone Veil precisa fazer concessões para ganhar a batalha, trazendo para seu lado ao menos uma parte dos deputados da direita. A lei não irá impor a nenhum médico e a nenhuma parteira negar suas convicções ao praticar a IVG, e não se apresentará senão como balão de ensaio por cinco anos, ao término dos quais um balanço será feito para saber se é preciso prorrogá-la, revisá-la ou abandoná-la. Do outro lado, a campanha se faz cada vez mais violenta, e Laissez-les-vivre, que organiza seu terceiro congresso em novembro de 1974, denuncia "o escândalo dessa política do homicídio no ensaio proposto por cinco anos", assim como "a hipocrisia que consiste em qualificar de humana uma lei que mata, e uma lei que derruba o direito e os valores essenciais de nossa civilização".[70]

Em 26 de novembro, Simone Veil apresenta à Assembleia Nacional seu projeto de lei, sob certas condições, de legalização da IVG. O clima é particularmente tenso, e a contracampanha de Laissez-les-vivre aumenta a pressão sobre os deputados. A associação compara a IVG a uma "permissão legal de matar", que representa uma ameaça para a raça branca no momento em que o mundo conhece uma explosão demográfica sem precedentes. Ela conclama todos os médicos a boicotar a lei e a expressar sua recusa de participar do massacre perpetrado pelas brigadas de abortadores profissionais recrutados pelo Estado. Decidida a não ceder à chantagem, Simone Veil relembra-lhes a lei e sublinha que o Conselho da Ordem dos Médicos será obrigado a fazê-la ser respeitada. Além disso, ela possui uma vantagem maior, de ser a um tempo mulher no poder, mãe de família e, ainda mais, uma antiga deportada de Auschwitz. Com todos esses títulos, ela dificilmente pode ser aquilo de que alguns a acusam. Convencida de que nenhuma mulher enfrenta com alegria o ato de abortar, ela transcende as divisões políticas para se assegurar uma solidariedade feminina

---

69. FERENCZI, 1974.
70. FRAPPAT, 1974.

até mesmo nas fileiras da esquerda mais radical. Mesmo assim, ela é alvo de ataques ignóbeis, como aquele que se leu em um jornal local e que a designava como "heroína do crime, deportada aos 16 anos por razões que ignoramos, mas que carregava três embriões".[71]

O voto se dá na noite de 28 para 29 de novembro de 1974, e Simone Veil obtém um belo sucesso, mesmo que a família política a que ela pertence, a direita, tenha votado majoritariamente contra seu projeto de lei: apenas 55 dos 174 deputados da UDR se aliaram à sua lei sobre a IVG, 26 reformistas e centristas entre 52, e sete não inscritos entre dezenove. Em contrapartida, ela obtém o apoio de toda a esquerda, com 105 deputados radicais e socialistas entre 106, e a maioria dos 74 deputados comunistas. A lei Veil é então adotada por 284 vozes contra 189. Promulgada em 17 de janeiro de 1975, ela logra ultrapassar o obstáculo que 77 deputados liderados por Jean Foyer apresentaram ao depositar um recurso diante do Conselho Constitucional.

Com a adoção da lei Veil, esse ano de 1975, Ano Internacional da Mulher pela ONU, apresenta-se sob os melhores auspícios para a causa feminina. Uma série de grandes manifestações deve culminar com um encontro internacional no México, no início do verão de 1975. O presidente Giscard d'Estaing pede à sua secretária de Estado, Françoise Giroud, que organize um encontro na França. Um grande encontro é previsto no início de março no Palácio des Congrès, manifestação que deve se desenrolar durante três dias, com aproximadamente duas mil mulheres vindas de toda a França e dos países francófonos. O MLF protesta contra o que diz ser uma recuperação que se revela uma farsa. Martine Storti, jornalista feminista que desde o final de 1974 estava no *Libération*, cobre esse acontecimento que rompe com a radicalidade das lutas organizadas até então: "O 'belo mundo', ali estava ele, sábado à tarde, para inaugurar essas três jornadas: muitos membros do governo francês, delegações estrangeiras, convidados bem-vestidos, bem-comportados."[72] O presidente Giscard

---

71. Citado in PAVARD, 2012, p. 271.
72. STORTI, [1975] 2010, p. 37.

abre o baile com um discurso abertamente favorável ao movimento de emancipação das mulheres:

> No começo, era a escravidão, e a primeira escrava foi a mulher. As mulheres não esperaram 1975 para tomar consciência de seus problemas, e 1975 não será suficiente para resolver esses problemas [...]. O avanço das mulheres é inelutável, e muitas coisas devem ainda mudar para que as mulheres se tornem as principais responsáveis por sua descendência.

Entretanto, sua alocução é perturbada por militantes das Juventudes Comunistas que lançam, entre os espectadores, milhares de panfletos que denunciam a demagogia de seu programa. O presidente, imperturbável, prossegue, chegando mesmo a pronunciar, com Mao Tsé-Tung, que as mulheres sustentam a metade do céu: "As mulheres não representam apenas a metade da população. Elas colocam no mundo a totalidade da população."

Quanto ao MLF, ele decidiu boicotar o Palácio des Congrès e concentrar suas forças nas manifestações de 8 de março, quando os slogans irônicos fazem sucesso: "1975: ano da mulher. 1979: ano do cachorro, o mais fiel amigo do homem. 1977: ano do cavalo: a mais nobre conquista do homem." Esse Ano Internacional da Mulher se conclui na França com um número do programa *cult* "Apostrophes". Bernard Pivot dedica esse número às mulheres, sob o título humorístico e provocador "Ainda mais um dia e o Ano da Mulher, ufa, acabou!", com a participação de Françoise Giroud, que deve responder no estúdio a um desfile de proposições machistas e misóginas, como aquelas de Marcel Jullian, que afirma que "uma mulher, algo mais agradável de ver do que de ouvir", ou de Alexandre Sanguinetti, que considera que "as militantes feministas são mulheres frustradas". É também em 1975 que Coline Serreau leva às telonas essa nova palavra feminina com seu filme *Mais qu'est-ce qu'elles veulent?* [Mas o que elas querem?], no qual ela põe em cena mulheres de todas as condições dando depoimentos sobre a corrida de obstáculos que têm de enfrentar durante toda a sua vida.

Se o Ano Internacional da Mulher efetivamente se conclui em 31 de dezembro de 1975, a causa das mulheres continua a ser difundida por um movimento que vê na chegada de François Mitterrand ao Eliseu uma nova ocasião de ser ouvido. Ele cria um Ministério do Direito das Mulheres e o confia a Yvette Roudy, femininsta da primeira hora. Desde sua nomeação, Yvette Roudy solicita, por intermédio de Colette Audry e de Michelle Coquillat, um encontro com Simone de Beauvoir: "Eu nutria uma grande admiração por aquela que nos dotou desde 1949 da mais completa, da mais aprofundada, da mais científica análise da questão das mulheres."[73] Ciosa de sua independência e desconfiada em relação às instituições, Beauvoir se deixa pouco a pouco convencer a colaborar com o bom andamento desse novo ministério. Ela aceita participar de uma comissão encarregada de estabelecer o estado da arte em matéria de direitos da mulher na França, sob a condição de não ser responsável por ela: "Ela adotou o costume de ir ao ministério uma vez por semana — os jantares mais privados aconteciam em minha casa e eu fazia com que a buscassem e a levassem a sua casa cada vez."[74] Ao longo desses encontros, uma amizade nasce entre Yvette Roudy e Simone de Beauvoir, que se veem em *tête à tête* fora dos espaços de poder. Durante esse período, Beauvoir se torna a discreta, mas principal, organizadora do pequeno grupo de direção do ministério; não deseja assumir função diretiva alguma, mas conduz de fato numerosos trabalhos que renovam em profundidade a maneira de colocar a questão das mulheres. Ela desempenha um papel relevante na elaboração do projeto de lei antissexista, projeto que devia oferecer às associações feministas o direito de convocar a justiça quando considerassem que a imagem da mulher transmitida em espaço público causaria danos à sua dignidade — o que exige dela uma tenacidade sem falhas, tão violentos são as diatribes e os panfletos zombeteiros em razão de sua iniciativa: "Simone de Beauvoir sabia combater por ideias e por

---

73. ROUDY, 2002, p. 300.
74. Ibidem, p. 301.

aquelas que representavam essas ideias. Ela estava lá cada vez que a tolice humana e essa forma de fascismo que chamamos sexista se manifestaram."[75]

Uma escrita feminina/feminista?

Esse ponto culminante da mobilização das mulheres vem acompanhado de uma recrudescência de obras escritas por mulheres e, uma vez definida a existência de uma escrita feminina, da criação de editoras e de coleções dirigidas por mulheres e que se endereçam a um leitorado essencialmente feminino. Nos anos 1960, os estudos conduzidos por mulheres sobre a condição feminina se multiplicam.[76] O jesuíta Xavier Tilliette chega mesmo a assinalar, em 1965, na revista *Études*, que uma revolução com efeitos imprevisíveis é operada no mundo feminino: "Uma elite de mulheres avança resolutamente em busca de seu ser; e o caminho já aberto permite medir aquele que falta percorrer."[77] O movimento de Maio de 1968 radicaliza essa busca. A mulher objeto de estudo torna-se sujeito de sua própria história, em suas visadas emancipadoras. O grupo Psicanálise e Política, tributário do MLF e liderado por Antoinette Fouque, leva seu combate feminista ao terreno da edição em 1974, quando é fato que a batalha pela IVG está ganha:

> Pareceu-me que a ação política do pós-Maio de 1968 era um impasse, que não haveria revolução, que algumas iriam em direção do terrorismo e outras em direção ao liberalismo. Tentei por isso orientar meu movimento em direção à cultura e à criação. A existência das edições Des femmes, que criei em 1973, estava lá para provar que, se "a mulher não existe" e se falar e escrever não é neutro, então há uma criação sexuada e uma escrita sexuada.[78]

---

75. Ibidem, p. 303.
76. CHOMBART DE LAUWE, 1962; MICHEL; TEXIER, 1964; SULLEROT, 1965 e 1968.
77. TILLIETTE, 1965.
78. FOUQUE, 2009, p. 70.

Entre suas primeiras publicações, as edições Des femmes colocam em circulação o livro da italiana Elena Gianini Belotti *Du côté des petites filles* [Do lado das meninas], que, entre sua publicação em 1974 e 1987, vende quase meio milhão de exemplares. Esse best-seller dará seu nome a uma coleção de livros para crianças. Ao final de uma pesquisa sociológica junto a famílias, creches e escolas, essa obra, publicada em Milão em 1973, mostra como poderosos estereótipos que colocam em relevo qualidades diferentes, sempre em benefício do sexo masculino, são projetados desde a primeira infância sobre as meninas e os meninos. As edições Des femmes, preocupadas com sua independência e sua colegialidade — mesmo se por detrás do igualitarismo proclamado se desdobre a personalidade de Antoinette Fouque, a verdadeira dona da editora —, emanam de uma sociedade limitada constituída no final de 1972, cujas partes são divididas entre 21 mulheres. Sua existência deve-se sobretudo a Sylvina Boissonnas, antiga militante do VLR, descendente da família Schlumberger.

Nesse mesmo ano de 1974, nascem a primeira livraria Des femmes e um jornal que durará dois anos, *Le Quotidien des femmes*: "As livrarias Des femmes, inicialmente em Paris, em seguida em Marseille e em Lyon, eram os pontos fulcrais das lutas e, ao mesmo tempo, lugares de cultura."[79] Essa editora especificamente dedicada às mulheres logo encontra seu público e chega mesmo a adquirir notoriedade internacional, graças às traduções. Suas diretoras apostam na diversidade, colocando no mercado do livro a um tempo estudos sociológicos, textos de natureza autobiográfica, testemunhos, romances, livros de poesia, obras militantes, inéditos e clássicos como Anaïs Nin ou Virginia Woolf ou, ainda, ícones que encarnam o combate feminino do momento, como Julia Kristeva ou Hélène Cixous. A editora Des femmes contribui igualmente para dar a conhecer ao leitorado francês publicações estrangeiras como, em 1977, *La Petite Différence et ses grandes conséquences* [A pequena diferença e suas grandes consequências], da alemã Alice Schwarzer, cujo assunto é a sexualidade feminina, texto difundido em mais de trinta mil exemplares; ou, em 1975, *Crie moins fort, les voisins vont t'entendre* [Grite mais baixo,

---

79. Ibidem, p. 71.

os vizinhos vão ouvi-la], da inglesa Erin Pizzey, sobre o tema do silêncio que pesa em torno da violência física contra as mulheres, que alcançará 25 mil exemplares. Nesses primeiros anos da editora Des femmes, Victoria Thérame se torna um dos símbolos da política editorial. Recusada por outras editoras, ela consegue ali conquistar um amplo leitorado com duas publicações, em 1972 e 1975, que "alcançam um amplo sucesso junto ao público com vinte mil exemplares para *Hosto Blues* e quinze mil para *La Dame au bidule* [A mulher da engenhoca]. Esses dois livros são narrativas romanceadas de sua vida de enfermeira, no caso do primeiro, e de motorista de táxi, no caso do segundo — a 'engenhoca' ('*bidule*') é o luminoso que se vê nos carros de táxi".[80] Em uma conferência de imprensa de 1974 para apresentar o nascimento da editora, trata-se de publicar o que foi recusado por editoras ditas burguesas.

O sucesso é tal que cada editora cria sua própria coleção feminina. Antes mesmo da criação do MLF, a editora Denoël-Gonthier havia criado em 1964 uma coleção "Femmes", dirigida por Colette Audry. O jovem editor Gonthier desejava inicialmente confiá-la a Simone de Beauvoir, que acabou por sugerir o nome de sua amiga Colette Audry, ícone do combate pela emancipação das mulheres nos anos 1960 e que dirigirá a coleção até 1977. A política editorial seguida se inscreve em uma filiação estreitamente beauvoiriana: "Nós desejávamos oferecer às mulheres um espelho de mil faces: vejam sua vida; olhem-se e conheçam-se. Essa coleção pertence a vocês. Que ela possa ajudá-las a ser o que puderem ser, e a colocarem sua marca neste mundo, para o grande bem dos homens e das mulheres."[81] Para Colette Audry, é imperativo não editar obras que considerassem adquirida uma essência feminina ou que aceitassem a condição feminina existente. Entretanto, a coleção pretende abarcar textos muito diferentes. Sessenta e nove obras são publicadas por Colette Audry: retratos, itinerários, enquetes ou ensaios mais teóricos, obras que vão desde as primeiras publicações de *La Civilisation du kibboutz* [A civilização do kibutz], de Clara Malraux, à tradução por Yvette Roudry de *A mística*

---

80. PAVARD, 2005, p. 128.
81. AUDRY, [1964], pp. 126-127, citada in LIATARD, 2010, p. 342.

feminina, de Betty Friedan, ou à narrativa de Marie-Thérèse que conta sua vida em *Histoire d'une prostituée* [História de uma prostituta]. A radicalização do combate das mulheres após Maio de 1968 retira Colette Audry do isolamento editorial. Em 1973, a editora Horay cria a coleção "Des femmes en mouvement", dirigida por Suzanne Horer. A editora Stock cria "Elles-mêmes" em 1973, dirigida por Claude Daillencourt e por Jacqueline Demornex, que publica testemunhos vividos; em seguida, em 1976, "Femmes dans leur temps", que se dedica a personagens femininos históricos, e, em 1978, "Femmes", que deseja abordar problemas da sociedade. Em 1976, a editora Grasset cria "Le temps des femmes", sob a responsabilidade de Danièle Granet, Catherine Lamour e Nina Sutton. Em 1977, a editora Minuit lança "Autrement dites", dirigida por Luce Irigaray. Até mesmo os livros de bolso falam do feminismo, com a Éditions 10/18, que cria "Le féminin au futur", coleção de ensaios sob a direção de Hélène Cixous e Catherine Clément.

Esse movimento ascendente conhece seu apogeu em 1978 com a criação simultânea de diversas coleções "Femme": Syros com "Mémoire de femmes", dirigida por Huguette Bouchardeau; Le Seuil com "Libre à Elles", apresentada por Catherine Erhel; as Presses de la Renaissance com "Questions de femmes", que se apoia sobre enquetes para tratar da situação da mulher na sociedade contemporânea, e, enfim, La Pensée sauvage, que publica testemunhos em sua coleção "Espaces féminins". O *Bulletin du livre* de 25 de maio de 1979 registra, apenas no ano de 1978, 145 lançamentos sobre as mulheres.[82] Essas obras são suportes decisivos para transmitir a memória das mulheres, até então muda. Ao mesmo tempo, outras memórias, operárias, campesinas, em geral sem voz, tentam dar a ouvir a legitimidade de sua causa. Do trabalho de acumulação dos traços de uma memória das mulheres à questão de saber se elas podem assumir um lugar na história, as historiadoras deram um grande passo. Não é anódino que Michelle Perrot, que já havia defendido sua tese sobre os operários, tenha desempenhado um papel motor na emergência de uma história das mulheres. Professora na Sorbonne no momento de Maio de 1968, Michelle

---

82. Informações retomadas de PAVARD, 2005, p. 169, e anexo 3, p. 207.

Perrot se engaja na aventura da universidade nova de Paris VII, criada em 1970. É ali que ela empreende um trabalho coletivo em torno da história das mulheres, dedicando a partir de 1973 o seminário que ela dirige juntamente com Fabienne Bock e Pauline Schmitt sobre a seguinte questão: "As mulheres têm uma história?" Essa inovação suscita algumas resistências: "Em 7 de novembro, em uma sala lotada, superaquecida pela presença de estudantes esquerdistas hostis ao curso por considerarem que se ocupar das mulheres era se desviar da revolução, Andrée Michel abre fogo com uma exposição sobre 'A mulher e a família nas sociedades desenvolvidas', opondo dois 'modelos', o tradicional e o moderno."[83]

Desde o início, Michelle Perrot concebe o feminismo segundo a perspectiva de uma contribuição à história de uma nova dimensão que não vem substituir a dimensão masculina, e convida numerosos especialistas historiadores, como Pierre Vidal-Naquet, Jean-Louis Flandrin, Emmanuel Le Roy Ladurie, a intervirem em seu seminário para esclarecer o que foi a condição feminina nas épocas de suas especialidades. No início do calendário universitário de 1973, um seminário se inicia em Aix-Marseille sobre "A condição feminina", sob a iniciativa de Yvonne Knibiehler. Essa historiadora nunca havia cedido, nem em seu combate feminista nem na questão da maternidade, que ela pretendeu assumir de maneira concertada. Ela conta como assumir sua carreira de historiadora e de mãe de família não foi possível senão ao preço de uma vigilância sempre alerta.[84] Em 1971, ela conhece Christiane Souriau, que, instalada em Aix, prepara uma tese sobre a imprensa magrebina e se interessa pelo destino reservado às mulheres em terras do islão e da Europa: "Nós decidimos reunir um grupo de modo a criar na universidade um curso que dissesse respeito às mulheres."[85] Esse grupo pluridisciplinar torna-se operacional no início do ano universitário de 1973 e está aberto a quem desejar, sem que haja a necessidade de inscrição ou de diploma, sem a sanção dos exames: "Nada de semelhante havia até então sido tentado: nós perturbávamos as mais

---

83. PERROT, 1998, pp. xi-xii.
84. KNIBIEHLER, 2007.
85. Ibidem, p. 168.

sagradas tradições da universidade francesa."⁸⁶ Sucesso garantido e, com ele, uma possível institucionalização e um reconhecimento em 1976 pelas instâncias da universidade sob o nome de CEFUP (Centro de Estudos Femininos da Universidade da Provença).

Em Paris, Michelle Perrot sente a necessidade de promover um lugar de expressão propriamente feminina e cria em 1974, com sua colega do Departamento de Língua e de Civilização Anglo-americanas, Françoise Basch, o GEF (Grupo de Estudos Feministas): "Lá, encontrávamo-nos entre mulheres (era uma decisão deliberada) para discutir, por vezes acidamente, problemas mais quentes."⁸⁷ É nesse espaço que ela entra em contato com representantes dos *Women's Studies* [Estudos das Mulheres].

A partir de 1978, um polo de historiadoras é instituído na EHESS (Escola de Estudos Avançados em Ciências Sociais), em torno de Christiane Klapish, Arlette Farge, Cécile Dauphin, Pierrette Pézerat, às quais logo se juntam outras pesquisadoras. É da fusão desse grupo com o GEF que nasce toda uma série de iniciativas, como a revista *Pénélope. Cahiers pour l'histoire des femmes*, que é publicada de 1979 a 1985, e o colóquio de Saint-Maximin em 1983 sobre o tema "Uma história das mulheres é possível?": "Nessas primeiras obras, a história das mulheres foi sobretudo uma 'história do feminino', frequentemente descrita em uma situação de isolamento, rejeitada e voltada sobre ela mesma, sem considerar as problemáticas gerais da história."⁸⁸ Como atesta o colóquio de Toulouse de 1982 sobre o tema "Mulheres, Feminismo e Pesquisas", que reúne 750 participantes e 140 comunicações, o estudo da história das mulheres se abre para a interdisciplinaridade.

Em um segundo momento, a história das mulheres sai do gueto e amplia seu horizonte de pesquisa. Ela chega, por exemplo, à grande empresa editorial que é a publicação pela Éditions du Seuil dos cinco volumes de uma *Histoire des femmes en Occident* [História das mulheres no Ocidente], dirigida por Michelle Perrot e Georges Duby e publicada

---

86. Ibidem, p. 170.
87. Perrot, 1998, p. xiii.
88. Zancarini-Fournel, 2010, pp. 208-209.

entre 1990 e 1992. No ponto de partida dessa suma, encontra-se o lançamento bem-sucedido pelas edições italianas Laterza de uma tradução dos cinco volumes de *História da vida privada*, dirigida por Georges Duby e Philippe Ariès. Laterza pede a Duby que coordene uma *Storia della Donna* [História da mulher], e este último consegue convencer Michelle Perrot a dirigir a empreitada com ele. Ela mobiliza toda a sua rede de historiadores dos dois sexos que irão sistematizar e difundir mais de quinze anos de pesquisas.[89]

> A história das mulheres, ao colocar a questão das relações entre os sexos, revisitava o conjunto dos problemas da época: o trabalho, o valor, o sofrimento, a violência, o amor, a sedução, o poder, as representações, as imagens e o real, o social e o político, a criação, o pensamento simbólico. A diferença dos sexos se revelava de grande fecundidade. Esse fio de Ariadne percorria o labirinto do tempo.[90]

Em 1998, Françoise Thébaud faz publicar *Écrire l'histoire des femmes*[91] [Escrever a história das mulheres], que retraça a corrida de obstáculos percorrida por uma geração de historiadoras para levar esse domínio de pesquisa ao reconhecimento acadêmico. Ela sublinha o papel motor da luta conduzida pelo MLF nessa conquista. Seja em Michelle Perrot, seja em Françoise Thébaud, apreende-se contudo a preocupação de não se deixar enclausurar em uma oposição binária entre dominação masculina e sujeição feminina, que "simplifica ao máximo as relações entre os homens e as mulheres, negligenciando os fenômenos de compensação, de consentimento, de astúcia, de sedução, de desejo".[92] Daí decorre a orientação

---

89. Essa *Histoire des femmes en Occident* reúne setenta colaboradores e se desenvolve em cinco volumes, dirigidos, respectivamente, por Pauline Schmitt (t. I), Christiane Klapisch-Zuber (t. II), Arlette Farge e Nathalie Davis (t. III), Geneviève Fraisse e Michelle Perrot (t. IV) e Françoise Thébaud (t. V).
90. PERROT, 1998, pp. xvi-xvii.
91. THÉBAUD, 1998.
92. Idem, 2004, p. 316.

em direção a uma história mais relacional dos diálogos tecidos ao longo do tempo entre homens e mulheres.

Outra rede de reflexão do femininsmo, *Les cahiers du GRIF* (Grupo de Pesquisa e de Informação Feministas) se constituíram em torno de Françoise Collin em novembro de 1972. No início, tratava-se de um simples número de revista que, com mil exemplares, colocava a seguinte questão: "Feminismo, para quê?" Esgotado em muito pouco tempo, o número é reimpresso, e a equipe inicial decide prosseguir: "A primeira série dos *Cahiers* nasceu assim da preocupação de dar a palavra àquelas que não a possuíam, que nunca a tiveram. Decorre daí a fecundidade extraordinária desses anos na embriaguez dos começos."[93] As entregas da revista, preparadas por meio de reuniões prévias abertas para um novo público, tornam-se momentos de intensa sociabilidade.

Com atraso, a noção de gênero encontra afinal um terreno de predileção na França, pois que precauções acompanharam sua aculturação: "Esse avanço epistemológico permitiu que se desenvolvesse uma leitura sexuada dos acontecimentos históricos, a história da construção do masculino e do feminino e uma história relacional da ligação entre os homens e as mulheres, articulada com as noções de poder e de dominação."[94]

O artigo fundador da americana Joan W. Scott "Gênero, uma categoria útil da análise histórica", traduzido em francês em 1988, não é contudo realmente utilizado na França senão ao final dos anos 1990, suscitando uma renovação relevante dos estudos feministas:

> Conferindo ao conceito uma definição mais política e cultural do que sociológica, ela busca compreender como funciona o princípio hierárquico de partilha, como as sociedades diferenciam os homens e as mulheres, como se constrói o saber cultural sobre a diferença dos sexos e quais são seus efeitos de poder.[95]

---

93. COLLIN, 2001, p. 196.
94. ZANCARINI-FOURNEL, 2010, pp. 213-214.
95. THÉBAUD, 2004, p. 317.

Essa perspectiva trazida por uma nova revista de historiadoras vem à luz em 1995 com *Clio. Histoire, femmes et sociétés*, dirigida por Françoise Thébaud e Michelle Zancarini-Fournel, e editada pelas Presses du Mirail, em Toulouse.

O uso do termo "gênero", que vem do inglês *"gender"*, leva porém um certo tempo para se aclimatar no contexto francês. Nessa assimilação progressiva, o estabelecimento de laços com os universitários americanos contou bastante. Assiste-se, com efeito, desde os anos 1970, a uma explosão dos departamentos de *Women's Studies* — o primeiro aparece em San Diego em 1969 —, cujos números não cessam de crescer: 150 em 1975, trezentos em 1980 e 450 em 1985.[96] Como sublinha Rebecca Rogers, as trocas solicitadas pelas francesas encontram um eco, pois as revistas feministas americanas da época, como *Feminist Studies* ou *Signs*, evocam regularmente as pesquisadoras francesas e se referem sobretudo a Julia Kristeva, Luce Irigaray e Hélène Cixous, consideradas do outro lado do Atlântico como as vozes femininas da *French Theory*.

Michelle Perrot, que dedica um colóquio em Aix-en-Provence em 1975 ao tema "As mulheres e as ciências humanas", declara desejar "vivamente que uma historiadora americana possa nos informar sobre a expansão, a importância, as formas de ação dos *Women's Studies*".[97] Nos anos 1990, o conceito de *"gender"*, dessa feita plenamente aculturado, difunde-se amplamente na França.

A mais importante revolução que afetou a sociedade francesa na segunda metade do século XX foi, certamente, essa revolução do feminino, como sublinha em 2015 Camille Froidevaux-Metterie. Uma revolução subterrânea, não violenta, à maneira da segunda revolução francesa observada pelo sociólogo Henri Mendras e que qualifica o fim da França dos *terroirs*[98]: "A linha de separação plurissecular entre uma esfera privada feminina e uma esfera pública masculina apagou-se progressivamente

---

96. ROGERS, 2004, p. 103.
97. Michelle PERROT, citada in THÉBAUD, 1998, p. 48.
98. "*Terroir*" é toda terra originária, região de origem, região natal ou onde se vive. Optou-se por deixar o temo no original para guardar sua relação com o termo "terra", solo, *locus* a que pertence o sujeito. [N.T.]

a ponto de desaparecer no período recente. O processo em obra foi aquele de uma dessexualização dos papéis e das funções."[99] Esse fim de partida que tinha como alicerce a bipartição sexual redistribui as cartas, dando lugar a uma novíssima configuração na qual homens e mulheres são concebidos como sujeitos abstratos ao mesmo tempo que em sua singularidade sexuada, participando de uma sociedade reorganizada em três ordens: "o público-político, o privado-social e o íntimo".[100] Adotando uma perspectiva que pretende ultrapassar a divisão entre as duas vagas do feminismo, aquela, beauvoiriana, que nega as diferenças entre os sexos em nome do universalismo, e aquela do MLF, marcada pela afirmação da singularidade do feminino e, pois, de uma diferença irredutível, Camille Froidevaux-Metterie pensa que, uma vez realizado o trabalho de dissociação do corpo feminino de toda necessidade orgânica de procriação,

> isso não dispensa a reflexão sobre o sentido que ele continua a ter para aquelas que o habitam. Entretanto, o que mudou foram as modalidades da expressão sexuada em si. De um lado, é doravante livre e subjetivamente que cada um busca definir sua *identidade*, longe de toda fatalidade social ou natural [...]. Por outro lado, posto que se trata doravante de escolha, essa escolha apresenta-se amplamente aberta. Há mil modos de exprimir sua singularidade sexuada.[101]

A obra de Françoise Héritier, que sucedeu Lévi-Strauss na direção do laboratório de antropologia social do Collège de France, prolonga o combate de Beauvoir em sua preocupação de demonstrar que não se deve naturalizar a diferença entre feminino e masculino:

> Trata-se de descartar, nos conjuntos de representações próprios a cada sociedade, elementos invariantes cujo agenciamento, embora assuma

---

99. FROIDEVAUX-METTERIE, 2015, p. 11.
100. Ibidem, p. 12.
101. Ibidem, pp. 359-360.

formas diversas segundo os grupos humanos, traduz-se hoje por uma desigualdade considerada como algo dado, natural. "Os progressos da razão são lentos, as raízes dos preconceitos, profundas", escreveu Voltaire. São as raízes que eu gostaria de expor aos olhares, mesmo que não se possa extirpá-las.[102]

---

102. Héritier, 1996, p. 9.

Parte II

Um tempo desorientado

7
Paris-Praga

Quando, na noite de 20 de agosto de 1968, as forças do Pacto de Varsóvia invadem a Tchecoslováquia, um novo golpe se abate sobre a esperança socialista para todos aqueles que, comunistas ou companheiros de estrada do PCF, pensavam ser possível o "socialismo com rosto humano", do qual se diziam tributários os instigadores de Praga, em sua maioria intelectuais e artistas que, afinal, haviam conseguido levar todo o aparelho do PC tchecoslovaco sob a batuta de seu secretário-geral, Alexander Dubček. Se o choque experimentado pelos intelectuais na França é menos forte do que aquele de 1956, que havia oposto frontalmente o aparelho do PC e o Exército russo aos conselhos operários, é porque o PCF adota uma resolução que exprime sua reprovação da decisão dos soviéticos. Essa invasão não deixa entretanto de suscitar uma profunda perturbação em um período em que os laços entre intelectuais franceses e tchecoslovacos são intensos e ainda se reforçam em favor do entusiasmo gerado pelas reformas empreendidas por Dubček.

O sentimento de analogia entre as duas Primaveras, aquela de Maio em Paris e aquela de Praga, vem reforçar a onda de choque da invasão soviética, tanto mais porque numerosos intelectuais comunistas franceses apreciam pouco a política da direção de seu partido, que permanece atrasada em relação ao movimento de Maio. Alguns descobrem com simpatia não disfarçada a emergência à esquerda do PCF de uma força política autônoma em harmonia com o movimento de contestação. A crítica das malfeitorias da burocracia está na ordem do dia nas duas capitais, e a corrente de esperança, após o turbilhão gaullista de junho de 1968, se desloca para a tentativa tchecoslovaca de se libertar do jugo soviético. O PCF segue os acontecimentos da Primavera de Praga com prudência: sem condenar as medidas de democratização tomadas pelo partido irmão, ele sublinha que elas devem confortar a democracia socialista e, sobretudo, não lesar os interesses soviéticos. Quando a tensão com a URSS se torna crescente, o secretário do PCF, Waldeck Rochet, tenta se fazer de mediador e exige dos russos que não recorram à força. Ao ir a Moscou em meados de julho, ele anuncia ao escritório político a realização próxima de uma reunião de todos os partidos comunistas da Europa; vai em seguida a Praga para pregar a prudência. A tentativa de reconciliação de Waldeck Rochet é aniquilada pelos soviéticos, que recusam a perspectiva de uma reunião na cúpula, pois desejam manter a situação das relações bilaterais com os países irmãos do Pacto de Varsóvia. Em agosto, contra toda expectativa, o escritório político do PCF, supreendido com a decisão de Brejnev, exprime, fato sem precedentes, sua "reprovação" em um comunicado. Logo em seguida, esse termo será nuançado pelo comitê central reunido em 22 de agosto, que o substituirá por "desaprovação". A direção do PCF, via comitê central, logo se recupera para se alinhar com os soviéticos. A partir dessa resolução, o PCF evidencia a inquietação experimentada desde certo tempo em face da evolução da Tchecoslováquia, conduzida por um Partido Comunista irrepreensível, mas vigiado por uma "Alemanha Ocidental revanchista e expansionista" que ameaça a comunidade dos países socialistas. Em 2 de setembro, após uma dezena de dias de ocupação, os soviéticos obrigam os tchecoslovacos à submissão sob a aparência de um acordo. Sem ainda dizê-lo, a normalização está a caminho, e o PCF seguirá sem hesitar. Como observa Pierre Grémion, "inegavelmente, é nas fileiras da nova esquerda, encarnada então pelo PSU, cujo secretário-geral é Michel Rocard, que se manifestará mais simpatia em relação aos revisionistas tchecoslovacos".[1] A extrema esquerda saída de Maio de 1968 na França, para quem a condenação da invasão soviética é óbvia, não se sente entretanto verdadeiramente concernida por um conflito que parece opor duas frações da burocracia, ambas muito distantes do sonho de uma democracia direta.

---

1. GRÉMION, 1985, p. 74.

Daniel Cohn-Bendit exprime bem essa distância, considerando que escolher entre Moscou e Praga não tem mais sentido do que escolher "*l'eau à Mantes ou la menthe à l'eau*".²

A onda de choque

Em contrapartida, o céu cai sobre a cabeça de certo número de intelectuais comunistas. Mesmo em uma revista ortodoxa, a *Nouvelle Critique*, a confusão é geral: Gérard Belloin se lembra de ter ficado "atônito"; Maurice Goldring, "aniquilado"; enquanto Jacques de Bonis experimenta "repulsão" e pensa se engajar, caso seja preciso, nas Brigadas Internacionais para ir em auxílio de seus camaradas tchecoslovacos.³ É na revista mensal *Démocratie nouvelle*, a revista mais oficial do PCF, cujo diretor é Jacques Duclos, que as agitações são mais importantes. O redator-chefe, Paul Noirot, que já havia publicado um número de *Démocratie nouvelle* sob o título "Pour servir à l'histoire de Mai 68" [Para contribuir com a história de Maio de 1968], cujo tom nada tem a ver com as posições oficiais do partido, sente-se atingido pela invasão soviética na Tchecoslováquia. Ele prepara um número para o outono que, aprofundando a condenação, permitirá ao leitor melhor compreender a situação e as posições do PC tchecoslovaco. Enquanto Paul Noirot prepara esse número exclusivamente dedicado ao dossiê tchecoslovaco sob o controle vigilante de Jacques Denis, auxiliado por Francette Lazard, que substituiu Pierre Villon — culpado por ter estado próximo das ideias de Maio —, informam-no em outubro que a direção do PCF decidiu "suspender a publicação de *Démocratie nouvelle*". Jacques Duclos reúne o conselho de redação para informá-lo de que em razão de problemas financeiros a direção do partido deve renunciar a essa publicação, acreditando assim reduzir o número de seus intelectuais

---

2. COHN-BENDIT, 1968, p. 86. "*Eau à Mantes ou menthe à l'eau*", isto é, escolher a água em Mantes (Mantes-la-Ville, supõe-se), cidade próxima a Paris, ou a bebida à base de água e menta. Optou-se por deixar a frase no original a fim de conservar o jogo repetitivo com o termo "*eau*". [N.T.]
3. Jacques de Bonis, entrevistas (1992), in MATONTI, 2005, p. 309.

refratários ao silêncio. É desconsiderar a determinação de Paul Noirot, que já havia suportado excessivas afrontas e contraverdades. Mal termina o último conselho de redação, Paul Noirot reúne em torno dele certo número de colaboradores da revista, todos comunistas, e um número de seus colegas não comunistas como Jacques Berque, Serge Fischer, Albert-Paul Lentin e Jean-Maurice Hermann: "Juntos, decidimos, seguindo a fórmula ritmada de Maio, continuar o combate."[4] Decidem lançar uma revista independente do PCF, mas que não busca o conflito com o partido. Paul Noirot começa convencendo Roland Leroy, membro do escritório político e da secretaria, de que o partido nada tem a temer de uma revista que permanece dirigida por comunistas. Mas ele bem sabe que a direção não suportará essa iniciativa que institui um conselho de redação de dezenove comunistas no seio de um areópago de 38 pessoas, entre as quais se contam socialistas, membros do PSU e cristãos progressistas.

É assim que nasce o projeto de uma revista mensal intitulada *Politique aujourd'hui*. O primeiro apelo à criação dessa revista que pretende reabilitar o político recebe uma bela acolhida: mais de duzentos intelectuais de renome — a metade é de comunistas.[5] Diante dessa afronta, Roland Leroy adverte Paul Noirot de que o escritório político proíbe a todo membro do partido participar desse empreendimento "subversivo e que leva à fragmentação", sob pena de exclusão. Apesar dessas ameaças, *Politique aujourd'hui* publica seu primeiro número em janeiro de 1969, muito focado na Tchecoslováquia. Antes mesmo de sua publicação, Jacques Chambaz denuncia no jornal *L'Humanité* o nascimento de uma revista "irrealista, aventurosa e antirrevolucionária". O escritório político e o secretário emitem, igualmente, suas condenações, o que assegura uma bela repercussão midiática. *Politique aujourd'hui* tem uma venda de mais de quinze mil exemplares e recolhe mais de mil assinaturas desde o seu surgimento: "O PCF busca então sistematicamente desenraizar essa planta venenosa que

---

4. NOIROT, 1976, p. 312.
5. Entre os comunistas, figuram todos aqueles que, desde 1956, fazem parte dos oposicionistas, mesmo que permaneçam no interior do PCF, como Victor Leduc ou Jean-Pierre Vernant, mas também os que não saíram dos caminhos balizados. Ver LEDUC, 1985, p. 332.

cresce tão rápido."⁶ As células daqueles que participam dessa iniciativa são encarregadas de determinar sua sorte, de fazê-los voltar à razão, a da direção, e, em caso de malogro, de excluí-los do partido. Na equipe de redação, apenas Gilbert Badia decide voltar atrás para evitar a exclusão. Os outros resistem, assim como diversas células que recusam o ucasse da direção. Em contrapartida, a célula Sorbonne-Letras, desde há muito sob alta vigilância, dissolvida duas vezes por indisciplina, pronuncia a exclusão da historiadora Madeleine Rebérioux e de Paul Rozenberg. Nessa célula, o historiador Jean Bruhat, transtornado com a invasão da Tchecoslováquia — ele outrora havia batalhado contra o que qualificara de *Diktat* de Munique —, "um país cujo destino não deixou de preocupá-lo", exprime publicamente seu apoio à revista.⁷ Ele vê na Primavera de Praga a ocasião para que enfim se concretizem suas esperanças, desiludidas com o caminho assumido pela desestalinização de 1956.

Na célula Sorbonne-Letras, outro universitário, Antoine Culioli, igualmente apoia a iniciativa de Paul Noirot. O secretário da célula, François Hincker, busca sair do impasse e salvar essa célula privilegiando o debate, mas o secretário adjunto da federação de Paris, Henri Fiszbin, está de olhos abertos. A célula acaba por colocar seus membros diante da escolha entre a fidelidade ao partido e o apoio a *Politique aujourd'hui*. Diante dessa alternativa, alguns devem ceder à chantagem, como Jean Bruhat: "Como não vejo saída alguma fora do partido, curvo-me diante da intimação que me é feita."⁸ Por sua vez, Paul Noirot é excluído por sua célula e recebe uma carta ubuesca de seu secretário de seção, que lhe explica que está excluído por ter tentado por seu voto convencer sua célula a recusar sua exclusão! Victor Leduc, antigo responsável da ideologia do partido, desde então *habitué* das oposições internas, vê desembarcar em sua célula um responsável pela hierarquia que pedia sua cabeça em razão de seu apoio a *Politique aujourd'hui*: "Faço observar que aquilo me deixa enciumado, pois eu não havia me beneficiado com tal lançamento no

---

6. NOIROT, 1976, p. 316.
7. BRUHAT, 1983, p. 218.
8. Ibidem, p. 221.

que diz respeito a *Raison présente*. Uma vez mais, minha célula se recusa a me sancionar."[9] A direção voltará ao ataque e obterá finalmente ganho de causa, excluindo esse antigo executivo dirigente que faz, ele também, a ligação entre as duas Primaveras: "Ao ocorrer na esteira de nossas decepções com relação a Maio de 1968, o caso tchecoslovaco significará para a maioria dentre nós o fim de nossas esperanças de renovação."[10] O helenista Jean-Pierre Vernant, próximo de Victor Leduc e admitido ao PCF para resistir ao nazismo, sempre conservou um olhar crítico; ele também apoia a iniciativa de Paul Noirot. Ele romperá pouco tempo depois, quando, em 1970, Georges Marchais será nomeado secretário-geral do partido: "Não, Marchais, é demais! Certo dia, recebo uma convocação de minha ex-célula; e vou: 'Exame do camarada Vernant.' Digo a eles: 'Não precisam se dar ao trabalho, não há mais camarada Vernant, pois que não renovei minha carteirinha.'"[11] Contudo, Jean-Pierre Vernant é militante comunista desde os anos 1930, tendo aderido ao comunismo graças a um encontro ocorrido em 1932, por ocasião de suas férias de verão em Saint-Jean-de-Luz. Nessa época, ele se aproxima de um grupo de rapazes e de moças vindos da Rússia e refugiados na França: "Unido e diverso, esse grupo ao qual me juntei me é próximo e assim permanecerá em razão do que partilha em comum comigo e do que me traz de diferente, de insólito em suas maneiras de ser, em seus modos de viver, de pensar, de se expressar."[12] É nesse grupo que ele encontra aquela que se tornará sua esposa, Lida, que tinha então 14 anos, e ele, 18: "Nós nos casamos em 1939. E é com ela, e através dela, por seus olhos e sua voz, que eu conheci a cultura russa."[13]

Dessas duas primaveras abortadas, a de Praga e a de Paris, nasce com *Politique aujourd'hui* um polo intelectual à esquerda do PCF, que reúne correntes muito diversas, comunistas dissidentes, socialistas e cristãos progressistas, dentre os quais Paul Blanquart e Philippe Roqueplo. Em

---

9. LEDUC, 1985, p. 332.
10. Ibidem, p. 333.
11. VERNANT, 1996, p. 579.
12. Ibidem, pp. 13-14.
13. Ibidem, p. 14.

razão do sucesso da revista, em 1970 surge a questão de lançar um hebdomadário, o que implica meios financeiros. O apelo é lançado e logo encontra verdadeira ressonância, e *Politique hebdo* sai nas bancas em 8 de outubro de 1970: "O jornal conhece, de início, um belo sucesso, uma vez que vendemos quase quarenta mil exemplares do primeiro número."[14] Passado o efeito de curiosidade, a tiragem cai para cerca de vinte mil, o que é alto, mas insuficiente do ponto de vista financeiro. Ao final de um balanço, o hebdomadário lança um último apelo de socorro na primavera de 1971, sob o título "Huit jours pour sauver *Politique hebdo*" [Oito dias para salvar *Politique hebdo*], seguido de um afluxo impressionante de assinaturas diretas, que supera todas as expectativas dos iniciadores do apelo.

Se o segundo golpe de Praga atrai esse novo polo intelectual em torno de *Politique aujourd'hui* e de *Politique hebdo*, ele abala muito fortemente a vitrine cultural do PCF, onde Louis Aragon e Pierre Dax reinam sobre *Les Lettres françaises*. O hebdomadário cultural do PCF viveu em uníssono com a Primavera de Praga, e os laços entre os intelectuais tchecoslovacos e *Les Lettres françaises* são quase orgânicos: a publicação francesa tornou-se pouco a pouco a embaixadora da União dos Escritores Tchecoslovacos e de seu órgão, *Literárny Listy*. O escritor Antonín Liehm, que fazia parte do grupo dos amigos tchecoslovacos do casal Louis Aragon-Elsa Triolet, envia a eles um cartão-postal em 22 de agosto para lhes anunciar que "o inimaginável aconteceu". Aragon, então de férias, é vizinho de François Nourissier, à casa de quem vai todos os dias telefonar para os executivos do partido e seus colaboradores de *Les Lettres françaises*: "Ele se insurge contra os soviéticos, Elsa os chama de 'os nazis de Moscou'. Nourissier faz parte das testemunhas que atestam que Louis ter-se-ia matado se as instâncias comunistas francesas não tivessem condenado a ação soviética."[15] O editorial de *Les Lettres françaises* relata em 28 de agosto as seguintes observações de seu diretor: "Ouço barulhos longínquos, é toda a minha vida, o que ela foi, que é posta em causa."[16] Aragon, particularmente sensibilizado pela

---

14. NOIROT, 1976, p. 321.
15. JUQUIN, 2013, p. 621.
16. Editorial (assinado LF), *Les Lettres françaises*, 28 de agosto de 1968.

situação da Tchecoslováquia, trouxe o original de *A brincadeira*, primeiro romance de Milan Kundera, e o prefacia para a editora Gallimard. Ele é publicado pouco tempo depois da invasão, em 27 de setembro de 1968. Esse prefácio permite a ele expressar com veemência sua oposição à intervenção soviética na Tchecoslováquia. Ele compara a situação desse país da Europa àquela da fome e da guerra que assola Biafra: "Recuso-me a crer que lá se fará um Biafra do espírito. No entanto, não vejo luz alguma ao final desse caminho de violência. Mas quando leio esse romance de que falo, ele parece inventar uma."[17]

Por sua vez, Pierre Daix, que em dezembro de 1967 se casou em terceiras núpcias com a filha do casal Artur e Lise London, Françoise, tem laços familiares com esse país e conta com numerosos amigos tchecoslovacos que conheceu durante a guerra como resistentes comunistas no campo de Mauthausen. No início de abril de 1968, ele publica uma reportagem laudatória sobre a Primavera de Praga.[18] Apreende a invasão soviética como um escândalo, tranquiliza-se um pouco com a reprovação expressa por seu partido, e dele se descola à medida que o apoio demonstrado pelo PCF à política de normalização conduzida sob a férula dos russos e, em seguida, do novo secretário-geral do partido tchecoslovaco, Husák, se faz cada vez mais evidente. Como Aragon se ocupa cada vez menos de *Les Lettres françaises* após a morte de Elsa, Daix disso se aproveita para se colocar ao lado dos intelectuais tchecoslovacos: "A notícia da morte de Kurt Pany em Praga, que sucumbe a um segundo infarto, desesperado pela ocupação ilimitada de seu país, deixou-me ainda mais intratável. Pany salvara-me a vida, e eu imaginava seu calvário depois de 21 de agosto de 1968."[19] Convidado pela Universidade Charles-IV, ele vai a Praga em março de 1969, depois do suicídio pelo fogo do estudante Jan Palach, coroado com sua publicação de apoio à Primavera de Praga.[20] Ainda esperançoso, embora Dubček tenha acabado de ser demitido de suas funções, de que a normalização

---

17. ARAGON, 1968, p. 292.
18. DAIX, 1968b.
19. Idem, 1976, p. 435.
20. Idem, 1968a.

não quebrará toda a resistência dos intelectuais, ele constata que *Listy*, mesmo sob censura, continua a publicar Kundera, Vaculík, Mucha ou Klíma. Pouco tempo depois, entretanto, ele deve se curvar à evidência, e contra ela se subleva no editorial que assina em 21 de maio de 1969 em *Les Lettres françaises*: "Acabou, *Listy* está definitivamente proibida."[21] Signo da intensidade das relações culturais entre os dois países, o último número da revista da União dos Escritores Tchecoslovacos dedica uma página a traduções de poemas franceses contemporâneos, com textos de Saint-John Perse, René Char, Michel Leiris, Henri Michaux, Pierre Seghers, Yves Bonnefoy, Jacques Prévert. Pierre Daix traduz para Christian Bourgois o testemunho do dramaturgo Pavel Kohout sobre a Primavera de Praga e, para garantir a ele o máximo de repercussão, publica o prefácio que escrevera para a obra em *Les Lettres françaises*, em 5 de maio de 1971: "Esse diário de Kohout está aí para nos trazer à memória o que Lautréamont escreveu às vésperas da Comuna de Paris: '*Toda a água do mar não será suficiente para lavar uma mancha de sangue intelectual.*'"[22]

O PCF suporta cada vez menos a autonomia conquistada por *Les Lettres françaises*, mas não quer fazer de Pierre Daix um mártir ao excluí-lo do partido; e Louis Aragon é tão intocável no partido quanto Sartre na República gaullista. Contudo, é preciso reduzir ao silêncio essa publicação que incomoda. Pierre Daix esperava um ataque frontal, mas os meios utilizados serão aqueles de uma ofensiva subterrânea, tendenciosa. O partido começa por organizar o vazio em torno do círculo de *Les Lettres françaises*, considerado como pestilento: "Aqueles jornalistas de *L'Humanité* que ainda falavam comigo deviam se esconder de seus chefes."[23] Roland Leroy obriga Aragon a se separar de um precioso colaborador, Émile Copfermann, que desempenha aliás um papel relevante na política editorial de François Maspero, e o trabalho sujo de sua exclusão é dado a Pierre Daix: "Aragon me diz sem preâmbulos que era para escolher: ou

---

21. Idem, [1969] 1974, p. 275
22. Idem, [1971] 1974, p. 294.
23. Idem, 1976, p. 437.

eu mandava embora Copfermann ou era o fim de *Les Lettres françaises*."²⁴ Copfermann se antecipa e se demite; a primeira estocada era seu alvo. A ofensiva se desloca para Claude Olivier, um dos editores de *Les Lettres françaises*, que arrisca ser excluído por sua célula, mas Pierre Daix eleva o tom, ameaçando a direção do partido de tornar pública sua tentativa de minar *Les Lettres françaises* caso seu colaborador seja visado. Em agosto de 1972, ele reescreve em seu jornal sobre a ferida da invasão soviética quatro anos antes, imediatamente recoberta com a chapa de chumbo da normalização: "As bombas americanas não atingem a esperança dos povos. É ela quem é ferida na Tchecoslováquia quatro anos depois de 21 de agosto de 1968. Assim como é posta em questão a aliança entre os intelectuais e a classe operária, aliança sem a qual Marx não tem mais sentido."²⁵ Em um editorial de 1972, Aragon denuncia a repressão na Tchecoslováquia, que leva o filho do surrealista Vítězslav Nezval ao suicídio. Esse número de *Les Lettres françaises*, destinado a ser vendido por ocasião da Festa anual do *Humanité*, em setembro, não agrada Georges Marchais e Roland Leroy, que o fazem saber a Aragon. Essa miniguerilha acaba pouco tempo depois, em outubro de 1972, com a liquidação de *Les Lettres françaises* pela direção do partido, que dá como pretexto razões de equilíbrio financeiro. No derradeiro número, Aragon confessa: "Acabei com minha vida, é tudo."²⁶ Pierre Daix lembra o que representava *Les Lettres françaises* na vida de Aragon: "Cada número do qual ele participava era seu filho. Quando o Partido Comunista tirou-lhe seu jornal [...] nunca o vi, mesmo na noite da morte de Elsa, tão desamparado. Fisicamente ferido. Era um pedaço de sua vida que tiravam dele. De sua pele."²⁷ Ao mesmo tempo, Aragon não emite sequer uma palavra de reprovação contra essa supressão. Essa decisão não impedirá Pierre Daix de prosseguir um combate determinado junto aos escritores tchecoslovacos:

---

24. Ibidem, p. 437.
25. Idem, [1972] 1974, p. 294.
26. ARAGON, 1972.
27. DAIX, 2013, pp. 218-219.

> Enquanto o jugo da opressão pesar sobre a Tchecoslováquia ninguém será realmente livre na Europa. As pessoas de minha geração se isso disseram uma primeira vez por ocasião da vergonha de Munique, vergonha que se duplicou quando Hitler entrou em Praga [...]. Na época de Munique, estávamos certos de que um dia acabaríamos com a opressão hitleriana. [...] Mas diante da opressão que pesa hoje sobre Praga, sobre Brno, sobre Bratislava, qual é então o sentido da história? Como fazer para dar significação ao socialismo?[28]

O traumatismo de 21 de agosto de 1968 cria uma onda de choque até mesmo no seio do escritório político do PCF, que logrará excluir o filósofo oficial do partido, Roger Garaudy. Este último já havia enunciado críticas sobre o diálogo com os intelectuais cristãos e expressado suas insatisfações em Maio de 1968, julgando a direção do partido muito tímida em relação ao movimento estudantil. A crise tchecoslovaca constitui para ele um novo objeto de crítica, mesmo se ele a exprime com prudência, lamentando que o PCF não manifeste suficientemente sua solidariedade para com os tchecoslovacos, e esperando — como diz em uma entrevista para o *Nouvel Observateur* em setembro de 1968 — que a situação evolua:

> Eu responderia, com Lênin, que não se deve erigir sua impaciência em princípio teórico [...]. Compreendo a preocupação da maioria de meus camaradas da direção do partido de não mexer no vaso de flores no momento em que as rosas estão crescendo.[29]

Roger Garaudy pensa ainda convencer a direção do partido a voltar atrás a seu primeiro impulso, que foi o de reprovar a invasão soviética, mas a direção tomada, doravante, é aquela de apoio à política de normalização. Na conferência mundial dos partidos comunistas que ocorre em Moscou em 1969, o PCF chega mesmo a ratificar o princípio de não ingerência nos assuntos internos da Tchecoslováquia, deixando a política de repressão

---

28. Idem, [1974] 2013, p. 308.
29. GARAUDY, 1968.

dos *partisans* da Primavera de Praga transcorrer sem protesto, em nome da normalização. Em contrapartida, o PC italiano distingue-se dos outros partidos do Pacto de Varsóvia ao expressar seu desacordo com essa linha e encontra em Roger Garaudy um eco de suas posições na França. Com efeito, este último publica em 1969 uma obra na qual rompe o silêncio e assume uma crítica similar: "Se sou hoje obrigado a tornar público esse debate, é porque minhas sugestões, há mais de três anos, jamais puderam romper o *huis clos* do BP [escritório político] e do CC [comitê central]."[30] Apoiando-se nos ensinamentos que retira das duas Primaveras, Roger Garaudy preconiza transformar o centralismo democrático e se abre para a ideia de autogestão. Por ocasião do XIX Congresso do PCF em 1970, em um silêncio de chumbo, ele tomará a palavra para defender suas teses: será excluído do escritório político duas semanas mais tarde.

Mesmo a oficialíssima revista dos intelectuais do PCF, *La Nouvelle Critique*, que tem por missão encarnar a vanguarda, é abalada pelos acontecimentos na Tchecoslováquia. Apoiando inicialmente aqueles que, no seio da direção do partido, são favoráveis à Primavera de Praga, a direção censura firmemente a orientação de Dubček, cujo discurso de 1º de abril de 1968, diante do comitê central, é publicado como suplemento na revista. Após a invasão, o dossiê tchecoslovaco enche as colunas e inspira muitas análises, dentre as quais aquelas de Pierre Juquin e de André Gisselbrecht, que não aceitam a doxa em vigor no partido de uma intervenção preventina tornada necessária. Esses artigos impõem um problema para a direção. O de Pierre Juquin, de uma extrema prudência, insiste simplesmente sobre as vias nacionais de acesso ao socialismo. O de Gisselbrecht é mais abertamente crítico, na medida em que "se atém a desenvolver o conteúdo do socialismo com face humana, a partir sobretudo da retomada dos trabalhos de R. Richta e de O. Sik, que conheceu, segundo seu relato, graças a um livro publicado na Alemanha e às suas conversações, por ocasião de sua viagem, sobretudo com o escritor Antonín Liehm, próximo de Milan Kundera".[31]

---

30. Idem, 1969, p. 15.
31. Matonti, 2005, p. 316.

Gisselbrecht é convocado por Roland Leroy, que denuncia em seu artigo uma apologia mal dissimulada da política de Dubček. A direção impõe a *La Nouvelle Critique* modificar sua orientação em nome de um necessário combate, a um tempo contra a linha de Garaudy, qualificada de destruidora do partido, e contra a linha conservadora de Jeannette Thorez-Vermeersch.

Do lado dos intelectuais que não são ligados ao PCF, a oposição à invasão da Tchecoslováquia é indiscutível, mesmo se o grau de desesperança é menor: não se tem ilusões sobre o que se passa do outro lado da cortina de ferro. Entretanto, alguns viram a experiência da Primavera de Praga com muito fervor, como André Gorz, que cobre o acontecimento na revista *Les Temps modernes*. Não tendo aderido a todas as reformas em curso, ele adverte contra as evoluções que simplesmente substituiriam o poder da tecnocracia pelo da burocracia.[32] Em abril de 1968, ele dedica um número ao dossiê da Tchecoslováquia, no qual se podem ler artigos de Antonín Liehm, Milan Kundera, Franco Bertone, Ilios Yannakakis e uma entrevista com Ludvík Vaculík. "André Gorz procura desculpar os tchecoslovacos pela suspeita que parece pesar sobre eles: são liberais. Não são liberais, escreve Gorz, são verdadeiros marxistas que lutam contra uma burocracia econômica. É por isso que pendem para o lado da boa causa: a luta contra a burocracia graças ao retorno a Marx."[33] Essa ambivalência de Gorz em relação ao regime se dissipa quando ele se exprime sob seu pseudônimo de jornalista, Michel Bosquet, nas colunas do *Nouvel Observateur*. Mesmo se ela assume uma certa distância crítica quanto à experiência tchecoslovaca, a revista de Sartre condena com firmeza a invasão soviética, cometida "a sangue-frio".[34]

Desde os anos 1950, *Esprit* continua suas relações com os intelectuais dos países da Europa do Leste que se opõem ao totalitarismo. Paris é o lugar de predileção de numerosos exilados tchecoslovacos. Fazem parte deles, entre outros, Antonín Liehm, editor de *La Lettre internationale*; Jan

---

32. GORZ, 1967. Peter Deli confirma essa falta de entusiasmo de Gorz em relação à Primavera de Praga (DELI, 1981, pp. 284-285).
33. GRÉMION, 1985, pp. 90-91.
34. *Les Temps modernes*, n. 266, agosto-setembro de 1968.

Vladislav; o pintor Jiří Kolář, o poeta Petr Král, Věra Linhartová e, claro, Milan Kundera: "No contexto político francês, a contribuição de Pavel Tigrid[35] foi importante, mesmo se, enquanto 'propagador das ideias', ele preferia evitar o proscênio."[36] Com a publicação de um dossiê dedicado à "Outra Europa", o número de fevereiro de 1968 é significativo dessa vontade de se abrir para a situação do outro lado da cortina de ferro. Para Jean-Marie Domenach, diretor da revista, a ruptura decisiva data de 1956. Depois de ter rompido com todo filocomunismo por ocasião do processo Rajk[37], a invasão soviética vem confirmar a seus olhos os malefícios de um poder burocrático que é necessário combater. *Esprit* protesta e denuncia o processo de normalização, que ele associa a um vasto processo coletivo: "Há um processo em curso na Tchecoslováquia. Um processo enorme, provavelmente ele também sem precedentes. Um processo que é um atentado não aos indivíduos, mas a todo um vasto país."[38]

Para alguns, como Peter Deli, que compara os choques de 1956 e de 1968, Budapeste foi tão importante quanto Praga, a que subscreve toda uma geração de comunistas: "Edgar Morin pensava que o impacto da revolução húngara havia sido maior do que aquele da Tchecoslováquia, tanto para os intelectuais comunistas quanto não comunistas na França."[39] É fato que o primeiro grande sismo remonta a 1956, mas sua réplica de 1968 está longe de ser negligenciável.

A confissão

Uma obra e um filme vão cristalizar esse momento de ruptura ao dar a ler e a ver os mecanismos mesmos do totalitarismo: *L'Aveu* [A confissão], de Artur London, e sua adaptação para o cinema dirigida por Costa-Gavras

---

35. TIGRID, 1968 e 1969.
36. RUPNIK, 2010, p. 135.
37. Ver tomo I, pp. 213 ss.
38. "Procès de Prague: tentative collective d'analyse comparée" [Processo de Praga: tentativa coletiva de análise comparada], *Esprit*, junho de 1970.
39. DELI, 1981, p. 280.

vão contribuir fortemente para a tomada de consciência do que se passa na Europa do Leste sob o álibi da construção do socialismo. É Pierre Nora, em seu início na Gallimard, que tem a chance de receber o original, que conhecerá um sucesso retumbante, e que ele publica na sua coleção "Témoins". É Pierre Daix, diretor de *Les Lettres françaises* e genro de Artur London, que a ele entrega o original, em agosto de 1968, no dia seguinte à invasão soviética na Tchecoslováquia, enquanto a atualidade dramática coloca uma vez mais em cena o golpe de Praga em 1948, acompanhado de seu funesto cortejo de processos.

O casal Yves Montand e Simone Signoret, engajado havia muito tempo ao lado do PCF, lê com estupor o testemunho de Artur London, sobrevivente do processo Slánský.[40] Descobrindo o mecanismo dos processos adulterados, das confissões obtidas sob tortura, eles colocarão todo o seu talento de atores a serviço da denúncia dessas práticas, encarnando magnificamente na telona, em 1970, o casal London. O espetáculo desse calvário e a potência da encarnação de Montand e de Signoret contribuirão fortemente para abrir os olhos dos intelectuais franceses: "Confesso que, diante do extraordinário dom de Yves Montand nesse filme, temos certa dificuldade de falar de interpretação, quando ele se supera como ser humano, revivendo uma página de nossa história."[41]

O itinerário de London tem algo de exemplar. Nascido em 1915 em Ostrava, no seio de uma família de artesãos judeus, com 14 anos ele entra nas Juventudes Comunistas, é preso em diversas ocasiões em razão de suas atividades militantes e precisa se tratar de uma tuberculose em Moscou em 1934. Em 1937, pouco tempo depois da eclosão da guerra na Espanha, ele se engaja nas Brigadas Internacionais até a queda da Catalunha, em seguida prossegue em sua resistência ao fascismo na França, onde é preso em agosto de 1942 e deportado para o campo de Mauthausen. Depois do golpe de Praga, em 1948, é nomeado vice-ministro dos Assuntos Estrangeiros da Tchecoslováquia, mas a bolchevização do início dos anos 1950 coloca nos postos de comando seus próprios vassalos e elimina os

---

40. Ver DAVID, 1990, pp. 202-203.
41. CHAPIER, 1970.

responsáveis multiculturais e poliglotas. Na linha de mira, Artur London é preso em janeiro de 1951, julgado no processo do "Centro de conspiração contra o Estado dirigido por Slánský", condenado à prisão perpétua em novembro de 1952, e finalmente solto em fevereiro de 1956. Ele deixará seu país em 1963 para se instalar na França.

 Seu original descreve com minúcia e emoção as técnicas de extorsão das confissões e o implacável processo de autoacusação e de aniquilamento da identidade individual, quando, como muitos, ele está sob o choque do 21 de agosto de 1968, que vê a invasão da Tchecoslováquia pelos tanques soviéticos. Pierre Nora recebe Artur London acompanhado de sua esposa, Lise London, que lhe diz: "Pedi para Aragon fazer o prefácio"; "Senhora, nessas condições, não publico o original", responde imediatamente Pierre Nora[42], para grande surpresa de Lise London, para quem Aragon é o grande herói da gesta comunista e de sua dissidência vigilante. Artur London, que até então se mantivera em silêncio enigmático, toma a palavra e decide: "Lise, fique quieta, o senhor Nora está dizendo em voz alta o que penso em voz baixa."[43]

 No entanto, a produção do livro é difícil. Esse texto causa medo, e seu autor permanece discreto, à distância do que chama de imprensa burguesa, lembrando a todo momento que conserva toda a sua fé no projeto comunista. A primeira reação entusiasta vem de François Nourissier, que, tendo recebido por Aragon as provas, publica em dezembro de 1968 um artigo em *Les Nouvelles littéraires*. Contudo, é preciso esperar alguns meses antes que as línguas se soltem e que a imprensa dê conta delas sob as plumas de Simone de Beauvoir, Claude Lanzmann, Julien Besançon, Guy Dumur e Milan Kundera, que defende ardentemente *A confissão* na edição de *Les Lettres françaises* de 12 de fevereiro de 1969. Quanto à reação de *L'Humanité*, uma observação, que rompe com o silêncio de menosprezo que até então cercava a publicação do livro, contribui involuntariamente para seu sucesso. Com efeito, Artur London relata que o secretário-geral do partido, Waldeck Rochet, lhe teria dito: "Você é o único que poderia

---

42. NORA, 2000, p. 16.
43. Ibidem, p. 17.

ter escrito um livro como esse." Se ele julgava estar assim confortado e legitimado pela direção do PCF, então estava se esquecendo da reviravolta operada por esta na intervenção soviética de agosto de 1968: pouco tempo depois, *L'Humanité* esclarece em uma nota: "O secretário-geral do PCF desmente que ele tenha em algum momento dito a respeito de um livro qualquer que seu autor era o único a [...]"[44], despertando o interesse pelo livro em questão. O filme de Costa-Gavras, em 1970, é a ocasião para relançar o livro de modo espetacular. Em dezembro do mesmo ano, seu editor lhe informa que a edição francesa atravessou a cortina de ferro: "Soube que a edição francesa penetrou nas democracias populares e não cessa de circular de mão em mão. Disso falarei de viva voz quando nós nos encontrarmos. É unânime a opinião de que sua existência é um sério golpe nas sobrevivências do stalinismo, nas nostalgias do passado."[45] Pierre Nora, ao voltar ao sucesso editorial da obra, escreverá mais tarde que é "um acontecimento histórico tão importante, à sua maneira, na França quanto o Relatório Khrushchov, no XX Congresso do PCUS, em 1956 — que ele contribuiu para tornar credível —, e *Arquipélago Gulag*, em 1976, do qual preparou o efeito".[46]

Em janeiro de 1970, no momento em que sai nas telonas a adaptação de *A confissão*, um comitê de intelectuais franceses, chamado "Comitê de 5 de janeiro" — é em 5 de janeiro que Alexander Dubček sucede a Antonín Novotný na liderança do PC tchecoslovaco —, manifesta sua adesão ao programa da Primavera de Praga. Esse comitê, que se dá como objetivo lutar contra a normalização em curso sob o regime de Husák, expõe suas posições em uma Declaração de 5 de janeiro de 1970: seus membros estabelecem um laço entre seu combate contra a regressão em curso do lado de Praga e seu combate pela emancipação socialista na França. Fazem parte desse comitê numerosos companheiros de estrada do PCF e alguns membros do partido que pensam dar destaque ao primeiro momento de reprovação do 21 de agosto a fim de pesar sobre sua orientação. O Comitê

---

44. Ibidem.
45. Artur London, carta a Pierre Nora, 4 de dezembro de 1970, arquivos Pierre Nora.
46. NORA, 1997, p. 7.

organiza um *meeting* no Palácio da Mutualité em novembro de 1970, presidido por Charles Tillon, que se beneficia do apoio de um amplo leque de organizações de esquerda e de extrema esquerda, entre as quais o PSU e a Liga Comunista. Para fazer frente ao recrudescimento da repressão na Tchecoslováquia, ele lança um apelo em maio de 1972 para alertar a opinião pública: "Homens e mulheres são suspeitados, vigiados, perseguidos, presos, jogados secretamente nas prisões de Estado porque simbolizam a esperança de um povo que, apesar dos rigores da ocupação e da polícia, não consente negar suas convicções."[47] Esse apelo repercute profundamente junto aos intelectuais franceses, que recolhem não menos que 2.730 assinaturas no final de janeiro de 1973.[48] Prolongando esse sucesso, o Comitê organiza um novo *meeting* no Palácio da Mutualité em 26 de outubro de 1972, amplamente apoiado pela esquerda, com exceção do PCF e da CGT. O antigo diretor da televisão tchecoslovaca nos tempos da Primavera de Praga, Jiri Pelikan, toma a palavra.

---

47. "Appel pour les victimes de la répression en Tchécoslovaquie" [Apelo em prol das vítimas da repressão na Tchecoslováquia], Comitê de 5 de janeiro, *Le Monde*, 28-29 de maio de 1972.
48. Dentre os signatários, destacam-se os nomes de personalidades representativas de numerosas correntes progressistas. Ver a lista completa em CHRISTOFFERSON, 2009, pp. 220-221.

8
O caso Soljenítsin

A outra grande brecha no horizonte radioso do futuro comunista será aberta não por uma revolução como em 1956 na Hungria, nem por uma invasão como em 1968 em Praga, mas pela publicação de uma obra que faz o efeito de um bomba nuclear, *Arquipélago Gulag*. A onda de choque provocada pelas revelações de Soljenítsin é espetacular, mesmo que as informações sobre o totalitarismo do mundo soviético fossem conhecidas havia muito tempo por todos aqueles que se interessavam pela realidade soviética. Nos anos 1920, Trótski denuncia a ditadura stalinista e estigmatiza a degenerescência de um sistema burocrático de natureza criminosa, pagando com sua pessoa em 1940 ao ser assassinado a golpes de machado por um enviado de Stálin. Em seguida, numerosos são os testemunhos que revelam os processos, os campos, até mesmo os *Contos de Kolimá*, de Varlam Chalámov, cuja primeira edição — truncada — é publicada na França em 1969. Mas essa cegueira particular, conjugada com um esforço paralelo — encarnado sobretudo por Althusser — para pensar a teoria do socialismo sem considerar sua realidade, tende a ocultar toda verdadeira reflexão sobre os ensinamentos históricos a serem retirados da funesta experiência soviética. A revolta de Maio de 1968 e seu discurso amplamente tomado de empréstimo do mais puro marxismo impedem que se reconheça a realidade totalitária, no entanto espetacularmente confirmada mais uma vez em agosto de 1968 com a invasão da Tchecoslováquia. O banho marxista e a ganga de uma concepção binária do mundo dividido em dois blocos, a convicção de um sentido inscrito do processo histórico, eis os ingredientes do engodo da URSS que perdura não como realização de um paraíso terrestre, mas como expressão, fantasma de uma aurora histórica aberta pela Revolução de Outubro de 1917.

A saída do universo carcerário

Foi preciso que um mártir do sistema concentracionário soviético fizesse sua voz ser ouvida com determinação fora do comum para que um certo número de falsas certezas enfim desabasse. De onde vem aquele que ocupou na França esse papel de escritor e testemunha de seu século e que temporariamente voltou a representar a figura do intelectual profético, à maneira de Sartre, mas com uma mensagem totalmente diversa? Aleksandr Issaievitch Soljenítsin nasceu em Kislovodsk, no Cáucaso, no dia seguinte ao da Revolução, em novembro de 1918. Ele não conhecerá seu pai, que morre no mesmo ano de uma septicemia, e vive modestamente com sua mãe, que exerce o trabalho de estenodatilógrafa em Rostóv. Logo cedo atraído pela literatura, faz entretanto estudos de ciências exatas — matemáticas e física —, sempre seguindo por correspondência os cursos do Instituto de Filosofia, de Literatura e de História de Moscou. Quando a URSS entra no segundo conflito mundial, ele tem quase 23 anos. Engajado no Exército Vermelho como simples soldado, sobe os escalões e se torna tenente, em seguida capitão, antes de ser condecorado em 1943 com a Ordem da Guerra Patriótica. Até então integrado no molde ideológico do regime, ele enuncia em 1945 algumas críticas em uma correspondência bastante privada com um de seus amigos, correspondência que é interceptada pela NKVD, a polícia política de Stálin. Nessa carta, Soljenítsin critica o pacto germano-soviético de 1939, coloca em dúvida as capacidades estratégicas de um Stálin que permanece surdo a todas as advertências sobre a iminência do plano Barbarossa de invasão da URSS por Hitler, e acusa Stálin de ter enfraquecido o Exército Vermelho quando este mulplicou os expurgos, que destruíram as capacidades militares do país. Preso imediatamente, começa sua vida de pária. Ao final do caso, cuja instrução coube à temível Lubianka, sede do quartel-general da KGB, ele é encarcerado durante um ano na prisão de Butirka; em 1947 é transferido para um laboratório para engenheiros-detentos, perto de Moscou, onde suas condições de detenção se tornam mais amenas. Em 1949, sofre com uma nova recrudescência do regime: dessa vez, é deportado para ser reeducado em Ekibastuz, no Cazaquistão, onde deve participar dos trabalhos de alvenaria. Em fevereiro de 1953, algumas poucas semanas antes da morte de Stálin, é enviado em "exílio perpétuo" a Kok-Terek, também no Cazaquistão. Ali é diagnosticado com um câncer de estômago, tratado no hospital de Tachkent, e se cura quase milagrosamente. Em 1956, beneficia-se da nova era de desestalinização. Reabilitado pelo Tribunal Supremo da URSS, instala-se em Riazan, perto de Moscou, onde dá aulas de ciências físicas.

Começa então a escrever seus testemunhos do mundo carcerário, *O primeiro círculo* e *Um dia na vida de Ivan Deníssovitch*. Em 1961, propõe a publicação desta sua última obra para a prestigiosa revista *Novy Mir*, pelo intermédio de seu amigo Kopelev. É convidado para ir a Moscou pelo diretor da revista, o poeta Tvardovski, mas será preciso aguardar a leitura e a aprovação de Nikita Khrushchov em pessoa para que *Um dia na vida de Ivan Deníssovitch* seja publicado em 1962: "É assim que o ex-forçado, o escritor subterrâneo se torna, da noite para o dia, um escritor oficial, celebrado não apenas em seu país — ele é assim apresentado ao primeiro-secretário do partido por ocasião de uma recepção no Kremlin — mas no mundo inteiro, onde a notícia dessa publicação é amplamente difundida."[1] A obra é publicada a partir de 1963 em sua tradução francesa, com um prefácio elogioso de Pierre Daix, que compara o universo pintado por Soljenítsin à luz de sua experiência de deportado no campo nazista de Mauthausen. Pierre Daix pensa que desde então se escapou, definitivamente, desse sistema, e que o comunismo poderá ser conjugado com liberdade. Mais tarde, consumada sua ruptura com o PCF, dirá de seu prefácio de 1963 que ele foi uma mistura "de audácias medidas e de concessões à logomaquia stalinista". O ponto de inflexão de 1964, que leva à deposição do número um soviético e à sua substituição por Brejnev, fará porém cair aquele que se tornara uma das encarnações da política de desestalinização: Soljenítsin e seus amigos são então vigiados

---

1. Hallereau, 1999.

de muito perto. A KGB faz perquisições em casa de pessoas próximas a ele e apreende originais. Bom conhecedor dos métodos burocráticos, Soljenítsin despista as buscas da polícia disseminando os capítulos de *Arquipélago Gulag*, que está escrevendo. Em 1966, o processo dos escritores Andrei Siniavski e Jules Daniel o convence definitivamente da urgência de conduzir uma dissidência aberta em face de um regime implacável: "Em 1967, um pouco antes da abertura, em 22 de maio, do IV Congresso da União dos escritores, ele endereça aos delegados uma carta pública na qual denuncia a censura e as perseguições de que é vítima."[2] Desafiando o poder, ele então se apresenta como um animal ferido, o cordeiro que se choca ao carvalho do poder soviético. Ele previne que um animal no chão pode se tornar perigoso, mesmo que uma tal batalha pareça opor Davi a Golias. Como seus romances são proibidos na URSS, Soljenítsin contorna o obstáculo fazendo que sejam publicados no Ocidente. Em 1968, ele publica *Pavilhão dos cancerosos* e *O primeiro círculo*. Este último recebe na França o prêmio Médicis de melhor romance estrangeiro. François Mauriac propõe Soljenítsin para o prêmio Nobel, que ele obtém em 1970, sem poder estar presente à cerimônia em Estolcolmo, temendo não poder retornar a seu país.

Na França, Claude Durand cria na Éditions du Seuil, em janeiro de 1968, uma nova coleção premonitória, "Combats", na qual publica uma coletânea de textos de Aleksandr Soljenítsin, *Os direitos do escritor*. Essa é a primeira e modesta bandeirola colocada por aquele que se tornará o detentor dos direitos mundiais do ilustre dissidente russo. Em 1972, é publicado na França, pela Seuil, seu romance *Agosto 14*, que sedimenta sua reputação. Durante o verão de 1973, a KGB se depara com um manuscrito enigmático, *Arquipélago Gulag*, escondido na casa de uma cidadã russa, Elisabeth Voronianskaia. No dia seguinte à perquisição, ela será encontrada enforcada. Ao tomar conhecimento do texto, o poder soviético intima Soljenítsin a não informar, em hipótese alguma, o Ocidente sobre seu manuscrito. Ora, este já circulava havia dois anos do outro lado da cortina de ferro, tendo chegado mesmo aos Estados Unidos. Novamente encarcerado, Soljenítsin

---

2. Ibidem.

autoriza, a partir de sua prisão, a publicação de seu livro em russo e em tradução. Em outubro de 1973, Luc de Goustine, responsável na Éditions du Seuil pelos territórios alemães e dos países do Leste, encontra-se então na Feira de Frankfurt e, no leilão desse título, deve tomar a delicada decisão sobre *Arquipélago Gulag* — seus lances subirão tão alto que ele telefona para Jean Bardet e Paul Flamand, que estão em conselho editorial. Ele recebe sinal verde e o compra. Mesmo que o valor adiantado pela Seuil não seja o mais elevado, a reputação e a identidade da editora fazem toda a diferença. Claude Durand deverá conduzir o negócio: a ele se pede que entre em contato com um advogado de Zurique, chamado Heeb, o qual informa ao editor que receberá um original volumoso intitulado *Arquipélago Gulag*, logo levado à tradução. Nesse ano de 1973, o termo *"Gulag"* é ainda bastante enigmático e, desde o seu retorno, Claude Durand tenta saber mais sobre ele. Lança mão de um atlas geográfico para situar esse famoso arquipélago no território soviético, sem conseguir localizá-lo. A obra é publicada em russo, em Paris, no dia de Natal de 1973, e a versão francesa, em maio de 1974, com uma primeira tiragem excepcional: diversas centenas de milhares de exemplares.

Enquanto isso, Soljenítsin lançou em 12 de fevereiro de 1974 seu "apelo de Moscou" para resistir ao reino da mentira. Detido no dia seguinte, ele é novamente enviado à prisão. Mas seu brilho internacional é tal que o poder soviético não pode reduzi-lo ao silêncio entre quatro muros. Inicialmente, ele é banido; em seguida, expulso de seu país e conduzido à força para a República Federal da Alemanha. Cerca de trinta intelectuais franceses assinam uma petição à guisa de protesto e fazem notar que uma tal decisão viola de modo evidente a Convenção de Genebra de 1952 sobre o direito de autor, assinado pela URSS, cujo preâmbulo defende o respeito aos direitos da pessoa humana e a abertura para a difusão de obras do espírito.[3] Acolhido em Colônia pelo prêmio Nobel Heinrich Böll, Soljenítsin se instala por um ano em Zurique, onde encontra todos os editores estrangeiros, muito descontente com a circulação desordenada

---

3. Dentre os signatários, estão, entre outros, René Cassin, Jean Daniel, Jean-Marie Domenach, Max-Pol Fouchet, Claude Roy, Jean-François Revel, Alfred Sauvy, Pierre Dumet, Nathalie Sarraute, René Barjavel, Philippe Sollers e Pierre Daix.

de seus originais, por meio de edições piratas, traduções não controladas e duvidosas. É, pois, em Zurique que Claude Durand encontra Soljenítsin pela primeira vez, com Paul Flamand e seu editor russo, Nikita Struve. Depois de ter ouvido suas recriminações e suas ameaças de nada mais publicar, Claude Durand propõe centralizar a gestão dos negócios de Soljenítsin e cria com essa finalidade uma estrutura editorial no seio da Éditions du Seuil dedicada ao destino internacional da obra do célebre dissidente soviético: ali ele emprega todo o seu tempo livre durante dois anos. Quando Claude Durand deixa a Seuil pela Fayard, Soljenítsin o segue; Durand será o agente mundial de Soljenítsin durante 35 anos.

Terremoto na França

Na vida intelectual francesa, a descoberta desse itinerário de mártir do comunismo no contexto de refluxo revolucionário subsequente a Maio de 1968 confere toda a sua amplidão ao terremoto do caso Soljenítsin. O PCF, que continua a ser a força dominante da esquerda, está engajado em um programa de governo com o novo Partido Socialista nascido do Congresso de Épinay e conduzido por François Mitterrand, que compreendeu que a boa estratégia para tornar a esquerda vitoriosa residia nessa aliança e não na divisão praticada pela SFIO. A atrelagem de esquerda se vê abalada com isso, pois o Partido Socialista deve doravante poupar seu aliado. Para além das considerações politiqueiras de curto prazo, não está mais no horizonte um reencantamento possível da história, como foi o caso em 1956 com as lutas anticoloniais e, em 1968, com a crescente ascensão da contestação da juventude no mundo.

Os obstáculos dispostos pelo PCF para isolar e desacreditar Soljenítsin não levam em consideração a publicação de sua obra na França. Em agosto de 1973, Yves Moreau, do *Humanité*, considera que as declarações de Soljenítsin fazem parte de uma "campanha hostil à tranquilidade".[4] Desde a publicação de *Arquipélago Gulag* em russo, em dezembro de 1973, o PCF,

---

4. MOREAU, 1973.

pela voz do jornalista Serge Leyrac, denuncia a defasagem entre os fatos relatados, que são antigos, e o momento da publicação, essas práticas tendo sido claramente condenadas pelo PCUS em 1956, em seu XX Congresso, como uma violação da legalidade socialista. Ele se surpreende com o que estima pertencer a um "matraquear publicitário", pois que a obra só está disponível em língua russa. Para o PCF, que o repete em seu comunicado do escritório político de 18 de janeiro de 1974, trata-se de práticas definitivas esquecidas na URSS: acusar o partido é, pois, um complô. Ao efeito de choque que a publicação da obra causará, a direção do partido opõe classicamente a famosa estratégia da fortaleza sitiada. Depois de ter tentado banalizar a proposição afirmando que ela nada revela e concerne a uma época esquecida, o PCF ataca a pessoa de Soljenítsin, em uma tentativa de descreditar a mensagem contundente e a pesquisa minuciosa. Serge Leyrac compara Soljenítsin ao general Vlassov, condenado por traição durante a guerra contra o nazismo. O secretário-geral do partido endossa a acusação na televisão francesa: "A única coisa que encontramos nessa obra admirada pelo mundo capitalista é o elogio do traidor Vlassov."[5] Serge Leyrac se surpreende que se possa pensar que Soljenítsin não usufrua de todas as liberdades possíveis na pátria do socialismo: "No mesmo momento em que ele grita contra a repressão, Soljenítsin se faz fotografar em seu apartamento de Moscou com seus dois filhos comoventes. Ele se multiplica em conferências de imprensa, em declarações, em apelos, em telefonemas com o estrangeiro."[6] Se a prisão e a expulsão de Soljenítsin varrem a retórica de Serge Leyrac, o editorialista de *L'Humanité*, René Andrieu, não se perturba com nada disso. Ele compreende e aprova: "O que é certo, e ele não o ignorava, é que o Estado soviético, não mais que qualquer outro Estado, não podia aceitar que um cidadão se recusasse a se submeter à lei comum."[7]

O PCF, não contente em veicular as calúnias que correm na URSS sobre Soljenítsin, pretende mobilizar todos os companheiros de estrada

---

5. Georges Marchais, citado in *Le Monde*, 3 de fevereiro de 1974.
6. LEYRAC, 1974.
7. ANDRIEU, 1974.

para estender entre este último e a opinião pública francesa um verdadeiro cordão sanitário. O argumento é aquele da defesa da unidade da esquerda, e da acalmia internacional depois do final da Guerra do Vietnã. Essa campanha usa manobras habituais: intimidação e ameaça de denúncia de todas os turiferários do escritor russo — traidores no campo da esquerda e anticomunistas primários. *France nouvelle*, o hebdomadário do PCF, passa a ser o órgão privilegiado dessa campanha preventiva, enquanto o livro ainda não circula em sua versão francesa. Os cristãos progressistas de *Témoignage chrétien* se deixam iludir, e Maurice Chavardès, tomando para si os argumentos do PCF, denuncia a "matilha dos anticomunistas de todos os pelos"[8] e é a favor de que os dissidentes disponham de uma certa liberdade de expressão.[9] Mas o PCF se choca com as resistências de uma imprensa progressista que havia muito foi o alvo de suas campanhas. A revista *Esprit*, pela voz de seu diretor, Jean-Marie Domenach, reage fortemente ao banimento de Soljenítsin, vendo nisso semelhanças com "o caso Dreyfus: não é apenas um erro judiciário, é um crime do governo contra a honra de um povo".[10] Ao mesmo tempo, Domenach adverte os comunistas de que ele não se deixará levar, como ocorrera no passado: "O que vai fazer a esquerda francesa? Há diversas semanas, o Partido Comunista lançou uma campanha para pôr *Le Nouvel Observateur*, *Esprit* e *Les Temps modernes* no índex. Mas essas excomunhões não impressionam senão alguns socialistas obcecados com a promessa de sucessos eleitorais."[11]

No número de *Esprit* de julho-agosto de 1974, Hélène Zamoyska elogia *Arquipélago Gulag* logo após sua publicação em francês. Ela saúda Soljenístyn como um grande escritor, lembrando que sua obra se apresenta como "um ensaio de pesquisa artística" fiel à missão expressa por seu autor por ocasião da entrega de seu prêmio Nobel, a saber, a transmissão de uma mensagem universal. Ela saúda igualmente o historiador e o erudito

---

8. CHAVARDÈS, 1974.
9. Idem, 1973.
10. DOMENACH, 1974c, p. 392.
11. Ibidem, p. 393.

que conduziu uma investigação minuciosa, cruzou suas fontes, mesmo quando sua narrativa relata uma experiência pessoal:

> Ele fala com conhecimento de causa. Os traços dessa história estão ainda quentes em sua pele e em sua alma. Nesse sentido, é toda a sua sensibilidade de homem ferido e metamorfoseado pelo sofrimento que confere a seu estudo um tom palpitante e apaixonado e uma eloquência dolorosa, que maneja, passo a passo, com arte incomparável, a ironia mais mordaz, a intensidade dramática, a potência e o brilho das imagens.[12]

Hélène Zamoyska insiste sobre a relevante contribuição dessa publicação, que revela, contra tudo o que se disse até então, que o mundo concentracionário não é uma criação do stalinismo: ele foi posto em funcionamento pelo próprio Lênin desde o início do novo poder e legalizado como tal. Soljenítsin mostra como o impensável se torna realidade com o processo de extorsão das confissões em um mecanismo de esmagamento em que "o homem não tem mais valor em si. Ele é uma cobaia com a qual se fazem experiências, uma marionete".[13] Enfim, ela saúda um afresco impressionante e espera, se é que os fatos relatados são mentirosos, pelos desmentidos, apoiados em provas: "Aterrorizante e admirável, *Arquipélago Gulag*, escrito em memória dos milhões de seres esmagados nos campos, prova que a barbárie concentracionária não logrou apagar em todos o sentido da dignidade humana, da retidão da consciência."[14]

Essas palavras que batem forte testemunham o engajamento pleno e inteiro da revista ao lado de Soljenítsin, expulso de seu país natal em decorrência de seu combate contra o sistema concentracionário. Para o diretor de *Esprit*, que afirma que "o tempo das inquisições acabou"[15], não é questão de ceder um só milímetro. Muito certamente em pleno questionamento após a época do companheirismo com o PCF, supondo uma

---

12. ZAMOYSKA, 1974, p. 138.
13. Ibidem, pp. 140-141.
14. Ibidem, p. 147.
15. DOMENACH, 1974c, p. 393.

certa dose de cegueira com relação ao que se passva na Europa do Leste, ele conclama a uma relação de proximidade entre intelectuais do Leste e do Oeste: "Que possamos ouvir a tempo os refugiados, os banidos, que nos chegam trazendo a mensagem de um destino que, já uma vez, para sua infelicidade, a Europa havia pensado poder ignorar."[16] Se Soljenítsin não é o primeiro a revelar a existência de um mundo concentracionário, ele é manifestamente aquele que rompe tabus no seio da esquerda progressista não comunista. Desde o caso Rajk, a influência exercida pelo PCF sobre a revista *Esprit* está seriamente abalada, mas a prudência que prevalecia outrora por medo de ser taxado de anticomunista dito primário cede lugar, dessa feita, a uma denúncia reiterada a cada mês. Doravante, a revista dedica sistematicamente uma página à problemática antitotalitária.

Do lado dos progressistas, *Le Nouvel Observateur* e seu diretor, Jean Daniel, sofrem uma pressão bastante forte por parte da direção do PCF, tanto mais porque nesse ano de 1974 a esquerda unificada em torno do programa comum suscita novas esperanças. O elo forte dessa atrelagem PCF-PS é então a componente comunista, cujas forças militantes e o peso eleitoral permanecem superiores. Aos olhos dos dirigentes comunistas, *Le Nouvel Observateur* já cometeu a afronta, sobre a questão tchecoslovaca, de condenar a invasão soviética, sem titubeio e dedicando mesmo sua capa de agosto ao "crime dos russos".[17] O conflito torna-se aberto e violento quando Jean Daniel assume plenamente a defesa e a causa de Soljenítsin. Ele está sob o choque de sua leitura: "O homem, o escritor, o combatente, o profeta que emergem com esse soviético fora do comum transformam todos os meus modos de apreender a política."[18] Seu engajamento junto ao dissidente soviético é total. Para Jean Daniel, uma linha de divisão institui doravante dois campos, aqueles que estão com Soljenítsin e os outros. O problema é, porém, delicado: essa linha atravessa e divide a união da esquerda. O PCF usa o argumento para denunciar Jean Daniel e sua revista como divisores que desejam sabotar as chances da esquerda

---

16. Ibidem, p. 395.
17. *Le Nouvel Observateur*, 26 de agosto de 1968.
18. Daniel, 2002, p. 294.

de chegar ao poder. Desde o início do ano, o ato de acusação é elaborado pela direção do PCF contra o hebdomadário: "*Le Nouvel Observateur* é nostálgico da divisão da esquerda francesa, como sempre à frente da corporação antissoviética e anticomunista."[19] A vontade de intimidação assume caráter solene com um comunicado oficial do escritório político, que declara que *Le Nouvel Observateur* "mostra sua verdadeira face de órgão antes de tudo antissoviético, anticomunista e divisor da esquerda".[20] Dois dias mais tarde, em 5 de fevereiro, é *France nouvelle* que publica um dossiê de quatro páginas contra *Le Nouvel Observateur*, com a participação de Jacques de Bonis, Jean Elleinstein, Alain Decaux e Max-Pol Fouchet. A revista de Jean Daniel arrisca-se a ficar muito isolada em meio a essa campanha de intimidação. Antes de Soljenítsin, esse tipo de denúncia incidia sobre aquele que era alvo de tetania. O medo de ser excomungado do campo da esquerda reduzia ao silêncio, ou ao menos incitava a temperar certo número de verdades, mas a situação mudou. François Mitterrand publica um artigo que não deixa dúvida alguma sobre seu apoio irrestrito ao diretor do *Nouvel Observateur*: "Considero-o como um vetor indispensável à difusão das ideias que constituem o fundo comum da esquerda."[21] Isso alivia a angústia de Jean Daniel, que não pensa ceder à chantagem e reitera seu apoio sem reservas a Soljenítsin, confortado pelo número dos colaboradores do seu períodico, que, em muitos casos, vêm do PCF e dele bem conhecem o funcionamento interno, tendo com ele rompido ou dele sido expulsos.

Jean Daniel deplora o caráter com frequência tímido das reações à obra de Soljenítsin: "Cada um se sente obrigado a se justificar, a recorrer a garantias, a relembrar seu passado. Antes de saudar Soljenítsin, é preciso, se ouso dizer, mostrar pata vermelha[22], porque o importante — não

---

19. LEROY, 1974.
20. Comunicado do escritório político do PCF, citado in *Le Monde*, 3 de fevereiro de 1974; retomado in HOURMANT, 1997, p. 70.
21. MITTERRAND, 1974.
22. A expressão francesa originária, tomada de empréstimo de uma fábula de La Fontaine — "O lobo, a cabra e o cabrito" —, é "*montrer patte blanche*", isto é, dar provas de que se pertence a um grupo ou de que se é digno de a ele pertencer. [N.T.]

é mesmo? — é não ser tratado de antissoviético, de anticomunista e de divisor da esquerda."²³ Edgar Morin previne Jean Daniel de que a batalha será terrível:

> Recebo um telegrama de Edgar Morin. Ele deseja me garantir que estará comigo na provação que começará. Provação? Não tenho sentimento algum de que uma esteja a se anunciar. Edgar Morin me previne de que me coloquei em uma situação perigosa. "Por todos os lados você será atacado. É preciso que se arme de modo a se blindar. É preciso que continue, mas será cada vez mais duro." Como a campanha dos comunistas poderia ser então ainda mais violenta do que foi? Edgar sabe do que fala. Com efeito, começarão a chover golpes. Eu aceitei e, mesmo, pedi para ser tratado como inimigo? Minhas palavras serão tomadas ao pé da letra. Desencadeia-se a fúria.²⁴

As colunas de *Le Nouvel Observateur* se tornam o lugar de denúncia do Gulag, sob a pluma de Jean Daniel, de Maurice Clavel ou de novos filósofos que encontram no hebdomadário um meio da difundir suas teses: "Michel Bosquet e Maurice Clavel me assinalam, sem terem combinado, que um jovem filósofo, antigo maoista, faz uma leitura muito próxima da minha. Trata-se de André Glucksmann."²⁵ O jornal se abre para este último, que ali publica em 4 de março de 1974 um artigo que faz um estardalhaço, "Le Marxisme rend sourd" [O marxismo ensurdece], e denuncia o desconforto de uma esquerda que se atém ao fato de que um "comitê central funciona já em nossas cabeças". Em 24 de junho, o confronto chega mesmo às telas da televisão por ocasião do programa de Bernard Pivot *Ouvrez les guillemets*, que reúne, para debater *Arquipélago Gulag*, Jean Daniel, André Glucksmann, o diretor de *La Nouvelle Critique*, Francis Cohen, Max-Pol Fouchet, Olivier Clément, Alain Bosquet e o editor da versão russa da obra, Nikita Struve. O diretor de *Le Nouvel Observateur* deplora a distância

---

23. DANIEL, 1974.
24. Idem, 1979, p. 192.
25. Ibidem, p. 195.

entre a força histórica do testemunho de Soljenítsin e a mediocridade das reações por ele suscitadas. Ele acrescenta que a leitura de Soljenítsin o atormentou como se descobrisse um "segundo Holocausto". Enquanto o PCF pressiona *Les Temps modernes* e *Esprit* para moderar os ardores de *Le Nouvel Observateur*, ele suscita o efeito inverso: Jean-Marie Domenach afirma seu apoio resoluto e sua total solidariedade "nessa resistência ao miniterror".[26] Nessa oposição tenaz do diretor de *Le Nouvel Observateur* às injunções comunistas, se há, como diz Pierre Grémion, uma parte devida à idiossincrasia de Jean Daniel, feita dessa "mistura de coragem e de susceptibilidade exacerbada"[27], os colaboradores do hebdomadário, em alguns casos antigos comunistas, como Edgar Morin, François Furet, Gilles Martinet, Claude Roy ou Emmanuel Le Roy Ladurie, seguem-no resolutamente.

A revista *Tel Quel* é também fortemente abalada pelo testemunho de Soljenítsin. Jacques Henric chega mesmo a ver no *Arquipélago Gulag* uma análise que revela o funcionamento do universo concentracionário: "Soljenítsin, apesar de seu desconhecimento da teoria freudiana, é um dos primeiros analistas da sociedade soviética e do fascismo inaugurada por esta."[28] *Les Temps modernes*, com um pouco de atraso em relação às outras publicações, reage sob a pluma de Pierre Rigoulot em julho de 1976.[29] Mais tarde ele analisará em um livro as reações dos franceses ao Gulag.[30] Se ele afirma que é preciso relativizar a ideia de um antes- e de um depois-Soljenítsin na tomada de consciência sobre os campos na URSS, ele sublinha o caráter excepcional da publicação de *Arquipélago Gulag*: essa realidade vista até então lateralmente, de maneira suspeitosa, pode enfim ser olhada de frente. Soljenítsin levantou a cortina de ferro que impedia a verdade de vir à tona. Como assinala Pierre Rigoulot, se o termo "Gulag" já se encontra sob a pluma de Pasternak em *Doutor Jivago*, em Barton, em Mora ou ainda em Zwierniak, Soljenítsin a ele confere uma

---

26. DOMENACH, 1974a.
27. GRÉMION, 1985, p. 288.
28. HENRIC, 1976, p. 95.
29. RIGOULOT, 1976.
30. Idem, 1991.

amplidão toda nova que impede de minimizá-lo.[31] Jeannette Colombel, outra colaboradora de *Temps modernes*, se manifestará no *Libération* a favor de uma "defesa de esquerda de Soljenítsin".[32]

A campanha do PCF se conclui, portanto, com um malogro flagrante junto aos intelectuais, mesmo que ela obrigue seu aliado, o PS, a adotar um tom prudente sobre a questão. Ela provoca a ruptura definitiva com Pierre Daix, de quem já havia sido retirada a tribuna de *Lettres françaises* e que decidiu, quando acabou sua paciência, renunciar à sua carteirinha. De fato, quando descobre em 1974 que *L'Humanité*, longe de se alarmar com a expulsão de Soljenítsin, publica um título irônico — "Soljenítsin em férias na Suíça" —, ele diz: "Decidi que o copo transbordava."[33] Segundo Pierre Daix, é Elsa Triolet quem convence Aragon a abrir os olhos sobre a realidade soviética e a necessidade de descobrir, de ler Soljenítsin.

Entretanto, o PCF terá logrado não silenciar, mas manter à distância da polêmica o jornal *Le Monde*, que dá mostras de uma curiosa prudência ao conferir o título "Soljenítsin vai à Alemanha Federal" para anunciar sua expulsão da URSS. Além disso, o jornal se dedica a um curioso jogo de equilibrista, de um lado dando a palavra a Piotr Rawicz, antigo deportado de Auschwitz, que comenta *Arquipélago Gulag* e elogia a faculdade de Soljenítsin de desvender a essência do sistema de natureza concentracionária comum ao nazismo e ao comunismo, e, de outro, publicando no mesmo número, e para fazer boa figura, três autores para os quais o balanço da URSS é globalmente positivo: Francis Cohen, Basile Kerblay e Erik Egnell.

Sem ligação com a campanha conduzida pelo PCF para desacreditar Soljenítsin, Alain Bosquet, intelectual reconhecido, escritor, poeta e

---

31. Contra essa tese, o universitário americano Michael Christofferson pensa demonstrar que os intelectuais franceses se serviram de Soljenítsin, que nada lhes teria ensinado sobre um universo concentracionário já bastante bem conhecido, para conduzir uma campanha contra o PCF, temendo o sucesso dado como provável do programa comum em 1978! Ao final de um curioso silogismo cuja premissa designa como totalitário o que reenvia ao socialismo, fica fácil para o autor mostrar que os antitotalitários são "contra a esquerda" (CHRISTOFFERSON, 2009).
32. COLOMBEL, 1973.
33. DAIX, 1976, p. 443.

jornalista no *Monde*, publica em 1974 um violento panfleto contra o escritor soviético, *Pas d'accord Soljenitsyne!* [Não estou de acordo, Soljenítsin!]. Nascido em 1919 em Odessa, na Ucrânia, de origem russa, Alain Bosquet, aliás Anatole Bisk, ataca Soljenítsin no plano literário: "Esse naturalismo, esse 'dever' que se encontra a cada página fazem do senhor um escritor do século XIX, atrasado, forte, poderoso, mas singularmente limitado para apreender as contradições de seu tempo."[34] Esse argumento será retomado pelo secretário-geral do PCF, Georges Marchais, que, peremptório, afirmará que Soljenítsin não escreve bem... Alain Bosquet, indo bastante longe na diatribe, suspeita aliás das fontes de Soljenítsin, e o acusa de aceder à ira para montar um requisitório unilateral: "O senhor conseguiu reunir aquilo com o que condenar não uma polícia, não um governo, mas um povo inteiro."[35] Ele denuncia em Soljenítsin "um monstro de orgulho e de pretensão", e um "obcecado" que se crê um profeta que dispõe de uma liberdade da qual teria uma "concepção ultrapassada": "O senhor era o Robespierre das consciências, o Saint-Just do comportamento cívico, o Fouquier-Tinville das atitudes mentais. Felizmente, sua única arma é a pluma, cujos excessos acabaram por dar razão às medidas tomadas contra o senhor."[36]

O acontecimento Soljenítsin não faz senão encorajar os intelectuais liberais a defenderem suas teses e convencê-los a aproveitar essa ocasião para romper com a hegemonia ideológica e cultural de que desfruta a esquerda desde a Libertação. Na revista *Contrepoint,* criada em maio de 1970 para conduzir uma crítica conforme as regras do marxismo, Louis de Villefosse, em 1974, não deixa de se sublevar contra o silêncio inverossímil dos intelectuais diante do que se apresenta como um crime contra a humanidade. É ele quem restabelecerá a verdade sobre o massacre de Katyn. Em 1973, a revista publica, sob o título "O espírito de Munique domina o século", um amplo extrato do discurso que Soljenítsin teria pronunciado em Estocolmo se tivesse podido ir até lá. Em seguida, ela transcreve os debates

---

34. BOSQUET, 1974, pp. 12-13.
35. Ibidem, p. 17.
36. Ibidem, p. 20.

organizados pela televisão francesa sobre Soljenítsin. Evidentemente, a publicação de Soljenítsin e o eco por ela produzido são experimentados como uma divina surpresa. Jean Blot, Jean Laloy e Georges Nivat dão conta do acontecimento: "*Contrepoint* engaja-se vigorosamente naquilo que se tornara, a partir da primavera de 1974, o caso Soljenítsin."[37] Entretanto, em 1976, a revista está em retraimento. Uma nova geração pensa retomar a tocha, determinada a conduzir o necessário e doravante popular combate contra o totalitarismo, e a barrar a perspectiva da chegada ao poder em 1978 de uma esquerda ainda amplamente dominada pelos comunistas.

Jean-Claude Casanova, professor do IEP (Instituto de Estudos Políticos de Paris), lidera uma equipe de redação que cria a revista *Commentaire* em março de 1978. Pierre Manent e Marc Fumaroli, aos quais se junta Alain Besançon, ocupam os postos de redatores-chefes.[38] Em favor do combate antitotalitário, que reúne cada vez mais os intelectuais, a nova revista sai do confinamento, apesar de um número modesto de assinantes (em torno de 2.500), graças a uma rede relacional e institucional que dela faz um porta-voz. Como nota Rémy Rieffel[39], a revista estende suas ramificações do IEP à EHESS, passando pelo Collège de France, e abre suas colunas para personalidades da segunda esquerda. Na edição, essa corrente se beneficia de posições fortes com as coleções "Liberté d'esprit", de Raymond Aron, e "Archives des sciences sociales", de Jean Baechler, na editora Calmann-Lévy; "Pluriel", de Georges Liébert na Hachette; "Preuves", na Julliard/Plon, assim como com a publicação de um número crescente de obras de Jean-François Revel na Laffont. Editorialista em *L'Express*, Jean-François Revel publica em 1976 um texto que denuncia os perigos subjacentes ao programa comum de um totalitarismo cuja

---

37. GRÉMION, 1995, p. 602.
38. "O comitê de redação, quanto a ele, presidido por Raymond Aron, contrariamente àquele de *Contrepoint*, não surpreende: os diferentes estratos do círculo aroniano estão ali de certo modo superpostos. Dentre os mais antigos, nota-se a presença de Philippe Ariès, François Fejtö, Raoul Girardet, etc.; na categoria intermediária, aquela de Alain Besançon, François Bourricaud, Pierre Hassner, Annie Kriegel, Kostas Papaïoannou; dentre os mais 'recentes', Jean-Claude Lamberti, Georges Liébert, Michel Prigent, etc." (informações retomadas de RIEFFEL, 1993, p. 253).
39. Ibidem.

perversão cede lugar à tentação: "Existe em nós um desejo de sermos governados de modo totalitário? Eis uma hipótese que explicaria bem certos comportamentos, certos discursos e, muito bem, certos silêncios."[40] Jean-François Revel faz o prognóstico da progressão do totalitarismo no mundo, que parece inexorável, e denuncia a estratégia do PS na França, submetido aos ucasses comunistas e portador de um programa que toma emprestado a via totalitária para sair do capitalismo.

A chegada na França de universitários da Europa Central que fugiam do totalitarismo reforça ainda o dinamismo desse polo. Em 1976, por ocasião do vigésimo aniversário da Revolução Húngara e do revisionismo polonês, um colóquio internacional é organizado em Paris por Pierre Kende e Krzysztof Pomian. Kende, colaborador húngaro da revista *Contrepoint*, que segue o curso de Raymond Aron, elaborou os documentos oficiais sobre o processo Nagy. Pomian, por sua vez, é um historiador de origem polonesa, que havia sido deportado com sua família para a Sibéria, onde passou sua juventude, e, privado de seu posto em 1968, decide emigrar para a França em 1973: "Na Polônia, ele foi assistente do filósofo Leszek Kołakowski até a expulsão deste último do partido operário polonês, em 1966. Em sua chegada a Paris, Pomian esteve em contato com o Comitê Internacional contra a Repressão, liderado por um trotskista, Jean-Jacques Marie."[41] Esse colóquio contribui para cristalizar um polo antitotalitário que ultrapassa as fronteiras da corrente aroniana, reunindo em torno dos dois iniciadores da Europa do Leste tanto Raymond Aron quanto Jean-Marie Domenach, François Fejtö, Pierre Hassner, François Furet, Annie Kriegel, Claude Lefort, Branko Lazitch, Jean-Jacques Marie e Gilles Martinet.

Em abril de 1975, Soljenítsin, encarnando, para uns, a figura do intelectual redentor e, para outros, do diabo, do Mal, faz uma aparição na telinha por ocasião do programa literário de Bernard Pivot, onde é convidado a debater com Jean Daniel, Jean d'Ormesson e Pierre Daix. É a consagração:

---

40. REVEL, 1976a, p. 22.
41. GRÉMION, 1995, p. 610.

Em pouco mais de uma hora, Aleksandr Issaievitch Soljenítsin atingiu o conjunto da opinião francesa no coração e a esquerda, na cabeça. Se se queria saber o que significa "carisma", termo bastante castigado, um ascendente que se impõe no mesmo instante, um magnetismo que acompanha a formulação das mais simples ideias, bastava simplesmente ver Soljenítsin na televisão.[42]

Aquele que havia alguns anos estava no coração das polêmicas é coroado com sua condição de mártir. O brilho de que se beneficia está à altura do calvário por ele sofrido. Suas palavras não podem deixar de afetar os espíritos quando ele assim se apresenta: "Toda a minha determinação de homem e de escritor decorre de eu ter sido um forçado." Pouco depois desse programa, o historiador François Furet enuncia a seguinte questão lancinante: Soljenítsin não parou no meio do caminho ao limitar a matriz totalitária a Lênin e ao leninismo? Não seria preciso remontar até Marx?, pergunta-se Furet, celebrando um antes- e um depois-Soljenítsin: "Apenas Soljenítsin soube dar ao combate um caráter de universalidade política e [...], sozinho, logrou reencarnar um modelo muito antigo de história europeia, aquele do intelectual que vence o poder. Desde então, ele havia vencido. Exilado, ele venceu Brejnev."[43]

Para além do poder desse testemunho, o contexto no qual foi publicada a tradução francesa do *Arquipélago Gulag* muito facilitou a acolhida reservada a esse livro-acontecimento que se torna um best-seller: no final de 1974, o primeiro tomo já teria vendido mais de seiscentos mil exemplares. Em 1974, o esquerdismo está em plena desorientação, e a esquerda clássica francesa progride no registro do programa comum assinado em 1972: não se pode esperar nenhuma outra grande noite revolucionária, nenhum outro amanhecer encantador para sair da crise. No momento em que o desemprego avança, em que as esperanças revolucionárias se afastam, o "efeito Gulag" mostra que, se não se pode imputar a Marx a responsabilidade pelo Gulag, como alguns se apressam a fazê-lo, o marxismo não

---

42. DANIEL, [1975] 2002, p. 509.
43. FURET, 1975.

pode mais ser pensado sem o cortejo fúnebre de suas realizações concretas na história da humanidade. A crise é profunda: é impossível evocar uma simples derrapagem, os excessos do culto da personalidade, ou uma simples saturação de burocracia... para salvar o sistema.

Além disso, o final da Guerra do Vietnã em 1975, que radicalizou toda uma parte da juventude mundial, oferece um contexto favorável à reavaliação dos valores veiculados pelas democracias europeias; uma nova lógica binária tende a se impor, que opõe cada vez mais a democracia ao totalitarismo. O "efeito Gulag" é agora decisivo e reconhecido como tal, para além daqueles que não esperaram 1974 para se comover e se engajar contra esse sistema. Pouco a pouco, os combates enfocam a defesa dos direitos humanos, que, antes desse período, se tendia a qualificar como formais. A enorme suma da memória coletiva recolhida por Soljenítsin de 1958 a 1967 não permite mais recorrer a esse tipo de subterfúgio. O Ocidente que recebe o autor do *Arquipélago Gulag*, banido da URSS em fevereiro de 1974, se põe à escuta das vozes que pouco a pouco vêm do outro lado da cortina de ferro, daqueles que são presos em hospitais psiquiátricos por terem exigido o respeito aos direitos humanos: Vladimir Bukovski, Leonid Plyushch... O marxismo retrocede ao ritmo da chegada desses dissidentes e do horror desvelado daquilo por eles vivido.

Em 1977, a revelação do que a revolução cambojana de Pol Pot acaba de realizar desacredita definitivamente o pensamento da tábula rasa, pois em nome desta é que foram exterminados sistematicamente dois milhões de homens e de mulheres em uma população de nove milhões de habitantes. Em sua crônica dos anos de 1968 a 1978, Jean-Claude Guillebaud situa bem a data de 1977 como o momento da ruptura última para os naufragados do arquipélago: "O singular deslize de 1968 a 1978 parece lúgubre. Um verdadeiro jogo de massacre."[44] O que entra em derrocada durante essa década não é apenas o ícone que foi Marx para toda uma geração de Maio de 1968, mas a ideia mesma de revolução: "Quero dizer, o conceito sentimental-heróico da revolução que, desde o pós-guerra, precipitava os fervores militantes dos jovens da Europa ou da América

---

44. GUILLEBAUD, 1978, p. 18.

em direção ao Terceiro Mundo tecnicolor."[45] No desaparecimento de todo horizonte de expectativas, o ano de 1977 desempenha, pois, o papel de escansão essencial, e cabe a Jean-Claude Guillebaud perguntar-se por que justamente essa data. A resposta não pode ser encontrada senão em uma série de fatores que recobrem uma dimensão internacional. O tsunami capaz de enterrar essa ideia-força de revolução que animou as esperanças de tantas gerações resulta de diversos abalos gerados pelo trágico da história. Às rupturas de Budapeste em 1956, em seguida de Praga em 1968, vêm se acrescentar o "efeito Gulag" e o papel dos dissidentes soviéticos que vêm ao Ocidente em busca de refúgio:

> Ninguém duvida de que essa irrupção dos *Zeks*[46] no Ocidente, esses requisitórios que pesam seu peso de sangue e de lágrimas contra nossa irresponsável complacência para com o totalitarismo oriental abalaram muitas consciências.[47]

No entanto, essa explicação não satisfaz verdadeiramente Jean-Claude Guillebaud, que admite que essas bombas com retardador colocadas nas livrarias a partir de 1974 certamente contribuíram para certa transição; ele lembra, entretanto, que outras as haviam precedido, e que Kravtchenko havia, já em 1949, denunciado esse sistema carcerário sem suscitar um verdadeiro terremoto. A questão é, pois, saber por que em 1977. Guillebaud retoma para responder a isso um argumento bastante parisiense proibido por uma corrente que estigmatiza o "partido intelectual" e seu "terrorismo", a saber, os anátemas de uma inquisição que teria feito reinar uma ordem mental que se esquecia das realidades em benefício da defesa do dogma, afastando como pestiferados todos aqueles que não pensavam de modo correto: "Esses quatro indesejáveis foram, durante muito tempo, Jean-François Revel, Jean Cau, Pierre Chaunu e Louis Pauwels."[48] Esse

---

45. Ibidem, p. 27.
46. Na URSS, assim eram chamados os detentos dos campos do Gulag. [N.T.]
47. Ibidem, p. 80.
48. Ibidem, p. 84.

partido intelectual teria se fraturado em 1977, ao mesmo tempo que o programa comum da esquerda e a aliança entre PCF e PS. Essa explicação parisianista permanece, entretanto, incompleta, concorda Guillebaud. A fonte essencial da transição constatada deveria então ser procurada no fechamento, no decorrer dos últimos dez anos, de três grandes fases maniqueístas: o pós-guerra, o período colonial e o confronto Leste-Oeste. Em 1968, a geração contestatária, a qual se repreendeu por esquecer o passado, retomava porém, espontaneamente, um slogan: "CRS=SS", em referência à Segunda Guerra Mundial e a seu passado de resistente, enquanto um grupo de maoistas assumia o nome de Nova Resistência Popular para dela se fazer o porta-voz. O genocídio perpetrado pelos khmers vermelhos depois da tomada de Phnom Penh em 1975 põe fim à visão binária da confrontação entre o bem encarnado pelo colonizado e o mal pelo colonizador: "Ao que parece, diversas fechaduras cederam ao mesmo tempo; mordaças históricas finalmente romperam."[49] Dez anos depois de Maio de 1968, o ponto de vista de Guillebaud não consiste em deplorar a perda de um tesouro perdido, em se lamentar e em se refugiar na melancolia. Muito pelo contrário, ele conclui sua proposição com um exaltante apelo à imaginação em face do que se tornou uma página em branco. Mas tudo tem de ser reconstruído, e, nesse intervalo, a ideia de futuro permanece bem opaca.

A ideia de uma superação do sistema existente, de um futuro diferente, desaparece ao ritmo dessas revelações. Com o refluxo do marxismo, é o instrumento de análise global da sociedade e da história como teleologia que é abandonado. O "efeito Gulag" revela que basta ouvir, ler e ver para compreender, às avessas de uma especulação conceitual com pretensões científicas que dissimula por detrás de uma tela de fumaça a possibilidade de apreender os verdadeiros desafios da tragédia em curso, com a cumplicidade objetiva daqueles que apoiavam os torcionários.

Sintoma da nova situação dos intelectuais, essa situação paradoxal de apego àquilo que ainda se chamava o socialismo real enquanto crescia a consciência de sua degenerescência conduz muitos dentre eles a resolver o

---

49. Ibidem, p. 96.

nó górdio para enfrentar as novas exigências da realidade política, sobretudo no Leste. Essa evolução se amplifica ao longo dessa década que se conclui com o sucesso do sindicato Solidarność [Solidariedade] na Polônia (agosto de 1980) e com o estado de sítio de Jaruzelski (dezembro de 1981). Desse novo fronte de combates conduzidos em nome dos valores do direito e da democracia, muitos concluem que é impossível sustentar dois discursos contraditórios sobre a modalidade de um apoio crítico. Progressivamente, os intelectuais se reconciliam com um certo número de valores ocidentais considerados até então como mistificadores e puramente ideológicos. Zombar dos valores democráticos se torna mais difícil e a desconstrução de todos os aparelhos dessa democracia deve ser positivamente reavaliada. Como o intelectual orgânico já morrera havia muito, é então o intelectual hipercrítico que conhece uma crise de languidez.

9
As duas vias do antitotalitarismo

Os "novos filósofos"

Um dos "efeitos Gulag" mais espetaculares é a reunião de um certo número de intelectuais em torno do estandarte chamado os "novos filósofos". Entretanto, o efeito não é imediato, como lembra Philippe Cohen em sua biografia da figura emblemática dessa corrente, Bernard-Henri Lévy, *alias* BHL.[1] Este último, no momento da publicação de *Arquipélago Gulag*, parece ainda profundamente mergulhado em seu sono dogmático, sob a influência althusseriana. Responsável pela página "Idées" do *Quotidien de Paris*, ele escreve em abril de 1974, introduzindo um dossiê sobre "La nouvelle Avant-guarde russe em Paris" [A nova vanguarda russa em Paris]: "Muito se falou sobre Soljenítsin, que não é um grande escritor, mas que resolveria bem nossos assuntos." No mês seguinte, apresentando uma série de artigos sobre os oponentes soviéticos, ele adverte o leitor de que alguns são "péssimos tabloides reacionários".[2] BHL guarda distância em relação a Soljenítsin, tratando-o de "mitômano", de "ignorante" e de "*show-bizman*"![3] Ao final da série de testemunhos, em 31 de maio, BHL faz um elogio da nova oposição: "Nada a ver, igualmente, com aqueles farsantes que nos chegam periodicamente, romancistas do século XIX

---

1. COHEN, Philippe, 2005.
2. LÉVY, [1974] 2005, p. 212.
3. Ibidem.

perdidos no século XX, do tipo Soljenítsin."⁴ É, pois, no mais puro estilo stalinista que Soljenítsin é acolhido por BHL. Pouco depois, ele abandonará plenamente esse tipo de raciocínio. Seu biógrafo se interroga para saber o que pôde provocar uma tal virada de posição; parece ter sido a leitura do livro de André Glucksmann *A cozinheira e o devorador de homens*, que constitui seu caminho de Damasco em 1975. Nessa obra, Glucksmann, que fora um fervoroso militante maoista, expõe teses que se tornarão a doxa da nova filosofia.

Nascido em 1937, Glucksmann é originário de uma família judia e comunista. Viveu sua infância com a mãe, que participou da Resistência, seu pai tendo sido morto pelos nazistas. Aluno da Escola Normal de Saint--Cloud, ele se engaja no PCF, com o qual rompe no final dos anos 1950 para, em seguida, na esteira de 1968, tornar-se maoista no seio da GP (Esquerda Proletária). Após o refluxo do esquerdismo, a autodissolução da GP e o apagamento do horizonte revolucionário, o testemunho de Soljenítsin reveste-se para ele de importância capital. Enquanto o PCF começou sua barreira, ele interpela desde março de 1974 a *intelligentsia* francesa para que se ouça o escritor soviético.⁵ À leitura desse artigo, Claude Durand, que edita Soljenítsin e dirige a coleção "Combats" na Éditions du Seuil, encomenda a ele um livro que se tornará a rampa de lançamento do fenômeno "novos filósofos": *La Cuisinière et le mangeur d'hommes* [A cozinheira e o devorador de homens].⁶ Glucksmann redige esse ensaio sobre o Estado, o marxismo e os campos de concentração, tomando emprestada da experiência de Soljenítsin a lição de que a história não exprime em absoluto o combate entre o Estado capitalista e o proletariado, mas a confrontação entre o Leviatã, o Estado e a plebe. O destino trágico dessa oposição obriga a questionar radicalmente Marx, que tem ligação estreita com o Estado e, consequentemente, com os campos e com o totalitarismo.

---

4. Ibidem, p. 213.
5. GLUCKSMANN, 1974.
6. Idem, [1975] 1976.

Marxismo e campos não são estranhos um ao outro, do modo como o moralista clássico pensa que o erro é uma coisa, e a verdade, outra [...]. Não pensamos ainda sobre o que faz do marxismo a alma de um regime sem alma; e de sua razão, a razão de Estado, e de sua eficácia, a arma de um império.[7]

Ao se desembaraçar de seus ouripéis maoistas, Glucksmann com frequência enuncia as boas questões. Como a seguinte: "Como se pode falar a um só tempo do trabalho forçado e da propriedade coletiva dos meios de produção? Como a escravidão conduz à sociedade sem classes?"[8] Entretanto, ele propõe a cada vez respostas binárias e redutoras, como, por exemplo, quando conclui sobre a assimetria entre o Estado e a plebe, enre polo positivo e polo negativo, assim como nos circuitos elétricos. Na ausência de horizonte revolucionário possível, não resta senão contar com as capacidades de resistência da plebe.

Como propagandista, ele retoma à sua maneira a teoria do panóptico de Michel Foucault e da multiplicação das resistências possíveis no exercício do biopoder sobre os corpos. Em *Les Maîtres penseurs* [Os mestres pensadores][9], Glucksmann, prosseguindo sob sua perspectiva eliminadora em relação aos pensamentos filosóficos que levam à glorificação das funções do Estado, não se detém em Marx: passa por Hegel e remonta até Platão, descrevendo toda uma filiação filosófica que carrega nela mesma as sementes do totalitarismo e do universo concentracionário. Nessa obra de 1977, Glucksmann retoma o tema bastante lacaniano do "isso não existe". Isso se dá como Capital que "não existe mais como realidade do que como livro".[10] Também o trabalho não existe: "Não mais que 'o' capital, 'o' trabalho não se deixa apreender à *parte*. Nem como valor (salário). Nem como esforço, pena, vivido do trabalhador."[11] Essa demonstração, que não recua diante do recurso maciço ao dispositivo mediático a fim

---

7. Ibidem, pp. 40-41.
8. Ibidem, p. 83.
9. Idem, 1977.
10. Ibidem, p. 243.
11. Ibidem, p. 246.

de jogar diante de um público mais amplo, liga-se à exorcização de seu engajamento maoista e expressa com paixão seu desejo de romper com um passado militante repleto de ações de intimidação.

Com a escatologia revolucionária moribunda, é o momento em que toda uma parte de uma geração, em um mesmo elã coletivo, rejeita seu passado *soixante-huitard* e passa ao confessionário para aliviar seus pecados. André Glucksmann, Christian Jambet, Guy Lardreau, Bernard-Henri Lévy e muitos outros, esses apóstolos que aterrorizam todos os tépidos da adesão mística ao Grande Timoneiro descobrem com estupor os encantos discretos do liberalismo, trocando a gola Mao por um terno de três peças. Às vésperas do décimo aniversário de Maio de 1968, é chegada a hora de se mostrar razoável. O marxismo torna-se então sinônimo de barbárie, e Marx deve responder pelo Gulag que ele engendrou. Posto que o mundo decepciona, será suficiente afirmar que ele não mais existe e que ele deve ser substituído pela grande potência do Verbo: no começo, era o Verbo. Sob Mao se aninha Moa, que acorda após uma longa cura de sono. Ainda dormente, ele inicia o Ato de exorcismo que deve tudo varrer da superfície desse pobre mundo e de sua materialidade ilusória. No limite, não há mais mundo, proclamam Guy Lardreau e Christian Jambet: "Digo, o real não é outra coisa senão discurso."[12] Sob a lógica implacável da falta, os "novos filósofos" redescobrem a lei do Mestre, aquela, viva, de Lacan, e aquela outra, escondida, de Deus: "Reencontramos o desprendimento cristão: menosprezo por todas as coisas, esquecimento dos pais, e horror pelo próprio mundo."[13] E eis Jean-Marie Benoist, que se põe a defender a rebelião do monsenhor Lefebvre e a beleza do ofício em latim. Maio de 1968 é rejeitado como a figura do Mal absoluto. Jean-Pierre Le Dantec denuncia *Les Dangers du soleil* [Os perigos do sol][14], atacando o que ele chama de "a gangrena" saída do marxismo que vem da própria ideia de revolução e de sua "propensão congenital ao terror".[15]

---

12. LARDREAU; JAMBET, 1976a.
13. Ibidem, p. 133.
14. Le Dantec, 1978.
15. Ibidem, p. 279.

Mais do que um ruído, é um estardalhaço que se espalha. Em *Les Nouvelles littéraires*, que semanalmente confia a uma personalidade a direção de um dossiê, Paul Guilbert dá carta branca a Bernard-Henri Lévy para se expressar sobre as tendências dominantes da filosofia do momento. O famoso dossiê sobre a "nova filosofia"[16] confirma o caráter coletivo do movimento e sua vontade de se erigir em vulgata. O golpe midiático é magnificamente um sucesso, pois que a esses neófitos da filosofia é confiada a tarefa de conversar com seus predecessores: Roland Barthes, François Châtelet, Jean-Toussaint Desanti, Michel Serres, Claude Lévi-Strauss, o que dará a eles a legitimidade de uma filiação prestigiosa. Quando à denominação "novos filósofos", se bem responde à operação midiática de BHL, ela resulta na verdade de um concurso de circunstâncias que se inicia com uma discussão entre BHL e Jean-Paul Dollé, que sugere inicialmente a ideia de um título: "Algo de novo em filosofia". É Paul Guilbert quem retifica, "no momento da diagramação do texto, o título 'O retorno da filosofia' e o substitui por essa famosa fórmula, 'Os novos filósofos'."[17] Já perito em marketing, BHL dramatiza a proposição desse dossiê para dele fazer um acontecimento: "Um mal que espalha o terror, provavelmente uma punição do Céu, que dizima as fileiras da ultraesquerda, se abateu sobre Paris e ali faz, ao que parece, um grande estrago. Já se fala em complô, em perversas maquinações, tramadas sabe-se lá onde, e por razões misteriosas."[18] O produto cultural está lançado e fará sucesso. Para além das diferenças que os opõem, esses jovens filósofos, recentemente saídos das desilusões de Maio de 1968, reconvertem seus desencantos em triunfo midiático. O qualificativo "novos filósofos" ganhará seus títulos de nobreza, como ontem o *nouveau roman*, assumindo seu lugar na vanguarda das ideias contra todos os conservadorismos. O tema faz fortuna sob diversas variantes. Pouco após a publicação desse dossiê, *Le Nouvel Observateur* faz sua manchete sobre os "Novos gurus", que é retomada

---

16. Dossiê publicado em *Les Nouvelles littéraires*, 10 de junho de 1976, que reúne as assinaturas de BHL, Jean-Paul Dollé, Jean-Marie Benoist, Michel Guérin, Christian Jambet, Guy Lardreau, Annie Leclerc, Françoise Lévy e Philippe Roger.
17. COHEN, 2005, p. 217.
18. LÉVY, 1976.

pelo jornal *Libération*. O fenômeno provoca curiosidade e, beneficiando-se da repercussão do "efeito Gulag" suscitado por Soljenítsin, logo aparece como geracional. Jacques Paugam faz desfilar um grande número deles em uma série de programas de France Culture, logo transcritos em *Génération perdue*.[19] Em 1977, Bernard-Henri Lévy, que arquitetou essa bela acolhida, prepara um livro que abraça tão bem os ares do tempo que dele adivinha o provável sucesso: *La Barbarie à visage humain* [A bárbarie com rosto humano]. Ele reconhecerá por detrás de Maio de 1968 a imagem do Mal, a sombra do Mestre que inaugura o crepúsculo pálido e raso de nosso século XX: "Vivemos o fim da história porque vivemos na órbita do capitalismo continuado."[20]

Na verdade, esse sucesso é gerado pela editora de BHL, Françoise Verny, que descobre e molda o personagem quando ele não tem mais do que 25 anos. Em um dia de 1973, ela encontra em seu escritório um manuscrito transmitido por Jean-Edern Hallier, em que o jovem filósofo, de volta de Bangladesh após ter respondido ao apelo humanitário lançado por Malraux, relata a enquete que ali conduziu. Ela devora o texto, admirada mais pelo estilo do que pelo assunto, e logo marca um encontro com seu autor: "Vejo surgir um personagem romântico com seus longos cabelos negros e sua tez pálida. Um príncipe pela elegância de suas maneiras e pela desenvoltura de suas roupas: uma camisa branca aberta sobre um torso nu."[21] Verny logo lhe comunica sua intenção de publicá-lo; Bernard--Henri Lévy responde que acaba de assinar um contrato com Maspero e que deseja respeitá-lo. Verny o repreende e injuria, mas ele revela, um pouco antes de sair, que tem outros projetos de escrita. Um novo encontro é marcado. Verny não tem intenção alguma de deixar escapar esse jovem, ela se encarregará dele pessoalmente. Com esse jovem filósofo, ela se reconcilia com seus arrebatamentos de juventude, sem floreios, sem nuanças, os julgamentos apressados, carregados aqui por uma voz bem timbrada e um físico de efebo. Nele ela vê não apenas uma vedete possível, mas a

---

19. PAUGAM, 1977.
20. LÉVY, 1977.
21. VERNY, 1990, p. 273.

encarnação mesma de um fenômeno geracional. Ela o quer sob suas asas protetoras, e não somente como autor: em 1973, ela o apresenta a Bernard Privat, que dirige a editora Grasset, e ali ele se torna diretor de coleção. Lá estão os dois sob o mesmo teto, o que favorecerá a operação editorial que se seguirá. Para alimentar suas três coleções, Bernard-Henri Lévy se cerca de todos os seus antigos colegas de *khâgne* do final dos anos 1960.[22] A ideia comum a eles é simples: virar a página de seu militantismo, em geral de tendência maoísta, denunciar o marxismo como matriz de todos os males e anunciar a boa-nova do advento da "nova filosofia", nome de batismo oficializado por Bernard-Henri Lévy em 1976.

Entusiasmado com seu sucesso imediato, Bernard-Henri Lévy acalenta o projeto de um jornal diário. Ele deixa então a Grasset, para grande desespero de sua protetora, persuadida de que esse sucesso será um malogro, o que efetivamente acontecerá: esse efêmero jornal, *L'Imprévu*, que vem a lume em janeiro de 1975, não terá senão onze números. Quando seu diretor deseja voltar para a Grasset, sua direção se opõe. Mas era não contar com a determinação de Verny: "Na segunda pela manhã, eu o reinstalo em seu escritório, deixando a editora diante do fato consumado. Eu o fiz entrar uma segunda vez para a Grasset. E voltamos a trabalhar juntos. Para a minha grande alegria."[23]

Verny está fascinada com o avanço de seu autor, cujo nome se transformará em sigla: BHL. Seu engajamento nesse assunto é total, e todas as manhãs ela encontra um BHL que passou a noite trabalhando. A cada dia, desde as sete horas da manhã, ela descobre as páginas que comporão *La Barbarie à visage humain*, obra da qual Jean-Edern Hallier detém os direitos. Verny, que não quer que o livro lhe escape, consegue que ele seja coeditado por Hallier e pela Grasset e recebe a seguinte carta de BHL:

> Conservo de nossos encontros de leitura na rua des Saint-Pères uma extraordinária lembrança. A cada dia me dizia que, no dia seguinte, você não voltaria e que encontraria uma urgência mais extrema; e a cada

---

22. Christian Jambet, Guy Lardreau, Philippe Nemo, Roger-Pol Droit, que expandem o pequeno cenáculo a André Glucksmann e Jean-Paul Dollé.
23. VERNY, 1990, p. 281.

dia, entretanto, você voltava, pontual e atenta, calorosa, porém quase distante, de uma distância que não enganava e em que eu via a marca dessa estranha e deliciosa surpresa que experimentamos, nós, editores, quando nos é dado descobrir um texto. Enfim, você descobriu *La Barbarie* e eu não me esquecerei disso.[24]

Qual é a proposta desse livro de sucesso? É uma versão acessível da tese de Glucksmann segundo a qual o Estado Leviatá espreita o mais ínfimo sonho de emancipação, impedindo toda escapatória ao indivíduo moderno. Aliás, o livro se abre com uma confissão sinistra: "Eu sou o filho natural de um casal diabólico, o fascismo e o stalinismo." Não há nada a esperar da história, pois que a "história é o Estado" e "por todos os lugares em que há história, há um Mestre". BHL ali desenvolve, igualmente, a temática em voga do "isso não existe". Depois de ter descartado a realidade, não resta senão a bela escapada para fora das questões societais em direção à metafísica, à moral, à criação artística. BHL não vê mais escolha possível entre socialismo e barbárie. Para ele, apenas a saída bárbara se prepara, pois "o fascismo é irresistível" e a "barbárie por vir terá, para nós, ocidentais, o mais trágico dos rostos: o rosto humano de um 'socialismo' que retomará por conta própria as taras e os excessos das sociedades industriais".[25] O socialismo e a barbárie são, pois, vistos como dois horizontes a um tempo inelutáveis e superpostos. A religião da história está definitivamente terminada, não há nada a esperar desse lado, e, como diz o biógrafo de BHL: "Ao fechar o livro, o leitor sai de sua leitura penetrado pela dolorosa impressão de que o destino do homem é semelhante àquele da vespa que aprisionamos, com uma gota de mel, em um copo virado para baixo."[26] O livro apresenta um título oportuno que cristaliza a intensa desilusão em face da história dessa geração que mal saiu de sua crença absoluta no sentido da história. Não é nem mesmo mais possível opor as Luzes ao

---

24. Bernard-Henri Lévy, carta a Françoise Verny, 26 de julho de 1977, citada in ibidem, p. 290.
25. Lévy, [1977] 1985, p. 230.
26. Ibidem, p. 229.

Gulag, pois que o Gulag são "as Luzes menos a tolerância".²⁷ A obra, como aquela de seus amigos, traduz a dobra sobre o presentismo que não deixará de ganhar espaço, selando a derrocada do futuro e de todo horizonte de esperança. É um adeus à história: "Nunca mais seremos os conselheiros dos Príncipes, nunca mais teremos poder ou a ele visaremos [...]. Nunca mais seremos os guias e os faróis dos povos; nunca mais nos colocaremos a serviço dos revoltados."²⁸ Compreende-se pois muito bem o triunfo desses "novos filósofos" que souberam acompanhar os novos tempos, aqueles da desesperança política, mesmo que ao preço de um erro flagrante de prognóstico, uma vez que todas as suas predições se mostraram equivocadas: tanto a ideia de um crescimento do totalitarismo quanto aquela do caminhar em direção de um coletivismo tênue, ou, ainda, a convicção de que o marxismo conquistava uma posição hegemônica. Os anos 1980 contradirão cada uma dessas predições.

Nesse panfleto, Bernard-Henri Lévy visa com virulência, entre outros, Deleuze e Guattari, considerados eles também como expressões de um fascismo comum, "figuras da barbárie". Assimilando abusivamente a filosofia deles a uma ideologia do desejo, ele ali denuncia uma nova maneira de ser bárbaro: "Nós os conhecemos muito bem, esses cavaleiros de rosto alegre, apóstolos da deriva e arautos do múltiplo, antimarxistas excessivos e festivamente iconoclastas [...]. Eles têm os seus timoneiros, esses marinheiros da moderna nave dos loucos, são Gilles e são Félix, pastores da grande família e autores de *O anti-Édipo*."²⁹ Fazer do fascismo um assunto de libido na superfície do corpo social ao sabor das flutuações das relações de força participa dessa "barbárie com rosto humano" estigmatizada por Bernard-Henri Lévy. O veredito é inapelável: "A ideologia do desejo é uma figura de barbárie no sentido muito rigoroso por mim definido."³⁰ E a lição que daí se tira não é verdadeiramente cor-de-rosa: "A vida é uma causa perdida, e a felicidade, uma ideia velha"³¹; "o mundo é um desastre

---

27. Idem, [1977] 1985, p. 131.
28. Idem, 1977, p. 221.
29. Ibidem, p. 20.
30. Ibidem, p. 140.
31. Ibidem, p. 14.

do qual o homem é o cume"³²; "Não, o mundo não vai bem e não irá sem dúvida melhor."³³

Pouco importam seus erros de apreciação, o sucesso espetacular é inegável. O livro é um acontecimento e são vendidos 37 mil exemplares nas duas primeiras semanas; as vendas chegarão a oitenta mil exemplares em um ano. Sua publicação é cuidadosamente preparada: a arte dos golpes editoriais de Françoise Verny e a mobilização das redes de BHL para isso muito contribuem, e assiste-se a um tsunami midiático. BHL, que dirige três coleções na Grasset, "Enjeux", "Théoriciens" e "Figures", ocupa então uma posição editorial de primeiro plano. Além disso, ele dispõe de uma rede de amigos que ocupam lugares estratégicos no dispositivo midiático: Jean-Paul Enthoven no *Nouvel Observateur*, Jean Bothorel no *Matin*, Paul Guilbert em *Nouvelles littéraires*, Denis Bourgeois na *Playboy*. "É também um incrível *set* literário com Roland Barthes, Lucien Bodard, Philippe Sollers (na manchete do jornal *Le Monde*, por favor!), Thierry Maulnier, da Academia Francesa, Maurice Nadeau, da *Quinzaine littéraire*, e o especialista em política Maurice Duverger."³⁴ Philippe Sollers, ele próprio recém-saído de sua maofilia, exprime na manchete do *Monde*, sob o título "La Révolution impossible" ["La révolution impossible"], toda a sua admiração pelo libelo de BHL, que o procurara antes de sua publicação:

> A convite do filósofo, Sollers vai ao apartamento da rua des Saint-Pères onde mora Lévy. Este último, durante uma longa tarde, lê seu original. Imediatamente, Sollers saúda a força do livro e dele compreende a importância. Ele promete a Lévy seu apoio, sob a condição de que a ruptura com Hallier esteja consumada. Sobre a mesa de vidro fumê que ornamenta a sala, Sollers, voltando-se para Lévy, põe-se a traçar o plano de campanha imaginária dos próximos meses, designa invisíveis concentrações de forças, mostra com o dedo os lugares imateriais sobre os quais

---

32. Ibidem, p. 85.
33. Ibidem, p. 14.
34. COHEN, 2005, p. 234.

deverão se dar as ofensivas prioritárias. O tampo da mesa se torna o mapa sobre o qual se desenrola um gigantesco *Kriegsspiel* politico-literário.[35]

Esse plano de ataque funcionou muito bem: no *Figaro*, Claude Jannoud saúda um "livro claro e ácido".[36] No *France Soir*, Lucien Bodard elogia em BHL um "dinamismo de santo que supera a neurastenia dos tempos limitados"[37], e André Frossard não esconde seu prazer em *Le Point*: "Passeando com júbilo pelo livro do bastante jovem filósofo Bernard-Henri Lévy, *La Barbarie* à *visage humain*, eu atravesso algumas clareiras espirituais plenas de agradáveis murmúrios."[38] Maurice Clavel escreve seu panegírico no *Nouvel Observateur*: "Ele é jovem, bonito, elegante, talentoso, famoso... esse longilíneo jovem dotado pela natureza e que se permite além disso ter sucesso na cultura."[39] Na revista *Magazine littéraire*, Dominique-Antoine Grisoni não economiza seus cumprimentos: "Um grande livro acaba de nascer e assume seu lugar nas fileiras daqueles, raros entre todos, nos quais a análise é fulgurante e o gênio estremece."[40]

O eco midiático prolonga e amplifica os ânimos de BHL, elogiado por seu estilo e louvado por sua escrita. Em um concerto de elogios, os louros cabem a Roland Barthes: "Gostaria de dizer a você, de modo sucinto, o que especialmente me comove em seu livro [...]. O que me encantou (coloque nesse termo o prazer, a solidariedade, o fascínio) é que seu livro é escrito."[41] Além disso, BHL beneficia-se do assentimento do jornal *Le Monde*, no qual Jacques Fauvet quer abrir suas colunas para as jovens gerações a fim de renovar seu leitorado. Roger-Pol Droit contribui para o lançamento e para o sucesso de BHL. É preciso acrescentar a isso os elãs líricos e místicos do "tio" dos "novos filósofos", o "titio", Maurice Clavel, que se torna ele também o arauto desses jovens pensadores.

---

35. FOREST, 1995, pp. 501-502.
36. JANNOUD, 1977.
37. BODARD, 1977.
38. FROSSARD, 1977.
39. CLAVEL, 1977.
40. GRISONI, 1977.
41. BARTHES, [1977] 2005, p. 234.

Entretanto, muitos elogios podem atrapalhar que um ensaio se transforme em acontecimento. Ainda lhe falta a prova de fogo de uma boa polêmica. Se a intenção dos autores não era lhe dar esse presente, a ocasião se apresenta com dois jovens filósofos, François Aubral e Xavier Delcourt, que naquele momento publicam pela Gallimard um panfleto de acusação[42], cujo alvo é essa constelação de desiludidos; os dois autores denunciam a um tempo o amadorismo filosófico, a simplificação e o sucesso de uma "pub-filosofia": "Na confusão das crenças, a 'nova filosofia' assume inicialmente a figura do que se chama um 'fenômeno de sociedade' [...]. A 'nova filosofia' aproveita-se da situação e se contempla complacentemente, sem se ouvir seriamente. Sua própria imagem a fascina."[43] Bernard Pivot, que busca compor *sets* atraentes para *Apostrophes*, ao reconhecer aí a ocasião sonhada de um confronto na cúpula, organiza um programa sobre o tema: "Os novos filósofos são de direita ou de esquerda?" No dia do programa, *Le Monde* publica um dossiê sobre a mesma questão, conferindo a parte mais importante para os "novos filósofos" com um artigo de Jean-Paul Dollé e um grande artigo favorável de Roger-Pol Droit, e não deixando a François Bott senão duas magras colunas para defender Aubral e Delcourt.

Realizado em 27 de maio de 1977, o programa de Bernard Pivot é assistido por seis ou sete milhões de pessoas, número excepcional para uma disputa filosófica que se oferece como um acontecimento. Entretanto, o telespectador assiste a um combate bem desigual entre os dois panfletários e os muito midiáticos BHL, Glucksmann e Clavel. O programa lança o intelectual midiático BHL — Angelo Rinaldi dirá ter visto nele "o mais belo decote de Paris". Ele penetra a tela, atrai todos os olhares, a tal ponto que a filha de Bernard Pivot dirá a seu pai, no dia seguinte, ter visto "Rimbaud na televisão".[44] É a consagração catódica. Reagindo a qualquer questionamento sobre toda possibilidade de futuro, Claude Mauriac publica um ponto de vista crítico nas colunas do *Le Monde* sob o título "Il ne faut pas tuer l'espérance" [Não se pode matar a esperança]:

---

42. Aubral; Delcourt, 1977.
43. Ibidem, p. 241.
44. *Le Nouvel Observateur*, 12-18 de maio de 1994.

"É muito fácil, em nome da perfeição — algo que não é deste mundo —, de um absoluto que não existe senão em nossa nostalgia, recusar o que alguns tentar fazer, bem ou mal, com os meios de que dispõem, em condições políticas e econômicas dadas e na espera de um sucesso relativo, é fato, mas apreciável."[45] Por sua vez, Pierre Viansson-Ponté sensibiliza-se com o futuro dessa geração apressada de *soixante-huitards* arrependidos: "Esses filhinhos de papai, essas crianças grandes em atraso desejavam a revolução imediatamente, não! Ela não veio, então eles se irritam [...]. Pobres gatinhos perdidos."[46]

Para Gilles Deleuze e Félix Guattari, violentamente examinados na obra de BHL, essa agitação mais parece um circo que uma especulação filosófica e presta-se, antes, ao riso. Mas quando Michel Foucault, fazendo a apologia da obra de Glucksmann *Les Maîtres penseurs* no *Le Nouvel Observateur*[47], entra em cena para se tornar o defensor dos "novos filósofos", não é mais possível manter silêncio. Segundo Foucault, Glucksmann "faz surgir no centro do mais elevado discurso filosófico aqueles fujões, aquelas vítimas, aqueles irredutíveis, aqueles dissidentes sempre recuperados — enfim, aquelas 'cabeças ensanguentadas' e outras formas brancas que Hegel gostaria de ter feito desaparecer da noite do mundo".[48] Com essa bênção de Foucault, por quem Deleuze nutre grande estima, o assunto se torna sério e exige uma resposta apropriada.

Deleuze sabe por seu amigo François Châtelet que uma obra polêmica está sendo preparada sobre os "novos filósofos". Ao ver na televisão François Aubral, de quem ele aprecia o tom irreverente, ele pede para encontrá-lo, em seguida convidando para um jantar os dois autores do livro a ser publicado. François Aubral e Xavier Delcourt começam por expressar sua surpresa diante do silêncio de personalidades como Deleuze ou Châtelet, dando a entender ao primeiro que bastariam algumas palavras para reduzir a zero os "novos filósofos". Durante o jantar, Deleuze pensa

---

45. Mauriac, 1977.
46. Viansson-Ponté, 1977, pp. 15-16.
47. Foucault, 1977, pp. 84-86.
48. Ibidem.

em diversas hipóteses com seus convidados. Sobretudo em um pequeno livro que ele mesmo escreveria e seria prefaciado por Aubral e Delcourt. Mas essa proposição acaba por provocar risos. Deleuze se diz então que é melhor apelar para Jérôme Lindon, da editora Minuit. Pensa então em escrever algumas folhas sob a forma de um opúsculo; e, como não é caso de daí retirar benefício financeiro, ele pede a Lindon para distribuir gratuitamente esse folheto junto aos livreiros, que seriam convidados a colocá-lo à disposição da clientela perto dos caixas. Dito e feito: Jérôme Lindon dá seu acordo e tudo deve permanecer em segredo. Mas algumas indiscrições chegam aos ouvidos do jornal *Le Monde*, que publica imediatamente o texto em sua seção "Idées" dos dias 19 a 21 de junho de 1977. Enquanto isso, o opúsculo é disputado a tapas nas livrarias.

O texto de Deleuze se apresenta sob a forma de uma entrevista. Diante de uma situação excepcional, uma reação excepcional: Deleuze derroga o seu princípio de nunca perder seu tempo com polêmicas que poderiam minar sua força de afirmação. Nessa ocasião, ele se mostra mordaz, consciente do perigo que esses filósofos de araque podem trazer ao próprio pensamento. À questão "O que você pensa dos 'novos filósofos'?", Deleuze responde severamente:

> Nada. Creio que o pensamento deles é nulo. Vejo duas razões possíveis para essa nulidade. Inicialmente, eles procedem por meio de grandes conceitos, tão grandes quanto dentes falsos. A lei, O poder, O mestre, O mundo, A rebelião, A fé, etc. Eles podem fazer assim misturas grotescas, dualismos sumários, a lei e o rebelde, o poder e o anjo. Ao mesmo tempo, quanto mais fraco é o conteúdo do pensamento, mais o pensador assume importância, mais o *sujeito de enunciação* se dá importância em relação aos enunciados vazios.[49]

Deleuze explica que o que mudou na situação e motivou sua intervenção foi a publicação do "belo livro tônico" de Aubral e Delcourt.

---

49. Deleuze, [1977] 2003, p. 127.

A gravidade nessa questão, segundo Deleuze, é que ela não é séria e que esse símile-pensamento seduz fazendo crer que se pode deixar de lado todo o trabalho de complexificação, de precisão conceitual. "Eles quebram o trabalho", comenta ele, e em particular aquele que empreendeu com Guattari; chegou a hora de colocar as coisas em seus lugares. Deleuze identifica no fenômeno "novos filósofos" um *casting* particular, um minucioso agenciamento dos papéis.[50] A novidade do fenômeno se deve, segundo ele, à introdução das regras do marketing no domínio da filosofia: alguém precisou pensar nisso. Na origem do triunfo dos "novos filósofos", Deleuze encontra duas razões mais relevantes. De um lado, a reviravolta na relação entre o jornalismo e a criação intelectual. O ato jornalístico faz o acontecimento e, quando não se dá mais tempo para o pensamento se desenvolver, produz-se um "pensamento-minuto". Em segundo lugar, o que anima esses saltimbancos é o ódio de 1968: "Ganhava quem cuspisse melhor sobre Maio de 1968 [...]. Um rancor de 1968, eles não têm senão isso para vender."[51] Às vésperas do décimo aniversário de Maio, toda uma parte dessa geração deleita-se em renegar suas esperanças decepcionadas em nome do malogro das rupturas revolucionárias. Encontra-se aí um sentimento profundo expresso por Deleuze em sua recusa desses "novos filósofos", que evoca o companheirismo deles com uma cultura de morte:

> O que me causa repulsa é bastante simples: os novos filósofos fazem uma martirologia, o Gulag e as vítimas da história. Eles vivem de cadáveres. [...] Foi preciso que as vítimas pensassem e vivessem de outro modo para dar material para todos aqueles que choram em seu nome, e que pensam em seu nome, e dão lições em seu nome. Aqueles que arriscam sua vida pensam geralmente em termos de vida, e não de morte, de amargor e de vaidade mórbida. Os resistentes são, antes, grandes entusiastas da vida.[52]

---

50. "Há um pouco de dr. Mabuse em Clavel, um dr. Mabuse evangélico, Jambet e Lardreau, são Spöri e Pesch, os dois assistentes de Mabuse (eles querem pegar Nietzsche à força). Benoist é o *coursier*, é Nestor. Lévy é ora o empresário, ora a *script-girl* [em inglês no original], ora o alegre animador, ora o *disk-jockey* [em inglês, no original]" (Ibidem, p. 129).

51. Ibidem, p. 131.

52. Ibidem, p. 132.

Diante dos perigos mortíferos que ameaçam séculos de esforço do pensamento, Deleuze propõe um hino à vida. Enquanto todo o trabalho de Deleuze e de Guattari visa manter os interstícios para pensar, os novos filósofos "reconstituíram uma peça sufocante, asfixiante, lá onde um pouco de ar passava. É a negação de toda política, e de toda experimentação. Enfim, o que repreendo a eles é fazerem um trabalho porco".[53]

Além disso, esse tsunami mergulha no vazio aqueles mesmos que haviam estigmatizado, desde 1946, o totalitarismo e o caráter não socialista do sistema soviético, a saber, a corrente Socialismo ou Barbárie, que pregou no deserto e vê confiscado todo o reconhecimento tardio por parte desses jovens lobos que se apresentam como os primeiros rompedores da barbárie com rosto humano. Castoriadis, que entra na dança estigmatizando o fenômeno em *Le Nouvel Observateur*[54], ataca com virulência essas sucessões de modas que, desde o sucesso de Sartre em 1945, dos mestres do estruturalismo nos anos 1960, em seguida dos arautos do desejo nos anos 1970, constituem o modo de ser da vida intelectual na França: "A sucessão das modas não é uma moda: é o modo sob o qual a época, em particular na França, vive suas relação com as 'ideias'."[55] Castoriadis qualifica como "divertidores" esses ícones dos momentos sucessivos que levaram o pensamento em suas derivas — e os "novos filósofos" encarnam a última versão, em sua visada de aniquilar toda reflexividade ao responderem antecipadamente às questões que seria conveniente enunciar. Não é o caso de saber qual política conduzir, pois que a política é o Mal; de situar a linguagem proferida, pois que todo discurso se refere ao discurso do Mestre; de se interrogar sobre a natureza do saber oferecido, pois que todo saber não é senão a expressão do poder: "O que dá, pois, a possibilidade a Bernard--Henri Lévy de falar e de publicar, por exemplo? Como é possível que ele faça marketing da 'filosofia', em vez de ser o oitavo perfumista no harém de um sultão — o que estaria talvez muito mais na 'ordem das coisas'?"[56]

---

53. Ibidem, p. 133.
54. Castoriadis, [1977] 1979.
55. Ibidem, p. 223.
56. Ibidem, p. 229.

Castoriadis denuncia o plágio de ideias desenvolvidas pela corrente que ele representa há mais de trinta anos, a pilhagem desavergonhada que resulta na passagem de "uma nova bravura à irresponsabilidade, à impostura e às operações publicitárias".[57] A carga é severa, à altura do desprezo experimentado diante daquele que pôde legitimamente aparecer como o máximo da injustiça: a consagração em 1977 desses novos filósofos como reveladores da realidade totalitária que clamavam há mais de dez anos sua adesão ao Grande Timoneiro.

Em 1979, com a obra de BHL *Le Testament de Dieu* [O testamento de Deus], a polêmica reaparece com força. Pierre Vidal-Naquet envia ao diretor de *Le Nouvel Observateur* uma carta publicada em 18 de junho de 1979, protestando contra a resenha muito elogiosa do livro de BHL, que comporta incontáveis "erros grosseiros, aproximações, citações falsas, ou afirmações delirantes".[58] Ele estabelece um pequeno florilégio das "pérolas" que anotou à medida que lia, como aquela que vê BHL situar o pecado original no sétimo dia da criação, o que Pierre Vidal-Naquet comenta ironicamente: "É preciso crer que Adão e Eva aproveitaram-se do descanso do Senhor."[59] Em outra passagem de seu livro, BHL, fazendo Himmler testemunhar em Nuremberg, coloca em cena um fantasma, pois que Himmler se suicidara no momento de sua detenção. Bernard-Henri Lévy retorque, assim que o hebdomadário é entregue, e denuncia esse "boletim de polícia filosófica"[60] que tem a pretensão de submeter toda publicação a um tribunal dos catedráticos. De passagem, ele atribui a seu acusador o título de procurador que teria se enganado de lugar para exercer sua profissão. Na semana seguinte, Pierre Vidal-Naquet retoma sua pluma nas mesmas colunas de *Le Nouvel Observateur* para responder às acusações de censura de que ele é objeto. Castoriadis vai mais longe[61]: ele denuncia "a indústria do vazio" e recusa por sua vez a acusação de censura que atinge seu amigo Vidal-Naquet, que, a seus olhos, nunca pediu

---

57. Ibidem, pp. 231-232.
58. Vidal-Naquet, 1979.
59. Ibidem.
60. Lévy, 1979.
61. Castoriadis, [1979] 1999.

para reforçar o controle das publicações, como afirma BHL. Ele apenas se sublevou "contra a vergonhosa degradação da função crítica na França contemporânea".⁶² Castoriadis julga que o reino dos impostores e de sua demagogia irá conduzir diretamente à tirania e que "aquilo pelo que somos responsáveis é a *presença efetiva* dessa verdade na e para a sociedade onde vivemos".⁶³ É o próprio destino da democracia que está em jogo, pois esse sistema político pressupõe um *ethos*, um sentido da responsabilidade, uma consciência dos desafios que não permite escrever qualquer coisa, levá-la às nuvens, e deixá-la seguir por um público dócil. Quando uma função essencial da democracia está fragilizada, a função crítica perde o pé e cede lugar à "sujeição comercial-publicitária [que] não é muito diferente, desse ponto de vista, da sujeição totalitária".⁶⁴ Castoriadis conclama a não abdicar: "Que *essa* pacotilha deva sair de moda, é certo: ela se deve, como todos os produtos contemporâneos, à obsolescência incorporada. Mas o *sistema* no qual e para o qual há essas pacotilhas deve ser combatido em cada uma de suas manifestações."⁶⁵ Sobre BHL, Pierre Vidal-Naquet escreve a Castoriadis: "Lembro-me daquela fórmula sobre o papel de Bailly em sua formação histórica. Ele não cita o que leu e não leu o que cita."⁶⁶

A editora de BHL, Françoise Verny, que ocupa os primeiros lugares com seu protegido, em quem o triunfo fez nascer asas que, muito grandes, impedem-no de andar, não está pouco orgulhosa de ser a origem de um tão espetacular deslocamento das linhas da paisagem intelectual francesa. Sem se importar com desvios, BHL alimenta o projeto de escrever nada menos que o *pendant* da *A ideologia alemã*, de Marx, que Verny publica em 1981 sob o título *L'Idéologie française* [A ideologia francesa].⁶⁷ O autor ali atravessa a galope a história francesa contemporânea com uma única ideia na cabeça: demonstrar a todo custo que a França foi a matriz do

---

62. Ibidem, p. 33.
63. Ibidem, p. 34. Em itálico, no original. [N.T.]
64. Ibidem, p. 38.
65. Ibidem, p. 40. Em itálico, no original. [N.T.]
66. Pierre Vidal-Naquet, carta a Cornelius Castoriadis, 20 de junho de 1979, arquivos Castoriadis.
67. Lévy, 1981.

antissemitismo. O mesmo dispositivo matutinal é posto em marcha, e Françoise Verny vai ainda regularmente à casa de seu autor para recolher os frutos frescos de suas cogitações noturnas. Se essa que se apresenta dizendo "Eu sou a mãe alcoviteira que lê a Bíblia" emite algumas reservas a respeito de certas simplificações, ela não é ouvida e assume finalmente a tese de BHL, mesmo que seja bastante afastada das realidades históricas, ao preço de muitas citações truncadas. Dessa vez, é demais, e o ponto de vista de BHL é amplamente contestado por todos os lados. Raymond Aron "censurará o efeito terrivelmente simplificador de seus argumentos e as denúncias apressadas dignas de um 'Fouquier-Tinville de café literário'".[68]

Embora pouco propenso às polêmicas, Pierre Nora escreve um dos textos mais severos sobre BHL[69], ultrapassando em vigor o famoso opúsculo de Gilles Deleuze sobre os "novos filósofos", de 1977. BHL é ali pintado como o produto radicalmente novo da idade midiática da figura do intelectual. Pierre Nora denuncia na última obra de BHL a escrita do qualquer coisa, sem deixar de precisar que aí não reside o essencial no caso de BHL, mas que ele é amplamente ouvido e que suas teses alcançam seu objetivo. A estratégia de Pierre Nora consiste em deslocar a abordagem crítica. A seus olhos, é inútil acumular as objeções e ainda falar sobre os erros históricos já abundantemente assinalados. O que ele examina é o "fenômeno Bernard-Henri Lévy em seu esplendor nascente", para compreender o significado de seu negócio de transformação do campo cultural. E, para isso, ele desmonta os mecanismos bem ajustados de uma operação midiática de tomada de poder pessoal, de afirmação de si; estigmatiza a ausência de um verdadeiro trabalho intelectual, mas a ele reconhece uma bela técnica de "judoca" que combina sabiamente as demonstrações de admiração reflexas, a retórica do excesso e o *hold-up* de "mafioso". Nem esforço de verdade nem preocupação com a verdade: um discurso que não visa senão ao efeito social. Além disso, para Pierre Nora, a denúncia por Bernard-Henri Lévy do nacionalismo francês carrega laivos "nacionalitários" que ele pretende combater: "Como não ver,

---

68. ARON, 2003, p. 706; LINGAARD; LA PORTE (DE), 2004, p. 62.
69. NORA, [1981] 2011.

nesse egocentrismo encantatório e apropriador, a obsessão a um tempo provinciana e gaulliana da rã que não renunciou a ser maior que um boi?"⁷⁰ Pierre Nora estigmatiza o pensamento-slogan, no qual reconhece as características do pensamento totalitário, com toda a sua panóplia — o apelo às tripas, a intimidação, a anestesia do contraditor, a preocupação com o efeito produzido no máximo desprezo da verdade, etc. —, e se opõe a essa mistura que detona "a humilde submissão ao princípio de realidade"⁷¹. Em vez disso, BHL faz um processo stalinista da França, acusada de todos os males em nome de um "eu" desenfreado, de um "eu digo que" imperativo que não sofre nenhuma contradição. E Pierre Nora historiciza o fenômeno BHL: "Nas sociedades primitivas, conheceu-se o 'tratante divino'; mais perto de nós, nas sociedades monárquicas, o bufão. Mas outrora os bufões exercem um direito à verdade. Mas é o direito ao erro que se concede a nossos modernos palhaços."⁷²

A segunda esquerda

Quando aparece em 1974 o *Arquipélago Gulag*, é um choque, inclusive para aqueles que, como Claude Lefort ou Cornelius Castoriadis, combatem desde 1946 o totalitarismo burocrático no deserto. À diferença dos "novos filósofos", suas intervenções buscam realizar um *aggiornamento*⁷³ necessário das temáticas da esquerda, preservando um espaço de possibilidades na ação, e continuando a contribuir para avançar em direção a uma obra emancipadora, a um horizonte de expectativa liberado de uma teleologia trágica. Toda uma constelação se desenha e ela assumirá o nome de segunda esquerda, reagrupando personalidades vindas de horizontes diversos. *Textures*, revista franco-belga de origem belga que reúne alguns intelectuais, entre eles os dois fundadores de Socialismo ou Barbárie,

---

70. Idem, 1981, p. 103.
71. Ibidem, p. 105.
72. Ibidem.
73. Em italiano, no original. "*Aggiornamento*" quer dizer "atualização". [N.T.]

Castoriadis e Lefort[74], resenha com fervor o testemunho de Soljenítsin: "Um livro como esse... somos um pequeno grupo que por ele esperávamos há muito tempo."[75] O interesse mais relevante do *Arquipélago Gulag*, segundo Lefort, não reside tanto em sua narração dos horrores do sistema penitenciário, mas, antes, no fato de ter desejado pensar o que priva de pensar. Lefort une então a experiência de Robert Antelme àquela de Soljenítsin, isto é, duas experiências do totalitarismo, a nazista e a stalinista, lembrando os termos do dissidente soviético no prefácio de seu longo testemunho em três volumes: "eu que [...] quase me enamorei desse mundo monstruoso". Antelme e Soljenítsin, em circunstâncias históricas afastadas, experimentaram o que forma o fundamento indestrutível da humanidade confrontada ao horror de um universo mortífero de opressão. Lefort vê nessa obra uma elucidação a um tempo histórica, sociológica e etnográfica que procura responder à questão "O que é então o mundo para um nativo do Gulag?", todo o conjunto animado por uma interrogação política sobre a lógica do totalitarismo. Para ele, ao mesmo tempo que é uma pesquisa de campo de amplidão excepcional, apresenta uma contribuição teórica fundamental ao desvelamento da lógica totalitária:

> Tanto as observações formuladas sobre a eficácia e os limites da ideologia — tomadas de empréstimo das fontes dos testemunhos e dos documentos mais diversos — quanto a descrição *in loco* do funcionamento da burocracia, da monstruosa aliança de coerência e de incoerência, de disciplina e de irresponsabilidade que a caracteriza, fornecem uma contribuição inigualável ao estudo do sistema.[76]

O interesse mais relevante do testemunho de Soljenítsin vem do lugar onde ele toma a palavra: ele carrega a voz daqueles de baixo, do *Zek*, do forçado, do mujique, que se rebelam contra aqueles do alto. Depois de 1956, na Hungria, Lefort vê aí um novo exemplo do que não cessa de

---

74. Em 1972, o comitê de redação de *Textures* é composto por Cornelius Castoriadis, Marcel Gauchet, Jacques Lambinet, Claude Lefort, Roger Legros e Marc Richir.
75. LEFORT, [1975] 1975, p. 9.
76. Ibidem, p. 27.

denunciar a corrente Socialismo ou Barbárie desde 1949: a impostura de um poder que diz ser do povo, ao mesmo tempo que reforça ao extremo a divisão radical entre dirigentes e executantes.

Marcel Gauchet, que é em 1976 o principal maestro da revista *Textures*, insiste em *Esprit* sobre a centralidade do fenômeno totalitário: "Refletir sobre a política hoje deve ser refletir inicialmente sobre o Estado totalitário. Com efeito, não é tempo de considerar no Estado totalitário o fenômeno que domina nosso século?"[77] Sua análise procura mostrar que o totalitarismo procede à derrocada sem precedentes de um movimento contrário. Longe dos anátemas dos "novos filósofos" em relação a Marx, Gauchet segue este último no que concerne à ideia de que os modos de governo resultam do conflito civil. Em contrapartida, dele se afasta com relação à ideia de que essas lutas de classes que animam o processo histórico serão um dia ultrapassadas em uma sociedade unitária, que terá realizado a plena igualização das condições entre indivíduos. O que a experiência totalitária obriga a repensar, pois que Gauchet vê ali sua matriz, é essa ideia de uma sociedade sem divisões, que fez desaparecer a pluralidade: "É sobre esse postulado que repousa a edificação do regime totalitário."[78] Essa afirmação de uma sociedade unitária, de um Estado total que ambiciona encarnar a identidade de todo o corpo social, está tanto no comunismo quanto no fascismo. Como já havia analisado Hannah Arendt, esse traço comum constitui, segundo Gauchet, o que funda a especificidade do fenômeno totalitário. Contudo, esse sonho totalitário revela-se um fracasso: "no que diz respeito à abolição, a divisão social espalha-se por todos os lados."[79] No caso do comunismo, sob o álibi de um governo do povo pelo povo, constitui-se uma classe burocrática, dominante e exploradora, que se apropria do resto da sociedade, destruindo-a a partir do interior pelo terror. Muito cedo, nessa intervenção de 1976, quando as informações provenientes do Camboja são ainda pouco numerosas, Gauchet vê a

---

77. GAUCHET, 1976, p. 3.
78. Ibidem, p. 7.
79. Ibidem, p. 12.

instauração da "abominação", apoiando-se a respeito da China nas análises do muito solitário sinólogo Simon Leys:

> Como nunca antes na história, o totalitarismo nos obriga a pensar contra nosso desejo. Ele nos força a conceber que aquilo que odiamos e do qual queremos o fim tem sólidas razões de ser. Não podemos acreditar depois dele que a oposição entre os homens e a opressão que é dela inseparável não constituem senão um desvio do processo histórico em que elas se encontrarão necessariamente ultrapassadas. Não podemos mais nem mesmo nos limitar a não ver na cisão da sociedade senão uma forma social, no final das contas, contingente. A divisão social interessa ao processo mesmo pelo qual se dá um espaço social. Ela fornece sua matriz ao ser-social. Com o poder e o conflito, chegamos aos elementos primeiros que até então permitiram às sociedades existir, ao núcleo de ser de todas as sociedades conhecidas.[80]

Na mesma leva de *Esprit*, Olivier Mongin[81] expõe as diferenças de sua análise com relação aos "novos filósofos", sobretudo com Jambet e Lardreau, autores de *L'Ange*[82] [O anjo]. Para ele, assim como para Lefort, o combate antitotalitário deve relançar a reflexão sobre o político, sua complexidade, sua dupla natureza de expressão positiva que afirma a força do laço social e seu viés negativo feito de exploração e de dominação, que conduz ao que Paul Ricœur chamou em 1957, depois dos acontecimentos de Budapeste, o "parodoxo político".[83] Ora, ele não vê nada semelhante na leitura dos "novos filósofos" que atacam o Grande Poder, espécie de espantalho saído da sociedade, sem laço senão monstruoso com ela. Essa concepção conduz à deserção do político, que teria se tornado a encarnação do Mal. É a isso que conclamam Guy Lardreau e Christian Jambet ao proporem se tornar "Anjos" e fundarem assim metafisicamente o maniqueísmo: "Não tememos

---

80. Ibidem, p. 27.
81. MONGIN, 1976.
82. LARDREAU; JAMBET, 1976b.
83. RICŒUR, [1957] 1964.

dizê-lo, fomos stalinistas porque éramos políticos [...]. O Gulag talvez seja nesse sentido a lógica da esquerda no Ocidente."[84]

Olivier Mongin opõe a esse fatalismo totalitário os ensinamentos de um clássico do pensamento político com o *Discurso da servidão voluntária*, de La Boétie, que devia inicialmente constituir o primeiro capítulo dos *Ensaios*, de Montaigne: "Há a face Maquiavel: que um Príncipe possa iludir seus súditos, e a face La Boétie: que o povo possa se deixar iludir. A questão do político surge dessa bipolarização, desse duplo enigma."[85] Em 1976, esse *Discurso da servidão voluntária* acabava de ser reeditado com os comentários de Miguel Abensour, Marcel Gauchet, Pierre Clastres e Claude Lefort.[86] Os prefaciadores dessa reedição sublinham a atualidade dessa obra: "Trata-se de uma nova travessia destruidora do espaço do discurso político democrático e revolucionário que nós empreendemos."[87] A ambição é aquela de pensar os laços paradoxais que se podem tecer entre democracia e totalitarismo, sem evitar os desafios do político como o fazem os "novos filósofos", mas, antes, assinalando-os. O texto de La Boétie coloca frontalmente o enigma da transformação do gesto de ruptura de onde viria nascer a liberdade naquele de uma aceitação da servidão. Ele sublinha a necessidade de pensar que essa servidão "habita ainda o momento da revolta, que ela o adota ao longo de sua trajetória. A servidão permanece interior ao movimento que vem produzir a liberdade".[88] Nessa apresentação do texto de La Boétie, Pierre Clastres oferece o ponto de vista do antropólogo que evidenciou a prática no seio da sociedade dos Guayaki, prática que consistia em se defender contra toda forma de Estado. Ele considera que La Boétie, em razão das questões que enuncia, é o "fundador desconhecido da antropologia do homem moderno, do homem das sociedades divididas".[89] La Boétie apreendeu a emergência desse homem novo que nada perdeu de sua vontade, mas, simplesmente,

---

84. LARDREAU; JAMBET, 1976b.
85. MONGIN, 1976, p. 46.
86. LA BOÉTIE, [1976] 1993.
87. Ibidem, p. xviii.
88. Ibidem, p. xxi.
89. CLASTRES, [1976] 1993, p. 236.

trocou de objeto, tendo mudado seu desejo de liberdade por um desejo de servidão: "O Povo, como se fosse vítima de um sortilégio, de um encantamento, quer servir ao tirano. E, porque não é deliberada, essa vontade recobre desde então sua verdadeira identidade: ela é o desejo."[90] Claude Lefort fecha o dossiê com uma longa análise do *Discurso* de La Boétie sob o espelho de Maquiavel. A grande contribuição de La Boétie é ter situado o conflito político no seio mesmo do assunto concebido como clivado. Lefort defende a tese segundo a qual, para La Boétie, a liberdade remonta menos ao desejo de ter a liberdade do que a um desejo de ser livre.

Olivier Mongin expandirá um pouco depois suas críticas a toda a corrente dos "novos filósofos".[91] Depois de ter mostrado a respeito de Lardreau e Jambet que se teria podido crer que o elemento político retornara, quando não era o caso senão de abandonar essa dimensão, ele volta ao ataque se perguntando se as questões sociais estariam de volta sob a rejeição da história por parte dos "novos filósofos". Nada disso. É fato, admite ele, "eles indicaram um certo número de questões decisivas, eles puderam liberar aqueles que a vulgata marxista amordaçava [...]. Nesse sentido, houve um *acontecimento*".[92] Em contrapartida, sobre o fundo da polêmica com BHL, não há senão afirmações peremptórias: "Fundamento o homem não tem nenhum, pois que não há ontologia senão de Estado [...]. No começo, eu dizia, era o Estado; e é por isso que o sonho de mudar o mundo nunca foi muito considerado diante da pesada verdade do que é preciso chamar o *Mal radical*."[93] Olivier Mongin mostra assim como BHL faz entrar em curto-circuito todas as mediações possíveis e indispensáveis que tecem o laço social entre os indivíduos e o Estado, ao preço de uma absolutização deste último. O sonho invertido de BHL seria, pois, o de uma sociedade composta de indivíduos simplesmente colocados em posição de justaposição em uma "sociedade sem história, sem Estado, sem socialização, sem Outro, uma sociedade morta".[94] Olivier Mongin

---

90. Ibidem, p. 237.
91. MONGIN, 1977.
92. Ibidem, p. 65. Em itálico, no original. [N.T.]
93. LÉVY, 1977, p. 82. Em itálico, no original. [N.T.]
94. MONGIN, 1977, p. 68.

enuncia ainda a seguinte questão pertinente: "O fim dos fins seria verdadeiramente o fim de tudo?"[95] Ainda mais severo que Aubral e Delcourt, que falam de "pub-filosofia", Olivier Mongin sublinha a submissão de BHL à lei das mídias, que produzem sua própria vulgata, seus clichês, suas senhas, seus elementos de linguagem: "Esse discurso não é senão uma série de efeitos *de* discurso mais *do* que efeitos do discurso, *eflúvios*, diria Averty, o que faz com que se fale disso sem *razão* alguma para falar, ruídos, e, finalmente, um rumor."[96]

No final de novembro de 1975, *Esprit* organiza um colóquio sob a batuta de Paul Thibaud, a quem Jean-Marie Domenach deu carta branca, sobre a questão do totalitarismo. Esse colóquio reúne personalidades cuja diversidade dá uma ideia do amplo brilho intelectual da revista.[97] *Esprit* desdobra suas análises sobre aquelas da corrente Socialismo ou Barbárie, tanto mais porque Castoriadis, com os quatro volumes que publicou na Éditions 10/18 em 1973 e 1974, assume suas posições em nome próprio e se torna, juntamente com Claude Lefort, uma das fontes essenciais para pensar o fenômeno totalitário e aprofundar o questionamento do marxismo, acompanhando uma crítica que ganha em severidade contra toda tentação comunista.

A equipe redatora de *Esprit* e um círculo de emigrados das democracias populares organizam uma reunião sobre o tema "Revolução e totalitarismo", da qual participam, entre outros, François Furet e Marc Richir, cujas intervenções convergem para denunciar a ilusão revolucionária, que conduz inelutavelmente ao desastre. François Furet considera que a matriz da ideia de revolução remonta a uma data recente, 1789, que "institui um antes e um depois"[98]: a Revolução Russa de 1917 se situa na filiação da Revolução Francesa, da qual é filha legítima. Furet lembra que o historiador robespierrista Albert Mathiez estabeleceu um parentesco entre os

---

95. Ibidem.
96. Ibidem, p. 74.
97. Ver a lista dos participantes desse colóquio de *Esprit* in CHRISTOFFERSON, 2009, p. 192.
98. FURET, 1976, p. 173.

montagnards[99] e os bolcheviques, estes últimos reconhecendo nos riscos da reação termidoriana o maior perigo a ser enfrentado pela Revolução Russa. A intervenção de Marc Richir, que estigmatiza "a aporia revolucionária"[100], suscita entretanto sérios abalos junto aos membros da equipe de *Textures*. Com efeito, Richir afirma que o debruçar da sociedade sobre ela mesma é a matriz do totalitarismo, que essa tentação remontaria à Revolução Francesa e teria continuado na utopia socialista:

> É fato que *toda* revolução, *mesmo que* ela vise a realizar e a encarnar a transcendência prática, e *na medida em que* ela se dá os meios da *força* (a guerra civil, a ditadura, o terrorismo ideológico e moral), conduz inelutavelmente, em razão desse mesmo curto-circuito, a essa inapreensível dualidade que é o enigma instituinte do Estado totalitário, o que nós nomearemos a *aporia revolucionária*.[101]

Esse texto suscita um tão profundo mal-estar que ele provocará o fim da aventura para *Textures*. Castoriadis exprime seu desacordo para Marc Richir:

> Quatro membros parisienses do comitê concordaram em considerar que seus últimos textos apresentavam problemas graves [...]. As conclusões tornam-se politicamente por completo inaceitáveis — ao menos para mim.[102]

---

99. "*Montagnard*" ou, em português, "montanhês" é um grupo político que se constitui com a Revolução Francesa. Conhecidos igualmente como "jacobinos", os *montagnards* professavam uma fé ideológica mais radical do que o outro grupo, composto por "girondinos" ou *peuple du marais*. Os *montagnards*, liderados por Robespierre e desfrutando de grande apreço por parte dos trabalhadores e dos artesãos — parcela mais desfavorecida —, desejavam implantar a República, contrariamente aos girondinos, adeptos de uma monarquia institucional. [N.T.]
100. Richir, 1976.
101. Ibidem, p. 185. Todos os itálicos estão no original. [N.T.]
102. Cornelius Castoriadis, carta a Marc Richir, 30 de maio de 1976, arquivos Imec.

A posição de Marcel Gauchet é ainda mais firme. Para ele, o ponto de ruptura foi ultrapassado, e, porque não é favorável às exclusões, propõe sua demissão. Em resposta, Marc Richir endereça a Castoriadis uma carta que anuncia a irreversibilidade da ruptura. É inevitável constatar que o trabalho intelectual comum se tornou impossível.

Esprit, que reproduz as intervenções de Furet e de Richir, interroga os laços a serem pensados entre revolução e totalitarismo, sem contudo considerar que essa relação seria natural e inelutável, às avessas da atmosfera ambiente, orquestrada pelos "novos filósofos", que concebe esse laço como fatal: "Ao lado de uma ideia duplamente rígida de revolução, há, como disse Hannah Arendt, 'tesouros perdidos' na tradição revolucionária, graças aos quais pode ser desativado o ciclo estéril da ilusão fanática e da desilusão conservadora. Em suma, trata-se de fundar novamente o conteúdo e a prática da revolução."[103] Nesse número de *Esprit*, Paul Thibaud apoia-se na obra de Castoriadis para recentrar a ideia de revolução em torno da perspectiva da criatividade social e da conquista da autonomia e para evitar sua perversão burocrática.[104]

Embora partilhe do questionamento de Furet e de Richir, Claude Lefort se distingue da análise de ambos em sua contribuição sobre "La Question de la Révolution" [A questão da revolução].[105] Especialista no momento maquiaveliano, ele lembra que a ideia de revolução já está presente no seio das cidades italianas do início do século XV, no contexto cultural do Renascimento. Claude Lefort não segue nem Richir nem Furet na perspectiva de ambos sobre o fenômeno revolucionário. Este não pode ser apreendido a partir da ideia de revolução, mas deve estar estreitamente correlacionado com o tipo de sociedade que o gera. Ele opõe à análise unitária do fenômeno a pluralidade de sua realidade histórica, sublinhando, além disso, a importância do caráter emancipador dessa paixão revolucionária em seu desejo de conquista de uma auto-organização das coletividades humanas que lutam pelo direito de decidir seu futuro aqui e

---

103. DOMENACH, 1976a, p. 170.
104. THIBAUD, 1976.
105. LEFORT, 1976.

agora. Lefort, que não desiste de uma perspectiva histórica de ruptura que tiraria as lições das experiências funestas do passado, sublinha a aporia na qual se enclausurou Richir ao admitir o caráter indivisível da revolução e do totalitarismo: "Se nós afirmamos que uma engendra inelutavelmente a outra, deveríamos concluir que não há revolução antitotalitária possível ou que ela não serviria senão para reforçar o regime estabelecido."[106]

Com o desaparecimento de *Textures*, apresenta-se a ocasião de lançar a revista *Libre*, editada por Jean-Luc Pidoux-Payot nas edições Payot, onde se encontra uma parte da antiga equipe de *Textures*. O primeiro número aparece em 1977, com o subtítulo: "Politique-anthropologie-philosophie" [Política-antropologia-filosofia].[107]

> A crítica da impostura erudita não se dá sem uma redescoberta da questão política. Com efeito, é com a recusa de considerar o fato fundamental de nossa época — o totalitarismo, fascista ou comunista — que se estabelecem as formas avançadas da mentira social. O desejo de verdade não se separa da vontade de uma sociedade livre.[108]

Claude Lefort redige o texto-manifesto do primeiro número da revista e ali relembra a importância que o movimento de Maio de 1968 representa para essa equipe: "Fixemos esse ponto de referência: 1968, parece que se tornam mais sensíveis certos deslocamentos da ideologia."[109] *Libre* pensa mostrar a fecundidade de um pensamento político que renasce, e Lefort lembra nesse texto liminar, sem nomear *Socialisme ou barbarie*, fonte do projeto intelectual dessa revista, cujo título é evocador: "Tudo incita a interrogar a gênese de nossa própria sociedade em vista desse acontecimento sem precedentes que constitui o nascimento

---

106. Ibidem, p. 210.
107. O comitê de redação é composto por Miguel Abensour, Cornelius Castoriadis, Pierre Clastres, Marcel Gauchet, Claude Lefort, Maurice Luciani. O secretário de redação é Marcel Gauchet.
108. Texto de apresentação de *Libre*, n. 1, 1977.
109. LEFORT, 1977, p. 3.

do totalitarismo."[110] A partir desse acontecimento traumático, convém novamente dar uma espessura a um tempo histórica e antropológica ao pensamento do social e à reflexividade sobre o presente. A interrogação sobre a instituição do social, ou sobre o social-histórico, como o chama Castoriadis, passa por um descentramento do Ocidente, como pensa Pierre Clastres, no coração do dispositivo intelectual de *Libre*. Autor de um livro incontornável sobre os índios Guayaki do Paraguai e de uma obra da máxima relevância, *A sociedade contra o Estado*, ele mostrou que uma sociedade pode viver sem Estado e, mesmo, construir o laço social contra sua institucionalização.[111] Para além das fronteiras civilizacionais, o que funda a unidade do projeto, segundo Lefort, é seu horizonte filosófico. A morte de Pierre Clastres em um acidente de carro em 29 de julho de 1977 atinge em cheio a nova revista. Marcel Gauchet propõe então a Krzysztof Pomian unir-se à *Libre*.

O trio Morin, Lefort, Castoriadis aprofunda a crítica do totalitarismo e da alternativa democrática a promover nos registros do Círculo Saint-Just, criado no início dos anos 1960 pelo doutor Pitchall, amigo de Lefort, rico médico e franco-maçom. Contra a Guerra da Argélia, esse círculo é inicialmente composto por membros de sua loja maçônica para, em seguida, se abrir a outros intelectuais. Pitchall consegue convencer Lefort de que há assunto para reuniões periódicas a fim de responder a um desejo de aprofundamento teórico:

> O círculo pôs-se a funcionar regularmente; levei alguns de meus colegas que estiveram em ILO [Informações e Ligações Operárias]; em seguida, um pouco mais tarde, convidei Castoriadis, que eu não mais vira depois do desentendimento de 1958 e que participou ativamente dessa empreitada. Propunha centralizar os debates em torno do tema da democracia, o que foi aceito. Houve uma ou duas discussões públicas sobre a democracia na Grécia Antiga, das quais participaram Vernant, Vidal-Naquet, Châtelet,

---

110. Ibidem, p. 22.
111. CLASTRES, 1972 e 1974.

discussões aliás muito interessantes; houve igualmente uma discussão sobre a Revolução Francesa; outra sobre a Iugoslávia.[112]

O Círculo Saint-Just mudará de nome para se tornar o Cresp (Centro de Pesquisa e de Elaboração Social e Política), dedicando-se mais especificamente ao aprofundamento dos fundamentos teóricos da democracia. Nesse trio, as trocas se multiplicam e Morin pede diversas vezes a seu amigo Castoriadis que escreva em *Communications*: "Lefort, Castoriadis e eu mesmo havíamos, cada um de seu lado, evoluído de modo semelhante. Tínhamos, em ritmos diferentes — mas em sincronia a partir de 1962 —, 'provincializado' e 'ultrapassado' Marx ao detectar cada vez mais solidamente as insuficiências ou carências de seu pensamento."[113]

Em busca de uma nova via, *Esprit* engaja-se em uma reflexão aprofundada sobre a autogestão, ligada à segunda esquerda. A junção com o pensamento antiburocrático de Castoriadis e de Lefort permite uma aproximação fecunda. Em seu número de dezembro de 1976, Jean-Marie Domenach anuncia que passa a bola para uma geração mais nova, designando Paul Thibaud, que já era seu assistente em suas funções de diretor havia dezoito anos e que tomará a revista em mãos, sendo auxiliado por Olivier Mongin.[114] A reviravolta, já assumida por Domenach, acentua-se com seu sucessor, que aprofunda a crítica sistemática do totalitarismo: "Após Mounier, por muito tempo repetimos que o Partido Comunista era a armadura dos pobres e a esperança do proletariado. Isso acabou depois que outra pobreza se elevou no Leste para se erguer contra a 'ditadura do proletariado'. A verdade é que vivemos a derrocada do stalinismo e que é preciso acelerá-la."[115]

Outra mutação no seio da revista é resultado da participação ativa em *Esprit* de Jacques Gautrat, isto é, Daniel Mothé, antigo integrante de Socialismo ou Barbárie, operário nas fábricas da Renault. Em 1963, Daniel

---

112. LEFORT, [1975] 2007.
113. MORIN, 1993, p. 366.
114. DOMENACH, 1976b.
115. Ibidem, p. 752.

Mothé adere à CFDT. A partir de 1966, ele é convidado por Jean-Marie Domenach a participar do "Journal à plusieurs voix" de *Esprit*. Ele se torna um colaborador ativo e uma voz bastante ouvida na revista, da qual integra o conselho de redação. Em 1971, um acidente muda bruscamente a vida de Daniel Mothé, que abandona sua profissão de operário por aquela de intelectual. Ele acaba de comprar uma casa na região de Oise, e, para divertir seus filhos, brinca de Tarzã na floresta, mas cai e se fere gravemente. O médico anuncia que ele não mais poderá exercer seu ofício de fresador na Renault, pois ficar de pé o dia todo não lhe é mais possível. Recomendam a ele que entre em contato com Edgar Morin, que poderia ajudá-lo a conseguir um título universitário, tanto mais porque já tem uma obra publicada.[116] Morin o tranquiliza e lhe sugere tentar um diploma da EHESS. Entretanto, é preciso se apressar, pois restam apenas dois dias para apresentar um dossiê, que seu amigo Véga leva à administração. A esse dossiê, ele anexa um manuscrito sobre o ofício de militante.[117] E ali está o operário Mothé, titular de seu certificado de estudos de 1939, defendendo em 1972 seu diploma da EHESS diante de um júri composto por Alain Touraine e Henri Desroche.

É graças a Paul Thibaud, o futuro diretor de *Esprit*, que Mothé encontra a ocasião para se reconverter. Posto em contato com François Sellier e Guy Roustang, que animam o LEST (Laboratório de Economia e de Sociologia do Trabalho) em Aix-en-Provence, Mothé é empregado como encarregado de pesquisa em sociologia para trabalhar sobre os problemas de melhorias das condições de trabalho. Ele integra o CNRS em 1979 e ali consolida o polo emergente, que começa a ser qualificado de segunda esquerda antitotalitária, organizada atrás de Michel Rocard no seio do novo PS e que dispõe com a CFDT de um posto mais importante para difundir e popularizar a autogestão. Pierre Rosanvallon, responsável pela revista da organização sindical, *CFDT aujourd'huui*, e diretor de uma coleção de livros militantes, "Objectifs", ali desempenha um papel no primeiro plano como conselheiro econômico de Edmond Maire, secretário-geral

---

116. Mothé, 1958.
117. Idem, 1972.

do sindicato. Como Paul Thibaud, Pierre Rosanvallon alimenta manifestamente suas análises sobre a autogestão com as teses castoriadianas expostas em *A instituição imaginária da sociedade*.

Em 1977, ele novamente intervém abrindo a perspectiva autogestionária com Patrick Viveret.[118] Eles registram a derrocada das referências teóricas da esquerda que se enraízam historicamente nas rupturas de 1789 e 1917: "Não existe, à esquerda, outra referência ideológica senão a revolucionária."[119] Segundo eles, para sair do impasse e das falsas soluções, é necessário repensar o político opondo à cultura do Estado a cultura autogestionária. Apresentando a constatação de uma tripla crise da cultura de esquerda, atingida em seu âmago pela dúvida sobre as ideias de revolução, de progresso e de Estado, eles estimam com Jorge Semprún que "Nossa geração não está perto de superar o malogro da URSS"[120] e que a corrente socialista não pode fazer o impasse sobre a questão do laço entre o projeto revolucionário e o totalitarismo. Eles não podem senão rejeitar tudo o que na herança ameaça conduzir a horizontes monstruosos. Eles se propõem a definir uma teoria positiva do conflito social. Essa via que abriria um campo dos possíveis seria fundada sobre a conquista da autonomia: "A autonomia começa a se tornar uma referência-chave e não está, quem sabe, longe de suplantar a igualdade no panteão dos valores democráticos. É em nome da autonomia que hoje são conduzidos os combates decisivos."[121]

Em *Esprit*, a dupla Paul Thibaud e Olivier Mongin pensa conferir à revista uma inflexão do lado da filosofia política, acentuando sua identidade antitotalitária. Paul Thibaud, diretor da revista a partir de 1977 e leitor de *Socialisme ou barbarie* desde 1956, é bastante sensível a essa questão. Olivier Mongin, secretário de redação de Thibaud e que se tornará diretor da revista em 1988, entra para a *Esprit* em 1967, quando trabalha sobre Merleau-Ponty, buscando em sua filosofia uma ajuda para a compreensão

---

118. ROSANVALLON; VIVERET, 1977.
119. Ibidem, p. 6.
120. Jorge Semprún, "Radioscopie", citado in ibidem, p. 22.
121. ROSANVALLON; VIVERET, 1977, p. 104.

do totalitarismo. A "nova série" da revista, lançada por Thibaud em janeiro de 1977, abre-se com um retumbante "L'imposture totalitaire a fini par éclater" [A impostura totalitária acabou por explodir] e marca a vontade de a equipe dirigente ter uma parte ativa na busca de uma nova cultura e de uma nova política.

Esprit assume então sérias distâncias em relação ao profetismo e ao catastrófico, legado do pensamento de Emmanuel Mounier, fundador da revista. Doravante, evoca-se uma democracia sem qualificativo, "erigida ao nível de valor essencial. Melhor, ela é um 'futuro'".[122] No verão de 1978, *Esprit* publica um dossiê sobre "Les fissures du totalitarisme et la démocratie en germes" [As fissuras do totalitarismo e a democracia em germe], apresentado por Paul Thibaud, que considera o fenômeno totalitário como a vontade utópica de unificar a sociedade e de torná-la transparente. Para realizar o dossiê, ele convida Castoriadis, que sintetiza em 25 teses suas análises sobre a sociedade soviética desde 1946.[123] Os testemunhos vêm essencialmente de intelectuais dos países do Leste, como o polonês Aleksander Smolar, cujo artigo é compreendido por Thibaud como uma "ilustração de um dos temas de Castoriadis sobre o entrelaçamento da ideologia no social".[124] Outros pensadores do Leste contribuem para esse número sobre o totalitarismo: Pierre Kende, Akos Puskas, Marc Rakovski e Tadeusz Mazowieski.

O objetivo declarado de lançar os fundamentos de uma mudança da cultura e da política se cristaliza em um número temático para pensar essa nova virada sob o título "Que penser? que dire? qu'imaginer" [O que pensar? o que dizer? o que imaginar?].[125] Nesse número, Paul Thibaud dedica seu editorial a "L'Autre modernité" [A outra modernidade]: "Com o descrédito dos totalitarismos, reaparece a interrogação moderna, o político e a filosofia novamente reencontram a fundamental indeterminação humana, o infinito, o 'sem fundo', como diz aqui Castoriadis, pelo qual

---

122. BOUDIC, 2005, p. 380.
123. CASTORIADIS, 1978.
124. THIBAUD, 1978, p. 4.
125. Idem, 1979.

o ser humano escapa não a qualquer regra, mas a todo controle."[126] Nesse "sem fundo", pode ressurgir um imaginário social-histórico que não esteja condenado a se metamorfosear em monstruosidade totalitária, à condição de exercer sobre ele uma vigilância que conheça a experiência trágica do século XX.

---

126. Ibidem, p. 4.

10

Desmoronamento da maofilia, nascimento do humanitário

Implosão de um mito

Nos anos 1960, uma canção de Jacques Dutronc estava na boca de todos: "Setecentos milhões de chineses/ E eu, e eu, e eu?" A China inquietava em razão de sua demografia explosiva e fascinava alguns que se convertiam ao colarinho Mao e ao *Pequeno livro vermelho*. A Revolução Cultural provocava entusiasmo no Ocidente, e uma parte da juventude pensava encontrar no Oriente o paraíso terrestre que a URSS não fora capaz de construir. Mas, em meados dos anos 1970, o tropismo maoista está em pleno desmanche. Mao, o Grande Timoneiro, morre em 1976, e as revelações cada vez mais insistentes sobre essa China idealizada começam a ser ouvidas. Na própria China, fica-se sabendo que a linha ditada pelo Grupo dos Quatro, de que faz parte a viúva de Mao, Jiang Qing, conduziu à catástrofe. O mito maoista começa a ruir, e pouco a pouco se pergunta sobre o que foi esse movimento da Revolução Cultural. Após a publicação do testemunho de Soljenítsin, também o combate do Oriente por um mundo melhor desmorona, enquanto na França um certo esquerdismo, sobretudo maoista, está desaparecendo: a GP (Esquerda Proletária) se autodissolve em 1973. Benny Lévy, que é seu líder, justifica seu desaparecimento não pela tomada de consciência dos horrores do que se dá na China, mas pelos ensinamentos retirados da experiência dos operários da Lip: "O terceiro fator, eu o situo por último, mas é o mais importante: é a Lip. Falo de mim, porque precisamente a Lip corresponderá à minha mudança de opinião."¹ No entanto, parece que a evocação da Lip na autodissolução da GP não é senão um pretexto que oculta a verdadeira razão, sem relação alguma com o futuro do partido chinês: a ação terrorista dos palestinos em 1972: "O atentado perpetrado pelos ativistas palestinos contra os atletas israelenses nos Jogos Olímpicos de Munique em setembro de 1972 fez com que se tomasse consciência, com efeito, do risco da deriva terrorista corrido pela Esquerda Proletária."² Não apenas esse ato terrorista alerta os dirigentes maoistas franceses sobre os riscos da deriva violenta, mas lembra muitos, dentre os quais Benny Lévy, de sua identidade judia. É a partir desse choque que Benny Lévy e o responsável do braço armado da GP, Olivier Rolin, que dirige a Nouvelle Résistance Populaire sob o pseudônimo de Antoine, decidem de comum acordo pôr fim à existência do grupo. No mesmo momento do "efeito Gulag", consecutivo à publicação de *Arquipélago Gulag* em 1974, não há mais revezamento no imaginário coletivo, como foi o caso no passado após cada um dos tremores históricos. Aqueles que haviam envolto a história com seus sonhos, desiludidos com 1956, podiam deslocar suas esperanças e seus combates para a emancipação dos povos do Terceiro Mundo do jugo colonial. Aqueles que haviam sofrido o choque da invasão soviética na Tchecoslováquia em 1968 podiam, ainda, se apoiar na onda revolucionária ao final dos anos 1960, em uma época em que o fundo do ar permanecia vermelho. Mas, nesses meados dos anos 1970, não se pode mais retornar para nenhuma experiência salvadora, tampouco ser por ela auxiliado. O Oriente fascinou e mobilizou toda uma geração politizada a partir de seu engajamento contra a guerra dos americanos no Vietnã. Ora, esses povos que lutam por sua emancipação, os vietnamitas, os laocianos, os cambojanos, todos eles assumindo figura de heróis, vão, ao ritmo de suas conquistas pela independência, de decepções em decepções.

Em *Esprit*, nunca se professou a maofilia. O olhar crítico permaneceu a postos. Em 1972, em reação ao sucesso espetacular do livro de testemunho da italiana Maria-Antonietta Macciocchi, *De la Chine* [Sobre a

---

1. Benny Lévy, citado in GAVI; SARTRE; VICTOR, 1974, p. 12.
2. REPAIRE, 2013, p. 109.

China], Jean-Marie Domenach organiza uma mesa-redonda para a qual convida sinólogos.³ Nesse ano de plena onda de adoração do maoismo e de exaltação da Revolução Cultural, quando a revista *Tel Quel* uniu em torno dela um *front* "Revolução Cultural" em que estão, entre outros, os *Cahiers du cinéma*, a posição de *Esprit* se singulariza em razão de seu olhar crítico. Essa troca coloca em evidência a dificuldade de se ser verdadeiramente informado sobre um país onde as estatísticas são truncadas, as informações, filtradas e os investigadores estrangeiros, estreitamente direcionados. Se alguns ecos de informações passam por Hong Kong, onde vão se refugiar e testemunhar alguns chineses que fogem do regime de Mao, que crédito conceder a esses testemunhos de acusação? Apesar de tudo, há algumas publicações, pouco numerosas, que descrevem com autenticidade essa sociedade chinesa, como as *Mémoires du garde rouge Dai Hsiao-ai* [Memórias do guarda vermelho Dai Hsiao-ai], publicadas em 1971 pela editora Albin Michel, que dão uma ideia da vida e da atividade desse movimento de massa. Algumas manipulações grosseiras já são trazidas à luz em *Demain la Chine* [Amanhã a China], de Oztenberger, que partiu para pesquisar em 1964 e voltou um ano mais tarde com esse filme. Em sua primeira versão, o cineasta francês, com a ajuda de um intérprete, pergunta, por exemplo, para um homem na rua o que ele pensa da Guerra do Vietnã. Com um desinteresse manifesto, este último responde que é muito longe, enquanto o intérprete traduz suas proposições explicando que o homem se indignou com a agressão perpetrada pelo imperialismo americano no Vietnã! Nesse debate entre sinólogos, Lucien Bianco estima que a aproximação do que se dá na China com a Rússia stalinista é plenamente pertinente: "O que não consigo entender é a obstinação em não ver o que era evidente ao olhar havia cerca de 35 anos. Vejo que a mesma atitude prevalece ainda hoje, dessa vez em relação à China."⁴ Claude Cadart surpreende-se de que façam estardalhaço sobre a repressão que atinge os oponentes em todo o mundo, salvo na China, enquanto se sabe, por exemplo, que "os escritores Wuhan, Deng Tuo e Liao Mosha

---

3. DOMENACH (org.), [1972] 1976.
4. BIANCO, 1976, p. 36.

[foram declarados] culpados por terem atacado, em seus artigos e em suas peças de teatro, em 1961-1962, o 'Grande Guia' da China. Eliminados por crime de lesa-majestade, desde o início da Grande Revolução Cultural, o que aconteceu com eles desde então?".[5]

Em plena euforia maoísta, o grande sinólogo Pierre Ryckmans, sob o pseudônimo de Simon Leys, publica em 1971 um panfleto que desmistifica a Revolução Cultural, *Les Habits neufs du président Mao* [As novas roupas do presidente Mao].[6] Contrariamente aos intelectuais franceses que viam nessa revolução a expressão de uma revolta antitotalitária espontânea contra a burocracia, ele a analisa como a expressão de uma batalha interna ao clã burocrático desencadeada no topo por Mao: "Que Mao Tsé-Tung tenha efetivamente perdido o poder pôde, à distância, parecer difícil de admitir para os observadores europeus. Entretanto, é exatamente para recuperá-lo que ele provoca essa luta."[7] Simon Leys, que baseia sua análise em fontes propriamente chinesas, mostra que a Revolução Cultural não é outra coisa senão a retomada sistemática do poder por um Mao pouco a pouco reduzido à posição de peça de decoração: "A Revolução Cultural, que não teve de revolucionário senão o nome, e de cultural senão o pretexto tático inicial, foi uma *luta pelo poder*, conduzida *na cúpula* entre um *punhado de indivíduos*, por detrás da cortina de fumaça de um fictício movimento de massa."[8] Como o Grande Timoneiro chegou a perder o poder? A explicação se deve a seus malogros sucessivos. Inicialmente, aquele das Cem Flores de 1956-1957, que o surpreendeu pelo vigor das críticas formuladas, sobretudo pelos intelectuais, que se tornarão seus inimigos declarados. Em 1958, o malogro mais dramático do Grande Salto Adiante resulta em um desastre econômico pago de modo bastante caro por um povo chinês que sofre com os tormentos da fome: o prestígio do Partido Comunista fica bastante comprometido. Em dezembro de 1958, os funcionários em cargos de direção obrigam Mao a deixar seu posto de chefe de Estado

---

5. CADART, 1976, p. 39.
6. LEYS, [1971] 1989. Esse livro será reeditado sucessivamente em 1972, 1975, 1977, em seguida pelas Éditions Gérard Lebovici em 1987.
7. Ibidem, p. 24.
8. Ibidem, p. 23. Todos os termos em itálico, no original. [N.T.]

para Liu Shaoqi. Ele começa a ser responsabilizado pelas dificuldades atravessadas pelo país. É nesse contexto conflituoso que Mao, lançando mão de sua legitimidade de herói da Revolução, recorre à juventude para que ela questione a burocracia do aparelho do partido, e aos guardas vermelhos como escudo para retomar em todas as províncias um poder por ele perdido: "O despotismo burocrático estabelecido por Mao havia muito engendrara junto à juventude uma insatisfação e uma frustração que se aproximavam de seu ponto de explosão."[9] Em 1966, a juventude aproveita-se dessa ocasião inesperada de se colocar em movimento e se dota de um programa de dezesseis pontos que definem o conteúdo do que deve ser uma Revolução Cultural.

Simon Leys dá conta da barbárie dos crimes cometidos durante esse período sinistro, como cadáveres mutilados descobertos nas praias de Hong Kong: "A maioria dos corpos estava amarrada segundo o modo da 'grande ligadura de cinco flores', isto é, por meio de uma corda que prendia sucessivamente os pés, os punhos e o pescoço, indicando que se tratava de supliciados, provavelmente de vítimas de uma mesma execução maciça."[10]

No que tange a uma Revolução Cultural, assiste-se então na China a uma verdadeira guerra contra a cultura: os intelectuais são enviados para campos de reeducação nas áreas rurais ou, simplesmente, são assassinados. Admirador da China e de sua civilização, Simon Leys se mostra duplamente crítico com relação a um mundo ocidental que tardou a reconhecer o novo poder chinês para, em seguida, colocá-lo em um pedestal no mesmo instante em que ele perdia sua capacidade revolucionária: "De geração em geração, o Ocidente sistematicamente ignorou as forças revolucionárias que se manifestavam na China."[11] Se ele igualmente experimentou fascinação pelo poder de Mao, logo se viu confrontado com o caráter totalitário desse poder quando, em agosto de 1967, "assistiu, diante de sua porta, ao assassinato de Lin Pin e de um de seus sobrinhos. Eles foram queimados vivos em seu carro,

---

9. Ibidem, p. 82.
10. Ibidem, citado in Boncenne, 2015, p. 17.
11. Ibidem, 1971, pp. 17-18.

contra o qual 'um comando encarregado de castigar os traidores' havia lançado uma bomba incendiária, como relatou no dia seguinte, sem emoção alguma, o jornal diário comunista *Ta Kung Pao*".[12] Esse Lin Pin havia cometido o erro de conquistar sua popularidade no exterior do partido como animador de um programa de rádio satírico em dialeto cantonês. Esse assassinato constitui para Simon Leys um nascimento para a vida política chinesa, que até então ignorara, pois que se interessava mais pela dimensão cultural do país. As cenas de horror são numerosas, perpetradas pelos guardas vermelhos manipulados pelo clã Mao para "liquidar todos os gênios malevolentes" e para "purgar a terra de todo verme". Entre outros atos de barbárie, aqueles que são destinados a Bian Zhongyun, diretora-adjunta de uma escola para meninas reservada aos executivos do regime, são particularmente instrutivos sobre a natureza dessa Revolução Cultural. Acusada em razão de suas origens burguesas,

> ela foi submetida, como outros responsáveis ou professores do estabelecimento, a uma severa campanha de "crítica/combate" durante a qual os jovens guardas vermelhos misturavam agressões físicas e verbais. O *commando* dos escolares tomou de assalto seu apartamento para saqueá-lo e ali colar sobre as paredes dazibaos ameaçadores [...]. Já espancada em diversas ocasiões, Bian Zhongyun se viu em 5 de agosto em meio a uma parada macabra: com os rostos maculados de tinta, os réprobos, de joelhos, deviam se servir de uma tigela e de um gongo e gritar: "Sou capitalista! Contrarrevolucionário! Revisionista! Mereço ser espancada! Mereço morrer! Que esmaguem minha cabeça de cachorro!" Agredida com pontapés, com pedaços de madeira com pregos, e, para terminar, obrigada a limpar as latrinas, Bian Zhongyun, coberta de sangue, cai sujando-se.[13]

Está-se longe da pureza entrevista por Macciocchi, e não longe da purificação praticada pelos nazistas.

---

12. PAQUET, 2016, p. 276.
13. BONCENNE, 2015, pp. 132-133.

Publicado no clima francês da maofilia de 1971, o livro de Simon Leys, mantido à distância por suspeita, foi ou colocado sob silêncio, ou severamente rejeitado. Alain Bouc, especialista em China em *Le Monde*, não concede a ele senão uma modesta notícia pouco amena: "Uma nova interpretação da China por um '*China watcher*' francês de Hong Kong, que trabalha à moda americana. Muitos fatos relatados com exatidão, aos quais se juntam erros e informações sem controle provenientes da colônia britânica."[14] O jornal prefere manifestamente os deslumbramentos de seu repórter Robert Guillain, que, no mesmo momento, empreende a publicação do relato de sua "bela e longa viagem" pela China em companhia de uma delegação francesa conduzida por Alain Peyrefitte. Em 1971, esse olhar frio e lúcido não logra obter a adesão de intelectuais franceses ainda sob o efeito hipnótico exercido sobre eles pelo Grande Timoneiro. Simon Leys deve suportar violentas diatribes por parte dos intelectuais convertidos ao maoismo, e, sobretudo, de *Tel Quel*, que dedica à China um número especial que alcança uma tiragem de vinte mil a 25 mil exemplares. Jean Daubier, autor de uma *Histoire de la révolution culturelle prolétarienne en Chine* [História da revolução cultural proletária na China], considerando que o livro de Simon Leys emana provavelmente de uma oficina ianque, denuncia seu "charlatanismo": "Trata-se de uma antologia de fofocas que circulam em Hong Kong há anos e que tem uma fonte americana bastante precisa."[15] Em contrapartida, *Le Nouvel Observateur* está dividido quanto à acolhida a dar ao livro de Simon Leys: Étiemble, bastante abalado com sua leitura, ali vê "*A Confissão* chinesa"[16], mas seu artigo é abreviado para agradar aos numerosos redatores que desmaiam diante da China e para dar espaço ao bajulador Jean Daubier. As revelações de Simon Leys, que chegaram muito cedo, não podiam ser ouvidas no clima de 1971 e não suscitaram nem um verdadeiro debate nem uma refutação fundamentada: "No momento em que o maoismo desempenhava um papel não

---

14. BOUC, 1971.
15. DAUBIER, 1972, p. 52.
16. ÉTIEMBLE, 1971.

negligenciável na cena intelectual parisiense, um livro como *Les Habits neufs* foi imediatamente colocado na categoria das contribuições de terceira linha."[17]

Alguns anos mais tarde, em 1976, Simon Leys volta à carga com maior sucesso, no momento em que Mao morre, com a publicação de *Images brisées* [Imagens rompidas].[18] Depois de ter dado aulas na Universidade de Hong Kong, em chinês, entre dezembro de 1974 e maio de 1975, e recolhido numerosos testemunhos sobre o sistema maoista, ele toma como alvo, em uma nova publicação, o fascínio exercido por essa mistificação junto a alguns intelectuais franceses, como Roland Barhes em seu relato publicado em *Le Monde* sobre sua viagem ao país do Grande Timoneiro: "O senhor Barthes, que já publicara numerosos títulos à destinação dos letrados, acaba talvez de adquirir um que lhe valerá a imortalidade, fazendo-se o inventor dessa categoria inusitada: 'o discurso nem assertivo, nem negador, nem neutro', 'o desejo de silêncio em forma de discurso especial'."[19] Simon Leys ataca sobretudo Michelle Loi, uma maoizante incondicional, que pensara poder alfinetá-lo criticando sua tradução de *"Ye Cao"* por "erva má" em vez de "ervas selvagens". Colocando em dúvida seu domínio da língua chinesa, Michelle Loi acusava Leys de misoginia e exigia que ele se calasse: "Simon apenas suporta as mulheres que têm cabelos longos e ideias curtas." As críticas de Simon Leys contra a Revolução Cultural são assimiladas aos "zurros de um asno realmente estúpido [...]. Não havia ninguém dentre seus amigos para lhe dizer que se calasse?".[20] Simon Leys retruca com seu talento de polemista em *L'Oie et la farce* [O ganso e a farsa], um pequeno panfleto anexado a *Images brisées*. Ele se surpreende que a "corajosa senhora", ainda que seja professora em Paris VIII, possa multiplicar os erros de tradução grosseiros, confundindo, por exemplo, nos poemas de Guo Moruo, as regiões de Ch'u e de Shu: "Imaginem, em uma história cultural da Europa, um autor que confundiria a Prússia

---

17. BONCENNE, 2015, p. 76.
18. LEYS, 1976.
19. Ibidem, p. 180.
20. LOI, 1975, pp. 14 e 39.

com os Abruzos, ou a Sologne com a Polônia."²¹ Deplora que ela tenha igualmente confundido Qin Shi Huang com o Imperador chinês: "O que diriam de uma especialista em história italiana que confundiria Mussolini com Rômulo? A distância cronológica é a mesma." E Simon Leys ainda se pergunta se, definitivamente, toda a obra de Loi não é um "embuste".²²

Sinal de uma mudança radical de clima, algo que não era possível em 1971 e começa a sê-lo entre 1976-1977, depois da morte de Mao e da extinção do maoismo na França: Simon Leys começa a ser reconhecido. Em 1976, é publicada sua trilogia sobre a China, que, além de *Les Habits neufs du président Mao*, é composta de *Ombres chinoises* [Sombras chinesas], publicada por Christian Bourgois pela 10/18, em seguida por Robert Laffont — que recebe o prêmio Quinquenal da Comunidade Francesa da Bélgica —, e *Images brisées*, igualmente publicada por Laffont. Dessa feita, a trilogia é saudada com fervor por Jean-François Revel: "Simon Leys, em meio a um oceano de tolices e de escroquerias intelectuais que banhava as costas ricas em peixes da maolatria interessada do Ocidente, nos fez chegar a mensagem da lucidez e da moralidade."²³ *Le Monde*, dessa vez, sob a pluma de Jacques Guillermaz, acolhe favoravelmente *Ombres chinoises*: "Em uma enxurrada de livros recentes sobre a China, eis, de longe e sem dúvida por muito tempo, o melhor em seu gênero, o mais verídico, o mais sincero, o mais sedutor em razão do estilo, mas, igualmente, sob certos ângulos, o mais vulnerável."²⁴ Em *Esprit*, Gilbert Padoul constata a erosão do livro de relatos de viajantes apressados na China e prontos para serem impressos, que dão lugar a obras mais bem informadas que se dedicam a desvelar os mistérios da sociedade e da política chinesas. Ele reconhece na contribuição de Simon Leys com *Ombres chinoises*, apesar de seu caráter muito polêmico, uma obra de interesse dos mais relevantes, que varre, "como uma enxurrada, uma massa de ingenuidades e de estupidez que,

---

21. "*Prusse-Abruzzes/Sologne-Pologne*", no original. A zombaria sobre a ignorância da professora de Paris VIII é toda construída, em francês, a partir das homofonias entre os termos das regiões/países que, em português, não é possível obter. [N.T.]
22. LEYS, 1976, pp. 184-185 e 191.
23. Jean-François Revel, citado in BONCENNE, 2015, p. 79.
24. GUILLERMAZ, 1975.

há muitos anos, começava a impedir o acesso à verdade".²⁵ No final de 1976, Claude Roy, que permanecera lúcido sobre a Revoluão Cultural, considera que essa moda intelectual que fascinou está finalmente obsoleta. Ele escreve uma resenha positiva de *Habits neufs*, de Simon Leys, e de *Regards froids sur la Chine* [Olhares frios sobre a China]²⁶, obra coletiva organizada por Jean-Luc Domenach.²⁷

Outro sinal de uma mudança de perspectiva sobre a Revolução Cultural: a publicação em 1975, por Pierre Nora, em sua coleção "Témoins", pela Gallimard, do livro de Jean Pasqualini *Prisonnier de Mao* [Prisioneiro de Mao], que obtém um enorme sucesso. As vendas alcançarão mais de 55 mil exemplares em 1988, um verdadeiro Soljenítsin chinês! Pouco depois, toma-se consciência do que recobria essa Revolução Cultural: "O Grande Timoneiro é pessoalmente responsável pela morte de cerca de 38 milhões de camponeses por ocasião da fome do Grande Salto Adiante, entre 1959 e 1962. Estima-se que seu poder, de 1949 a 1976, custou a vida de cerca de setenta milhões de chineses."²⁸ *Prisonnier de Mao* é um documento excepcional sobre o sistema penitenciário chinês do período que precede a Revolução Cultural. Jean Pasqualini nasceu na China em 1926, de pai francês e mãe chinesa. Orgulhoso dessa dupla cultura, detentor de um diploma de técnico de máquinas-ferramentas e dono de um perfeito domínio da língua inglesa, ele trabalha com os americanos. Mas o que era uma vantagem se torna algo infame depois da campanha das Cem Flores. Preso em dezembro de 1957, Pasqualini é forçado a uma longa confissão em cerca setecentas páginas e lhe impõem um nome à chinesa, Bao Ruo-Wang, sob o qual ele cumpre sua pena em um campo de trabalho até 1964, ano em que a França reconhece a China e em que as autoridades o libertam. Ele deixa então a China, instala-se em Paris, onde encontra um jornalista da revista *Life*, Rudolph Chelminski, que lhe pede para escrever suas Memórias. De suas provas, ele retira um relato de

---

25. PADOUL, 1975, p. 612.
26. AUBERT; CADART; DOMENACH, 1976.
27. ROY, 1976.
28. ARTIÈRES, 2008, p. 500.

onde se ausenta todo ressentimento antichinês ou anticomunista, apesar das condições bastante difíceis por ele vividas, com jornadas de trabalho que podiam durar até dezesseis horas. O sistema carcerário compreende então cerca de dezesseis milhões de indivíduos que, uma vez presos, têm poucas chances de recuperar a liberdade. A maioria deles, uma vez concluída a pena, é enviada aos numerosos campos para ali assumir alguma função de guarda ou de reeducação. Quanto a Pasqualini, ele diz ter sido salvo por sua frivolidade: "Se eu não tivesse senso de humor, não estaria vivo hoje." De seu testemunho, fica-se sabendo que o prisioneiro de Mao na China pode escolher entre morrer de esgotamento para obter a ração alimentar mínima necessária a sua sobrevivência ou trabalhar normalmente e morrer de fome.

Um pouco mais tarde, no início dos anos 1980, o sinólogo americano Michael B. Frolic, professor em Harvard, ao recolher os testemunhos de centenas de refugiados da Revolução Cultural em Hong Kong, escolhe treze relatos sobre o trágico no cotidiano desse período para compor *Le Peuple de Mao* [O povo de Mao].[29] O autor se apaga por detrás dos testemunhos, cuja força resulta sobretudo da serenidade que se sobrepõe ao ressentimento. O povo sofre ao mesmo tempo que opõe uma forma de resistência passiva feita de astúcias múltiplas que compõem uma verdadeira realidade paralela no qual o cinismo é generalizado: "Quase ninguém 'acredita'. Finge-se, fazem-se reverências e os comportamentos falsos necessários."[30] Os títulos dos capítulos ilustram por si só todo o senso de humor requerido pela luta contra o absurdo burocrático: "1. O porco de mil dólares"; "2. Uma pequena quantidade de lama e uma enorme quantidade de excremento"; "8. Matar as galinhas para aterrorizar os macacos"; "10. Aquele que adorava a carne de cachorro"...

Em 1977, o testemunho de três antigos maoistas franceses que trabalharam durante dois anos na China para a *Pékin Information* é ainda mais avassalador para a China da Revolução Cultural, pois que não haviam partido para uma efêmera viagem turística, mas para compreender, a partir

---

29. FROLIC, 1982.
30. BIANCO, 1982, p. 13.

do interior, essa Revolução Cultural que os fascinava. Saem desapontados dessa experiência que destruiu totalmente o mito deles. O resultado é um relato intitulado *Deuxième Retour de Chine* [Segundo retorno da China].[31] Entretanto, Claudie Broyelle publicara, um pouco antes, em 1973, uma obra que glorifica uma China de Mao que, segundo ela, havia permitido emancipar a mulher chinesa[32]; quanto a Jacques Broyelle, ele fazia parte do pequeno grupo que criara a UJCML (União das Juventudes Comunistas Marxistas-Leninistas) na Escola Normal da rua d'Ulm com Robert Linhart e Benny Lévy.

O que descrevem esses três ex-maoistas convictos é um mundo concentracionário que nada deixa a desejar frente àquele da URSS. Ali se encontra, de modo mais intenso, o mesmo culto da personalidade denunciado por Khrushchov como uma perversão do sistema. Nunca, em regime algum, se atingiram tais alturas. O culto de Mao deve mobilizar cotidianamente todo o povo chinês. Antes de começar seu dia de trabalho, o empregado de escritório ou o operário de fábrica deve executar alguns passos de dança acompanhados de cantos diante do busto do Grande Timoneiro. Em certas instituições, atende-se ao telefone dizendo não "Alô", mas "Viva o presidente Mao!": "Você pode ser preso se tiver a infelicidade de embalar suas cascas em um jornal do qual não tenha previamente cortado as fotos do Grande Piloto (se o fizesse, aliás, não sobraria quase nada do jornal)."[33] Os três autores logo se mostram surpresos de se encontrar, nesse país que se diz tributário da igualdade e do internacionalismo, enclausurados em um bairro isolado dos outros por altas grades vigiadas noite e dia por soldados. Os autores desmistificam a ideia de uma sociedade democrática e sublinham que a Revolução Cultural é um período de terror durante o qual cidadãos chineses desaparecem maciçamente nas prisões clandestinas. O número de réprobos é tal que cada unidade de trabalho se dota de celas secretas. Aqueles que são suscetíveis de ir para a prisão são tão numerosos que ninguém pode se considerar longe desse

---

31. BROYELLE; BROYELLE; TSCHIRHART, 1977.
32. BROYELLE, 1973.
33. BROYELLE; BROYELLE; TSCHIRHART, 1977, pp. 226-227.

risco: ter maus pensamentos basta para ser enviado ao buraco. Desde cedo, ensina-se o jovem chinês a estar vigilante, a observar e a denunciar todo comportamento que não esteja em conformidade com o sistema. O sistema de delação generalizada é bastante bem organizado. Nos locais de trabalho, os assalariados devem se dedicar à confecção de seu próprio dazibao durante o expediente e sobre um tema imposto, do tipo "ligar a crítica de Lin Piao à situação concreta da unidade de trabalho".[34] A ideia é designar nominalmente alguém da seção de trabalho que encarne a linha a ser combatida e que servirá como válvula de escape; nesse caso, deverá fazer sua autocrítica ou será enviado à prisão. A pessoa presa, cortada do mundo exterior, "desaparece totalmente nas entranhas da Segurança".[35] Mantida incomunicável, ela não pode receber visita nem manter correspondência, e não é informada sobre as causas de sua acusação: o acusado deve passar ele próprio à confissão e pedir perdão por sua má intenção ou sua má ação. Durante o processo, o acusado não se beneficia de assistência alguma e deve se defender sozinho. Como na URSS, o universo dos campos que contribuem para a edificação do "socialismo" é bastante povoado. Sempre objeto de controle, a vida privada não existe: "A direção não somente pode mas deve intervir em caso de conflito entre esposos, particularmente se um deles deseja divorciar-se."[36] Os funcionários do partido lá estão para resolver as contradições no seio do povo e buscam um terreno de acordo para o bem-estar comum. Como o sigilo médico não existe, a direção do trabalho é imediatamente informada em caso de gravidez. Se a assalariada não é casada, ela é forçada a confessar diante das massas e é sancionada: imediatamente é enviada a se reeducar com um certificado de má conduta, e o culpado, se ele é pego, é enviado igualmente para um campo de concentração na outra extremidade do país. Esses poucos exemplos, entre muitos outros, dão uma ideia concreta do que se esconde sob o mito chinês incensado por muitos intelectuais franceses desde os anos 1960.

---

34. Ibidem, p. 86.
35. Ibidem, p. 149.
36. Ibidem, p. 42.

A reviravolta mais espetacular de meados dos anos 1970 sobre a China é operada pela *Tel Quel*. Tornou-se impossível apoiar BHL, denunciar o Gulag, defender Soljenítsin e, ao mesmo tempo, clamar sua adoração pelo presidente Mao. Com uma tal atitude acabando por tecer nós borromeanos na dialética, a revista de Sollers, ao longo de 1976, vira a casaca. A morte do Grande Piloto e a eliminação do Grupo dos Quatro são a ocasião para um adeus à China:

> Os acontecimentos que se desenrolam atualmente em Pequim não podem senão abrir definitivamente os olhos daqueles que mais hesitavam a respeito do que não mais se pode abster de nomear a "estrutura marxista", cujas sórdidas consequências no plano da manipulação do poder e da informação são doravante verificáveis. Seria preciso voltar a isso, e em profundidade. É preciso acabar com os mitos, com todos os mitos.[37]

Sollers faz sua "autocrítica" em *Le Monde*, e questionar Mao o leva, como a seus amigos "novos filósofos", a atacar Marx como fonte de todos os males, "principal pensamento de ordem, de poder e de repressão de nosso tempo".[38] A metamorfose realizada pela revista *Tel Quel*, placa sensível de todos os ventos que conduzem o mundo intelectual parisiense, é significativa de uma reviravolta radical que conduz ao abandono de todo profetismo revolucionário.

A equipe troca até mesmo sua idolatria maoista pela "mais extasiada americanofilia".[39] Sem transição, o número triplo da revista publicado no outono de 1977 é dedicado aos "Estados Unidos".[40] Esse número se inicia com uma conversa a três vozes, as de Philippe Sollers, Julia Kristeva e Marcelin Pleynet, destinada a explicar ao leitor "Por que os Estados Unidos?". Ainda essa vez, o comparatismo binário opõe o velho continente europeu à jovem e dinâmica América; e, como ontem o

---

37. SOLLERS, 1976, p. 104.
38. Idem, 1977.
39. HOURMANT, 1997, p. 134.
40. *Tel Quel*, n. 71-73, outono de 1977.

Oriente se encontrava adornado com todos os elementos da sedução, é aqui a modernidade ocidental que sai vencedora do duelo em todos os terrenos, da competição econômica à criatividade artística e literária. O número de *Tel Quel* reúne as colaborações de personalidades americanas eminentes[41], como a do intermediador entre as duas culturas que é Tom Bishop em Nova York. A revista abandona sua ambição de encarnar a vanguarda política que brandia *O pequeno livro vermelho* por aquela de um vanguardismo artístico e literário, apoiando-se dessa vez no potencial criativo dos Estados Unidos, que deixaram de ser considerados como um tigre de papel. Se a viagem à China fora única e coletiva para a equipe da revista, os convites nos *campi* americanos se multiplicam, e numerosos são os colaboradores da revista que se beneficiam de estadas americanas ou que são convidados como *visiting professor*. De Marcelin Pleynet a Philippe Sollers, passando por Julia Kristeva, os animadores de *Tel Quel* serão nos Estados Unidos os embaixadores prolíficos da *French Theory*, muito solicitada nas universidades americanas. Esse tropismo norte-americano obtém então a adesão de um número crescente de intelectuais franceses. Um pouco antes da publicação do número de *Tel Quel* sobre a América, a revista de Sartre, *Les Temps modernes*, dedica um número especial ao dossiê "Les États-Unis en question" [Os Estados Unidos em questão].[42] Entretanto, a perspectiva definida por Élise Marienstras é bem diferente, pois que se trata de dar visibilidade às forças contestatárias, à "*Autre Amérique*" [outra América], aquela da radicalidade crítica, dos Panteras Negras e dos movimentos sociais. Como não exagerou no sentido da maolatria, a revista de Sartre se pergunta em 1978 sobre esse fenômeno que conduziu muitos intelectuais franceses, cuja profissão de fé era aquela de pensar, a uma cegueira insensata. Em um número dedicado à China pós-maoísta, Xavier Lucioni dirige um olhar sarcástico aos "amantes desiludidos"[43] do maoismo, e a revista oferece um lugar de destaque aos desmistificadores da impostura da Revolução Cultural, apoiando-se em publicações de

---

41. Stanley Hoffmann, Philip Roth, David Hayman, Domna Stanton, John Ashbery, Viola Farber, Merce Cunningham e Robert Wilson.
42. *Les Temps modernes*, n. 361-362, agosto-setembro de 1976.
43. LUCIONI, 1978, p. 1.374.

Jean Pasqualini, Simon Leys, Claude Cadart, Claudie e Jacques Broyelle, Évelyne Tschirhart, assim como em testemunhos de chineses como Li Yi Zhe ou Cheng Ying Hsiang.

A confrontação entre as duas visões sobre a Revolução Cultural conhece seu ápice nas telinhas, por ocasião do programa *Apostrophes*. Seu apresentador, Bernard Pivot, constitui em 3 de maio de 1983 um *set* no mínimo contrastado sobre o tema "Os intelectuais diante da história do comunismo". Para uma batalha promissora, estão frente a frente Maria-Antonietta Macciocchi e Simon Leys. Enquanto a primeira reivindica ainda a pureza de seu engajamento na Revolução Cultural, Simon Leys dá livre curso à sua indignação e se mostra implacável em sua denúncia do que estima ser uma impostura:

> Penso que os idiotas dizem idiotices. É como as macieiras, que produzem maçãs. Faz parte da natureza [...]. Quando falo da senhora Macciocchi, falo de uma certa ideia da China. Falo de sua obra, não de sua pessoa. Sua obra *De la Chine*: o que se pode dizer [dela] de mais simpático é que se trata de uma estupidez total, porque, se não a acusarmos de ser estúpida, seria preciso dizer que se trata de uma trapaça.[44]

Simon Leys desconstrói então os dois axiomas de Macciocchi, aquele que afirma que o povo de Mao é uma humanidade sem pecado e aquele que apresenta o maoismo como uma ruptura com o stalinismo: "Maria-Antonietta não podia acreditar no que ouvia. Ela se preparara não somente para passar uma noite agradável, mas igualmente para desfrutar de uma nova consagração midiática."[45] Ela acredita poder resolver a situação pedindo a Bernard Pivot que não seja mais mencionada sua obra de 1971, mas aquela que acaba de publicar, com o título promissor de *Deux mille ans de bonheur* [Dois mil anos de felicidade]. Simon Leys se aproveita disso para mostrar sua surpresa quanto ao lugar ridículo que nessa obra ela atribui à China, cuja evocação se limita a algumas mundanidades parisienses: "Há

---

44. Simon Leys em *Apostrophes*, 3 de maio de 1983, citado in PAQUET, 2016, p. 436.
45. PAQUET, 2016, p. 437.

algumas pequenas estripulias sexuais, há aventuras, há salões parisienses, etc. A China desaparece do horizonte e percebemos que a China nunca foi para a senhora senão um pretexto para conversações *à la mode* nos salões parisienses."[46] Derrotada, arrasada, Macchiocchi deixa o *set* assim que o programa chega ao fim, sem confraternizar com os outros participantes, longe de se recompor do que viveu como uma humilhação e estimando ter pago a conta de um bom número de intelectuais franceses, como Barthes ou Sollers.

Os *French Doctors*

O outro elemento fundamental na reviravolta que se opera em meados de 1970 se situa igualmente na Ásia. Toda uma geração nasceu para a política nos anos 1960 se indignando contra a guerra conduzida pelos americanos no Vietnã. O combate desse pequeno povo heroico foi magnificado ao mesmo tempo que os americanos eram demonizados. Em 1973, os acordos de paz assinados em Paris põem fim a uma longa e cruel guerra, e, em 1975, os comunistas vietnamitas concluem sua vitória tomando Saigon à força e declarando a reunificação do Vietnã em torno de Hanói, enquanto os khmers vermelhos tomam Phnom Penh no Camboja e proclamam o nascimento do Kampuchea Democrático. Enquanto uma solidariedade de longa data une os intelectuais franceses a esses povos em luta para se libertar do jugo colonial e, em seguida, da dominação americana, as informações que começam a aparecer a partir de 1975 sobre o início do regime dos khmers vermelhos de Pol Pot, colocadas sob o signo de um genocídio, logo suscitam estupefação.

Muito rapidamente, o público francês recebe informações confiáveis, sobretudo aquelas de um missionário da comunidade católica, François Ponchaud, bom conhecedor do país, que dedicou três anos ao estudo da língua khmer e da civilização desse país antes de ser enviado em missão. Ele permanece cerca de dez anos no Camboja, entre 1965 e 1975, atravessando

---

46. Simon Leys em *Apostrophes*, 3 de maio de 1983, citado in ibidem, p. 438.

as tragédias desse pequeno país, que vê o poder passar das mãos do príncipe Sihanuk às de Lon Nol, com seu regime ditatorial, e, enfim, de Pol Pot, e que ele deve agora deixar por uma questão de sobrevivência, três semanas após a proclamação da República Popular do Kampuchea. Embora partidário de uma revolução no Camboja para derrubar Lon Nol, François Ponchaud recebe de um de seus amigos refugiados na Tailândia informações quase inacreditáveis sobre os massacres, as deportações, o trabalho forçado em um país transformado em campo de concentração. Sem poder acreditar, e contando com seu conhecimento da língua e do país, ele se põe a pesquisar. Recolhe inúmeros testemunhos orais e escritos, verifica-os, analisa-os, confronta-os com as informações da rádio Phnom Penh. Ele começa por escrever sobre o que fica sabendo em *Le Monde*, a fim de alertar a opinião pública[47]; em seguida, no início de 1977, publica um livro, *Cambodge année zéro* [Camboja ano zero].[48] François Ponchaud busca compreender por que a capital foi imediatamente esvaziada de seus habitantes, por que os khmers vermelhos deportaram dois milhões e meio de seus compatriotas. Ele esboça algumas hipóteses para racionalizar o irracional, como a reação paranoica de um poder que se crê às voltas com um complô ou, ainda, o medo de que faltem alimentos nas cidades, mas elas não permitem explicar a violência de massa: "A razão da deportação de Phnom Penh deve, pois, ser buscada em outro lugar [...]. A razão mais profunda é de ordem ideológica."[49] Logo vem a confirmação disso, ao se constatar que os mais ínfimos vilarejos e as casas isoladas no campo foram esvaziadas de seus habitantes. Trata-se, para os khmers vermelhos, de fazer tábula rasa do passado, de criar um homem novo erradicando toda urbanidade; a cidade é, de fato, apreendida como o reino do mal, da depravação, da corrupção. François Ponchaud, inicialmente receptivo a esse discurso que o reenvia às suas origens campesinas, ali quer ver o fim da sociedade da bugiganga, o retorno a certa essencialidade, mesmo que ele esteja horrorizado com os atos dos khmers vermelhos.

---

47. PONCHAUD, 1976.
48. Idem, 1977.
49. Ibidem, p. 34.

Cambodge année zéro é um sucesso e encontra um público que descobre a amplidão do horror. Jean Lacouture, correspondente do *Le Monde* e do *Nouvel Observateur*, que, à semelhança de outros jornalistas, cobriu os acontecimentos na Ásia apoiando com sua pluma os avanços dessas forças políticas vitoriosas, reconhece o papel que a obra de François Ponchaud desempenhou em sua tomada de consciência: "É a partir da leitura de *Cambodge année zéro* que muitos entre nós passaram da ansiedade imóvel à ira ativa, souberam que o pior estava lá em curso, que esse país era um país sinistrado que, sob qualquer forma que seja, deveria ser ouvido e, se possível, socorrido."[50] Em 1977, essa publicação provoca um choque de lucidez e uma ruptura radical do olhar sobre o Camboja, à maneira do que logrou Soljenítsin em 1974 a respeito da União Soviética. Com uma diferença: entre o advento do regime de terror, seus malefícios e a tomada de consciência internacional, o intervalo terá sido bastante breve no que diz respeito ao Camboja.

Contudo, uma polêmica explode e se concentra sobre a tomadas de posição do linguista americano Noam Chomsky. Depois da publicação de um artigo de Jean Lacouture sobre o livro de François Ponchaud em *Le Nouvel Observateur*, traduzido na prestigiosa *New York Review of Books*[51], Chomsky se surpreende que muitas das afirmações de Lacouture não se encontram no livro de François Ponchaud, e comunica sua surpresa a Lacouture, que responde na revista americana corrigindo seu artigo, admitindo algumas inexatidões que advinham de sua pressa em desejar ajudar o povo cambojano: "Minha leitura de Ponchaud foi apressada e me perturbou, e escolhi muito rapidamente diversos aspectos polêmicos."[52] Se Lacouture reconhece seus erros factuais, ele permanece firme em sua argumentação geral, que continua sendo válida. Depois dessa escaramuça, Noam Chomsky ataca a obra do próprio François Ponchaud, para dela fazer uma crítica severa tanto sobre a metodologia de pesquisa quanto sobre as fontes utilizadas. Julgando-o a um tempo sério e negligente,

---

50. Lacouture, 1978, p. 79.
51. Informações retomadas de Hourmant, 1997, p. 180.
52. Lacouture, [1977] 1997, p. 180.

Chomsky destila um ar de suspeita quanto à tese de François Ponchaud, que responderá a ele no prefácio da edição britânica de sua obra. Aí está apenas a primeira troca de tiros, pois a polêmica vai retornar e se agravar no final de 1979. Um polo de intelectuais desloca o debate, questionando as mídias e afirmando a necessidade de perseverar no combate anti-imperialista e de não silenciar as pesadas responsabilidades dos Estados Unidos no desastre que a Ásia atravessa. Os partidários dessa posição chegam mesmo a falar em orquestração midiática de um "genocídio cambojano", como se este fosse uma invenção das mídias. Nessa posição está Chomsky e, na França, Serge Thion[53], que encontram aliados em Régis Debray e Jean-Pierre Faye. Em novembro de 1979, *Change*, a revista de Jean-Pierre Faye, publica um debate entre Noam Chomsky e Régis Debray: "Com o título *Narration et pouvoir: massacres et média* [Narração e poder: massacre e mídia], estes últimos dissecavam, a partir do exemplo cambojano, as modalidades de uma das maiores campanhas publicitárias da história."[54] Os dois debatedores não apenas denunciam em uníssono as mídias ocidentais, acusadas de intoxicação, como chegam mesmo a duvidar da existência dos fatos incriminados. Colocando em paralelo os massacres perpetrados no Timor e aqueles no Camboja, Chomsky denuncia um tratamento midiático em dois tempos e afirma que os acontecimentos que se desenrolam na península da Indonésia foram escondidos da opinião pública para melhor se concentrar sobre o Camboja, cujos acontecimentos se exageram, inventando um genocídio: "Os Estados Unidos e a França são assim diretamente visados por Chomsky. Na realidade, seriam eles os verdadeiros responsáveis pelas atrocidades cometidas no Timor em razão de seus fornecimentos de armas ao regime indonésio."[55] De acordo com a posição de Chomsky, Régis Debray igualmente vê aí uma manobra para desviar a atenção.

Essas posições negacionistas suscitam vivas reações junto a um certo número de intelectuais cansados de sempre ouvir os mesmos argumentos

---

53. THION, 1977.
54. HOURMANT, 1997, p. 184.
55. Ibidem, p. 185.

que negam a realidade. É o caso de Claude Roy, que publica em *Le Nouvel Observateur* uma "Carta aberta a Noam Chomsky": "A questão fundamental é saber se a infelicidade do Camboja é um 'golpe' publicitário bem dado, ou, antes, saber se isso é verdade, e como isso foi realizado e por quê, e por quem."[56] Em *Le Matin de Paris* [A manhã de Paris], Jacques Attali e Bernard-Henri Lévy respondem a Chomsky, igualmente com firmeza:

> Será que o o linguista Noam Chomsky saberia bem o que diz, e o que isso quer dizer, quando opõe aqui e alhures os "bons" mortos do Timor aos "maus" do Camboja? O que significa esse estranho rumor que nos obriga a escolher entre esfomeados "progressistas" e famélicos "reacionários" segundo a cor política do déspota que os oprime, aqui soviético e lá indonésio? Em todo caso, para todos aqueles que não estão completamente surdos à memória do século, há nesse tipo de perspectiva o eco de uma velha, de uma muito velha e muito detestável doença de uma certa "esquerda": a trágica contabilidade dos sofrimentos que alimentou as mais sombrias horas da história do stalinismo.[57]

Contra todas as provas tangíveis, esse negacionismo de Chomsky está fora de hora depois de Soljenítsin e, essencialmente, sua tentativa de banalização do desastre cambojano é destinada ao fracasso. Informações confiáveis não param de chegar na França, sobretudo por intermédio do MSF (Médicos sem Fronteiras), cujas atividades de assistência médica não estão implantadas no Camboja, mas nas fronteiras do país, na Tailândia. É lá que está Claude Malhuret, antigo militante do PSU e líder da seção do CHU Cochin, que ele conduziu ao movimento de 1968. Ele trabalhará cerca de um ano na fronteira entre a Tailândia e o Camboja, no campo de Aranya-Prathet, onde, desprovido de tudo, deve enfrentar uma situação desesperada e ajudar como pode os sete mil refugiados: "Vi esses homens, essas mulheres e suas crianças e, ouvindo-os, compreendi pouco a pouco a extensão do horror que lá ocorria, do lado dos khmers

---

56. Claude Roy, citado in ibidem, p. 187.
57. ATTALI; LÉVY, 1979.

vermelhos [...]. No Camboja, a encarnação da revolução campesina em curso não era senão uma carnificina, um abatedouro gigante."[58] Xavier Emmanuelli, cofundador de MSF, vem se juntar a ele nesse campo colocado sob a responsabilidade do Alto Comissariado das Nações Unidas, em meio a dezenas de associações humanitárias: "De tempos em tempos, um vilarejo na fronteira sofria um *raid* vindo do Camboja; e descobriam-se cadáveres de camponeses horrivelmente mutilados, idosos, mulheres e crianças também, e mesmo o rebanho; testemunhava-se a extrema selvageria dos costumes em vigor."[59] Emmanuelli se surpreende com o contraste entre, por um lado, as posições da imprensa europeia, que vê nesse novo regime cambojano a possibilidade de uma melhora para sua população, e, por outro, o que ele constata nos campos de refugiados com os massacres generalizados, a fome e o extermínio genocida. Seus colegas médicos confirmam, falam de valas comuns do outro lado da fronteira, de milhares de esqueletos daqueles que tentaram fugir: "No início, eu não acreditava nisso — mas tudo coincidia, de um campo a outro; pessoas que não se conheciam diziam as mesmas coisas."[60]

Ao choque sofrido com as revelações que provêm do Camboja acrescenta-se o drama vivido por aqueles que serão chamados os *boat people*, vietnamitas cada vez mais numerosos que deixam às pressas seu país, fugindo em embarcações improvisadas. O sonho comunista torna-se um pesadelo e, decididamente, naufraga. Esse novo traumatismo afeta ainda uma vez, e profundamente, os intelectuais que acompanharam com seu apoio o povo vietnamita em sua emancipação. Eis que os próprios vietnamitas, arriscando suas vidas, não pensam senão em fugir do novo regime despótico em vigor.

Enquanto o Vietnã conquistara em razão de sua luta heroica o estatuto de ícone da revolução, todo o combate terceiro-mundista se vê abalado por esse novo desastre. Dentre os intelectuais mais engajados na causa vietnamita, Madeleine Rebérioux e Laurent Schwartz dão a conhecer

---

58. Claude Malhuret, citado in VALLAEYS, 2004, pp. 235-236.
59. EMMANUELLI, 1990, pp. 182-183.
60. Ibidem, p. 185.

à opinião pública seu doloroso "dilema".[61] Esses militantes tentam não ceder a uma recusa pura e simples do que se tornou esse país, ao mesmo tempo que reconhecem o caráter pouco democrático do novo regime. Certo número de intelectuais não deseja permanecer passivo e impotente, como foi o caso quando o Ocidente permaneceu cego aos massacres perpetrados pelo totalitarismo soviético. Dessa vez, alguns se lançam a iniciativas de salvamento, colocando em evidência um tema que dominará o período, aquele da defesa dos direitos humanos diante do Estado totalitário para além das fronteiras e da diversidade de regimes políticos. Essa defesa impor-se-á como uma resposta aos desastres que se multiplicam.

Essa descoberta do genocídio comunista no Camboja e dos *boat people* vietnamitas acentua ainda o efeito Soljenítsin e incita os intelectuais a reavaliarem os valores democráticos ocidentais até então minimizados. A lógica de uma oposição entre totalitarismo e democracia tende a se impor cada vez mais, erguendo diante da opressão dos regimes despóticos o imperativo de defender os direitos dos indivíduos e o exercício de suas liberdades. Esse novo combate pelos direitos humanos é então espetacularmente posto em cena pela operação "Um barco para o Vietnã". Essa iniciativa é tomada pelo casal Broyelle, sobretudo preocupado com a sorte dos chineses do Vietnã que fogem do regime de Hanói para se instalar ao sul do país. O casal Broyelle pensa assim reagir à odisseia do navio cargueiro *Hai Hong*, que não deixa de lembrar aquela do *Exodus*. Esse navio, que transporta 2.499 *boat people*, ameaça naufragar durante dois dias em razão do peso de seus ocupantes; a linha de flutuação está próximo às ondas. Quando chega ao largo de Port Kelang, ele é colocado sob o controle da Malásia. O governo de Kuala Lumpur proíbe seus passageiros, em sua maioria vietnamitas de origem chinesa, de desembarcar. Estes últimos são conduzidos pelo próprio governo vietnamita, que organiza o tráfico desses refugiados que fogem do novo regime. Como esse tráfico humano rende ao novo poder vietnamita diversas centenas de milhões de dólares, esse governo encoraja os sino-vietnamitas a deixar o país para tirar proveito de seus bens. Essas revelações sobre a exploração evidente da miséria por

---

61. REBÉRIOUX; SCHWARTZ, 1978.

parte de um regime que até então usufruía de um crédito moral e mesmo heroico provocam uma indignação à altura da solidariedade que se havia manifestado para apoiar sua luta em favor da emancipação.

O casal Broyelle contata um dos treze fundadores do Médicos Sem Fronteiras, Bernard Kouchner, que foi um daqueles que nos anos 1960 se colocaram ao lado do combate dos vietnamitas: "Nós seguíamos as batalhas perdidas do corpo expedicionário nas planícies dos Jarros e nas planícies dos Juncos, nos Altos Platôs, nas bacias e nos deltas."[62] Organiza-se uma reunião em torno dos Broyelle com Bernard Kouchner, Alain Geismar, BHL, alguns dissidentes soviéticos e dois militantes budistas vietnamitas na casa de Maximov, que dirige uma revista de dissidentes, *Continent*. Quando o vietnamita Vo Van Ai evoca um mar da China repleto de *Hai Hong* e de afogados, nasce a ideia de partir para repescá-los e assim fazer algo útil em vez de simplesmente apresentar petições. Para financiar a operação e dar a ela a maior repercussão possível, era entretanto necessário passar pelo estágio da petição. O pequeno grupo se reúne duas vezes por semana na casa de Ilios Yannakakis, antigo comunista grego exilado na Tchecoslováquia e em seguida na França, e se encarrega de contatar os signatários da petição para apoiar uma grande operação humanitária e salvar os *boat people* no mar da China. Esse apelo destinado a sensibilizar a opinião sobre o que acontece no Vietnã e a lançar a campanha humanitária de solidariedade com as vítimas é publicado no *Le Monde* de 22 de novembro de 1978:

> Cada dia embarcações improvisadas enfrentam as tempestades do mar da China. Milhares de vietnamitas, ao escaparem, tentam viver. A metade se afoga, todos são extorquidos, sofrem o assalto de piratas. Encontremos, pois, na Europa, na América, na Austrália, países de acolhida. Mas façamos mais: busquemos esses fugitivos. Um barco no mar da China deve poder, de maneira permanente, buscar, repescar os vietnamitas que assumiram o risco de deixar seu país. Os governos não estão sós e alguns são ativos. Cabe a nós organizar os primeiros socorros. A urgência: um

---

62. KOUCHNER, 1980, p. 17.

barco, uma tripulação, dinheiro. Uma boia, um refúgio. Em seguida, países de acolhida.[63]

A iniciativa coloca em surdina toda apreciação de ordem política para deixar lugar ao imperativo da urgência, da eficácia da ação imediata suscitada pelo sofrimento coletivo de um povo ferido pela história. Esse projeto reata com a noção de engajamento sobre bases radicalmente diferentes daquelas dos anos de pós-guerra. Se esse engajamento permanece modesto e pontual, ele é concreto: a ação humanitária não se baseia mais em dias seguintes que devem cantar, ela está ancorada no presente imediato e tende a responder sem distinção ideológica, simplesmente para fazer respeitar os direitos humanos e os deveres da fraternidade.

A outra vantagem desse tipo de intervenção de salvamento é que ela não pode decepcionar, pois que se trata de salvar vidas; nessa escala, o pouco conquistado é conquistado sobre a morte e se revela então forçosamente útil. A iniciativa imediatamente causa sensação e é secundada por um elã de entusiasmo: "Graças aos franceses, um barco poderia em breve percorrer o mar da China a fim de recolher os refugiados que fogem do Vietnã."[64] Essa operação humanitária coloca no proscênio midiático a organização Médicos Sem Fronteiras, discretamente criada em 1971 e que desempenhará um papel de organizadora desse salvamento coletivo.

Essa organização humanitária nasceu de um jornal médico, *Tonus*, fundado em 1963 por Raymond Borel, a quem se junta em 1967 um certo Philippe Bernier. Este último havia lançado em 1971 um apelo aos médicos: "Seríamos nós mercenários?" A respeito das consequências do terremoto de Skopje, Bernier coloca essa questão a um médico que testemunhara a catástrofe: "O voluntariado privado não é o meio ideal, à espera de que a ONU constitua enfim esse 'exército branco' pedido há mais de dez anos, em vão?"[65]

---

63. "Un bateau pour le Vietnam" [Um barco para o Vietnã], *Le Monde*, 22 de novembro de 1978.
64. *France Soir*, 24 de novembro de 1978.
65. Philippe Bernier, citado in VALLAEYS, 2004, p. 114.

Esse apelo se beneficia de uma repercussão ainda maior, pois aparece no momento de outra catástrofe, aquela das inundações em Bangladesh: "Um dia, lembra-se Borel, um jovem aparece, um belo rosto. 'Apresento-me: Bernard Kouchner, mercenário da medicina de urgência [...]. Eu gostaria, disse-me ele, de me inscrever.'"[66] Este último logo se torna o porta-voz do MSF. Sua iniciativa "Um barco para o Vietnã" provoca entretanto certo desconforto na organização e resulta em uma ruptura. Bernard Kouchner não é realmente seguido, e, ao contrário, é bastante contestado pela maioria da direção do MSF, que critica o fundamento dessa operação, dela desaprova o caráter muito midiático e pouco se importa com o apelo às personalidades. Claude Malhuret, um pouco cético mas finalmente favorável à operação de salvamento, prospecta sobre sua exequibilidade, mas Xavier Emmanuelli escreve um artigo virulento no *Le Quotidien de Paris*: "Um barco para Saint-Germain-des-Prés". Emmanuelli, então vice-presidente do MSF, leva consigo a organização, provocando a ruptura com Kouchner, que criará uma associação concorrente, Médicos do Mundo, em janeiro de 1980. Em contrapartida, André Glucksmann vê nessa operação a fonte mesma de uma reviravolta da vida intelectual francesa: "Para não continuar pressionando as divisões mais bem estabelecidas da inteligência francesa, bastou que um pequeno grupo de indivíduos lançasse a ideia de um barco para socorrer os refugiados do Sudeste Asiático."[67] Ele não se equivoca, e compreende, com efeito, quando se divulgam os signatários do apelo, que essa iniciativa cria o consenso e engendra uma forma de ecumenismo junto aos intelectuais franceses, até então enclausurados em suas fronteiras ideológicas: dentre os signatários estão tanto Jean-Paul Sartre quanto Michel Foucault e Raymond Aron.[68] Essa é a hora de uma reviravolta histórica com o encontro dos dois "pequenos camaradas", Aron e Sartre, que assumem estar ligados em uma nova operação humanitária e médica, aquela do navio-hospital *Île de Lumière*, ancorado em Poulo Bidong para ir em socorro dos refugiados de modo

---

66. Ibidem, p. 116.
67. GLUCKSMANN, 1979.
68. O apelo recolherá mais de quinhentas assinaturas. Ver a lista dos signatários em HOURMANT, 1997, p. 175.

mais permanente. Um comitê oficial, presidido por Claudie Broyelle, secundado por três vice-presidentes, Robert Zitoun, Alain Geismar e o advogado Jacques Miquel, multiplica as iniciativas para obter fundos e dá coletivas de imprensa nos grandes hotéis parisienses, Plaza Athénée, Sofitel e Lutetia, a fim de popularizar sua ação e sensibilizar a opinião pública.

Depois de a Marinha da Malásia ter reconduzido, em 17 de junho de 1979, 2.500 pessoas nas águas internacionais ao largo de Kuala Terengganu, uma coletiva de imprensa é realizada em 20 de junho no hotel Lutetia:

> Lá estão Simone Signoret, Yves Montand, Eigil Nansen, que veio da Noruega, Claudie Broyelle, um bispo, um rabino, o presidente dos deportados de Auschwitz, Glucksmann, Aron, etc. Mario Bettati preside. Sua voz ressoa incrivelmente e impõe autoridade. Ele anuncia que Sartre está para chegar. Espera-se por muito tempo. Eis Sartre. Ele está bastante envelhecido. Anda lentamente; Glucksmann, duas vezes maior do que ele, toma-o pelo braço e o guia ao longo da mesa [...]. Sartre para diante de Aron.[69]

Claude Mauriac, na tribuna, está nas primeiras fileiras para assistir a essa cena comovente e que se tornou histórica:

> Glucksmann diz a Sartre algumas palavras ao ouvido, enquanto Raymond Aron lhe estende a mão, que ele toma entre as suas, rosto inexpressivo, sem hostilidade nem calor, ao passo que o rosto de Aron está tenso, incomodado, a um tempo inquieto e feliz. Eu o ouço, ouço Raymond Aron, que diz três ou quatro palavras de boas-vindas, das quais apenas uma me chega distintamente e me interpela — "camarada", talvez "velho camarada".[70]

---

69. KOUCHNER, 1980, pp. 264-265.
70. MAURIAC, Claude, 1981, p. 504. Em 23 de abril de 1980, Claude Mauriac receberá uma carta de Raymond Aron, que corrigirá: "Quando apertei a mão de Jean-Paul Sartre, eu disse a ele 'bom dia meu pequeno camarada', e não 'velho camarada'. Era um modo de apagar trinta anos e de voltar meio século. Pois em nosso pequeno grupo na École, nós nos chamávamos de 'pequeno camarada'." (Carta de Raymond Aron a Claude Mauriac, 23 de abril de 1980, citada em ibidem, p. 505.)

A reconciliação dos irmãos inimigos, Sartre e Aron, torna-se um acontecimento e é encenada no mais alto nível: após terem permanecido na tribuna do Lutetia, eles acompanham, juntos, uma delegação conduzida por André Glucksmann, Bernard Kouchner e Jean-Claude Sénéchal, recebida no Eliseu em 26 de junho pelo presidente da República, Valéry Giscard d'Estaing:

> O "golpe" midiático que representou o encontro entre Jean-Paul Sartre e Raymond Aron contribuiu para a publicidade dessa ação humanitária. Ele consagrou, igualmente, para muitos observadores, a ideia de um declínio da visibilidade das divisões, o fim da idade ideológica e o advento de uma nova ordem intelectual e política que, ao banir a exacerbação dos conflitos em prol da concertação ou da reconciliação, tornava possível a reunião de famílias outrora radicalmente opostas.[71]

Uma ética nova nasce, aquela do humanitário que transcende as divisões ideológicas e políticas em nome da urgência, de um "consenso em torno de uma ambulância", de uma compaixão que conduz à ação. Incontestavelmente, ao final desses anos 1970, uma nova era se desenha no horizonte, que não tem mais a pretensão do profetismo e da construção do mundo de amanhã, mas que deseja curar as feridas do agora antes de pensá-las. A figura da vítima sai disso transformada. Ela não é mais o proletário preso a seu instrumento de trabalho nem o condenado da terra, mas o prisioneiro, o torturado, o exilado, o banido.

---

71. HOURMANT, 1997, p. 176.

11
Dissidentes em defesa dos direitos humanos

A partir de 1974, o efeito Soljenítsin torna central a questão da defesa dos dissidentes soviéticos e dos países do Leste. A palavra deles chega ao Ocidente em favor das campanhas internacionais de apoio, de seu exílio, de suas publicações que confirmam, cada uma à sua maneira, que o universo totalitário implacável, como o descreveu Soljenítsin, não desapareceu e que ele tende até mesmo a se tornar mais rígido com a evicção de Khrushchov e com a chegada de Brejnev ao poder. A cristalização de uma frente antitotalitária confere ao fenômeno uma amplidão que contrasta com o silêncio de chumbo que até então reinava sobre o que acontecia do outro lado da cortina de ferro. A figura do dissidente torna-se uma figura heroica, magnificada em seu desafio solitário frente a um poder onipotente e opressor. Na segunda metade dos anos 1970, o dissidente encarnará o intelectual ideal que retoma a tocha deixada por Voltaire no caso Calas[1], em seguida por Zola no caso Dreyfus. Muitos intelectuais franceses chegarão até mesmo a reivindicar que são dissidentes, chamando-se assim e unindo situações diversas em um mesmo combate antitotalitário.

Esprit, para quem a defesa dos dissidentes do Leste não é realmente um tema novo, está ligada a muitos intelectuais dos países do Leste. Contudo, esse combate contribui para reforçar a nova perspectiva assumida

---

1. O caso Calas foi um episódio jurídico que ocorreu de 1761 a 1765 em Toulouse, em um cenário de conflito religioso entre protestantes e católicos. Jean Calas, um comerciante protestante, foi condenado à morte acusado de ter assassinado o próprio filho, Marc-Antoine Calas, para evitar que o jovem se convertesse ao catolicismo. Jean foi executado e os demais membros da família, presos. O caso ficou famoso pela intervenção de Voltaire, que se dedicou a provar a inocência dos acusados. [N.E.]

em 1977 após a mudança em sua direção. Paul Thibaud dá um lugar central à análise do sistema totalitário e à luta que é preciso conduzir contra ele. No primeiro número da nova série de *Esprit*, ele faz uma homenagem vibrante aos poloneses e aos húngaros reunidos para celebrar o vigésimo aniversário das revoltas populares de Varsóvia e de Budapeste. Essa conferência universitária convida a reconhecer a "coragem daqueles que recusaram o fascínio de uma pseudo-história já escrita da qual os PC seriam os representantes".[2]

A revista de Sartre, *Les Temps modernes*, opera uma reavaliação de suas posições sobre os países do Leste[3]:

> Felizmente, a onda de interesse que a dissidência suscitou ao longo desse ano terá, no mínimo, permitido acabar com alguns mitos que obstruíam singularmente nossa visão de antes sobre o "bloco socialista". Desprovidas de suas justificativas ideológicas, essas sociedades da Europa do Leste, todas calcadas sobre o mesmo modelo soviético, nos apareceram enfim como um totalitarismo sofisticado que penetrava o conjunto do tecido social. Ao mesmo tempo que os mecanismos dessa opressão, a dissidência nos fez igualmente compreender como o poder se tornou nesse caminho uma entidade, uma coisa oculta que ninguém mais realmente pode controlar.[4]

Les Temps modernes considera os dissidentes como a parte luminosa desse mundo opaco, lembrando que uma resistência contra a opressão é possível, e sublinha que nos países do Leste, onde os povos são amordaçados e o arbitrário é cotidiano, a *intelligentsia* pode carregar a bandeira da resistência ao totalitarismo, papel desempenhado pelos dissidentes que arriscam seu conforto e, por vezes, sua vida. A revista de Sollers, *Tel Quel*, também faz seu o combate dos dissidentes do Leste, e em seu número do inverno de 1977 Julia Kristeva considera o dissidente como uma nova

---

2. THIBAUD, 1977, p. 5.
3. *Les Temps modernes*, dossiês "Dissidents" [Dissidentes], n. 372, julho de 1977, e "Vivre à l'Est" [Viver no Leste], n. 376-377, novembro-dezembro de 1977.
4. WOLTON, 1977.

figura de intelectual: "A verdadeira dissidência, hoje, é, talvez, simplesmente, e como sempre, o pensamento."[5] Durante o verão de 1978, *Tel Quel* publica um dossiê inteiro dedicado à questão. Julia Kristeva sublinha a reviravolta histórica que se efetua no Leste: "A Europa do Leste perturba a marcha linear da história dita ocidental."[6] Quanto à Bienal de Veneza do final de 1977, ela tem como tema de reflexão "A dissidência cultural do Leste", com a participação de uma importante delegação de intelectuais franceses.

A lição dos dissidentes

Em 1976 e 1977, o engajamento dos intelectuais para protestar contra a sorte reservada nos países do Leste àqueles que lutam pela liberdade de expressão se amplia e se choca com o endurecimento do regime soviético. Brejnev, auxiliado pelo ideólogo do PCUS, Suslov, dá um golpe autoritário. O poder recorre cada vez mais ao artigo 70 do Código Penal, que considera que "a agitação e a propaganda" antissoviéticas são delitos que devem ser levados aos tribunais. Segue-se um período de regelo com a prisão e a deportação de numerosos intelectuais. Siniavski e Daniel foram as vítimas em 1966; é a vez agora de Bukovski, Litvinov, Galanskov, Martchenko e muitos outros. É até mesmo o caso, depois do XXIII Congresso do PCUS, de reabilitar Stálin. Em reação a isso, um movimento democrático emerge e faz circular *samizdats*.

A situação se torna aberrante: a URSS engaja-se em uma política internacional marcada por um esboço de entendimento com o Ocidente, mesmo que continue a exercer um controle cada vez mais forte sobre sua população, colocando em dúvida uma série de avanços em matéria de exercício das liberdades conquistadas durante a desestalinização. Os acordos de Helsinque, assinados em 1º de agosto de 1975, depois de dois anos de negociação, obrigam todos os países europeus, inclusive aqueles do

---

5. KRISTEVA, 1977, p. 8.
6. Idem, [1978] 1995, p. 505.

Leste, e as duas grandes potências, URSS e Estados Unidos, a respeitar as fronteiras que se originaram da Segunda Guerra Mundial e a considerá-las como invioláveis, regra que deve prevenir o que aconteceu em 1968 com a invasão da Tchecoslováquia. Com o terceiro eixo de acordos, os signatários se dizem prontos a respeitar os direitos humanos e as liberdades fundamentais, sobretudo em matéria de liberdade de pensamento, de religião e de circulação das pessoas. A violação dos engajamentos internacionais assumidos pelos dirigentes do Leste que se segue justifica, por conseguinte, o combate dos dissidentes em prol de sua liberdade de expressão e as campanhas de apoio às vítimas do totalitarismo.

É nesse clima de acalmia que campanhas internacionais conseguem libertar dissidentes das prisões e dos hospitais psiquiátricos. Alguns casos saem das sombras e são levados ao conhecimento da opinião pública internacional. Desse ponto de vista, o caso Andrei Sakharov é exemplar, pois que se trata de um dos maiores eruditos da União Soviética, o pai da Bomba H, que se engajara desde o final dos anos 1960 nas campanhas destinadas a dar a conhecer os perigos da corrida aos armamentos nucleares e que contribuiu para a assinatura em 1968 de um tratado de não proliferação das armas atômicas. Depois da evicção de Khrushchov, ele se volta contra a política interior de Brejnev de repressão dos dissidentes e faz circular clandestinamente uma obra não autorizada intitulada *Reflexões sobre o progresso, a coexistência e a liberdade intelectual*. No início dos anos 1970, ele cria um comitê para a defesa dos direitos humanos e das vítimas políticas com Valery Chalidze e Andrei Tverdokjlebov. Sua notoriedade é tal que ele recebe em 1975 o prêmio Nobel da Paz, que não pode receber em Oslo, pois está proibido de deixar o território soviético. É sua nova esposa, Elena Bonner, igualmente bastante engajada nos combates pelos direitos humanos, que vai a Oslo ler seu discurso. No ano desse Nobel, ele publica uma obra traduzida no mundo inteiro, *Meu país e o mundo*[7], denunciando o poder de uma burocracia que confiscou em benefício próprio as liberdades fundamentais. Ele interpela a *intelligentsia* do Ocidente para que assuma suas responsabilidades:

---

7. Sakharov, 1975.

Tenho pela *intelligentsia* estrangeira, por esses homens que tive a sorte de conhecer pessoalmente, uma simpatia profunda, um respeito impulsivo, e neles deposito autênticas esperanças [...]. E, no entanto, observo um traço característico comum a muitos intelectuais e que não deixa de suscitar certa inquietação. É o que eu chamaria a "moda do liberalismo de esquerda" [...] a visão simplista deles sobre certos aspectos complexos e trágicos da vida, em particular da vida nos países socialistas.[8]

Apesar de sua notoriedade, Sakharov é preso em Moscou no início de 1980, cumpre pena domiciliar em Górki e é colocado sob estreita vigilância pela KGB, sendo privado de visitas, de correspondência, de telefone. Confinado ao isolamento total.

Durante os anos 1970, o tema da dissidência torna-se cada vez mais popular e mobiliza as energias intelectuais no Ocidente. Os matemáticos franceses se organizam para salvar seus colegas Leonid Plyushch e Yuri Chikanovitch, assinando uma petição em 1973 e participando maciçamente de um Comitê Internacional posto em funcionamento em 1974 sob a instigação do matemático americano Lipman Bers. A campanha pela libertação de Plyushch é particularmente popularizada, de tal maneira que o PCF é instado a tomar posição a seu favor. Matemático de renome internacional, ele trabalha em 1968 no Instituto de Cibernética da Academia Ucraniana das Ciências quando é denunciado como dissidente, embora permaneça profundamente marxista. Ele perde seu emprego e constitui um grupo de iniciativa pela defesa dos direitos humanos. Preso em 1972 por atividade antissoviética, ele é julgado irresponsável por seus atos como esquizofrênico e é internado em 1973 em um hospital psiquiátrico, onde sofre tratamento de choque.[9] O Comitê Internacional multiplica as iniciativas de apoio, organizando coletivas de imprensa, reuniões públicas, lançando apelos e multiplicando as ações junto aos responsáveis políticos. Uma Jornada Internacional Leonid Plyushch chegou mesmo a ser organizada. A campanha conhece uma repercussão cada vez mais

---

8. Ibidem, pp. 82-83.
9. Ver MATHON; MARIE (orgs.), 1976, e PLYUSHCH, 1977.

importante e um primeiro sucesso com a libertação de Chikanovitch em 5 de julho de 1974.

O matemático francês Laurent Schwartz, que já estava à frente do combate contra a Guerra da Argélia, está presente em todas as iniciativas do Comitê e da imprensa[10]: "A reunião de 23 de outubro de 1975 no Palácio da Mutualité é, sem dúvida alguma, o ponto culminante da campanha por Leonid Plyushch e o ápice de sua utilização para desafios de política interior."[11] Esse *meeting* de mais de cinco mil pessoas, presidido por Laurent Schwartz, é apoiado por numerosas organizações e é consensual junto à esquerda e à extrema esquerda, com exceção do PCF e da CGT. Lotada, a sala do Palácio da Mutualité não consegue acolher toda a multidão que para lá se dirige. Diante desse sucesso, o PCF deve adotar um perfil discreto e manifestar sua sensibilidade sobre o assunto pela voz de René Andrieu, que, no *Humanité* de 25 de outubro, isto é, dois dias depois desse *meeting*, escreve que não é indiferente à sorte de Plyushch e que tentou obter informações a seu respeito. Enfim, no início de 1976, se dá o sucesso dessa intensa campanha: Plyushch sai do hospital psiquiátrico em 8 de janeiro e no dia 11 chega a Paris com sua família.[12]

O caso Plyushch, exemplar, é o símbolo mesmo dos abusos do sistema soviético. Esse primeiro "doente de opinião" publica suas Memórias já em 1977. O leitor encontra ali o itinerário do brilhante matemático que se transforma em calvário em razão dos tratamentos sofridos no hospital psiquiátrico, onde os enfermeiros são condenados do direito comum que cumprem suas penas e fazem reinar o arbitrário. A mais ínfima recriminação é sancionada com uma injeção de haloperidol, cujos efeitos são espetaculares:

> Um de meus vizinhos passa todo o dia sacudido por convulsões; incapaz de permanecer deitado, ele se levanta, sua cabeça cai de lado, seus olhos exorbitam. Um outro engole sua língua, sufoca. Um terceiro grita, chama pela enfermeira, exige um remédio que anule os efeitos fisiológicos do

---

10. SCHWARTZ, 1975.
11. CHRISTOFFERSON, 2009, p. 228.
12. Ver DANIEL, 1976a e 1976b.

haloperidol. A direção entope os pensionários com esse remédio de modo a aterrorizá-los ainda mais [...]. O segundo dia produziu em mim uma impressão ainda mais terrível. Quando abri os olhos, foi para ver dois enfermeiros agredirem com golpes repetidos meu protetor Oleg, que não opunha resistência alguma, pois que temia receber novas doses... "– Por que eles bateram em você? — Eu havia exigido que me levassem ao banheiro."[13]

Ter logrado livrar Plyushch de seus carcereiros é um grande sucesso da campanha internacional de apoio, que encoraja a prosseguir a luta pela libertação daqueles que, em grande número, apodrecem ainda nas prisões e nos hospitais psiquiátricos por terem exigido o respeito dos direitos humanos. O Comitê dos Matemáticos retoma, pois, seu bastão de peregrino e lança uma nova campanha pela libertação de seis prisioneiros políticos; adverte, ainda, que permanece vigilante diante das violações aos direitos humanos, venham elas do Leste ou do Oeste. Ele exige a libertação de três intelectuais dos países da Europa do Leste — Vladimir Bukovski, Semyon Gluzman e Jiří Müller — e de três intelectuais latino-americanos — José Luis Massera, Víctor López Arias e Edgardo Enríquez Espinoza.

O caso de Vladimir Bukovski, outra grande figura da dissidência soviética encarcerado em 1963, data em que foi encontrado com um livro de Milovan Djilas, *La nouvelle classe dirigeante* [A nova classe dirigente], é particularmente midiatizado. Considerado ele também doente mental, passa dois anos em um hospital psiquiátrico. Libertado, é regularmente conduzido à prisão a cada uma de suas manifestações pela defesa dos direitos humanos: por ter defendido Siniavski e Daniel, por ter em seguida manifestado seu apoio a Alexandre Ginzburg, Yuri Galanskov, Alexei Dobrovolsky e Vera Lashkova. Ele escreve *Une nouvelle maladie mentale en URSS: l'opposition* [Uma nova doença mental na URSS: a oposição][14], o que resulta para ele em outros anos de prisão e de trabalhos forçados. O caso assume uma fisionomia espetacular quando em 18 de dezembro de

---

13. PLYUSHCH, 1977, p. 364.
14. BUKOVSKI, 1971.

1976, na pista do aeroporto de Zurique, procede-se à troca dos prisioneiros políticos Luis Corvalán, comunista saído das prisões do ditador chileno Pinochet, e Vladimir Bukovski, saído das prisões de Brejnev. O impacto do acontecimento é fundamental e põe à mostra, de modo evidente, aos olhos da opinião pública internacional, o que esses dois regimes totalitários, o fascismo e o comunismo, têm em comum.

À diferença de Plyushch, que permanece marxista convicto apesar de seu calvário, Bukovski é um opositor inveterado do sistema soviético e o faz saber com humor mordaz. Por ocasião de uma conferência de imprensa em Paris, no dia mesmo de sua chegada, quando um jornalista pergunta a ele o que deseja para Brejnev em seu septuagésimo aniversário, Bukovski responde: "Desejo a ele que seja trocado pelo general Pinochet." Observando ainda que não lhe havia sido entregue documento algum que atestasse que fora libertado de prisão, ele declara que se considera como "um prisioneiro político de férias". Quanto ao jornalista da RTL que pergunta a ele o número de prisioneiros políticos existentes na URSS, ele responde "250 milhões".[15] Bukovski se torna o estandarte das lutas de apoio aos outros dissidentes encarcerados e apoia os apelos para que os países do Leste respeitem seus engajamentos internacionais quanto ao respeito dos direitos humanos.[16]

A partir do modelo do Comitê dos Matemáticos, que logrou vitórias significativas, outros comitês são fundados para romper o muro do silêncio e alertar a opinião pública internacional sobre a repressão que domina o Leste: o Comitê Borissov, o Comitê dos Físicos pela defesa de Yuri Orlov, o Comitê de Defesa de Chtcharanski, o Comitê de Apoio à *Carta* no caso tchecoslovaco... No domínio da edição, transmitem-se os testemunhos desses dissidentes. Depois que Claude Durand publicou as obras de Soljenítsin na Seuil, o revezamento é assegurado por outras editoras. A partir do final dos anos 1970, Maspero, ao tomar conhecimento da dimensão dos estragos do totalitarismo denunciados havia muito pela corrente Socialismo ou Barbárie, engaja-se ao lado dos dissidentes que

---

15. CHRISTOFFERSON, 2009, p. 239.
16. Michael Christofferson assinala que *Libération* dedica sua manchete a Bukovski sucessivamente em 19, 20, 21 e 23 de dezembro de 1976.

emergiram na URSS e na Europa Central. Graças à iniciativa de Denis Paillard e de Jean-Yves Potel, para conduzir esse novo combate o editor dá nascimento a uma revista da qual assume sozinho a direção, *L'Alternative*, com uma tiragem média de quatro a cinco mil exemplares até o ano de seu encerramento em 1985. O subtítulo da revista é revelador da centralidade assumida pelo combate pelos direitos humanos: "Pour les droits et les libertés démocratiques en Europe de l'Est" [Pelos direitos e pelas liberdades democráticas na Europa do Leste]. Nessa inflexão do final dos anos 1970, a nova companheira de Maspero, Ewa Bérard, de origem polonesa, desempenha um papel decisivo, beneficiando a editora com sua rede pessoal e aquela de Georges Haupt. Maspero contata diretamente os dissidentes signatários da *Carta 77*[17] em Praga e os oponentes de esquerda ao regime polonês, Jacek Kuron e Adam Michnik. Ele vai à Polônia antes da queda do muro. Ewa Bérard publica dossiês muito críticos sobre o país e edita três volumes de *Contos de Kolymá*, de Varlam Chalámov, na coleção "Actes et mémoires du peuple", em 1980.

Na Gallimard, Pierre Nora publica o testemunho de Nadejda Mandelstam, a viúva do poeta Óssip Mandelstam, grande nome da resistência ao terrorismo stalinista, cujas lembranças cobrem três volumes publicados entre 1972 e 1975.[18] O primeiro volume começa em 1934, data da primeira prisão de Mandelstam, e se conclui com sua morte em um vagão de deportação para a Sibéria, em 1938. Ele constitui um documento excepcional sobre a asfixia da cultura russa no momento da stalinização. O segundo volume volta a 1919, data em que conhece seu esposo. Nadejda prolonga a narração para além do desaparecimento do poeta, até 1970. Quanto ao último volume, ele começa com reflexões sobre a poesia e, em seguida, descreve a atmosfera que reina no pós-Segunda Guerra Mundial, no tempo do camarada Jdanov. Em 1974, é publicado o *Journal d'un condamné à mort* [Diário de um condenado à morte], de Eduard Kuznetsov, e, em 1981 suas *Lettres de Mordovie* [Cartas de Mordóvia], na coleção "Témoins". Em 1970, Kuznetsov é condenado, juntamente com onze outros acusados,

---

17. Ver *infra*, pp. 351 ss.
18. MANDELSTAM, [1972-1975] 2012-2013.

diante do tribunal de Leningrado por terem pretendido desviar um avião e fugir para a Suécia, simples etapa para a maioria dos jovens russos que desejavam emigrar para Israel. Esse veredito de morte provoca indignação internacional, e numerosas intervenções governamentais conduzem o governo soviético a transformar a pena em uma condenação de quinze anos de servidão penal. Em 1976, aparece um documento excepcional: os autos das audiências do processo do doutor Mikhail Stern que ocorreu em Vinnitsa, perto de Kiev, em dezembro de 1974.[19] O acusado exerce há trinta anos a profissão de médico, e dirige, no momento de sua prisão, o departamento consultor do Centro de Endocrinologia de Vinnitsa — ele logrou fazer regredir a doença do bócio, que afetava as cidades ucranianas. A ata de acusação afirma que ele recebeu numerosas propinas por seus atos médicos: dois gansos, um galo, setenta ovos, três cestos de maçãs e 775 rublos! Evidentemente, outra é a razão para essa perseguição e não essas grotescas acusações. Seus dois filhos, Victor e August, que fizeram brilhantes estudos universitários, pediram uma autorização de emigração, o que, aos olhos da KGB, atesta de modo claro uma contestação do regime. A KGB exige então do doutor Mikhail Stern que ele se oponha à vontade de seus filhos. Recusando-se a pressionar seus filhos, maiores de idade, ele é preso e condenado a oito anos de "trabalhos corretivos" em um campo de regime reforçado onde lhe compete apertar parafusos; quanto a seus filhos, eles são expulsos da URSS. Em 25 de março de 1976, Sartre e Beauvoir lançam um apelo no jornal *Le Monde* com a assinatura de cinquenta prêmios Nobel. Os dois filhos assistem ao processo e têm a excelente ideia de esconder dois pequenos gravadores. Se as fitas são apreendidas em diversos momentos, a rede de amigos consegue obtê-las e recompor uma gravação coerente a partir dos fragmentos de difícil escuta e a fazê-la circular: "Uma vez saídos da URSS, os dois irmãos precisaram de mais de um ano para recompor o quebra-cabeças disperso."[20]

---

19. STERN, 1976.
20. NORA, 1976.

Em 1994 é publicada, na mesma coleção "Témoins", *Le Dossier de l'affaire Pasternak* [O dossiê do caso Pasternak].²¹ Trata-se de uma das primeiras manifestações do que se chamou "a dissidência", instantaneamente tornada assunto de Estado. Em 1957, um ano após o famoso XX Congresso do PCUS e o Relatório Khrushchov, o poeta russo Boris Pasternak toma a decisão de transgredir o princípio intangível do *isolat* cultural soviético ao contatar o editor italiano Giangiacomo Feltrinelli para a publicação de seu romance *Doutor Jivago*, censurado na URSS. O livro é publicado em 1958 na maioria dos países europeus, valendo a seu autor o prêmio Nobel. O Comitê Central do PCUS, secundado pela imprensa, insurge-se contra Pasternak, a ponto de constrangê-lo a recusar o prêmio, o que não evita que as perseguições de todo tipo continuem até sua morte, em 1960. Ele não conhecerá a publicação de seu livro em russo em vida.

A *Carta 77*

A chapa de chumbo duas vezes imposta à Tchecoslováquia, que vive tempos de normalização à Husák, não logrou esgotar uma vontade determinada de conquistar as praias de liberdade junto aos intelectuais e aos artistas tchecoslovacos. Como a Tchecoslováquia se engajara, ao lado do grande irmão soviético, em respeitar os direitos humanos e a liberdade de pensamento por ocasião dos acordos de Helsinque, um grupo de intelectuais faz circular em dezembro de 1976 uma petição que leva o nome de *Carta 77*. A petição exige do governo o respeito a seus engajamentos. Ela recolhe 242 assinaturas, essencialmente de intelectuais, escritores e artistas, e desencadeia uma política de caça às bruxas contra seus signatários, imediatamente considerados como inimigos de classe: "A *Carta 77* não reintroduzia apenas a Tchecoslováquia no movimento da consciência europeia, ela acelerava a globalização do movimento dos Direitos Humanos."²²

---

21. *Le Dossier de l'affaire Pasternak*, 1994.
22. GRÉMION, 1985, p. 310.

É na filosofia que muitos intelectuais encontram as vias da resistência ao aniquilamento. Apesar das inúmeras tentativas de amordaçar a expressão dessa resistência, subsiste toda uma atividade subterrânea do pensamento. A vigilância, a censura, o banimento não impediram que alguns dissidentes levassem uma vida paralela dedicada a uma filosofia ameaçada a que "se confiou o papel de guardiã da liberdade".[23] Afastados da universidade e da produção filosófica ocidental, obrigados a tarefas não qualificadas, esses intelectuais que se tornaram vigias noturnos, técnicos de aquecedores ou funcionários de prédios prosseguem em porões, em zeladorias e em apartamentos as seções coletivas de trabalho. Esses seminários privados, que são os únicos lugares onde se filosofa, quando "as instituições que comumente são encarregadas da cultura, a partir da normalização, aparentam-se a cemitérios do pensamento"[24], são sistematicamente perseguidos pela polícia do regime.

O seminário mais reputado é o do filósofo Ladislav Hejdánek. Depois de concluir os estudos de filosofia em 1952, em pleno período dos grandes processos de Praga, ele é proibido de entrar na universidade e se torna operário em uma empresa de construção de canalizações. Entretanto, Hejdánek consegue se aproximar do universo dos livros ao aceitar um posto que ocupará durante doze anos na biblioteca do Instituto Científico. Ele aproveita essa situação para fazer contatos e entreter relações. A favor da liberalização dos anos 1960, ele começa a publicar e entra, enfim, no Instituto Filosófico da Academia. Mas a ocupação soviética de agosto de 1968 e a normalização resultante conduzem à sua expulsão em 1971. Hejdánek volta a trabalhar como operário: técnico em aquecedores, em seguida vigia noturno em um museu de literatura e, enfim, em uma empresa de construção civil. Contudo, dedica-se a preservar sua condição de filósofo, e de 1980 a 1989, anima um seminário em seu apartamento.

Hejdánek faz sua a fórmula já elaborada pelo filósofo dissidente e mesmo assim marxista Julius Tomin, modificando-a um tanto para torná-la praticável. Os seminários de Tomin eram bastante conhecidos por todos e

---

23. Löwit, 1990, p. 223.
24. Ibidem, p. 224.

amplamente abertos. A polícia fazia sistematicamente uma batida alguns minutos após o início das sessões e prendia todo mundo por dois ou quatro dias. Na impossibilidade de continuar, Tomin exila-se e Hejdánek toma seu lugar. Ele entretém então três seminários "prudentes", em lugares secretos, e decide-se a promover, paralelamente, um seminário em sua casa aberto à polícia! Um representante da polícia assiste regularmente aos trabalhos e se eclipsa quando um convidado estrangeiro participa do grupo, para dar a ilusão de um regime que se tornou democrático.

Outro intelectual dissidente que perdeu seu posto de editor em 1958, Jiří Pechar, voltado à expressão literária, é muito ligado aos intelectuais franceses, que ele acolhe em sua casa quando o país está em plena normalização. Ele recebe Louis Dumont, Jean-Pierre Vernant, Étienne Balibar. Um pouco antes de sua morte, Michel Foucault manifestou igualmente sua intenção de ir a Praga. Jiří Pechar traduziu cerca de cinquenta obras francesas, entre elas as do monumento proustiano *Em busca do tempo perdido*. Oficialmente tradutor, ele faz circular clandestinamente alguns livros pessoais. Para não chamar muito a atenção e permitir a publicação de suas traduções, Jiří Pechar toma algumas precauções e, a partir dos conselhos de seus amigos, não assina a *Carta 77*. Com exceção de três interrogatórios, sempre igualmente ubuescos, ele evitará assim inúmeros aborrecimentos policiais.

Enquanto Pechar mantém seminários sistematicamente interrompidos pela polícia, Julius Tomin e alguns intelectuais de Praga à beira do desespero lançam um apelo ao socorro para algumas universidades da Europa Ocidental. A esse apelo responde favoravelmente a Universidade de Oxford, e de onde nascerá uma organização franco-britânica fundada pelo casal de filósofos formado pelo inglês Alan Montefiore e a francesa Catherine Audard. Na Universidade de Oxford, eles criam no início de 1980 a Jan Huss Educational Foundation, cujo nome vem do reformador mártir da Boêmia de antes da Reforma luterana, queimado como herético em 1415 em Constância, onde fora defender suas teses. No ano seguinte, fundam sua gêmea francesa, a associação Jan Huss. Catherine Audard e Alan Montefiore vão a Praga no Natal de 1979 para fazer contatos e encontrar alguns amigos, entre os quais Ladislav Hejdánek, após terem feito votar um pequeno orçamento pela Universidade de Oxford que permitia a universitários ingleses encontrarem regularmente dissidentes de Praga. Quando Catherine Audard solicita a Ricœur que os intelectuais franceses participem dessa iniciativa, ele aconselha a máxima prudência a fim de não colocar em situação difícil seus amigos intelectuais praguenses. Se aceita dar sua ajuda e ser o primeiro convidado da associação francesa, ele faz questão de permanecer na sombra e figura discretamente no conselho de patronos, pois não deseja aparecer entre os responsáveis dessa associação que será criada por Catherine Audard.

A associação Jan Huss, lançada em Paris a partir do modelo da organização britânica, é presidida por Jean-Pierre Vernant e tem Jacques Derrida como vice-presidente. Do lado ocidental, ela organiza ciclos de conferências que respondem às demandas expressas em Praga, Bratislava e Brno. Ela se ocupa de encaminhar os livros de que necessitam os intelectuais tchecoslovacos. A fenda na cortina de ferro vai aumentar e proteger os intelectuais tchecoslovacos dos incômodos policiais. Entretanto, em dezembro de 1981, um incidente espetacular se produz no momento da viagem de Jacques Derrida a Praga. Ele é vigiado durante toda a sua estada: "Pela manhã, no hotel, eu já sentia todo um empenho policial. Volto-me e vejo o hoteleiro olhar as horas e tomar do telefone para avisar sobre minha próxima posição. Noto que alguém me segue [...]. Entro no metrô, ele está sempre lá."[25] Ele é interpelado pela polícia à saída de seu seminário privado e preso no aeroporto. É levado a uma delegacia de polícia, acusado de "produção e tráfico de droga" depois de uma batida sistemática durante a qual a polícia finge ter encontrado pó branco! É submetido a um interrogatório pesado de seis a sete horas, ao final do qual é conduzido à prisão de Ruzyně. Serão necessárias uma campanha de petições e a intervenção pessoal do presidente francês François Mitterrand, que ameaça o governo tchecoslovaco com sanções econômicas e com a retirada do embaixador francês, para que se obtenha a libertação-expulsão de Derrida da Tchecoslováquia. O barulho propagado por esse caso

---

25. Jacques Derrida, seminário de 6 de janeiro de 1982, arquivos Imec, citado in Peeters, 2010, p. 411.

torna-se então o melhor argumento para conhecer a deplorável situação na qual se encontram os intelectuais tchecoslovacos: "Na realidade, os serviços tchecos não haviam medido a notoriedade de Derrida."[26]

A resistência subterrânea do lado tchecoslovaco se cristaliza em torno de Jan Patočka, fenomenólogo discípulo de Husserl que se tornou figura de proa da dissidência. Depois de ter trabalhado ao lado de Husserl em Friburgo-em-Brisgau em 1932-1933, e assistido aos cursos de Heidegger, ele participa em 1934 da criação do Círculo Filosófico de Praga, que constitui, ao lado do círculo linguístico liderado por Roman Jakobson, um dos mais relevantes espaços do pensamento europeu. No final do ano de 1935, Husserl ali vai pronunciar suas famosas conferências que resultarão em *A crise das ciências europeias e a fenomenologia transcendental*. Jan Patočka defende sua tese em 1936.[27] Expulso da universidade em 1948, em seguida reintegrado, ele é novamente reduzido ao silêncio depois da invasão soviética de 1968 e impedido de dar seu seminário. Ele se torna um dos três porta-vozes do Manifesto da *Carta 77* em favor das liberdades e dos direitos civis, com Jiří Hájek e Václav Havel. Suas reflexões filosóficas circulam graças aos *samizdats* que seu amigo Ivan Chvatík conserva preciosamente em sua casa. Preso em 1977 e submetido a interrogatórios brutais, Jan Patočka sucumbe a uma hemorragia cerebral na prisão, em 13 de março de 1977. *Esprit* se subleva contra "um verdadeiro assassinato político".[28] Pouco depois, um Comitê Internacional de Apoio à *Carta* se constitui[29] e organiza uma grande reunião na sala Gémier do Palácio de Chaillot: "Após um minuto de silêncio em memória de J. Patočka, Pierre Daix, Gilles Martinet e Pierre Emmanuel tomaram a palavra antes que Michel Piccoli e Michael Lonsdale fizessem a primeira leitura parisiense da peça de Václav Havel *A audiência*."[30] Quando, três anos mais tarde,

---

26. PEETERS, 2010, p. 416.
27. PATOČKA, [1936] 1976.
28. "Jan Patočka", *Esprit*, abril-maio de 1977, p. 260.
29. Entre os membros franceses do comitê estão Pierre Daix, Jean-Marie Domenach, Pierre Emmanuel, Alfred Kastler, Yves Montand, Simone Signoret, Pierre Seghers, Vercors, Gilles Martinet e Edmond Maire.
30. GRÉMION, 1985, pp. 315-316.

Brejnev esteve em visita oficial na França, recebido pelo presidente Valéry Giscard d'Estaing, cerca de doze intelectuais lançaram um convite para um encontro no Teatro Récamier, na noite de 21 de junho de 1977, para encontrar os dissidentes dos países do Leste: "Visivelmente, o lugar *in*[31] naquela noite era junto a Leonid Plyushch e Andrei Amalrik, não com os dois políticos franceses e o ditador soviético."[32] A grande reunião intelectual antitotalitária, que apareceu por ocasião do caso Soljenítsin, fica mais forte e leva a ações que reconciliam Aron, Sartre e Foucault, *Esprit* e *Les Temps modernes*, *Le Monde* e *Libération*. Em dezembro de 1979, quando o tribunal de recursos de Praga confirma as penas pronunciadas contra seis membros da Liga tchecoslovaca pelos direitos humanos, uma mensagem assinada por vinte escritores franceses é entregue à União dos Escritores Tchecoslovacos para que seus colegas intervenham em favor de Václav Havel e de seus amigos.[33] Essa mensagem nem mesmo encontrará destinatário para recebê-la, e aqueles que levam a mensagem não serão recebidos por ninguém.

Paul Ricœur encontrou Jan Patočka no registro das atividades do Instituto Internacional de Filosofia e, mais particularmente, por ocasião do congresso de 1973 dedicado à dialética, congresso que ocorreu na Bulgária, em Varna. Imediatamente depois da morte de Patočka, Ricœur dedicou uma homenagem eloquente ao "filósofo resistente"[34], estabelecendo uma filiação entre o apelo à razão crítica de Husserl em 1935 e as reivindicações de respeito do direito e da dignidade humana expressas em Praga. Nessa homenagem, Ricœur dirige-se igualmente aos intelectuais ocidentais tentados pelos encantos discretos do desconstrucionismo integral e do anti-humanismo teórico. A eles lembra a necessidade de preservar um horizonte ético e moral como instrumento de resistência em face de

---

31. Em itálico, no original. [N.T.]
32. HASSNER, 1979-1980, p. 520.
33. Carta assinada por Raymond Aron, Roland Barthes, François-Régis Bastide, Samuel Beckett, Cornelius Castoriadis, Jean-Marie Domenach, Pierre Emmanuel, Jean-Pierre Faye, Eugène Ionesco, Jacques Julliard, Claude Lefort, Michel Leiris, Clara Malraux, Richard Marienstras, Claude Mauriac, Marcelin Pleynet, Claude Roy, Laurent Schwartz, Alain Touraine e Pierre Vidal-Naquet.
34. RICŒUR, [1977] 1991, pp. 69-73.

um poder aviltante para o qual não há outra perspectiva senão "a paz dos cemitérios". A esse respeito, Jan Patočka é a figura exemplar da força da ideia de direito: "A determinação manifestada contra ele prova que defender filosoficamente a subjetividade torna-se, em caso de extremo rebaixamento de um povo, o único recurso do cidadão contra o tirano."[35]

Engajado em um apoio ativo aos intelectuais tchecoslovacos, Ricœur prefacia a tradução dos *Essais hérétiques* [Ensaios heréticos] publicada em 1981.[36] Ele confere a Patočka uma estatura análoga àquela de Merleau-Ponty, inscrevendo-o de modo singular na filiação fenomenológica. Sobretudo, Ricœur vê em sua temática da "problematicidade do homem histórico"[37] um ponto de ruptura com a concepção husserliana e heideggeriana da historicidade: Patočka distingue um mundo antigo definido como não problemático de uma modernidade que faz com que o homem perca toda segurança, deixando-o confrontar, solitário, a liberdade. Para esse homem problemático, "o fim reside na vida *livre* como tal, que seja sua própria ciência ou aquela de outro, e eis aí uma vida que nada protege".[38] O risco que corre o homem é então de ser aspirado pelo niilismo e o abalo sistemático de todo sentido aceito. Para combater as energias mortíferas, Patočka conclama a uma "solidariedade dos abalados", que triunfará com Václav Havel, dramaturgo preso e que se tornou presidente da Tchecoslováquia graças à Revolução de Veludo em 1989. Esse *sursaut* da nação tchecoslovaca terá chegado ao final da noite, para além do desaparecimento de um Patočka que associou seu nome à prestigiosa linhagem de seus mártires: Jan Huss, Comenius, Masaryk e Jan Palach.[39]

---

35. Ibidem, p. 73.
36. PATOČKA, [1975], 1981.
37. RICŒUR, Paul, [1975, 1981] 1991, p. 76.
38. Jan Patočka, citado in ibidem, p. 79.
39. Comenius (1592-1670): humanista da Boêmia que teve de se exilar na Polônia. Jan Masaryk (1886-1948), filho de Tomáš Masaryk (1850-1937), fundador e primeiro presidente da Tchecoslováquia de 1918 a 1935, foi ministro das Relações Exteriores entre 1945 e 1948. Ele se suicidou depois do golpe de Estado comunista de fevereiro de 1948. Jan Palach (1948-1969), estudante tchecoslovaco, imolou-se pelo fogo em 16 de fevereiro de 1969 para protestar contra a normalização.

Defesa dos direitos humanos

O combate dos intelectuais franceses para apoiar os dissidentes dos países do Leste favorece aproximações e uma forma de consenso em torno da defesa dos direitos humanos, até então considerados por uma parte dos intelectuais de esquerda como a expressão mistificadora de uma democracia que se dizia formal. No plano teórico, os anos 1960, dominados pelo estruturalismo e pelo anti-humanismo, foram pouco sensíveis a essa temática dos direitos humanos, que parecia ser tributária de uma concepção ultrapassada que colocava artificialmente o homem no centro do universo. Insistia-se sempre na caducidade dessa pretensão, argumentando-se que o homem não era senão uma invenção recente e destinada ao desaparecimento, como os rastros de areia sobre a praia, segundo a bela metáfora foucaultiana. Do lado althusseriano, pensava-se a história como o desenvolvimento de um processo sem sujeito. Apenas contavam as lógicas estruturais em sua imanência; a esse respeito, o homem, à semelhança de uma falácia, impotente frente ao desenrolar da longa duração braudeliana, não pode desempenhar senão um papel derrisório.

Com a tomada de palavra por vozes singulares, isoladas, maltratadas e amordaçadas no Leste, considera-se que a equação humana, aquela do indivíduo, é essencial e que o engajamento pelo respeito dos direitos humanos, longe de ser fútil, atinge diretamente o questionamento do sistema totalitário. Essa centralidade outorgada à defesa dos direitos humanos privilegia a concepção binária do mundo, partilhado entre democracia e totalitarismo. Por conseguinte, os engajamentos terceiro-mundistas dos anos 1960 são relegados a segundo plano e pensados exclusivamente segundo sua potencialidade para fazer respeitar, ou não, os direitos humanos. A derrocada dos mitos vietnamita, cambojano e chinês amplifica esse fenômeno de reconversão. A temática da revolução é levada em seu destino funesto, assim como a ideia de um devir outro que não aquele da democracia, que doravante conviria apenas aperfeiçoar em troca de algumas reformas.

Novas aproximações se desenham, insólitas, tendo em vista a força da divisão entre esquerda e direita na França. Um novo reagrupamento intelectual se constitui com a criação do CIEL (Comitê dos Intelectuais pela Europa das Liberdades), que vê muitos intelectuais de esquerda se unirem a intelectuais liberais em seu combate, conduzido desde o início da guerra fria. Incontestavelmente, o momento é o da conversão de uma esquerda durante muito tempo colada nessa referência aos países ditos socialistas no Leste. Essa referência, após ter sido ideologicamente hegemônica, se encontra sem projeto. Reunidos em torno de Raymond Aron, os intelectuais de direita que não deixaram de denunciar a lógica implacável desse sistema veem por sua vez suas tomadas de posição repentinamente justificadas; a eles se juntam muitos intelectuais progressistas. Signo da vitalidade e do crescimento da corrente liberal, uma revista aroniana, *Commentaire*, dirigida por Jean-Claude Casanova, surge em janeiro de 1978. Publicado em *Le Monde* em 27 de janeiro de 1978, o manifesto do CIEL, seguido das assinaturas de uma centena de intelectuais, é significativo dessa nova configuração. Jean-François Sirinelli insiste na importância desse manifesto como ocasião de "confluência"[40] entre esquerda não marxista e liberais em torno de temas comuns como a luta contra o totalitarismo e a favor das liberdades. Esse consenso é tanto mais surpreendente porque nasce dois meses antes das eleições legislativas de 1978, consideradas como decisivas para uma esquerda que espera ainda obter a maioria após o escore de mais de 49% dos votos no segundo turno alcançado por François Mitterrand nas presidenciais de 1974. E isso ocorre ainda que a dinâmica do programa comum tenha sido um tanto afetada pela ruptura entre PCF e PS.

O manifesto proclama que sua vocação é "levar a pensarem, a se expressarem e a agirem juntos os intelectuais que vivem na França e que estão decididos a defender, mesmo na ausência de uma ideologia comum e sob benefício de inventário, o pluralismo ideológico, a diversidade, o enraizamento e a espontaneidade da cultura".[41] Entre os signatários, estão lado a lado personalidades com orientações políticas variadas, como

---

40. SIRINELLI, [1990], p. 279, 1996.
41. Manifesto do CIEL, *Le Monde*, 27 de janeiro de 1978.

o bastante reacionário Louis Pauwels, gaullistas como Maurice Schumann, liberais fortemente hostis à esquerda como Jean-François Revel, o líder dos liberais Raymond Aron e, igualmente, intelectuais de esquerda como o diretor do *Nouvel Observateur,* Jean Daniel, e alguns de seus colaboradores — entre os quais Emmanuel Le Roy Ladurie, o antigo diretor de *Esprit* Jean-Marie Domenach, o cofundador de *Arguments* Edgar Morin e toda uma parte da equipe da revista *Tel Quel* que sai do maoismo, como Philippe Sollers e Julia Kristeva. A essa confluência se juntam os signatários originários dos países do Leste, exilados na França e que sofreram os rigores do totalitarismo, como François Fejtö, Krzysztof Pomian, Eugène Ionesco, Aleksander Smolar, Pavel Tigrid, Dumitru Tsepeneag...

Esse contexto sobredeterminado pela causa dos dissidentes não é apreciado pelos althusserianos, que, ao contrário, teorizaram a ideia de um processo sem sujeito. O próprio título da obra do filósofo Dominique Lecourt publicada em 1978, *Dissidence ou révolution?* [Dissidência ou revolução?][42], exprime claramente a réplica oposta a essa nova configuração. Ao colocar esses dois termos como alternativos, Lecourt assina sua hostilidade diante da frente antitotalitária em vias de constituição. Ele chega mesmo a denunciar uma cruzada imperialista sob a aparência da defesa do mundo livre que instrumentaliza a revolta de uma elite dos países do Leste: "A dissidência tornou-se assim a ocasião de uma mistificação de massa construída pelos ideólogos dos países imperialistas para proceder ao rearmamento moral de seu próprio campo."[43] Dominique Lecourt situa o fenômeno em seu contexto internacional, considerando que os americanos perderam bastante terreno. A causa do apoio aos dissidentes seria, para eles, o meio de retomar a ofensiva e de marcar pontos na guerra ideológica contra a potência soviética. Essa defesa das liberdades e da democracia apresenta, igualmente, a vantagem de fazer esquecer o apoio dado às ditaduras instituídas pela CIA, como a de Pinochet em 1973. Quanto aos usos políticos da psiquiatria, como foi o caso a respeito de Plyushch, Lecourt relativiza seu alcance, lembrando sua utilização nos

---

42. LECOURT, 1978.
43. Ibidem, p. 10.

países capitalistas, denunciada pelo psiquiatra David Cooper no Congresso Mundial de Psiquiatria realizado em Honolulu em 1977.

Essa não é análise que Claude Lefort faz da situação. Ele vê as teses de Socialismo ou Barbárie enfim reconhecidas como as mais apropriadas para analisar o fenômeno burocrático e sua oposição frontal à democracia. Ao publicar em *Libre* um artigo que define as relações tais quais as pensa entre a questão dos direitos humanos e a política[44], Claude Lefort retoma panoramicamente a interrogação enunciada por *Esprit,* que acaba de organizar uma reunião em torno do tema "Os direitos humanos são uma política?". Essa questão revela uma nova sensibilidade em relação ao elemento político e ao direito que Lefort coloca em relação com "a descoberta da amplidão do sistema concentracionário na União Soviética".[45] A defesa dos dissidentes passa pelo questionamento da ideia de direitos humanos puramente formais e mistificadores. Se há reavaliação do alcance dos direitos humanos, Lefort considera que os intelectuais ocidentais não podem se contentar em retomar as petições de princípio dos dissidentes para afirmar que estes últimos não fazem política, mas que, pelo contrário, com ela se protegem. No entanto, e mesmo que os dissidentes queiram significar com isso que não buscam tomar o poder, "desde que os direitos por eles exigidos são incompatíveis com o sistema, fica bastante claro que fazem política".[46] Lefort se distingue dos "novos filósofos", para os quais esse combate se inscreve contra todo poder em um face a face entre o indivíduo e o Estado Leviatã, em uma religião da resistência rebelde: "Ao enraizar os direitos do indivíduo, eles se privam de conceber a diferença entre totalitarismo e democracia."[47] Se é preciso tomar distância em relação a Marx nesse ponto, segundo Lefort, não se deve entretanto voltar a um aquém-Marx: "Não é pois tanto o que Marx lê nos direitos humanos que deveria suscitar nossas críticas, mas o que ali ele é incapaz de descobrir."[48] Marx teria se deixado enredar por uma concepção puramente ideológica

---

44. LEFORT, [1980] 1983.
45. Ibidem, p. 47.
46. Ibidem, p. 48.
47. Ibidem, p. 52.
48. Ibidem, p. 57.

dos direitos humanos, sem se interrogar sobre o que eles poderiam significar na vida social concreta. Doravante, é preciso bem compreender esse momento histórico de desintricação do direito e do poder onde está afirmada a existência de direitos humanos, esse momento em que "o direito acaba por fazer figurar em face do poder uma exterioridade indelével".[49] Esses dissidentes soviéticos, húngaros, poloneses, tchecoslovacos e chineses em seu combate contra a lógica totalitária demonstram exemplarmente que opor as exigências da política e as da moral conduz a um impasse. Lefort apoia-se na experiência histórica para promover uma perspectiva política dos direitos humanos articulada com um desejo de emancipação coletiva, em um horizonte de aprofundamento da vida democrática.

Na mesma linha, Marcel Gauchet se mostra ainda mais mordaz em relação à doxa que prevalece ao afirmar que "os direitos humanos não são uma política".[50] Ele se surpreende com a moda que essa noção dos direitos humanos conhece nos anos 1980, quando, alguns anos antes, ela teria sido "irremediavelmente desqualificada" ao mostrar uma "tocante incongruência" para os mais benevolentes, ou um "obscurantismo suspeito" para os vigilantes.[51] Marcel Gauchet pergunta-se se esse entusiasmo advém de uma "regressão funesta" ou de uma "majestosa restauração", para concluir que, seja lá como for, trata-se bem de um "sintoma múltiplo e marcante".[52] Ele traduz a impotência de pensar um futuro outro que não aquele que prevalece na sociedade desde a derrocada da escatologia revolucionária. Ele convida a abandonar um pensamento simplificador que opõe a lógica do indivíduo à da sociedade e conduz ou a exaltar o indivíduo só como entidade autônoma, ou a privilegiar o polo coletivo e institucional no qual se dissolverá a singularidade do indivíduo: "Aí está o maior perigo de um retorno aos direitos humanos: recair no marasmo e no impasse de um pensamento do indivíduo contra a sociedade."[53] Aliás, essa oposição é histórica, pois que se constata que a privatização em curso dos indivíduos

---

49. Ibidem, p. 66.
50. GAUCHET, [1980], pp. 3-21, 2002.
51. Ibidem.
52. Ibidem.
53. Ibidem.

caminha lado a lado com a massificação dos comportamentos. Como diz de modo divertido Castoriadis, estamos todos, na mesma hora, nos engarrafamentos das estradas à saída da cidade. Convém pois pensar uma política da autonomia do indivíduo e uma política da sociedade de modo conjunto. Nessa perspectiva, os direitos humanos "somente se tornarão uma política sob a condição de se saber reconhecer, e que se saiba dar os meios de superá-la, a dinâmica que eles veiculam como sua natural contrapartida".[54] Partilhando com Claude Lefort a recusa de uma visão moral dos direitos humanos que se situaria para além do político e do societal, Gauchet insiste, ainda mais que Lefort, nos perigos inerentes à evidenciação sistemática dos direitos do indivíduo às custas das lógicas coletivas, que retira a vitalidade da dimensão política e da vida democrática.

Com essa onda de informações sobre o mundo carceral no Leste esboroa-se toda a esperança revolucionária que se alimentava de Marx e de seus herdeiros para definir uma sociedade comunista da emancipação. Daí resulta uma crise profunda do futuro, que se aparenta indefinidamente com um futuro proibido, pois que seu destino se apresenta sob um dia lúgubre e monstruoso: a defesa dos direitos humanos é, evidentemente, vista como uma exigência fundamental, mas ela não tem futuro. A própria esperança revolucionária naufraga na medida de sua mensagem universalizante. A ideia de revolução, plena de promessas e de grandes sacrifícios, está em crise, entregue como uma ilusão ao criminoso potencial. É possível medir a velocidade desse processo de indiferença relacionando as vivas relações suscitadas pela contribuição de Marc Richir em *Esprit*, em 1976, que provocaram o desaparecimento da revista *Textures*.[55] Dois anos mais tarde, François Furet publica *Pensar a Revolução Francesa* e congrega o consenso em torno da exigência de distanciamento crítico da herança revolucionária.[56] Enquanto a ideia de que a revolução carrega o germe totalitário como a nuvem carrega a tempestade provoca ainda escândalo em 1976, François Furet, que não diz outra coisa em 1978, é

---

54. Ibidem, pp. 3-21.
55. RICHIR, 1976.
56. FURET, 1978.

saudado como aquele que enfim liberta toda uma historiografia de sua "catequese revolucionária". Relido à luz do destino funesto de 1917 na Rússia, 1789 alimenta em seu seio o fermento de sua negação. Furet oferece assim uma interpretação da revolução marcada pelo pós-"efeito Soljenítsin" que se pode compreender como uma meta-história do Gulag. Essa relação estabelecida entre o objeto "Revolução Francesa" e o Gulag é reivindicada pelo próprio Furet:

> Hoje, o Gulag conduz a repensar o Terror, em razão de uma identidade no projeto. As duas revoluções permanecem ligadas; mas há meio século, elas eram sistematicamente absolvidas na desculpa tomada de empréstimo das "circunstâncias", isto é, dos fenômenos exteriores e estrangeiros à sua natureza.[57]

É a própria ideia de revolução que deve ser interrogada, pois "1789 abre um período de deriva da história".[58] Em 1978, "a Revolução Francesa está concluída", afirma François Furet, consciente de se colocar não apenas contra uma corrente marxista que durante muito tempo dominou a historiografia desse período, mas, ainda mais globalmente, contra um mito fundador da nação francesa, que Ricœur denomina sua identidade narrativa.

---

57. Ibidem, p. 29.
58. Ibidem, p. 69.

Parte III

Um futuro opaco

12

A consciência ecológica

A reviravolta conjuntural de 1974

O ano de 1974 se abre, decididamente, para uma nova era marcada pelo choque das revelações de Soljenítsin e pela tomada de consciência da lógica totalitária. Ao mesmo tempo, ele encerra o período dos Trinta Gloriosos[1] e do crescimento ininterrupto das economias ocidentais. O Ocidente, cujo funcionamento das indústrias e dos transportes baseia-se no consumo de hidrocarbonetos, está confrontado com um problema energético que necessita de redistribuições substanciais. 1974 é o ano do primeiro choque petroleiro, ano em que o preço do petróleo, a partir de uma decisão da Opep, que detém uma posição quase monopolística no mercado mundial, alça voos. A França, que no pós-guerra fundara sua reconstrução sobre o carvão, não tem mais jazidas substanciais, e apostou tudo no petróleo, sem o possuir. Ela importa, pois, o essencial de sua energia, o que onera fortemente sua balança comercial e seu crescimento. 1974 é igualmente o ano da publicação, pelo Clube de Roma, do segundo *Relatório Meadows*, resultado da reflexão de pesquisadores do Massachusetts Institute of Technology, dirigidos por Dennis Meadows, que já havia publicado em 1972 um primeiro relatório traduzido em francês sob o título evocador *Halte à la croissance?* [Parada no crescimento?]. Esse relatório, mais conhecido

---

1. A expressão "*Trente Glorieuses*" [Trinta Gloriosos] foi cunhada pelo economista Jean Fourastié em seu livro de 1979 *Les Trente Glorieuses, ou la révolution invisible*, e se refere aos trinta anos de prosperidade que se observaram na França desde o final da Segunda Guerra Mundial até a crise do petróleo de 1973. [N.T.]

do grande público pelo nome *Relatório do Clube de Roma*, questiona radicalmente as virtudes do crescimento, o mito do progresso indefinido das forças produtivas e o sonho do domínio prometeico das reservas mundiais. Na origem, trata-se de um clube de reflexão internacional que reúne cientistas, economistas, industriais e funcionários de alto escalão de 52 países, como fonte dessas publicações. Ele se reúne pela primeira vez em 8 de abril de 1968 em Roma, sob a égide de Aurelio Peccei, membro do conselho de administração da Fiat, e de Alexander King, cientista escocês e antigo diretor científico da OCDE. Esses trabalhos concluem que é preciso doravante compor com o crescimento zero. Em vez de dias vindouros promissores, esses especialistas desenham um futuro em que as reservas serão rarefeitas, a poluição produzirá efeitos dramáticos e irreversíveis, e o empobrecimento, acentuado pela explosão demográfica, crescerá no seio de uma ampla parte da população mundial. Diante de um futuro que se torna bruma com a morte das esperanças escatológicas, faz-se evidente a convicção de que se corre em direção à catástrofe.

O fato de os decisores de alto nível conceberem um crescimento zero e, mesmo, um decrescimento, e de darem conta dos disfuncionamentos do sistema, conforta aqueles que havia muito enunciavam um discurso crítico e tentavam pensar uma via ecológica alternativa:

> Quando foram divulgados o *Memorando Mansholt* e o *Relatório Meadows*, no Clube de Roma, a primeira reação, de muitos entre nós, foi jubilatória: os capitalistas confessavam afinal seus crimes. O capitalismo confessava que a lógica do lucro o havia conduzido a produzir por produzir; a buscar o crescimento pelo crescimento; a gastar reservas insubstituíveis; a saquear o planeta.[2]

O ano de 1974 marca ainda um momento significativo do refluxo da extrema esquerda *soixante-huitarde*, tanto trotskista após a dissolução da Liga Comunista quanto maoista após a dissolução da Esquerda Proletária. Em contrapartida, a esquerda clássica torna-se um polo de alternância

---

2. GORZ, [1975] 2014, p. 416.

crível em face da direita após a adoção do programa comum em 1972 e o resultado excepcional obtido por François Mitterrand nas eleições presidenciais de 1974 — faltou-lhe menos de 1% dos votos. Muitos daqueles que buscam uma via para mudar de vida na esteira do movimento de Maio de 1968 encontram no engajamento ecológico um prolongamento de sua crítica do sistema e de suas aspirações sociais. É o caso de muitos antigos militantes esquerdistas, mas igualmente de cristãos em busca de vida comunitária, como mostra a pesquisa conduzida por Danièle Léger e Bertrand Hervieu.[3] Esses sociólogos recolhem junto aos neorrurais um discurso de deploração sobre o futuro da civilização urbana e industrial da qual desejam fugir para tentar outra coisa. Não cessam de dizer a eles que tudo irá acabar, que a Terra se tornará invivível, que se caminha em direção ao desastre e que o ponto de ruptura de uma sociedade que assinou sua sentença de morte já foi alcançado. Esse imaginário coletivo catastrofista não deixa de evocar para os dois sociólogos uma forma de reinvestimento de visões apocalípticas, desembaraçadas de todo conteúdo providencial ou divino, e que reveste o aspecto de uma catástrofe global:

> À catástrofe ecológica ligada à poluição dos ares e dos mares, à invasão dos dejetos, ao horror nuclear — dos quais vemos todos os dias sinais indiscutíveis — responde, de modo igualmente previsível, a catástrofe política (a guerra) que se desenha já em mil pontos do globo [...]. Radiações, Gulag e fome: esses três temas assombram as imagens da catástrofe.[4]

A maioria desses neorrurais, ao contestar a ideia antropocêntrica de um homem todo-poderoso em seu projeto de transformação da natureza em função de seus interesses, pensa aqui e agora reencontrar esse laço distendido entre o homem e seu meio natural. As experimentações sociais e comunitárias por eles conduzidas alimentam o crescimento em potência da sensibilidade regionalista e ecológica.

---

3. Léger; Hervieu, 1979 e 1983.
4. Idem, 1983, pp. 21-22.

A ruptura de Maio de 1968 desempenha um papel importante nesse comprometimento ecológico de maneira diferenciada. Assiste-se desde 1969, antes mesmo que ele se torne objeto de grandes manifestações de massa, a um reagrupamento de associações no seio de uma Federação Francesa de Proteção da Natureza (FFSPN) de que Pierre Aguesse, universitário que instituiu um curso de ecologia aplicada na Universidade de Orléans, assume a presidência. É igualmente em 1969 que se dá a primeira assembleia geral da Sociedade de Ecologia, criada por universitários. A ruptura instauradora de 1968 efetivamente abalou de modo sólido as certezas da faculdade de ciências de Orsay, onde um grupo de matemáticos, e não dos menos importantes, engaja-se na contestação: ao titular da medalha Fields, Alexandre Grothendieck, que criou em 1970 um grupo cujo objetivo era mobilizar os cientistas contra a energia nuclear — Survivre [Sobreviver] —, junta-se um matemático, Pierre Samuel, com o qual ele funda o boletim *Survivre et vivre*.

Esse engajamento dos cientistas é acompanhado de um começo, ainda embrionário, de penetração nos currículos universitários: nas universidades Paris VI e Paris VII, departamentos de estudos do meio ambiente nascem e "um DEA[5] de ética e ecologia é criado em Rennes (Jean-Claude Lefeuvre)".[6] Aqui e ali na mídia, algumas personalidades começam a se fazer ouvir. Jean Dorst, ornitólogo e professor no Museu Nacional de História Natural, que ele presidirá de 1975 a 1985, exprime suas inquietações em 1969 na revista *L'Express* que são ecos de sua obra alarmista sobre o estado da natureza, intitulada *Avant que nature meure* [Antes que a natureza morra], publicada em 1965.[7] Ele denuncia a atitude do homem, que joga seus dejetos na natureza, nas águas e nos ares, observando que uma calota cinza flutua sobre as grandes megalópoles, constituída de poeira em suspensão no ar. Além disso, ele sublinha que a duração de vida dos recipientes que encerram os dejetos nucleares é, de longe, inferior àquela dos corpos radioativos que eles contêm. Nesse ritmo de deterioração das reservas do

---

5. Abreviação de "*Diplôme d'Études Approfondies*" [Diploma de Estudos Aprofundados], que corresponderia ao primeiro ano do doutorado brasileiro. [N.T.]
6. CANS, 2006, p. 113.
7. DORST, 1965.

planeta, ele não dá mais de três séculos de existência para a humanidade. Claude-Marie Vadrot, jornalista bastante engajado no domínio ecológico, inicia-se em *L'Aurore* em 1969. Contratado como repórter investigativo, ele pede para se ocupar de uma coluna sobre o meio ambiente, o que lhe é outorgado sob certas condições, pois "não será possível que a pegada ecológica sombreie a insígnia da reportagem investigativa".[8] As campanhas de sensibilização ecológica chegam mesmo à rádio Luxembourg, onde Jean Carlier parte em campanha para salvar o Parque Nacional da Vanoise, com o apoio de François Lapoix e de Théodore Monod: "De simples apreciador da caminhada antes de 1968, Jean Carlier se transformou em pilar da ecologia militante. O vírus afeta agora a grande imprensa."[9] O pós-Maio de 1968 revela-se um período promissor para a ecologia. É o momento de publicações marcantes, como *Le Jardin de Babylone* [O Jardim de Babilônia], de Bernard Charbonneau[10], e de *Arcadie* [Arcádia], de Bertrand de Jouvenel.[11] Este último defende um ensino econômico integrado em seu registro ecológico e igualmente se esforça para sensibilizar a opinião a respeito da questão dos dejetos: "Nossa vida biológica é produtora de dejetos; uma das primeiras coisas que se ensina às crianças é dispor dos dejetos com decência: é o que nossas orgulhosas sociedades ainda não aprenderam, e uma dona de casa não nos quereria como gatos."[12] Ainda em 1969, Raymond Aron publica *Les Désillusions du progrès*[13] [As desilusões do progresso]. As coisas mudam no jornal *Hara-Kiri Hebdo*, que, com exceção de Pierre Fournier, pouca atenção dava à ecologia antes de 1968: os desenhistas Cabu e Reiser põem-se a estigmatizar a sociedade de consumo. Outros órgãos de imprensa nascem, como *La Gueule ouverte*, *Le Sauvage*...

Em 1970, a associação Amigos da Terra se constitui à maneira da americana Friends of the Earth, sob a responsabilidade do jornalista Alain

---

8. CANS, 2006, p. 116.
9. Ibidem, p. 117
10. CHARBONNEAU, 1969
11. JOUVENEL (DE), 1968.
12. Bertrand de Jouvenel, citado in BOURG; FRAGNIÈRE, 2014, p. 243.
13. ARON, 1969.

Hervé. Ela se dota de um conselho de patronos composto por personalidades prestigiosas: Jean Dorst, Pierre Gascar, Claude Lévi-Strauss, Bernard Moitessier, Théodore Monod e Jean Rostand. Nesse imediato pós-Maio de 1968, o governo de Chaban-Delmas, que desejava satisfazer certo número de aspirações da sociedade civil, pede a Louis Armand, antigo presidente da SNCF, que elabore um "livro branco sobre o meio ambiente". Nesse ano de 1970, os franceses estão sob o encanto da Revolução Cultural chinesa de Mao: mal Louis Armand entrega o livro branco, "André Bettencourt apresenta ao Conselho dos Ministros as 'Cem flores para o meio ambiente'".[14] O Estado acaba por assumir o encargo da questão ecológica. Em janeiro de 1971, por ocasião de um remanejamento ministerial, Robert Poujade é nomeado ministro da Proteção da Natureza e do Meio Ambiente. A tarefa é perigosa, pois é preciso fundar toda uma administração a partir de nada, sem meios financeiros: "missão impossível", escreverá Robert Poujade[15] em 1975. Apesar de tudo, ele terá popularizado a preservação do meio ambiente ao participar do programa de televisão *La France défigurée* e ao favorecer a implantação de ecomuseus e a santuarização de certas zonas a serem protegidas da poluição.

A segunda esquerda, levada ao seio do PS pelos antigos membros do PSU e às mídias pela revista *Esprit*, pensa assumir sua parte de responsabilidade na sensibilização ecológica. Nesse ano de 1974 em que o futuro está obscurecido e em que o progresso se encerrou, Jean-Marie Domenach quer reatar com o voluntarismo do pai fundador da revista, Emmanuel Mounier, para se opor às visões catastróficas: "Isso significa confessar sua impotência e se prometer à escravidão."[16] Segundo Domenach, o intelectual deve assumir suas responsabilidades sem "maldizer" nem "amaldiçoar", mas, simplesmente, para revelar essa ruptura de equilíbrio em um ecossistema gravemente afetado pela ação do homem: "A água pura, o ar puro e o espaço se rarefazem, espécies vegetais e animais desaparecem em cadência acelerada, e nos últimos confins em que chegou a civilização técnica do

---

14. CANS, 2006, p. 124.
15. POUJADE, 1975.
16. DOMENACH, 1974d, p. 618.

Ocidente — na Amazônia, no Tibete, junto aos tuaregues — culturas agonizam, populações soçobram."[17] A partir de 1974, o diretor de *Esprit* diagnostica a perda do *telos*, do sentido da história que desaparece com a derrocada da crença em um progresso indefinido do produtivismo. Longe de deplorar essa situação, Domenach julga, ao contrário, que ela é a ocasião para reatar com a historicidade, à condição de saber com o que a época deve romper: "Com a mística da conquista da natureza e do consumo ilimitado, sua hierarquização, sua paixão pelos papéis históricos, seu doutrinamento e seu militantismo pedante."[18] Apelando por uma nova aliança com a natureza, por um novo olhar sobre si e sobre os outros, ele se inspira essencialmente nos trabalhos de Ivan Illich, Cornelius Castoriadis, Edgard Morin, Alain Touraine e Alfred Willener para restabelecer limites que foram ultrapassados de modo irresponsável e reabrir uma possível perspectiva social em torno da autonomia, da autogestão e do respeito ao ecossistema.

As duas filiações

Duas grandes orientações irão estruturar o movimento ecológico na França. A primeira se mantém corajosamente à margem dos partidos políticos e quer preservar sua independência. É a corrente encarnada por Antoine Waechter, originário de Mulhouse, que ali funda em 1965 um grupo de Jovens Amigos dos Animais e da Natureza. Opondo-se a projetos de estradas na região, ele se une aos meios naturalistas, ao casal Michel e Solange Fernex, que, em 1969, o associam às atividades da AFRPN (Associação Federativa Regional para a Proteção da Natureza). Antoine Waechter radicaliza as ações dessa associação e participa de uma reflexão coletiva do grupo Diogène ao lado de Philippe Lebreton e de Robert Hainard. Em seguida, ele contribui para o nascimento do grupo Ecologia e Sobrevida ao lado de Solange Fernex: "É a proteção da natureza *stricto sensu* que,

---

17. Ibidem, p. 620.
18. Ibidem, p. 622.

finalmente, pouco a pouco, impulsionou Antoine Waechter a se lançar na ecologia política."[19] Waechter publica com Daniel Daske obras naturalistas em defesa do meio ambiente local nos anos 1970.[20] Bastante engajado na preservação do maciço dos Vosges, ele conclama a ações de impacto para impor suas perspectivas: "Nossa primeira tarefa é caçar os Mercadores do Templo; é extirpar, dos setores de organização, o mercantilismo degradante que os impregna; e colocar no pelourinho os cafetões."[21] Ele considera ocupar canteiros de obras, pressionar os representantes locais, organizar manifestações com a população local para proibir casas de férias em certas zonas: "O maciço dos Vosges está doente de um câncer cor de chalé e de uma gangrena que fede a dinheiro. Nos dois casos, a ablação é a terapêutica suscetível de ser a mais eficaz."[22] Nesse início dos anos 1970, a questão nuclear cristaliza a contestação na região de Waechter com a central de Fessenheim. Em outubro de 1970, uma brochura, que provém do grupo de Mulhouse, distribuída para os prefeitos, adverte quanto aos perigos nucleares. Intitulada "Fessenheim, vie ou mort de l'Alsace" [Fessenheim, vida ou morte da Alsácia], ela retoma a fórmula lançada por Théodore Monod em 1965: "Inativos hoje, radioativos amanhã!" As manifestações contra essa central se multiplicam e reúnem até dez mil pessoas em maio de 1972. Purista da defesa da natureza, Waechter recusa a noção de meio ambiente como muito antropocêntrica. Se ele concebe seu engajamento de modo não partidário, suas posições o aproximam dos tradicionalistas em sua defesa de uma identidade local essencializada e imutável. Ele adere a uma sensibilidade regionalista que é também encontrada à esquerda e se diferencia da direita em razão dos meios de ação radicais. Em 1990, Antoine Waechter expõe suas teses em uma obra sintética, *Dessine-moi une planète* [Desenhe para mim um planeta][23]: ele faz ali uma homenagem evidente ao naturalista suíço Robert Hainard e convida seus leitores a respeitar a natureza selvagem — que o homem não tem o direito de dominar — e a

---

19. JACOB, 1999, p. 149
20. WAECHTER; DASKE, 1972 e 1974.
21. Antoine Waechter, citado in JACOB, 1999, p. 149.
22. Ibidem, p. 150.
23. WAECHTER, 1990.

diversidade natural, condição mesma da diversidade cultural. Denunciando os processos de desenraizamento em nome de ideias abstratas que conduzem a etnocídios, ele elabora um sinistro quadro de uma "França desfigurada" pela modernidade que arranca "a queixa da Terra que se esfola". Waechter preconiza uma Europa das regiões, a introdução de referendos populares e uma política de descentralização mais audaciosa; longe de se limitar a ser o suplemento de alma de um partido político qualquer, ela deve alimentar uma política propriamente ecológica.

Totalmente diversa é a filiação que se encarna em Brice Lalonde. Este adere ao PSU em 1969, uma corrente fortemente ancorada à esquerda e marcada pelo movimento de Maio de 1968. Em 1972, ele integra a associação internacional Amigos da Terra, da qual se tornará o presidente, e dirige um jornal ecologista, *Le Courrier de la Baleine*. Nesses tempos de mobilização crescente em meados de 1970, Brice Lalonde participa de todas as formas de contestação de massa dos ecologistas.

Por sua vez, Pierre Fournier, fundador do jornal *La Gueule ouverte*, opõe-se em 1971 à implantação da usina atômica de Saint-Vulbas, no Bugey. Desenhista e cronista no *Hara-Kiri Hebdo*, ele tenta desde 1969 sensibilizar seu leitorado para a ecologia: "Enquanto nos divertem com guerras e com revoluções que se engendram umas às outras, sempre repetindo a mesma coisa, o homem, em razão da exploração tecnológica descontrolada, está tornando a Terra inabitável."[24] Ele conclama no jornal *Charlie Hebdo* (que sucedeu a *Hara-Kiri*, proibido depois da morte do general De Gaulle e de seu famoso "Baile trágico em Colombey: um morto") a uma grande marcha alegre e não violenta para se opor à implementação dessa central atômica em sua região. O que não deveria ser senão um protesto local torna-se um acontecimento com o *meeting* de mais de dez mil manifestantes diante dos portões da usina e um *sit-in*[25] que se prolonga por seis semanas.

Decididamente, esse início dos anos 1970 é propício às mobilizações ecológicas. Em 1971, a decisão do ministro da Defesa nacional, Michel Debré, de aumentar o campo militar instalado em Larzac coloca lenha

---

24. FOURNIER, [1969] 2006, p. 129.
25. Em inglês, no original. [N.T.]

na fogueira e inaugura um longo combate conduzido pelos camponees de Larzac, apoiados por todos os movimentos ecológicos: esse combate durará até 1981. Em 1972, o presidente Georges Pompidou projeta a construção de uma via expressa na margem esquerda do rio Sena para facilitar a circulação automobilística em Paris: Amigos da Terra faz circular um cartaz que representa a catedral de Notre-Dame atravessada por uma onda de carros e que traz a seguinte legenda: "Proibido buzinar durante as missas!" É depois de ter visto esse cartaz que Brice Lalonde se apresenta ao escritório da Amigos da Terra para se inscrever. Ele participa como militante de base nessa batalha conduzida por Alain Hervé e na primeira grande manifestação de protesto em bicicleta contra esse projeto. Ainda em 1972, dá-se em Estocolmo a primeira Conferência das Nações Unidas em defesa "do homem e de seu meio ambiente". Esse evento de amplitude internacional encoraja os grupos ecológicos e facilita a difusão midiática de suas teses. Por sua vez, a imprensa inscreve-se no movimento. *Le Monde* cria uma seção dedicada ao meio ambiente. Alain Hervé, ligado aos jornalistas do *Nouvel Observateur*, tenta persuadir o presidente do grupo a criar um periódico ecologista. Apesar de uma consciência jornalística cada vez mais afirmada, em particular junto a Jean Daniel e Edgar Morin, que faz do ano 1972 "o ano 1 da era ecológica"[26], ele não consegue convencer Claude Perdriel. Contudo, ele integra a equipe do jornal e se dedica ao preparo de um número fora de série do hebdomadário que aparecerá sob o título "La dernière chance de la Terre" [A última chance da Terra] e que venderá 125 mil exemplares. Quanto a Brice Lalonde, ele se apropria de uma fórmula do preâmbulo da Conferência: "Pensar globalmente, agir localmente." Ele assume cada vez mais um lugar central junto à organização Amigos da Terra. Com mais sorte do que Alain Hervé, ele volta à cena em 1973 com um projeto de revista mensal junto ao responsável por *Le Nouvel Observateur*: *Le Sauvage*, que vem à luz nos locais do hebdomadário. Nesses anos 1970, a Amigos da Terra se faz presente na luta contra o nuclear, embora esse não seja senão um aspecto de um combate mais amplo, de vocação ética e política contra a corrida ao crescimento e o culto

---

26. Edgar Morin, citado in GIANINAZZI, 2016, p. 200.

do trabalho, destinado a favorecer todas as tentativas autogestionárias. A associação conta então com 150 grupos locais e dispõe de uma coleção de obras dirigida por Pierre Samuel e Dominique Simonnet na editora Jean-Jacques Pauvert, "Amis de la Terre", na qual são publicadas em 1977 *Perdre sa vie à la gagner* [Perder sua vida ganhando-a] e a obra de Yves Lenoir *Technocratie française* [Tecnocracia francesa].

Reservas teóricas

Um certo número de cabeças pensantes confere uma espessura filosófica a esse engajamento ecológico. Entre eles, Serge Moscovici tem uma influência das mais relevantes sobre a corrente representada por Brice Lalonde. Nascido em 1925, de origem romena, ele se instala na França nos anos 1950 e torna-se professor na EHESS. Especialista em psicologia social, ele se abre para outros domínios das ciências sociais e naturais, mas igualmente às matemáticas. Suas interrogações de natureza ecológica, precoces, datam dos anos 1950. Quando ele publica em 1968 *Essai sur l'histoire humaine de la nature* [Ensaio sobre a história humana da natureza] na coleção dirigida pelo historiador Fernand Braudel, pela editora Flammarion, "a obra foi acolhida com surpresa pela comunidade científica e intelectual. Ela viu com certa curiosidade, por vezes até com certa incompreensão, não apenas a natureza reintroduzida no político, mas, pior do que isso, sua introdução como objeto das ciências sociais".[27] Com efeito, a valorização da natureza como lugar de cristalização da identidade foi, durante muito tempo, um tema de extrema direita, aquele de um maurrasismo[28] que opunha ao país legal o país real, aquele do verdadeiro enraizamento. Moscovici subverteu esse uso ao reintegrar o objeto natureza em uma historicidade

---

27. DIBIE, 2002, p. i.
28. Maurrasismo, isto é, doutrina de Charles Maurras. Segundo a rubrica "maurrasismo" do portal digital Centro Nacional de Recursos Textuais e Lexicais, essa doutrina é "fundada sobre a ordem e a razão, a exaltação do sentimento nacional e a primazia do coletivo sobre o indivíduo. [Ela] encontrou sua [mais ampla expressão] no movimento Ação Francesa". [N.T.]

emancipadora. No início dos anos 1970, ele se engaja na Amigos da Terra, onde se une a Brice Lalonde, que lhe deve muitas de suas análises. Em 1972, ele publica *La Société contre nature* [A sociedade antinatural][29], que propõe as balizas de uma filosofia política de ordem ecológica. Dessa feita, sua interrogação alcança um público amplo, ao abordar o corte entre natureza e cultura, questão central da antropologia. Aliás, Moscovici está dessa vez em consonância com o movimento feminista e com a recusa de submeter a natureza aos imperativos da modernidade tecnológica: "Minha geração, então no limiar da universidade e da vida, entusiasmou-se, chegando mesmo a fazer dele um livro *cult*, por esse pensamento que, além de uma defesa do feminismo, propunha uma nova conciliação do homem com a natureza."[30] As teses de Moscovici entusiasmam Robert Jaulin, etnólogo particularmente militante da Universidade de Paris VII, que denuncia os malefícios da modernidade capitalista sobre os povos indígenas:

> Ele me obrigou a estabelecer entre minha reflexão e a sua uma relação em que via, e que me teria passado despercebida, a necessidade, se ele não tivesse lançado o conceito de etnocídio. Uma luz então se fez para mim; compreendi afinal que toda destruição de natureza se acompanha de uma destruição de cultura, todo ecocídio, como se dirá na sequência, é em certos aspectos um etnocídio.[31]

Eles decidem realizar trabalhos em comum. Com Jean-Toussaint Desanti, dirigem um curso em Paris VII. Jean Jacob qualifica as posições de Moscovici de "naturalismo subversivo"[32], o que contribui para sua influência nesses anos de contestação e de busca de outras vias, diferentes daquelas propostas pelos grupúsculos esquerdistas. O sistema aberto que ele define interessa a Edgar Morin, que nele se inspira em sua denúncia

---

29. Moscovici, 1972.
30. Dibie, 2002, p. i.
31. Moscovici, [1993] 2002, p. 17.
32. Jacob, 1999, p. 16.

do pensamento contra a natureza[33], e associa Moscovici à realização de um grande dossiê na revista *Communications*, "La nature de la société" [A natureza e a sociedade], publicado em 1974. Ele igualmente encontra ecos favoráveis no seio da segunda esquerda. Por sua vez, Alain Touraine associa Serge Moscovici a uma pesquisa coletiva de título significativo — *Au-delà de la crise* [Para além da crise] —, que é publicada em 1976.[34] Em sua obra *A nova aliança*, Ilya Prigogine, prêmio Nobel de Física, e Isabelle Stengers sublinham a importância dessa reintrodução da ciência na natureza realizada por Moscovici.[35] Este último reabilita as tradições naturais reprimidas em nome da modernidade. Ao lutar contra a natureza, o homem impõe — o que já havia sido assinalado por Norbert Elias — um processo de civilização que domestica as pulsões, multiplica os interditos e reprime o homem selvagem em benefício do homem domesticado, dito civilizado, sozinho e desiludido, obedecendo ao único ideal de controle e de domínio. Tanto a religião judaico-cristã quanto o triunfo do racionalismo foram profícuos nesse sentido: "Em detrimento de seus pesados interditos, a sociedade antinatural triunfa, na medida em que ela pretende liberar o homem de uma natureza supostamente alienante e cruel. E ela instala o homem na certeza de estar no sentido da história."[36]

Serge Moscovici contesta a ruptura estabelecida pelo paradigma estruturalista entre natureza e cultura; contrariamente a Lévi-Strauss, que ali vê uma invariante em todas as civilizações, ele constata que o incesto é praticado em numerosas sociedades sem tabu, e considera que proibi-lo advém da intenção civilizacional de frear a animalidade no homem. Ele pensa reaproximar o mundo humano do mundo animal, contestando uma separação factícia, inclusive, segundo ele, no plano simbólico, separação que não caracterizaria propriamente a humanidade. Ele antecipa uma nova hipótese segundo a qual a humanidade não seria separada da natureza, mas teria, simplesmente, coevoluído com ela para responder

---

33. MORIN, 1973.
34. TOURAINE et al., 1976.
35. PRIGOGINE; STENGERS, [1979] 1986.
36. JACOB, 1999, p. 19.

às suas necessidades. Essa evolução conjunta afasta Moscovici daqueles que desejam regressar a uma idade de ouro perdida que, segundo ele, é puramente ilusória. Ele questiona toda uma tradição filosófica e teológica que apela para a ruptura com o estado de natureza, e denuncia o caráter artificial dessa ruptura que "traz muitos interditos e muitas mutilações. Em nossas sociedades, como no Terceiro Mundo, multiplicam-se os retrocessos da modernidade".[37] O desencanto com o mundo faz prevalecer a racionalização da natureza, liberando o homem de suas superstições, mas acorrentando-o a um processo de domínio do qual o marxismo é o último avatar: "Doravante, a razão ataca obstinadamente o homem, que deve se submeter a seu reino imperioso."[38] O pensamento de Moscovici, muito influente junto à corrente dominante da ecologia na França, contribui para fazer prevalecer o que se pode qualificar de presentismo, na medida em que assimila toda referência ao futuro a uma falácia. O movimento ecologista reforça essa crise do futuro substituindo a construção do futuro por um "aqui e agora" a partir de uma contestação radical da noção de progresso. Moscovici se dá como objetivo reencantar a humanidade, reconciliando-a com o mundo vegetal e animal, apresentado por toda uma tradição como um perigo, ao passo que a unidade do homem deve ser pensada na confluência entre a sociedade e a natureza. Ele defende um naturalismo ativo que postule que o homem é o produto da natureza que o envolve, que essa natureza faz parte da história humana, e que toda fetichização de uma idade de ouro perdida é por isso mesmo vã: "A sociedade está na e pela natureza: não há pois razão para multiplicar os interditos que visam a reprimir as pulsões naturais orgânicas, não há razão para mutilar o homem."[39] Segundo Moscovici, há apenas estados de natureza, diferentes segundo os momentos e as civilizações, sempre transitórios.

Contrariamente a muitos ecologistas que opõem à história as benfeitorias da natureza segundo uma perspectiva rousseauísta de rejeição da modernidade, Moscovici tenta articular essas duas dimensões. Ele se

---

37. Ibidem, p. 24.
38. Ibidem, p. 25.
39. Ibidem, p. 36.

situa em uma perspectiva progressista que alimenta o programa de Brice Lalonde, e propõe argumentos críticos em face da corrente Waechter, que tende a sacralizar um estado imutável de uma natureza a ser defendida e a ser libertada de sua camisa de força humana. Segundo Moscovici, não há inocência perdida a ser reencontrada nem postura regressiva a ser adotada. Ele propõe uma visão ampla, de natureza política, retomada como tal pela corrente Amigos da Terra. Para ele, trata-se de "mudar a vida" aqui e agora. Nesse sentido, ele responde à crise de languidez da história, essa crise de historicidade que rompe com o futuro e, ao mesmo tempo, com todas as formas de teleologia e de escatologia. Aliás, ele faz seu o laço entre essa abertura para a ecologia e a consideração do trágico século xx. Em 1993, ao refletir à distância sobre esse surpreendente sentimento de ter participado de um movimento de ideias que se tornou determinante, ele estabelece uma correlação entre a descoberta, por sua geração, do horror dos campos de extermínio e a crítica da tecnoestrutura:

> Chegávamos a nos perguntar se a modernidade não se tornara um *nonsense* quando ela culminava, indiferente, em duas figuras da morte: os campos de concentração e o cogumelo atômico que desenhava ao mesmo tempo os contornos de sua exacerbada realidade [...]. Evoco a imagem de um tempo que se afastou um pouco [...]. Por que então lembrá-las? No que me diz respeito, elas não desapareceram; outros fatos similares arriscam voltar à superfície se os deixarmos com a coleira no pescoço. Diz-se que a história não se repete. Talvez. Mas nós, nós repetimos na história.[40]

Dessa guinada mortífera da ciência que encarnava até então o tribunal da história, do qual tudo se esperava, nasce um novo olhar, crítico, trazido inclusive pelos próprios cientistas. É essa crítica da ciência que abriu horizontes libertadores: "Em torno de Chevalley, Samuel e Grothendieck reuniu-se uma plêiade de pesquisadores que se engajaram mais a fundo na defesa da natureza."[41] Essa crítica é transformada por Moscovici em

---

40. Moscovici, [1993] 2002, p. 11.
41. Ibidem, p. 15.

um projeto que serve de matriz a uma ecologia política e alimenta seus programas, chegando mesmo a integrar em suas análises as contribuições do movimento feminista, dos movimentos regionalistas, das contestações da juventude escolarizada e dos movimentos sociais em geral. É significativo que seu projeto não reenvie a um futuro indefinido, a amanhãs que cantam, mas ao hoje: "O advento do paraíso futuro não está mais subordinado a privações atuais: ele é realizável aqui e agora por cada um. E esse paraíso por vir muito proximamente tampouco supõe uma mudança prévia de sociedade, assim como ele não invoca o reino de Deus, da ciência, do crescimento, etc."[42] Moscovici vê o movimento ecologista como o lugar de federação possível de uma constelação ampla de correntes sociais animadas pelo desejo de mudança. Claramente ancorado à esquerda, ele retoma uma grande parte do programa socialista, com o qual, porém, não partilha a adesão a uma política produtivista. As posições de Moscovici chegam mesmo a encontrar eco na esquerda da esquerda, junto à geração marcada por Maio de 1968, sobretudo a Amigos da Terra. Apesar de sua ampla influência, ele permanecerá à margem no mundo intelectual na França.

Outro marginal que conta na eclosão da sensibilidade ecológica, o filósofo protestante Jacques Ellul é autor de uma crítica veemente da sociedade tecnicizada. Trata-se de um pensador atípico, inclassificável, que transgride as fronteiras disciplinares. Intelectual contestatário, ele se junta desde os anos 1930 à corrente personalista, e dela então representa, junto com seu amigo Bernard Charbonneau, a ala libertária. Jurista de formação, ele se torna no pós-guerra professor de ciências políticas na Universidade de Bordeaux, e permanecerá fiel a essa região durante toda a sua vida. Seus inúmeros escritos pertencem a duas ordens distintas: de um lado, escritos teológicos; de outro, escritos sociológicos que denunciam com veemência a supremacia adquirida pela técnica. Em 1954, Ellul publica uma obra, *A técnica e o desafio do século*, na qual condena a subordinação total do homem aos meios de que se dotou para dominar a natureza. Ele constata uma reviravolta pela qual a sociedade se submete ao poder implacável de uma tecnologia moderna que se tornou autônoma e

---

42. JACOB, 1999, p. 49.

que o homem não mais controla.⁴³ Ao reconhecer na autonomização da tecnociência o núcleo da alienação, ele considera que a estrutura tecnológica conduz o trabalho a dominar os produtores em vez de ser por eles dominado. Segundo Ellul, na corrida louca pelo progresso, a técnica não é mais dirigida por ninguém; ela se autonomizou a ponto de nenhuma categoria social poder mais controlá-la.

André Gorz é outro pensador e divulgador importante das teses ecológicas. Ele se dirige a um amplo público em *Le Nouvel Observateur* sob o pseudônimo de Michel Bosquet, e se revela pioneiro da ecologia política. Em busca de uma via socialista nova entre revolução e reformas, ele é sobretudo marcado no início dos anos 1970 pelo pensamento de Ivan Illich. Eles se encontram para definir uma ecologia humanista fundada sobre uma crítica da sociedade tecnicista. Illich distingue dois tipos de técnicas: aquelas que qualifica de conviviais, e que aumentam a autonomia, e aquelas que a refreiam ou a confiscam. Para André Gorz, que se apropria dessa distinção, a técnica não é neutra e é preciso inverter o processo que a conduz a sujeitar o mundo do trabalho, trabalhando para conquistar mais autonomia:

> Existem tecnologias-fechadura que interditam um uso convivial, e tecnologias-interseção (por exemplo, as telecomunicações, os computadores, as células fotovoltaicas) que podem ser utilizadas de modo convivial assim como com fins de dominação. Não há, pois, determinismo tecnológico senão negativo.⁴⁴

Ele dá maior precisão à distinção illichiana ao reformulá-la e ao opor as tecnologias abertas e as tecnologias-fechadura: "São abertas aquelas que favorecem a comunicação, a cooperação, a interação, como o telefone ou atualmente as redes e os programas computacionais livres."⁴⁵ Na chave oposta, as tecnologias duras subjugam o usuário, monopolizam a oferta; as

---

43. Ellul, 1954.
44. Gorz, [1990] 2015, p. 52.
45. Idem, 2008, p. 16.

piores são as megatecnologias que despossuem os homens de seu meio de vida. O nuclear é particularmente visado: "Além de todos os outros defeitos do nuclear, é por causa da propagação totalitária — segredos, mentiras, violência — por eles difundida na sociedade que eu parti em campanha durante dez anos contra o nuclear."[46] Em filiação illichiana, André Gorz denuncia os paradoxos de uma sociedade cujo culto do crescimento gera penúria e pobreza: "Assim que um produto se torna acessível a todos, a desigualdade é reproduzida pela oferta de um produto 'melhor' acessível apenas aos privilegiados."[47] André Gorz estigmatiza em 1973 "a ideologia social do carro", e Illich, de passagem por Paris, o convida a participar no ano seguinte de seu curso sobre a medicina que ocorre em Cuernavaca. Gorz volta dali com duas obras, *Écologie et politique* [Ecologia e política], *Écologie et liberté* [Ecologia e liberdade], assinados por seus dois nomes[48] e sobretudo inspirados em *La Convivialité* [A convivialidade][49] — publicado em 1973 —, que serão relevantes para o movimento ecológico. Em *Le Nouvel Observateur*, André Gorz faz eco às teses de Illich, que afirma que a medicina torna as pessoas doentes. Ele insiste sobre o laço entre as doenças mais frequentes e a etiologia de que são tributárias, que é essencialmente social. A medicina oculta o caráter coletivo das causas das doenças ao adotar uma perspectiva exclusivamente individual: "Trata, pois, os efeitos sem ver as causas. Resultado: a medicina desempenha um papel perigoso de normalização social."[50] Ele publica igualmente na revista *Le Sauvage*, que se apresenta como o suplemento de ecologia de *Le Nouvel Observateur*, artigos cada vez mais marcados pelo antiprodutivismo, pelo antiutilitarismo e pela crítica do sistema capitalista. Ele não cogita, assim como não o faz Waechter, isolar uma postura ecologista de seu substrato social:

> Se, em contrapartida, você parte do imperativo ecológico, pode também chegar tanto a um anticapitalismo radical quanto a um petainismo verde,

---

46. Ibidem.
47. Idem, 1983, p. 56.
48. Idem; Bosquet, 1975 e 1977.
49. Illich, 1973.
50. Gianinazzi, 2016, p. 185.

a um ecofascismo ou a um comunitarismo naturalista. A ecologia não tem toda a sua carga crítica e ética senão à condição de compreender que as devastações da Terra, a destruição das bases naturais da vida são as consequências de um modo de produção.⁵¹

Ao longo dos anos 1970, André Gorz apresenta cada vez mais convicções ecológicas inspiradas em uma crítica do capitalismo, julgado responsável pelos desastres ambientais, e em um modelo de sociedade de consumo fundamentalmente alienante, pois que fundado sobre um estímulo artificial das necessidades e sobre a obsolescência dos produtos: "Nós podemos viver *melhor* mesmo consumindo *menos*, mas de modo diferente."⁵²

Nesses anos 1970, André Gorz engaja-se de modo igualmente firme no combate antinuclear dos ecologistas e defende as soluções alternativas como a geotermia, a energia solar ou a eólica. Ele chega mesmo a se implicar pessoalmente na oposição ao projeto de uma central nuclear em Courceroy, perto de Nogent-sur-Seine, e ali faz construir uma casa que responda a todos os cânones ecológicos para dela fazer sua residência secundária a menos de cem quilômetros de Paris.

Serge Latouche, economista heterodoxo, antropólogo e cofundador de *La Revue du MAUSS* (Movimento Antiutilitarista em Ciências Sociais), que muito trabalhou na crítica do produtivismo, se faz porta-voz dos oponentes do crescimento. Inicialmente, nos anos 1970, professor na Universidade de Lille III, onde dá um curso de epistemologia e economia, ele denuncia as malfeitorias da ocidentalização do mundo e a exportação de uma tecnoeconomia de efeitos desastrosos. Ele estigmatiza o projeto de racionalização e de domínio planetário apoiando-se em exemplos concretos⁵³, denunciando do mesmo modo a apoteose planetária da ciência e da técnica: "A superioridade europeia advém mais da *eficácia* de um modo de organização que mobiliza todas as *técnicas* para realizar seu objetivo

---

51. Gorz, 2008, p. 15.
52. Idem; Bosquet, 1975, p. 88. Em itálico, no original. [N.T.]
53. Latouche, 1989.

de dominação, da disciplina militar à propaganda, do que das próprias técnicas."⁵⁴ Ele adota posições fundamentalmente relativistas:

> Não há universalidade verdadeira, pensamos, que seria o monopólio de uma cultura, mesmo que fosse a nossa. A universalidade de valores trans-históricos e ontológicos é uma ilusão como as ideias de Platão. Nossa repugnância aos costumes bárbaros dos outros não se fundamenta sobre um culto de valores realmente universais, mas sobre aquele de nossas *únicas razões* ocidentais.⁵⁵

Ele aproxima as posições de Illich e de Castoriadis, ambas fundadas sobre a crítica da tecnociência e de seus efeitos perversos. Segundo Serge Latouche, o programa de decrescimento chegou até mesmo a se construir a partir dessas duas linhas de fidelidade, e implica "*descolonizar nosso imaginário* para realmente mudar o mundo antes que a mudança do mundo nos condene à dor. Essa é a aplicação estrita da lição de Castoriadis".⁵⁶ Uma tal mudança implica um verdadeiro reencadeamento das instituições sociais segundo uma lógica totalmente diferente.

Félix Guattari é um desses intelectuais críticos que se engajaram no movimento ecológico nos anos 1980. Ele encontra junto aos ecologistas um meio receptivo, a um só tempo, a seu desejo de transformação profunda da sociedade e à sua crítica da política seguida pela esquerda no poder. Ele se junta à ala esquerda da ecologia, alternativa dos Verdes, que se agrupa em 1986 em um apelo para um "Arc-en-Ciel"⁵⁷ [Arco-íris] que se segue ao movimento de contestação estudantil. Essa iniciativa é apoiada por René Dumont e Daniel Cohn-Bendit. Guattari assina o apelo com alguns dos responsáveis pelos Verdes, como Didier Anger, Yves Cochet ou Dominique

---

54. Ibidem, p. 24. Em itálico, no original. [N.T.]
55. Ibidem, p. 138. Em itálico, no original. [N.T.]
56. Ibidem, p. 79. Em itálico, no original. [N.T.]
57. Os ecologistas Arc-en-Ciel representam entre 1986 e 1989 um grupo ecologista e regionalista no Parlamento Europeu. Ele agrupa certo número de organizações: Federação da Aliança Verde, Alternativa Europeia, Agaleu-Écolo, o Movimento Popular Dinamarquês contra a Integração à Comunidade Europeia e a Aliança Livre Europeia no seio do Parlamento Europeu.

Voynet, assim como Alain Lipietz e alguns militantes do PSU. O modelo que seguem é o movimento bastante poderoso dos Verdes alemães, os Grünen, que lograram criar verdadeiros enclaves associativos no interior da sociedade alemã e representar uma esperança política. Guattari redige com Cohn-Bendit uma resposta às questões do PSU na qual se afirma que é preciso

> favorecer o que chamamos uma cultura de dissenso, que trabalhe no aprofundamento das posições particulares e na ressingularização dos indivíduos e dos grupos humanos [...]. O que deve ser objetivado não é um acordo programático que apague suas diferenças, mas um diagrama coletivo que permita articular suas práticas em benefício de cada uma entre elas, sem que uma se imponha à outra.[58]

Três anos mais tarde, em 1989, Guattari integra outro grupo com sensibilidade ecológica, saído do Grupo dos Dez, o grupo Ciência e Cultura, animado, entre outros, por René Passet, Jacques Robin e Anne-Brigitte Kern. Esse grupo se pergunta como imaginar outra esquerda. Um primeiro encontro acontece na casa de Guattari em 1989 para discutir sobre a questão da mutação informacional. Guattari integra a dimensão ecológica em suas múltiplas intervenções, insistindo sobre o desequilíbrio Norte-Sul e suas consequências catastróficas, assim como sobre a dimensão ética do problema: "Ser responsável pela responsabilidade do outro, para retomar uma fórmula de Emmanuel Levinas, não significa em absoluto um abandono às ilusões idealistas."[59] Ainda em 1989, Guattari publica *As três ecologias*[60]: ali define o que entende por "ecosofia", a saber, a articulação necessária entre as dimensões ética e política de três registros: o meio ambiente, as relações sociais e a dimensão subjetiva. Ele igualmente constata que os progressos tecnológicos permitem liberar tempo para o homem,

---

58. Félix Guattari e Daniel Cohn-Bendit, "Pavane pour un PSU défunt et des Verts mort-nés" [Pavana por um PSU defunto e Verdes natimortos], outubro de 1986, arquivos Guattari, Imec.
59. Félix Guattari, abril de 1990, arquivos Guattari, Imec.
60. GUATTARI, 1989.

mas se questiona sobre os usos dessa liberação, também insistindo sobre a escala de análise, que não pode ser senão planetária em tempos de mercado mundial. Um novo paradigma, ético-estético, teria como ambição pensar os três registros que seriam a *ecologia mental*, a *ecologia social* e a *ecologia ambiental*.[61] Como no início, seu método permanece transversal e se dá como tarefa evidenciar em cada caso os vetores potenciais de subjetivação que permitam o desabrochar das diversas formas de singularidade. Em favor das revoluções informáticas, do desenvolvimento das biotecnologias, "novas modalidades de subjetivação estão prestes a nascer".[62] Ao mesmo tempo, Guattari evita o discurso catastrófico e o discurso da deploração. Muito pelo contrário, ele se alegra com os canteiros a vir e com um futuro em que a inteligência e a iniciativa humanas serão cada vez mais solicitadas. É o que motiva seu fascínio pelo Japão, que soube "atrelar indústrias de ponta a uma subjetividade coletiva que manteve ligações com um passado por vezes recuado (que remonta ao xintobudismo para o Japão)".[63] É essa tensão que deve ser pensada pela nova disciplina que Guattari chama de "ecosofia".

Os ecologistas na batalha política

1974 é uma data fundamental na progressão das teses ecologistas: o choque petrolífero põe fim aos Trinta Gloriosos, o plano de substituição do todo--nuclear aumenta as inquietações, e, por ocasião das eleições presidenciais consecutivas à morte brutal de Georges Pompidou, os ecologistas entram em cena com um candidato ao Eliseu. Diversos candidatos potenciais são sondados, como Philippe Saint-Marc, Théodore Monod, o comandante Cousteau; todos recusam. A escolha se volta, definitivamente, para René Dumont, professor de agronomia, membro da Amigos da Terra. Suas publicações lhe valem já uma grande notoriedade no plano internacional,

---

61. Em itálico, no original. [N.T.]
62. Ibidem, pp. 62-63.
63. Ibidem, p. 63.

e ele é amplamente solicitado pelos países em via de desenvolvimento em razão de suas competências. Suas severas críticas são conhecidas e divulgadas, como seu grito de alarme em 1966 contra a progressão da fome no mundo.[64] Terceiro-mundista apaixonado, com setenta anos em 1974, ele percorreu o planeta em todos os sentidos e acaba de publicar *A utopia ou a morte*.[65] Abalado pelas conclusões do Clube de Roma, em que reencontra muitos de seus pressentimentos catastróficos, dessa feita na pluma daqueles decisores dos países ricos, ele é confortado em suas teses e orienta suas análises para as reflexões cada vez mais ecológicas. É então persuadido de que é preciso romper com o círculo vicioso do crescimento pelo crescimento e, ao contrário, pensar um movimento de decrescimento, sobretudo da população mundial.

Atento à ira que cresce nos países do Terceiro Mundo, René Dumont incrimina os mais ricos dos países ricos, que são os verdadeiros responsáveis por essas desigualdades. Em sua obra, ele assim se apresenta: "Nunca deixei de ser revoltado. Já me revoltara aos dez anos, em 1914, com o terrível massacre, devido à estupidez de nossos generais e de nossos governantes, de Joffre a Poincaré."[66] Mais tarde, ele se engaja contra as guerras coloniais, denuncia o empobrecimento dos países ditos subdesenvolvidos e o desperdício nos países do Norte. Em *A utopia ou a morte*, René Dumont enumera as diferentes ameaças que pesam sobre o planeta: poluições múltiplas, perigos para os ecossistemas, degradação dos solos, explosão demográfica, má nutrição, esgotamento das reservas minerais e políticas de desperdício nos países ricos. Para além do único manifesto, ele propõe soluções, define uma política diferente que aceita o desafio ecológico e sugere algumas utopias paralelas nos países abastados: supressão dos armamentos, redistribuição das rendas, impostos sobre a energia e as matérias-primas, reciclagem das reservas raras, penalização dos veículos particulares, internacionalização dos oceanos... Esse programa, que batalha contra as injustiças sociais, está pois bastante ancorado à esquerda. Ele aprende

---

64. DUMONT; ROSIER, 1966.
65. DUMONT, 1973.
66. Ibidem, p. 9.

com os ensinamentos da autogestão iugoslava ou da política da China: "O problema é, inicialmente, político; mas ele se revela extremamente difícil para que nós o abandonemos apenas aos estudiosos da política."[67] Esse apelo à utopia iugoslava é um programa para mudar radicalmente a vida, adotando "um gênero de vida, um estilo de vida, um meio de vida, uma qualidade de vida tão superiores a nossos estúpidos egoísmos. Uma sociedade agradável, tranquila, serena, em harmonia com a natureza, é-nos ainda acessível".[68] O público descobre através da televisão um senhor idoso simpático, usando um eterno pulôver vermelho de gola alta, em pleno contraste com os políticos profissionais. Sua campanha interessa ainda mais porque ele sabe ser eloquente e concreto: "No dia em que ele mostra um copo de água explicando que, em vinte anos, esse líquido será um recurso precioso, muitos dão de ombros. Mas pessoas lúcidas como Albert Jacquard, o geneticista, julgam sua intervenção 'genial' pois 'ele soube provocar uma tomada de consciência'."[69] Essa campanha presidencial permite à Amigos da Terra divulgar suas teses, alertar sobre os perigos e aparecer como um polo de renovação da vida política. Entretanto, na noite do primeiro turno, em 5 de maio, René Dumont recebe somente 1,32% dos votos, isto é, 337.800 votos. Embora a campanha eleitoral tenha logrado uma real repercussão, esse *score* ínfimo explode a corrente ecológica, que imediatamente se divide. Mas o avanço na opinião pública é decisivo, como atesta a decisão de *Le Monde* de confiar a Marc Ambroise-Rendu uma coluna sobre as questões de meio ambiente e de ecologia política. Na rádio RTL, Jean Carlier assina uma coluna, "La qualité de la vie" [A qualidade da vida]. Nesses tempos de reivindicação pela liberdade das ondas radiofônicas, que não terá sucesso senão em 1981 sob o impulso de Brice Lalonde, uma "rádio verde" é lançada em Paris pela iniciativa de movimentos ecológicos, feministas e não violentos. Sob a presidência de Giscard d'Estaing, medidas são tomadas para preservar alguns sítios, como a instauração de um Conservatório do Litoral que teria o poder de comprar

---

67. Ibidem, p. 167.
68. Ibidem, p. 168.
69. CANS, 2006, p. 154.

terrenos e de impedir especulações imobiliárias. O projeto é submetido ao Parlamento, que, em 1975, adota uma lei que cria o Conservatório do Litoral e das Costas Lacustres. No mesmo ano é criada a Agência Nacional para a Recuperação e para a Eliminação dos Dejetos.

Os ecologistas tornam-se uma verdadeira força social dotada de múltiplos postos e podem fazer uso de uma rede de sessenta mil associações de defesa do meio ambiente. A Amigos da Terra decide apresentar listas homogêneas de candidatos em todas as grandes cidades. Estes demonstram que se tornaram uma força política que conta com cerca de 10% dos votos lá onde eles estão nas listas, realizando bons *scores* em Paris, como Alain Hervé no 6º *arrondissement* e Brice Lalonde no 5º, ambos obtendo 13% dos votos. Este último publica suas primeiras obras em 1978.[70]

Os ecologistas organizam mobilizações de massa contra o nuclear que, por vezes, correm mal: é o caso em Creys-Malville, onde os mais radicais ameaçam penetrar na central e destruí-la, o que não faz parte da palavra de ordem da Amigos da Terra, que convocam um grande protesto pacífico ao redor da central. Em 3 de julho, quando milhares de manifestantes se reúnem na praça de Golfech, na região de Tarn-et-Garonne, alguns deles penetram na central depois de ter arrancado as grades do canteiro, outros bloqueiam as vias férreas. Os guardas são chamados para restabelecer a ordem, e a situação torna-se cada vez mais tensa. No fim de julho, são mais de cinquenta mil manifestantes, multidão compósita na qual se misturarm pacifistas e alguns radicais que desejam brigar, que se dirigem novamente à central de Creys-Malville, protegida por um muro de guardas móveis:

> Os desordeiros lançam pedras e pneus, os guardas respondem com tiros de granadas de gás lacrimogêneo. A confusão é total, sob a chuva e sob a fumaça. Corajosos militantes indefesos recebem golpes de cassetete sem perdão [...]. À noite, contam-se um morto e um ferido grave do lado dos manifestantes.[71]

---

70. LALONDE; SIMONNET, 1978; LALONDE; MOSCOVICI; DUMONT, 1978.
71. CANS, 2006, p. 174.

Junto aos organizadores do movimento, a consternação é total, tanto mais porque desejam evitar qualquer violência.

A própria atualidade impõe uma sensibilização crescente em relação à causa ecologista quando em 1978 o superpetroleiro *Amoco Cadiz* encalha no norte da região de Finistère e solta 220 mil toneladas de petróleo na costa bretã. Toda a França, que vive o drama bretão, descobre aterrorizada esse tráfico desregrado dos petroleiros fretados sob bandeiras de conveniência. Num comprimento de 120 quilômetros, estendendo-se até Perros-Guirec, a costa foi poluída por essa maré negra que destrói fauna e flora. Aqueles que vivem do mar — pescadores, ostreicultores, hoteleiros — são as primeiras vítimas. Essa catástrofe acelerou a tomada de consciência coletiva quanto à fragilidade do ecossistema e, sobretudo, do litoral. Em 1978-1979, a contestação nuclear se desloca para a Bretanha para atacar o projeto da EDF de implantar uma central em Plogoff, em Finistère. Os opositores do projeto se organizam à maneira dos camponeses de Larzac, constituindo um agrupamento fundiário agrícola que compra terras a fim de impedir quaisquer construções. No verão de 1979, uma grande manifestação reúne dez mil pessoas e, quando no início de 1980, uma enquete pública é aberta, os dossiês são queimados diante da prefeitura e os confrontos se multiplicam entre a população, que bloqueia Plogoff detrás de barricadas durante seis semanas, e as forças da polícia: "Na televisão, à noite, os franceses veem com estupor bretões em negro se revoltarem, velhos marinheiros com boina e antigos combatentes condecorados."[72]

Assim como para a região do Larzac, será preciso a eleição de François Mitterrand em 1981 para que os habitantes de Plogoff obtenham ganho de causa com o abandono do projeto da EDF. Em 1979, na expectativa da eleição presidencial de 1981, um Movimento de Ecologia Política (MEP) é criado. As bases desse movimento organizam a campanha das primárias para a designação do candidato ecologista; Brice Lalonde sai vencedor no segundo turno com 53% dos votos, contra 47% para Philippe Lebreton. Após uma campanha bastante ativa durante a qual Brice Lalonde percorre o país cercado por uma equipe que reúne todas as forças

---

72. Ibidem, p. 185.

vivas da ecologia, ele obtém um *score* significativo de 3,9% dos sufrágios expressos, isto é, mais de um milhão de votos (1.126.282). Dessa feita, o movimento ecologista se profissionaliza e se torna uma força política a ser considerada nos jogos do poder. Adotando sucessivamente o nome de Verdes, de Geração Ecologia e de Europa Ecologia, o movimento ganha eleitos em todas as escalas, das municipalidades ao Parlamento Europeu, assim como diversos postos ministeriais, dentre eles o Ministério do Meio Ambiente, sucessivamente ocupado por Brice Lalonde de 1988 a 1992 e por Dominique Voynet de 1997 a 2001.

Esse avanço abre uma via inédita que persuade um número crescente de intelectuais de que essa corrente encarna uma potencialidade de renovação da vida política e social. É o caso de Castoriadis, que Serge Latouche apresenta como um precursor essencial da política do decrescimento, um dos primeiros a objetar contra o crescimento e que ataca o poder cujo objetivo é o que ele chama de tecnociência contemporânea. Segundo ele, esse poder, que é um im-poder caracterizado por sua irresponsabilidade, constrói-se sobre as bases de uma passividade crescente dos indivíduos. Essa tecnociência é caracterizada pelo fato de que ela mesma é sua própria finalidade: "Quem, entre os protagonistas da tecnociência contemporânea, sabe realmente aonde quer ir, não do ponto de vista do 'puro saber', mas quanto ao tipo de sociedade que desejaria e quanto às vias que a isso conduzem?"[73] A perspectiva de colar o factível ao desejável como impulso para as mutações científicas da sociedade, sem que essas escolhas sejam submetidas à discussão, quando uma "verdadeira escolha exigiria a instauração de *critérios* e de *prioridades*"[74], exacerba ainda mais os temores. As armas de destruição maciça, as armas químicas, a destruição da camada de ozônio, a perda de diversidade genética, o desmatamento progressivo da floresta tropical, os acidentes nas centrais nucleares e, ainda, o estoque dos dejetos radioativos são questões que triunfam dos desafios sociais — cruciais, entretanto — e necessitariam debates, concertações e decisões em uma escala planetária. A tecnociência continua seu caminho como um

---

73. Castoriadis, [1987] 2000, p. 93.
74. Ibidem, p. 95. Em itálico, no original. [N.T.]

"martelo sem mestre, de massa crescente e de movimento acelerado".[75] Não é a ciência que Castoriadis critica, mas a onipotência e a onipresença de uma tecnociência em piloto automático que se autonomizou em relação ao corpo social do qual ela está cada vez mais afastada, quando se torna imperativa a participação de todos nessas questões que dizem respeito ao conjunto dos cidadãos.

Nos anos 1990, Castoriadis multiplica as intervenções sobre o imperativo ecológico. Ele considera que, longe de ser a expressão de uma ideologia retrógrada e reacionária, "a ecologia é subversiva, pois coloca em questão o imaginário capitalista que domina o planeta".[76] Ele interpela novamente o processo de autonomização da tecnociência. E nos faz relembrar a importância da *phronesis* (a prudência) que de acordo com Aristóteles deve conduzir a ação do ser humano. Aí se encontra, segundo ele, a função da ecologia, que se reveste de uma dimensão eminentemente política, aquela do debate na sociedade de suas escolhas fundamentais.

---

75. Ibidem, p. 105.
76. Idem, [1992] 2011b, p. 299.

13

Os intelectuais em questão

O desaparecimento do ícone Sartre, o nascimento da revista *Débat*

Em 15 de abril de 1980, Sartre, que desde 1945 encarnava a postura do intelectual universal, morre no hospital Broussais. A imprensa lhe faz uma vibrante homenagem, consciente de que com ele uma época se fecha. À frente do *Libération*, Serge July, que tanto lhe deve, considera que ele ocupou seu século como Voltaire ocupara o século XVIII, e Victor Hugo, o século XIX. *Le Monde* dedica oito páginas à "história apaixonada de um intelectual engajado". Até mesmo *Le Figaro* participa da cerimônia do adeus sob a pluma de Jean d'Ormesson, que saúda "o último dos mestres do pensamento francês". Bernard Pivot desprograma *Apostrophes* em prol de um *Spécial Sartre*. Uma consciência crítica desaparece, deixando lugar a um trabalho de luto coletivo em escala nacional:

> Sartre morrera, e a vida continuava, e todos aqueles que gostavam dele ouviam, órfãos impotentes, essas homenagens chegarem de todos os lados. Doravante, não mais poderiam, como antes, em face de um acontecimento político, de uma decisão a ser tomada, perguntar-se, à espera da escolha: "Mas e Sartre, o que ele pensa disso?"[1]

---

1. Cohen-Solal, 1985, p. 662.

O primeiro círculo dos amigos de *Temps modernes* vela seu corpo toda a noite antes da cerimônia do enterro no cemitério Montparnasse. Lá, uma multidão compacta e heteróclita de mais de 50 mil pessoas faz uma última homenagem ao filósofo desaparecido, testemunhando com sua presença um sentimento de viva gratidão diante daquele que defendeu, a despeito de seus erros e desvios numerosos, os valores da liberdade e da vida contra o trágico da história. Ele teria mesmo desafiado a morte, na qual não pensa, confessa ele dois anos antes de seu desaparecimento: "Um dia, minha vida cessará, mas não quero que ela seja de modo algum entravada pela morte. Quero" — insistia o filósofo — "que minha morte não entre em minha vida, que ela não a defina, que eu seja sempre um apelo para viver."[2]

Esse desaparecimento simboliza uma mudança de época e uma alteração das expectativas depositadas nos intelectuais. Desde o final dos anos 1970, já se sentia, como um perfume de final de reinado, que os modelos que haviam feito a fortuna das ciências humanas até então tinham se tornado obsoletos. Os que não suportam mais o pronto-pensamento das panelinhas que disputam os restos de magistratura a golpes de excomunhão e de anátemas, estes buscam o catalisador que falta a seu desejo de mudança. A filosofia da suspeita, plena de estruturalismo, de marxismo e outros *ismos*, está em perdição, e sobre seus escombros as vias de saída do impasse são múltiplas, mas nenhuma ainda consegue se abrir para uma saída promissora. Uma página é virada ao se constatar o malogro das visadas globalizantes. É nesse contexto que Pierre Nora lança em 1980, pela Gallimard, a revista *Le Débat*, desejoso de romper com o período que a precede. Ele proclama de modo provocador: "*Le Débat*, porque na França não há um." A nova revista também não pretende ser o suporte de um sistema de pensamento, de um método com vocação unitária, mas um lugar de diálogo, um entrecruzamento das ideias, um suporte de engajamento intelectual: "*Le Débat* não tem sistema a impor, não tem mensagem para passar, nem explicações últimas a fornecer."[3] *Le Débat* assume uma

---

2. Jean-Paul Sartre, citado in ibidem, p. 664.
3. Editorial, *Le Débat*, n. 1, maio de 1980.

mudança de era intelectual, do fim dos grandes sistemas interpretativos, sejam eles marxistas, freudianos, estruturalistas ou formalistas, do fim do profetismo intelectual e da necessidade de outra forma de desenvolvimento da sociedade — uma era que convoca mais a reunião das inteligências do que sua rivalidade combativa.

Essa nova orientação rompe radicalmente com o paradigma da hipercrítica dos anos 1960. A criação da *Débat* testemunha a reconciliação dos intelectuais com os valores da sociedade ocidental, mas exige uma reavaliação histórica desta última. A revista constata o esgotamento dos modelos de superação, seja na relação com um futuro doravante encerrado, em luto de perspectivas progressistas ou revolucionárias, seja no plano científico de um método enfim em vias de se desembaraçar da parasitagem ideológica. Os tempos não são mais aqueles para intelectuais de engajamento político e militante de ordem cientificista ou protestatária, mas de ordem intelectual, destinada a compreender e a interpretar um mundo inteiramente novo. O fato de *Le Débat* escolher como subtítulo *Histoire, politique, société* [História, política, sociedade] é sintomático dessa época na qual as disciplinas que desempenharam um papel-chave durante a hora gloriosa do estruturalismo — a antropologia, a linguística, a psicanálise — conhecem todas uma situação de crise, de refluxo, de desagregação e de desordem teórica.

No número inaugural de *Le Débat*, Pierre Nora enuncia abertamente e sem complacência a seguinte questão: "O que podem os intelectuais?" Na verdade, a neutralidade aparente da questão comporta um aspecto profundamente polêmico. Pierre Nora ataca, na realidade, certa forma de terrorismo intelectual que permitiu o reinado da geração estruturalista. Ele pensa romper, graças às virtudes da abertura defendidas por sua nova revista, com esse fantasma do poder absoluto veiculado pelos intelectuais que dominaram o período precedente: "Nesse modesto funcionário do intelecto, há um déspota. E em lugar algum esse désposta se expressou mais do que na tradição francesa."[4] Com efeito, alguns grandes pensadores franceses se erigiram em figuras tutelares autoproclamadas, persuadidos

---

4. Ibidem, p. 8.

de carregar a palavra da verdade histórica, afastados do público por um delírio cada vez mais paranoico. O diretor de *Le Débat* condena vivamente essa deriva que aproxima o intelectual "do tirano arcaico e do imperador do Baixo Império".⁵ Sob um fundo de narcisismo e de solidão, cada intelectual teria por alvo não o poder, mas a morte do outro intelectual que se põe como obstáculo a seu desejo de poder absoluto também descrito por Elias Canetti. Trata-se na verdade de tomar uma decisão, de romper radicalmente com um certo tipo de práticas. Um decálogo liminar dessa aventura editorial visa definir as tarefas indispensáveis para enfim fazer nascer um "regime de democracia intelectual".

No primeiro número da revista, Marcel Gauchet ataca com verve mortífera a mania retórica dos maiores intelectuais críticos, de Paul Veyne a Jacques Lacan, provavelmente em reação ao existencialismo, de negar sistematicamente a realidade de toda coisa: "o poder não existe", "a mulher não existe"... Algumas pedras lançadas por ocasião do número inaugural provocam tensões entre os tenores que se destacam no mundo intelectual. A carga iconoclasta conduzida por Marcel Gauchet por ocasião do segundo número contra alguns ídolos do momento, entre eles o respeitável e respeitado professor Jankélévitch ou o sociólogo Pierre Bordieu, suscita uma verdadeira rebelião. Ele constata inicialmente que a publicidade malogra quando a ciência paga, o que parece pressagiar novos tempos. Enquanto o livro publicado por Jacques Séguéla é rapidamente levado ao pelourinho apesar de uma enorme orquestração publicitária, Pierre Bordieu, no mesmo momento, publica *A distinção*, "misturando de maneira inimitável a monotonia burocrática e algumas vivas cores neológicas dos belos anos semiótico-estruturais, uma precoce ossificação nas categorias de madeira de um tipo inédito e superior"⁶, e alcança um grande sucesso, sinal de que alguma coisa se mexe no reino, e que o discurso científico não está morto.

Contudo, isso não faz de Marchel Gauchet um turiferário de Bourdieu: ele estigmatiza sua rigidez dogmática e coloca seu "manual oblíquo de civilidade" na prateleira das "enciclopédia(s) das moças por se casar,

---

5. Ibidem, p. 11.
6. GAUCHET, 1980a, p. 31.

buscando em seu parceiro, graças a sutis questões sobre Vivaldi, Brahms ou Bach, signos que não enganem quanto à posição verdadeira e quanto às chances de ascensão".[7] Marcel Gauchet conclui seu gracejo com uma visão digna dos mistérios de Elêusis: "Até mesmo as múmias, em contato com o soberano elixir da juventude trazido pelas ondas, voltam de seu embalsamamento. A pedra do jazigo da tese se levanta. A que noite dos mortos-vivos seremos obrigados a assistir?"[8]

Do lado do número 54 do bulevar Raspail, na EHESS (Escola de Estudos Avançados em Ciências Sociais), isso provoca mais do que agitações. Bourdieu faz com que, na sala da biblioteca, retirem *Le Débat* das estantes que apresentam revistas. Michel Foucault pede para encontrar Claude Gallimard e insinua para ele que não escreverá para *Le Débat*; pede a cabeça de Pierre Nora, ameaçando procurar outro editor: uma das joias da coroa arrisca desaparecer. Se Claude Gallimard defende Pierre Nora sem reservas, em surdina lhe diz que talvez seja preciso renunciar à revista, para não ter todos os universitários contra ele. Antoine Gallimard, filho de Claude, é enviado como mediador para convencer Foucault a permanecer na editora, onde conquistou um pequeno espaço editorial em 1978 com sua efêmera coleção sobre "Les vies parallèles", na qual não terá publicado senão dois títulos.[9] Foucault, sem contudo deixar a Gallimard, lança com Paul Veyne uma coleção na Éditions du Seuil, "Des travaux", anunciando que não haverá nem serviço de imprensa nem publicidade: a coleção impor-se-á em razão da seriedade e da qualidade científica de suas publicações. Ela fica sob a direção conjunta de Michel Foucault, Jean-Claude Milner, Paul Veyne e François Wahl.[10]

O nascimento estrondoso da revista *Le Débat* não passa, pois, despercebido, e o essencial para instalar a revista na paisagem intelectual francesa é evitar a um tempo as armadilhas de uma especialização universitária que

---

7. Ibidem, p. 32.
8. Ibidem, p. 34.
9. FOUCAULT, 1978c; LEGRAND, 1979.
10. Ela publicará, entre outros, Paul Veyne, Ramsay MacMullen, Peter Brown, Catherine Darbo-Peschanski, Christian Meier, Fernand Hallyn, Gérard Simon, Bernard Cerquiglini, François Jullien, Howard Bloch, Michael Baxandall e Jean-Claude Milner.

produziria uma linguagem muito esotérica para o leitorado, e as facilidades da comunicação jornalística. A aposta está ganha: são de cinco a dez mil exemplares vendidos a cada edição.

Le Débat, dirigida por Pierre Nora, cercado por Marcel Gauchet e Krzysztof Pomian, que até então agitavam a revista *Libre*, encerrada havia pouco, diferencia-se das outras revistas generalistas em razão da ausência de conselho de redação, de rede de correspondentes e, mesmo, de conselho de patronos. Para Pierre Nora, a revista deve ser o projeto de um homem, e ele pretende assumir toda a responsabilidade por ela. Além disso, *Le Débat* deseja se abrir a todos os ventos e escapar de todas as panelinhas, de todas as escolas, de todas as instituições. A aposta é de envergadura: se a revista aspira a preservar uma liberdade total de escolha quanto ao nome de seus colaboradores e ao conteúdo de seus artigos, ela nasce no coração mesmo da mais legítima e da mais poderosa instituição do mundo editorial, a Gallimard.

O acaso faz com que *Le Débat* seja publicada no momento mesmo da morte de Jean-Paul Sartre, em 15 de abril de 1980. A publicação pela editora de Sartre de uma revista que pensa romper com o modo de engajamento intelectual que ele encarnou desde 1945, interrompendo o necessário tempo de recolhimento e de balanço da obra sartriana, é sentida pelos criadores de *Les Temps modernes* como uma verdadeira provocação. A ira é tanto mais viva porque Pierre Nora, concedendo uma entrevista a Jacqueline Piatier no jornal *Le Monde* de 2 de maio de 1980, comete a imprudência de responder, quando é perguntado sobre essa coincidência de datas: "Sim, é como o signo de uma substituição."[11] O editorial de *Les Temps modernes* replica com furor, perguntando-se como permanecer fiel a seu mestre desaparecido. Segundo o desejo de Simone de Beauvoir, a redação decide prosseguir sem pretender representar sua "substituição", acrescentando essa nota assassina que visa Pierre Nora:

> Nem o "contrapé", para falar como esse especialista sem pudor do marketing cultural, que não hesitou em ver um "símbolo" na publicação de

---

11. NORA, 1980b.

sua nova gazeta no mesmo dia da morte de Sartre (cf. *Le Monde* de 2 de maio de 1980, a entrevista de P. Nora por ocasião do lançamento de *Le Débat*). "Contrapé", bela alcunha a lhe atribuir: como teria dito dessa vez a duquesa de Guermantes, ele termina tão bem quanto começa.[12]

Quanto ao irmão inimigo de Sartre, Raymond Aron, sua acolhida não é mais calorosa. Aron, pouco loquaz nesse gênero de circunstâncias, surpreende-se ao tomar conhecimento dessa criação de modo fortuito, na casa de seu próprio editor. Lembrando a Pierre Nora a existência de sua própria revista, *Commentaire*, que não tem senão dois anos de existência, ele lhe pergunta se essa revista rival é uma declaração de guerra.

A reação de Michel Foucault é ainda mais violenta porque, havia muito tempo, ele entretinha com Pierre Nora relações amistosas e de grande proximidade intelectual — Nora é seu editor desde 1966. O que Foucault toma imediatamente como uma afronta é a escolha que faz Pierre Nora de nomear Marcel Gauchet redator-chefe da revista. Com Gladys Swain, Marcel Gauchet é aquele que contestou o esquema do grande enclausuramento da loucura na época moderna. Nesse ano de 1980, Foucault ainda está sob o efeito das críticas que a ele foram endereçadas por ocasião da publicação em 1976 do primeiro volume de sua *História da sexualidade*. E quem não está totalmente com ele não pode ser senão contra ele. A esse respeito, ele acaba de romper com seu grande amigo Gilles Deleuze.

Entretanto, essa revista que conhece um nascimento tão controverso busca acolher todas as correntes, todas as contribuições, sem exceção nem anátema, em um espírito de confrontação da vida intelectual. As outras revistas como *Esprit* ou *Commentaire* são percebidas como revistas amigas. *Le Débat* deseja ser uma revista intelectual para os intelectuais, segundo a piada de Pierre Nora que sugere lhe dar como dístico "Os intelectuais falam para os intelectuais". A revista também não se apresenta como uma simples empresa eclética e um saco de gatos: "A democracia é a confrontação, no nível mais elevado, de visões de mundo, de opções fundamentais que

---

12. Editorial assinado por T. M., *Les Temps modernes*, maio de 1980, nota 1, p. 1.958, escrito por Claude Lanzmann.

dizem respeito aos assuntos mais diversos; se se é democrata, admite-se que elas são irredutivelmente destinadas a serem contraditórias."[13]

Uma confrontação no topo é organizada por Jean-Paul Enthoven, amigo de Pierre Nora e jornalista do *Nouvel Observateur*, que quer veicular em sua revista o acontecimento que representa a criação de *Le Débat*. Ele pede que Régis Debray, que encarna então o intelectual de esquerda que se insurge, com talento, contra todas as formas de poder e que acaba de publicar *Le Pouvoir intellectuel en France* [O poder intelectual na França][14], e Pierre Nora respondam a uma série de questões sobre os intelectuais e digam qual é a imagem que cada um tem do outro. Na época, essa confrontação não foi publicada, pois os dois protagonistas, que vivamente se empolgaram, desenvolveram seus pontos de vista de modo desproporcionado para um hebdomadário; a confrontação aparecerá no número de *Le Débat* de maio--agosto de 2010, por ocasião do trigésimo aniversário da revista.[15] Esse violento duelo não é pouco significativo do clima ainda muito dividido que se conduz sem cuidado nessa virada nos anos 1980. O retrato que Pierre Nora oferece de Régis Debray, particularmente cáustico, dissocia a imagem pública do personagem: "É a criança querida dos anos loucos do marxismo-esquerdismo [...]. Não é a geração perdida, é a geração vencida [...]. Ele é o representante mais talentoso da lúmpen-*intelligentsia* de Marx. Um homem que se põe na esquerda com uma moral de direita."[16] Ele vê o próprio homem trabalhado por uma falha secreta, aflito, pouco à vontade, infeliz, que sonha com um poder a que aspira mesmo que saiba que jamais terá acesso a ele. De seu lado, o retrato que Régis Debray faz de seu interlocutor é aquele de um aristocrata sutil e desiludido, uma "espécie de Paulhan das ciências humanas, que teleguia o tráfico dos bons trabalhos de ponta".[17] Segundo Nora, o desafio político da criação da revista não está lá onde pensa Debray, não é a luta de classes, mas a relação ambivalente do intelectual com a violência política, e, nesse ponto,

---

13. GAUCHET, 1994, p. 41.
14. DEBRAY, 1979.
15. Idem; NORA, [1980] 2010.
16. Ibidem.
17. Ibidem.

Debray encarna, a seus olhos, aquilo de que é preciso se desfazer: "Há em Debray, como em Sorel, ou mesmo, por vezes, em Sartre, o pretensioso salvador."[18] Pierre Nora evoca a longa tradição de rupturas graças às quais as vanguardas se manifestaram de maneira tonitruante: dos surrealistas que apelavam a descer às ruas para abater o primeiro que aparecesse ao ato gratuito de Gide, que reenviava, ele também, ao homicídio. O que revela essa tradição é o ódio do "burguês", uma natureza aristocrática — o "Senhor sangrador" — "que permanece tirânica e despótica". De seu lado, Régis Debray acusa *Le Débat* de ser "uma revista de má-fé" lançada por um homem de boa-fé que, sob as declarações de abertura e de recusa do terrorismo intelectual, assegura a passagem à força de escolhas políticas precisas, aquelas do "*establishement* intelectual de hoje, como se mistura um vinho bordeaux com a água da torneira. Mas na cave e às escondidas dos convidados".[19] Debray diz ironicamente a seu interlocutor que ele nos promete Lévi-Strauss e nos serve Glucksmann: longe de escapar da atmosfera atual, ele a "decalca". Chega mesmo a ver nele o resenhador do *box-office* que se justifica ao falar dos best-sellers como se se tratasse de sintomas de uma época, atitude que ele julga bonapartista: "Nesse sentido, Pétain era legítimo até março de 1944."[20] E denuncia em Pierre Nora seu fascínio pelo "*showbiz* das ideias atuais" e uma "*Realpolitik* da inteligência". Embora nele reconheça uma temível habilidade, acusa-o de trapaça pelo fato de desejar se tornar árbitro e pugilista. Como o poder intelectual é o fruto colhido por aqueles que ocupam simultaneamente os três níveis da universidade, da edição e das mídias, Debray faz de Nora um bispo do gênero, enquanto ele, Debray, é, antes, um gladiador que não conta senão com seus próprios livros para se defender dentro do fosso dos leões. Vencido por essa troca de tiros abundantemente alimentada de um lado e de outro, Jean-Paul Enthoven renuncia a dar prosseguimento a ela em seu hebdomadário. Sugere aos dois duelistas um encontro com sua mediação, sem armas. E, surpresa: os dois adversários caem nos braços um do outro;

---

18. Ibidem.
19. Ibidem.
20. Ibidem.

esse encontro, que acontece por ocasião de um almoço, será o ponto de partida de uma cumplicidade amistosa que não se desmentirá a seguir.

Le Débat contribui para a emergência de um intelectual de um novo tipo que não está longe da figura fomentada por Olivier Mongin em *Esprit*, um intelectual democrático que teria renunciado à sua postura de dominância, de perito onipotente pronto para dar lições sobre tudo e para todos. O novo intelectual não falará senão em nome de uma competência adquirida durante a travessia dos ateliês da razão prática e, a esse título, poderia servir de batedor da complexidade, renunciando aos encantos fáceis das oposições binárias — tudo ou nada, branco ou preto, bem ou mal.

Ao abrir a revista para os colaboradores de todas as perspectivas, ao tornar caducos os muros erguidos entre as panelinhas que até então permitiam se fechar em uma introspecção tranquilizadora, *Le Débat* contribui para desanuviar a vida intelectual francesa. Trabalhando em prol da democratização do debate intelectual, o trio está plenamente consciente dos riscos corridos com essa pacificação da vida das ideias: "Singular momento. A democracia triunfa, pois. Mas, ao mesmo tempo que ela se instala no incontestável, descobre-se que ela está tomada por um mal-estar profundo. Ela se vê afetada por um profundo movimento de deserção cívica"[21], deplora Marcel Gauchet em 1990, isto é, dez anos após a criação da revista. O consenso estagnado que parece eclodir da última década não é, a seus olhos, senão um *trompe-l'oeil* e em nada significa algum fim da história. Ele indica os lugares dos verdadeiros desafios que se deslocaram para a esfera do vivente, da idade, do sexo, da fecundidade, da morbidade, da saúde, dos fluxos de população: "À força de socialização da vida, eis que a ordem vital está prestes a se tornar o coração da questão social."[22] Marcel Gauchet adverte para os perigos dessa pacificação total que adviriam de uma visão que se dá como ambição subsumir as contradições em uma reabsorção do conflito; pelo contrário, conviria aceitar a confrontação dos pontos de vista diferentes, pois que o outro não pode ser reduzido ao mesmo; é preciso renunciar à esperança de uma reconciliação generalizada. O político é o

---

21. GAUCHET, 1990, p. 87.
22. Ibidem, p. 93.

lugar mesmo de cristalização da fratura própria à verdade. O intelectual democrático deve aprender a viver com o conflito das interpretações, e não a se erigir em árbitro supremo de uma verdade representativa de uma coletividade que voltou a ser homogênea.

Marcel Gauchet situa a função do intelectual, e aquela da revista *Le Débat*, em uma oferta de sua competência adquirida para um público mais amplo do que aquele de seu campo de especialidade, por todos os lados em que as coisas do espírito pesam no domínio político. É a partir dessa função de mediação que se define o intelectual democrático: "Em uma única palavra, há intelectuais lá onde há intermediários, expectativas intermediárias capazes de transcender sua especialidade a fim de tornar acessíveis os desenvolvimentos significativos sem nada sacrificar das exigências da especialidade."[23]

À falta de futuro

Nesse ano-chave de 1980, Krzysztof Pomian diagnostica uma "crise do futuro".[24] Alguns anos depois do efeito Soljenítsin, ele mede o esgotamento das esperanças, da opacificação das perspectivas e do caráter funesto dos projetos que haviam permitido acreditar em um sentido da história. A própria ciência, que até então oferecia a certeza de um mundo melhor, mais racional, mais dominado, está afetada por essa crise de historicidade. Quanto às ideologias políticas, elas sofrem plenamente com os desastres do século e não parecem mais capazes de criar um novo imaginário promissor. Segundo Pomian, as duas certezas nascidas da Revolução Francesa que sustentavam as expectativas coletivas — certo número de problemas sociais pode ser resolvido com transformações institucionais; as invenções técnicas constituem uma perspectiva de progresso e de bem-estar — desaparecem. Ao fim do otimismo político se acrescenta o desaparecimento da crença em um crescimento indefinido das forças produtivas. Pomian

---

23. Idem, 1993, p. 88.
24. Pomian, 1980.

lembra que nossa sociedade já conhecera tal crise de languidez no final do século XIX, crise que dizia respeito apenas aos meios da criação cultural. Em 1980, todos os setores são concernidos, é o regime de historicidade em seu conjunto que vacila: "Torna-se cada vez menos possível conceber um futuro que seja simultaneamente acessível e desejável, um futuro cujo advento fosse apresentado por razões convincentes."[25]

Esse fechamento sobre o presente cortado de todo futuro traz pesadas consequências: "Isso é grave, pois nossa civilização depende do futuro assim como depende do petróleo: quando ele se esgotar, ela cairá como um avião cujos motores não propulsam mais."[26] Pomian confessa não ter remédio algum a propor: nem xamã, nem profeta, ele simplesmente convida a recusar com a mesma veemência todo passadismo nostálgico e todo futurismo aventuroso, preconizando uma via mediana que ainda está para ser inventada.

Em seus primeiros números, *Le Débat*, ao se interrogar sobre a contribuição que os intelectuais da nova geração podem trazer, pergunta a 22 dentre eles, que já haviam publicado na revista, de que seria feito o futuro intelectual. *Le Débat* afirma o encerramento de uma época com o desaparecimento de Sartre e do modelo identificatório: "Um ciclo da consciência moral, um ciclo nacional se fecha sem que a identidade intelectual que o sucedeu seja clara, tampouco segura de seu futuro."[27] Dessa pesquisa junto aos intelectuais de orientações bastante diferentes resulta um sentimento partilhado de um futuro que não pode mais ser pensado, nem sob sua forma prospectiva, nem sob sua forma utópica. Cada qual, ao renunciar aos projetos coletivos em prol de um presente fechado em si mesmo, dedica-se, em sua especialidade, a revitalizar seu domínio de competências. Julgando que o perigo que ronda se dissimula menos na obscuridade dos signos anunciadores de uma mudança do que na confusão da linguagem, Vincent Descombes insiste sobre a "necessidade

---

25. Ibidem, p. 8.
26. Ibidem, p. 8.
27. LARDREAU, 1980, p. 4.

de filosofia"[28] para dissipar esse embaraço. Ex-maoista, Guy Lardreau deseja, depois de ter sido afetado pelo "efeito Gulag", não mais ceder em seu pensamento: "O papel do intelectual, desenhado por seu futuro, se futuro há, é aquele de ousar novamente pensar por conta própria, de ter novamente a coragem de se servir de seu próprio entendimento, como teria dito Kant, de produzir saber."[29]

O que essa enquete revela sobretudo é a generalização de uma relação presentista com o tempo. "A humanidade saberá viver sem grandes esperanças? Saberá enfim atingir sua 'maioridade', para citar Kant, chegar enfim às 'Luzes?' Poderia ser bem isso, a grande tarefa, hoje, da humanidade europeia: depois de ter embriagado o mundo com grandes esperanças, a ele mostrar o que pode ser feito sem elas."[30] Toda uma jovem geração, assim privada de futuro, pensa o que virá sob o ângulo de um presente encalhado, indefinido, de um espaço de experiência afastado da possibilidade de ser pensado. Significativamente, o psicanalista lacaniano e ex-maoista Gérard Miller intitula sua contribuição "No future" [Sem futuro]; o filósofo católico Jean-Luc Marion, "La Modernité sans avenir" [A modernidade sem futuro], enquanto o liberal Bernard Manin faz "o elogio da banalidade", insistindo sobre a falência do marxismo. "A falência das realizações políticas que são dele tributárias desacreditou em troca a ideia de um sentido determinado da história."[31]

Com um fundo de desabamento do sentido da história, essa enquete revela a inquietação de alguns em face do dia seguinte, que, longe de cantar, poderia anunciar uma catástrofe de dimensão mundial. Com efeito, em 1980, vivas tensões entre os dois blocos, engajados na corrida pelos armamentos, ameaçam a estabilidade internacional. Em 1977, os soviéticos instalam SS20 em seu território, mísseis altamente potentes, com uma precisão de tiro e um alcance sem comparação com a antiga geração dos SS4 e SS5. É toda a Europa Ocidental, nas proximidades desses mísseis,

---

28. Descombes, 1980, p. 22.
29. Lardreau, 1980, p. 43.
30. Ibidem, p. 45.
31. Manin, 1980, p. 50.

que virtualmente se encontra como refém. Impulsionado em uma corrida para a frente, o Império Soviético alarga sua esfera de influência e invade o Afeganistão em 1979. Não longe dali, o Irã escapa da atração ocidental e cai nas mãos do aiatolá Khomeini. Como reagirá o campo ocidental? O espectro de uma nova guerra mundial paira sobre o Antigo Continente. Quando, por sua vez, em 1979, os Estados Unidos decidem instalar mísseis de cruzeiro e Pershing II na Europa Ocidental, eles se chocam com forte reticência dos governos europeus e com uma grande campanha de opinião orquestrada por Moscou, secundada pelos diversos partidos comunistas, destinada a convencer que a paz deve ser firmemente defendida frente ao instigador de guerra americano. Numerosas manifestações pacifistas ocorrem na Europa, sobretudo na Alemanha, onde alguns não hesitam em se proclamar "antes vermelhos do que mortos!". Na França, François Mitterrand se declara favorável à instalação dos Pershing, constatando que "os pacifistas estão no Oeste e os mísseis no Leste". Em sua contribuição, Blandine Barret-Kriegel analisa "a guerra e a crise das democracias"[32], da qual teme, em um futuro próximo, a ruína. Em uma situação que compara àquela da Europa às vésperas da Segunda Guerra Mundial, ela conclama por um revigoramento democrático. Um apelo semelhante à coragem e à defesa dos valores democráticos é lançado por François Ewald, que considera que a questão mais urgente é avaliar a possibilidade de guerra: "A questão moral seria a seguinte: que preço pagamos, e devemos pagar, para tornar a guerra impossível?"[33]

Castoriadis, que criou *Socialisme ou barbarie* com Claude Lefort, partilha esse ponto de vista alarmista e em 1980 publica uma obra que irá nesse caminho, *Diante da guerra*[34], na qual observa que não se trata de se passar por visionários, mas de tomar consciência da perspectiva de uma nova guerra mundial, pois as forças da OTAN são incapazes de impedir uma eventual ofensiva soviética. A fim de demonstrar que a URSS adquiriu a estatura de uma hiperpotência apesar das incapacidades estruturais de

---

32. BARRET-KRIEGEL, 1980, pp. 11-13.
33. EWALD, 1980, p. 33.
34. CASTORIADIS, [1981] 1983.

sua economia, ele faz distinção entre duas sociedades russas, a sociedade civil abandonada e a sociedade militar que se tornou um exemplo de produtividade e de eficácia e que é o centro de todas as atenções do governo. Ele afirma que o país conheceu uma transição do poder da burocracia para uma "estratocracia" que lhe permitiu se tornar a "primeira potência militar mundial".[35] Nessa reconfiguração do totalitarismo soviético, o partido e sua ideologia são reduzidos a conchas vazias e dão lugar evidente à única instância de dominação que funciona de modo eficaz, o Exército, e todo o aparelho societário que a ele está ligado. Aos olhos de Castoriadis, a superioridade russa seria, pois, dupla, a um tempo tecnológica e estratégica, tornando refém toda a Europa: "As divisões russas chegariam a Biarritz em alguns dias."[36]

Castoriadis se dedica a um estudo minucioso e quantificado da relação de força militar que opõe os dois blocos para demonstrar sua tese da superioridade soviética. Ele constata essa superioridade em todos os níveis: em matéria de armamento, os 164 Pershing mobilizados pouco representam diante dos 1.300 mísseis russos; no registro das forças convencionais, ele encontra a mesma disparidade com uma relação de dois para um no que diz respeito aos soldados sob as bandeiras. Castoriadis julga que não se pode parar no que qualifica de "quinquilharia militar"[37], mas que se deve prestar atenção às relações das forças vivas, à confrontação de duas estratégias apoiadas cada uma por um imaginário social distinto. Nesse plano, a confrontação se joga entre um mundo ocidental, que renunciou à expansão, e o Império Soviético, que se orienta inexoravelmente para uma política de dominação mundial. Os números e os anexos documentais que alimentam seu livro vêm demonstrar sua tese da força bruta que anima a estratocracia, nova classe dominante na Rússia: "A Rússia está destinada a preparar a guerra porque ela não sabe nem pode fazer outra coisa."[38] Contrariamente a numerosas análises da época, Castoriadis critica aqueles

---

35. Ibidem, p. 23.
36. Ibidem, p. 39.
37. Ibidem, p. 88.
38. Ibidem, p. 240.

que veem na URSS o poder de uma ideocracia. Para ele, o marxismo se esvaziou de sua vitalidade a ponto de nada mais significar e de girar como uma retórica vazia de conteúdo. Segundo ele, havia muito tempo, não se aderia mais ao PCUS para defender ideias, mas para fazer carreira, e Castoriadis se põe então a pintar a singularidade do *homo sovieticus* que deve responder às condições sem as quais não há futuro para ele: "É preciso saber mentir de modo astuto e eficaz [...]. A covardia diante dos fortes, a arrogância diante dos fracos são, desse homem, as virtudes essenciais."[39]

O silogismo adiantado por Castoriadis é implacável: a URSS é animada por uma força bruta que a levou a aumentar seu império, enquanto o Ocidente emprega a política do avestruz para esconder sua inferioridade, algo de que se aproveitará a URSS para se tornar a única superpotência mundial; a guerra é, pois, inelutável, e fatal é seu desfecho. Até mesmo *Paris Match* dedica ao tema soviético um enorme dossiê.[40] Uma sondagem BVA revela que a URSS representa uma ameaça para 63% dos franceses. No mesmo espírito, *Le Figaro Magazine* se mobiliza, pela pluma de Henri-Christian Giraud, que escreve: "A URSS dá medo. É verdade que ela tem com o que assustar. Inicialmente, em razão de sua natureza: o filósofo Castoriadis, autor de *Diante da guerra*, nela vê, de modo acertado, um 'animal histórico novo', uma 'estratocracia'."[41] Fato excepcional: em 26 de novembro de 1986, a telinha se abre para Castoriadis, convidado do programa de Geoges Suffert *La rage de lire*, com André Fontaine e Aleksander Smolar.

Emergência do intelectual democrata

A chegada da esquerda ao poder ao final da eleição presidencial de 1981 se fez sem o acompanhamento dos intelectuais. Em contrapartida, esses anos 1980 são repletos de uma interrogação sobre a natureza, a história e

---

39. Ibidem, p. 273.
40. *Paris Match*, 5 de fevereiro de 1982.
41. GIRAUD, 1982.

a função dos intelectuais em um mundo em total renovação. Bastam os títulos de duas obras importantes publicadas na virada dos anos 1980, *Le Pouvoir intellectuel en France* [O poder intelectual na França], de Régis Debray, e *Les Intellocrates. Expédition en haute intelligentsia* [Os Intelectocratas. Expedição em alta *intelligentsia*], de Hervé Hamon e Patrick Rotman, para perceber a mudança de clima.

Régis Debray se debruça sobre o destino dos intelectuais que ocupam uma posição forte de poder, quase monopolístico, deteriorada em "meritocracia"[42] por um processo de fusão com os animadores das mídias. Historicizando esse processo de dominação, ele distingue três ciclos: universitário entre 1880 e 1930, editorial entre 1920 e 1960 e, desde então, midiático. Essa evolução é uma involução, com perda progressiva de conteúdo e de sentido: "As *mass media* são uma máquina de produção do simples."[43] Debray denuncia um novo poder a soldo da burguesia: "A mediocracia reinante constitui na França o pilar principal da dominação burguesa."[44] Haveria mesmo aí certo maquiavelismo da parte dessa classe estigmatizada, na medida em que ela guarda para si as vantagens da autoridade conferida ao saber e nenhum inconveniente do poder. Régis Debray descobre a origem dessa dependência da alta *intelligentsia* na primeira metade do século XIX, na época em que Balzac já denunciava uma literatura que dependia da imprensa, imprensa por sua vez dominada pelos detentores de capitais. Debray esboça um quadro ultracrítico dos intelectuais, que se tornaram mestres em traição — como já o havia compreendido Julien Benda — sob o jugo de uma corrupção que não mais necessita ser financeira desde que "a compra das consciências se deu sob os *sunlights*".[45] Em 2000, Régis Debray retomará essa reflexão crítica em um panfleto ainda mais polêmico: ali, ele opõe o que chama de intelectual originário (o IO) de 1900 ao intelectual terminal (o IT) de 2000.[46] Nessa ocasião, ele desenha o quadro clínico da perda da função intelectual sofrida pelo intelectual

---

42. DEBRAY, 1979, p. 7.
43. Ibidem, p. 111.
44. Ibidem, p. 8.
45. Ibidem, p. 166.
46. Idem, 2000.

em estágio terminal, caracterizada por cinco traços de personalidade: "o autistmo coletivo, a irrealização grandiloquente, o narcisismo moral, a impressão crônica e o instantaneísmo".[47]

Na pesquisa jornalística sobre os intelectuais, Hamon e Rotman procedem a um estudo etnográfico de seus costumes e de suas redes como se faria para uma tribo. Publicada pela Ramsay em 1981, essa pesquisa parte do princípio de um poder ainda certo desses intelectuais que, como chefes, dominam a universidade, a edição, invadem as mídias e ganham, em visibilidade, o que perdem em espessura e em capacidade criativa. As evoluções do mercado das produções intelectuais contribuíram fortemente para diminuir o estatuto do intelectual que encarna a defesa dos valores universais.

O silêncio dos intelectuais de esquerda após a vitória de François Mitterrand seria o sintoma do desaparecimento de certa forma de intervenção no espaço público: "Enquanto a França outrora se distinguira pela importância cultural e política do intelectual de esquerda tradicional, de vocação universal e prosélito, esse tipo social teria simplesmente deixado de existir."[48] O mercado intelectual se voltou para o lado dos saberes especializados e das competências fragmentadas, e o intelectual universal cedeu progressivamente seu lugar ao intelectual específico que apenas intervém em nome de sua competência singular. Com o desenvolvimento das tecnologias modernas de comunicação e com a informatização da sociedade, dá-se uma mutação do saber; ele se torna a face indissolúvel do poder dos decisores e dos programadores que relegam pouco a pouco a classe política tradicional a um papel subalterno. Em um tal cenário, a questão da legitimação dos discursos de vocação global se inflete para provocar uma crise das grandes narrativas, "uma erosão interna do princípio de legitimidade do saber".[49] A desconstrução do Um, dos metadiscursos, cede lugar a uma proliferação de discursos múltiplos não atribuídos a um sujeito, simples jogos discursivos, fibra sem pontos. O horizonte humanista

---

47. Ibidem, p. 21.
48. Ross, 1989, p. 103.
49. LYOTARD, 1979, p. 65.

apaga-se, é substituído por um desafio performático, uma "legitimação pelo fato".⁵⁰ A esse respeito, segundo Jean-François Lyotard, pode-se escrever o "túmulo do intelectual"⁵¹, intelectual que não está mais em condições de falar em nome do homem em geral, da nação, do povo ou do proletariado: "Não deveria, pois, ainda haver 'intelectuais', e, se há intelectuais, é porque estão cegos para esse dado novo na história ocidental desde o século XVIII: não há sujeito-vítima universal que faça signo na realidade."⁵² Lyotard não experimenta nostalgia alguma em relação ao passado glorioso do intelectual que encarnava o universal. Muito pelo contrário, o túmulo edificado em sua homenagem contribui para o trabalho de luto necessário para se desembaraçar de visões e de perspectivas totalizantes e totalitárias: "O declínio, talvez mesmo a ruína, da ideia universal pode libertar o pensamento e a vida das obsessões totalizantes."⁵³

Além do desaparecimento das metanarrativas, do sentido teleológico da história, observa-se uma proliferação dos bens culturais e uma disseminação de seus lugares de produção e de difusão. O intelectual, que emergia ontem de um vazio cultural por ele preenchido com sua onipresença, encontra-se sobrecarregado e quase enterrado sob a pletora de forças concorrentes que tomam o seu lugar. A produção de uma cultura de massa e a midiatização minam as bases da figura tradicional do intelectual isolado, que adota uma posição de dominância, concentrando sobre ele todas as expectativas. Por isso mesmo, a função intelectual se vê sensivelmente modificada, chamada a entrar em contato com o grande público, jogada em uma temporalidade mais curta, presa, antes, no acontecimental e no instante presente:

> Pouco a pouco, os ritmos tradicionais do trabalho intelectual se modificam [...]. Foi preciso se curvar a essas novas normas, isto é, ao que estava ou podia se tornar um acontecimento "quente", trabalhar sobre

---

50. Ibidem, p. 77.
51. Idem, [1983] 1984.
52. Ibidem, p. 20.
53. Ibidem, p. 21.

isso de maneira expeditiva, escrever de tal maneira que isso fosse acessível à grande maioria.[54]

Em 1980, o sociólogo François Bourricaud insiste, também ele, sobre as transformações do mercado cultural e suas incidências sobre a função intelectual. A postura crítica do intelectual seria minada pela inflação cultural, que teria como efeito dissociar três mercados: aquele dos intelectuais com grau de qualificação incontestável e que se endereçam prioritariamente a seus pares segundo o procedimento clássico da República dos eruditos; aquele dos intelectuais que se endereçam prioritariamente ao público; e, enfim, um terceiro mercado, aberto em favor da proliferação dos bens culturais que "parece sobretudo caracterizado pela preponderância dos *mediadores*[55] e dos corretores"[56], e não pelos produtores de ideias. Esse mercado tem suas regras, que consistem em apostar a um só tempo na raridade e na banalidade, fazendo o já visto passar por inesperado: "A bricolagem é, pois, a regra."[57] Em *Esprit*, Joël Roman constata igualmente a multiplicação da figura do intelectual, corolária da progressão do espaço público: "À figura unificada do intelectual se sucederão diversas figuras, distintas e, por vezes, antagônicas: a do jornalista, a do universitário, a do especialista. O erudito faz igualmente sua aparição, que se distingue da do intelectual."[58] As modificações relativas ao estatuto do intelectual concernem essencialmente, segundo ele, a uma reconfiguração de suas relações com essas três grandes instituições.

O último sobressalto público da ética de convicção guiada pela postura de desvelamento poderia ser datado de 1978, quando Michel Foucault, enviado por *Le Nouvel Observateur* ao Irã, dali traz um relato da revolução iraniana em curso. Impressionado pela amplitude da contestação dos valores ocidentais modernos que se exprime, ele vê nessa revolução um movimento de reconciliação com uma espiritualidade política positiva

---

54. Ross, 1989, p. 112.
55. Em itálico, no original. [N.T.]
56. BOURRICAUD, 1980, "Prefácio".
57. Ibidem.
58. ROMAN, 2000, p. 192.

esquecida pelo Ocidente: "A situação no Irã parece estar suspensa sobre uma grande disputa entre dois personagens com brasões tradicionais: o rei e o santo, o soberano em armas e o exilado desmunido, o déspota com, à sua frente, o homem que surge de mãos vazias, aclamado por um povo."[59]

Foucault pensa ver no islamismo um despertar da história: "Na aurora da história, a Pérsia inventou o Estado e ela confiou suas receitas ao islã: seus administradores serviram de funcionários ao califa. Mas desse mesmo islã, ela fez derivar uma religião que deu a seu povo recursos infinitos para resistir ao poder do Estado"[60]. Ele visita o aiatolá Khomeini, exilado em Neauphle-le-Château. Fascinado por sua personalidade e sua intransigência, sua recusa a qualquer concessão, ele faz sua apologia no *Corriere della Sera* e elabora o retrato de um "personagem quase mítico"; "Nenhum chefe de Estado, nenhum líder político, mesmo que se apoie em todas as mídias de seu país, pode hoje se gabar de ser o objeto de uma dedicação tão pessoal e tão intensa".[61] Sabe-se, hoje, a que grau de brutalidade ditatorial se elevou esse governo islâmico que Foucault apresenta na época como libertador, precursor de um novo modelo político e símbolo encarnado da resistência à opressão. Esse tipo de deriva, que se tornou excepcional e incongruente depois de 1975, mas amplamente partilhado no período precedente, pode ser percebido como resultado dos efeitos perversos de uma posição hipercrítica em face da democracia e de suas instituições.

Se a função dos intelectuais reside no exercício dessa crítica, ela implica, para evitar certo número de delírios políticos, considerar que a democracia não caminha assim tão tranquilamente a ponto de esquecer suas conquistas para melhor exaltar um alhures qualquer. O problema não está em se ter produzido esse tipo de discurso crítico contra a democracia, mas que não tenha havido a preocupação de acrescentar a ele uma declaração de solidariedade. Apesar de suas derivas, em 1979 Foucault continua a reivindicar em alto e bom som sua postura de intelectual específico, fiel à sua estratégia crivada de suspeita:

---

59. Idem, 1978a.
60. Ibidem.
61. Idem, 1978b.

Nesses últimos tempos, os intelectuais não têm boa imagem.[62] Penso poder empregar esse termo, e em um sentido muito preciso. Não é, pois, o momento de dizer que não se é intelectual. Aliás, eu provocaria sorrisos. Intelectual eu sou. Mas se me perguntarem como concebo o que faço, eu responderia [...] ser respeitoso quando uma singularidade se revolta, intransigente assim que o poder viola o universal. Escolha simples, trabalho dificultoso: pois é preciso vigiar, um pouco abaixo da história, o que a um tempo a rompe e a agita, e zelar, recuando um pouco da política, sobre o que deve incondicionalmente limitá-la.[63]

Nos anos 1980, o intelectual da suspeita deixa pouco a pouco seu lugar para um intelectual reconciliado com os valores democráticos, mesmo que preocupado com sua autonomia crítica. Este último reterá do ensinamento foucaultiano que é preciso limitar suas intervenções a seu domínio específico de competências. O intelectual se situa então em um espaço intermediário: entre os laboratórios da inovação, fontes de uma cultura de especialistas, e a divulgação pública. Seu novo papel consiste em reforçar as mediações a fim de suscitar debates na praça pública e de esclarecer as decisões estratégicas da sociedade. Ele deve favorecer a emergência de um verdadeiro espaço de deliberação que pressupõe uma tomada de distância diante de sua posição clássica hipercrítica, para substituí-la por uma postura mais construtiva.

---

62. No original, "*avoir bonne presse*", expressão que contém a palavra "*presse*", isto é, prensa, imprensa. Na tradução, perde-se o jogo de palavras. [N.T.]
63. Idem, [1979] 1994b, p. 794.

Michel Foucault nos anos 1980.

O acontecimento 1968

2. Daniel Cohn-Bendit em 1968. Às vésperas da ruptura instauradora, inesperada, de Maio, Pierre Viansson-Ponté escreve no jornal *Le Monde*: "A França se aborrece."

3. *Mai 1968: la Brèche* [Maio de 1968: a abertura] (Fayard, 1968). Análise no calor da hora sobre o acontecimento 1968 pelo trio de amigos: Edgar Morin, Claude Lefort e Cornelius Castoriadis (pseudônimo: Coudray).

4. *La Prise de parole* [A tomada da palavra] (Desclée de Brouwer, 1968): "Em maio último, tomou-se a palavra como se tomou a Bastilha em 1789."

5. Michel de Certeau em 1975. Pensador da alteridade, ele é a um tempo jesuíta, filósofo, historiador, etnólogo, sociólogo.

a imaginação no poder

. André Gorz (pseudônimo de Gérard Horst) em 1970. Filósofo e jornalista de origem austríaca, ele tenta conciliar existencialismo e crítica social do capitalismo.

. Ivan Illitch em 1974. Católico austríaco de origem iugoslava, e se mostra um relevante crítico da modernidade tecnológica.

8. Hélène Cixous em 1975. Guia do feminismo, ela está na origem da criação do Centro Experimental de Vincennes em 1968.

9. Herbert Marcuse em 1974. Filósofo marxista americano de origem alemã, descoberto tardiamente na França, logo se torna um ícone da modernidade.

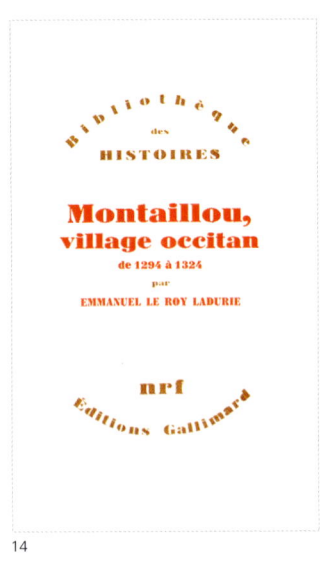

Triunfo da "Nova História"

10. Fernand Braudel, herdeiro dos pais fundadores da revista *Annales*, Marc Bloch e Lucien Febvre. Ele soube frutificar a herança, assegurando o triunfo da escola histórica francesa. Sua tese monumental, *O Mediterrâneo e o mundo mediterrâneo na época de Filipe II*, foi considerada exemplar.

11. Jacques Le Goff em meados dos anos 1970. Orquestrador da "Nova História", é o "ogro da história".

12. Georges Duby nos anos 1970. Historiador incontornável da Idade Média, ele dirige *Arte France* ao final dos anos 1980.

13. Emmanuel Le Roy Ladurie, discípulo de Braudel, a quem sucede no Collège de France em 1973. Membro do conselho de direção da revista *Annales* a partir de 1969. Ele publica um best-seller em 1975 intitulado *Montaillou: Cátaros e católicos numa aldeia occitana*.

14. Capa de *Montaillou: Cátaros e católicos numa aldeia occitana*, Gallimard, primeira edição, 1975.

O desejo contra a estrutura

15. *O anti-Édipo*, Éditions de Minuit, 1972. Neste livro sem dúvida se encontra o verdadeiro pensamento 1968, ao mesmo tempo que uma contestação radical da psicanálise.

16. Gilles Deleuze e Félix Guattari em 1975. Seus conceitos vitalistas e a máquina desejante que colocam em movimento fazem explodir a "estrutura".

17. Jean-François Lyotard em 1994. A partir de um pensamento da estética, ele chega à definição da era "pós-moderna".

18. René Girard em 1979. Seu pensamento do "desejo mimético" influencia um bom número de animadores da revista *Esprit*.

Do combate feminista à história das mulheres

19. Simone de Beauvoir distribuindo *La Cause du peuple* em 1970. Ela se tornou a referência da geração feminista.

20. Simone Veil defende seu projeto de legalização do aborto na Assembleia Nacional, em 26 de novembro de 1974.

21. Antoinette Fouque, figura histórica do Movimento de Libertação das Mulheres. Ela liderou a corrente Psicanálise e Cultura e fundou em 1972 a Éditions des Femmes.

22. Élisabeth Badinter, filósofa que dedicou a maioria de seus trabalhos à questão do feminino, interrogando o que se chama o instinto materno e, mais globalmente, a identidade feminina e o lugar da mulher na sociedade francesa.

1974: o efeito Soljenítsin

23. *Arquipélago Gulag* (Éditions du Seuil, 1974). Esse livro extenso cria o acontecimento, tornando impossível a negação do real.

24. Aleksandr Soljenítsin no programa televisivo *Apostrophes*, em 11 de abril de 1975, em companhia de seu tradutor, Nikita Struve, e de Bernard Pivot. Nele, as vítimas do totalitarismo encontram seu porta-voz.

25. Jean Daniel à época da fundação da revista *Le Nouvel Observateur* (1964), que se tornou, sob sua direção, o hebdomadário de esquerda dos intelectuais e dos políticos.

26. Milan Kundera em 1974. Crítico severo da normalização na Tchecoslováquia, ele recebe em 1973 o prêmio Médicis estrangeiro por *A vida está em outro lugar* (Gallimard).

27 28

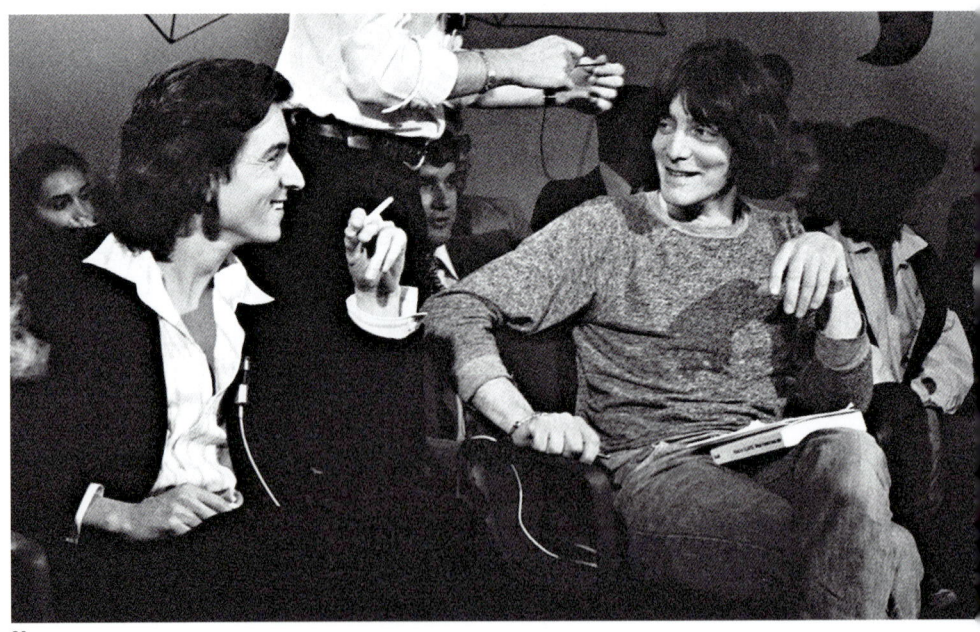

29

Sair do totalitarismo

27. *Les Habits neufs du président Mao* [As novas roupas do presidente Mao] (Éditions Champ libre, 1971). Esse livro iconoclasta sobre o maoísmo situa-se abertamente na contracorrente de seu tempo.

28. Simon Leys — nome verdadeiro: Pierre Ryckmans — em Paris, 1984. O escritor belga revela o mito da "Revolução Cultural" chinesa.

29. Bernard-Henri Lévy e André Glucksmann em *Apostrophes* 27 de maio de 1977. O sucesso do programa de Bernard Pivot lança os "novos filósofos".

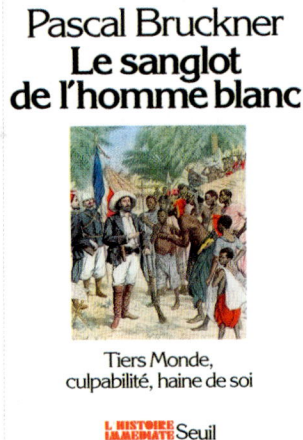

O humanitário substitui o terceiro-mundismo

30. Bernard Kouchner desembarcando no Camboja com um carregamento de víveres a bordo do navio-hospital *Île de lumière* em 1979. Ele defende o direito de ingerência por causa humanitária e contribui para lançar o movimento dos *French Doctors*. Depois de ter participado em 1971 da criação de Médicos sem Fronteiras, lança em 1980, com outros, Médicos do Mundo.

31. Lançamento da campanha *Un bateau pour le Vietnam* [Um navio para o Vietnã] em 1979. Em razão do drama dos "boat people", Bernard Kouchner freta o navio *Île de lumière* para tentar salvar os vietnamitas que fogem do comunismo. (Arte de Jean Effel.)

32. *Le Sanglot de l'homme blanc* [O suspiro do homem branco], (Éditions du Seuil, 1983). Esse ensaio pretende virar a página da culpabilização e do arrependimento e se revela um panfleto polêmico de sucesso contra o pensamento crítico.

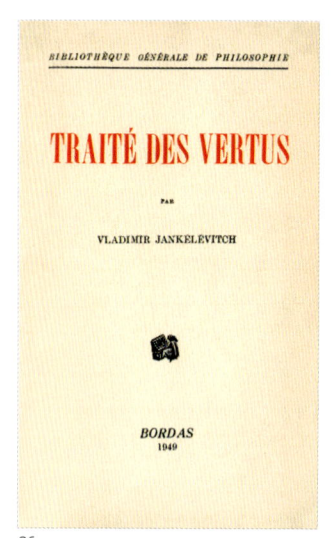

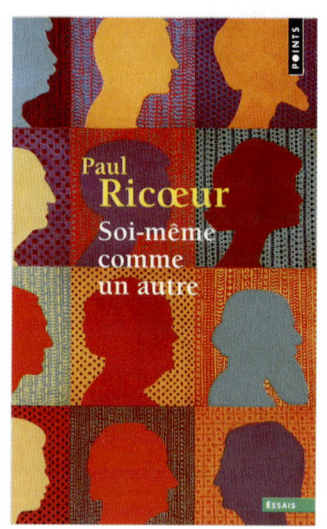

Os mestres da ética

33. Vladimir Jankélévitch em 1980. Titular da cadeira de filosofia moral e de metafísica na Sorbonne de 1951 a 1979, o filósofo melômano marcará diversas gerações de intelectuais.

34. Paul Ricœur nos anos 1980. Com ele, a filosofia se reconcilia com as ciências humanas.

35. Emmanuel Lévinas em 1984. Introdutor da fenomenologia na França, ele confere à ética o estatuto de filosofia primeira.

36. *Traité des vertus* [Tratado das virtudes], ensaio em três tomos de Vladimir Jankélévitch, publicado pela editora Bordas em 1949; capa da edição original.

37. *Soi-même comme un autre* [O si-mesmo como outro], de Paul Ricœur, publicado pela Seuil em 1990; capa da edição Points de 2015.

38. *Totalité et infini, essai sur l'extériorité* [Totalidade e infinito, ensaio sobre a exterioridade], de Emmanuel Lévinas, publicado pela Nijhoff (Haia, Holanda) em 1961; capa da edição Le Livre de Poche de 2006.

Crítica da tecnociência, tomada de consciência ecológica e cultura plural

39. René Dumont em 1974. Professor de agronomia, membro dos Amigos da Terra e autor de *L'Afrique noire est mal partie* [A África negra começou mal], é o primeiro candidato ecológico nas eleições presidenciais de 1974.

40. Jack Lang e Maurice Fleuret no Ministério da Cultura em 1982, no lançamento da primeira Festa da Música. Além de jurista, Lang defende todas as formas de criação e salva o livro graças a uma lei sobre o preço único que leva seu nome.

41. Jacques Ellul em 1978. Professor de história do direito em Bordeaux, sociólogo e teólogo, ele se revela sobretudo um crítico severo da tecnociência.

42

43

histoire politique société

le débat

pierre nora que peuvent les intellectuels? alain jacques le super à dix francs?
hervé le bras un bel avenir pour la stérilisation
marcel gauchet de l'inexistentialisme krzysztof pomian la nation boomerang
robert castel et jean-françois le cerf le phénomène psy et la société française
alain clément les états-unis et la france
édouard kouznetsov un statut pour les détenus politiques en u.r.s.s.
pierre-gille de gennes sur les erreurs des sciences exactes
laurence wylie diplomatie culturelle andré fermigier après paris-moscou
rémy stricker les éditeurs saisis par la musique patrice bourdelais les générations
et le vieillissement liliane kandel l'explosion de la presse féministe
françois furet le 19ᵉ siècle et l'intelligence du politique
un livre étranger? réponses de c. castoriadis e. hobsbawm fr. jacob l. kolakowski
e. le roy ladurie cl. lévi-strauss j. starobinski a. glucksmann comment le monde
devint occidental livre - montage karl polanyi the great transformation
présenté par lucette valensi revue mensuelle numéro 1 mai 1980

Gallimard

44

Mudança de época a partir dos anos 1980

42. Pierre Nora no início dos anos 1980. O diretor da revista *Le Débat* orquestra a difusão das ciências humanas na editora Gallimard desde meados dos anos 1960.

43. Marcel Gauchet, filósofo e editor, foi o líder de *Textures*, em seguida de *Libre*, antes de se tornar redator-chefe de *Le Débat*.

44. *Le Débat*, n. 1, maio de 1980. A revista aparece no momento em que Sartre desaparece. Mudança de época: "*Le Débat*, porque na França não há um."

Commentaire

«Il n'y a pas de bonheur sans liberté, ni de liberté sans vaillance.» Thucydide

Numéro 1/1978

Raymond Aron Incertitudes françaises Louis Bouyer L'église catholique en crise Jean Baechler Libéralisme et autogestion Branko Lazitch Les singes de Lénine Bruno Neveu Tombes romaines Paul Bénichou Sur quelques sources françaises de l'antisémitisme Philippe Mongin Aux origines de l'économie moderne Allan Bloom Un vrai philosophe: Leo Strauss Jacques Truchet La critique théâtrale Janine Bouissounouse L'autre Guibert

Julliard

Da direita liberal à "nova direita"

45. *Commentaire*, n. 1, primavera de 1978. A criação de uma revista liberal por Raymond Aron responde à sua inquietação de ver a esquerda chegar ao poder.

46. Jean-Claude Casanova no início dos anos 1980. Próximo de Raymond Aron, diretor da *Commentaire*, foi conselheiro de Joseph Fontanet e, em seguida, a partir de 1976, de Raymond Barre.

47. Pierre Manent em 1987. Filósofo da política, ele suscita um retorno aos pensadores liberais do século XIX e favorece, sobretudo, um "momento tocquevilliano".

48. Alain de Benoist em 1984. Líder da "nova direita", ele colabora para a revista *Éléments* e se torna, a partir de 1977, o *maître à penser* de *Figaro Magazine*.

49

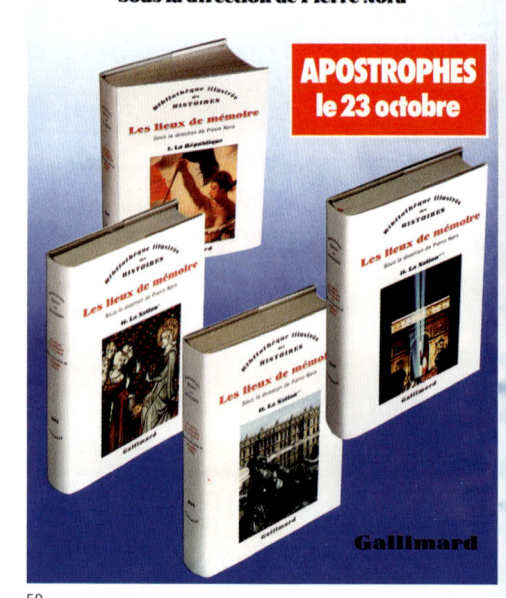

50

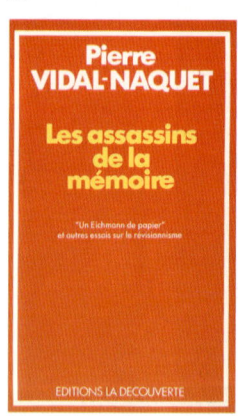

51

Entre o trabalho e o dever de memória

49. Cartaz do filme documentário *Shoah*, de Claude Lanzmann. Com estreia em 1985, esse filme-acontecimento e monumental (ele dura mais de dez horas) é um documentário realizado por Claude Lanzmann sobre o extermínio dos judeus pelos nazistas durante a Segunda Guerra Mundial. Ele recusa a utilização das imagens sobre o genocídio e se atém aos testemunhos dos sobreviventes e dos carrascos. Tornou-se um monumento memorial incontornável.

50. Cartaz de lançamento da terceira parte de *Lieux de mémoire*: *La République* [Lugares de memória: a República] em 1984 e os três volumes sobre *La Nation* [A nação] em 1986; ilustra-se assim a transformação da história em memória.

51. *Os assassinos da memória*, editora La Découverte, 1987. O historiador da Antiguidade grega aceita o desafio dos negacionistas opondo-lhes a verdade histórica.

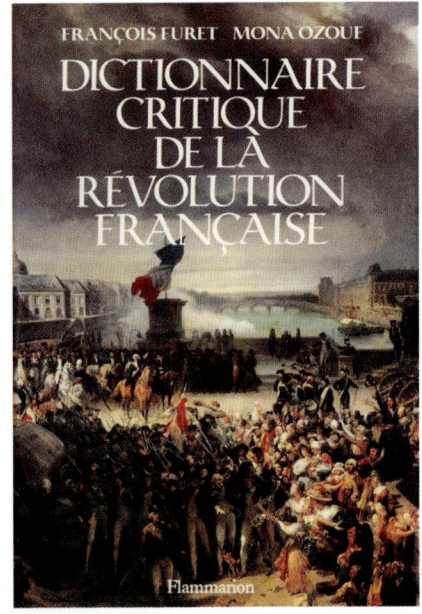

Adeus 1989

52. Mona Ozouf e François Furet, coautores do *Dicionário crítico da Revolução Francesa*. Essa obra-mestre, publicada na véspera do bicentenário, oferece a este durável significação.

53. Capa do *Dicionário crítico da Revolução Francesa* (Flammarion, 1988).

54. Pequim, verão de 1989: na praça Tiananmen, a primavera chinesa, logo esmagada pelos tanques.

55. A queda do muro de Berlim, em 9 de novembro de 1989, põe fim à divisão entre os dois blocos e fecha o século XX.

56

56. 14 de julho de 1989: *A Marselhesa*, de Jean-Paul Goude, na avenida dos Champs-Élysées, ponto máximo das manifestações do bicentenário da Revolução Francesa.

Créditos fotográficos
1: Jerry Bauer/opale.photo; 2: Fondation Gilles Caron/In-actua; 3: Éditions Fayard/coleção particular; 4: Éditions Desclée de Brouwer/coleção particular; 5, 11, 12, 14, 19, 26, 44, 50: Arquivos Gallimard; 6: Arquivos André Gorz/IMEC; 7: Jean-Pierre Rey; 8: Hervé Gloaguen/Gamma-Rapho; 9: Mario Dondero/Bridgeman Images/Fotoarena; 10, 35, 41: Ulf Andersen/Aurimages/AFP; 13: Frederic Huijbregts/Gamma-Rapho; 15: Éditions de Minuit/Irène Lindon; 16: Jerry Bauer/opale.photo; 17, 33, 43, 47: © Louis Monier/Bridgeman Images/Fotoarena. Todos os direitos reservados, 2023; 18: Laurent Maous/Gamma-Rapho; 20, 25: Keystone-France/Gamma-Rapho; 21: Marie-Claude Grumbach; 22: Arquivos E. Badinter; 23: Gusman/Bridgeman Images/Fotoarena; 24: Michèle Bancilhon/AFP; 27: Éditions Champs Libres/coleção particular; 28: Louis Monier/Gamma-Rapho; 29: Sophie Bassouls/Bridgeman Images/Fotoarena; 30: Jean-Claude Labbe/Gamma-Rapho; 31: © Lejeune, François/AUTVIS, Brasil, 2023. Espólio de Gerald Bloncourt/Bridgeman Images/Fotoarena. Todos os direitos reservados 2023; 32: Éditions du Seuil; 34: Arturo Patten/Arquivos Arturo Patten/IMEC; 36: Éditions Bordas/coleção particular; 37: Éditions du Seuil coleção particular; 38: © Le Livre de Poche/coleção particular; 39, 40: AGIP/Bridgeman Images/Fotoarena; 42: Szabo Nora; 45: Éditions Julliard/coleção particular; 46: Frédéric Reglain/Gamma-Rapho; 48: Thierry Rannou/Gamma-Rapho; 49: Prod DB © Lanzmann/D.R.; 51: Éditions La Découverte/coleção particular; 52: Arquivos Mona Ozouf; 53: Éditions Flammarion/coleção particular; 54: Chine Nouvelle SIPA; 55: Reuters/Fotoarena; 56: Frank Perry/AFP.

14
Uma esquerda intelectual há muito tempo desorientada

O silêncio dos intelectuais de esquerda

Os intelectuais de esquerda se enganaram de tal maneira em suas análises sucessivas das terras prometidas do socialismo que perderam todo crédito: "Nada mais os autoriza a reivindicar uma pureza ética. Em outros termos, os intelectuais não podiam mais pretender ser os ungidos da Razão."[1]

Sintoma significativo da confusão que domina os intelectuais de esquerda às vésperas da eleição presidencial de 1981 é o apoio de alguns deles à candidatura de Coluche ao Eliseu, humorista talentoso e simpático que decidira fazer a demonstração do caráter derrisório dos desafios políticos. Em março de 1980, *Charlie Hebdo* lança, inicialmente sob a forma de piada, a ideia de uma possível candidatura de Coluche à presidência. Em outubro de 1980, quando o ato de candidatura se oficializa, espera-se nas primeiras sondagens um *score* bastante surpreendente, com intenções de voto em torno de 17%. Entretanto, é preciso reunir as assinaturas de quinhentos eleitos, o que não é senão uma formalidade para os representantes dos grandes partidos, mas que não o é para os indivíduos que não dispõem de apoios institucionais. Muitos intelectuais, entre os quais os duetistas Deleuze-Guattari, engajam-se nessa candidatura "dos nulos". Jean-Pierre Faye, autor de um espesso volume sobre *Le Père Duchesne* [O Pai Duchesne], jornal satírico da Revolução Francesa, entrevê o potencial subversivo do personagem para o sistema político francês e participa ativamente das reuniões com ele. É por

---

1. SIRINELLI, 1999, p. 69.

ocasião dessa candidatura que, convencido por Deleuze a apoiar Coluche, Paul Virilio encontra Guattari. Esse engajamento e a força de sua dinâmica se devem ao mau funcionamento do político no outono de 1980, com a quase certeza de mais sete anos de giscardismo e de uma direita instalada no poder sem alternância possível. Nesse ano de 1981, segundo todas as sondagens, a candidatura de testemunho de François Mitterrand está prestes a renovar seu malogro de 1974, aparentemente incapaz de forçar o destino da esquerda. Para alguns, resta a saída de rir disso tudo, e é esse o sentido da dinâmica efêmera que cerca Coluche, tornado o bobo da corte providencial para uma esquerda agonizante e sem projeto depois da derrocada do sonho socialista. À esquerda, justamente, essa candidatura causa medo, pois ela amputa seriamente o eleitorado socialista: ela se beneficia da reunião de cerca de trinta personalidades da cultura, entre elas Pierre Bourdieu. Em face do perigo, Pierre Bérégovoy vai à casa de Guattari, na rua de Condé, para tentar convencê-lo de que Coluche deve renunciar; em seguida, François Mitterrand envia Jacques Attali à casa de Coluche e consegue desencavilhar a granada de um humorista perplexo, mas lisonjeado.

Para surpresa geral, François Mitterrand ganha a eleição. Sua candidatura cristaliza todas as esperanças expressas durante os anos 1970 para uma esquerda privada de poder desde o retorno do general De Gaulle em 1958. Como a maioria dos intelectuais é de esquerda, era de esperar que eles assumissem tomadas de posição públicas que expressassem um apoio apaixonado pela política conduzida pelo novo poder, tanto mais porque as primeiras medidas instituem uma verdadeira ruptura: o governo age tendo como pano de fundo um excepcional estado de graça nacional, revoga a pena de morte, liberaliza as ondas de rádio, cria um Ministério dos Direitos da Mulher, procede a numerosas nacionalizações, aumenta o poder de compra... Ora, nada acontece. É surpreendente o contraste com o entusiasmo que se apoderara dos intelectuais por ocasião da eleição de Léon Blum em 1936. Isso é constatado, com amargor, por *Le Nouvel Observateur* cem dias após o 10 de maio de 1981:

> Em 1936, a vitória da Frente Popular foi — ela também — aquela dos intelectuais que haviam se mobilizado em torno do antifascismo. Hoje,

nada semelhante: a eleição de um presidente socialista se deu contra todos os prognósticos e, muitas vezes, apesar das reservas ou do silêncio da alta *intelligentsia* francesa.[2]

O imobilismo é geral junto aos intelectuais de esquerda diante de um poder que parecia satisfazer todos os seus votos. A posição do conselho de redação de *Temps modernes* é significativa dessa situação paradoxal: reunido depois de 10 de maio, ele é incapaz de redigir um editorial, em razão das posições bastante contraditórias entre Claude Lanzmann, que saúda a vitória de Mitterrand, e o ceticismo — e mesmo o sarcasmo — de Pierre Rigoulot e Jean Pouillon.

A situação é tão enigmática que o porta-voz do governo, o historiador Max Gallo, ao se perguntar sobre o "silêncio dos intelectuais"[3], com ela se alarma no verão de 1983 — "Onde estão os Gide, os Malraux, os Alain, os Langevin de hoje?".[4] Chega mesmo a pedir aos herdeiros destes últimos que alimentem as reflexões em curso sobre as mudanças de estrutura da sociedade francesa. Em pleno período estival, os intelectuais acordam. Subitamente, *Le Monde* se torna o suporte de uma novela cotidiana que reúne as plumas de personalidades naquilo que Philippe Boggio, idealizador da enquete, qualificará às vésperas do outono de verdadeira "balbúrdia".[5] O jornalista do *Le Monde* se pergunta se a vitória da esquerda não foi conquistada a contratempo, em um momento de máxima desconfiança a respeito do bloco soviético que explicaria o mal-estar dos intelectuais de esquerda; esses intelectuais suspeitariam o novo poder de "complacência em relação ao Leste e de uma fraqueza culpada frente aos comunistas".[6] Ao final da enquete, ao constatar que uma perturbação evidente e indefinível invade os intelectuais diante da época por eles atravessada e que o pensamento não pode mais apreender, Philippe Boggio expande sua explicação:

---

2. *Le Nouvel Observateur*, 15 de agosto de 1981, citado in SIRINELLI, [1990] 1996, pp. 485-486.
3. GALLO, 1983.
4. Idem, 1983b.
5. BOGGIO, 1983.
6. Ibidem.

"O intelectual de esquerda perdeu suas raízes e muitas de suas ilusões. Quando a esquerda chega ao poder em 1981, os modelos socialistas no mundo são igualmente traições."[7] Jean-Claude Barreau, escritor, membro do PS e conselheiro cultural da embaixada francesa na Argélia, exprime seu desalento: "Vivemos hoje em um campo de ruínas ético e conceitual; seria uma loucura esperar que os intelectuais se pusessem novamente a reconstruir?"[8]

Depois de Régis Debray, Thomas Ferenczi considera o deslocamento da figura do intelectual que abandonou suas funções profética e moralista, que "hoje não são mais costumeiras"[9], para se dedicar às tarefas da comunicação. Segundo ele, há ainda o exercício da função crítica que se continua a esperar do intelectual. Jean Baudrillard intervém nesse concerto com proposições particularmente amargas em relação a uma esquerda socialista que ele acusa de corrupção e de "decomposição da posição intelectual".[10] Considerando que as paixões ideológicas estão tão esgotadas quanto a energia política, ele denuncia um poder socialista que não representa outra coisa senão os "líderes conservadores da França profunda".[11] Outros são mais otimistas e não vivem esse momento como se fosse a travessia de um campo de ruínas. Como observa Jean Gattégno, diretor do Livro no ministério de Jack Lang, certo número de intelectuais, convocados para se tornarem conselheiros do príncipe, se veem engajados em um trabalho efetivo que relegou a segundo plano as tomadas de posição em praça pública. Mas além dessa aspiração dos cérebros que servem o novo poder, o que incontestavelmente transfere muitos intelectuais da ética de convicção para a ética de responsabilidade, é a derrocada do messianismo e a ausência de projeto, que são a explicação principal do silêncio, se não da afasia, dos intelectuais de esquerda nesse início dos anos 1980.

Em 1984, Laurent Joffrin, jornalista no *Libération*, insiste sobre essa avaria: "A esquerda no poder devia romper com o capitalismo. Ela rompeu

---

7. Ibidem.
8. Barreau, 1983.
9. Ferenczi, 1983
10. Baudrillard, [1983] 1985, p. 85.
11. Ibidem, p. 86.

com o socialismo. Todo o drama da legislatura reside sem dúvida nesse paradoxo."[12] Segundo Joffrin, se a esquerda quer sobreviver, ela precisa de audácia e de ainda mais audácia para revisar seus dogmas, que não mais correspondem à modernidade para a qual evolui. Ele conclama a um revisionismo generalizado, a uma terceira esquerda que possa vencer de maneira descomplexada o desafio de inventar uma nova cultura, pois "o socialismo não tem mais futuro. A grande miragem se dissipou. Latente há vários anos no comportamento da esquerda, essa desmistificação é sem dúvida a grande descoberta dos anos 1980".[13] Em vez de uma oposição binária entre uma defesa das liberdades individuais que seriam tributárias de um pensamento liberal e uma defesa dos direitos coletivos ligada a um pensamento socialista, Laurent Joffrin coloca uma situação muito mais complexa, mais misturada. "O silêncio dos intelectuais", expressão que se tornou emblemática, é em grande parte resultado do divórcio consumado entre a esquerda política PS-PC e os intelectuais, que haviam esperado por uma renovação do horizonte político do lado dos rocardianos. Se a historiadora americana Diana Pinto valoriza uma divisão entre concepção universalista da França e um ensimesmamento nacionalitário sobre o passado glorioso da Marianne, sobretudo observado nas denúncias de Jack Lang contra o imperialismo cultural americano, ela se alegra com a reavaliação da visão da América pela esquerda. "Pouco a pouco, os intelectuais franceses se interessaram pela *open society*, em suas diversidades dinâmicas."[14] Desiludida com os malogros das revoluções, a esquerda francesa se volta cada vez mais para a contracultura americana, como atesta *Actuel*, a revista de Jean-François Bizot, ou uma revista como *Rolling Stone*. Entretanto, o posicionamento da esquerda em relação à URSS continua a suscitar mal-estar. Se os socialistas condenam com firmeza o Gulag, eles são tributários de sua aliança no poder com o PCF, o que os conduz a minimizar as violações dos direitos humanos na União Soviética e a divergir na crítica radical do fenômeno totalitário. Preocupados em não romper

---

12. Joffrin, 1984, p. 7.
13. Ibidem, p. 241.
14. Pinto, 1982, p. 7.

a unidade da esquerda, eles mantêm uma certa reserva sobre a questão do Leste: "Essa sensibilidade social em relação aos historiadores está na contramão daquela dos pesquisadores que querem decapar o passado de todos os mitos confeccionados para as necessidades da batalha política."[15]

Ao contrário, a dita "nova esquerda", aquela dos rocardianos, de que Paul Thibaud é um dos representantes como diretor de *Esprit*, exige que se denuncie a realidade totalitária, que não mais se componha com ela. E ele se interroga: "A esquerda, para quê?" Paul Thibaud constata "uma grande desconfiança em relação a um poder de esquerda que venceu ao recusar os questionamentos da ortodoxia estatista e produtivista combatida pelos intelectuais há mais de dez anos".[16] O famoso silêncio é sobretudo resultado do desmoronamento do horizonte de expectativa da esquerda, que sofre com o desastre histórico do bloco do Leste e com as sucessivas desilusões dos países que há pouco se emanciparam do jugo colonial. A crise de futuro que daí resulta mina as próprias bases de uma postura de esquerda, que é aquela do movimento, do projeto: "O atual silêncio dos intelectuais não revelaria, principalmente, certa extenuação do sentimento de futuro?"[17] Escaldados pelos desastres a que conduziram as utopias revolucionárias, os intelectuais de esquerda abstêm-se doravante de toda forma de projeção, de antecipação, de imaginário social-histórico e se fecham, seja na compulsão de um passado reciclado, seja no presentismo: "Há ainda um sentido em interpelar o intelectual a partir do momento em que se concordou em pôr fim à escatologia e ao messinianismo?"[18]

Quando, no final do ano de 1981, os intelectuais tomam a palavra, é para exprimir sua desconfiança em face de um poder socialista a respeito do que ocorrera na Polônia. Na noite de 12 para 13 de dezembro, o general Jaruzelski decreta o "estado de guerra" e procede à prisão dos dirigentes do Solidarność [Solidariedade]. Se o primeiro-ministro, Pierre Mauroy, expressa as "mais graves inquietações do governo francês", o ministro do

---

15. Ibidem, p. 10.
16. THIBAUD, 1981.
17. BESNIER; THOMAS, 1987, p. 17.
18. Ibidem, p. 23.

Comércio Exterior, Michel Jobert, pouco suspeito de filossovietismo, declara que se trata de uma decisão que pertence ao povo polonês. No dia seguinte, o ministro das Relações Exteriores, Claude Cheysson, acrescenta: dessa vez, a esquerda intelectual e o poder se rompem. Durante esse dia 13 de dezembro, Castoriadis contata cerca de vinte de seus amigos e os convence a assinar uma petição que exprime indignação "diante das declarações do ministro Cheysson, que se apressa em afirmar diante de um golpe de força do poder comunista totalitário de Varsóvia que se trata ali de um assunto interior que diz respeito aos poloneses".[19] Esse texto é enviado ao diretor de *Le Monde*, Jacques Fauvet, que não o publica, pois não partilha do que ali se enuncia; ele escreve no dia seguinte um editorial com título significativo: "Raison garder" [Manter o sangue-frio]. Castoriadis volta à carga nas colunas de *Libération*[20], estabelecendo uma relação entre a declaração de Claude Cheysson e a apatia da esquerda na França desde maio de 1981, quando, na verdade, a amplitude das reformas realizadas não está nem um pouco perto daquelas tomadas anteriormente por Gladstone, Cavour ou o jovem Clemenceau: "Tudo isso não é nem mesmo reformismo."[21] Embora não encoraje uma intervenção do Exército francês na Polônia para ali defender o Estado de direito e o Solidarność, ele lembra que o governo francês dispõe de meios de retorsão, como o embargo econômico que visa os membros do Pacto de Varsóvia. Para começar, Castoriadis exorta os intelectuais a boicotarem todas as atividades nas quais estariam engajados com os países do Leste. Prefaciando em 1982 uma obra composta por 214 reproduções de quadros, de gravuras, de desenhos de artistas expostos no mesmo ano e cuja venda sob forma de cartões-postais era destinada a ajudar os artistas poloneses no exílio, Castoriadis exprime novamente esse sentimento de insuportável impotência em face da vitória da força bruta em Varsóvia:

---

19. Texto assinado por Lucien Bianco, André Burguière, Claude Cadart, Cornelius Castoriadis, Claude Chevalley, Vincent Descombes, Jean-Marie Domenach, Jacques Ellul, Eugène Enriquez, François Fejtö, Zsuzsa Hegedus, Serge-Christophe Kolm, Jacques Julliard, Edgar Morin, Claude Roy, Pierre Rosanvallon, Evry Schatzman, Hana Schimmel, Alain Touraine e Pierre Vidal-Naquet.
20. CASTORIADIS, [1981], 1999.
21. Ibidem, p. 63.

O luto, a impotência, a ira muda dominam aqui, como sempre nos dominaram quando, depois da onda de calúnias e das ameaças, não mais pudemos cerrar nossos punhos às notícias de 13 de dezembro. Sufocamento, esmagamento, miséria. Os botões massacrados, a vida que começava triturada pela Força brutal em sua simples bestialidade.[22]

A corrente antitotalitária transcende então as divisões direita-esquerda e constitui uma frente que não se compromete com nenhuma *Realpolitik*. Se a iniciativa de Castoriadis malogra, a rebelião se amplia. Edmond Maire, secretário-geral da CFDT, tece relações com intelectuais para constituir uma ativa linha de apoio ao Solidarność. Ele toma a iniciativa de uma reunião comum de diversos membros da comissão executiva da CFDT com Jacques Julliard, Alain Touraine, Pierre Rosanvallon, Pierre Bourdieu, Henri Cartan e Michel Foucault, que resulta em um apelo, "Les rendez-vous manqués" [Encontros malogrados]: "Ao afirmar contra toda verdade e contra toda moral que a situação na Polônia só interessa aos poloneses, os dirigentes socialistas franceses não dedicam maior importância às suas alianças interiores do que à assistência que é devida a toda nação em perigo?"[23] Essa petição exprime o mal-estar de uma parte da esquerda indignada com o silêncio imposto em face das traições do totalitarismo que perseveram. Medindo os efeitos desastrosos de sua passividade junto às fileiras intelectuais, os dirigentes socialistas corrigem o tiro e lançam uma petição nacional de apoio ao povo polonês que explicita claramente sua oposição a toda forma de totalitarismo: "Esses acontecimentos trágicos, que advêm após aqueles da Tchecoslováquia (em 1968) e da Hungria (1956), demonstram que não se constrói o socialismo quando se faz oposição a seu povo e quando se desrespeita a democracia." Os apelos lançados pelos intelectuais se sucedem, e atestam a existência de uma viva sensibilidade à questão polonesa e a um desejo de se engajar, simbolizado pelo uso do broche do Solidarność. Em 23 de dezembro, um "apelo de escritores e de

---

22. Idem, [1982] 1999, p. 79.
23. Petição publicada em *Libération*, 15 e 17 de dezembro de 1981, e em *Le Monde*, 18 de dezembro de 1981. Ver a lista dos primeiros signatários in SIRINELLI, [1990] 1996, p. 496.

cientistas de esquerda" é publicado em *Le Monde* e afirma que "a liberdade de todos está hoje em jogo na Polônia [...]. O que conta a nossos olhos não é mais ver se abrirem querelas de política interna francesa, mas a defesa da democracia sindical na Polônia, e a salvaguarda das chances de renovação no socialismo que ali estão".[24] A mobilização é ainda mais forte porque os laços entre a organização sindical polonesa de Lech Wałęsa e a CFDT se fortalecem e engajam toda a corrente da segunda esquerda. Além disso, a oposição à burocracia stalinista provém da classe operária, como em 1956 na Hungria, animando as esperanças de uma derrota do totalitarismo pelo próprio povo. Outro apelo, lançado pela CFDT e por certo número de intelectuais, proclama:

> Fiéis ao espírito do Solidarność a partir do qual sindicalistas e intelectuais trabalharam e lutaram juntos para se libertar no domínio totalitário, [os signatários] declaram: não basta condenar o golpe de força na Polônia. É preciso se associar ao combate do povo polonês unindo crítica intelectual e luta social, como fez o Solidariedade [...]. Não podemos aceitar uma partilha definitiva da Europa que recusaria um futuro democrático para a Polônia e para os outros países sob domínio soviético.[25]

A amplitude da mobilização é tamanha que os intelectuais não se contentam com expressar sua indignação: eles se envolvem pessoalmente, ameaçando romper laços com os organismos representativos do regime polonês de Jaruzelski. É o que expressa claramente uma imponente petição que recolhe a assinatura de 4.150 universitários, intelectuais, pesquisadores, técnicos e representantes administrativos da pesquisa que se dizem determinados:

> Se o respeito das liberdades essenciais não estiver mais assegurado na Polônia, se os universitários, pesquisadores e intelectuais com os quais eles entretêm relações profissionais e amistosas forem perseguidos, os

---

24. Ver a lista dos primeiros signatários in SIRINELLI, [1990] 1996, p. 501.
25. Ver a lista dos cinquenta intelectuais que assinaram esse apelo, em SIRINELLI [1990] 1996, pp. 503-504.

signatários recusarão doravante toda colaboração com os organismos que dependem de um poder sustentado sobre a força e a repressão.[26]

Diante dessa determinação sobre a questão polonesa, mede-se a distância, se não o abismo, que subitamente se constitui entre os responsáveis socialistas em suas primeiras declarações e a posição muito militante da maioria dos intelectuais de esquerda. O acontecimento polonês retirou estes últimos de sua posição de imobilismo, não para se refugiar no silêncio que será denunciado por Max Gallo em 1983, mas para expressar seu estupor e sua desconfiança em face de um poder suspeito de moderantismo para não perturbar sua aliança com o PCF. Em 22 de dezembro, o governo socialista, que toma consciência do mal-entendido e dele mede os riscos, organiza uma grande reunião dos intelectuais na Ópera de Paris onde, em presença do ministro da Cultura, Jack Lang, "e de [...] dez membros do governo, entre eles Pierre Mauroy, Jacques Delors, Jean-Pierre Cot, Georges Fillioux, Alain Savary, na presença igualmente de Danielle Mitterrand, dois mil convidados homenageram 'o povo e os artistas poloneses' e expressam sua solidariedade".[27]

Essa ausência de elã ideológico que atinge uma esquerda condenada à simples gestão de um presente de crise afasta pouco a pouco seus representantes políticos de uma opinião pública que voltará a dar à direita uma maioria em 1986, abrindo a via para a coabitação entre um presidente de esquerda e um governo de direita. É a ocasião para *Le Débat* perguntar a certo número de personalidades se as ideias de esquerda ainda existem.[28] A revista, consciente de que o simples fato de enunciar essa questão é significativo de uma avaria e de um profundo desalento, se pergunta se a esquerda, que abandonou o essencial das ideias-força que a conduziram ao poder em 1981, conhece uma metamorfose na direção de uma reconstrução ou, simplesmente, registra uma derrota intelectual. Tendo doravante abandonado seu passado, a esquerda também ali deixou seu

---

26. Petição, *Le Monde*, 25 de dezembro de 1981.
27. SIRINELLI, [1990] 1996, pp. 506-507.
28. "Y a-t-il encore des idées de gauche?" [Há ainda ideias de esquerda?], *Le Débat*, n. 42, novembro-dezembro de 1986.

futuro? — pergunta-se *Le Débat*. Marc Augé, lembrando que os ideais de ontem foram objeto de controvérsias, de *dissensus*[29] no seio da esquerda, admite que o pensamento de esquerda não pode prescindir de recorrer à filosofia e não pode renunciar a qualquer forma de finalismo: "Se a esquerda não pudesse formular um projeto de transformação social, não mais haveria esquerda."[30]

Alain Finkielkraut, afirmando-se como um intelectual naturalmente de esquerda por adesão aos valores essenciais da civilização que poderiam ser postos em perigo por uma ideologia de direita racista e que exalta o egoísmo nacional, vê as linhas se mexerem: "Como tantos outros, fiz meu aprendizado e fui levado a reconhecer simultaneamente que existia um totalitarismo de esquerda e que nem toda direita estava implicada no fascismo."[31] O economista Alain Lipietz considera que, se se quer construir um futuro, é preciso oferecer, à maneira dos resistentes em 1945, um novo modelo de desenvolvimento, um novo paradigma de socialidade que assuma o "colapso definitivo [dos] 'três pilares da velha aliança progressista, progresso tecnoindustrial = progresso do bem-estar social = progresso do Estado'".[32] Esse programa, qualificado de "fordista" pelos economistas e de "compromisso social-democrata" pelos politólogos, e que conheceu um verdadeiro sucesso durante os Trinta Gloriosos — quando ele estava em consonância com um certo ideal de desenvolvimento —, malogrou desde sua base, duplamente fissurada pela crise econômica e pela busca de autonomia no plano ideológico. De seu lado, Alain Touraine constata igualmente um mau funcionamento da esquerda, que "perdeu seu caráter global e, por conseguinte, sua capacidade de produção ideológica […]. O que vivemos é uma crise de representação política e uma crise dos modelos de desenvolvimento, e, consequentemente, a decomposição das mais globais categorias políticas como direita e esquerda".[33]

---

29. Em itálico, no original. [N.T.]
30. AUGÉ, 1986, p. 76.
31. FINKIELKRAUT, 1986, p. 87.
32. LIPIETZ, 1986, p. 95.
33. TOURAINE, 1986, p. 113.

A temática do *pós-*

Nesse início dos anos 1980, a perda de confiança no futuro histórico traduz-se por um entusiasmo marcado pelo *pós-*, tradução do sentimento de um após, de uma virada e de uma crise da ideia de ruptura moderna que até então era encarnada pela revolução. Cada um, à sua maneira, tematizou esse sentimento. Como nota Krzysztof Pomian, o século XIX lançou a voga que perdurou durante a primeira metade do século XX do sufixo *ismo*. Com efeito, o dicionário *Le Petit Robert* indica que o niilismo, como conceito, aparece em 1801, o positivismo em 1830, o determinismo em 1836, o monismo em 1875, o pluralismo em 1909, o liberalismo em 1821, o socialismo em 1831, o comunismo em 1840, o imperialismo em 1880, etc.:

> Essa proliferação lexical reenvia à multiplicação, entre a Revolução Francesa e a segunda metade do século XX, das Igrejas, das seitas, das crenças, das escolas, das panelinhas, dos partidos, das frações, das correntes. Isto é, tribos formadas, cada uma, em torno de um guia, de um pai, de um profeta, de um chefe espiritual, e de um conjunto de dogmas.[34]

Pomian estabelece uma relação forte entre a individualização da vida intelectual e o desaparecimento progressivo do uso do sufixo *ismo*, substituído cada vez mais pelo prefixo *pós-*: "A presente voga do prefixo *pós-* testemunha, inicialmente, essa mudança de mentalidade e de sociabilidade dos meios intelectuais, literários, artísticos."[35] Igualmente, o uso em voga desse prefixo atesta uma nova relação com a historicidade, uma prevalência da dimensão pragmática, e a renúncia às grandes ambições de ruptura com o passado. Ele é signo de um presentismo, e parte de uma crise de futuro, como o analisa Jean-François Lyotard em 1979 em uma obra de sucesso, *A condição pós-moderna*. Para Lyotard, a época é marcada

---

34. Pomian, 1990c, p. 262.
35. Ibidem.

pelo abandono das grandes narrativas, das metanarrativas de emancipação do cidadão e de realização do Espírito resolutamente voltadas para o futuro que marcaram a idade moderna desde as Luzes. Valores universais se encarnaram na história da humanidade como sujeito e herói da liberdade: "Encontramos o recurso à narrativa das liberdades cada vez que o Estado encarrega-se diretamente da formação do 'povo' sob o nome de nação e de seu caminhar em direção à via do progresso."[36] Nós teríamos entrado na idade da condição pós-moderna: "Diz-se 'pós-moderna' a incredulidade em relação às metanarrativas."[37] Essa nova relação com o saber e com a história seria contemporânea da passagem à sociedade pós-industrial tal qual ela se impôs no final do período de reconstrução do pós-guerra, isto é, ao final dos anos 1950. A época teria recusado todo empreendimento fundador, assinalando o final do sonho de autoafirmação de uma razão triunfante: "Para Lyotard, a modernidade não logrou superar uma tripla crise."[38] Crise da ideia de progresso com os efeitos perversos da dominação da tecnociência; de confiança na razão com a sucessão dos paradigmas; e, enfim, da afirmação confiante do sujeito e de seu papel na história com a inflexão dos projetos emancipadores em ações de dominação. O projeto moderno, longe de estar inacabado como o pensa Habermas, está para sempre desfeito, aniquilado depois de Auschwitz. Desde 1979, Lyotard pressente o que não deixará de se ampliar, a perda da capacidade estruturante dos Estados-nações e o fato de que "cada um é reenviado a si. E cada um sabe que esse *si* é pouco"[39], como bem mostrou Robert Musil.[40] Mesmo assim, Lyotard não considera que dessa perda de futuro e de suas metanarrativas resulte uma forma de anomia social, de dissolução do laço social, de isolamento dos indivíduos, pois "o *si* é pouco, mas ele não está isolado, ele é tomado em uma textura de relações mais complexa e mais móvel do que nunca".[41] Como não há ruptura a ser cumprida,

---

36. LYOTARD, 1979, p. 55.
37. Ibidem, p. 7.
38. PETIT, 2009, p. 433.
39. LYOTARD, 1979, p. 30. Em itálico, no original. [N.T.]
40. MUSIL, 1957.
41. LYOTARD, 1979, p. 31.

o pós-moderno se volta para o passado, reinterrogando-o a partir do presente: "*Pós-moderno* deveria ser compreendido segundo o paradoxo do futuro (*post*) anterior (*modo*)."[42] Símbolo da modernidade, o pensamento de Hegel se dera por ambição totalizar todas as narrativas para alcançar o Saber absoluto. O pensamento especulativo e dialético hegeliano, à diferença do pensamento mítico, não buscava uma legitimação em um ato fundador a ser perpetuado, mas em um futuro a fazer advir e em uma Ideia de vocação universal a ser realizada. Esta se encarnará em um projeto inacabado:

> Meu argumento é que o projeto moderno (de realização da universalidade) não foi abandonado, esquecido, mas, antes, destruído, "liquidado". Há diversos modos de destruição, diversos nomes que são deles os símbolos. "Auschwitz" pode ser tomado como um nome paradigmático para o "inacabamento" trágico da modernidade. Mas a vitória da tecnociência capitalista sobre os outros candidatos à finalidade universal da história humana é outra maneira de destruir o projeto moderno sob ares de que ele está sendo realizado.[43]

No mesmo momento, o sociólogo Alain Touraine lavra o atestado de óbito do socialismo tal qual ele se define no século XIX e anuncia a entrada em uma era pós-socialista: "O socialismo morreu. A palavra aparece por todos os lados, nos programas eleitorais, no nome dos partidos e, mesmo, dos Estados, mas ela está vazia de sentido."[44] Touraine se pergunta se é preciso conservar essa palavra extremamente gasta que foi essencial para o movimento operário, mas que se tornou em uma grande parte do planeta o nome do poder de Estado. Sempre atento à inovação e aos movimentos sociais, Touraine prognostica que um novo tipo de sociedade fará sua entrada, que ele necessita romper as amarras com um passado concluído para melhor acolher as mudanças necessárias: "Deixemos de

---

42. Idem, 1988, p. 31. Em itálico, no original. [N.T.]
43. Ibidem, p. 36.
44. TOURAINE, 1980, p. 11.

sonhar confusamente com um retorno a um imaginário paraíso perdido."[45] O sociólogo não mais acredita que a classe operária possa desempenhar um papel motor na mudança social. Quanto aos intelectuais, eles perdem o pé: "O barco balança de tal maneira que eles também, como todos, estão abalados."[46] Redefinir um futuro, um horizonte de expectativa e de esperança, esse é o voto de Touraine, que teme que o pensamento de direita ocupe o terreno abandonado por esse astro morto que é o modelo socialista. Consciente do fechamento do futuro, Touraine quer reabri-lo: "Trata-se de voltar a dar vida, isto é, esperança e convicção, aos movimentos sociais e políticos que lutam contra os mestres do poder."[47]

Pierre Rosanvallon, constatando por sua vez a crise pela qual passa o Estado-Providência que foi o suporte de uma política social, considera em 1981, em *La Crise de l'État providence* [A crise do Estado-Providência], que se adentrou a era da pós-regulação, um espaço "pós-social-democrata". O compromisso keynesiano graças ao qual as sociedades ocidentais puderam limitar os efeitos da crise nos anos 1930 e alimentar os Trinta Gloriosos está doravante em eclosão. Além disso, o mercado de trabalho está em plena fragmentação. Em razão dessa dupla transformação, "as condições da regulação econômica e aquelas da regulação social não mais convergem".[48] À entrada dos anos 1980, essa fratura se agrava e se duplica em fenômeno de "difração social", pelo qual os indivíduos tendem a privatizar sua inscrição social mais do que procurar melhorar as condições de trabalho em um registro coletivo. Pierre Rosanvallon aproxima-se das análises de Alain Touraine: com essa evolução, "é a ideia social-democrata ou socialista que se vê interrogada em seus fundamentos".[49] Ele pensa reabrir o futuro definindo um "espaço pós-social-democrata" que repousaria sobre a redução do papel do Estado-Providência, articulado com modos de regulação autogestionária em uma troca lúcida de flexibilidades e de rigidez.

---

45. Ibidem, p. 15.
46. Ibidem, p. 19.
47. Ibidem, p. 26.
48. ROSANVALLON, [1981] 1992, p. 130.
49. Ibidem, p. 134.

Ainda no seio dessa segunda esquerda, André Gorz entrevê a passagem para uma sociedade pós-industrial que muda fundamentalmente o jogo. Ele não considera que a situação dos anos 1980 decreta o final da modernidade, mas insiste sobre a imperiosa necessidade, para esta última, de se modernizar ainda mais, libertando-se de seus conteúdos irracionais, embora ele afirme, além disso, que a esfera do que é racionalizável deve permanecer delimitada. As metamorfoses do trabalho incidem em um libertar do tempo livre. Nesse sentido, a questão mais relevante é saber qual sentido e qual conteúdo devem ser dados a esse acréscimo de tempo que permanece em suspenso:

> Os progressos tecnológicos enunciam assim, inevitavelmente, a questão do conteúdo e do sentido do tempo disponível. Mais ainda: da natureza de uma civilização e de uma sociedade em que a extensão do tempo disponível vence, de longe, aquela do tempo de trabalho — e em que, por conseguinte, a racionalidade econômica deixa de regulamentar o tempo de todos.[50]

André Gorz mede a crise pela qual passa a sociedade, crise que não se reduz a uma simples fase de diminuição ou de languidez. Pelo contrário, trata-se de uma conversão do regime de historicidade:

> É a utopia sobre a qual as sociedaes industriais viviam há dois séculos que desmorona. E emprego "utopia" no sentido que a filosofia contemporânea dá a esse termo: a visão do futuro sobre a qual uma civilização regula seus projetos, funda seus objetivos ideais e suas esperanças. Quando uma utopia desmorona, é toda a circulação dos valores que regulam a dinâmica social e o sentido das práticas que entra em crise. É essa crise que nós vivemos.[51]

---

50. Gorz, 1988, pp. 17-18.
51. Ibidem, p. 22.

Desse fim da utopia produtivista, não resta nada, segundo Gorz. O que não acarreta o fim da história, mas o fim de uma história, com a tarefa contemporânea de alimentar uma nova utopia para dar um sentido às mutações em curso e retirar o melhor de seu potencial de liberação. Gorz analisa essa mutação em 1980 em uma obra que desloca as linhas, *Adeus ao proletariado. Para além do socialismo*.[52] Como seu título indica, ele abandona o mito prometeico de uma possível salvação coletiva assegurada pelo proletariado. É fato que ele conserva do marxismo sua crítica do capital, mas contesta sua filosofia da história e sua teleologia implícita, essa divinização da história que ele atribui a uma herança religiosa. Segundo Gorz, com o desaparecimento do proletariado como classe motora do processo histórico, é doravante a "não classe" dos proletários da sociedade pós-industrial, cujo peso decuplicou nesses tempos de crescimento do desemprego e da precariedade, que se torna o novo sujeito da história: "A própria possibilidade do *socialismo*, no sentido autêntico de domínio do poder pelos trabalhadores, torna-se uma quimera."[53] Entretanto, Gorz não convida à renúncia e mantém a ideia comunista de uma necessária abolição da dominação do trabalho para realizar as potencialidades existenciais dos indivíduos.

Em seus últimos momentos, por ocasião de longos diálogos com Benny Lévy, isto é, Pierre Victor, Sartre anuncia seu adeus ao hegeliano-marxismo até então sempre defendido por ele. Para grande surpresa de seus próximos, ele afirma que a época atravessa um momento pós-hegeliano. Havia já alguns anos, Benny Lévy se tornou o assistente indispensável de Sartre, que não consegue mais enxergar. Eles entretêm um diálogo filosófico constante, fonte de uma profunda cumplicidade entre eles, mas não sem trocas por vezes conflituosas. Simone de Beauvoir inquieta-se com essa proximidade, sobretudo quando Benny Lévy empreende a realização de um livro de diálogos com Sartre cuja publicação é prevista para meados de 1981. Mas, diante do avanço do que se chama a "nova direita", eles decidem se antecipar, publicando uma parte de seus diálogos em *Le*

---

52. Idem, 1980.
53. Gianinazzi, 2016, p. 220. Em itálico, no original. [N.T.]

Nouvel Observateur. Ao tomar conhecimento desse documento antes de sua publicação, Simone de Beauvoir se sente fortemente abalada: "Nada, absolutamente nada, declara ela em 1982, poderia ter-me preparado para o choque quando vi o que tinha diante de mim."[54] Ela mobiliza o primeiro círculo de *Les Temps modernes*, que se une à sua posição para intervir junto a Jean Daniel a fim de persuadir Sartre a não publicar. A exceção é André Gorz, que não pensa se unir aos "guardiões do Templo".[55]

Nessa primavera de 1980, Jean Daniel recebe de Benny Lévy a transcrição de sua entrevista com Sartre revista e corrigida, pois a primeira versão foi julgada muito pobre. Perturbado diante da mudança radical do pensamento de Sartre, ele permanece circunspecto, preso entre, de um lado, as pressões do primeiro círculo dos próximos — Simone de Beauvoir, Claude Lanzmann, que insta Jean Daniel a compreender essas proposições de Sartre em razão de seu estado de senilidade e de um movimento de manipulação, e, ainda, a ter suficiente respeito pelo homem e seu pensamento ignorando-os — e, de outro lado, Benny Lévy, autor dessas proposições. Como André Gorz já havia deixado de lado, em outro caso, um texto atribuído a Sartre, desconfia-se seriamente do lado de Jean Daniel. Quando Sartre toma conhecimento das pressões feitas sobre Jean Daniel, ele o contata por telefone para confirmar a autoria do texto: "Sua voz tinha uma clareza perfeita, conta Jean Daniel, ele falava com uma autoridade extrema [...]. Sou eu, Sartre, que pede a você para publicar esse texto, e publicá-lo integralmente."[56] Jean Daniel o faz.[57] Sartre rompe com seus escritos anteriores, coloca em causa a filosofia da história pensada por Hegel e, em seguida, por Marx. É para operar essa ruptura que o diálogo com Benny Lévy, convertido ao judaísmo em 1978, que aprendeu hebraico e iniciou-se no Talmud, interessa a ele como porta de saída possível da divinização da história. O diálogo seguinte é prova disso:

---

54. Simone de Beauvoir, citada in BAIR, 1990, p. 672.
55. BAIR, 1990, p. 674.
56. Cohen-Solal, 1985, p 849.
57. SARTRE; LÉVY, [1980] 1991.

– Lévy: O judeu, em sua realidade profunda, pode pois permitir se desapegar da filosofia da história?
– Sartre: Precisamente. A filosofia da história não é a mesma se há uma história judia ou se não há história judia alguma. Ora, é uma história judia, é evidente.
– Lévy: Dito de outro modo, a história que Hegel instalou em nossa paisagem quis acabar com o judeu, e é o judeu que permitirá sair dessa história que Hegel nos quis impor.
– Sartre: Exatamente, porque isso prova que há uma unidade real dos judeus no tempo histórico, e essa unidade real não é devida a uma reunião em uma terra histórica, mas a atos, a escritos, a laços que não dão a ideia de pátria, ou que não dão essa ideia senão há alguns anos.[58]

Ainda em 1980, o filósofo Julien Freund deplora um desalento geral na era do que ele chama pós-civilização europeia. Para onde se volte, não vê senão decadência e deliquescência, signos anunciadores do fim de um ciclo civilizacional:

> As Igrejas tentam resistir ao enfraquecimento, mas não sabem como fazê-lo. As universidades estão em plena decadência; a ciência está em revolta contra ela mesma. Os princípios reconhecidos da moral estão em plena perdição, o pensamento lógico está desarmado. A arte está em apuros, e ninguém mais sabe o que significa ter gosto.[59]

Confrontado com esse quadro de desesperança, Freund rejeita a ideia de que se trata de uma simples crise, como é comum dizer. Segundo ele, o esquema de interpretação resulta de uma negação da gravidade da situação. A Europa atravessou numerosas crises. Segundo Freund, elas advinham até então de momentos de crescimento; o que ele constata em 1980 é, ao contrário, um enfraquecimento da vontade das populações europeias, um abrandamento e um recuo na fruição imediata. Os europeus seriam

---

58. Ibidem, pp. 74-75.
59. FREUND, 1980, p. 5.

incapazes de aceitar o desafio de uma guerra para defender seus valores. A conjugação de diferentes sintomas "dá a impressão de que sofrem de uma fadiga generalizada, que não têm mais ânimo nem vigor, como se a alma deles tivesse se tornado vazia".[60] Segundo Freund, esse enfraquecimento não afeta todos os povos, mas apenas a Europa, que conclui a idade histórica que foi a sua desde o Renascimento: "Assistimos ao final da primeira civilização de caráter universal que o mundo conheceu."[61] Para esse pensador conservador e decadentista, o futuro é fonte de caducidade, e seu diagnóstico de agonia prolongada da civilização europeia abre uma era pós-europeia portadora de declínio.

A sociedade entrou plenamente na era do *pós-*, inclusive em sua relação com o religioso, como constata Jean-Louis Schlegel, que se interroga em *Esprit* sobre o devir da secularização na sociedade moderna.[62] Ele recusa a ideia de que a sociedade, uma vez racionalizada, teria saído do crer, que, pelo contrário — como mostram as análises sociológicas de Danièle Hervieu-Léger —, não faz senão proliferar. Se a secularização não produz uma sociedade sem religião, a transformação do mundo contemporâneo eclode de uma religião desencantada, cuja crítica da sacralização dos rituais por ocasião das orientações definidas pelo Vaticano II nos anos 1960 constitui uma das manifestações. Os crentes são, eles também, afetados pela crise das metanarrativas, crise que gera uma queda das vocações religiosas, um declínio das práticas, uma deserção dos lugares de culto, e, em geral, um recuo dos sentimentos de pertença.[63] Mesmo assim, o crer não desapareceu, ele se transformou: o crente moderno torna-se um "crente-passeante" que retira seu mel de uma hibridização de crenças disponíveis no mercado do crer.[64] Nesse domínio, como em outros, as fidelidades são múltiplas e parciais, reversíveis e frágeis, submetidas às vogas do momento. Jean-Louis Schlegel sublinha o caráter paradoxal da condição pós-moderna, na qual a vitalidade do fenômeno religioso toma

---

60. Ibidem, p. 7.
61. Ibidem, p. 8.
62. SCHLEGEL, 1986.
63. Ver CERTEAU; DOMENACH, 1974.
64. Ver HERVIEU-LÉGER, 1993.

vias inéditas em "indivíduos pós-religiosos e, apesar disso, ainda religiosos, que se dedicam a todos os santos possíveis e imagináveis mas, igualmente, capazes de 'espiritualidades' e de 'memórias' enigmáticas".[65]

Essa interrogação sobre a relação entre religião e modernidade foi conduzida por Marcel Gauchet em *Le Désenchantement du monde* [O desencantamento do mundo].[66] Gauchet ali desenvolve a tese de um cristianismo como religião da saída da religião e do advento do pós-religioso. Segundo Gauchet, a sociedade moderna não tem mais religião como suporte fundador, suporte transcendente da socialidade. Ele retoma a oposição de Castoriadis entre heteronomia e autonomia para retraçar uma história ocidental progressiva descolada da primeira, ou seja, da ideia de um princípio transcendente que explique o laço social para conquistar cada vez mais a segunda. Entretanto, a tese de Gauchet é distinta da tese central de Castoriadis, pelo fato de conceder ao cristianismo o mérito histórico de ter contribuído para a saída da heteronomia, evacuando das relações sociais toda forma de religiosidade e reenviando esta última a um mundo outro, aquele da salvação. Enquanto o politeísmo fazia proliferar as divindades no coração mesmo da vida cotidiana das sociedades antigas, a soteriologia não permitiria concretizar a religião; antes, a marginalizaria. Gauchet confronta ao processo histórico do Ocidente moderno a categoria weberiana de desencantamento do mundo. A mudança do regime de historicidade se origina na passagem da imanência à transcendência:

> Na realidade, a imanência supõe a cisão irremediável com o fundamento; enquanto a transcendência dele se aproxima e o torna acessível. Para compreendê-lo, é a dimensão temporal que deve ser considerada. Por ocasião da passagem da imanência à transcendência, há mudança de tempo: há, muito precisamente, salto do *passado ao presente* [...]. O surgimento da transcendência corresponde a uma reunificação dessas duas dimensões de início disjuntas: o *original* e o *atual*.[67]

---

65. SCHLEGEL, 1986, p. 23.
66. GAUCHET, 1985.
67. Ibidem, p. 54. Em itálico, no original. [N.T.]

Por detrás dessa mutação, há evidentemente ruptura, descontinuidade e, ao mesmo tempo, *continuum* de uma modernidade que se dotou de substitutos para a experiência religiosa de outrora e que respondem às mesmas necessidades. Essa história das metamorfoses do lugar do religioso tem por objetivo reunir duas perspectivas com frequência apresentadas como antinômicas: "a unidade do devir humano e a existência em seu seio de descontinuidades radicais".[68] Tal combinatória entre continuidades e descontinuidades está na base de uma possível inteligibilidade do passado, pois uma experiência humana comum liga passado e presente. Aqui, na demonstração de Gauchet, todo um vivido coletivo inconsciente se inscreve em experiências que se relacionam com o vivido religioso do passado. A determinação do presente se efetua sempre sob o signo do invisível. O lugar eminente concedido à ciência na modernidade assim como à estética são os signos tangíveis dessa postulação segundo a qual o lugar de verdade se encontra em um nível profundo, a um tempo invisível e presente nas próprias coisas. Há, segundo Gauchet, uma "saída completa da religião" possível[69], mas esse estado não significa de fato, de modo algum, que o religioso tenha desaparecido: ele encontrou refúgio na esfera privada, no foro íntimo do indivíduo moderno. A sociedade moderna não deu cabo do religioso, que durante tanto tempo constituiu o esquema estruturante da experiência social: ele "continua a habitar as operações de pensamento, ele preside a organização do imaginário, ele governa as formas do problema de si".[70]

Nessa era do *pós-*, alguns chegam mesmo a considerar que se atingiu o estágio de um pós-real, em que o virtual, o midiático teriam substituído a realidade a ponto de se poder afirmar que o real não existe, não o real lacaniano do paradigma real, simbólico, imaginário, mas simplesmente a realidade factual. O semiólogo Jean Baudrillard foi até o fim dessa lógica. Nos anos 1960, ele se inscreve na esteira da decapagem ideológica da sociedade de consumo praticada por Barthes em *Mitologias* publicando em

---

68. Ibidem, p. xviii.
69. Ibidem, p. 292.
70. Ibidem, p. 293.

1968 *O sistema dos objetos*⁷¹, em que critica as noções usuais de necessidade e de valor de uso para substituí-las por sua função de signo. Pouco a pouco, os componentes do mundo se dissolvem sob a lógica infernal dos signos, dissolução que aponta para Baudrillard que o indivíduo não existe mais, que ele deixou seu lugar para uma simples partícula ligada às redes: "Não há senão uma espécie de revezamento terminal. Mas o indivíduo não existe. É uma espécie de ressurgência alucinatória, por compensação. Mas isso talvez realmente corresponda a um mecanismo de funcionamento: as pessoas funcionam como átomos nas moléculas, como partículas."⁷²

Em 1990-1991, quando eclode a Guerra do Golfo, Baudrillard chega mesmo a negar sua existência, pelo fato de a representação que dela se tem ser uma criação midiática. Quando o virtual vence o atual, o apocalipse não é senão um fantasma midiático, uma forma de alucinação coletiva. Baudrillard então afirma, no *Libération* de 29 de março de 1991: "A Guerra do Golfo não existiu."⁷³ Segundo ele, na era do pós-real, o que nos é mostrado não tem muito a ver com a realidade, e não saberemos nunca com que se pareceria essa guerra "se ela tivesse existido".⁷⁴ Para ele, nada confirma, nada atesta que a guerra existiu, e não é o *live* da CNN que valeria como certificado de autenticação. Ele denuncia a fabricação recíproca da informação: iraquianos explodindo casas para fazer acreditar em uma guerra suja, e americanos camuflando as informações de satélites para fazer crer em uma guerra limpa. Segundo Baudrillard, essas representações em *trompe-l'oeil* justificariam a hipótese negacionista de que essa guerra não é senão uma falácia. Quando alguns espíritos grosseiros assinalam que houve mortes e feridos dos dois lados, e que, sim, houve uma guerra, Baudrillard não se deixa perturbar:

> Um simples cálculo faz aparecer que, em quinhentos mil soldados americanos implicados durante sete meses nas operações do Golfo,

---

71. BAUDRILLARD, 1968.
72. Idem, 1989, p. 19.
73. Idem, 1991, pp. 63-100.
74. Ibidem, p. 63.

haveria três vezes mais mortes se eles tivessem sido deixados na vida civil, unicamente em acidentes rodoviários. É preciso pensar em multiplicar as guerras limpas para reduzir os balanços letais em tempos de paz?[75]

Teria havido o gosto da guerra, o odor da guerra, o afrodisíaco da guerra transmitido pelas mídias, tornados as preliminares "de todo orgasmo acontecimental", mas não a guerra.[76] Com essa tese, está-se confrontado, com o mais grave sintoma da crise do futuro, que, longe de se curvar sobre o presente, acaba por negar a sua existência para não ver senão o virtual. Sabe-se hoje que essa patologia faz furor na Tela, onde se continua a denunciar tal ou tal complô e a negar verdades historicamente estabelecidas sob o pretexto de que teriam sido fabricadas.

Luz sobre o terceiro-mundismo

Na causa terceiro-mundista, os intelectuais de esquerda haviam encontrado uma nova fonte de esperança na emancipação dos povos colonizados no seio do movimento qualificado de tricontinental. Houve aí uma transferência do messianismo revolucionário sobre certo número de *terra incognita*, tanto mais fantasmáticas porque longínquas. No final dos anos 1970, o destino igualmente funesto da maioria desses movimentos de libertação nacional faz soar a hora das revisões dilacerantes e do questionamento, frequentemente radical, da postura terceiro-mundista. Sobre ela escreve André Burguière em 1979: ela serviu de "refúgio aos impasses ideológicos da esquerda"[77] e arrisca se tornar sua parte maldita. Em 1976, a questão do deslocamento das esperanças revolucionárias carregadas pelos intelectuais franceses para o continente latino-americano é objeto de um livro, com título evocador, de um intelectual venezuelano, Carlos Rangel, professor que se tornou

---

75. Ibidem, pp. 74-75.
76. Ibidem, p. 83.
77. BURGUIÈRE, 1979, p. 31.

jornalista e diplomata, *Do bom selvagem ao bom revolucionário*[78], onde ele desconstrói a visão fabulista projetada pelos europeus sobre o continente latino-americano, que viu o mito do bom selvagem ser substituído por aquele do bom revolucionário, todos os dois, afinal, promissores de um novo mundo e que anunciavam a possível Terra prometida. A revolução cubana e a figura de Che vieram revivificar esse mito: "Os olhos da Europa se voltaram para nós, não para descobrir verdades científicas, mas para encontrar pontos de apoio a preconceitos, a mitos e a frustrações inteiramente europeus."[79] Em 1982, Carlos Rangel reitera sua censura, de modo ainda mais violento, ao denunciar "a infecção terceiro-mundista"[80] e as tentativas de instauração do socialismo que conduzem inelutavelmente "a um reforço logo monstruoso do Estado, à asfixia progressiva da sociedade civil, ao autoritarismo e enfim ao totalitarismo".[81]

A fratura aparece à luz do dia nas colunas do *Nouvel Observateur*. Se não se trata de pôr em causa a saída do jugo colonial e do direito dos povos a dispor deles mesmos, começa-se a se interrogar sobre o apoio incondicional que foi dado aos movimentos de liberação como o do Khmer Vermelho ou do Vietcongue, ou a movimentos populares africanos que, em sua maioria, deram lugar a regimes totalitários. Após a crônica de Jacques Julliard em 5 de junho de 1978 intitulada "Le tiers-monde et la gauche" [O Terceiro Mundo e a esquerda], uma viva controvérsia invade as colunas do hebdomadário. Reagindo às revelações de graves violações aos direitos humanos em um certo número de países há pouco libertados, como Camboja, Vietnã, Angola e Mauritânia, Jacques Julliard se pergunta se "o Terceiro Mundo ainda existe".[82] Para ele, se a questão é enunciada em termos econômicos e diz respeito à miséria e ao subdesenvolvimento, a resposta não pode ser senão positiva. Mas em termos políticos de não alinhamento a resposta é menos evidente, pois que todas as superpotências transformaram esses países liberados em reféns — a URSS toma Uganda,

---

78. RANGEL, 1976.
79. Carlos Rangel, carta citada in REVEL, 1976b, p. 5.
80. RANGEL, 1982, p. 196.
81. Ibidem, p. 199.
82. JULLIARD, [1978] 1979, p. 36.

a China o Camboja, os Estados Unidos o Chile. Ele adverte contra essa reviravolta de povos que lutam pelo reconhecimento de seus direitos que, uma vez vencedores, caem sob o domínio de "ditaduras impiedosas"[83] que confiscam seu combate para estrangular os direitos humanos. Julliard faz-se mesmo categórico e um tanto provocador em suas previsões pessimistas: "Não haverá socialismo africano senão totalitário."[84] Essa intervenção, que tem o mérito de colocar o dedo sobre o mal-estar da maioria dos intelectuais de esquerda, provoca uma tempestade de reações reveladoras da clivagem que divide a esquerda sobre a questão e que a bela unanimidade de ontem não é mais capaz de reabsorver. O ex-diretor maoísta de *La Cause du peuple*, Jean-Pierre Le Dantec, nas mesmas colunas, aprova Julliard e confessa, sob o título "Une barbarie peut en cacher une autre" [Por detrás de uma barbárie esconde-se uma outra], que o conceito de Terceiro Mundo "é uma criação do pensamento revolucionário ocidental, um rebento mais ou menos ortodoxo de nosso marxismo".[85] Bernard Kouchner irá nessa mesma via e denunciará a discriminação feita pela esquerda entre "os bons e os maus mortos". Em contrapartida, o ex-embaixador da Mauritânia na ONU e membro do escritório político da Frente Polisário, Ahmed Baba Miské, vê nessa posição a expressão de um eurocentrismo que julga países do Terceiro Mundo a partir de seus próprios critérios, como se fosse possível julgar Richelieu à luz das categorias do século XX. Outras vozes dissonantes se exprimem nesse debate, como as de Guy Sitbon, Régis Debray, Jean Ziegler, Gérard Chaliand ou, ainda, Jean Lacouture, que cobriu para o mesmo periódico a maioria dos acontecimentos provenientes dos países do Terceiro Mundo. Este último responde a Julliard: "Não há fatalidade do mal."[86] Uma década mais tarde, ele publicará uma autocrítica sobre suas reportagens em *Le Monde* e em *Le Nouvel Observateur*, confessando seus erros de apreciação, uma falta de espírito crítico e uma busca insuficiente da verdade:

---

83. Ibidem, p. 39.
84. Ibidem, p. 38.
85. Le Dantec, [1978] 1979, p. 42.
86. Lacouture, [1978] 1979, p. 105.

Desde o começo, teria Hanói fundado sua estratégia sobre outros objetivos que não aqueles da conquista militar de 1975 e da unificação dominadora e opressiva de 1976? Seus porta-vozes assim nos faziam crer. Deixando-me persuadir por isso, enganei-me. Eu tinha o dever de criticar esse tipo de proposição à luz da história do stalinismo e daquela do Vietnã.[87]

Sem se desculpar, Lacouture explica tal cegueira em razão de seu sentido imoderado de empatia, o prazer que ele experimenta no diálogo com o outro para além de toda consideração ideológica e que o faz "confundir empatia e lucidez".[88] Ele reconhece que em suas reportagens praticou uma dissimetria entre os horrores de guerra cometidos pelos americanos e aqueles, bastante minorados, dos vietcongues. Se não ficou calado sobre os massacres perpetrados pelos comunistas vietnamitas em 1968 por ocasião da ofensiva do Tet, ele os evocou "tarde, muito tarde".[89] Após ter apoiado de modo fervoroso a causa vietnamita, ele reconhece:

> Sim, os vencedores de 1975 fabricaram ilhotas de Gulag. Sim, o uso que fizeram de sua vitória foi terrível, como o uso que os vencedores de Stalingrado fizeram com a deles. Sim, há algo de absurdo (alguns dizem "de hipócrita") em se manifestar a favor dos *boat people* depois de ter defendido os futuros responsáveis pelos mecanismos de opressão que hoje jogam massas desesperadas nesse exílio perigoso.[90]

Apenas tempos depois dos campos de reeducação, Lacouture falará sobre a violência perpetrada pelos vietcongues: "Essas lúgubres constatações, eu as fiz em 1976 em uma série de artigos de *Le Nouvel Observateur*; em seguida, em um livro intitulado *Voyage à travers une victoire* [Viagem através de uma vitória].[91] Em contrapartida, desde muito cedo ele alertou

---

87. Idem, 1989, p. 181.
88. Ibidem, p. 182.
89. Ibidem, p. 183.
90. Ibidem, pp. 185-186.
91. Ibidem, p. 188.

para a deriva dos khmers vermelhos de Pol Pot, denunciando o genocídio desde seus inícios em um livro de indignação.[92]

Os médicos de ajuda humanitária que vêm socorrer os *boat people* na Ásia e as populações deslocadas para outros lugares se descolam, também eles, do terceiro-mundismo que, muito cedo, frequentemente os conduziu a escolher esse ofício. Rony Brauman, presidente do MSF (Médicos sem Fronteiras) a partir de 1982, descobre a obra de Raymond Aron e nela mergulha:

> Pouco a pouco, ele se transforma em meu mestre [...] eu descobria o liberalismo filosófico, que me conduziu sem dúvida alguma a retirar meus óculos ideológicos para olhar o Terceiro Mundo de outro modo. O terceiro-mundismo regia havia mais de trinta anos uma boa parte das relações ideológicas e mentais entre países industrializados e países pobres.[93]

Ele questiona essa visão errônea, resultado de uma mistura detonante e fundamentalmente destruidora da liberdade, quando é o caso, de marxismo-leninismo e de cristianismo. Com Claude Malhuret, Brauman consegue convencer a maioria do MSF a criar um organismo distinto, que tenha como função avaliar os contextos da intervenção humanitária e verificar sua inscrição em um registro com potencial democrático. Esse organismo, o LSF (Liberdade sem Fronteiras), nasce em 10 de janeiro de 1985, e a conferência de imprensa inaugural, "Tiers-Monde, prêt-à-porter idéologique" [Terceiro Mundo, *prêt-à-porter* ideológico], sublinha o desalento dos intelectuais de esquerda em face da forte ascensão dos liberais. Solicitados, Jean Lacouture e Paul Thibaud não dão prosseguimento. Em contrapartida, os animadores do LSF se cercam de Jean-François Revel, Alain Besançon, Jean-Claude Casanova, François Fejtö, Branko Lazitch e Ilio Yannakakis, que entram para o comitê científico, inspirando o seguinte comentário do jornalista de *Libération* Elio Comarin: "Os responsáveis pelo MSF se lançam em uma nova cruzada [...]. Como definir

---

92. Idem, 1978.
93. Rony Brauman, citado in VALLAEYS, 2004, p. 471.

a impressão de mal-estar deixada por essa coletiva de imprensa? Seriam as roupas 'liberais', na moda, aquelas que os participantes pareceram vestir, tão preocupados igualmente em reabilitar o Ocidente a qualquer preço?"[94] Os responsáveis pelo LSF anunciam a organização de um grande colóquio, "Tiers-mondisme en question" [Terceiro-mundismo em questão], e veem o escritório do Senado lhes propor uma sala prestigiosa. Esperando receber apenas um magro público de iniciados e debater em uma sala vazia, o colóquio é um sucesso de público: a sala Médicis logo está lotada e é preciso recusar a entrada a 150 pessoas. Durante dois dias de debates, especialistas de diversas disciplinas vêm expor seus pontos de vista.[95] Rony Brauman, a quem coube a iniciativa dessa manifestação, recusa tanto o terceiro-mundismo quanto o cartierismo.[96] Em sua intervenção liminar sobre o tema do nem-nem, ele explica a repercussão excepcional desse movimento crítico pelo fato de que ele sai do interior mesmo do terceiro-mundismo, "dando a ele a força desestabilizadora de uma heresia. É a partir dos valores fundamentais do terceiro-mundismo, a solidariedade, a fraternidade, que lançamos esse apelo ao abandono dos mitos, à revisão do dogma".[97] Na tribuna, sucedem-se numerosas personalidades engajadas contra o totalitarismo. As duas intervenções finais, de Jean-François Revel e Cornelius Castoriadis, dão a medida de um certo contraste. Enquanto Revel pretende demonstrar que o desenvolvimento e a democracia caminham lado a lado e que "a defesa dos direitos humanos não é um remendo, um luxo, mas uma necessidade"[98], Castoriadis estigmatiza o terceiro-mundismo como desvio da necessária análise crítica de um certo marxismo que, a seus olhos, simplesmente substituiu o proletariado pelos camponeses do Terceiro Mundo; ele denuncia, pois, com o mesmo vigor

---

94. COMARIN, 1985.
95. BRAUMAN (org.), 1986.
96. Raymond Cartier: jornalista que, em 1956, lançou a fórmula célebre: "a Corrèze antes do Zambeze", o que significa, em plena onda poujadista, que era preciso inicialmente cuidar das regiões francesas antes de se preocupar com o resto do mundo. O Zambeze é um grande rio da África Austral que estabelece a fronteira entre Zâmbia e Zimbábue. [N.T.]
97. Ibidem, pp. 11-12.
98. REVEL, 1986, p. 211.

o movimento pendular pelo qual se concluiria que o capitalismo liberal seria o regime ideal. Para ele, o capitalismo como sistema produtivo-econômico não é mais exportável do que os regimes de oligarquia liberal. Castoriadis conclama à revitalização junto da única verdadeira democracia a seus olhos, aquela do poder do *demos,* do povo. A revista *Paris Match* dá conta desse colóquio sob o título "Les impostures du tiers-mondisme" [As imposturas do terceiro-mundismo]: "Sabia-se que o terceiro-mundismo, doutrina que afirma que a riqueza do Ocidente se constituiu às expensas dos países pobres, estava doente e vulnerável. Mas não se esperava que o golpe de misericórdia viesse dos 'Médicos sem Fronteiras'."[99]

Outro testemunho da crise profunda atravessada pelo terceiro-mundismo em meados dos anos 1980 é a mudança de Gérard Chaliand, que fora um dos arautos da revista *Partisans*. Ele estigmatiza o maniqueísmo da revista e o interpreta como uma projeção da esperança revolucionária sobre os continentes não europeus. Para ele, a questão do respeito aos direitos humanos não explica por si só a crise da corrente terceiro-mundista, mesmo que as informações divulgadas pelas mídias sobre certos regimes tirânicos africanos, como aqueles de Idi Amin Dada na Uganda ou de Bokassa na República Centro-Africana, contribuam amplamente para alimentar esse desinteresse. É preciso igualmente considerar o enriquecimento dos países da Opep, que se beneficiam do filão petrolífero que levou a Europa para a crise, e inspiram outro olhar sobre os países do Terceiro Mundo ou, ainda, "o contexto de crise que favorece as atitudes racistas e xenófobas".[100]

Mas o verdadeiro panfleto crítico do terceiro-mundismo vem de Pascal Bruckner, que publica em 1983 *Le Sanglot de l'homme blanc* [O suspiro do homem branco].[101] A repercussão dessa obra é ampliada em razão de sua passagem pelo programa *Apostrophes*, ocasião em que Bruckner se lança a uma ácida crítica diante de um René Dumont na defensiva. Com um humor mordaz, ele ataca as preciosas ridículas do mundo intelectual que, acobertadas por seu engajamento terceiro-mundista, podem dar livre curso

---

99. FORESTIER, 1985.
100. CHALIAND, 1986, p. 50.
101. BRUCKNER, [1983] 1986.

a seu sentimento de culpabilidade. Bruckner estigmatiza o "bovarismo tropical"[102], que explorou com embriaguez um desejo de revolução em lugares longínquos, à semelhança de Régis Debray, que exaltou o pequeno grupo de guerrilheiros que cercava o "Che"[103]: "A promoção exorbitante do outro não conseguiria dissimular que a consciência terceiro-mundista estava, antes de tudo, apaixonada por sua própria imagem."[104] Segundo Bruckner, o terceiro-mundismo exprime um Ideal que unifica indistintamente, em uma mesma lógica, as mais diversas situações. O corte com a situação real dos países evocados como símbolos dos ideais revolucionários é preenchido pela apropriação de objetos-fetiche como a boina e a barba do "Che", a gola Mao, o charuto de Fidel... Essa adesão abstrata amplifica a projeção sobre ícones cujos nomes foram, sucessivamente, Ho, Mao ou Fidel. Essa admiração e essas negações teriam sido vividas como paixões e lutos amorosos. Amou-se, diz Bruckner, esses trópicos com um fervor masoquista, à semelhança do que Jesus já dizia quanto aos pobres serem nossos mestres: "Faz-se desse 'fundo sem fundo da dor' o tribunal, a bancada do alto da qual se admoesta a humanidade privilegiada e ociosa, patinha-se nos trapos e na lama para melhor interpelar o arminho e a seda."[105] Bruckner faz o retrato do democrata ocidental terceiro-mundista como a "grande chorona da história moderna"[106], como hemofílico prestes a sangrar por todas as causas. Em sua censura polêmica, ele não poupa os humanitários que percorrem o mundo, esses *cowboys* que vão de catástrofe em catástrofe:

> O que eles visam, por não poderem cuidar do mal, é acariciar a falta. Eles entretêm a vergonha da mesma maneira como os técnicos patinam e verificam as máquinas que são entregues a seus cuidados. Encarregados de provocar nossa consciência, preocupados em nos banhar de remorsos

---

102. Ibidem, p. 42.
103. DEBRAY, 1974.
104. BRUCKNER, [1983] 1986, p. 43.
105. Ibidem, p. 120.
106. Ibidem, p. 121.

como fritas no óleo, eles aprimoram invectivas e sermões para mergulhar suas ovelhas no desespero passivo, estéril, incondicional.[107]

Bruckner ataca igualmente aqueles que lançam campanhas de solidariedade, solicitando-nos a mudar nossas práticas alimentares a fim de diminuir a miséria do mundo e reduzir a fome. Ele alfineta as campanhas de 1981 de Terra dos Homens e Irmãos dos Homens, que suplicam ao Ocidente que se consuma menos carne e que encontram ressonância nas colunas de *Le Nouvel Observateur*, onde Michel Bosquet, isto é, André Gorz, qualifica os ocidentais de "especuladores".[108] Bruckner zomba dessas absurdas campanhas de culpabilização: fazer dieta na Europa não reduzirá a penúria de alimentos na África. "Os carnívoros estão em déficit moral, enquanto os vegetarianos têm crédito ilimitado. Felizes os adeptos do triguilho e do sorgo, pois o reino dos céus a eles pertence: a eles serão servidos o caldo e o assado sem confissão e, como prêmio, a regularidade intestinal tão desejada."[109] De modo mais sério, Bruckner defende um novo eurocentrismo, considerando que o ódio de si não seria um pré-requisito para o amor pelos outros. É, pois, preciso que a Europa se reconcilie com ela mesma. Nesse sentido, ele aborda um ponto-chave que dialoga com nossa análise: os países ocidentais não apenas perderam a confiança em si, mas em seu futuro, condenando-se ao fechamento em um presente perpétuo diante de um futuro sem herdeiros: "Somente a reafirmação de uma identidade perseverante nos permite sair do aqui e do agora: todo encontro supõe um centro mínimo, uma pátria, condição elementar do cosmopolitismo."[110] Nessa carga de infantaria pesada, o alvo privilegiado é *Le Monde diplomatique*, considerado como a encarnação do terceiro-mundismo. Se em um primeiro momento o jornal prefere ignorar a perspectiva polêmica de Bruckner, ele aproveita contudo um colóquio do LSF para publicar um importante dossiê intitulado "Une bête à abattre:

---

107. Ibidem, p. 124.
108. GORZ (sob o pseudônimo de Michel Bosquet), *Le Nouvel Observateur*, 17 de outubro de 1981.
109. BRUCKNER, [1983] 1986, p. 135.
110. Ibidem, p. 283.

le tiers-mondisme" [Uma besta a ser abatida: o terceiro-mundismo]. Ele é apresentado pelo diretor do jornal mensal, Claude Julien, e se apoia na enquete de Alain Gresh sobre os laços entre LSF e a direita liberal: "Entretanto, mesmo que censurado no título mesmo do dossiê, o terceiro-mundismo ali está sempre entre aspas; Claude Julien o identifica como 'uma doutrina que eles [os terceiro-mundistas] nunca elaboraram, uma ideologia que não é a deles'."[111]

Outro defensor do terceiro-mundismo, o geógrafo Yves Lacoste, que muito publicou sobre o subdesenvolvimento e criou a revista *Hérodote* na editora Maspero em 1976, faz uma defesa que se quer equilibrada.[112] Inicialmente, ele sublinha que essa querela lançada contra os partidários de um melhor equilíbrio mundial das riquezas joga o jogo da extrema direita racista, para quem os imigrantes provenientes do Terceiro Mundo são os responsáveis pela crise econômica e social. Lacoste admite que a opinião esteja abalada por essa campanha e repreende seus amigos terceiro-mundistas por não defenderem suas ideias com suficiente eficácia. Segundo o geógrafo, é preciso reconhecer, por exemplo, que esses países, reunidos um pouco rápido demais sob a locução "Terceiro Mundo" e que por vezes entram em colisão uns com os outros, como a China e o Vietnã, ou o Iraque e o Irã, são, na realidade, muito diversos. Yves Lacoste explica a propagação do terceiro-mundismo na França e a extrema politização da noção pelo contexto da Guerra da Argélia, pelo de Maio de 1968 e pela presença em solo francês de "numerosos intelectuais árabes, africanos e latino-americanos que tiveram de deixar seus países"[113] — cuja influência não foi negligenciável no sucesso do terceiro-mundismo. Além disso, ele distingue duas formas de terceiro-mundismo, dependendo se se está nos países do Norte ou nos países do Sul, julgando não pertinente a censura polêmica de Bruckner: ele não aborda efetivamente o assunto, limitando-se a considerações puramente morais que deixam de lado a dimensão econômico-social própria à realidade do Terceiro Mundo. Ainda: sua tese, atacando o "ódio de si", o sentimento de caridade

---

111. SZCZEPANSKI-HUILLERY, 2005, p. 45.
112. LACOSTE, 1985.
113. Ibidem, p. 17.

cristã e o *mea culpa*, erra seu alvo: essencialmente, os terceiro-mundistas são, com exceção de algumas correntes cristãs, intelectuais marxistas nem um pouco animados pelo "ódio de si", mas, antes, pelo "ódio do outro", em uma lógica de luta de classes. O questionamento do engajamento terceiro-mundista é igualmente radical junto aos intelectuais cristãos. O jornalista no *Figaro Magazine* Jean-Pierre Moreau publica em 1985, sob o pseudônimo de Guillaume Maury, um panfleto contra o CCFD (Comitê contra a Fome e pelo Desenvolvimento)[114], denunciando uma iniciativa subversiva que, sob a máscara de ajudar o Terceiro Mundo, torna-se cúmplice dos regimes totalitários. Como nota Denis Pelletier, essas acusações de marxismo não são novas[115], mas, nos anos 1980, elas ganham uma amplitude singular e juntam-se a um movimento geral de retraimento em face do terceiro-mundismo. Até então, essas acusações de marxismo latente não eram retomadas senão pela imprensa de extrema direita, sobretudo *Minute* e *Aspects de la France*, enquanto em 1985 *Le Figaro* e *Le Quotidien de Paris*, assim como jornais diários do interior como *Le Méridional* e *Paris Normandie*, retomam por sua vez essas denúncias. O novo secretário-geral do CCFD, Bernard Holzer, procura sem sucesso se defender das acusações que lhe são dirigidas em um livro de entrevistas; ele mal será ouvido: "Os detratores do CCFD insinuam que nós apoiamos movimentos marxistas e terroristas. Não apoiamos esses movimentos. Tentamos ajudar refugiados ou habitantes gravemente lesados."[116] Essa acusação do CCFD, no espírito do tempo, aproxima-se da tese de Pascal Bruckner sobre a culpabilidade cristã no coração desse elã terceiro-mundista.

Um momento tocquevilliano

Os intelectuais de esquerda, despossuídos da referência ao marxismo, que parecia insuperável, e acusando o golpe das desilusões terceiro-mundistas,

---

114. MAURY, 1985.
115. PELLETIER, 1996, p. 90.
116. HOLZER, 1989, p. 157.

infletem suas reflexões sobre a democracia ocidental. Ela não é mais denunciada como puramente formal e posta a serviço dos interesses financeiros, mas reavaliada e considerada como um sistema a ser defendido e a ser melhorado pelas reformas. O combate pela defesa dos direitos humanos e os combates humanitários reuniram os intelectuais de esquerda e os intelectuais liberais de direita em torno da figura de Raymond Aron. Na virada dos anos 1980, toda uma série de publicações assegura o retorno a todo vapor do liberalismo. Henri Lepage conhece um grande sucesso com duas obras, *Amanhã, o capitalismo*, em 1978, e *Amanhã, o liberalismo*, em 1980, que introduzem na França o pensamento dos "novos economistas", dos ultraliberais norte-americanos tais como Milton Friedman, Gary Becker, James Buchanan, Douglass North... Em 1981, Raymond Aron é consagrado por um livro de entrevistas com Jean-Louis Missika e Dominique Wolton, *O espectador engajado* (editora Julliard): "Pela primeira vez, Aron conheceu um sucesso pleno e sem reservas, tanto junto ao público quanto junto aos comentadores."[117] Com essa obra, que se posta desde sua publicação entre as mais vendidas em livraria, Aron recebe o prêmio Aujourd'hui, prelúdio ao best-seller que serão, dois anos mais tarde, suas *Memórias*. É igualmente nesse momento que Foucault dedica seu curso no Collège de France ao liberalismo sob o título "Nascimento da biopolítica". Escrutando as tentativas de racionalização dos problemas colocados para as práticas governamentais desde o século XVIII — saúde, higiene, natalidade, longevidade, raças... —, ele sublinha o laço indissociável entre esses problemas e "o liberalismo, pois é em relação a ele que assumiram o aspecto de um desafio. Em um sistema preocupado com o respeito dos assuntos de direito e da liberdade de iniciativa dos indivíduos, como o fenômeno 'população', com seus efeitos e seus problemas específicos, pode ser levado em conta?"[118] Apoiando-se sobretudo nas reflexões de Paul Veyne a respeito dos universais históricos, Foucault se pergunta o que se pode compreender por liberalismo: "O liberalismo deve ser analisado então como princípio e método de racionalização do

---

117. BAVEREZ, 2006, p. 645.
118. FOUCAULT, 1994b, p. 818.

exercício de governo."[119] Em 1980, Marcel Gauchet dirige e prefacia uma reedição em livro de bolso de um clássico de Benjamin Constant, *De la liberté chez les modernes* [Sobre a liberdade nos modernos], e escreve no sétimo número da revista *Libre* um artigo que se apoia na virada tocquevilliana: "Tocqueville, l'Amérique et nous" [Tocqueville, a América e nós].

É nesse contexto que o historiador François Furet deixa a presidência da EHESS para ali criar o Instituto Raymond Aron em novembro de 1984. Esse grupo de pesquisa nasce de um seminário informal inicialmente instituído por Furet por ocasião de sua eleição em 1977 para a presidência da EHESS. O Instituto se dá como objetivo classificar os arquivos Aron, morto em outubro de 1983, e torna-se, para além desse imperativo documental, um "clube de pensamento", um lugar de trocas entre historiadores e filósofos cuja orientação dominante é aquela da segunda esquerda em busca de novas referências teóricas.[120] Na mesma época, em 1982, Furet cria a Fundação Saint-Simon, que pretende constituir um espaço de sociabilidade e um espaço de trocas entre intelectuais e decisores da vida econômica e social — grandes chefes de empresa e tecnocratas da alta administração. Sua intenção é reunir aqueles que têm ideias e aqueles que têm os meios de as financiar para aproximar projetos e desafios concretos, e demonstrar o caráter indissociável da democracia e da economia de mercado. Os dirigentes da fundação, muito reticentes a qualquer ideia de reforço do Estado-Providência, privilegiam o livre jogo do mercado, mesmo que isso suponha um desvio, de modo a construir uma sociedade mais justa. Como resultado dessas reflexões coletivas aparecerão numerosas notas e numerosos estudos, assim como certo número de publicações. A fundação, presidida por Furet, dota-se de um copresidente, o industrial Roger Fauroux, então presidente do grupo Saint-Gobain. A ideia é dar um novo fôlego à segunda esquerda, fazendo-a dialogar com intelectuais da direita liberal.

---

119. Ibidem, p. 819.
120. Na reunião de fundação de 22 de novembro de 1984 estão Mona Ozouf, Marina Valensise, Évelyne Pisier-Kouchner, Marie-Claude Finas, Perrine Simon, Heinz Wismann, Luc Ferry, Alain Renaut, Tzvetan Todorov, Marcel Gauchet, Philippe Raynaud, Massimo Boffa, Pierre Manent e Pierre Rosanvallon (informações extraídas de PROCHASSON, 2013, p. 297).

No horizonte dessas reflexões devia emergir uma transformação radical da cultura de esquerda em uma cultura de governo: "Aqueles que criaram a Fundação Saint-Simon haviam partilhado historicamente um *ethos* reformador na sociedade francesa."[121] A fundação se beneficia do financiamento de grandes grupos como Saint-Gobain, Danone, Suez, Publicis, Banco Worms, MK2 Productions, Caisse des Dépôts e Capgemini. Dispondo de um orçamento anual de 120 mil francos, ela organiza seminários regulares, lança coleções como "Liberté de l'esprit", pela editora Calmann-Lévy, e age como grupo de pressão sobre os decisores políticos. Em 1988, por ocasião da reeleição de François Mitterrand, a fundação publicará uma obra do trio Furet, Julliard e Rosanvallon, *La République du centre. La fin de l'exception française* [A República do Centro. O fim da exceção francesa], que assume o fim da exceção francesa e situa o centro de gravidade da vida política à margem das clivagens tradicionais que precisam ser ultrapassadas.[122] A obra constata a um só tempo a usura das utopias revolucionárias e um déficit de deliberação democrática. As ilusões se foram, as folhas mortas são recolhidas pela pá. Criar novos agenciamentos torna-se imperativo se não se quer ver nosso universo político desmoronar "sob o peso de sua insignificância", como temia Jacques Julliard. Esse diálogo a três vozes revela o desalento de uma esquerda intelectual confrontada à era do vazio e do vago, quando uma "época se encerra, um ciclo se conclui".[123] Os autores observam que os valores da esquerda, como o combate socialista ou republicano, estão em pleno enfraquecimento, suplantados por um centro inodoro e sem sabor, que tem dificuldades de assumir a mudança. A França teria se conformado: "O que estamos vivendo é, simplesmente, o fim da excepcionalidade francesa."[124] Cada um à sua maneira anuncia o fim do que constituiu o brilho das paixões políticas francesas. Furet retoma a tradição republicana a partir da Revolução de 1789 para mostrar que os confrontos se enfraquecem e que um consenso se tece progressivamente em

---

121. Rosanvallon, 2001, p. 60.
122. Furet; Julliard; Rosanvallon, [1988] 1989.
123. Ibidem, p. 9.
124. Ibidem, p. 11.

torno da nação. Por sua vez, Julliard retraça o que chama de uma corrida para o centro desde o pós-guerra, e Rosanvallon situa o epicentro da crise de languidez na incapacidade do governo em se adaptar às evoluções das sociedades. Os três autores, recusando tanto o consenso informe quanto o recurso às velhas receitas de uma visão socialista tradicional, desejam escapar ao hábito separatista de uma cultura política que oscila entre gestão e revolução. Enquanto Max Gallo se pergunta se a normalização da vida política francesa encorajada por essa obra não seria, na verdade, uma "regressão"[125], Jean-François Revel, mesmo que confesse o prazer experimentado ao ler esse livro, contesta seu subtítulo, pois a "França permanece excepcional pelo arcaísmo de seus socialistas".[126]

Sob o impulso de Furet, a Fundação Saint-Simon e o Instituto Raymond Aron contribuem para o retorno forte de uma história conceitual do político solidamente ancorado na identidade nacional, fruto de um diálogo entre filósofos e historiadores em busca de uma filiação liberal. É a época em que Pierre Rosanvallon publica *Le moment Guizot* [O momento Guizot], que estuda, através do percurso do historiador, as grandes temáticas da filosofia liberal da primeira metade do século xix.[127]

A história política sai então do purgatório onde havia sido aprisionada, acusada de todos os males, apresentada como a expressão privilegiada da futilidade, da ausência de rigor científico e do supérfluo em face das lógicas pesadas da história longa, enraizada no suporte das condições estruturais da geo-história e dos *trends*[128] multisseculares da economia. Durante muito tempo ângulo morto do olhar historiador, a história política reencontra seu dinamismo.[129] A questão é frontalmente colocada: como saber o que é a especificidade e a eficácia do político. Encontram-se no pensamento especulativo as tentativas de resposta que importa historicizar. É geralmente tido como evidente que a política é uma dimensão imutável, quase atemporal, de toda sociedade: "Essa evidência se autoriza a partir

---

125. GALLO, 1988.
126. REVEL, 1988.
127. ROSANVALLON, 1985.
128. Em inglês, no original. [N.T.]
129. RÉMOND, 1988.

da definição aristotélica do homem como ser vivo político."[130] Segundo Aristóteles, o político deve ser historicizado: nem todas as sociedades dão inelutavelmente lugar a essa dimensão, que é uma singularidade da *polis* grega. O desenvolvimento da reflexão sobre o político é alimentado pela crítica do fenômeno totalitário que "não é, em certo sentido, senão um retorno do recalque político", sublinha Marcel Gauchet.[131]

Nos entornos desses anos 1980, uma história intelectual do pensamento político se desenha com a revista *Libre*, criada em 1977, com a coleção "Critique de la politique", lançada por Miguel Abensour em 1975 na editora Payot; em seguida, pelo seminário mensal de François Furet na EHESS, que se dará de 1977 a 1985, reunindo filósofos e historiadores, intelectuais de esquerda e liberais de direita, dentre os quais Claude Lefort, Pierre Manent, Marcel Gauchet, François Furet, Bernard Manin, Pierre Nora, Jacques Julliard, Krzysztof Pomian, Pierre Rosanvallon. Essa reflexão coletiva descompartimenta as perspectivas disciplinares e volta a dar um aspecto globalizante para uma perspectiva histórica na qual o político é concebido como "tema transversal e global das pesquisas".[132] A história intelectual do político, na intersecção do histórico e do filosófico, situa-se em um plano intermediário de observação que se joga nas clivagens tradicionais entre história política, ciência política e história das ideias políticas.

Pierre Rosanvallon define o projeto de uma história conceitual da política dando-se como objetivo "compreender a formação e a evolução das racionalidades políticas, isto é, os sistemas de representação que comandam o modo pelo qual uma época, um país ou grupos sociais conduzem sua ação e pensam seu futuro".[133] Um tal procedimento pressupõe pôr em causa a separação até então operada pelo véu exterior de representação detrás do qual seria conveniente identificar as motivações reais dos atores e de suas condutas atestadas. Na verdade, trata-se de voltar a situar o trabalho

---

130. ARENDT, 1995, p. 55.
131. GAUCHET, 1976.
132. ROSANVALLON, 1996, p. 305.
133. Ibidem, p. 307.

permanente de reflexividade da sociedade sobre ela mesma, sobre sua construção como experimentação. Se essa história intelectual do político, à diferença da história tradicional das ideias políticas, privilegia os conceitos como nós a serem desatados para deles apreender os desafios, ela não se limita ao *corpus* das grandes obras canônicas.

Esse renascimento da reflexão sobre o político permite à obra de Alexis de Tocqueville servir como possibilidade de substituição de um Marx abandonado pela esquerda intelectual: "A França conhece um momento tocquevilliano".[134] Esse aristocrata liberal da primeira metade do século XIX, autor de duas obras incontornáveis, *O Antigo Regime e a Revolução* e *Da democracia na América*, escruta as contradições próprias à postura revolucionária e parte em busca de uma defesa argumentada da democracia. Essa nova figura de referência facilita as aproximações entre intelectuais da segunda esquerda e da direita liberal — liberais das duas margens. Os intelectuais da corrente antitotalitária, fulcro dessa aproximação, voltam a se interrogar sobre as origens da democracia contemporânea, "a oposição resultante da sociologia entre *Gemeinschaft* (sociedade orgânica) e *Gesellschaft* (sociedade mecânica) revelando-se bem insuficiente para descrever a democracia contemporânea".[135] Tocqueville torna-se, então, autor-fetiche, incontornável para interrogar as mutações da representação política. O leque dessa configuração é amplo e reúne tanto antigos integrantes de Socialismo ou Barbárie, como Castoriadis e Lefort, quanto o diretor da revista *Commentaire*, Jean-Claude Casanova.

Tocqueville já havia sido evocado por Raymond Aron como alternativa para as leituras deterministas da tradição durkheimiana francesa. No final dos anos 1950, Aron encontrava em Tocqueville uma análise útil para definir a sociedade moderna, caracterizada por essa preocupação de igualdade social perceptível em sua época no continente americano[136]: "Para nós, o que nos refrescava em Tocqueville nos anos 1950, o verão indiano do capitalismo, era uma especulação sobre a história centrada na

---

134. ROUYER, 2001, p. 7.
135. MONGIN, 1994, p. 99.
136. TOCQUEVILLE, [1835] 2010.

igualdade social e na liberdade política, e não sobre a luta de classes ou a propriedade dos meios de produção."[137] Na segunda metade dos anos 1950, na Sorbonne, Aron dedica diversos cursos a Tocqueville, cursos que publicará na sequência. No entanto, ele se define como "descendente tardio" de Tocqueville, pois "Aron é um tocquevilliano segundo Marx e Weber".[138] Stanley Hoffmann observa algumas convergências entre Aron e Tocqueville, sobretudo o método de aproximação sociológica segundo a linhagem de Montesquieu, com a preocupação de considerar a pluralidade e ao mesmo tempo esboçar tipologias para ajudar a compreendê-la. Em Aron e em Tocqueville, encontra-se ainda a preocupação com a pesquisa empírica e a valorização da autonomia própria à dimensão política, sem que esta disponha de uma primazia causal. Eles igualmente convergem no que diz respeito aos valores: "Para Tocqueville e para Aron, os julgamentos de valor não são redutíveis aos dados sociais, assim como a ordem política não se reduz à 'infraestrutura'; para ambos, inversamente, a análise empírica não pode ser inteiramente separada dos julgamentos de valor."[139] As teses de Tocqueville, que impõem a primazia do político sobre o econômico, apenas triunfarão no momento em que os intelectuais tomarem distância da leitura economicista da história. É o que faz Raymond Aron em sua análise crítica do totalitarismo, que se apoia cada vez mais nas teses tocquevillianas para pensar a oposição entre regimes democráticos e regimes totalitários.

Em 1980, Marcel Gauchet publica na revista *Libre* um estudo sobre a contemporaneidade de Tocqueville.[140] Em 1984, André Jardin publica uma biografia erudita de Tocqueville, constatando que este "encontrou seu público à medida que eram desveladas as grandes doenças sociais do mundo moderno: o totalitarismo, a alienação do homem no seio da sociedade de consumo, o todo-poder de uma burocracia anônima. Pela denúncia desses males, Tocqueville parece ser nosso contemporâneo".[141]

---

137. ARON, 1979, p. 16.
138. HOFFMANN, 1985, p. 200.
139. Ibidem, p. 203.
140. GAUCHET, 1980b.
141. JARDIN, 1984, p. 505.

Alguns, como Castoriadis, veem nesse entusiasmo uma espécie de moda e a expressão de um retorno ideológico de adesão às teses liberais. Esse ponto de vista crítico é também o de Régis Debray, que lamenta o abandono da filiação que liga a Revolução à República em benefício de uma democracia branda que teria renunciado a todo voluntarismo político.[142] Essa desconfiança quanto à centralidade adquirida pela obra de Tocqueville se exprime igualmente sob a pluma de Jean-Michel Besnier e de Jean-Paul Thomas: "A autoridade de Tocqueville é utilizada hoje para legitimar a vaidade das revoluções em fundar um regime democrático."[143] Essas notas discordantes se inscrevem em uma forte onda de adesão a um novo ícone. O diretor de *Esprit*, Jean-Marie Domenach, felicita-se pela possibilidade de uma releitura fecunda de Tocqueville que permite preencher o "vazio deixado pela derrocada do marxismo".[144] De seu lado, Alain Touraine se alegra com a renovação dos estudos tocquevillianos em contraponto à "visão integrada, monolítica da modernidade, à imagem marcial do avanço paralelo da riqueza, da liberdade e da felicidade".[145]

Em 1978, atacando em *Pensar a Revolução Francesa*[146] o "catecismo revolucionário" transmitido pelos historiadores comunistas, François Furet apoia-se amplamente em Tocqueville, o que lhe permite desenvolver a tese de uma Revolução Francesa que não fez senão prosseguir uma obra já bem avançada pelo Antigo Regime de centralização do Estado-nação e do controle da administração sobre a sociedade francesa.[147] A Revolução não aparece mais como uma aurora de tempos novos, mas como a confirmação e a perpetuação dos tempos antigos, concluindo uma operação que mergulha suas raízes na longa duração e culmina na edificação de um Estado centralizado. A filiação reuniria, pois, o Rei Sol, Luís XIV, e Robespierre nessa centralização de um poder tornado jacobino, filho do absolutismo real. Quando Furet entra "na segunda parte de sua existência, aquela

---

142. DEBRAY, 1992.
143. BESNIER; THOMAS, 1987, p. 76.
144. DOMENACH, 1981, p. 64.
145. TOURAINE, 1992, pp. 96-97.
146. FURET, 1978.
147. TOCQUEVILLE, [1856] 1967.

que se inicia no limiar dos anos 1970, a situação de Marx se degradou. Doravante, é Tocqueville que serve de guia principal".[148]

Em 1980-1981, Furet dirige na EHESS seu seminário com André Jardin, especialista em Tocqueville, e Évelyne Pisier, diretora do Livro no Ministério da Cultura. Ela confiará a Furet a direção científica dos colóquios sobre Tocqueville que ocorrerão no início dos anos 1990 nos países da Europa do Leste. Christophe Prochasson enuncia a hipótese de que Furet verdadeiramente se identificou com Tocqueville, partilhando com ele a mesma desilusão em relação à Revolução Francesa, o mesmo fascínio pela América e o mesmo elã em direção à conquista de cada vez mais liberdade. O que ele diz de seu modelo vale claramente para ele próprio, e seu tocquevillismo é radical e apaixonado:

> Apaixonado pela liberdade, mas afastado dos liberais em razão da origem aristocrática que ele confere a esse sentimento na história nacional. Admirador da democracia americana, mas estrangeiro à sobrevalorização revolucionária que faz da jovem República um objeto da parte dos republicanos franceses. Fiel aos valores de seu meio, mas juiz severo das utopias retrógradas onde se compraz a direita legitimista.[149]

Mais do que *O Antigo Regime e a Revolução*, é *A democracia na América*[150] que inspira essa corrente reformista da segunda esquerda:

> Pertenço a uma geração para a qual Tocqueville foi muito importante. Relê-lo foi para mim um encantamento [...]. Trata-se de um pensamento extremamente sensível, que dá a ler as dificuldades e os problemas da democracia, apresentando-a a um só tempo como a solução para os problemas do mundo moderno e como um problema ela mesma. É por

---

148. PROCHASSON, 2013, p. 161.
149. François Furet, arquivos Furet, citado in ibidem, p. 166.
150. TOCQUEVILLE, [1835] 2010.

essa razão que muitos dentre nós releram Tocqueville nos anos 1970: Claude Lefort, François Furet, Pierre Manent, Marchel Gauchet...[151]

Em plena redescoberta dessa obra, é publicado o texto de Pierre Manent intitulado *Tocqueville et la nature de la démocratie* [Tocqueville e a natureza da democracia], que insiste na necessidade de passar por esse pensamento para melhor compreender os desafios do presente.[152] Ele retraça o percurso de Tocqueville em sua viagem à América entre maio de 1831 e fevereiro de 1832, em busca da essência da sociedade democrática que suscita seu encantamento, longe da velha Europa: "É difícil ser o amigo da democracia; é necessário ser o amigo da democracia: esse é o ensinamento de Tocqueville."[153] A democracia se vê confrontada com dois tipos de adversários: aqueles que recusam seus princípios fundamentais de progresso em direção à igualdade, e aqueles que a admiram sem moderação e querem passar imediatamente de uma igualdade formal a uma igualdade real. Para falar com as palavras de Pierre Manent: "Para bem amar a democracia, é preciso amá-la moderadamente."[154] Ao substituir Marx no panteão dos intelectuais de esquerda, Tocqueville abre igualmente a via para toda uma filiação de pensadores liberais que se tornam objeto de estudos e constituem as maiores referências dessa corrente dos anos 1980: François Guizot, Benjamin Constant, Charles de Rémusat ou Édouard Lefebvre de Laboulaye...[155] Como constata Serge Audier em seu estudo sobre a recepção francesa das teses de Tocqueville: "É pouco dizer que as avaliações que concernem à significação do renascimento tocquevilliano diferem."[156]

Incontestavelmente, essa reconfiguração intelectual dá nova vida ao pensamento do político. Ela também deve muito à releitura dos pensadores do político do século XIX, como Kantorowicz e sua teoria dos dois

---

151. ROSANVALLON, 2001, p. 56.
152. MANENT, [1982] 1993.
153. Ibidem, p. 177.
154. Ibidem, p. 181.
155. Ver idem, 1986.
156. AUDIER, 2004, p. 13.

corpos do rei.¹⁵⁷ Os debates e conflitos de interpretação que daí resultam enriquecem o pensamento do político, enquanto o fascínio pelo mercado tem por efeito desarmar a esquerda em face do capitalismo financeiro:

> Tem-se a impressão de que a crise do progressismo se expôs a um elogio da empresa que se confunde menos com aquele dos "novos empresários" — expressão de Pierre Rosanvallon e Patrick Viveret, então teóricos da segunda esquerda — do que com aquele do capitalismo e do dinheiro. Eis aí toda a brutalidade da década: teria sido necessário o enfraquecimento progressivo dos valores do catolicismo, da militância comunista, mas, igualmente, aquele do espírito republicano e do serviço público que subjaziam tradicionalmente no espírito de esquerda, para que o dinheiro se tornasse um Moloch funcionando como um meio de intimidação.¹⁵⁸

Uma esquerda desamparada teria ideologicamente preparado a passagem de testemunha para a direita em plena ascensão dos anos 1980, tanto mais vindicativa porque não está mais no poder. Essa esquerda sai enfim do purgatório no qual havia sido posta desde 1945, fazendo dessa vez prevalecer seus valores fundamentais.

A perspectiva de um futuro comum e emancipador é substituída pela ideia de que não há mais projeto senão individual. Essa ideologia que assegura a substituição dos ideais coletivistas postula que a sociedade ideal deveria, para funcionar, dar livre curso aos interesses egoístas de cada um, à maximização do lucro em escala individual e ao recalque do espaço público na insignificância. É fato que a esquerda não pode mais convocar a realização da Ideia e da Razão na história, como Kant e Hegel analisaram — ambos viam na história da humanidade o desdobramento de um destino que realizava a verdade pela qual os homens procuram. Daí a considerar que não há mais construção de futuro possível, o passo é rapidamente dado nesses anos 1980, mesmo que isso signifique negar a convicção kantiana de que a busca de um ideal não é em absoluto "uma

---

157. KANTOROWICZ, 1989.
158. MONGIN, 1994, p. 113.

quimera, mas a norma eterna de toda constituição política em geral".[159] É a convicção liberal radical que acaba ganhando e, na mesma ocasião, lançando o descrédito sobre o político em geral: é a um tempo arcaico e perigoso dotar-se de um projeto comum.

Ao projeto de constituição de um devir comum se substituiu essa que alguns chamaram uma "*soft*-ideologia"[160], que dá lugar ao presentismo na ausência de perspectiva histórica. Essa nova forma de ideologia incita a "buscar satisfação aqui e agora: criem suas empresas ou façam *jogging*, sejam ligados na informática ou no antirrascimo. Pouco importa [...]. Mas, Cândidos modernos, cultivem seu jardim".[161] Jacques Julliard parece mesmo se felicitar desse presentismo: "Uma vez que, apesar dele, 1968 nos liberou da utopia, isto é, do passado, enquanto 1981 nos emancipava da doutrina, isto é, do futuro, podemos hoje tentar viver no presente."[162]

Essa "*soft*-ideologia" se apresenta como uma forma de extensão e de indiferenciação das escolhas que torna caducos todos os pensamentos voltados para o futuro em benefício único das lógicas presentes. Ela seria a expressão da senilidade de uma sociedade cansada, condenada a ruminar seu passado e que não pode se reunir senão em torno de um programa moral minimalista de defesa dos direitos humanos, enquanto na sociedade de consumo é preciso inovar, sugerir o novo, sem cessar. A hora é a da bricolagem ideológica e da confusão das convenções que permitem a Alain Minc estigmatizar o igualitarismo em nome da esquerda; a Yves Montand, de se dizer "de esquerda tendência Reagan", ou, ainda, a Jean Daniel, de se declarar pró-socialista "liberal-libertário": "A *soft*-ideologia pratica de modo excelente a arte de fazer o novo com o velho."[163] Um forte sentimento de insatisfação daí resulta, pois, como dizia Camus, "o homem é um animal que quer sentido".

---

159. KANT, 1964, p. 176.
160. HUYGUE; BARBÈS, 1987.
161. Ibidem, p. 13.
162. JULLIARD, 1985, p. 247.
163. HUYGUE; BARBÈS, 1987, p. 97.

15
O renascimento ideológico das direitas

A Idade de Ouro do liberalismo

Paradoxalmente, a vitória da esquerda em 1981 é espetacular, total, confirmada por uma câmara rosa horizonte[1] que chega entretanto a contratempo, em um momento em que suas ideias estão em perdição, incapazes de resistir a uma nova hegemonia ideológica favorável ao renascimento de direitas descomplexadas. Até aquele instante, os partidos de direita estavam no poder, mas sem cessar recusavam essa etiqueta, defendendo-se de conduzir políticas de direita e, mesmo, retomando da esquerda um certo número de ideais, pretendendo encarná-los em nome dos melhores interesses do país.

Os intelectuais de direita podem enfim aproveitar o desinteresse em relação ao marxismo, que deixou de ser o horizonte insuperável de nosso tempo. Em 1980, a URSS não é mais o lugar sonhado de uma sociedade mais justa. As teses atlantistas estão de vento em popa e os Pershings americanos são os únicos capazes de dissuadir os dirigentes soviéticos de se lançarem em uma funesta aventura que conduziria a um terceiro conflito

---

1. "*Chambre rose horizon*", no original. O jogo linguístico aqui se dá com "*chambre bleu horizon*", isto é, com a Assembleia composta por antigos combatentes que usavam uniformes da cor azul-horizonte. Trata-se da Assembleia que se constitui em novembro de 1919, logo após o final da Primeira Guerra Mundial, mais à direita, conhecida pela França desde o início da III República. Ela conduzia uma política clerical, nacionalista e antibolchevista. Em 1924, graças a esse Bloco Nacional, a direita no poder será derrotada pelo Cartel de Esquerda, uma coalizão de esquerda. [N.T.]

mundial. O apego da esquerda ao Estado-Providência e a uma política keynesiana de reativação econômica pelo consumo popular está igualmente em crise, confrontada com o sucesso internacional dos libertários em tempos de Reagan e de Thatcher e da integração da economia francesa em uma Europa liberal. Perdido em razão da rapidez das mutações em curso, o Estado-nação se tornou incapaz de coordenar a economia nacional e de prever seu curso em um futuro próximo. Enquanto a esquerda defende um plano de nacionalização e de planificação, a palavra de ordem de um "menos de Estado" é cada vez mais popular. A esses fatores que perturbam a doxa da esquerda clássica se acrescentam o fim da descolonização e as desilusões daí decorrentes. O terceiro-mundismo, que atravessa ele também uma crise profunda, não pode incriminar apenas o imperialismo e colocar na frente de tudo uma simpatia natural pelos povos em via de emancipação: "Esse amálgama de pressupostos ideológicos, de aspirações sentimentais, de reações afetivas, de julgamentos morais e de observações positivas é hoje posto em causa."[2] A hegemonia ideológica muda de lado. O consenso torna-se liberal, levando com ele muitos intelectuais de esquerda em nome de um *aggiornamento* dos prontos-a-pensar da esquerda tradicional. A virada da política econômica de 1983 inscreve-se nessa perspectiva de conversão, logo expressa na fórmula de Laurent Fabius, que se tornou primeiro-ministro: "Colocar dinheiro à esquerda é *adroit*."[3]

Quando o sociólogo François Bourricaud publica *Le Retour de la droite* [O retorno da direita][4], não se trata apenas de registrar seu sucesso nas eleições de 1986, mas de dar conta de uma virada ideológica sem precedentes desde os anos do pós-guerra, que viram uma esquerda dominante sobre o plano ideológico e uma direita amplamente comprometida na política de colaboração, que não ousava dizer seu nome. A hipótese enunciada por Bourricaud é aquela da sucessão de ciclos favoráveis alternativamente

---

2. RÉMOND, 1985, p. 29.
3. "*Adroit*", no original, quer dizer "hábil". Mas, nesse contexto, é um termo homófono, que, oralmente, pode ser compreendido como "à direita" ("*à droit*"). Optou-se por deixar o termo em francês pois há aí um jogo de palavras com o termo "esquerda" — a expressão de Laurent Fabius é irônica no sentido de que insinua que dar dinheiro à esquerda é uma ação hábil da direita. [N.T.]
4. BOURRICAUD, 1986.

para um e, em seguida, para o outro lado: "O que chama atenção é, pois, a um tempo a popularidade da esquerda durante os anos 1970 e a rapidez com a qual a direita volta com toda a força depois de 1981."[5] Do mesmo modo que há ciclos econômicos, alguns de curta duração, como os ciclos do durkheimiano François Simiand, e outros ciclos de longa duração, como os do russo Kondratiev, haveria ciclos ideológicos. Retomando a constatação de Tocqueville sobre uma supremacia da esquerda intelectual na segunda metade do século XVIII, Bourricaud distingue assim um período que vai de 1750 a 1789 e que é favorável às forças progressistas. A virada do século XX vê renascer com brilho as ideias reacionárias, enquanto Charles Maurras é varrido em 1945 em benefício de Sartre, cuja hegemonia se revelará "tão esmagadora quanto a de Voltaire".[6] No início dos anos 1980, os ares são favoráveis a uma direita que soube se modernizar e não se contentou em explorar os rancores das franjas da sociedade presas à manutenção das tradições. De Gaulle logrou aculturar a direita às instituições republicanas contra aqueles que não cessavam de combater a "Gueuse"[7] e cultivavam a memória dos "quarenta reis que em mil anos fizeram a França". A ideologia de direita se municiou de um legado máximo da filosofia das Luzes: o liberalismo econômico e político. Ela devolve contra as teses da esquerda os argumentos em favor da extensão das liberdades: "É em nome da liberdade de empreender que os liberais censuram hoje a esquerda, que eles acusam o Estado social-democrata de fomentar o despotismo imenso e tutelar de uma 'burocracia irresponsável'."[8]

Signo desse dinamismo reencontrado, a revista *Commentaire* vem à luz em março de 1978 para acender um contrafogo em um momento em que se considera bastante provável o sucesso da esquerda nas eleições legislativas. *Commentaire* se inscreve na filiação das revistas liberais, como

---

5. Ibidem, p. 11.
6. Ibidem, p. 18.
7. "La Gueuse" é a alcunha com a qual os monarquistas designavam a República francesa. O termo teria sido empregado pelo general e deputado monarquista Changarnier em 24 de maio de 1873, na Assembleia Nacional: "Há apenas um pequeno esforço suplementar a fazer para enterrar a Gueuse". Para "Gueuse", é possível atribuir diversos sinônimos, entre os quais "mendiga" e "meretriz". [N.T.]
8. Ibidem, pp. 299-300.

Preuves e, sobretudo, *Contrepoint*, que, desde a sua criação em 1970 dava sinais de fraqueza. A composição do conselho de patronos assinala essa continuidade.[9] Sua principal inspiração permanece sendo a obra de Raymond Aron e sua posição, a de uma distância crítica, própria ao "espectador engajado". Desta decorre o título escolhido pela revista: "Comentar é assumir recuo em relação ao acontecimento, à coisa dita ou escrita, é, pois, exercer e honrar essa 'faculdade de julgar' pela qual o homem se revela a um tempo apto a se comunicar com o mundo e livre em relação a ele."[10] O editorial recusa com igual vigor o grito e a *langue de bois*[11], a ideologia total colada a um sentido presumido da história e a revolta nua e destruidora da liberdade. A revista pretende substituir tudo isso por outro registro, o do comentário, que diz respeito "ao sentido e à liberdade".[12] Reividicando sua pertença à tradição liberal, seus diretores desejam curar "essa espécie de hemiplegia intelectual (direita/esquerda, esquerda/direita) que era a característica e a enfermidade da França intelectual".[13] No primeiro número, Raymond Aron, às vésperas do prazo eleitoral decisivo das eleições legislativas, escruta as "Incertezas francesas"[14]. O líder dessa nova revista, Jean-Claude Casanova, é um discípulo de Raymond Aron, de quem ele foi amigo. Professor no Instituto de Estudos Políticos de Paris, ele é conselheiro no escritório de Joseph Fontanet entre 1972 e 1974, em seguida no Matignon junto a Raymond Barre a partir de 1976. Ele se cerca de dois redatores-chefes: Pierre Manent, assistente de Raymond Aron no Collège de France, e Marc Fumaroli, então professor na Sorbonne, que em 1987 será eleito para o Collège de France. A partir de 1986, Casanova reúne Alain Besançon a seus dois colaboradores. Se

---

9. Aí estão, sobretudo, Raymond Aron, Jean Laloy, Herbert Lüthy, Manès Sperber, Georges Vedel, Boris Souvarine, Roger Caillois e François Fejtö.
10. Editorial, *Commentaire*, n. 1, março de 1978, p. 3.
11. Isto é, todos os recursos discursivos que, no campo da política, são demagógicos. [N.T.]
12. Ibidem, p. 4.
13. Ibidem, p. 5.
14. Esse primeiro número de *Commentaire* reúne as assinaturas de Raymond Aron, Louis Bouyer, Branko Lazitch, Bruno Neveu, Paul Bénichou, Philippe Mongin, Allan Bloom, Jacques Truchet e Janine Bouissounouse.

a orientação política de Casanova é claramente aquela da direita liberal, a crítica que ele publica em sua revista no outono de 1984 sobre os três anos de mitterrandismo é bastante moderada. A seus olhos, Mitterrand, ao aceder ao poder, fez com que o país corresse grandes riscos. Em primeiro lugar, o risco internacional no momento de uma revivescência da tensão Leste/Oeste. Nesse registro, Casanova dá crédito ao dirigente socialista por ter afastado o perigo e dissipado as ambiguidades ao conservar o eixo franco-alemão de construção de uma solidariedade ocidental: "O presidente da República manifestou a constância e a firmeza de suas convicções europeias."[15] Assim, ele não se opôs à implementação dos primeiros Pershing. O segundo risco, segundo Casanova, era de ordem política e repousava sobre sua aliança com o PCF. Nesse ponto, ele deve reconhecer que a estratégia de Mitterrand de afirmação do polo socialista em detrimento do polo comunista teve maior sucesso do que aquela de Gaston Defferre: "Devemos ser justos com ele pelo fato de, a partir de 1981, a força do partido comunista ter declinado."[16] É no tocante ao risco econômico que Casanova concentra suas críticas contra a política socialista. Ele a censura de ter repassado os pratos já servidos por ocasião da Frente Popular, que levaram a revisões dilacerantes e, finalmente, ao fracasso. Seu panorama da política socialista se conclui com uma defesa corajosa, contra sua família de pensamento, contra o ministro da Justiça, Robert Badinter, que soube conduzir numerosas reformas que alargaram o campo das liberdades. "É possível não apreciar essas diferentes disposições. Mas não se pode a um tempo recusá-las e se proclamar liberal."[17]

O conselho de redação, presidido por Raymond Aron, compreende o essencial dos círculos aronianos[18], e é em torno de sua figura tutelar que

---

15. CASANOVA, 1984, p. 444.
16. Ibidem, p. 448.
17. Ibidem, p. 455.
18. "Dentre os mais antigos, nota-se a presença de Philippe Ariès, François Fejtö, Raoul Girardet, etc.; na categoria intermediária, aquela de Alain Besançon, François Bourricaud, Pierre Hassner, Annie Kriegel, Kostas Papaïoannou; dentre os mais 'recentes', Jean-Claude Lamberti, Georges Liébert, Michel Prigent, etc. Alguns novos nomes se juntam à coorte dos simpatizantes: Bernard de Fallois, o editor, na realidade auditor atento dos cursos de Raymond Aron na Sorbonne; Alain Lancelot, o politólogo;

se constitui a fundação da revista, com a qual colabora ativamente até a sua morte: "*Commentaire* foi criada com ele e em torno dele. Ele inspirou nossa iniciativa, ele nos aconselhou nas escolhas difíceis, iluminava nossos debates e deixava cada um livre para se expressar e a revista, para se engajar. Para muitos entre nós, ele foi o mestre, o amigo, o confidente e o benfeitor."[19] À morte de Raymond Aron, em 17 de outubro de 1983, *Commentaire* expressa sua dívida em um número duplo de homenagens.[20] Entre muitos outros, François Fejtö, François Furet, Jean Baechler, Alain Pons, Claude Lévi-Strauss, Georges Canguilhem, Jean d'Ormesson, Marc Fumaroli dão seu testemunho; outros testemunhos vêm de personalidades estrangeiras, como Henry Kissinger, que diz reconhecer nele "*My teacher*"[21], ou Arthur Schlesinger, que o considera como "a inteligência em ação". Nesse final do ano de 1983, a contribuição de Raymond Aron é objeto de um amplo consenso. Lévi-Strauss reconhece em seu desaparecimento o do "último dos sábios" e considera suas *Memórias* "o que se poderia chamar seu túmulo".[22] O mestre do pensamento liberal é unanimemente saudado. François Mitterrand escreve um telegrama à sua esposa: "Ele fará falta a nosso país, que guardará dele a lembrança de um homem de diálogo, de convicção e de cultura. O desaparecimento de Raymond Aron entristece todos que nele reconheceram um dos melhores espíritos de nosso tempo." No *Libération*, Serge July saúda o "primeiro professor da França", e o *Humanité* nele reconhece um "observador minucioso" e um "adversário leal".

Como nota Rémy Rieffel, se a difusão de *Commentaire* permanece modesta, com um número de assinantes que oscila entre dois mil e três mil, a revista é central na vida intelectual dos anos 1980, contrariamente a *Preuves*, que permaneceria marginal nos anos 1950. *Commentaire* dispõe

---

Jean-François Revel, o jornalista panfletário, assim como Georges Suffert; o sinólogo Simon Leys, etc." (RIEFFEL, 1993, pp. 253-254).
19. CASANOVA, [1983], p. 699; 1993, p. 254.
20. "Raymond Aron 1905-1983: textes, études, témoignages", *Commentaire*, n. 28-29, inverno de 1985.
21. Em inglês, no original. [N.T.]
22. LÉVI-STRAUSS, 1983.

do apoio de instituições prestigiosas, como o Collège de France e a Sorbonne. A equipe redacional acompanha o retorno às fontes do pensamento liberal, e, em particular tocquevilliano, na seção "Les classiques de la liberté", e publica extratos das obras de Tocqueville, Benjamin Constant, Montesquieu, Edgar Quinet...

Casanova, o novo diretor da publicação, orquestra esse retorno positivo do liberalismo, que é apresentado como condição da possibilidade de uma democracia. Segundo ele, o sucesso do liberalismo se apoia sobre sólidas razões históricas, e seu modelo se propaga em um número crescente de países, sobretudo nos Estados Unidos e na Europa: "Retorno do mercado, menor poder do Estado. As modalidades diferem, mas o sentido da evolução é o mesmo."[23] Para explicar esse entusiasmo, Casanova coloca em evidência, inicialmente, o malogro flagrante do sistema totalitário. Em seguida, ele retoma a análise de Pierre Manent sobre o modelo misto, dito "liberal-social-nacional", dominante desde a Segunda Guerra Mundial, que teria tornado os cidadãos muito dependentes das instituições estatais. Ainda, ele enuncia outras explicações, como o papel crescente do mercado internacional, a globalização da economia; enfim, na ordem política, uma oposição crescente e cada vez mais viva diante de uma pressão fiscal crescente. Segundo Casanova, o fenômeno não se limita a uma simples voga resultante da vitória das luzes da Razão contra as trevas dos sistemas burocráticos. Ao contrário, ele considera que essa renovação é uma "espécie de astúcia da história, ela provém de uma reviravolta da situação que faz com que os Estados-nações se enfraqueçam com a troca internacional e a democracia social se limite ela mesma por causa do enriquecimento dos cidadãos".[24]

Commentaire concede uma grande importância a Friedrich von Hayek, então bastante controverso como apologista do mercado como garantia da liberdade, e a ele dedica um dossiê no verão de 1983, pouco após o aparecimento em francês de sua grande obra, *Direito, legislação e liberdade*.[25]

---

23. CASANOVA, 1987, pp. 511-512.
24. Ibidem, p. 518.
25. HAYEK, 1980 e 1981.

Desde 1943, Hayek, em *O caminho da servidão*, verdadeira diatribe contra o governo de Churchill, o acusava de estatizar a sociedade sob pretexto de conduzir uma economia de guerra. O mercado não é definido por Hayek como uma abstração, ele resulta de ajustes, de antecipações e de saberes esparsos. Ele é o lugar privilegiado do confronto de vontades individuais confinadas em uma esfera particular, e torna caduca toda tentativa de substituí-lo por uma vontade unitária, geral. Pretendendo demonstrar a incompatibilidade entre socialismo e liberdade, Hayek explica o sucesso do totalitarismo na Europa em razão do esquecimento dos "ideais essenciais sobre os quais a civilização europeia é fundada".[26] Nesse início dos anos 1980, Hayek, com 80 anos, é um economista reputado que se opôs a Keynes e à sua ideia desenvolvida nos anos 1930 de um relançamento econômico pelo Estado-Providência. Ele apoia sua crítica sobre uma teoria da informação: nenhum cérebro consegue dominar o conjunto das informações necessárias para tomar uma decisão coletiva racional. Eis a razão mais relevante pela qual o recurso a uma decisão coletiva tomada pelo Estado está fundado sobre um erro de natureza ontológica. Segundo ele, convém, ao contrário, se apoiar sobre as decisões dos indivíduos. Hayek encarna um liberalismo radical, como analisa Bernard Manin[27], e um anticonstrutivismo, como sublinha Stéphane Rials.[28]

Nesse início dos anos 1980, três prêmios Nobel de Economia enveredam pelo caminho liberal. Além de Friedrich von Hayek, para quem a "limitação efetiva do poder é o problema mais importante da ordem social"[29], o fundador da Escola de Chicago, Milton Friedman, aponta o Estado como responsável pelas tensões inflacionárias. Em 1984, à questão de saber se o Estado não teria a obrigação moral de ajudar os pobres, ele responde: "A melhor coisa que o governo pode fazer pelos pobres é deixá-los tranquilos."[30] Gérard Debreu contribui com seu apoio matemático ao exercício, que seria o de demonstrar a superioridade científica das teses

---

26. Idem, 1993, p. 17.
27. MANIN, 1983.
28. RIALS, 1985.
29. HAYEK, [1983] 1987, p. 93.
30. FRIEDMAN, 1984.

do deixar-fazer. A ideologia de direita que daí resulta não deixa espaço a nenhum voluntarismo no processo de autonomização da sociedade, que não deve derrogar as regras que seu substrato natural entende como intangíveis. Como dizem Jean-Michel Besnier e Jean-Paul Thomas: "Prometeu apaga-se diante de Sísifo."[31]

Para Jacques Julliard, essas teorias são a expressão de uma vontade reacionária que impede qualquer política de justiça social. Ele ataca Hayek, rejeitando seu estatuto de novo ícone da direita: "A democracia, isto é, o exercício sem nuanças da soberania popular, é para o liberalismo político o que a justiça social é para o liberalismo econômico: uma perversão."[32] Julliard associa esse entusiasmo por Hayek à crise atravessada pela esquerda: "A cultura de esquerda, por ter sido durante muito tempo dominante, se enfraquece. Ela ganhou peso, barriga, rugas, reumatismo articular. Ela se pôs, sob seus princípios, ao abrigo das iniciativas do espírito. Já há cinquenta anos seus politiqueiros não apresentam mais ideias novas e abatem quem alimentar uma delas."[33] É inegável que o desaparecimento dos projetos coletivos fez com que a esquerda entrasse em um estado de crise permanente, sua existência chegando mesmo a estar condicionada a um horizonte a ser construído e a um ideal de uma comunidade mais justa e mais fraternal a ser fundada.

Commentaire torna-se igualmente o suporte das teses decadentistas como as de Allan Bloom[34], que estigmatiza o rock e seus efeitos morais supostamente supersticiosos: ele "arruína a imaginação dos jovens e neles suscita uma dificuldade insuperável para estabelecer uma relação apaixonada com a arte e o pensamento que são a substância mesma da cultura geral".[35] Em 1987, Allan Bloom publica o resultado de uma enquete conduzida junto a uma amostra de diversos milhares de estudantes de vinte a trinta das melhores universidades americanas. Ele deplora a perda de cultura geral de uma jovem geração que se tornou incapaz de responder à seguinte

---

31. BESNIER; THOMAS, 1987, p. 103.
32. JULLIARD, 1984.
33. Ibidem.
34. BLOOM, 1987a.
35. Idem, 1987b, p. 13.

questão: "O que é o homem?": "Nessa pesquisa, os diversos impostores cuja tarefa é seduzir os jovens dando-lhes prazer nos trazem uma ajuda bastante particular. Pois, para corromper os jovens, esses vendedores ambulantes culturais devem dominá-los [...]. Assim, eles são guias úteis nos labirintos do espírito dos tempos atuais."[36]

Ainda em 1987, Alain Finkielkraut, como que reverberando Allan Bloom, publica um panfleto, *A derrota do pensamento*, em que deplora o desaparecimento das referências culturais.[37] Seu alvo é o todo-cultural, que não respeita a hierarquia dos bens culturais e acelera o declínio do pensamento. Para Finkielkraut, a barbárie venceu o pensamento, terminando por dominar a cultura, deixando lugar para um confronto patético e ridículo entre o fanático e o zumbi. Na origem desse fracasso, os anos 1960, que Finkielkraut acusa de terem enterrado o universalismo das Luzes e levado ao triunfo um relativismo cultural e civilizacional, apropriando-se do anátema dos populistas russos do século XIX para os quais "um par de botas vale mais do que Shakespeare". Finkielkraut deplora o sucesso desse niilismo próprio ao pensamento pós-moderno que conduz os consumidores a terem

> uma mesma admiração pelo autor do *Rei Lear* e por Charles Jourdan [...]. E do mesmo modo: uma história em quadrinhos que combina uma intriga palpitante com belas imagens vale um romance de Nabokov; o que as Lolitas leem vale por *Lolita*; um slogan publicitário eficaz vale um poema de Apollinaire ou de Francis Ponge; um ritmo de rock vale uma melodia de Duke Ellington; um belo jogo de futebol vale um balé de Pina Bausch.[38]

Essa proposição decadentista é acompanhada por um discurso de vitimização que ela não pode sobretudo contradizer. Ela se antecipa às críticas ao se apresentar como o objeto de uma cabala dirigida pelos adeptos do pós-modernismo e da mestiçagem cultural e destinada a jogá-la na lama,

---

36. Idem, 1987a, p. 17.
37. FINKIELKRAUT, [1987] 1996.
38. Ibidem, p. 152.

a reenviá-la para o "campo dos canalhas e dos linfáticos".[39] Finkielkraut lamenta o espírito do tempo: "O não pensamento, claro, sempre coexistiu com a vida do espírito, mas é a primeira vez na história europeia que ele mora no mesmo vocábulo, que ele usufrui do mesmo estatuto, e que são tratados de racistas e de reacionários aqueles que, em nome da 'alta' cultura, ousam ainda chamá-la pelo seu nome."[40]

O que acaba por vencer é um sentimento fatalista de renúncia à vontade coletiva de construir uma sociedade autônoma e de resignação a uma nação francesa reduzida à sua simples expressão geográfica. A França descobre que não é mais sujeito da história, mas simples objeto manipulado pelas forças que a ultrapassam. Cassandra conquista êmulos. A crise da vontade se manifesta sob diversas formas, como o sentimento de um declínio inexorável, a incapacidade de entrever um desejo de ser em conjunto e o desaparecimento dos valores coletivos. Dois ex-alunos da ENA (Escola Nacional de Administração), Louis-Michel Bonté e Pascal Duchadeuil, tentam acordar os ardores de uma França adormecida, e em uma obra de enquete conclamam à recusa da resignação[41]: "Nossa Aposta de Pascal é, pois, a de que nada hoje é irreversível nem intangível nessa espécie de mediocridade que seria atribuída a nosso país."[42]

Le Nouvel Observateur rege esse estado de espírito decadentista ao publicar um dossiê intitulado "La grande polémique d'une fin de siècle" [A grande polêmica de um fim de século][43], no qual Jacques Julliard declara, de modo provocador, que se a cultura saiu de campo poder-se-ia tranquilamente deixá-la partir, pois que ela se afastou bastante da verdadeira cultura, pervertida que foi por uma indústria cultural que se tornou uma bomba de fazer dinheiro: "Quando o 'Adágio' de Albinoni serve para vender barris de sabão em pó e *A leiteira* de Vermeer, para vender potinhos de iogurte [...] é porque a cultura se tornou o pavilhão de conveniência para uma

---

39. Ibidem, p. 155.
40. Ibidem, p. 157-158.
41. BONTÉ; DUCHADEUIL, 1988.
42. Ibidem, p. 16.
43. "France, ta culture fout le camp?" [França, tua cultura puxa o carro?], *Le Nouvel Observateur*, 7-13 de agosto de 1987.

mercadoria adulterada."[44] Se ele reconhece que há ainda muitos canais de difusão como France Culture ou France Musique, Jacques Julliard persiste em sua demonstração unilateral ao estigmatizar a modulação de frequência aberta à pluralidade das expressões nas rádios livres: escutar esses resíduos de cultura significaria uma proeza esportiva e um ato de coragem digno da escuta clandestina de rádio Londres durante a guerra. Denunciando a um só tempo uma indústria de consumo que teria assassinado a cultura e "relegado o livro à dignidade de uma caixa de sapatos" e as salas de cinema onde a comunicação entre os espectadores de um filme se reduz àquela "das batatas no interior de um saco de batatas"[45], Julliard diz, entretanto, não advogar a partir de um ponto de vista elitista sobre a cultura.

Constatando uma crise real, *Esprit* resiste por sua vez a esse clima de declínio. Considerando as mutações em curso, seu diretor, Paul Thibaud, recusa essa postura de autoconspurcação: "Em geral, o discurso moroso é um discurso passivo e preguiçoso; ele é a contrapartida do sonho de mudar de pele."[46] Essa preocupação de evitar entoar a tradicional ladainha de lamento e de substituí-la por verdadeiras investigações para compreender o que não funciona resulta em um colóquio, organizado pela revista em maio de 1987, sobre o tema "Crise da solidariedade, crise de legitimidade, nova cidadania". Se os autores que participam do dossiê colocam em evidência os malogros e os impasses, é porque buscam propor soluções, como o faz o geógrafo Hervé Vieillard-Baron, que adverte quanto à tendência à marginalização e ao empobrecimento das periferias. Por sua vez, Pierre Grémion atribui à perda das capacidades de antecipação do Estado e de integração da República, responsáveis pelos belos dias dos Trinta Gloriosos, o sintoma de esgotamento de um certo modelo republicano.[47]

A equipe de *Commentaire* dispõe de sólidas fundações editoriais que contribuem para difundir suas teses: na Calmann-Lévy, Raymond Aron dirige a coleção "Liberté de l'esprit"; na Hachette, Georges Liébert cria

---

44. Julliard, 1987, p. 48.
45. Ibidem.
46. Thibaud, 1987, p. 2.
47. Grémion, 1987, pp. 3-8.

a coleção de bolso "Pluriel" em 1977, da qual participam os liberais de ontem — Benjamin Constant, François Guizot — e de hoje: Raymond Aron, Raymond Barre, Jean Fourastier, Michel Crozier, Jean-François Revel, Guy Sorman, Raymond Boudon, Henri Lepage, Alain Besançon, Pierre Chaunu... Os ventos são tão propícios que *Commentaire* cria uma coleção com o mesmo nome na editora Julliard, nos anos 1980. A celebração dos dez anos da revista dá lugar à expressão de apoio por parte de colaboradores e de colegas de revistas concorrentes, cujo tom testemunha que a partida foi ganha: *Commentaire* ganhou espaço na vida intelectual francesa. Por ocasião desse aniversário, Marcel Gauchet declara que o combate conduzido por seus colegas e o da revista *Débat* são solidários e advêm de uma mesma ideia do espírito público. Entretanto, ele enuncia uma reserva amigável perguntando-se se é uma "boa política, agora que os democratas venceram os revolucionários, abandonar-se às delícias da sobrevalorização à direita".[48] O diretor do hebdomadário *Le Point*, Claude Imbert, sublinha a importância desse companheirismo amigável com seus colegas de *Commentaire*, e os convida a permanecerem o que são e a resistir aos "pensamentos prontos".[49] *Esprit* presta homenagem igualmente a *Commentaire* na voz de Paul Thibaud, que considera esta uma "revista vigilante contra os falsos valores e as excitações".[50] Pierre Hassner, que colabora também para *Esprit*, felicita-se que o espírito de Raymond Aron, mais do que nunca indispensável, esteja sempre presente graças às exigências de *Commentaire*: "Reconhecer a complexidade sem cair na ambiguidade, combinar o pluralismo e o engajamento, o sentido das nuanças na análise e a firmeza nas conclusões."[51] Se Jean Lecanuet e Alain Peyrefitte, personalidades políticas de direita, tomam da pluma para celebrar o aniversário de *Commentaire*, a revista consegue obter ao mesmo tempo a adesão de sumidades intelectuais como Lévi-Strauss: "Cada

---

48. GAUCHET, 1988b, p. 16.
49. IMBERT, 1988, p. 17.
50. THIBAUD, 1988, p. 23.
51. HASSNER, 1988, p. 41.

número de *Commentaire* realiza um perfeito equilíbrio entre o que convém saber sobre a vida contemporânea e sobre o que impõe interrogações."[52]

O clima conduz igualmente à revivescência de um anti-intelectualismo que sempre floresceu na França nos períodos de questionamentos. Georges Suffert havia se antecipado causando turbulência desde 1974[53], no momento em que se institui o "efeito Soljenítsin". Seu alvo era um partido intelectual que havia preparado um coquetel já pouco apetitoso em 1945 com o marxismo-existencialismo e que reincidia em 1968 com uma mistura sem gosto, ou, "antes, uma sopa".[54]

Nos anos 1980, o liberalismo alcança tal triunfo, que ele espera produzir mel com todas as ideias, mesmo as mais contestatárias: é assim que Alain Minc, em 1984, conclama a um "capitalismo *soixante-huitard*".[55] Ele crê em uma nova dinâmica, contando com a criatividade e o desejo de mudança daqueles que querem que "isso se mexa" e que teriam então a ocasião de fazer a revolução todos os dias, como a que convidava uma publicidade do pós-1968. No Maio de 1968, refazia-se o mundo; nos anos 1980, reformava-se a cozinha. Para Alain Minc, os contestatários de ontem, reconvertidos ao liberal-libertarismo, formam o viveiro que deve permitir sacudir o coqueiro dos arcaísmos de uma França que permaneceu muito marcada pelos burgueses, pelos proprietários de terras, pelos setores pré-industriais. O mercado traz em si valores revolucionários: "Em todos os domínios, o mercado sempre constituiu o melhor meio de apreciação das necessidades ou, antes, de permitir sua expressão [...]. Com efeito, o mercado é um instrumento revolucionário."[56] O que é decisivo, segundo Alain Minc, é que essa adesão ao liberalismo esteja em vias de convencer a esquerda e assim permitir expandir o império ideológico da empresa, do lucro, da Bolsa e do novo espírito empreendedor: "Ainda um ou dois anos e nós passaremos da reabilitação do lucro, esse conceito etéreo, ao elogio da riqueza, esse estado tão inconfessável em um país

---

52. Lévi-Strauss, 1988b, p. 30.
53. Suffert, 1974.
54. Ibidem, p. 9.
55. Minc, 1984.
56. Ibidem, p. 209.

rural, católico e estatista."⁵⁷ Pouco depois, em 1987, Alain Minc ataca a "máquina igualitária"⁵⁸, denunciando o processo pelo qual a solidariedade se transformou em assistencialismo, em seguida em busca de igualdade que conduz inexoravelmente a mais uniformidade. Sob o guarda-chuva protetor, mas desgastado, do Estado-Providência instaurou-se uma sociedade de classes médias. Exacerbadas pelo efeito deletério conjunto do corporativismo e do individualismo, novas desigualdades emergem: "Uma sociedade individualista é tão dura quanto sorridente. Do egotismo à anomia, há apenas um passo."⁵⁹

No mesmo espírito, *La Révolution conservatrice américaine* [A revolução conservadora americana]⁶⁰, de Guy Sorman, é acolhida em 1983 como um acontecimento relevante; Louis Pauwels observa um "fenômeno Sorman", que apresenta a mutação em curso na sociedade americana como um modelo possível para a velha França submetida aos ventos do Oeste. Princípios morais que consagram o sentido da responsabilidade e do esforço, denúncia dos efeitos perversos de um Estado pletórico que favorece parasitismo e ineficácia, exaltação da livre empresa e crítica das elites em nome da lucidez espontânea do povo poderiam ser fontes de inspiração para a França. Aí estaria o viveiro sobre o qual direita e esquerda poderiam se reconciliar e os criadores de cabras da região de Ardèche abandonar suas ilusões e aproveitar um futuro mais radiante experimentado pela vanguarda da tecnologia moderna no Vale do Silício. A partir dessas temáticas promissoras, Sorman define pouco depois uma "solução liberal"⁶¹ para a crise, lembrando que a França se inscreve em um contexto internacional de reviravolta, que vê conservadores chegarem ao poder na Grã-Bretanha em 1979, com Thatcher; na Casa Branca, em 1980, com Reagan e os republicanos; em seguida, em 1982, na Alemanha, na Holanda, em Luxemburgo e na Bélgica.

---

57. Ibidem, p. 215.
58. MINC, [1987] 1989.
59. Ibidem, p. 180.
60. SORMAN, 1983.
61. Idem, 1984b.

A reviravolta do outono de 1983, na França, que vê o governo socialista renunciar a uma boa parte dos engajamentos keynesianos inspirados no programa comum da esquerda — sobre os quais ele foi eleito para se submeter às normas do mercado —, simplesmente se explicaria pelo desejo de se inscrever em um vasto movimento internacional de questionamento do "social-estatismo": "Os homens políticos tentam se adaptar a um movimento que os precede, a uma reviravolta completa da ideologia dominante: uma espécie de revolução conservadora e liberal."[62] Segundo Guy Sorman, a crise não é a real mola dessa reviravolta, mas o revelador fracasso das soluções estatais. As verdadeiras razões da mutação — e "o fim da era das massas"[63] é seu êxito — se devem às inovações tecnológicas, que permitem estabelecer um lado entre o infinitamente pequeno, como a micro-informática, a microbiologia ou as micromídias, e o infinitamente poderoso. É preciso igualmente explicá-lo pelo advento da geração contestatária do final dos anos 1960, cuja revolta atacou as hierarquias, os poderes instituídos, a burocracia sob todas as suas formas: "Essa geração explodiu as universidades e suas tradições. Essa mesma geração, ao entrar nas empresas, rompeu com os registros hierárquicos."[64] Ele preconiza um programa capaz de reconciliar a jovem e a antiga gerações em torno das noções de liberdade e de eficácia e de um Estado mínimo:

> Um programa liberal deveria se limitar a engajamentos extremamente restritos que consistam unicamente em modificar a natureza do Estado: orçamento em equilíbrio, tributação moderada, moeda estável, democracia direta sob a iniciativa dos cidadãos, supressão dos monopólios públicos e privados. Como se vê, na maioria as intervenções são não intervenções, mas desregulamentações.[65]

---

62. Ibidem, p. 23.
63. Ibidem, p. 29.
64. Ibidem, p. 33.
65. Idem, 1984a.

Nesses anos 1980, a ideia que prevalece é que cada um pode se garantir, se apoiar em forças pessoais para empreender e vencer. Basta desejá-lo, o mercado fará o resto. É o sentido de um programa de televisão de sucesso, *Vive la crise!*, cujo princípio é adaptado de um livro do ex-comissário no Plano Michel Albert, *Le Pari français* [A aposta francesa].[66] O programa, apresentado pelo muito popular Yves Montand, pede aos telespectadores que reajam positivamente à crise. François Cusset vê aí "o mais puro exemplo, jamais produzido na televisão, de uma divertida (e por isso mesmo mais perigosa) *pedagogia da submissão* à ordem econômica".[67] A moral da história é deixada para a vedete Montand, que lança ao acaso: "Ter-se-á o que se merece." É o momento em que Françoise Verny, mestre em boas tacadas editoriais, consegue atrair para a editora Grasset o jornalista François de Closets, que fabrica para ela um best-seller impecável, *Toujours plus!* [Sempre mais!][68], que faz a apologia do liberalismo e ataca os funcionários e o corporativismo enraizado na sociedade francesa. A obra obtém uma repercussão fabulosa: são vendidos 850 mil exemplares, número que se repete na versão de bolso. François de Closets ataca o que qualifica de "desigualdadopatia" francesa, cujas bases não são financeiras, mas ligadas à proliferação dos particularismos: "As incertezas econômicas apressam essa evolução. Com toda pressa, da baixa à alta Privilegiatura, fortifica-se seu modesto vilarejo, seu rico palácio. As pontes levadiças se levantam, as portas se fecham."[69] Em 1985, François de Closets toca na ferida do mundo do trabalho, estigmatizando o poder conquistado pela burocracia das "sindicracias"[70] que se tornaram máquinas de fabricar força de inércia, incapazes de se adaptar à modernidade, habituadas que estão a dizer sempre não para tudo, prisioneiras de uma ordem ultrapassada "marxista-tayloriana". No momento em que um movimento de dessindicalização ganha espaço, esse sucesso de François de Closets enfraquece ainda um pouco mais os sindicatos, tradicionalmente frágeis no mundo

---

66. ALBERT, 1983.
67. CUSSET, [2006] 2008, p. 92. Em itálico, no original. [N.T.]
68. CLOSETS (DE), 1982.
69. Ibidem, p. 307.
70. Idem, 1985.

do trabalho na França se comparados a seus vizinhos germânicos. Esse é também o momento em que se celebra esse empreendedor "de esquerda" que criou seu império com a força do punho, Bernard Tapie, e constituiu para si uma fortuna comprando sociedades em falência. Sua linguagem popular teria valor de demonstração: todo mundo pode fazer como ele, sob a condição de acordar cedo.

A "nova direita" na ofensiva

Nesses anos 1980, a atonia que atinge a esquerda favorece uma ideologia carregada por certo número de intelectuais da "nova direita" que renova radicalmente a tradição reacionária. Seus primeiros projetos datam de 1968, em reação à progressão da contestação da juventude escolarizada. É nesse contexto, na contracorrente, que Alain de Benoist — apelidado de Pico della Mirandola por um Jean-Marie Domenach admirado pela extensão de sua cultura — cria em fevereiro de 1968 a revista *Nouvelle École* e, em 1969, a associação Grece (Grupo de Pesquisa e de Estudos da Civilização Europeia). Alain de Benoist, nascido em 1943, engajou-se politicamente desde sua adolescência para defender a Argélia Francesa e militou na FEN (Federação dos Estudantes Nacionalistas) opondo-se à Unef, que então apoiava o FLN.

O nascimento do Grece corresponde à vontade de uma nova geração de intelectuais da extrema direita de reagir após diversos malogros: dissolução da Jovem Nação em maio de 1958, fracasso da candidatura de Tixier-Vignancour às eleições presidenciais de 1965, desastre eleitoral nas legislativas de 1967, nas quais o REL (Reagrupamento Europeu da Liberdade) não obtém nenhuma cadeira. Nessa data, Alain de Benoist, que tem apenas 24 anos, escreve sob o pseudônimo de Fabrice Laroche em *L'Observateur européen* e colabora regularmente com diversas revistas neofascistas, dentre as quais *Défense de l'Occident*, revista mensal dirigida de dezembro de 1952 a novembro de 1982 por Maurice Bardèche. Ele é igualmente membro do conselho nacional do REL, cuja doutrina é aquela da revista mensal *Europe-Action*, criada por Dominique Venner[71], europeísta racista que reage contra a imigração de povos "de cor" que colocam em perigo a identidade dos ocidentais:

> Na França, a imigração importante de elementos de cor é um problema [...]. Nós sabemos igualmente a importância da população norte-africana [...]. O que é grave para o futuro: sabemos que a base do povoamento da Europa, que permitiu uma expansão civilizadora, era a de uma etnia branca. A destruição desse equilíbrio, que pode ser rápida, provocará nosso desaparecimento e o de nossa civilização.[72]

Essa corrente xenófoba difunde um racismo biológico que se define ao mesmo tempo como revolucionário. O primeiro círculo reunido em torno de Alain de Benoist, antes mesmo do Grece, se encontrara nos *Cahiers universitaires*[73] com essa temática neofascista. Em 1976, o Grece funda as edições Copernic e reúne duas gerações de antigaullistas: aquela que atravessou a guerra no vichysmo e a colaboração, e aquela que não suportou os acordos de Evian. Essa corrente, que pretende rearmar a direita ideologicamente, modernizando-a, dará nascimento em 1974 ao Clube do Relógio.

Essa "nova direita" afasta-se da tradição do nacionalismo francês liderado por Maurras e Barrès, aquele de uma identidade da terra, para substituí-lo por um nacionalismo racialista com pretensões científicas e aberto à construção de uma Europa que traz um homem novo em favor de uma política eugenista. Alain de Benoist declara que "o realismo biológico é a melhor ferramenta contra as quimeras idealistas".[74] Os membros do

---

71. Essa revista reunirá as assinaturas de muitos dos futuros dirigentes do que se chamará "a nova direita": Fabrice Laroche, Gilles Fournier, Claude Grandjean, Pierre d'Arribère, Alain Lefebvre, Jean-Claude Rivière, Jean Mabire, François d'Orcival, Giorgio Locchi, Antonio Lombardo (informações extraídas de DURANTON-CRABOL, 1988, p. 25).
72. VENNER, 1966, p. 8.
73. Sobretudo com Jacques Bruyas, Vincent Decombis, Jean-Claude Bardet, Jean- Claude Valla e Pierre Vial.
74. BENOIST (DE), 1965, p. 9.

Grece progridem até o final dos anos 1970 para atingir cerca de 1.500 aderentes, essencialmente universitários. Alain de Benoist conquista notoriedade ao reunir seus artigos publicados entre 1970 e 1976 em *Vu de droite* [Visto da direita][75]; esse livro obtém o prêmio do ensaio da Academia Francesa e vende mais de trinta mil exemplares. Em 1979, por ocasião de sua segunda publicação[76], ele é convidado para o programa *cult* de Bernard Pivot, *Apostrophes*. Em sua conquista da hegemonia, sua estratégia se inspira na esquerda ideológica. Ele se refere a Gramsci e promove um "gramscianismo de direita".[77] Quanto à legitimação científica de sua ideologia racialista, ele a encontra na biologia, da qual instrumentaliza os dados a um tempo genéticos, etiológicos e sociobiológicos. No plano genético, utilizando os trabalhos de pesquisa de Arthur R. Jensen, ele se opõe à ideia rousseauniana de uma igualdade de nascimento contrariada por desigualdades de capital cultural sobre o plano ambiental. Ao contrário, Alain de Benoist coloca em evidência o peso da hereditariedade, que alcançaria mais de 80% nas diferenciações entre indivíduos. A isso se acrescenta, para Alain de Benoist, o papel matricial do instinto animal, elevado ao nível de modelo de vigor e de valor para o ser humano e que traz uma atenção renovada às descobertas da etologia. Enfim, essa fonte de inspiração é totalmente nova à direita; Alain de Benoist se inspira na sociobiologia e nos trabalhos de seu fundador, Edward Osborne Wilson, teórico da biodiversidade. Além disso, o Grece não hesita em retomar para si muitos dos temas de mobilização de Maio de 1968 e dos anos que se seguem, como o feminismo, o regionalismo, a preocupação ecológica: "Favoráveis à libertação dos costumes sexuais, à legislação do aborto, à renovação do ensino por métodos ativos interdisciplinares, os grecistas não rejeitam a civilização industrial."[78] Entretanto, nesse aspecto, Alain de Benoist evoluirá na direção de uma crítica cada vez mais radical da tecnociência, acrescentando a ela críticas de esquerda inspiradas na Escola

---

75. Idem, 1977.
76. Idem, 1979b.
77. Idem, 1977, p. 456.
78. Duranton-Crabol, 1988, pp. 100-101.

de Frankfurt. Ele toma emprestado igualmente da esquerda um antiamericanismo que se torna a linha oficial de sua corrente a partir de 1975, em nome de uma reação contra uma crise geral da cultura para a qual contribui a invasão das séries americanas de Hollywood.

Outra grande ruptura com a tradição de direita é a recusa radical do cristianismo. Se para a direita clássica a França é a filha mais velha da Igreja, o Grece denuncia a herança "judaico-cristã", seu igualitarismo e sua defesa dos direitos humanos, considerada como um de seus filhos. A essa tradição, o Grece opõe o suporte ideológico da "herança indo-europeia". Essa corrente manifesta ainda sua modernidade, pois Georges Dumézil é tido como um mestre em antropologia. A trifuncionalidade indo-europeia, que organiza a sociedade segundo princípios hierárquicos que separam aqueles que rezam, aqueles que guerreiam e aqueles que trabalham, é estudada e engrandecida pelo Grece, mas amplamente deportada do lado de uma apologética, aquela de um "politeísmo, ou o paganismo, que é elogiado e repensado como a verdadeira 'religião dos Europeus[79]'".[80] Esse conjunto ideológico inédito se põe a serviço de posições anti-igualitárias: o Grece é favorável a uma política de *apartheid* bem estabelecida entre as diversas culturas. Não se trata de eliminar o outro, de destruir a sociedade diferente, mas de considerar que ela deve prosperar em um espaço diferente, e deixar os europeus entre eles. O Grece absolutiza as diferenças culturais: segundo ele, as culturas não podem estabelecer trocas de maneira fecunda, e devem permanecer separadas umas das outras. Como observou Pierre-André Taguieff, Alain de Benoist abandona progressivamente a temática biológica em benefício de uma abordagem de ordem antropológica, muito clara na publicação de 1977, sob o pseudônimo coletivo de Jean-Pierre Hébert, de *Race et intelligence* [Raça e inteligência], na coleção por ele dirigida nas edições Copernic. Dessa feita, os autores utilizam um determinismo cultural em nome do qual cada cultura deve desenvolver sua própria singularidade: "O culturalismo de Alain de Benoist e seu antiutilitarismo

---

79. BENOIST (DE), 1981.
80. TAGUIEFF, 1994, p. 43.

— derivado da reflexão heideggeriana sobre a técnica — o afastam das questões enunciadas pelas aplicações das biotecnologias ao homem."[81]

Seguro com essa ideologia a um só tempo compósita e nova, o Grece ganha em adesões e em influência, expandindo suas ramificações para além dos círculos restritos da extrema direita. Sua progressão é tal que o jornalista de *Le Monde* Thierry Pfister alarma-se e manifesta-se a respeito em 1979, em um artigo intitulado "La nouvelle droite s'installe" [A nova direita se instala].[82] Ele coloca em evidência as redes de poder dessa corrente na imprensa, as de Raymond Bourgine e de Robert Hersant, em particular no *Figaro Magazine*, dirigido por Louis Pauwels. Este último, que ocupa uma posição central na imprensa, foi patrono da *Nouvelle École* em 1972 e já havia convidado Alain de Benoist para escrever em sua revista *Question de*. Quando se torna diretor dos setores culturais do *Figaro* em 1977, ele abre esse suplemento e, um ano mais tarde, as colunas do *Figaro Magazine* para as plumas dos colegas de Alain de Benoist.[83] Pauwels, polemista discípulo de Gurdjieff, é um fervoroso crítico do cristianismo. Ele não cessa de estigmatizar os cristãos, de representá-los como nazarenos como para deles evidenciar a identidade — a de uma seita que cresceu simplesmente de modo descomedido. Os cristãos teriam entregado a cidade romana e sua civilização aos bárbaros, para, após esse delito, amordaçar a liberdade de expressão e colocar em seu lugar a Inquisição, banir as leis da natureza e substituir a alegria de viver que existia antes deles por uma espécie de "sinistrose" que alimenta um igualitarismo ilusório e é fonte de desordens.

Em sua advertência, Thierry Pfister observa que a "nova direita" efetua algumas conquistas na direita clássica, do lado dos giscardianos e dos gaullistas. Essa influência é encontrada nos escritos do giscardiano Michel

---

81. Ibidem, p. 48.
82. Pfister, 1979.
83. "A nova direita se faz maciçamente presente, sobretudo se se considerar o jogo dos pseudônimos. Eles são responsáveis por setores diversos: Alain de Benoist ('Frédéric Toulouze', 'Jean-Pierre Dujardin'), Jean-Claude Valla, Patrice de Plunkett, Grégory Pons, Christian Durante, Yves Christen, Michel Marmin, Alain Lefebvre, Jean Varenne, 'Dominique Pradelle', 'Annie Rimorini', aos quais se juntam, por vezes, Guillaume Faye e Patrick Rizzi" (Duranton-Crabol, 1988, p. 192).

Poniatowski, que elogiou a pluma de Alain de Benoist por *L'Avenir n'est écrit nulle part* [O futuro não está escrito em parte alguma], publicado pela Albin Michel, "enquanto Jean-Claude Valla, o secretário-geral do Grece, coassina artigos no *Figaro* com Alain Griotteray, um dos fundadores dos Republicanos Independentes".[84]

A isso se acrescenta a influência exercida pelo Clube do Relógio sobre o mundo político. Seu presidente, Yvan Blot, não é outro senão o chefe de gabinete do secretário-geral do RPR, Alain Devaquet: "O Clube do Relógio alimentava doutrinalmente todos os partidos da oposição de direita, antes de fornecer à Frente Nacional, em 1985, com o livro dirigido por Jean-Yves Le Gallou[85], os princípios de uma argumentação eficaz."[86] Um dos grandes temas desenvolvidos pelo Clube do Relógio é o da necessidade inextinguível das raízes identitárias, sem as quais o indivíduo arrisca cair na tentação totalitária. De seu lado, o Grece foi abordado já em 1972 pela corrente giscardiana, com a qual as relações se consolidam a partir da eleição de Giscard em 1974. Em Nice, Jacques Médecin apoiou o Grece, que desde o início se beneficia de uma filial local. A essa penetração nos meios dos decisores políticos é preciso acrescentar a proximidade com uma plêiade de intelectuais.[87]

O Grece encarna um movimento cada vez mais significativo que contaria com até 2.500 aderentes e de cinco mil a oito mil simpatizantes em 1985, segundo as avaliações de Alain de Benoist. Certo número de indicadores tangíveis dão conta de uma influência crescente, como a afluência aos *meetings*, que drenam de setecentas a 1.200 pessoas, ou a tiragem da revista *Éléments*, que chega a quinze mil exemplares, contando com cinco mil assinantes.

---

84. CHARPIER, 2005, p. 294.
85. LE GALLOU, 1985.
86. TAGUIEFF, 1994, p. 53.
87. "Ao lado de Arthur Koestler e de Mircea Eliade, o conselho de patronos de *Nouvelle École* contava, em 1979, com três membros da Academia Francesa — Pierre Gaxotte, René Huygue, Thierry Maulnier — e com um prêmio Nobel, Konrad Lorenz. Ali foram vistos intelectuais franceses bastante reputados, como Georges Dumézil, Louis Pauwels, Jean Cau, Julien Freund, Paul Bastid" (DURANTON-CRABOL, 1988, p. 144).

Graças a esse sucesso e desejando transformar a experiência em uma teorização filosófica, Alain de Benoist lança em 1988 sua própria revista, *Krisis*, que concentra seus esforços sobre a elucidação da crise moderna, caracterizada pelo empobrecimento espiritual. Sua maior inspiração é de ordem heideggeriana, insistindo sobre o Esquecimento original do Ser e desenvolvendo uma temática crítica da sujeição do Ocidente à tecnociência:

> Um mundo em que o pensamento autêntico é preso no duplo cerco do achatamento midiático e da fúria técnica; onde o homem está, no sentido próprio, *dis-traído* dele mesmo, isto é, em condições de esquecer que, antes de ser necessidade de alguma coisa, ele é, antes, necessidade de si [...]. Um tal mundo é simplesmente um mundo que despossui o homem de sua humanidade.[88]

O tema do enraizamento heideggeriano se torna o credo dessa corrente que cultiva a mais pura diferenciação cultural: "SOS-Racismo, dizem alguns. Nós respondemos: SOS-Raízes."[89] Essa ofensiva ideológica da "nova direita" se mostra eficaz, e Pierre Billard constata em *Le Point*, em setembro de 1978, um recuo ideológico da esquerda diante do avanço de uma "nova ordem moral".

Ressurgência da extrema direita

O agravamento de uma crise econômica que o poder político não parece mais controlar dá a sensação de que não há escapatória. Nesses anos 1980, tudo se conjuga para acentuar o que Castoriadis chama de "privatização" dos indivíduos, voltados cada vez mais para si mesmos porque cada vez mais despossuídos, como constata no mesmo momento o psicanalista Gérard Mendel em *54 millions d'individus sans appartenance* [54 milhões

---

88. BENOIST (DE), Alain, 1988, p. 75.
89. Idem, [1985] 1994.

de indivíduos sem pertença].[90] Uma onda de inquietação atravessa uma boa parte da sociedade francesa, que alimenta a rejeição do outro e a expressão de sentimentos xenófobos para melhor defender as tradições e as identidades que parecem ameaçadas. Diante da esquerda no poder, esse movimento de fechamento vindicativo e de estigmatização da alteridade exacerba a extrema direita, que havia quase desaparecido da paisagem intelectual e política e encontra aí um viveiro favorável a seu renascimento. A própria democracia é posta em xeque por esses renascimentos populistas e etnicistas, como sublinha o sociólogo Michel Wieviorka: "Nacionalismo, populismo, etnicidade, mas também racismo, violência urbana, exclusão e grande pobreza estão na ordem do dia e constituem um formidável desafio para a democracia."[91] Esse fenômeno revela ainda uma grave crise do devir histórico, o mau funcionamento de todo um imaginário social-histórico, e sua substituição por um catastrofismo, um tribalismo generalizado. Ao longo dessa década, a mudança de regime de historicidade assume um tom crepuscular que anuncia, segundo a expressão de Félix Guattari, um mergulho nos anos de inverno.[92] Como mostraram Deleuze e Guattari em *Mil platôs*[93], os processos de desterritorialização ilustrados pelo deslocamento dos centros de gravidade decisórios do Estado-nação em direção das instâncias europeias e mundiais são sempre acompanhados de fenômenos de reterritorialização que podem assumir a forma de crispações identitárias. O contexto presentista dá lugar ao confronto entre dois fenômenos sociais reveladores de dois tipos opostos de patologia. O primeiro repousa sobre a "privatização" do indivíduo, que o conduz a se desprender de toda forma de inscrição social. Ele "se descola dos registros sociais para viver em um universo mais ou menos precário de escolha e de liberdade [...]. Nessa perspectiva, o sujeito existe, mas fora do político, fora da visada histórica."[94] No lado oposto, o segundo, igualmente problemático, caracteriza-se por um fechamento sobre uma identidade coletiva fantasmagórica

---

90. MENDEL, 1983.
91. WIEVIORKA, 1993, p. 10.
92. GUATTARI, 1986.
93. DELEUZE; GUATTARI, 1980.
94. WIEVIORKA, 1993, p. 158.

que alimenta o retorno a um nacionalismo exacerbado e vindicativo que designa a alteridade como a razão de seu mal-estar, segundo o esquema bem conhecido do imigrante como bode expiatório.

A fragilização da pertença comunitária alimenta um crescimento do sentimento racista, que sai de seu recalque vergonhoso depois do horror do genocídio perpetrado durante a Segunda Guerra Mundial. Sua expressão se normaliza e se generaliza em camadas cada vez mais numerosas da sociedade. A Frente Nacional se aproveita dessa evolução na direção da extrema direita do tabuleiro político, tirando essa corrente de pensamento da marginalidade: "Em dez anos, a Frente Nacional passa do estágio de grupúsculo ao de partido político que se situa na oposição."[95] O que se acreditava definitivamente regrado, como a racialização dos problemas sociais, torna-se central e se propaga na classe política clássica, em que se fala cada vez mais de limite de tolerância, de *charters* aéreos de invasão, de odores, e, ainda, de ocupação, de grande substituição e mesmo de ocupação estrangeira.

Entretanto, essa corrente não desapareceu por completo da cena política, mesmo que não tenha conhecido senão uma existência corpuscular até os anos 1980. Em 1945, a velha direita antirrepublicana maurrasiana era marginal, mas subsistia em *Les Documents nationaux*, uma revista monarquista, cuja tiragem logo se elevou a quinze mil exemplares, e que deu nascimento a um hebdomadário, *Aspects de la France*. Outros órgãos de imprensa se seguiram, como *Questions actuelles, Paroles françaises, Le Combattant européen, Réalisme*: "A oposição nacional não está apenas representada no registro da imprensa ou da edição, ela começa a fazer uma tímida aparição nas ruas."[96] Maurice Bardèche, cunhado de Brasillach, inspira o Movimento Socialista de Unidade Francesa, que se constitui em setembro de 1948, e a extrema direita encontra nele seu líder intelectual. Essa corrente é apoiada nos meios estudantis pelo mensal *Occident*, lançado em 1951, e pela Frente Universitária pela Liberdade. Jacques Isorni, o advogado de Pétain, constitui a UNIR (União dos Nacionais Independentes e

---

95. Igounet, 2014.
96. Duprat, 1972, p. 26.

Republicanos) para participar das eleições e tirar a extrema direita de sua marginalidade. É a ocasião dos primeiros combates de Jean-Marie Le Pen na liderança dos estudantes nacionalistas que enfrentam os militantes de esquerda no Quartier Latin. Também em 1951 nasce *Rivarol*, que se torna o primeiro jornal da oposição nacional, cuja tiragem inicial de quarenta mil exemplares é logo ultrapassada. Filho de um chefe miliciano fuzilado na Libertação, Pierre Sidos constitui o grupo Jovem Nação com Albert Heuclin e o advogado Jean-Louis Tixier-Vignancour. O início do movimento é custoso, mas o final da Guerra da Indochina, em 1953, permite a ele recrutar entre os antigos.

Para essa extrema direita, a Guerra da Argélia foi a ocasião para levantar a cabeça e aumentar sua audiência junto a uma opinião pública em parte sensível à defesa da Argélia Francesa. Quanto mais o general De Gaulle se orienta em direção à autodeterminação do povo argelino, mais a extrema direita progride, até constituir uma organização paramilitar, a OAS, que logra temporariamente tomar o poder em Argel, criar um exército para executar uma política de terra queimada e impor aos europeus da Argélia a escolha entre a mala ou o caixão. A Guerra da Argélia é uma "divina surpresa" para essa extrema direita repentinamente lavada das suspeitas de traição que pesam contra ela desde sua colaboração com o ocupante nazista entre 1940 e 1944. Podendo se identificar dessa feita com a defesa veemente da bandeira nacional e fazer apelo ao patriotismo, ela reata com o acontecimento e chega mesmo a derrubar o governo Pflimlin:

> Na metrópole, velhos senhores e jovens burgueses, pequenos arruaceiros e ideólogos de câmara, combatentes que escaparam das derrotas indochinesas e intelectuais "de tradição francesa" descobrem que seus ideais podem enfim reencontrar do outro lado do Mediterrâneo uma base popular maleável em seu pânico e braços seculares em uniforme leopardo.[97]

---

97. RIOUX, 1993, p. 233. O uniforme leopardo, *"tenue léopard"* no original, era o uniforme dos militares franceses que combateram na Indochina e na Argélia; por sua estampa, servia como camuflagem. [N.T.]

Os traidores da pátria são designados como sendo os intelectuais de esquerda engajados na luta pela emancipação dos povos colonizados. A extrema direita cultiva o antiarabismo, dando majestade à causa ocidental sobre fundo de racismo. O general De Gaulle enfrenta as ações da extrema direita, que quase lhe tiraram a vida por ocasião do atentado do Petit-Clamart, e joga a extrema direita na sombra, a não ser no momento das eleições presidenciais de 1965, quando Tixier-Vignancour recolhe 5,2% dos sufrágios.

No pós-Maio de 1968, a extrema direita volta a ganhar vigor quando consegue recrutar para impedir o crescimento da extrema esquerda. Se a dissolução do movimento Ocidente em novembro de 1968 interrompe temporariamente as manifestações violentas de seus grupos paramilitares, o recrutamento é rapidamente retomado, e a extrema direta conta com alguns bastiões no mundo universitário, como a faculdade de direito de Assas, onde é implantado o GUD (Grupo de Direito, que se torna Grupo de União e de Defesa), dirigido por Alain Robert e Gérard Longuet, e que se torna a coluna vertebral do movimento Ordem Nova, criado em novembro de 1969. Essa organização se engaja em uma estratégia da tensão e do confronto físico destinada a afrontar a dinâmica das forças contestatárias nascidas do movimento de Maio: "Os jovens militantes de Ordem Nova, armados com barras de ferro e capacetes de motociclistas, tomam a iniciativa de expedições punitivas."[98]

Do alto da tribuna do Palácio da Mutualité, são verdadeiros apelos à guerra civil que são lançados diante de um público de três mil pessoas por ocasião do *meeting* do congresso constitutivo do movimento. Ovacionado, François Brigneau declara nessa ocasião: "É preciso fazer um partido revolucionário, branco como nossa raça, vermelho como nosso sangue, verde como nossa esperança."[99] Os dirigentes do Ordem Nova voltam-se então para os lados da Itália, onde o MSI, movimento neofascista, obtém bons resultados eleitorais e mesmo avanços espetaculares na primavera de 1972 no Mezzogiorno e em Roma, onde obtém 18% dos votos. Quando

---

98. Milza, [1987] 1991, p. 338.
99. François Brigneau, citado in Rollat, 1985, p. 50.

o Ordem Nova é dissolvido após violentos confrontos com os trotskistas da Liga Comunista em 1973, a organização neofascista francesa conta com cerca de cinco mil militantes.

É do Ordem Nova que vem a iniciativa de dar um prolongamento apresentável no plano eleitoral para suas ações subversivas criando a Frente Nacional em outubro de 1972, colocada sob a direção de Jean-Marie Le Pen, na expectativa das eleições legislativas de 1973. Os inícios não são verdadeiramente promissores: os candidatos da Frente Nacional não obtêm senão 0,52% dos votos. "O casamento ia mal entre a corrente da direita parlamentar de Jean-Marie Le Pen, o ativismo revolucionário e pró-europeu de Alain Robert e de Pascal Gauchon, e minhas posições contrarrevolucionárias e maurrasianas"[100], constata com desprezo François Brigneau. Esse malogro provoca a cisão da FN, dirigida por Le Pen. Alain Robert e François Brigneau fundam o PFN (Partido das Forças Novas) em novembro de 1974, depois de um novo fracasso retumbante de Le Pen nas eleições presidenciais de maio de 1974, que não obtém senão 0,74% dos votos. Nos anos 1970, em todo novo prazo eleitoral, a extrema direita mergulha cada vez mais na marginalidade. Em 1978, ela não recolhe senão 0,29% dos votos e, em 1981, nem a FN nem o PFN conseguem reunir as quinhentas assinaturas necessárias para apresentar um candidato. Despeitado, Le Pen conclama a votar em Joana d'Arc.

Entretanto, é no fundo da onda que a FN encontra os meios para renascer, graças à crise e a seus efeitos devastadores sobre o emprego, apoiando-se no medo do desemprego e da imigração, assim como em uma radicalização de uma fração da opinião pública diante de um poder de esquerda que se instala ao longo do tempo. Essas condições propícias ao isolamento dos indivíduos e ao crescimento da intolerância preparam o espetacular acontecimento do final do ano de 1983: na eleição parcial na cidade de Dreux, a lista da extrema direita liderada por Jean-Pierre Stirbois recolhe 16,7% dos votos no primeiro turno e se junta à lista RPR-UDF no segundo para vencer a esquerda. É o "trovão de Dreux". A aliança RPR-UDF-FN vence com 55% dos sufrágios, fazendo entrar a

---

100. Idem, citado in Vilgier, [1981] 1993, p. 244.

extrema direita no jogo das grandes formações políticas. A explicação para esse avanço se encontra nos efeitos da crise sobre uma cidade industrial da região do Eure-et-Loir: beneficiada com os Trinta Gloriosos, sua posição duplica, mas, em 1978, ela "detém um sinistro recorde: aquele da mais alta taxa de desemprego na região Centro"[101], entre 22% e 24% de seus 35 mil habitantes. O essencial da campanha de Jean-Pierre Stirbois consiste em estigmatizar os imigrados e a responsabilizá-los pelo desemprego. Seu cartaz eleitoral é evocador: "Dois milhões de desempregados são dois milhões de imigrados a mais! A França e os franceses antes de tudo!" No mesmo ano, nas eleições municipais, em Paris, a chapa Le Pen "Paris para os parisienses! Os franceses antes de tudo!" obtém igualmente um *score* com 11,26% dos votos no primeiro turno do escrutínio. A partir daí, as mídias abrem-se amplamente para o fenômeno, convidando Le Pen, bom cliente e saltimbanco eficaz, que atrai uma ampla audiência. Por todos os lados, perscruta-se de perto "o fenômeno Le Pen", e a extrema direita não deixa de progredir, ampliando suas zonas de implantação e enraizando-se em seus bastiões. Com as eleições europeias de 1984, a FN logra um golpe brilhante com repercussão internacional. Le Pen está na cabeça da legenda, aliado aos católicos integristas representados por Bernard Antony, dito Romain Marie, que preside os comitês Cristandade-Solidariedade, que se loca na sexta posição da lista. Em 17 de junho de 1984, a chapa Le Pen obtém 10,95% dos votos e conta com dez eleitos no Parlamento Europeu: "As eleições europeias significam a primeira vitória política nacional, mas igualmente um filão financeiro importante."[102] Na revista *Esprit*, Jean--Claude Eslin exprime sua viva inquietação diante do efeito Le Pen, que ele analisa como a ressurgência da resistência latente aos ideias da Revolução Francesa: "Le Pen fala o que a linguagem da revolução proíbe falar: sobre a diferença racial, a autoridade; sobre a desigualdade dos homens e a ordem moral. Nesse aspecto, ele se aproxima de Pétain."[103] A partir das eleições cantonais de 1985, alguns notáveis decidem dar um passo a mais,

---

101. IGOUNET, 2014, p. 137.
102. Ibidem, p. 156.
103. ESLIN, 1984, p. 74.

deixando a direita clássica para aderir à FN: universitários como Bruno Gollnisch, Jean-Claude Martinez, Bruno Chauvierre e altos funcionários como Bruno Mégret ou Jean-Yves Le Gallou. *Esprit* compreende o alcance do acontecimento, insistindo sobre o vazio político que alimenta a máquina da FN[104] e os deslizes em curso em direção de uma xenofobia cada vez mais exacerbada.[105] O problema é saber como abordar a questão da imigração, que se torna cada vez mais central no debate político. Como observa Jean-Louis Schlegel, o modelo francês de integração está em crise. O discurso geral de reconhecimento das diferenças está em vias de ser recuperado pela extrema direita com outros fins: reenviar os imigrados de volta a seus países de origem em nome de sua dessemelhança e de sua impossível assimilação.

> Quando os pesquisadores "de esquerda" falam em dissociar cidadania e nacionalidade, não se revela de modo evidente que esses imigrados não são como os outros? Não há senão um discurso possível: aquele da assimilação que paga seu preço, que é em geral concedida pela França a pessoas que a recebem como um favor e que se engajam em seus deveres antes de exigirem seus direitos.[106]

Contudo, aceitar uma política de imigração implica na negação dos problemas sociais que daí resultam: a transformação dessa questão em tabu é a ocasião para os arautos da xenofobia a erigirem em totem.

Sem dúvida nenhuma, esse fenômeno político se alimenta dos efeitos da crise, mas igualmente e sobretudo da desesperança histórica vivida com intensidade pelas populações das regiões mais atingidas por aquilo que os sociólogos chamam de anomia social. O desaparecimento de um horizonte de expectativas suscita uma reação de crispação identitária nas categorias sociais mais afetadas.

---

104. "Dreux, le désert politique" [Dreux, o deserto político], mesa-redonda com André Coquart, Jacques Duval, Jeanyves Guérin, Chantal Lobato, Olivier Roy, Gilbert Stenfort, *Esprit*, junho de 1985.

105. CAROUX, 1985.

106. SCHLEGEL, 1985, p. 83.

Diante desse crescimento do racismo e da FN, iniciativas são tomadas, como a da marcha pela igualdade e contra o racismo em 1983, dita igualmente "marcha dos *beurs*"[107], que parte do bairro da Cayolle, em Marseille, e termina em Paris com uma grande manifestação de massa ao final da qual seus responsáveis são recebidos pelo presidente da República, François Mitterrand. A ideia dessa marcha veio de dois intelectuais cristãos, o padre Christian Delorme e o pastor Jean Costil, da CIMADE, que sugeriram aos jovens da associação SOS Minguettes, após uma série de confrontos com a polícia que levaram o líder do movimento, Djaïdja, gravemente ferido, ao hospital, a organização de uma manifestação pacífica à maneira de Martin Luther King para se oporem ao recrudescimento do racismo e exigirem a obtenção de um visto de estada de dez anos para os imigrados, assim como o direito de voto nas eleições locais.

Um ano mais tarde, em novembro de 1984, o sucesso dessa mobilização resulta na criação do SOS Racismo, liderado por Harlem Désir e Julien Dray, cujo slogan "*Touche pas mon pote*" [Não encoste em meu amigo] e seu famoso broche da mão amarela conhecem um real sucesso, atestando uma profunda reação contra a onda racista da FN. Michel Polac convida Harlem Désir para seu programa televisivo *Droit de réponse* em janeiro de 1985: "Era uma ocasião inesperada para popularizar os objetivos da associação."[108] Certo número de personalidades agita a mão amarela: a primeira a usá-la na televisão é Simone Signoret, por ocasião do programa de Anne Sinclair *7 sur 7*. Em 21 de fevereiro, um *meeting* lança o movimento no Palácio da Mutualité, onde se sucedem na tribuna Philippe Noiret, Bernard-Henri Lévy, Marek Halter, François Doubin, Oliver Stirn e Bertrand Delanoë. Graças aos concertos e ao apoio ativo dos cantores, o SOS Racismo logra uma repercussão espetacular: em 15 de junho, a associação organiza um concerto gigante na praça da Concorde, uma *Fête des potes* [Festa dos amigos] que reúne cerca de trezentos mil jovens. Todo o bairro dos Champs-Elysées e os cais do rio Sena são ocupados por uma multidão multicolor que comunga em um sentimento

---

107. "*Beurs*" são todos aqueles nascidos em território francês cujos pais ou avós são imigrantes da África do Norte em geral e, em particular, do Magreb.

108. Désir, 1985, p. 41.

de fraternidade reencontrada até o amanhecer; às 7h35, o grupo Jéricho, Mory Kanté e Salif Keïta ainda fazem ressoar seus corás.

Nesse estágio, o movimento já vendeu 1,5 milhão de broches: "Na verdade, poucos slogans conhecerão fortuna semelhante, até as mais variadas declinações: logo a seguir, a Frente Nacional Jovens replica com um broche tricolor: *"Touche pas à mon peuple"* [Não encoste em meu povo].[109] O broche do SOS Racismo torna-se a insígnia de reconhecimento de uma geração que preza os valores de mestiçagem e se reconhece em uma música que faz o elogio da mistura: a variedade francesa com a canção de sucesso de Daniel Balavoine "L'Aziza", as canções de Laurent Voulzy, Maxime Le Forestier, Bernard Lavilliers, Julien Clerc ou Jean-Jacques Goldman, e, claro, a música de origem africana de Manu Dibango ou o rap proveniente das periferias. Essas reuniões, esses encontros festivos levam a pensar que o racismo, dessa feita, efetivamente recua.

François Dubet observa a "genialidade" do SOS Racismo, que soube interpelar a opinião pública graças aos meios de comunicação modernos, adaptando-se a uma sociedade que se tornou aquela dos indivíduos, que privilegia uma sociabilidade dos próximos, privada e local, para resistir à corrente racista de rejeição: "Assim, não é nem em nome do movimento operário, nem em nome da República, nem mesmo em nome dos direitos humanos que esses jovens apoiaram *'Touche pas à mon pote'*. É em nome de uma experiência de vida centrada na sociabilidade entre os jovens, em gostos musicais partilhados, na mesma dificuldade, que eles se opuseram ao racismo."[110] Entretanto, François Dubet coloca em evidência os limites de um movimento de opinião que se define, antes, por aquilo que ele combate, mais do que por aquilo que ele defende; esse movimento não poderá se ancorar na duração senão sob a condição de se mostrar capaz de considerar os problemas sociais de uma sociedade cada vez mais dualista, que deixa sem herdeiros a integração das comunidades de imigrados, uma

---

109. CUSSET, [2006] 2008, p. 102.
110. DUBET, 1987, p. 44.

das questões mais debatidas.[111] Na revista *Esprit*, Olivier Mongin, considerando o malogro do modelo republicano de assimilação, propõe levar a sério a possibilidade de dar aos imigrados o direito de participar da vida local pelo voto. Isso permitiria a um só tempo evitar o escolho de uma assimilação impossível a partir do modelo da III República e o curvar-se às exigências de um culturalismo que conduziria ao comunitarismo ou à tribalização. Para sair do confinamento identitário das polêmicas sobre a imigração, Olivier Mongin sugere uma saída política: "Há ainda que se reabilitar uma perspectiva política da imigração que não caia nas facilidades do republicanismo dedicado a uma reabilitação póstuma."[112]

Afastado do entusiasmo fraternal reencontrado pelo SOS Racismo, cético quanto aos meios postos em execução na resposta à progressão do ódio racial, Pierre-André Taguieff publica em 1988 um monumental estudo sobre o racismo, *La Force du préjugé* [A força do preconceito], em que critica muito duramente a estratégia adotada pelo SOS Racismo.[113] Segundo Taguieff, é preciso considerar o alcance da mudança de suporte teórico com o qual se dotou a extrema direita, que justifica a recusa do Outro por razões não mais biológicas, mas de diferenciação cultural, apoiando suas teses na antropologia para se opor à confusão entre diversos mundos culturais que fragiliza estes últimos. Segundo ele, o SOS Racismo, ao exigir que não se encoste em seu amigo, cultiva, de seu lado, com as melhores intenções do mundo, uma forma de indiferenciação cultural que conforta o racismo ao invés de combatê-lo de modo eficaz: "Discurso com intenção racista e discursos antirracistas militantes partilham os mesmos jogos de linguagem, recorrem às mesmas evidências fundadoras e visam à realização dos mesmos valores."[114] Para Taguieff, a melhor resposta consiste em se dedicar à defesa dos valores universais contra todas as formas de fechamento comunitarista e contra as celebrações exclusivistas

---

111. Entre outros, ver LECA, 1983; "L'Immigration maghrébine en France: les faits et les mythes", *Les Temps modernes*, n. 452, março-abril-maio de 1984; LESOURNE, 1985; DUPUY, 1985; "Français/Immigrés", *Esprit*, junho de 1985; PINTO, 1986.

112. MONGIN, 1985, p. 8.

113. TAGUIEFF, 1988.

114. Ibidem, p. 17.

da diferença. Ou os valores universais continuam a ser o cimento do laço social, ou a barbárie triunfará:

> Eis a antinomia fundamental: o absoluto respeito pela pessoa se opõe ao absoluto respeito da comunidade como tal. Ela não pode ser ultrapassada especulativamente senão a partir de uma *aposta* no universal, seguida pela determinação dos *limites* da exigência universalista, a fim de que esta não possa se degradar em uma visada de unificação terrorista pela uniformização imposta.[115]

Segundo Taguieff, a reação à progressão do racismo, mesmo se ela se reveste de aspectos simpáticos, contribui para embaralhar as cartas e para desarmar toda resposta eficaz; o SOS Racismo, assim como Le Pen, se diz tributário do respeito da diferença. Essa confrontação faz desaparecer o horizonte de um universo integrador dessas diferenças: "Diante da ressurgência de uma concepção étnica da nação, esquerda e direita foram como que afetadas pela afasia. O velho modelo de integração em torno da adesão à República está desgastado e não é mais capaz de evitar o rompimento e a exclusão sociais."[116]

A outra ponta de lança da extrema direita, além de suas campanhas anti-imigrados, é a revisão da história da Segunda Guerra Mundial para se desvencilhar de sua colaboração com o ocupante e banalizar o genocídio perpetrado pelo Terceiro Reich:

> O desafio era simples. Tratava-se, a fim de absolver os colaboracionistas mais comprometidos, cruzados da LVF e da Waffen-SS francesa, suplentes da polícia alemã na caça aos "terroristas", combatentes da pluma a serviço dos purificadores da raça, de "demonstrar" que os crimes pelos quais são responsáveis os dirigentes nazistas em nada eram diferentes das atrocidades comuns imputadas ao fato guerreiro.[117]

---

115. Ibidem, p. 489. Em itálico, no original. [N.T.]
116. PERRINEAU, 1993, p. 277.
117. MILZA, [1987] 1991, p. 359.

Desde o final da guerra, Maurice Bardèche dedica-se a desembaraçar a extrema direita desse peso de culpabilidade que a desacredita. Para fazer evoluir a opinião pública sobre essa questão, é preciso ainda demonstrar que o Holocausto é um mito inventado por aqueles que venceram o Terceiro Reich. Essa é a tese defendida por Bardèche em *Nuremberg ou la Terre promise* [Nuremberg ou a Terra prometida], texto publicado em 1948: "Tivemos a sorte de descobrir em janeiro de 1945 campos de concentração, sobre os quais ninguém havia ouvido falar até então, e que se tornaram enfim a prova de que se precisava, o flagrante delito em estado puro, o *crime contra a humanidade* que tudo justificava."[118] Ao longo das páginas, Bardèche denuncia uma "mentira", uma "maquinação", "uma admirável montagem técnica". Segundo ele, os campos nazistas não são senão uma invenção dos Aliados, que esperam ser perdoados por seus crimes. Bardèche procura absolver a Alemanha e dá livre curso a seu ódio aos judeus: "Ele os julga inassimiláveis, perigosos"[119] e desejaria vê-los enfim reunidos em um território-gueto. Ele julga que o tratamento sofrido pelos judeus sob o nazismo foi, antes, "razoável", "moderado" e que o uso do gás nos campos foi mal interpretado por não se dominar bem a língua alemã:

> Se a delegação francesa encontra faturas de gases nocivos, ela se engana na tradução e cita uma frase em que se pode ler que o gás era destinado ao "extermínio", embora, na verdade, o texto alemão diga que ele era destinado ao "saneamento", isto é, ao ataque contra os piolhos que, efetivamente, provocavam queixas junto a todos os internos.[120]

Essa obra provocadora sobre Nuremberg terá uma tiragem de 25 mil exemplares, e Bardèche será condenado por "apologia ao crime de assassinato" a pagar cinquenta mil francos de multa e a um ano de prisão sem *sursis* — ele não permanecerá preso senão alguns dias. Como nota Valérie Igounet, Maurice Bardèche "adquire um novo estatuto no seio da

---

118. BARDÈCHE, 1948, p. 23. Em itálico, no original. [N.T.]
119. IGOUNET, 2000, p. 43.
120. BARDÈCHE, 1948, p. 133.

extrema direita francesa e internacional. Aureolado por sua condenação e com a apreensão de sua obra, ele vê sua reputação crescer".[121]

A ofensiva negacionista está lançada e é retomada por Paul Rassinier, originário de um horizonte ideológico bastante diferente: libertário, ele foi deportado para Buchenwald como resistente. Professor no ensino infantil, em seguida professor de história e geografia em um colégio de ensino geral, ele foi sucessivamente comunista e socialista radical da tendência de Marceau Pivert. Foi secretário da federação socialista do território de Belfort, candidato em múltiplas eleições a partir dos anos 1930 e, exceção feita a um mandato do qual ele se demitirá dois meses mais tarde, foi sempre vencido. Em 1947, ele deixa suas terras no leste da França. Sofre, então, não apenas de uma insuficiência renal que o debilita, mas igualmente de um forte ressentimento após suas derrotas repetidas no campo da esquerda. Em 1956, Rassinier está em Nice e ali se junta a um grupo anarquista que se constituíra depois da guerra, o Círculo Élisée Reclus. No interior dessa pequena formação, "Rassinier parece ter-se dedicado a se fazer reconhecer como intelectual, provocando rapidamente a partida daqueles que não suportavam seu autoritarismo".[122] Ele se torna então o guru do grupo e o responsável diretor de sua modesta publicação, *L'Ordre social*. Também publica no *Le Monde libertaire* até que a redação descubra que ele colabora igualmente com *Rivarol*, onde dá livre curso a seu antissemitismo. Ele se diz historiador e multiplica as obras que vão ainda mais longe do que Bardèche em sua reabilitação do regime nazista.[123] Obcecado por sua convicção de um complô judeu internacional, ele retoma todos os clichês da tradição antissemita. Não apenas ele relativiza a existência do Holocausto, reduzindo a um milhão os seis milhões de judeus desaparecidos, como pensa exonerar o povo alemão dessa acusação de genocídio que não é, a seus olhos, senão uma "horrível e difamante acusação".[124] Ele chega mesmo a apresentar os campos como hotéis três estrelas: "O Terceiro Reich nos

---

121. IGOUNET, 2000, p. 48.
122. FRESCO, 1999, p. 555.
123. RASSINIER, 1950, 1961, 1962 e 1964.
124. Idem, 1964, p. 107.

fornecia tudo quanto de que precisávamos: alimentação, meios de uma higiene impecável, alojamento confortável em um campo modernizado dentro do possível, distrações sadias, música, leitura, esportes, uma árvore de Natal, etc. E não sabíamos aproveitar isso tudo."[125] Quanto às câmaras de gás, elas adviriam do mito e de confissões extorquidas pela força. Em 1978, na revista *L'Express*, o antigo comissário junto às Questões Judaicas do regime de Vichy, Louis Darquier de Pellepoix, então na Espanha, declara que em "Auschwitz não se gaseou senão piolhos".

Em 1985, estoura o escândalo da defesa de doutorado de Henri Roques, engenheiro agrônomo aposentado que apresenta uma tese negacionista na Universidade de Nantes sobre as confissões de Kurt Gerstein, cristão que trabalhou no Instituto de Higiene da SS em Berlim. Mesmo que sua tese não afirme claramente a negação do genocídio, ela o questiona e semeia a dúvida: "Por ocasião da apresentação de seu trabalho, Henri Roques evoca sua trajetória, seu encontro decisivo com Paul Rassinier."[126] Durante sua defesa, ele denuncia um complô dos vencedores da Segunda Guerra Mundial, que tentam apresentar o período de dominação alemã como um inferno, e estigmatiza essa doxa, que descreve como uma "nova religião que procuram nos impor" e que já possui seus grandes padres, sua liturgia, seus lugares sagrados e suas cerimônias expiatórias.

Henri Roques afirma que deseja romper esse círculo mágico e se vangloria de conhecer a verdade histórica. Um ano após a defesa de sua tese, Roques responde à questão da existência das câmaras de gás: "Eu não responderia nem sim, nem não. Diria, antes, que há razões legítimas para negar a existência delas."[127] Em abril-maio de 1986, a imprensa regional fica alarmada, e o caso torna-se logo nacional, a ponto de o ministro-representante da Pesquisa, Alain Devaquet, dela se apoderar e expedir uma investigação administrativa: em 2 de julho, a tese é anulada por irregularidades administrativas e falsificações em escritura pública. Os historiadores do IHTP (Instituto de História do Tempo Presente)

---

125. Idem, 1950, p. 123.
126. Igounet, 2000, p. 408.
127. Roques, 1986.

organizam uma mesa-redonda[128] e concluem que o método empregado por Roques não corresponde a nenhum critério científico e ignora quarenta anos de pesquisa histórica.[129]

Rassinier encontra em Robert Faurisson um discípulo no negacionismo. *Littéraire*, universitário — ele é professor na Universidade de Lyon II entre 1973 e 1980 —, Faurisson defendeu sua tese de doutorado sobre Lautréamont. Logo se fez conhecer por suas provocações. Charles Malamoud, que o conheceu no *khâgne* no Lycée Henri-IV, lembra que ele era inseparável de seu amigo Frédéric Delbecque, de tendência Ação Francesa, mas mais jovial e truculento, enquanto Faurisson era "grosseiro e violento, totalmente fascista e partia em defesa da Alemanha nazista".[130] Já a partir desses anos, seu antissemitismo se declara e ele se empolga com a leitura do *Nuremberg* de Maurice Bardèche. No momento da Guerra da Argélia, Faurisson frequenta um círculo ligado à OAS. É em 1978, quando desafia todos a lhe apresentarem provas tangíveis da existência das câmaras de gás, que começa o "caso Faurisson". Entretanto, essas provas foram fornecidas, entre outros, por Georges Wellers em *Les Chambres a gaz ont existé* [As câmaras de gás existiram], publicado em 1978 pela Gallimard. Em nome de uma metodologia dita científica, Faurisson concentra suas provocações midiáticas sobre a negação das câmaras de gás[131] e recebe o apoio de um grupúsculo de ultraesquerda, A Velha Toupeira, animado por Pierre Guillaume e Serge Thion; esse grupo pretende defender a liberdade de expressão e exige, em alto e bom som, que se respeite a liberdade de opinião. Segundo Faurisson, a política de Hitler em relação aos judeus é puramente defensiva. Ele deve enfrentar uma declaração de guerra do presidente do Congresso Judeu Mundial, Chaïm Weizmann, que assim desencadeou a lógica infernal do confronto. Segundo Faurisson, os alemães

---

128. Mesa-redonda "La Science historique et les chambres à gaz" [A ciência histórica e as câmaras de gás], da qual participam François Bédarida, Jean-Pierre Azéma, Saul Friedländer, Harry A. Paape, Pierre Vidal-Naquet e Georges Wellers.
129. Informações extraídas de COINTET; RIEMEUSCHNEIDER, 1987.
130. Charles Malamoud, citado in IGOUNET, 2012, p. 44.
131. FAURISSON, 1978 e 1980.

temiam o que iria, aliás, acontecer no Gueto de Varsóvia, onde, repentinamente, logo atrás do *front*, em abril de 1943, uma insurreição aconteceu. Com estupefação, os alemães tinham então descoberto que os judeus haviam fabricado setecentos *bunkers*. Eles reprimiram essa insurreição e transferiram os sobreviventes para os campos de trânsito, de trabalho, de concentração.[132]

Para Pierre Vidal-Naquet, essa página de Faurisson deveria figurar em uma "antologia do imundo"[133], ainda mais porque essa visão do drama vivido no Gueto de Varsóvia é diretamente extraída de um discurso pronunciado em outubro de 1943 por Heinrich Himmler. Os sindicatos de professores da Universidade de Lyon II alarmam-se com essas tomadas de posição. Pierre Sudreau, deputado da região de Loir-et-Cher, pede à ministra Alice Saunier-Seïté que proceda a um exame sobre a qualidade da pesquisa e do ensino de Faurisson. O presidente da Universidade de Lyon II, Maurice Bernadet, toma a decisão de suspender os cursos, o que suscita a indignação de professores, que, embora condenem as proposições de Faurisson, julgam-na arbitrária. Em janeiro de 1979, Faurisson pode retomar seus cursos de literatura. Estudantes impedem-no de fazê-lo, o que permite a ele se colocar como vítima:

> O que era angustiante é que eu nunca havia visto pessoas respirar, se ouso dizer, ódio da ponta dos pés à raiz dos cabelos [...]. Eram exclusivamente judeus, hein, que vinham se manifestar, é preciso dizer as coisas como elas são; não eram não judeus, eram judeus com quipá que vinham e que gritavam que queriam minha pele e que conseguiriam obtê-la.[134]

É nesse contexto de progressão do negacionismo e de multiplicação de expressões antissemitas que se situa o deslize calculado de Le Pen na RTL, em 1987, sobre o "ponto ideal" das câmaras de gás. Os negacionistas

---

132. Robert Faurisson, citado in THION, 1980, p. 190.
133. VIDAL-NAQUET, [1980] 2005, p. 59.
134. Robert Faurisson, citado in IGOUNET, 2012, p. 222.

se dotam de uma revista, *Annales d'histoire révisionniste*, que conduz uma campanha para popularizar suas teses. O historiador Pierre Vidal-Naquet, que perdeu pai e mãe em Auschwitz, vai à praça pública para denunciar a impostura e relembrar as regras mínimas do ofício de historiador. Ele os qualifica de assassinos da memória: "É preciso dizer que se deve capitular diante da negação, entrar pouco a pouco em um mundo onde tudo se equivale, o historiador e o falsário, o fantasma e a realidade, o massacre e o acidente de carro?"[135] Às teses negacionistas, Vidal-Naquet, como bom herdeiro do intelectual *dreyfusard*, opõe o método historiador como administração da prova, busca da verdade contra a mistificação.

Os casos se sucedem assim em ritmo acelerado. Em 1989, estoura o caso Notin, com a publicação de seu artigo provocador "Le rôle des médias dans la vassalisation nationale: omnipotence ou impuissance?" [O papel das mídias na vassalização nacional: onipotência ou impotência?] na revista *Économies et Sociétés*.[136] Professor de ciências econômicas e sociais na Universidade de Lyon III, nesse artigo ele estigmatiza a "confraria judaica" e as "superficialidades cultivadas pelo *Nobel's band* em férias em Paris por iniciativa do círculo judeu do presidente".[137] Vidal-Naquet alerta o CNRS, que concede uma subvenção a essa revista, e Edwy Plenel divulga a emoção suscitada por esse artigo em *Le Monde*.[138] Ele revela pouco depois que Notin pertence tanto ao conselho de redação da revista *Nouvelle École* quanto ao conselho científico da Frente Nacional: "As agitações na faculdade de Lyon III, onde Bernard Notin dá aulas, começam. Em 9 de março, o professor deixa de ministrar seus cursos na universidade."[139]

Se a reafirmação dos princípios intangíveis da prática da história relegou os negacionismos à extrema marginalidade, as teses da extrema direita continuam a se propagar a ponto de se banalizarem. Tornou-se permitido e natural se dizer racista. A denúncia do racismo se revela ineficaz; ela apenas pode dar seus frutos "se se apoiar sobre uma dinâmica

---

135. VIDAL-NAQUET, [1987] 2005, p. 184.
136. NOTIN, 1989.
137. Ibidem, pp. 123 e 128.
138. PLENEL, 1990.
139. IGOUNET, 2000, p. 430.

ideológica, social e política capaz de enfrentar as angústias, as frustrações e as misérias que alimentam a Frente Nacional. Do contrário, ela produz o efeito inverso, aparecendo apenas como o negativo do que estigmatiza, tornando-o, contra sua própria vontade, crível e atraente".[140]

A batalha da escola

A ofensiva da direita contra o poder conquistado pela esquerda em 1981 não deixa de crescer, a ponto de se insurgir contra um projeto governamental extremamente comedido, adotado após infinitas negociações e concessões, que acordam a longínqua e mítica querela escolar. E isso quando se pensava ter relegado ao esquecimento da história essa fratura da sociedade francesa entre laicos e clérigos, e bem enterrada aquela batalha que conduziu à separação da Igreja e do Estado em 1905, em um clima conflitual que viu vinte mil religiosos deixarem a França e milhares de escolas serem obrigadas a fechar diante da recusa de Émile Combes de certificar as congregações religiosas em sua missão de ensino. Em 1944-1945, o clima é mais sereno: aqueles que acreditam no céu e aqueles que não acreditam estão reunidos em uma comum resistência contra o ocupante nazista. Entretanto, observam-se alguns momentos de crispação sob a IV República por ocasião da lei Marie, que decide estender o sistema das bolsas do secundário aos estabelecimentos privados; e, em seguida, com a lei Barangé, que institui um sistema de subvenção para cada criança que frequente uma escola primária, escola pública ou privada. Depois da instauração das instituições da V República, a escola privada, cada vez menos confessional, vê seu lugar reconhecido no sistema educativo e, graças à lei Debré, é oficialmente subvencionada pelo Estado em troca de algumas obrigações, como a aplicação dos programas nacionais. Em 1972, o programa comum da esquerda prevê o questionamento da lei Debré e a criação de um grande sistema educativo unificado. Em 1981, o candidato François Mitterrand retoma essa proposição, mas incita ao

---

140. PLENEL; ROLLAT, 1992, p. vi.

mesmo tempo à conciliação, ao comprometimento e ao respeito da pluralidade.[141] O ministro da Educação Nacional, Alain Savary, avança pois de modo prudente na realização desse projeto. Longe de desejar instituir um dispositivo unificado, ele prevê contratos entre o Estado e as escolas privadas. Um acordo parece possível com as autoridades eclesiásticas. Desde o início de 1984, organizações laicas partidárias da escola livre mobilizam suas tropas. Com o sucesso do *meeting* pela escola livre em Versailles, em 4 de março, que consegue reunir mais de quinhentas mil pessoas, a mobilização ganha uma face espetacular. Quando se esperava chegar a um acordo nas lideranças, emendas que visavam "funcionalizar" os professores dos estabelecimentos privados jogam lenha na fogueira e atraem uma imensa onda de manifestantes em 24 de junho em Paris, verdadeira avalanche na capital dos partidários da escola livre: mais de um milhão de pessoas converge para a Bastilha. "Manifestação inaudita" é a manchete do *Libération*; "Maremoto, a maior manifestação nunca antes organizada na França" é a manchete do *Le Figaro*.

Essa revolta provoca um terremoto político: em 12 de julho, Mitterrand anuncia a retirada do projeto Savary; em 17 de julho, o ministro da Educação Nacional se demite, assim como todo o governo liderado pelo primeiro-ministro, Pierre Mauroy, substituído por Laurent Fabius. Durante essa partida de queda de braço entre o Estado e a Igreja, os intelectuais cristãos progressistas da revista *Esprit* tentam acalmar os ânimos. No final de 1983, Guy Coq e Pierre Mayol assinam um editorial com o título: "La paix scolaire est possible, si on la veut!" [A paz escolar é possível, se nós a desejarmos].[142] Eles acolhem favoravelmente o conteúdo da reforma de Alain Savary que visa renovar o sistema educativo e também acolhem seu modo de concertação para chegar a um acordo geral entre todas as famílias espirituais: "Por detrás dessas proposições se desenha a busca de uma

---

141. A proposta de número 90 de François Mitterrand dispõe, em 1981: "Um grande serviço público, unificado e laico da Educação Nacional será constituído. Sua instituição será negociada sem espoliação nem monopólio. Os contratos de estabelecimentos privados concluídos pelas municipalidades serão respeitados" (citado in BECKER, 1990, p. 112).

142. COQ; MAYOL, 1983.

definição da laicidade para nosso tempo [...]. Desenha-se uma laicidade que não seria uma doutrina entre outras e que carregaria uma educação global, mas o espaço social onde o pluralismo da sociedade se exprime, se enriquece no respeito mútuo."[143] Esse apelo à escuta mútua e à acalmia não é ouvido; cede-se ao desencadeamento das paixões, às crispações de uma parte e de outra e, finalmente, ao enterro do projeto de reforma.

A essa guerra escolar se acrescenta uma viva controvérsia sobre a eficácia do sistema escolar. Numerosas obras denunciam com virulência a disfunção de uma escola que não preenche mais sua missão educativa. As propostas de reforma trazidas pelos relatórios Legrand para os *collèges* e Prost para os *lycées*[144] são objeto de desconstrução legal; a instituição escolar está no centro de um forte e violento tiroteio. São atacadas sobretudo as orientações pedagógicas que teriam enterrado toda preocupação com o saber. Ao denunciar em 1984 "a ideologia pedagógica que se abateu sobre a escola"[145], o livro polêmico com título provocador de Michel Jumilhac, *Le Massacre des innocents. France, que fais-tu de ta jeunesse?* [O massacre dos inocentes. França, o que você fez com sua juventude?], encontra um amplo público. Ele tem como alvo as aspirações igualitárias em um país que perdeu o pé, pois "sua escola se entregou a um formidável desperdício de inteligências e de talentos, não mais estimulando os menos dotados e acuando ao imobilismo e à 'deseducação' as crianças dotadas".[146] A ilustre helenista Jacqueline de Romilly decide renunciar às suas responsabilidades para escrever um texto polêmico no qual igualmente adverte contra o perigo que ronda a educação nacional. Em *L'Enseignement en détresse* [O ensino em sofrimento], ela denuncia "a onda crescente da ignorância"[147] e os efeitos perversos do igualitarismo, que destrói por onde passa toda

---

143. Ibidem, p. 119.
144. Ao "*collège*" corresponde o ensino fundamental I e II; ao "*lycée*", o ensino médio. [N.T.]
145. Despin; Bartholy, [1983] 1987, p. 336.
146. Jumilhac, 1984, p. 163.
147. Romilly (de), 1984, pp. 45-72.

forma de saber e que sabota as bases da transmissão considerando que a "emulação e a seleção são a mola do ensino".[148]

As mídias assumem o revezamento com, entre outros, Jean-François Revel, que estima em *Le Point* que a derrocada é irremediável e que ela foi preparada há tempos: "É uma das doutrinas mais oficiais, uma opção deliberada, segundo a qual a escola não *deve* ter como função transmitir saberes. Que ela não transmita saber algum, eis algo que já acontece no ensino infantil, onde todo ensino no sentido próprio do termo é, aliás, formalmente proibido."[149] Um relatório oficial entregue ao primeiro-ministro e intitulado *Des illetrés en France* [Iletrados na França] dramatiza ainda o debate sobre a falência da escola. É fato que ele constata que a taxa de analfabetismo completo permanece fraca na França, mas "é possível afirmar que o número de pessoas que não dominam a leitura ou a escrita ou que se mostram gravemente desconfortáveis com estas deve estar no entorno de milhões e não de centenas de milhares".[150]

Nesse contexto de contestação e de questionamento da instituição escolar, é publicado um ensaio particularmente virulento, *De l'école* [Sobre a escola], que não vem da direita tradicionalista, mas de um filósofo, antigo militante maoista, althusseriano e lacaniano, Jean-Claude Milner.[151] O ensaio provoca uma ampla polêmica apoiada pelas mídias. O diagnóstico de Milner sobre o estado da instituição escolar é apocalíptico: trata-se de um campo de ruínas. Segundo ele, a explicação provém do funcionamento de uma máquina monstruosa de três faces que se dedica a destruir a missão da escola, a partir de seu interior. A primeira dessas três forças maléficas repousa sobre os gestores que diminuem os custos e destroem a autonomia dos professores. Em seguida, vem o grosso do que Milner chama de corporação animada por suas organizações sindicais, que se dedica a manter o controle sobre o aparelho educativo. A última peça desse complô contra a escola é constituída pelos democratas cristãos,

---

148. Ibidem, p. 75.
149. REVEL, 1984.
150. ESPÉRANDIEU; LION; BÉNICHOU, 1984, p. 38.
151. MILNER, 1984.

sob a iniciativa de todas as reformas sucessivas que abalaram o sistema a partir de seu interior:

> Desde 1945, *todos* os temas de *todas* as reformas de todos os níveis de ensino são de origem cristã [...]: desvalorização dos saberes em benefício da comunidade; desvalorização dos saberes em benefício da dedicação; desvalorização da instrução ao custo da educação; desvalorização do cognitivo em benefício do afetivo, intrusão nas almas e abertura para o mundo, etc.[152]

Milner ataca particularmente a corrente reformista do SGEN, rapidamente assimilada a uma nova Igreja que seria o cavalo de Troia do cristianismo que destrói a partir do interior a instituição escolar laica: "O que há de menos laico do que aproximar o professor do confessor? Pois que a tutoria não é nada mais que direção de consciência."[153]

Essa tese de complô provoca a indignação de Guy Coq em *Esprit*, que denuncia uma ficção que joga o opróbrio sobre aqueles que se esforçam para adaptar a escola ao mundo moderno. Em *Esprit*, a acolhida reservada ao ataque de Milner não é porém unânime em sua reprovação. Philippe Raynaud escreve uma defesa da escola republicana, juntando-se à tese de Milner que ele julga brilhante e rigorosa:

> A defesa de J.-C. Milner do essencial das instituições francesas tradicionais (os concursos nacionais, a tese de *Doctorat d'État*[154], as *"maxima de serviço"* desiguais, etc.) não tem nada de chocante: todas traduzem, mais ou menos, a prioridade dada à pesquisa do saber pelos professores: todas estão em consonância com a tradição republicana.[155]

---

152. Ibidem, p. 31. Em itálico, no original. [N.T.]
153. Ibidem, p. 40.
154. O *Doctorat d'État*, hoje extinto, herdeiro do doutorado instituído por Napoleão, distingue-se do doutorado atual, *Doctorat de troisième cycle* [doutorado de terceiro ciclo], em razão de um tempo muito mais longo dedicado à pesquisa, acima de oito anos, contra cerca de sete anos para o segundo. [N.T.]
155. RAYNAUD, 1984, p. 157.

O diretor da revista, Paul Thibaud, é mais equilibrado. Ele critica um falso julgamento, enquanto considera que o livro levanta questões reais.[156]

Le Débat dedica todo um dossiê ao livro e publica uma entrevista com seu autor, que responde ao final do dossiê às críticas que lhe são dirigidas. O historiador Jacques Revel, que conduz a entrevista, não esconde seu mal-estar diante de um texto que se apresenta a um só tempo como um panfleto e como o primeiro discurso a dizer a verdade sobre a escola. A palavra é dada a intelectuais que exercem funções na instituição, como Anne-Marie Chartier ou Jean Hébrard, que nada reconhecem no quadro esboçado por Milner. Anne-Marie Chartier experimenta uma "defasagem total entre o que faz a atualidade dos escritos, das polêmicas, das interrogações públicas, e o que se passa nos trabalhos e nos dias da vida escolar".[157] O historiador Antoine Prost, responsável pelo relatório sobre o ensino médio e especialista em história da educação na França, responde às críticas de Milner, em quem ele reconhece o arauto de um discurso da Restauração. Ele se surpreende com as emoções de toda uma *intelligentsia* que durante muito tempo deu mostras de indiferença, para não dizer de menosprezo, em relação às questões educativas e que, subitamente, se agita com paixão sem se dar ao trabalho de se informar sobre o estado real da escola: "A argumentação deles pelo saber repousa sobre muita ignorância e muitos erros, ela procede por meio de afirmações sem provas e por generalizações abusivas."[158] Por sua vez, Marcel Gauchet constata que um desequilíbrio foi recentemente criado entre a missão tradicional de transmissão da escola e o hedonismo individual triunfante próprio dos anos 1980, agravado por um presentismo que não mais vê a criança como o adulto que ela se tornará, mas como um indivíduo autônomo cujos desejos imediatos devem ser satisfeitos.[159] Essa tensão entre a preocupação de transmitir o saber e a preocupação com os meios para fazê-lo, que alimenta as reflexões e sugestões dos pedagogos, dá lugar em 1988 a uma discussão em *Le Débat*

---

156. THIBAUD, 1984b.
157. CHARTIER, 1984, p. 20.
158. PROST, 1984, p. 41.
159. GAUCHET, 1985b, p. 55.

com Alain Finkielkraut, que fez desse assunto uma verdadeira cruzada contra o pedagogismo, apresentado como a expressão mesma da "derrota do pensamento", e que denuncia um complô contra a cultura urdido por uma sociedade de massa que se apropria à sua maneira de muitas temáticas de Heidegger contra o abaixamento da cultura na modernidade.[160] Marcel Gauchet não se afasta muito das posições de seu interlocutor, temendo que os projetos das novas pedagogias sejam, na prática, a fiança de empresas tão ineptas quanto bárbaras. No entanto, ele não partilha do pessimismo atávico nem da postura de Cassandra de seu interlocutor.

Por ocasião do retorno da esquerda ao poder, após um *intermezzo* de direita, Lionel Jospin torna-se o ministro da Educação Nacional e propõe um certo número de novas reformas. A controvérsia escolar volta ao primeiro plano, opondo pedagogistas àqueles que se dizem republicanos. O mal-estar da escola em todo o seu edifício, da educação infantil à universidade, é novamente interrogado de maneira plural na revista *Le Débat*.[161] Dessa instituição particularmente sensível no coração das instituições republicanas,

> trata-se de saber se as evoluções recentes e em curso traem ou respeitam sua inspiração primordial. É preciso voltar a dizer a esse respeito, contra o sarcasmo midiático-tecnocrático que ali não quer ver senão prosápias passadistas, que se trata *da* discussão essencial e que é porque ela não foi seriamente conduzida que a desorientação e a inquietação instalaram-se nos espíritos com essa dimensão, em particular junto ao corpo docente.[162]

---

160. FINKIELKRAUT; GAUCHET, 1988c, pp. 130-152.
161. "L'École républicaine: maîtres et élèves" [A escola republicana: mestre e alunos], e "Sciences-Po: sur la formation des élites en France" [Sciences-Po: sobre a formação das elites na França], *Le Débat*, n. 64, março-abril 1991.

   Convém assinalar que "Sciences-Po" [ciências políticas] é a alcunha de prestigiosa instituição pública universitária francesa especializada nas áreas de ciências humanas e sociais, o Instituto de Estudos Políticos de Paris, fundado em 1872. Como se trata daquilo que se chama de "*Grande école*", seu processo seletivo é dos mais exigentes e concorridos, o que significa que seus estudantes são considerados como a nata da intelectualidade francesa e internacional — daí o título que alude às elites. [N.T.]
162. "L'École républicaine: maîtres et élèves", ibidem, p. 3.

16

O desaparecimento dos mestres-pensadores

Mudança de era

Nesse início dos anos 1980, com o desaparecimento dos ícones da *French Theory*, é como se flutuasse um ar de grande apagamento. A tríade dos teóricos da suspeita sobre a qual eles apoiavam suas posições, Marx, Freud e Nietzsche, é relegada às margens. A filosofia do sujeito, do homem e de sua racionalidade, julgada ontem supérflua, encontra sua pertinência e retoma um lugar de importância no pensamento, descortinando uma nova era e novos extremos. Dobram os sinos pelos mestres-pensadores dos anos 1960, que a morte com frequência virá surpreender no auge de sua glória, deixando sua mensagem inacabada. Uma geração órfã, que havia sido obrigada a curar as feridas de suas ilusões perdidas, novamente enfrenta o luto daqueles que encarnaram o pensamento mais exigente. Ao ambicioso cortejo cujo programa devia mover montanhas sucede-se aquele, fúnebre, que acompanha os heróis de ontem para sua última morada.

A morte de Barthes

Para Barthes, 1977 é um ano de contrastes. Ele começa com sua consagração, com sua lição inaugural no Collège de France em 7 de janeiro, diante de uma sala para a qual toda a Paris corre. Como um lembrete para ele mesmo, ao impulso crítico de toda a sua obra teórica, a seu horror obsedante das diversas formas do entusiasmo social e da viscosidade dos clichês pequeno-burgueses, e, sem dúvida, também para se defender de toda identificação com uma instituição, mesmo que prestigiosa, é desse lugar prestigioso que ele lança sua famosa fórmula provocadora: "A língua, como performance de toda linguagem, não é nem reacionária nem progressista; ela é simplesmente fascista; pois o fascismo não significa impedir de dizer, mas obrigar a dizer."[1] Entretanto, em 25 de outubro, ocorre o drama tão temido: o falecimento de sua mãe, Henriette, verdadeira companheira de sua existência, mãe que ele nunca deixou. Doente desde a primavera, Barthes cuida dela até o fim, ficando o máximo possível a seu lado, apesar das solicitações múltiplas de que ele é o objeto. Ao longo do último mês, ele quase não sai do lado de sua cabeceira. Em seu *Diário de luto*, ele expressa sua tristeza, vivida como uma ruptura radical: "Nesse ato de escritura privada, gesto de introspecção, Barthes procura compreender o que se torna sem ela. No arquivo-diário, outras observações completam o *Diário de luto*: 'Minha mãe fazia-me adulto, não criança. Ela desaparece, volto a ser criança. Criança sem Mãe, sem guia, sem Valor.'"[2] As 330 fichas que compõem o *Diário de luto* descrevem o que ele chama de "práticas da tristeza", revelando um estado de hipersensibilidade, sua incapacidade de apartar a perda, assim como uma verdadeira acédia, um estado melancólico persistente, duplicado por uma indiferença a tudo o que acontece a seu redor. As palavras de consolo de seu amplo círculo de amigos não conseguem tirá-lo desse estado. Ele prefere guardar sua tristeza para si. Em 18 de fevereiro de 1978, no Collège de France, ele menciona entretanto a perda que o atingiu no coração: "Houve, em minha vida, alguns o sabem, um acontecimento grave, um luto."[3] Seu amigo Greimas se preocupa, e a ele responde quando recebe a notícia do falecimento da mãe: "Roland, o que acontecerá com você agora?"[4] Com efeito, esse desaparecimento mina brutalmente todo desejo de escrever e de viver: "O que perdi não foi uma Figura (a Mãe), mas um ser; e não um ser, mas uma qualidade

---

1. BARTHES, [1977] 1978.
2. SAMOYAULT, 2015, p. 637.
3. Roland Barthes, Collège de France, 18 de fevereiro de 1978, citado in SAMOYAULT, 2015, p. 641.
4. Algirdas Julien Greimas, citado in CALVET, 1990, p. 271.

(uma alma): não o indispensável, mas o insubstituível. Eu poderia viver sem a Mãe (nós o fazemos todos, mais cedo ou mais tarde); mas a vida que me restava seria, certamente e até o fim, inqualificável (sem qualidade)."[5]

Confrontado com uma profunda crise existencial exatamente quando se encontra, depois do sucesso de público de seus *Fragmentos de um discurso amoroso*, no auge de sua notoriedade, Barthes sofre, em um clima menos favorável do que na época da polêmica com Raymond Picard, um novo ataque da Sorbonne com a publicação de *Assez décodé* [Chega de decodificar], de René Pommier, em estilo particularmente virulento.[6] No mesmo instante, ele é o herói de um pastiche, menos maldoso do que engraçado, *Le Roland-Barthes sans peine* [Roland Barthes simplificado],[7] no qual os autores decriptam o discurso barthesiano como se se tratasse de uma língua nova cujo vocabulário não seria senão parcialmente de origem francesa. No estilo de um manual, a obra propõe alguns elementos de conversa, resumos, exercícios, regras, e uma ginástica textual para pensar diretamente em R. B. e "traduzi-lo" em francês:

> 1) Como você se enuncia, você? Francês: Qual é seu nome?; [...] 3) Que "estipulação" fecha, organiza, agencia a economia de seu pragma como a ocultação e/ou a exploração de sua ek-sistência? Francês: O que você faz na vida?; 4) (Eu) expulso pequenos pedaços de código. Francês: Eu sou *dactilo*.[8]

Pode-se rir com isso, e muito se riu, mas Barthes sentiu-se profundamente afetado. Não que fosse desprovido de senso de humor, mas essa paródia veio em um momento muito ruim. Bastante abalado com a morte de sua mãe, ele não tem vontade de rir e vê nessas obras como que o signo de um combate inacabado que seria necessário prosseguir quando não tem mais vontade para isso.

---

5. Barthes, 1980b, p. 118
6. Pommier, 1978.
7. Burnier; Rambaud, 1978.
8. Ibidem, pp. 17-18. *"Dactilo"*, isto é, "datilógrafo". [N.T.]

Entretanto, Barthes ainda encontra forças para ir à casa de Jean Daniel a fim de pedir a ele uma coluna no *Le Nouvel Observateur*. Ela lhe é imediata e calorosamente concedida, e ele a escreverá de dezembro de 1978 a março de 1979. Mas essa crônica decepciona seu público, ainda fiel: a crítica corrosiva de *Mitologias* não está mais presente. Barthes não perdeu seu talento, mas os tempos mudaram e o paradigma crítico reflui cada vez mais. Nesse contexto de crise do desejo, não há mais senão uma verdadeira mola para a escritura, que Barthes explicita em uma entrevista concedida ao *Nouvel Observateur* quatro dias antes do acidente fatal. Questionado sobre o que o impulsiona a escrever, ele responde: "É uma maneira, simplesmente, de lutar, de dominar o sentimento da morte e da absolvição integral."[9]

Em 25 de fevereiro de 1980, Barthes sai de um almoço organizado por Jack Lang em torno do responsável socialista François Mitterrand, então primeiro-secretário do PS. Ao sair desse almoço, ele se dirige para o Collège de France e, ao atravessar a rua des Écoles, é atropelado por uma camionete de lavanderia: "O choque foi violento. Ele jaz desmaiado sobre o asfalto."[10] O trânsito é bloqueado e os socorros chegam ao local do acidente. Procura-se em vão junto ao ferido por seus documentos de identidade, mas se encontra um cartão do Collège. Procuram-se informações, e seu amigo Robert Mauzi, professor na Sorbonne, confirma sua identidade. Hospitalizado no La Salpêtrière, o comunicado da AFP é, antes, tranquilizador: seu estado não suscita inquietações. Barthes volta a si à noite, na presença de seus amigos que vieram ao hospital e em presença de seu irmão, Michel Salzedo. Entretanto, sua insuficiência pulmonar revela-se mais séria do que o previsto, e é preciso entubá-lo. Em 26 de março, à sua morte, o médico legista conclui que o acidente, sem ser a causa direta da morte, provocou complicações pulmonares em um indivíduo enfraquecido havia muito tempo nesse aspecto. Duas teses opõem seus amigos. Para alguns, sua morte clínica é resultado de complicações orgânicas que se seguiram ao acidente; para outros, Barthes se deixou morrer, pois havia perdido

---

9. BARTHES, 1980a.
10. SAMOYAULT, 2015, p. 13.

toda apetência da vida desde a morte de sua mãe. É essa a convicção de sua amiga Julia Kristeva e de seu primeiro biógrafo, Louis-Jean Calvet.[11] Derrida coloca no plural "as mortes de Roland Barthes".[12] Razões médicas? Razões psicológicas? Ninguém o sabe realmente. Mas, sejam lá quais forem, elas não preenchem o vazio provocado pelo desaparecimento do mais amado dos heróis da época estruturalista. Ele deixa inúmeros discípulos, mas não realmente uma escola. O "sistema Barthes", segundo os termos de Louis-Jean Calvet, é fruto mais do olhar do que da teoria. É sobretudo o homem, suas emoções, a singularidade de seu olhar sobre o mundo cuja perda nesse ano de 1980 é insubstituível: "Uma voz original, a mais suscetível de trazer algo que nunca ouvi, calou-se e o mundo me pareceu definitivamente insípido: não haverá nunca mais a palavra de Barthes sobre qualquer assunto que seja."[13]

A morte em dois tempos de Lacan

O ano seguinte, 1981, é o do desaparecimento de outro guru do período, Jacques Lacan. Com ele, é uma disciplina, a psicanálise, e a escola que fundou que conhecerão grandes turbulências. Já há algum tempo, o velho mestre não é senão uma sombra dele mesmo, sobretudo desde um dia do outono de 1978 quando perdeu a fala por ocasião da sessão inaugural de seu seminário. Ali estava o homem de palavras por excelência privado de fala! Afásico, ele prossegue porém seu curso, desenhando na lousa, pois que não pode falar, complexas figuras topológicas. "Cada um olhava o velho senhor às voltas com uma imensa fadiga e privado daquela voz sublime que havia tirado o fôlego das gerações de intelectuais e de psicanalistas durante meio século."[14] Essa escapada em direção aos nós borromeanos perturba muitos intelectuais fascinados até então por um

---

11. CALVET, 1990, pp. 300-301.
12. DERRIDA, 1981.
13. Olivier Burgelin, citado in CALVET, 1990, p. 315.
14. ROUDINESCO, 1993, p. 515.

Lacan que conseguiu instalar a psicanálise no coração das humanidades, na intersecção dos grandes debates teóricos, interpelando sobretudo a filosofia em seu próprio território, o da reflexão sobre o Sujeito.

A metade dos anos 1970 representou para Lacan, assim como para Barthes, um momento em que as contestações radicais começaram a perturbar seu belo edifício. Em 1976, Foucault dá o sinal de um questionamento do que se tornou a doxa com o primeiro volume de sua *História da sexualidade: a vontade de saber*.[15] Ele ataca o que Robert Castel chamou de "psicanalismo"[16], essa tendência da época a tudo demonstrar a partir de uma explicação freudiana. Seu maior alvo, mesmo que não mencionado, é Lacan. Foucault toma a direção oposta das teses segundo as quais a sociedade seria desde a época clássica cada vez mais repressiva no plano dos comportamentos sexuais. Segundo Foucault, muito pelo contrário, nunca a sociedade incitou tanto a uma profusão dos discursos sobre o sexo: "Desde o final do século XVI, o discurso sobre o sexo, longe de sofrer um processo de restrição, submeteu-se ao contrário a um mecanismo de incitação crescente."[17] E Foucault se põe a zombar dos psicanalistas que teriam assumido o lugar do confessionário colocando doravante no divã o pecador e abrindo um comércio ao colocarem seus ouvidos em locação. Se sua tese suscita resistências e debates, seu sucesso é inegável, e o livro vende mais de 100 mil exemplares.

A contestação assume uma face ainda mais inquietante quando ela emana da própria escola lacaniana, a EFP (Escola Freudiana de Paris). Quando François Roustang publica, em 1976, *Un destin si funeste* [Um destino tão funesto], ele ataca uma psicanálise "ameaçada de se tornar uma religião, a única religião possível hoje no Ocidente".[18] No que diz respeito à construção científica, a trilogia simbólica, imaginária e real reenvia, segundo o antigo jesuíta Roustang, à teologia trinitária, o Nome-do-Pai ao Cristo, e o recurso à Escritura à tradição cristã. Sobretudo,

---

15. FOUCAULT, 1976.
16. CASTEL, [1973] 1976.
17. FOUCAULT, 1976, p. 21.
18. ROUSTANG, 1976, p. 41.

Roustang vê essa religiosidade se realizar em ato nesse tempo forte da análise que é a transferência. Se a relação analítica em Freud funda-se sobre a transferência, ela se dá como objetivo desfazê-la, enquanto Lacan aposta em sua perenização. Com sua teorização da transferência de trabalho, ele teria assim mantido seus discípulos em uma relação de dependência total, assim como com a regra que instituiu em sua revista, *Scilicet*, em que apenas o mestre tinha o direito de assinar os artigos com seu nome próprio: "Esse *Destin si funeste* provoca um belo tumulto na cena da EFP, com a interposição de *Confrontation*, em que seu autor obtém um verdadeiro triunfo. É preciso dizer que ele materializa o já-lá de uma crise preparada pelo matema."[19]

Na revista da EFP, *Ornicar?*, Charles Melman contra-ataca esse "festim nada respeitável"[20], e censura Roustang por ele ter confundido desígnio e destino, apoiando-se em um erro tipográfico de *Écrits*. Derrida responde por sua vez, qualificando Melman como carteiro: "Na língua inglesa [...], carteiro é *mailman*."[21] Nesse final dos anos 1970, a escola lacaniana está entregue às lutas internas, à confusão teórica e à fetichização do matema. Uma guerra de sucessão com efeitos devastadores se dá na sombra do velho mestre.

É nesse clima que aparece o panfleto do jovem filósofo François George, *L'Effet 'yau de poêle*[22] [O efeito *'yau de poêle*], que zomba do lacanismo e o apresenta como uma das grandes mistificações do século.[23]

---

19. ROUDINESCO, 1986, p. 636.
    Segundo o *Dicionário de psicanálise* de Elisabeth Roudinesco e Michel Plon, "matema", termo enunciado por Jacques Lacan, é um "modelo de linguagem articulada com uma ordem simbólica"; na psicanálise lacaniana, o matema "é a escritura do que não se diz, mas daquilo que pode ser transmitido". [N.T.]
20. MELMAN, 1977.
21. DERRIDA, 1979, p. 543. "*Melmam*"/"*mailman*": é evidente o jogo zombeteiro com a homofonia desses termos. [N.T.]
22. O título joga a um tempo com a expressão "*comment vas-tu yau de poêle*" — que se refere à invenção de ligar um cano ao fogão a lenha, que era colocado dentro de uma lareira; a descoberta permitiu evacuar as emanações tóxicas da fumaça, o que resultou na descoberta de uma espécie de aparelho de aquecimento — e com a expressão "*effet yau de poêle*" que, segundo os críticos do lacanismo, como François George, significa um jogo verbal excessivo. [N.T.]
23. GEORGE, 1979.

À maneira do *Roland-Barthes sans peine* [Roland Barthes simplificado], François George parodia a linguagem lacanizada, expressão do esnobismo mais convencional, fechada, à semelhança de um certo marxismo, em um palavrório[24] semelhante. O autor estigmatiza as manipulações do guru Lacan. Não se trata de uma análise da doutrina. François George segue literalmente Lacan, como quando este último apresenta ao público boquiaberto de seu seminário um elefante pela simples enunciação do vocábulo "elefante": "Mostrar um elefante em sua ausência, eis que, é verdade, define bastante bem sua arte, da qual se poderia dizer, para não trair seu estilo, que é aquela da *Trompe*."[25] François George aproxima-se da crítica de Roustang, mas no registro do sarcasmo, colocando o foco na evacuação do homem em benefício de uma épura religiosa que se mantém à distância do corpo e de seus humores. O afetivo, em Lacan, é uma grosseria, e o corpo não é senão um resíduo. Quanto ao sujeito barrado, $, ele evocará o dólar para o analista, e o verme de terra cortado em dois pela pá do jardineiro, para o analisado, gesto repetido por aquele que supostamente sabe quando pratica a escansão e obriga seu cliente a interromper a sessão com a injunção de "*se barrer*" — se mandar. O célebre objeto pequeno (a) de Lacan, tão misterioso, não é segundo François George senão um montículo de excrementos, uma banal merda empírica: "Esse pequeno *a*, ou essa enorme comissão, está aí para dar conta de tudo o que é ligado ao corpo."[26] Evacuação do corpo e adoração do Significante que nunca responde, pois não há assinante para o número do Outro absoluto: Lacan teria tentado criar uma nova religião "substituindo o mito da Cruz pelo da Barra".[27] A crítica é severa, e o sucesso da obra está à altura do talento humorístico do autor. Em todo caso, a repercussão encontrada por esse panfleto é sintomática do

---

24. "*Langue de bois*", no original, isto é, uma verbosidade ardilosa. Pode igualmente ser traduzida, se se preferir, por "lábia". [N.T.]
25. Ibidem, pp. 48-49. "*Trompe*", isto é, "tromba". Mas, igualmente, importa assinalar, há aqui uma astúcia discursiva que jogaria, faça-se a hipótese, com o verbo "*tromper*", que significa "enganar". [N.T.]
26. Ibidem, p. 54.
27. Ibidem, p. 87.

estado de crise e de descrédito que começa a afetar a escola lacaniana. Em *Le Monde*, Roland Jaccard elogia esse panfleto:

> O seminário [de Lacan] atraiu durante muito tempo trouxas, broncos e esnobes [...]. Desejando salvar a psicanálise francesa da medicalização que a espreitava e da mediocridade que a estagnava, ele consegue em alguns anos a proeza de desconsiderá-la tanto no plano clínico — com a prática suicida das sessões reduzidas a alguns minutos — quanto no intelectual.[28]

Se esse artigo suscita reações hostis, o caráter explosivo do ensaio de François George não diminui e, no final do mês de outubro de 1979, é Jean-Paul Enthoven quem, no *Nouvel Observateur*, faz um novo elogio da obra sob um título provocante: "Pour un ultime hommage au camarade Lacan" [Por uma última homenagem ao camarada Lacan]. Enthoven reconhece a realidade nessa sátira, pois a predileção lacaniana pelos tropos e seu menosprezo pelas tripas teria ridicularizado a instituição. Esta abriu a via para um mestre que se dá todos os direitos para preencher a falta que colocou no posto de comando de seu discurso: "De certo modo, ele se tornou o contravalor da 'falta' que circula como uma moeda fiduciária junto ao povo lacaniano."[29]

No mesmo momento, em 1979, as correntes tradicionais sacodem a EFP sobre um fundo de crise e de defecções espetaculares, como a de Françoise Dolto. Quanto ao mestre Lacan, acometido pelo câncer, ele é a presa da luta entre clãs que não mais controla. É nesse contexto deletério que pronuncia em 5 de janeiro de 1980 a dissolução da EFP. Como De Gaulle renunciou um dia ao RPF, ele renuncia à sua "coisa". Esse ato de autoridade, se não de autoritarismo, consagra a vitória de Jacques-Alain Miller, que, segundo Solange Faladé, seria mesmo o autor da famosa

---

28. Jaccard, 1979.
29. Enthoven, 1979.

missiva que anuncia a *dit-solution*[30]: "Lacan não podia mais escrever. Ele decidiu que Miller redigiria a carta e que Lacan a corrigiria."[31]

Nela, Lacan evoca o malogro de sua escola para justificar sua dispersão: "Não tenho mais Escola. Eu a ergui do ponto de apoio (sempre Arquimedes) que tomei do grão de areia de minha enunciação. Agora, tenho um monte — um monte de pessoas que desejam que eu as pegue. Não vou com elas fazer um todo. *Pas du tout*[32] [...]. Portanto, é preciso que eu inove, pois que essa Escola, eu a perdi."[33] É pois de Lacan e somente dele que depende a sorte das tropas dispersas da Escola. Ele recebe cerca de mil cartas de candidatos prontos a continuar a aventura com ele, dos quais trezentos emanam da EFP. Graças a esse apoio e legitimado por esse referendo que ultrapassa suas esperanças, ele cria em fevereiro a Causa Freudiana: "A carta aos mil é logo chamada 'Mil-errent' [Mil erram] pelos opositores, que são chamados por seus adversários de 'referendários', 'falsários contumazes' e '*colle-lègues*' que não querem '*d'écoler*'."[34] O que começara com o ar mais sério de desejo de ciência conclui-se em um clima de derrisão que leva o navio inexoravelmente ao naufrágio.

O drama torna-se completo quando a morte leva Lacan em 9 de setembro de 1981, aos 80 anos, em consequência de um tumor abdominal. Ele teria tido tempo de pronunciar as seguintes palavras: "Sou obstinado [...]. Desapareço."[35] Esse desaparecimento é apreendido por todos como um acontecimento maior. No mais puro estilo lacaniano,

---

30. No original, "*dit-solution*" joga com o verbo "*dire*" [dizer], na posição de prefixo, e com o substantivo "*solution*" [solução], como radical. [N.T.]
31. Solange Faladé, citada in ROUDINESCO, 1986, p. 654.
32. Ainda uma vez, um jogo verbal lacaniano: "*Je ne vais pas en faire un* tout. *Pas du* tout." O primeiro "*tout*" é um substantivo masculino, "todo", no sentido de coisa completa, de conjunto, de totalidade; o segundo integra uma negação que significa "de modo nenhum", "de jeito nenhum". Entretanto, é importante assinalar que há um "*pas-tout*" em Lacan, uma espécie de conceito, o "não todo", que tem valor crítico contra o universal. [N.T.]
33. LACAN, 1980.
34. ROUDINESCO, 1986, p. 658. Na mesma chave do jogo verbal lacaniano, leia-se, em português, "cola-legas" e "d'escola" — no sentido insinuado em francês de que não se deseja uma Escola. [N.T.]
35. Idem, 1993, p. 525.

Libération publica em 11 de setembro um número especial sob o título "Tout Fou Lacan".³⁶

A dupla morte de Althusser

Louis Althusser, outro grande mestre do período, formador de toda uma geração de filósofos, morre, ele também, em dois tempos. Ele desaparece uma primeira vez intelectualmente, quando é diagnosticada sua irresponsabilidade depois de sua passagem ao ato psicótico; em seguida fisicamente, cerca de dez anos mais tarde, em 22 de outubro de 1990. Com efeito, a tragédia abate-se sobre Althusser. Em 16 de novembro de 1980, naquele apartamento da Escola Normal da rua d'Ulm que ele não deixou depois de seu retorno da guerra, Hélène, sua esposa, é encontrada morta. O filósofo acusa a si próprio, dizendo tê-la estrangulado, o que é confirmado pela autópsia. Althusser é imediatamente transferido para o hospital Sainte--Anne. Seu estado de demência não permite nem mesmo ao juiz Guy Joly notificar a inculpação de Althusser por homicídio voluntário, e a expertise psiquiátrica o declara irresponsável por seu ato e conclui com uma decisão de anulação em 23 de janeiro de 1981.

A saúde mental de Althusser sempre foi precária: sofrendo de uma psicose maníaco-depressiva que o afastava regularmente da docência, ele seguiu um tratamento por eletrochoque e fez narcoanálise durante doze anos. Seu amigo K. S. Karol conta que no início de julho de 1980 Althusser caiu em uma depressão ainda mais grave que as precedentes. A partida do casal para o sul da França não permitiu um real restabelecimento: "Ele não recebia quase ninguém, nada lia, falava pouco e pensava em retornar para uma clínica. Seu estado se agravou na véspera do último final de semana, a ponto de Hélène cancelar todos os encontros que havia marcado para ele."³⁷

---

36. Diversas são as hipóteses de tradução para "*Tout Fou Lacan*": "Todo louco Lacan", "Saia daqui" ("*Fous le camp*"), "Tudo se vai" ("*Tout fout le camp*") — depois da morte de Lacan, bem entendido, se se aceitar a hipótese do jogo verbal com a expressão familiar "*foutre le camp*", "cair fora". [N.T.]
37. KAROL, 1980.

Nesse mês de novembro de 1980, ele é doravante um morto-vivo, um pensador reconhecidamente irresponsável por seus atos e por seus pensamentos; ele é condenado à quarentena, a sobreviver apartado do mundo, só, cercado de um grupo restrito de fiéis. Um desespero profundo atinge a corrente althusseriana, levando alguns deles para o último dos extremos: Nicos Poulantzas, sociólogo e professor na Universidade de Vincennes, joga-se pela janela em 3 de outubro de 1979; Michel Pêcheux, linguista althusseriano, põe fim a seus dias em 10 de dezembro de 1983.

Dez anos após o drama que reduziu Althusser ao silêncio, em 22 de outubro de 1990, o filósofo morre uma segunda vez, aos 72 anos, de uma parada cardíaca no centro de geriatria de La Verrière. Uma última homenagem lhe é prestada pela multidão de seus antigos alunos de filosofia. Em *Le Monde,* André Comte-Sponville saúda "O Mestre destroçado" — "É ainda muito cedo para fazer um balanço. O Mestre nos marcou demais"[38] —, enquanto Christian Delacampagne situa sua obra na linhagem daquelas de Marx e de Espinosa. Étienne Balibar, pronunciando a última homenagem por ocasião de seu enterro em 25 de outubro, nele saúda uma faculdade única de escuta, uma capacidade de incluir os outros em seu próprio trabalho: "É por isso que, para mim, que à semelhança de toda uma geração que tudo aprendeu, se não dele ao menos graças a ele, não encontro outra palavra que não 'Mestre' que possa tão bem convir a ele."[39]

Como o estado do marxismo é então o do coma obsoleto, embora o homem, o pedagogo e o amigo que foi Althusser receba múltiplas homenagens, sua tentativa de renovação do marxismo sofre um malogro patente. Poderia ter sido diferente? O empreendimento era animado pelo máximo rigor e por uma profunda honestidade; mas é possível perguntar, junto com Robert Maggiori, se, "ao desejar fazer do marxismo uma ciência e matar o humanismo, negligenciando as exigências éticas, ele não contribuiu para matar o marxismo ao desejar salvá-lo".[40] Outra astúcia da razão que seria a revanche póstuma da dialética contra a divisão epistemológica.

---

38. COMTE-SPONVILLE, 1990.
39. BALIBAR, 1991, pp. 120-121.
40. MAGGIORI, 1990.

O desaparecimento de Foucault com menos de sessenta anos

Decididamente, esse início dos anos 1980 é cruel com os heróis da vida intelectual francesa. Em 25 de junho de 1984, a estupefação é geral quando é informada a morte de Michel Foucault, aos 57 anos, acometido brutalmente pela Aids, quando estava em plena redação de sua *História da sexualidade*. Com Foucault, desaparece a encarnação mesma das esperanças políticas e das ambições teóricas de toda uma geração. Ele não foi nem líder de Escola, nem defensor das fronteiras de uma disciplina particular; muito mais do que isso, ele foi o receptáculo genial de sua época: estruturalista nos anos 1960, individualista nos anos 1980. Observador com uma acuidade excepcional, crítico inigualável dos preconceitos e dos pensamentos prontos, ele deixa em seu rastro uma multidão de fiéis sem voz, tanto mais porque estes não pertencem a nenhuma confraria.

Enquanto a imprensa nada sabe ainda sobre o que teria levado Foucault, a notícia de sua morte é um acontecimento à altura da dimensão do personagem. *Le Monde* dedica a ele um grande título em manchete, e Pierre Bourdieu presta homenagens àquele que soube partilhar "o prazer de saber".[41] No mesmo jornal, Roger-Pol Droit exprime sua emoção diante do desaparecimento daquele que foi um relativista absoluto, à maneira de Nietzsche, que zombava das classificações. Sua obra paradoxal escapa a toda tentativa de fechamento, saltos incessantes fazendo-a aparecer lá onde não era esperada, e seu rosto apagando-se em seus desvios discursivos. Bertrand Poirot-Delpech ali vê "uma ascese da desorientação". Paul Veyne, Roland Jaccard, Philippe Boucher e Georges Kiejman restituem o percurso daquele que foi igualmente um combatente, um cidadão ativo, um símbolo de todas as resistências contra as máquinas enclausurantes.

Uma foto de página inteira cobre a manchete de *Libération* com aquele título neutro que se encontra por todos os lados e que exprime da

---

41. BOURDIEU, 1984.

melhor maneira a emoção contida diante da perda de um companheiro insubstituível: "Foucault morreu." Serge July presta homenagem ao "sapador dos amanhãs"[42], saudando aquele que soube pressentir as mudanças nos modos de pensar e de preparar o futuro. Robert Maggiori nota a ironia macabra que fez coincidir o desaparecimento de Foucault e o novo uso dos prazeres que ele defende em seus últimos livros, em um convite a se fazer da existência uma obra de arte. Em *Le Nouvel Observateur*, seu amigo Jean Daniel dedica seu editorial a "La passion de Michel Foucault" [A paixão de Michel Foucault][43], e Pierre Nora, seu editor, que vê nesse desaparecimento o sinal de um fechamento, evoca "Nos années Foucault" [Nossos anos Foucault]: "Foucault morto: não há mais um só intelectual nesse país, ao ouvir essas palavras, que não se sinta atingido na cabeça e no coração [...]. Essa morte é um pouco a nossa, e como que o fim do que com ele vivemos."[44] É todo um monumento do pensamento que se vai na manhã de 29 de junho de 1984 quando, no pátio do hospital Pitié-Salpêtrière, uma pequena multidão[45] ouve religiosamente a última homenagem prestada por Gilles Deleuze, o amigo reconciliado, que sublinha "a dignidade e a força de vida" de Michel Foucault e que reconhece "um dos maiores filósofos de todos os tempos", para em seguida acrescentar: "Cada um de nós tem razões para viver com essa filosofia perturbadora"[46] antes de ler um fragmento do prefácio de *História de sexualidade. O uso dos prazeres.*[47]

---

42. July, 1984.
43. Daniel, 1984.
44. Nora, [1984] 2011.
45. Nessa multidão estão, além do ministro da Justiça, Robert Badinter, Yves Montand, Simone Signoret, Ariane Mnouchkine, André Glucksmann, Claude Mauriac, seus colegas do Collège de France (sobretudo Georges Dumézil, Pierre Bourdieu, Pierre Miquel, diretor da Biblioteca Nacional) e muitos universitários (dentre os quais Jacques Derrida, Michel Serres, Michel Deguy e Jacques Le Goff). O meio da edição está igualmente representado, sobretudo por Claude Gallimard, Pierre Nora e Jérôme Lindon (informações extraídas de *Le Monde*, 30 de junho de 1984).
46. Gilles Deleuze, citado in ibidem.
47. Foucault, 1984c.

O desaparecimento do "louco por Elsa"

Na véspera do Natal de 1982, morre, com 85 anos, Louis Aragon. Nessa data, ele é uma lenda, a ponto de alguns pensarem que ele tinha morrido havia muito tempo. Desde a morte em junho de 1970 de sua companheira de vida, Elsa Triolet, ele desapareceu dos projetores da atualidade: "Com a morte de Elsa, meia-noite soa na vida de Aragon."[48] Em 1972, a direção do partido insinua a seu escritor icônico que seu periódico cultural, *Les Lettres françaises*, deficitário, deve cessar de ser publicado. Como ele escreverá, aprendeu a não gritar quando algo lhe faz mal e não suscita nenhum protesto público, embora tenha perdido a base mesma do que constitui sua identidade de intelectual. É tempo da *Valse des adieux* [Valsa dos adeuses], feita de dor, de feridas e de desespero. O escritor se metamorfoseia, renunciando à sua indumentária tradicional, aquela dos ternos cruzados e das gravatas: ele deixa seus cabelos crescerem e se veste com roupas excêntricas. Ele, que simbolizava com Elsa o casal ideal, inicia uma segunda vida, a vida homossexual. Cerca-se de jovens que constituem a sua corte, sob o silêncio pudico e incomodado da direção do partido, que nada diz: "Aragon construiu o vazio a seu redor. Todos os seus amigos de outrora se afastam, espantados com a metamorfose do poeta ou, igualmente, se insistem, são claramente dissuadidos por ele de baterem novamente à sua porta."[49] Na véspera de sua morte, Aragon faz de Claude Gallimard seu herdeiro, encarregado do devir de sua obra; é o filho deste último, Antoine, apaixonado por sua obra e amigo do poeta, que se encarregará dessa missão no seio da editora. Apesar de sua Legião de Honra, que lhe é concedida por Mitterrand no Eliseu em 21 de novembro de 1981, e de um círculo restrito de novos amigos fiéis, Aragon está cada vez mais sozinho, cada vez mais desgarrado, um pé na realidade e outro no outro mundo: "Não sei mais quem sou, esqueci o que fui, não acredito que serei. Isso poderia igualmente ser escrito: não sei quem fui, o que sou?

---

48. FOREST, 2015, p. 763.
49. Ibidem, p. 801.

e o futuro não é senão um espelho dessas falácias. Ou: eu penso então eu era, mas que eu morra amanhã, não haverá prova alguma para hoje."[50]

Seu desaparecimento, depois dessa longa fase de ausência na cena pública, provoca homenagens unânimes. O presidente Mitterrand declara que "A França está de luto com o desaparecimento de um dos maiores escritores".[51] A direção do partido presta evidentemente uma vibrante homenagem àquele que permaneceu como seu ícone: "A esse ponto, poucas vidas fizeram honra às cores da França, declara o Comitê Central. E é uma honra para nós que, durante mais de meio século, ligando ao caminho de todos sua perspectiva singular, Aragon sempre foi, sem falha, um comunista."[52] Podem ser igualmente lidas em *Le Figaro* as seguintes proposições laudatórias de Jean d'Ormesson: "O maior poeta francês morreu. E um romancista genial. E um crítico, um ensaísta, um polemista sem igual. Um escritor universal para quem tudo era possível e que não recuava diante de nada."[53]

Variações em torno do indivíduo

Barthes dá livre curso à sua subjetividade

No decorrer dos anos 1970, o retorno do sujeito permite a Roland Barthes libertar-se de sua couraça de teórico que o impedia de dar livre curso a seu prazer de escritura. Ele decide tomar uma medida drástica, no interior mesmo do nó que até então prendia o escritor ao homem de ciência, escolhendo dessa vez claramente o primeiro. Depois de ter defendido o prazer do texto em 1973[54], Barthes dá um passo a mais em direção à subjetivação de sua escritura, tomando a si mesmo como objeto em uma

---

50. ARAGON, 2012, p. 1180.
51. MITTERRAND, 1982.
52. "C'est notre honneur" [É nossa honra], *L'Humanité*, 25 de dezembro de 1982.
53. ORMESSON (D'), 1982.
54. BARTHES, 1973.

autobiografia não linear que reúne informações parciais e esparsas longe dos cânones habituais do gênero. Ele chamará "biografemas" esses traços biográficos. Se a forma permanece fiel a certa desconstrução, o retorno sobre si e a exposição de seus afetos e lembranças revelam um espetacular retorno do recalque. Esses biografemas traçam igualmente as linhas de fuga de uma escritura romanesca que não se assumiu ainda plenamente. Em outra ocasião, Barthes define o sentido que, para ele, reveste uma empreitada de ordem biográfica: "Toda biografia é um romance que não ousa dizer seu nome."[55] Quando aparece em 1975 seu *Roland Barthes por Roland Barthes*, o escrevente dá lugar ao escritor. O sujeito Barthes se expõe em terceira pessoa, sob a forma de um "ele" que, embora mantenha uma distância entre o *scriptor* e seu objeto, deixa aparecer fragmentos essenciais dele mesmo; ele se entrega a seus leitores, à comunicação intersubjetiva, fonte de amor mais do que de estrutura, mesmo que ele desvele apenas uma parte de si mesmo: sua doença, sua cura, o sanatório, sua escolaridade. O sujeito que transparece se quer efeito de linguagem mais do que referência a uma natureza extratextual; ele dá lugar a um efeito Barthes, imagem movente, fonte polifônica de múltiplas composições e recomposições das quais apenas algumas indicações são transmitidas por uma partitura, e aberta para um infinito de intepretações.

O sujeito Barthes se dá sobretudo a ver pela exposição de seu corpo — exposição física, sob a forma de fotografias, e exposição literária de suas manifestações, como a enxaqueca: "A divisão social passa por meu corpo: meu próprio corpo é social."[56] O corpo desempenha o papel de uma "palavra maná", inapreensível, multiforme, polimorfa; ele é o significante que ocupa o lugar de todo significado. Barthes lembra que há corpo no *corpus*. Esse sujeito que reaparece graças à escuta de suas manifestações corporais traduz uma nova fase no itinerário barthesiano. Com efeito, ele diferencia quatro etapas em sua obra: a mitologia social, a semiologia,

---

55. Idem, 1971, p. 89.
56. Idem, 1975, p. 128.

a textualidade e, em seguida, em 1973-1975, a moralidade cujo inspirador é Nietzsche: "Sempre pensar em Nietzsche".[57]

Essa passagem à literatura e à reivindicação subjetiva que se afasta das ambições de cientificidade das ciências humanas é enfim realizada em 1977 quando Barthes publica *Fragmentos de um discurso amoroso*. A obra vem de um seminário que ele deu na Escola de Estudos Avançados em Ciências Sociais a partir de diversas formas de discursividade em torno do tema do amor, tomando o *Werther*, de Goethe, como texto-tutor, arquétipo do amor-paixão. Para além de seus anos de pesquisa universitária, é sobretudo a projeção de sua própria subjetividade sobre seu objeto e o efeito de retroação desse objeto sobre ele mesmo que o interessam: "Eu conseguia mesmo misturar figuras que vinham de minha vida às figuras de *Werther*."[58] A partir de 1975, Barthes efetua um trabalho sobre ele mesmo — começa a fazer análise com Lacan — e "se engaja mais diretamente em um diálogo com a psicanálise como linguagem".[59] Seus *Fragmentos de um discurso amoroso*[60] carregam o traço dessa influência lacaniana em suas categorias de análise, às quais ele acrescenta elementos extraídos da tradição mística e que são tributários de exercícios espirituais: "Abismar-se, Anulação, Ascese, *Laetitia*[61], A explosão, O des-conhecimento, O rapto, O êxtase, União."[62] Barthes entrega-se pessoalmente, para grande surpresa de seu primeiro círculo de amigos, junto ao qual ele jamais se pusera tanto a nu.

Ele renuncia à ideia de publicar um tratado sobre o discurso amoroso, e decide escrever ele mesmo o "discurso de um sujeito amoroso"[63], onde é o caso explicitamente de um sujeito singular que não é outro senão Barthes ele próprio. Ele assume dessa vez o "eu", mesmo que este se torne uma composição que vai além da expressão de Roland Barthes, carregando

---

57. Ibidem, p. 164.
58. Idem, [1977] 1981, p. 266.
59. SAMOYAULT, 2015, p. 623.
60. BARTHES, 1977.
61. Em latim, no original. "*Laetitia*" quer dizer "alegria", "felicidade", "prazer". [N.T.]
62. SAMOYAULT, 2015, p. 625.
63. BARTHES, 1981, p. 266.

mesmo assim fortemente sua marca, como na escritura romanesca, dessa feita reivindicada.

Esse ponto de inflexão traduz o retorno de Barthes à literatura, inclusive em seus seminários: "Nos cursos, voltarei aos materiais propriamente literários."[64] Com esse novo casamento do semiólogo e do escritor vem o sucesso público tão esperado, o ápice da história de amor entre Barthes e seus leitores que vale todos os diplomas do mundo. Muito além do cenáculo dos universitários, Barthes atinge dessa vez um amplo leitorado, como provam os números das vendas da obra que se torna imediatamente um best-seller: os quinze mil exemplares da tiragem inicial esgotam-se imediatamente, enquanto as sete outras edições darão conta apenas do ano de publicação, isto é, 79 mil exemplares vendidos. Em 1989, as vendas atingem o número pouco habitual no domínio das ciências humanas: 177 mil exemplares.

Foucault e o governo de si

É surpreendente ver dois mestres-pensadores da época, Barthes e Foucault, engajados em um processo similar de distinção entre o discurso sobre o amor e aquele sobre a sexualidade, movidos por uma mesma vontade de se extrair do discurso sobre a diferença dos sexos, sem deixar de prosseguir um trabalho sobre si similar aos exercícios espirituais. Diante da multiplicação das críticas e da reticência incomodada de seus amigos em relação às suas teses sobre a sexualidade, Foucault está profundamente fragilizado, a ponto de abandonar sobre sua mesa todo o seu programa de trabalho anunciado em 1976 em *A vontade de saber*. Ele publica o segundo volume de sua *História da sexualidade* somente em 1984, isto é, após sete anos de silêncio e a partir de bases totalmente renovadas: "Foucault experimenta o amargo sentimento de ter sido mal lido, mal compreendido. Mal-amado, talvez: 'Você sabe por que se

---

64. Ibidem, p. 270.

escreve?', perguntara ele a Francine Pariente, quando foi sua assistente em Clermont-Ferrand. 'Para ser amado.'"⁶⁵

Foucault atravessa então uma verdadeira crise pessoal que o conduz a uma confrontação entre sexualidade e ética, e não mais entre sexualidade e poder. Ele acentua o ponto de inflexão esboçado na direção da construção de uma ontologia histórica do sujeito em suas relações com a moral. Deixando seu programa inicial de trabalho, ele inflete seu olhar. Abandona a perspectiva do biopoder, aquela do sujeito subjugado pelas diversas modalidades do poder, para colocar em seu lugar uma problematização do sujeito e de seus processos de subjetivação:

> Os dois últimos anos de cursos no Collège de France foram postos sob o signo da coragem da verdade. Com efeito, eles se apresentam como estudos históricos sobre a noção de *parrêsia* na cultura grega, dos trágicos aos cínicos, passando pelos filósofos políticos. A *parrêsia* é o dizer-tudo, o dizer-verdadeiro, a franqueza, a coragem da verdade.⁶⁶

Seu amigo Deleuze inquieta-se ao saber que ele se dedica a uma "velha lua" da tradição filosófica, ignorando as razões dessa escolha: "Foucault entrou em uma estratégia do segredo, buscando esconder sua doença, e, ao mesmo tempo, desenvolve um belo e poderoso discurso sobre a coragem da verdade."⁶⁷ Sublinhando essa contradição, François Noudelmann estabelece uma relação entre as funções físicas da linguagem e o vivido próprio do sujeito filósofo: "Não se trata em absoluto em nossa proposição de denunciar uma mentira moral, mas de observar a produção fecunda de uma 'mentira especulativa'."⁶⁸

Os títulos de seus cursos no Collège de France são significativos da radicalidade do ponto de inflexão que ele realiza, mesmo que publicação alguma o comprove antes de 1984. Em 1980-1981, o curso é dedicado

---

65. Michel Foucault, citado in ÉRIBON, 1989, pp. 292-293.
66. GROS (Org.), 2002, p. 7. Em latim, no original. Traduziu-se "*franc-parler*" por "franqueza", mas fica aqui registrado, para informação, o termo em francês. [N.T.]
67. NOUDELMANN, 2015, p. 68.
68. Ibidem, p. 68.

à "Subjetividade e verdade"; no ano seguinte, à "Hermenêutica do sujeito"; em seguida, em 1982-1983, ao "governo de si e dos outros".[69] Esse retorno a si resulta de uma nova relação com o político e com uma urgência pessoal: ele se sabe condenado por sua doença. Segundo Paul Veyne, muito próximo de Foucault nos últimos anos, quando o guiava em sua exploração do mundo greco-romano: "Ele soube muito cedo que doença tinha e que essa doença era absolutamente inelutável [...]. Seus últimos livros sobre a ética foram livros de exercício espiritual no sentido cristão ou estoico do termo."[70] Em novembro de 1983, Foucault anota em seu diário íntimo que sabe ter Aids, mas que sua histeria permite esquecê-la: "Assim, uma boa parte de sua energia intelectual foi empregada em combater a normatividade imposta pelo saber do 'sexo' e em resistir aos efeitos de poder que esse discurso de verdade induz."[71] Por ocasião da publicação do segundo volume de *História da sexualidade*, Foucault explica seu mutismo e responde às críticas que lhe foram feitas quando da publicação de *A vontade de saber*. Ele não revela sua perspectiva senão para melhor velar o que profundamente a motiva, justificando seus últimos livros pela pesquisa tateante que atravessa toda a sua obra de uma história da verdade. Ele considera que o projeto de historicização da sexualidade anunciado em *A vontade de saber* como estudo do biopoder ao longo do período que vai do século XVI ao XIX chocou-se com uma aporia e não permitia responder ao essencial: "Dei-me conta de que isso não funcionava; permanecia ainda um problema importante: por que havíamos feito da sexualidade uma experiência moral?"[72] Essa questão implicava um desvio para dela apreender as raízes pré-cristãs. A perspectiva é então revertida: a problematização do governo dos outros é substituída pela problematização do governo de si mesmo e dos procedimentos a partir dos quais o sujeito se constitui como tal.

---

69. Esses cursos no Collège de France foram publicados em diversos volumes na coleção "Hautes Études", coeditados por EHESS, Gallimard e Seuil (FOUCAULT, 2001, 2008, 2009 e 2014).
70. VEYNE, 1988.
71. Idem, 2008, p. 209.
72. FOUCAULT, 1984b.

O que é novo é o objeto dessa problematização: o sujeito, em sua relação com a ética. No domínio clássico da filosofia, Foucault procede ainda uma vez a uma reversão da ótica tradicional, dissociando a moral da ética. Seu projeto, revelado em 1984, é construir uma história dos diferentes modos de subjetivação do ser humano em nossa cultura. Foucault explica então que não tomou o poder como objeto senão para melhor apreender as práticas constitutivas do sujeito: "Cada vez que tentei fazer um trabalho teórico, isso se deu a partir de elementos de minha própria experiência."[73] Isso nos leva à tragédia pessoal vivida por Foucault, presa das devastações do trabalho da morte em seu próprio corpo: "Em *O uso dos prazeres*, tentei mostrar que há uma tensão crescente entre o prazer e a saúde."[74] Essas proposições de Foucault bem traduzem o horizonte autobiográfico no qual se inscreve sua problemática filosófica, destinada a permitir um trabalho de si sobre si na luta contra a doença que duplica de modo insuportável os efeitos da marginalidade na qual é mantida a homossexualidade. Ele busca os fundamentos de uma moral pós-convencional fora dos imperativos de interiorização da pastoral cristã ou da psicanálise, na ética do mundo antigo compreendida como estética da existência e, pois, como lição para "fazer de sua vida uma obra".[75]

Foucault toma às avessas a visão de uma Antiguidade pagã dionisíaca, sem fé nem lei, sem tabus, e a substitui por uma Antiguidade greco-romana onde a prática sexual se insere em uma ascese frequentemente bastante coerciva. Para os gregos, a oposição mais importante entre as *aphrodisia* diferencia os atores ativos dos atores passivos: as mulheres, os rapazes, os escravos. Nesse caso, a homossexualidade não é ali reprimida, conquanto se seja ativo nas relações com o outro. Essa partilha institui o ético em uma sociedade fundada sobre a virilidade. A conduta virtuosa no uso dos prazeres não se endereça senão a uma casta, aquela dos homens livres, e implica o controle de suas pulsões. A linha de partilha se situa aqui

---

73. Idem, 1981.
74. Idem, 1984a.
75. Idem, 1984c, p. 16.

entre a moderação e a intemperança, entre a *hubris* (a desmedida) e a *diké* (o equilíbrio), muito mais do que entre este ou aquele tipo de sexualidade.

No terceiro volume de *História da sexualidade. O cuidado de si*, Foucault explora o século II de nossa era, que vê a reflexão ética se infletir claramente na direção de uma intensificação dos códigos, consecutiva à crise da subjetividade atravessada pelo mundo romano. Esta última não se encontra inserida no interior das finalidades cívicas, como no século IV a.C. Assim como o título o sugere, *O cuidado de si*, o controle de si torna-se nele mesmo sua própria finalidade. O sujeito se constitui plenamente como tal graças a uma "problematização mais intensa das *aphrodisia*"[76], em uma sofisticação acrescida dos procedimentos pelos quais o sujeito toma posse dele próprio, sobre fundo de desconfiança em frente dos perigos ligados ao uso dos prazeres. O casamento é assim valorizado e associado a obrigações conjugais mais rigorosas. Essa ética austera surge não mais de uma intensificação do código moral, mas da atenção crescente dirigida a si mesmo, sem contudo conduzir ao isolamento: o cuidado de si está aberto para práticas socializantes. Essa ética se endereça a toda a classe dirigente de Roma, que deve se adequar a um ritual de ascese do corpo e do espírito. Ela deve seguir uma dieta estrita, praticar exercícios físicos, consagrar momentos à meditação, à leitura, à rememoração dos conhecimentos adquiridos.

É, pois, no interior do sujeito que se pode apreender sua relação consigo e com os outros, e não como simples receptáculo de transformações que lhe seriam externas. A partir dessa autonomização, Foucault pretende mostrar que todo sistema é arbitrário, seja ele grego, romano ou outro. O verdadeiro objetivo que subjaz a toda a sua descrição é o de desligar o sujeito de seu desejo, de liberá-lo de toda forma de culpabilidade. Segundo seu amigo Paul Veyne, Foucault é essencialmente um cético que evita toda forma de fundamento ontológico para deixar lugar à efetividade das singularidades concretas: "Vinte e cinco dias antes de sua morte, Foucault resumiu seu pensamento em uma única palavra. Um entrevistador arguto lhe perguntava: 'Uma vez que o senhor não afirma verdade

---

76. Idem, 1984d, p. 53.

universal alguma, o senhor é um cético?' — 'Totalmente', respondeu ele."[77] A patologização progressiva dos corpos, a culpabilização crescente que irá arrematar a patrística cristã[78], o medo que invade as práticas sexuais que refluem sobre a monogamia, eis aí tantos elementos dessa crise com a qual Foucault se debate desde a descoberta de sua homossexualidade. Esse desvio pela Grécia e por Roma nos ensina em grande parte sobre o não dito do indivíduo Foucault, sua busca perturbada e urgente de uma ascese espiritual, de um desprendimento do corpo, de uma liberação da culpabilidade mortífera e de uma reconciliação final com ele próprio. Decididamente, o sujeito está de volta.

Levar os atores a sério

Nos anos 1980, o pensamento do agir acaba por substituir a prevalência dada às estruturas. Em 1988, Marcel Gauchet diagnostica uma "mudança de paradigma nas ciências sociais"[79]. As ciências humanas exaltadas durante os anos 1960 tinham o poder de expropriar o ator de sua presença, a atestação de si. Elas desqualificavam tudo o que dizia respeito à ação, ao ato de linguagem, todas as ocasiões de conduzir as operações significantes. Nos entornos dos anos 1980, uma nova organização intelectual impõe o tema da historicidade e de suas lógicas temporais variáveis às estruturas inertes. Esse período se caracteriza pela "reabilitação da parte explícita e refletida da ação".[80] Não se trata de um simples retorno do sujeito tal qual ele fora pensado outrora na plenitude de sua soberania e de sua transparência, mas de um deslocamento da pesquisa para o estudo de uma consciência problemática graças à filiação hermenêutica e aos trabalhos da pragmática, do cognitivismo ou dos modelos da escolha racional.

---

77. Veyne, 2008, p. 63.
78. Foucault, 2018.
79. Gauchet, 1988a.
80. Ibidem, p. 166.

Enquanto o esquema do desvelamento, em obra à época da filosofia soberana da suspeita, consistia em contornar o estrato consciente para encontrar diretamente as motivações inconscientes, o novo modelo, ao inverter a perspectiva, faz do inconsciente um ponto de chegada. A estratégia consiste em salvar os fenômenos e as ações significantes para explicar a consciência dos atores. Trata-se de reencontrar contemporaneidades que dão sentido em razão de seu caráter conexo, sem contudo proceder a reduções.

A mudança de paradigma permite reformular programas de pesquisa capazes de dar conta dos elementos constitutivos da ação. Quando Luc Boltanski e Laurent Thévenot conduzem uma enquete sociológica sobre os litígios, os "casos", eles reúnem um *corpus* heteróclito. De um ponto de vista sociológico, o problema é compreender quais condições devem ser preenchidas para que uma denúncia pública possa ser recebida. Esse trabalho necessita de um questionamento de uma das grandes partilhas impostas pelo paradigma crítico, que opõe a ordem do singular àquela do geral: "Longe de aceitar a partilha *a priori* entre o que é individual, o que seria desde então assunto de psicologia, e o que é coletivo, que diria respeito por isso à sua disciplina, o sociólogo deve tratar a qualificação singular ou coletiva do caso como o produto da atividade mesma dos atores."[81] Apreender o processo de generalização que está em vias de se realizar pressupõe levar a sério o dizer dos atores, atribuir a eles uma competência própria para analisar sua situação.

Uma ilustração da fecundidade dessa virada descritiva e dessa gramática da ação é dada pela obra de Luc Boltanski e de Laurent Thévenot, *De la Justification* [Sobre a justificação][82], com sua construção das *cités*[83] como modelos de grandeza dos indivíduos. Saindo do dilema entre holismo e individualismo, eles demonstram que a realidade social não é una, mas plural, e que é a partir dessa pluralidade dos mundos de ação que se articulam os processos de subjetivação.

---

81. BOLTANSKI, 1990, p. 23.
82. BOLTANSKI; THÉVENOT, 1991.
83. Optou-se por deixar o termo no original: "*cités*" são grandes conjuntos residenciais situados nas periferias das grandes cidades francesas. [N.T.]

Para estabelecer sua gramática ativista, os pesquisadores dispõem de dois eixos para codificar os actantes da denúncia: o eixo tradicional da oposição individual/coletivo, que tem como função reduzir a diversidade dos casos e chegar a ideais-tipo, eixo que Boltanski e Thévenot substituem por outro, de codificação, singular/geral, que permite tratar o conjunto do *corpus*. O acompanhamento preciso da argumentação das pessoas incriminadas permite romper com o esquema monista em virtude do qual tudo partiria de um estado de dominação que apenas diria respeito ao poder dos fortes sobre os fracos.

É chegada a hora de renunciar à postura denunciadora observando que *a priori* uma lógica está em obra sem conhecimento dos atores, e colocando-se seriamente à escuta deles. A nova sociologia é assim conduzida a questionar, como já haviam feito Bruno Latour e Michel Callon no domínio da antropologia das ciências no Centro de Sociologia de Inovação da Escola das Minas, a grande partilha entre conhecimento científico e normatividade, entre julgamento de fato e julgamento de valor[84] reconhecido como filão de saberes e de *savoir-faire*. A etnometodologia contribui utilmente à pesquisa das semelhanças entre as explicações científicas e aquelas fornecidas pelos próprios atores. Essa abordagem conduz a uma reviravolta decisiva que faz da própria crítica um objeto da sociologia, algo de que o antigo paradigma não podia dar conta, na medida em que, apoiando-se em uma ruptura radical entre fatos e valores, ele mantinha o sociólogo ao abrigo de toda empreitada crítica, em uma "pequena ilha de positividade sobre a qual fundar a ambição de um desvelamento radical".[85]

A prova do novo paradigma situa-se no trabalho de campo e permite reatar laços pacificados entre filosofia e ciências humanas. Postula-se assim a complementaridade entre esses dois níveis: as ciências humanas são apreendidas como a continuação da filosofia por outros meios e contribuem com a realização do trabalho filosófico de constituição de uma gramática das ordens de justificação dos atores sociais. Essa nova orientação concede toda a sua importância à "virada linguística" e dá grande atenção aos discursos

---

84. LATOUR, 1991.
85. BOLTANSKI, 1990, p. 53.

sobre a ação, à narração, à *"mise en intrigue"*[86], como a chama Ricœur, sem com isso se fechar na discursividade. O pesquisador deve se limitar "a seguir os atores de modo bem próximo a seu trabalho interpretativo [...]. Ele leva a sério seus argumentos e as provas por eles trazidos, sem tentar reduzi-los ou desqualificá-los em razão de uma interpretação mais forte".[87]

Esse novo paradigma pode ser qualificado de paradigma interpretativo, na medida em que visa colocar em evidência o lugar da interpretação na estruturação da ação, revisitando toda a rede conceitual, todas as categorias semânticas próprias à ação: intenções, vontades, desejos, motivos, sentimentos... Por isso mesmo, ao deslocar seu objeto do instituído ao instituinte, a sociologia reinveste os objetos do cotidiano e as formas esparsas e variadas da socialidade.

Na disciplina histórica, como na maioria das ciências humanas, é igualmente a consideração do discurso dos atores que está na origem da virada crítica empreendida pela revista *Annales* em 1988. O editorial de seu número de março-abril de 1988 dramatiza a situação com um título impresso em vermelho, "Histoire et Sciences Humaines. Un tournant critique?" [História e ciências sociais. Uma virada crítica?]. Ele afirma a necessidade de estabelecer uma nova iniciativa, novas alianças, e faz uma chamada para contribuições que tenham o intuito de redefinir a especificidade da perspectiva histórica: "Hoje, o tempo parece ter vindo das incertezas [...]. Os paradigmas dominantes, que eram buscados nos marxismos ou nos estruturalismos, assim como nos usos confiantes da quantificação, perdem sua capacidade estruturante."[88] Essa chamada para contribuições dará lugar à publicação de um número especial em novembro-dezembro de 1989. Todos os temas desenvolvidos nesse editorial definem um novo programa de orientação da pesquisa histórica e anunciam uma mudança radical e crítica das posições anteriores, das quais os perigos inerentes à prevalência concedida até então à longa duração são sublinhados: "A metáfora da distribuição dos planos da história e a preocupação particular

---

86. Termo original, corrente nos estudos literários, que literalmente traduzir-se-ia como "pôr-em-intriga". [N.T.]
87. Ibidem, p. 57.
88. *Annales ESC*, n. 2, março-abril de 1988.

com os fenômenos de mais longa duração carregam neles mesmos o risco de esquecer os processos pelos quais advém o novo."[89]

Além disso, o editorial de *Annales* afirma ter cedido a certo positivismo ou cientismo, deixando de lado a dimensão interpretativa da história:

> A história social foi inicialmente concebida como a do coletivo e do numeroso. Muito cedo, ela se preocupou em medir os fenômenos sociais [...]. Um enorme material foi assim reunido e analisado. Mas no desenvolvimento mesmo da pesquisa, a acumulação dos dados dominou a ambição e, por vezes, a própria preocupação da interpretação.[90]

Esse neopositivismo deixou de lado a variante humana da história, a capacidade de autonomia do indivíduo em face daquilo que o condiciona e a ele permite se inscrever no real a partir de práticas singulares: "A sociedade não é uma coisa. Não é por acaso que muitas pesquisas atuais convergem em se afastar dos dois grandes modelos funcionalista e estruturalista para se voltar as análises em termos de estratégia."[91]

Como observa Christian Delacroix, o historiador Bernard Lepetit, então secretário da redação da revista, desempenha um papel fundamental na definição dessas novas orientações e na concepção de uma aliança "que mobiliza a hermenêutica como possibilidade teórica ou, antes, que engaja uma primeira operação de tradutibilidade da hermenêutica no dispositivo da primeira virada crítica".[92] Um novo paradigma se cristaliza, procedendo a uma dupla conversão pragmática e hermenêutica que rompe radicalmente com o período precedente, marcado pela prevalência exclusiva dos fenômenos de longa duração em Braudel e de uma história imóvel em Le Roy Ladurie.

---

89. *Annales ESC*, n. 6, novembro-dezembro de 1989, p. 1318.
90. Ibidem, p. 1319.
91. Ibidem, p. 1319.
92. DELACROIX, 1995, p. 97.

Os jogos do ego ou o espelho de Narciso

Como diagnosticado no início dos anos 1980 pelo psicanalista Gérard Mendel[93] a partir de um fundo de desilusão das esperanças coletivas, as lógicas de pertencimento sofrem uma crise de indiferença. Uma série de análises sobre essa mutação social chega à França via Estados Unidos; o fenômeno é descrito como propriamente americano: Christopher Lasch observa a emergência de uma nova sensibilidade americana que faz triunfar Narciso em um contexto de desesperança social e de declínio cultural.[94] O sociólogo americano estabelece uma relação de causa e efeito entre o final do sonho americano de dominar o mundo, o esgotamento de suas reservas criativas, a crise do futuro e o fechamento sobre si, a exaltação do ego: "O futuro parece hoje tão turvo e incerto quanto o passado parece destituído de sentido."[95] O narcisismo que emerge desse desencanto é uma maneira de viver a ansiedade de um presente cortado do futuro e que se desinteressa pelo passado. O declínio do sentido histórico exacerba os reflexos de fechamento sobre o eu: "Viver no instante é a paixão dominante — viver por si mesmo, e não para seus ancestrais ou a posteridade. Começamos a perder o sentido da continuidade histórica, o sentido de pertencer a uma sucessão de gerações."[96] Lasch passa em revista os sintomas desse fechamento egotista e vê sobretudo na obsessão com o bem-estar, a segurança física e psíquica, assim como no crescimento da preocupação terapêutica, um signo manifesto do fechamento geral da sociedade americana sobre lógicas puramente individuais. Contudo, o corte com o outro permanece factício, pois Narciso necessita do olhar do outro para conquistar a estima de si.

Para apoiar sua demonstração, o sociólogo americano estuda o percurso de algumas figuras icônicas dos anos 1960. Com cerca de 30 anos,

---

93. MENDEL, 1983.
94. LASCH, 1981.
95. Ibidem, p. 9.
96. Ibidem, p. 18.

Jerry Rubin passa assim de Nova York a São Francisco e da contracultura[97] a um regime terapêutico que o leva a comprar todos os produtos que encontra nos supermercados espirituais da Costa Oeste, experimentando sucessivamente a Gestalt, a bioenergia, a massagem, o tai chi, a meditação... para se permitir gozar de boa saúde. Segundo Christopher Lasch, o sucesso espetacular das autobiografias e das confissões é outro sintoma desse mesmo fenômeno.

Nesse momento, o sociólogo Richard Sennett faz uma constatação similar de ensimesmamento na esfera privada.[98] A distinção estabelecida pela civilização ocidental entre vida pública e vida privada desapareceu, e a deplorável confusão a que ela dá lugar conduz a tomar o espaço público como um desafio de busca de interesses pessoais ainda mais angustiantes e febris porque cortados das redes de sociabilidades que regulavam as relações interpessoais.

Na França, a partir de 1980, o sociólogo Gilles Lipovetsky populariza esse tema do individualismo em uma série de artigos[99] que reúne em um ensaio de sucesso, *A era do vazio: ensaios sobre o individualismo contemporâneo*.[100] Em consonância com o sentimento de perda de horizonte histórico, a obra encontra um amplo público e suscita debates apaixonados. Serão vendidos cerca de setenta mil exemplares em alguns anos. A transposição da análise dos sociólogos americanos para Lipovetsky faz-se de um modo mais leve: nele, nenhuma deploração do aniquilamento da cultura e de um declínio inelutável. Pelo contrário, ele exalta essa ruptura radical graças à qual a emancipação do indivíduo pode enfim se concretizar. Como Norbert Elias analisou, ao descrever a ampliação da esfera do íntimo nas sociedades ocidentais[101], uma primeira revolução já ocorrera nos séculos XVII e XVIII. Dessa feita, o hedonismo triunfa sobre todas as restrições coletivas, e Gilles Lipovetsky felicita-se dessa mutação que ele não encara como um sintoma de crise, mas como a manifestação do ego que se

---

97. RUBIN, 1971.
98. SENNETT, 1979.
99. LIPOVETSKY, 1980 e 1981.
100. Idem, 1983.
101. ELIAS, [1939] 1973.

liberta de suas restrições. A revolução consumista oferece a possibilidade de satisfazer seus desejos pessoais, de escolher seu modo de existência. Ela abre para uma sociedade do *soft*, onde cada um é livre por suas escolhas, sem procurar suscitar qualquer ruptura em nome de um devir coletivo diferente: "A sociedade pós-moderna é aquela em que reina a indiferença de massa, em que o sentimento de reconversão e de estagnação domina, em que a autonomia privada é óbvia, em que o novo é acolhido como o antigo, em que a inovação é banalizada, em que o futuro não é mais assimilado a um progresso inelutável."[102] Trata-se da passagem, e o autor dela se felicita, do prato do dia ao cardápio com uma profusão de escolhas: "A sedução remete a nosso universo de gamas opcionais, de seções exóticas, de meio ambiente psi, musical e informacional, onde cada qual tem a liberdade de compor *à la carte* os elementos de sua existência."[103] Dando a possibilidade a todos de satisfazer seus desejos, a sociedade pós-moderna logrou fazer progredir o processo de pacificação e recuar até seus limites as diversas formas de exercício da violência: "O processo de personalização destruiu lentamente as normas de uma sociabilidade viril responsável por um nível elevado de criminalidade violenta."[104]

Em *Esprit*, Georges Vigarello saúda essa "segunda idade do individualismo"[105] e considera a tese defendida por Lipovetsky como a que mais longe vai na explicação do fenômeno. Entretanto, as questões que Olivier Mongin faz a Lipovetsky são marcadas por um profundo pessimismo. A ele opõe uma visão menos coadunada ao mundo social, que em nada perdeu de sua agressividade no seio da iniciativa e que vê se desenvolverem crispações identitárias sobre as quais progride a Frente Nacional.

André Gorz não se afasta de Lipovetsky em sua constatação de uma sociedade cada vez mais individuada. Contudo, ele não considera que o ensimesmamento, o hedonismo e o narcisismo sejam manifestações inelutáveis dessa atomização do corpo social:

---

102. Lipovetsky, 1983, p. 11.
103. Ibidem, p. 21.
104. Ibidem, p. 225.
105. Vigarello, 1984.

Para Gorz, o indivíduo é dotado de outras reservas que precedem ontologicamente sua integração; ele sempre tem a possibilidade de escapar ao enclausuramento individualista, que não é a fruição cega da pessoa livre por suas escolhas, mas a destilação sofrida de modos de comportamento funcionais à reprodução do capital.[106]

Nesse ponto, Gorz reencontra sua inspiração sartriana primeira da exigência existencial e da necessidade de o indivíduo se descolar das restrições a fim de assumir sua liberdade e sua autonomia. Por sua vez, Castoriadis tem o mesmo sentimento de uma mudança de época. Longe de se alegrar com essa situação, ele se torna seu crítico acerbo e estigmatiza evoluções que julga perigosas, como aquela que conduz a substituir pela privatização dos indivíduos os modos de socialidade autônomos. Diante da impotência dos dirigentes em dominar os processos em curso, as populações se desviam da política e se refugiam na abstenção. A situação se caracteriza igualmente por um refluxo dos movimentos sociais; os partidos que ainda exercem alguma influência sobre os assalariados perderam suas referências e nem mesmo acreditam mais em sua própria linguagem, reduzida às repetições monótonas e tediosas por organizações que "morrem de inanição ideológica".[107] As relações entre gerações se fragilizaram a ponto de ninguém querer saber qual é sua função. A desorientação afeta até mesmo as relações entre pais e filhos. A constatação feita em 1982 por Castoriadis é severa: "Vivemos uma sociedade dos *lobbies* e dos *hobbies*."[108] Ele bem descreve a mudança de relação com o passado, que não mais se inscreve em uma busca de raízes identitárias, mas na necessidade bulímica de traços que perderam todo o seu sentido, relegados ao registro de curiosidades de natureza turística. A época paga o preço da inanidade por sua obsessão imediatista. Para Hegel, a história do mundo é o Julgamento Final; no final do século XX, o Julgamento Final é o programa televisivo à noite, esquecido no dia seguinte para dar lugar ao próximo:

---

106. GIANINAZZI, 2016, pp. 242-243.
107. CASTORIADIS, [1982] 2007, p. 18.
108. Idem, p. 21. Em inglês, no original. [N.T.]

doravante, mais do que julgamento, "nem último, nem primeiro, nem memória, nem reflexão".[109]

Fundado sobre um mundo da facticidade, esse reino da facilidade contribui para a perda de sentido e para a "progressão da insignificância".[110] Castoriadis associa a crise da função crítica à crise geral pela qual passa uma sociedade entregue ao torpor, atolada no consenso frouxo. O reino do efêmero e da publicização saudada por Lipovetsky substituiu a exigência de habitar o tempo que animava as gerações anteriores. Com o desaparecimento dos grandes conflitos sociais e políticos, é um período de decomposição que se abre, caracterizado pela perda das significações, do sentido e dos valores. Como a sociedade ocidental pode perdurar se se dá como único valor o lucro, e como único projeto o enriquecimento? Do mesmo modo que o intelectual renuncia a seu papel, a sociedade ocidental dá as costas a seu papel histórico ao se livrar da função crítica, dando lugar ao reino do "conformismo generalizado".[111]

A pessoa na idade do indivíduo

No decurso dos anos 1980, a revista *Esprit* atravessa uma crise que perturba sua identidade cultural. Seu leitorado se rarefaz, as dificuldades financeiras se acumulam, e o número do cinquentenário[112] faz ressurgir as tensões próprias à gestão de uma herança da qual a equipe de direção, ao mesmo tempo que dá continuidade sob o mesmo estandarte à obra de Emmanuel Mounier, admite cada vez mais abertamente ter tomado algumas distâncias. Em 1977, seu diretor, Paul Thibaud, refundou a identidade da revista em torno do combate antitotalitário, atraindo novos recrutas. Integrado a *Esprit* graças às suas relações com Thibaud, Olivier Mongin assume a responsabilidade de redator-chefe a partir dos anos 1970. Seu primeiro

---

109. Idem, [1986] 2011, p. 212.
110. Idem, [1993] 2007.
111. Idem, [1989] 2000.
112. *Esprit*, janeiro de 1983.

artigo é dedicado a Claude Lefort e a Marcel Gauchet, e suas revistas de referência são, na época, *Texture* e, em seguida, *Libre* em 1977.[113] Sob o impulso comum de Thibaud e de Mongin, a revista assume um aspecto mais filosófico, rigoroso, com a publicação de números especiais sobre Louis Dumont, a escola de Frankfurt, Hannah Arendt ou ainda Merleau-Ponty.[114] Uma boa parte do público de *Esprit*, sentindo-se em defasagem pelas dificuldades que experimenta para ler a revista, dela se afasta.

O número que celebra o cinquentenário de *Esprit* é o momento privilegiado para reavaliar a identidade personalista da revista. Olivier Mongin critica um passado que permanece cego à evolução dos costumes, com a exceção notável do número especial dirigido por Ricœur, publicado em novembro de 1960, sobre a revolução sexual: "É difícil não observar que *Esprit*, paralelamente, foi pega desprevenida pela revolução dos costumes que ritmou estes quinze últimos anos, como que atordoada pelo *uppercut* de 1968."[115] Por sua vez, Paul Thibaud interroga-se sobre o cristianismo de *Esprit*, tomando suas distâncias em relação à paixão de unificação que animava a visão do homem própria ao personalismo. A submissão que ela implica com uma escala de valores estabelecida induz a um moralismo que passa ao largo do fundamento verdadeiro das instituições humanas. Esse fundamento societal não é o egoísmo sem cessar vilipendiado; ele "é a diversidade das escolhas antropológicas".[116] Se Thibaud convém que o personalismo permitiu derrubar os conformismos da cristandade oficial, ele estima entretanto que seu papel histórico acabou, ainda mais porque a dialética da fé e do engajamento que ele carrega se "enfraqueceu e amorteceu quando o personalismo funcionou como o rosto público ou mesmo como substituto do cristianismo".[117]

---

113. A partir de 1977, *Libre* reúne Miguel Abensour, Cornelius Castoriadis, Marcel Gauchet, Claude Lefort, Maurice Luciani e Pierre Clastres.
114. Respectivamente, *Esprit*, fevereiro de 1978; ibidem, maio de 1978; ibidem, junho de 1980; ibidem, junho de 1982.
115. MONGIN, 1983, p. 153. Em inglês, no original. [N.T.]
116. THIBAUD, 1983, p. 175.
117. Ibidem, p. 177.

O sinal mais evidente da virada assumida por *Esprit* é a intervenção de Ricœur em um colóquio organizado pela Associação dos Amigos de Emmanuel Mounier para honrar sua memória. Seu título é já por si só evocador: "Morre o personalismo, volta a pessoa".[118] Essa intervenção, que emana de um companheiro tão fiel de Mounier, constitui uma relevante fiança para a nova geração. O colóquio, que reúne 150 participantes no feriado de Finados de 1982, dá-se durante três dias em uma colônia de férias de Dourdan e tem por tema "O personalismo de ontem e de hoje". Pouco disposto a se deixar enclausurar no papel do guardião de museu, Ricœur assume a obsolescência do personalismo e admite o malogro dessa corrente em se erigir em filosofia. Não apenas o recurso a um sufixo em *ismo* é prejudicial como, ainda, colocado em concorrência com os outros *ismos*, o personalismo não é o mais armado no plano conceitual. Além de sua falta de rigor filosófico, o personalismo defendeu um ponto de vista contraditório entre sua maneira de se expor aos imprevistos do acontecimento e aquela de se dirigir sem cessar a uma ordem hierarquizada de valores imutáveis, substancializados. A esse respeito, "o personalismo não deixou de combater seus próprios demônios, tanto o passado do termo 'personalismo' lhe colou ao corpo como uma túnica de Nessus".[119] Em contrapartida, a pertinência da noção de "pessoa" pode ser considerada. Sua centralidade impõe-se, mesmo, cada vez mais em todos os campos onde houve combate pela defesa dos direitos humanos. Essa noção de "pessoa" parece mais apropriada do que as de "consciência", de "sujeito", de "eu"; ela pode ser definida como o núcleo de "uma atitude".[120]

Se alguns amigos de Mounier surpreendem-se com a radicalidade da proposição, eles não podem ver nesse gesto de Ricœur a marca de uma traição ou de uma renegação, ainda mais porque ele conclui sua intervenção com as seguintes palavras de Mounier: "Assistimos [...] às primeiras sinuosidades de uma marcha cíclica em que as explorações conduzidas a partir de certa via até o esgotamento não foram abandonadas senão

---

118. Ricœur, [1983] 1992.
119. Ibidem, p. 197.
120. Ibidem, p. 198.

para serem reencontradas mais tarde e mais longe, enriquecidas por esse esquecimento e pelas descobertas para as quais ele liberou o caminho."[121]

Prevalência dos fenômenos singulares

No decorrer desses anos em que a sociedade se individualiza cada vez mais, cresce o interesse pelas singularidades. Por todos os lados, assiste-se ao "retorno" do acontecimento. As noções de estrutura, de invariante, de longa duração, de história imóvel foram substituídas por aquelas de caos organizador, de fractal, de teoria das catástrofes, de emergência, de enação, de mutação, de ruptura... Essa mudança afeta o conjunto das ciências humanas e atesta uma preocupação ao que advém de novo graças a uma interrogação renovada sobre o acontecimento. Como disse Michel de Certeau a respeito de Maio de 1968, "o acontecimento é o que ele se torna", o que induz a um deslocamento da abordagem do jusante do acontecimento para seu montante, de suas causas a seus traços. Esse deslocamento do olhar não é um simples "retorno" do acontecimento no sentido antigo do termo. Depois do longo eclipse do acontecimento nas ciências humanas, esse "retorno" espetacular pouco tem a ver com a concepção restritiva que era aquela da Escola Histórica Metódica do século XIX.[122] A atenção dirigida ao traço deixado pelo acontecimento e por suas mutações sucessivas permite evitar o dilema empobrecedor e redutor de um acontecimental supostamente breve oposto a uma longa duração dita estrutural. Nessa perspectiva, o acontecimento não é um simples dado que bastaria recolher para dele atestar a realidade, mas um *constructo* que reenvia ao conjunto do universo social como matriz da constituição simbólica do sentido. Afirmar a força intempestiva do acontecimento

---

121. MOUNIER, [1947], p. 11, 1992, p. 202.
122. Faz-se aqui referência à corrente que domina a historiografia francesa universitária da III República (1870) até sua substituição pela Escola dos Annales do período entreguerras. Ela considerava a disciplina como científica a partir da equivalência entre crítica e método experimental; para essa corrente historiográfica, os acontecimentos são singulares, e a cronologia e a política têm valor explicativo. [N.T.]

enquanto manifestação da novidade, enquanto começo, implica aceitar a impossibilidade de fechar detrás de alguma enquete, por mais minuciosa que ela seja, o sentido do acontecimento, que permanece irredutível a um sentido fechado e unilateral. Como diz Michel de Certeau, o enigma sobrevive, o que não dispensa a enquete; mas é imprescindível que se abandone os ouripéis da arrogância e o pensamento pronto das explicações prévias e fechadas. A um tempo Esfinge e Fênix[123], o acontecimento escapa por natureza a toda pretensão redutora. Se compete às ciências humanas reduzir a parte de certeza e de incerteza e elucidar o enigma enunciado pelo acontecimento, e se todas as disciplinas têm um papel a desempenhar nessa busca, elas devem saber que não terão sucesso.

A crise do futuro se manifesta com estrondo e confere à categoria do presente uma importância cardinal. Ela conduz o historiador a melhor se situar em relação a seu ato de escrever a história. O historiador Michel de Certeau define a operação historiográfica naquele entre-dois da linguagem de ontem e daquele, contemporâneo, do historiador. É uma lição relevante a ser apreendida pelos historiadores do tempo presente, lição que modifica radicalmente a concepção tradicional do acontecimento. Essa abordagem muda tudo, pois ela desloca o foco do historiador, que até tendia a limitar sua investigação à atestação da veridicidade dos fatos relatados e à sua perspectivação em uma busca causal. Dessa feita, o historiador é convidado a buscar os traços deixados pelo acontecimento desde a sua manifestação, considerando aqueles como constitutivos de um sentido sempre aberto.

A noção de "traço", a um tempo ideal e material, torna-se a mola essencial do volume *Les Lieux de mémoire*[124], dirigido por Pierre Nora. Ela é o laço indizível que religa o passado a um presente tornado pesada categoria na reconfiguração do tempo graças à intermediação de seus traços memoriais. Pierre Nora vê aí uma nova descontinuidade na escritura da história "que não se pode chamar senão *historiográfica*".[125] Essa ruptura inflete o olhar e engaja a comunidade dos historiadores a revisitar diferentemente

---

123. Ver Dosse, 2010.
124. Nora (org.), 1984-1993.
125. Ibidem, 1993a, p. 26. Em itálico, no original. [N.T.]

os mesmos objetos, a partir dos traços deixados na memória coletiva pelos feitos, pelos homens, pelos símbolos, pelos emblemas do passado. Esse abandono/retomada de toda tradição histórica pelo momento memorial dos anos 1980 abre a via para uma outra história:

> [...] não mais os determinantes, mas seus efeitos; não mais as ações memorizadas nem mesmo comemoradas, mas o traço dessas ações e o jogo dessas comemorações; não os acontecimentos por eles mesmos, mas sua construção no tempo, o apagamento e a ressurgência de suas significações; não o passado tal como se passou, mas seus reempregos permanentes, seus usos e seus maus usos, sua pregnância sobre os presentes sucessivos; não a tradição, mas a maneira pela qual ela se constituiu e transmitiu.[126]

O próprio retorno de atenção aos fenômenos singulares pode ser constatado nos anos 1980 com o entusiasmo crescente e não desmentido pelo gênero biográfico, até então particularmente menosprezado, colocado pelos *littéraires* no registro da subliteratura e considerado pelos historiadores como o refúgio dos amantes de historietas.[127]

A mudança de conjuntura pode ser datada: o ano de 1985. Nessa data, *Livres Hebdo* dedica um dossiê às biografias, e a enquete revela o entusiasmo de todos os editores pelo assunto, inclusive junto aos mais sérios. Apenas durante o ano de 1985, duzentas biografias foram publicadas por cinquenta editoras, e, enquanto o clima geral é mais moroso do que outra coisa, o otimismo dos editores é quase majoritário nesse registro. Quatro anos mais tarde, em 1989, Daniel Madelénat afirma que entre 1984 e 1989 "a inflação salta aos olhos".[128] Com efeito, a taxa de crescimento das publicações de biografias é então de 66%.[129] O movimento não deixou de crescer desde então. O sucesso é tão espetacular que

---

126. Ibidem, p. 24.
127. Ver Dosse, 2005.
128. Madelénat, 1989, p. 47.
129. Em 1984, a produção total de obras chegava a 18.150 e as de biografias, a 317. Em 1987, a primeira era de 19.400 e a segunda, de 554 (informações tiradas de ibidem, p. 48).

as biografias ocupam os primeiros lugares nas listas dos mais vendidos; os títulos mais populares ficam no topo da lista ao menos durante três meses.[130] A paisagem da produção biográfica se diversifica, as biografias saem do marasmo e se alimentam das contribuições da história erudita e do conjunto das ciências humanas.

Seu caráter inclassificável, considerado até então como uma desvantagem desqualificante, torna-se uma vantagem: o gênero biográfico abre suas portas para o conjunto das ciências humanas e da literatura, tornando possível o exercício de estudos transversais e o diálogo entre registros de interpretações diferentes. A extensão da abordagem biográfica desemboca na questão da identidade de um gênero que sofreu com um evidente déficit reflexivo. Quando em 1987 Bernard Guenée, especialista em historiografia medieval, empreende contar a vida de quatro prelados, ele se alinha à aproximação em curso entre a história e a biografia:

> A história se cansa de não ter nem rosto nem sabor. Ela diz respeito ao qualitativo e ao singular. E a biografia toma seu lugar nos gêneros históricos. Entretanto, ela não nega os laços que sempre manteve com a moral e o imaginário. Assumindo múltiplas formas para preencher funções variadas e atingir públicos diversos, a biografia é mais do que nunca o velho e inapreensível Proteu que sempre foi.[131]

A tirania da memória

Em 1980, o presidente da República, Valéry Giscard d'Estaing, lança o Ano do Patrimônio para responder às solicitações que se tornaram prementes de milhares de associações privadas que apresentavam projetos nas regiões. Na época, isso corresponde igualmente à vontade do ministro da Cultura, Jean-Philippe Lecat, de recuperar desde 1978 a direção do Patrimônio, que estava sob a tutela do Ministério do Equipamento. Depois da celebração

---

130. É o caso de LACOUTURE, 1986; BLUCHE, 1986; AMOUROUX, 1986.
131. GUENÉE, 1987, p. 13.

do Ano da Mulher e do Ano da Criança, Jean Lecat pede e prepara para 1980 um Ano do Patrimônio, lançando uma chamada de propostas. Essa chamada conhece um sucesso espetacular e significativo de um profundo desejo da sociedade civil de reforçar o laço social local. O ministro fica assoberbado pelos projetos que provêm das coletividades locais. Assiste-se então ao que Pierre Nora chamou de "Maio de 1968 da província". O que não deveria ser senão um ano de celebração efêmera se tornou um ritual anual. O sucesso do Ano do Patrimônio é espetacular, dando visibilidade a cerca de seis mil associações que militavam nesse domínio. A chegada da esquerda ao poder em 1981 e a lei de descentralização de 1983 ainda estimulam esse entusiasmo patrimonial. Nos anos 1970, duas expressões, aquela de "belas-artes" e aquela de "monumentos históricos" pouco a pouco se apagaram em benefício de um terceiro termo que designa a herança que deve ser preservada e transmitida à posteridade, o "patrimônio". Como observa Jean-Michel Leniaud, o Estado se "surpreende com a explosão patrimonial e está desprovido de todo meio de intervenção, tanto para jugulá-la como para orientar seu dinamismo."[132]

É nesse contexto de patrimonialização acelerada que a noção de "lugar de memória", tomada de empréstimo de Pierre Nora, que publica em 1984 o primeiro volume do grande projeto que dirigiu até 1993[133], torna-se a mais apropriada para responder a uma demanda social crescente. As tensões cada vez mais fortes entre a ligação da opinião com alguns monumentos e os imperativos da modernização já haviam suscitado algumas vivas polêmicas, como aquela que acompanhou a mudança dos Halles de Baltard em 1970. Essas reivindicações conduzem à ampliação da noção de patrimônio aos monumentos e objetos do século XIX, chegando mesmo a desembocar na criação do museu do século XIX na antiga estação oitocentista de trem de Orsay — que se previra destruir.

Nesses anos de 1980, não é apenas à elevação das grandes realizações do século precedente à dignidade de patrimônio que se assiste, mas a uma inflação que permite designar qualquer que seja o objeto ou o monumento

---

132. Leniaud, 1992, p. 115.
133. Nora (org.), 1984-1993.

como pertencente ao patrimônio nacional e pedir ao Estado que ele seja classificado como tal para evitar sua demolição. A noção de "lugar de memória" se tornou, no momento oportuno, a denominação de origem controlada a partir da qual se expressou essa reivindicação de classificação. Isso ocorreu por todos os lados, tanto no mundo rural quanto no mundo urbano. O caso mais conhecido foi aquele que revelou o caso do restaurante Fouquet's, que resultou em um decreto da prefeitura em 16 de dezembro de 1988: esse decreto visava a inscrever no inventário suplementar todo imóvel no qual se encontrava o famoso restaurante que fez a glória da avenida dos Champs-Elysées.

A noção de "patrimônio" assume um novo sentido. Fenômeno recente, ela não tem mais quase nada a ver com a definição que dela davam os dicionários até que o *Dictionnaire Robert*, em 1979, concede-lhe uma nova. Com efeito, o patrimônio recobria até então unicamente o conjunto dos bens com caráter pecuniário de uma pessoa, o bem transmitido pelos pais a seus filhos. Em seguida, na consciência pública, a noção adquiriu uma dimensão mais coletiva e cultural, mas limitada aos belos monumentos, aos castelos, às igrejas dos tempos antigos. Doravante, o patrimônio engloba o conjunto dos traços do passado:

> Tradicionalmente, não fazia parte dos arquivos, dos museus, do patrimônio senão tudo aquilo que era precisamente sucata, isto é, fora de uso, fora do sistema mercantil. É todo um outro sistema mercantil que se colocará em utilização a partir dos elementos e dos materiais do patrimônio, inclusive todos os elementos da natureza, enquanto, por definição, o patrimônio não concernia senão ao que dizia respeito à cultura.[134]

Passou-se assim de um patrimônio herdado a um patrimônio reivindicado, e de uma definição limitante a uma definção extensiva, sem limites.

Quando Jack Lang retorna ao Ministério da Cultura devido ao segundo mandato de François Mitterrand em 1988, ele dedica à questão do patrimônio uma nova importância. Ele pede que Pierre Nora

---

134. Idem, 2006, p. 7.

assuma uma missão destinada a adequar a noção de lugar de memória a uma lista de sítios e de monumentos a serem preservados, e a estudar a possibilidade de uma modificação dos dispositivos da lei de 1913 sobre os monumentos históricos — essa lei não permite proteger o que Jack Lang chama de "patrimônio de terceiro tipo", casas de artistas, cafés, lojas e outros sítios cuja classificação não esteja atrelada nem a critérios estéticos nem históricos.

Outro fenômeno engendrado pela crise do futuro é o do entusiasmo pela memória individual e coletiva e da voga comemorativa que dela resulta. Esse pedido premente responde a incontáveis razões, cuja conjunção leva a França a uma verdadeira *comemorite*[135] aguda, a ponto de se ter falado de "tirania da memória"[136], sintoma da crise identitária e da difícil recomposição do viver-junto em um momento em que certo número de referenciais parecem se evaporar. O terremoto que perturba a relação dos franceses com o tempo advém da dissociação recente do binômio história-memória, que sempre funcionou, sobretudo na França, em uma relação especular. Dos cronistas medievais e historiógrafos dos reis até hoje, a vontade do Estado-nação de se encarregar da memória nacional foi constantemente afirmada. O ponto alto dessa indistinção entre história e memória foi atingido no momento em que, durante a III República, a disciplina histórica se profissionalizou. Ernest Lavisse terá encarnado essa idade de ouro da história-memória, o momento em que o esquema nacional carregava a iniciativa histórica e sua função identitária. Esse modelo, fortemente contestado a partir de 1929 pela revista *Annales*, assim como por todas as ciências sociais em vias de emancipação no início do século XX, regride, ao longo dos anos 1970, para dar lugar a um olhar mais crítico e plural sobre o passado.

Para além da perda de virtude estruturante do Estado-nação, outras mutações colocam em causa essa indistinção entre memória e história. É

---

135. "*Commémorite*", no original. Em francês, o termo é um neologismo. Permitiu-se aqui o neologismo em português, que faz referência a essa onda de comemorações. [N.T.]

136. Idem, 1993b, p. 1.012.

o que Henri Mendras chama de "a segunda Revolução Francesa"[137] com o fim da França dos *terroirs*, que ele situa nos entornos de 1965, cujos efeitos culturais diferidos se manifestam sobretudo a partir de 1975, acentuados pela mediatização e pela irrupção de novos referenciais em escala europeia e mundial que enfraquecem as tradições locais. No mesmo momento, a crise das escatologias revolucionárias obscurece o horizonte de expectativa e desconstrói o papel de mediador concedido ao presente, concebido até então como simples lugar transitório entre um passado animado pelo motor da história e um futuro predeterminado. Essa opacificação do futuro contribui fortemente para embaralhar a figura de um passado no interior do qual não se pode mais distinguir o que advém de um devir potencial e positivo. Necessariamente, daí resulta a presentificação: "O presente tornou-se uma categoria de nossa compreensão de nós mesmos. Mas um presente dilatado."[138] A derrocada do caráter unitário e linear da história-memória carregada pelo Estado-nação suscita desde os anos 1970 uma profusão de memórias plurais que afirmam sua singularidade e uma riqueza longamente confinada em uma existência subterrânea: "A passagem da memória à história deu a cada grupo a obrigação de redefinir sua identidade pela revitalização de sua própria história. O dever de memória fez de cada um o historiador de si."[139] A conjuntura da dupla desvitalização do registro do Estado jacobino por um avanço descentralizador e pela afirmação de um registro europeu de decisões contribui igualmente para uma dissociação progressiva da história e da memória.

A memória pluralizada, fragmentada, inunda por todos os lados o "território do historiador". Instrumento mais relevante do laço social, da identidade individual e coletiva, ela se encontra no centro de um real desafio e espera com frequência do historiador, à maneira do psicanalista, que dê a ela o sentido *a posteriori*. Durante muito tempo instrumento de manipulação, ela pode ser reinvestida em uma perspectiva interpretativa aberta para o futuro, fonte de reapropriação coletiva e não simples

---

137. MENDRAS, 1988.
138. NORA (org.), 1993a, p. 27.
139. Idem, 1984, p. xxix.

museografia cortada do presente. A memória, ao supor a presença do ausente, permanece o ponto de sutura essencial entre passado e presente. Ela tem como objeto um ausente que age, um ato que não pode ser atestado senão quando se torna objeto da interrogação de seu outro: "Bem longe de ser o relicário ou o lixo do passado, [a memória] vive de acreditar em possíveis e de esperá-los, vigilante, à escuta."[140]

Assim se multiplicam os trabalhos sobre as zonas de sombra da história nacional. Quando Henry Rousso "ocupa-se" do regime de Vichy, não é para repertoriar o que se passou entre 1940 e 1944. Seu objeto histórico começa quando Vichy não é mais um regime político em vigor. Ele se revela como sobrevivência das fraturas que engendrou na consciência nacional. É então que ele pode evocar "o futuro do passado".[141] Ao trabalho de luto de 1944-1954 sucede o tempo da memória reprimida, em seguida aquela do retorno do recalque, antes que a neurose traumática entre em fase obsessiva. À insuficiência de memória sobre esse período repentinamente sucedeu um período de excesso, a ponto de Henry Rousso, em companhia de Éric Conan, experimentarem em 1994 a necessidade de publicar uma obra, *Vichy, un passé qui ne passe pas* [Vichy, um passado que não passa][142], para advertir contra os abusos de memória. Para além desses retornos patológicos, o contexto é propício a essa reciclagem incessante do passado. Inicialmente, há a crise de futuro da sociedade ocidental que incita a tudo reciclar em objeto memorial, enquanto o reino do instantâneo suscitado pelos meios tecnológicos modernos produz um sentimento de perda inexorável combatido por um frenesi compulsivo de voltar a dar um presente ao que parece a ele escapar.

A relação com o passado vê-se em tensão entre reclassificação e criatividade. A *mise en intrigue* pode se colocar a serviço da memória-repetição sob a forma ritualizada das comemorações, cujo desafio se deve à dialética da ausência tornada presente graças a uma cenografia, uma teatralização e uma estetização da narrativa. O rito permite entreter a memória ao reativar

---

140. CERTEAU, 1990, p. 131.
141. ROUSSO, [1987] 1990.
142. Idem, [1994] 1996.

a parte criativa do acontecimento fundador de identidade coletiva. Sua capacidade de estruturação da memória, da qual realiza a cristalização por camadas sucessivas, sedimentadas, faz do rito um marcador de identidade. Entretanto, a memória coletiva não se situa exclusivamente sobre o eixo da rememoração, pois a mediação da narrativa a coloca igualmente do lado da criatividade e contribui para forjar uma necessária reconstrução, no sentido em que Jean-Marc Ferry atribui ao registro reconstrutivo do discurso.[143]

É difícil encontrar o equilíbrio entre a reclassificação do idêntico, que pode exprimir um fechamento ao outro, e a atitude de fuga em face do passado, do legado memorial transmitido: "É possível viver, e mesmo viver feliz, quase sem memória alguma, como mostra o animal; mas é absolutamente impossível viver sem esquecimento. Ou, então, para me exprimir ainda mais simplesmente sobre meu assunto: há um grau de insônia, de ruminação, de sentido histórico, para além do qual o ser vivo se encontra abalado e finalmente destruído, quer se trate de um indivíduo, de um povo ou de uma civilização."[144] O esquecimento torna-se assim necessário, mas, levado ao extremo, pode se tornar fonte de patologias profundas da memória e, por isso mesmo, da identidade. Em contrapartida, ele pode ser concebido segundo uma perspectiva construtiva, como mostra Ernest Renan em sua comunicação de 1882: "Qu'est-ce qu'une nation" [O que é uma nação?]. Ele situa o paradoxo da identidade nacional, plebiscito de todos os dias, no interior dessa tensão entre a adesão a um patrimônio comum e o esquecimento das feridas e dos traumatismos passados: "O esquecimento, eu diria, mesmo, o erro histórico, é o fator essencial da criação de uma nação."[145] Esse esquecimento necessário lembra que não cumpre ao passado reger o presente, mas, ao contrário, à ação presente recorrer ao filão de sentido do espaço de experiência. Eis a demonstração a que se dedica Jorge Semprún em *A escrita ou a vida*: antigo deportado que atravessou o indizível e a morte conta como teve de escolher o esquecimento

---

143. FERRY, Jean-Marc, 1991.
144. NIETZSCHE, [1874] 1992, p. 97.
145. RENAN, [1882] 1992, p. 41.

temporário para continuar a viver e a criar. Mas o esquecimento dos acontecimentos traumáticos pode igualmente preparar seu retorno sob a forma de espectros que assombram o presente. A memória, condenada à errância, flutua então em uma zona de sombra, não designada, e pode se manifestar lá onde não é esperada, às voltas com uma compulsão de repetição que leva a violências aparentemente incongruentes.

Mais tarde, em 2000, Ricœur dedicará uma de suas mais importantes obras, *A memória, a história, o esquecimento* à evidenciação das relações entre história e memória. Nessa ocasião, ele dará a conhecer suas preocupações cidadãs: "Continuo perturbado pelo inquietante espetáculo advindo do excesso de memória aqui, o excesso de esquecimento alhures, para nada dizer sobre a influência das comemorações e dos abusos de memória — e de esquecimento. A ideia de uma política da justa memória é, a esse respeito, um de meus temas cívicos confessos."[146] Para tanto, Ricœur mobilizará duas tradições, o legado da racionalidade filosófica revisitado a partir de seu berço grego e a herança judaico-cristã do "Lembra-te" do *Zakhor*.[147] É à luz desse reordenamento que se mede sua contribuição essencial. O *logos* grego lhe oferece o fundamento inicial para responder ao enigma da representação do passado na memória. Platão já havia enunciado a questão do "o que" da lembrança, respondendo no *Teeteto* pelo *eikôn* (a imagem-lembrança). Ora, o paradoxo do *eikôn* repousa sobre essa presença ao espírito de uma coisa ausente, essa presença do ausente. A essa primeira abordagem, Aristóteles acrescenta uma outra: a memória carrega a marca do tempo, o que define uma linha fronteiriça entre a imaginação, o *phantasma*, de um lado, e, do outro, a memória que se refere a uma anterioridade, a um "tendo sido". Mas quais são esses traços memoriais? Elas são de três ordens segundo Ricœur, que toma o cuidado de distinguir os traços memoriais corticais, psíquicos e materiais. Com essa terceira dimensão da memória, aquela dos traços materiais, documentais, já estamos no campo de investigação do historiador. Eles testemunham, pois, por si sós, a imbricação inevitável da história e da memória. Essa memória é frágil, pois pode ser impedida,

---

146. Ricœur, 2000, p. I.
147. Yerushalmi, 1984.

manipulada, comandada e, ao mesmo tempo, ela comporta o que Ricœur chama de "pequena felicidade" do reconhecimento, inacessível à história que permanece um conhecimento mediatizado. No horizonte da fenomenologia da memória, Ricœur visa o "Eu posso" do homem capaz em torno de três interrogações: o "poder de lembrar", "a arte de esquecer" e o "saber perdoar". No entanto, convém escapar da "tirania memorial", e Ricœur reconhece que há bem um corte entre o nível memorial e o nível do discurso histórico. Aquela se efetua com a escritura. Ricœur retoma o mito da invenção da escritura como *pharmakon* no *Fedro*, de Platão. Em relação à memória, a escritura é a um tempo remédio que protege do esquecimento e veneno, na medida em que arrisca tomar o lugar do esforço de memória. É no nível da escritura que se situa a história nas três fases constitutivas da operação historiográfica. Ricœur define uma primeira etapa pela qual a história rompe com a memória ao objetivar os testemunhos para transformá-los em documentos e ao passá-los sob o crivo da prova de autenticidade, discriminando, graças às regras bem conhecidas do método de crítica interna e externa das fontes, o verdadeiro do falso, rejeitando as diversas formas de falsificação. Essa fase arquivística se refere a um lugar que não é apenas um lugar espacial, fisicamente situado, mas um lugar social. Nessa fase, documental, o historiador confrontado com os arquivos se interroga sobre o que efetivamente aconteceu: "Os termos verdadeiro/falso podem ser tomados legitimamente nesse nível no sentido popperiano do refutável e do verificável [...]. A refutação do negacionismo se dá nesse nível."[148] O historiador está na escola da suspeita nesse trabalho de objetivação do traço a fim de responder à confiança que seu leitor lhe concedeu. A prova documental permanece em tensão entre a força da atestação e o uso comedido da contestação, do olhar crítico. Quanto ao esquecimento, desafio à memória e à história, ele se reveste segundo Ricœur de uma dupla dimensão: perda irreversível em seu polo negativo, mas igualmente condição mesma de possibilidade da memória e da história enquanto esquecimento que preserva — esquecimento de reserva. Na medida em que a história é mais distante, mais objetivante que

---

148. Ricœur, 2000, p. 227.

a memória, ela deveria, segundo Ricœur, poder desempenhar um papel de equidade para temperar a exclusividade das memórias particulares e assim contribuir para transformar a memória infeliz em memória pacificada, em justa memória.

17

Ascensão do ético

A criatividade avariada

A dissipação das esperanças de revolução social e política tem como efeito marginalizar os empreendimentos artísticos de vanguarda. O abandono da perspectiva de ruptura radical com o passado dá a impressão de uma criatividade moderada em todos os registros da expressão cultural. Castoriadis pinta um quadro sombrio desse período que vê o tempo presente acumular os signos de senilidade: atrofia da imaginação política, empobrecimento intelectual da esquerda assim como da direita, decadência da criação espiritual, reciclagem e comentário das obras antigas na impossibilidade de se criar novas. A noção de "pós-modernismo", muito em voga e tematizada por Jean-François Lyotard[1], bem traduz essa desintegração da potencialidade criativa em benefício do alinhamento a um conformismo generalizado, de uma apologia do ecletismo e de um abandono da função crítica. Sabendo que prega mais uma vez no deserto, Castoriadis espera reabrir as portas de um futuro comum: o do advento da democracia. Retomando para sua reflexão o dilema de Tucídides — "É preciso escolher: descansar ou ser livre" —, ele trabalha para o fim do grande sono. Esse adormecimento generalizado pelo qual passa o Ocidente não deixa de ter efeitos sobre a criação cultural, ela mesma adormecida, signo tangível da travessia das águas rasas[2]: assiste-se à morte progressiva da cultura ocidental, que não

---

1. Lyotard, 1979.
2. Castoriadis, [1979] 2007, pp. 11-39.

tem mais nada para significar. Como não há como se voltar para a novidade criativa, a sociedade ocidental refugia-se na reciclagem das criações antigas transformadas em ornamentos, em monumentos funerários, em objetos de exotismo e de distração turística.

Quando Castoriadis afirma esse laço entre a perda de dinâmica histórica e a avaria cultural em 1979, está-se às portas do primeiro Ano do Patrimônio (1980) e da onda/voga memorial e comemorativa. A constatação que ele enuncia do estado da cultura é particularmente severa: "Em uma primeira aproximação, a cultura contemporânea é nula."[3] Ele faz remontar às últimas verdadeiras criações ao início do século xx, entre 1900 e 1925, momento em que a cultura ocidental se enriqueceu com as obras de Schoenberg, Webern, Berg, Kandinsky, Mondrian, Proust, Kafka, Joyce... A função crítica que acompanhava essas grandes criações foi substituída pela função de promoção que coloca sob os *sunlights* qualquer coisa em uma lógica comercial: "O papel do crítico contemporâneo é idêntico àquele do corretor de bolsa de valores, tão bem definido por Keynes: adivinhar o que a opinião média pensa que a opinião média pensará."[4] A sociedade sem projeto, que avança às cegas, não mais produz novas formas de expressão. Assiste-se a um fenômeno similar no plano político, no qual os experts tomam o lugar dos cidadãos na ordem da decisão política. Um fosso é cavado entre a cultura erudita, voltada para uma pequena elite, e a cultura de massa degradada. O público vanguardista exige inovação constante, mas essa pesquisa é inútil, pois que se celebra excessivamente em si mesma, em detrimento de seu conteúdo. A indústria cultural de massa, ao substituir as obras pelos produtos, parece ter logrado fazer desaparecer a própria noção de obra, ligada à duração e à excepcionalidade da singularidade.

Na base da derrocada cultural, invocam-se os processos de dessocialização interna pelos quais as famílias fecham-se em si mesmas, confinadas em um universo confortável de seu domicílio e de sua televisão. A outra razão dessa moderação cultural proviria da crise de historicidade de uma sociedade que não deixa de maturar um passado reduzido a uma matéria

---

3. Ibidem, p. 18.
4. Ibidem, p. 21.

morta, concluída, em nome de uma economia da tábula rasa que fez com que se perdesse a relação com uma memória viva e sugestiva necessária à elaboração de um futuro para o presente. Não há dúvidas de que se assiste à mudança de um regime de historicidade no decorrer desses anos 1980, no qual a perda da memória viva se vê acrescida da hipertrofia de sua memória morta. Essa evolução coincide com

> a perda [pela sociedade] de uma relação substantiva e não servil com seu passado, com sua história, com a história — que se diga, com sua própria perda. Esse fenômeno não é senão um aspecto da crise da consciência histórica do Ocidente, que vem depois de um historicismo-progressismo levado ao máximo do absurdo (sob a forma liberal ou sob a forma marxista).[5]

A criação cultural e a crise da arte contemporânea são o objeto de uma controvérsia bastante viva entre dois campos opostos. Em 1981, a revista *Le Débat* lança uma granada incendiária ao publicar um texto provocador de Lévi-Strauss que enuncia um julgamento muito melancólico sobre a perda do trabalho do olho e da mão na pintura contemporânea.[6] Lévi-Strauss faz remontar o início desse declínio ao impressionismo, cujas inúmeras obras-primas ele reconhece, mas ao qual repreende o fato de ter levado seus epígonos a acreditar que é possível pintar sem nenhum *savoir-faire*. Segundo Lévi-Strauss, o ofício de pintor perdeu-se assim progressivamente. Fazendo-se um partidário radical do figurativo mais clássico, ele considera que a técnica do claro-escuro do Renascimento assinou o início do fim da pintura. Ele faz assim Leonardo da Vinci passar por um coveiro: "Apenas quando se mostrar refratária aos feitiços dissolventes do claro-escuro e quando se inclinar diante da ordem intangível das coisas é que a pintura poderá novamente alcançar a dignidade de um ofício."[7]

---

5. Ibidem, p. 37.
6. Lévi-Strauss, 1981, pp. 5-9.
7. Ibidem, p. 9.

O pintor Pierre Soulages reage vivamente a essas proposições, afirmando que essa tomada de posição do grande antropólogo se alinha com as conclusões dos ideólogos totalitários: "Parece-me inverossímil que se possa chegar ao mesmo veredito dos manipuladores da cultura do Terceiro Reich: o mesmo veredito e os mesmos culpados! Nos dois casos, a heresia começou com o Impressionismo."[8] O tom está dado, e esse debate muito clivado se transforma em uma longa controvérsia. Pierre Daix defende a arte moderna e reage, ele também, com veemência às proposições de Lévi-Strauss, lembrando que a teoria da decadência desde o abandono das regras do Renascimento nada tem de novo. Ela chegou mesmo a ser o *leitmotiv* repetido incontáveis vezes pelos partidários do realismo socialista, que denunciavam tudo o que sucedeu a Courbet como a expressão da decadência da arte burguesa: "Não há aí *esquecimento* algum, degradação alguma do olho e da mão, mas mudança cultural que ressoou no espaço-tempo da pintura."[9] Jean Clair denuncia, ao contrário, uma vanguarda artística que deu as costas para a modernidade tal qual era concebida por Baudelaire. Longe de se complementarem, as duas noções opõem-se fundamentalmente: a vanguarda se refere a um modelo, ao passo que a modernidade tende a dele se descolar. Para esclarecer esse paradoxo, ele se apoia na tese de Harold Rosenberg, afirmando que "a tradição da ruptura não implica apenas a negação da tradição, mas, igualmente, a da ruptura".[10] Jean Clair afirma que são caducas as expressões vanguardistas expostas nas bienais e nas diversas feiras de arte que "exalam o mesmo tédio que as exposições do Manège em Moscou".[11] Por sua vez, em *Commentaire*, Marc Fumaroli lavra a certidão de óbito da literatura[12], considerando que talvez se tenha entrado em uma época quase tão desértica no plano cultural quanto aquela que se seguiu à morte de Molière sob o reino de Luís XIV. O diagnóstico de morte cerebral que ele faz da criatividade literária não encontra compensação alguma do lado das outras formas de expressão

---

8. SOULAGES, 1981, p. 79.
9. DAIX, 1981, p. 87. Em itálico, no original. [N.T.]
10. ROSENBERG, [1959] 1962, p. 13.
11. CLAIR, 1982, p. 20.
12. FUMAROLI, 1979-1980.

artística. A arquitetura? Voltou-se ao pastiche. A pintura? "Hábeis conservadores ou *marchands* fizeram ressurgir e admirar-se velhos e péssimos quadros."[13]

Em 2000, quando escreve a crônica dessa controvérsia, Krzysztof Pomian estabelece explicitamente o laço entre arte e política. O que desapareceu é a relação entre a vontade de criar o novo e a vontade de realizar uma revolução social e política, o desejo de "mudar a vida".[14] Sob a noção de arte moderna, a ideia de revolução está no centro da polêmica com a utilização pelos artistas, nos anos 1960, de novos materiais e a inversão da suposta hierarquia entre materiais nobres e materiais comuns. É igualmente o momento em que aparece a ideia de que "qualquer objeto pode ser elevado à dignidade de obra de arte pelo ato de um artista que o desvia de sua função primeira".[15]

Alain Finkielkraut faz-se, ele também, de porta-voz desse sentimento de declínio. Segundo ele, a derrota não se limita ao pensamento, ela não poupa a criação sob nenhuma de suas formas, dissolvida em um universo pós-moderno de hedonismo generalizado.[16] Seu alvo é esse mundo variegado, relativista, onde se perdem os valores estéticos. Apagam-se do horizonte o gosto pelo Belo, o gesto criador em benefício de uma concepção que considera que todas as formas de expressão se equivalem. Uma obra de Allan Bloom, discípulo de Leo Strauss, é publicada na França no mesmo ano, em 1987; ela se inscreve igualmente na querela dos antigos e dos modernos, e faz o mesmo balanço de um declínio inexorável da cultura provocado pelos efeitos funestos do igualitarismo democrático.[17]

A indústria cultural e seus poderosos meios de difusão e de manipulação teriam logrado fazer passar por cultura subprodutos populares e, afinal, destruído a verdadeira criação. Sob o fogo da crítica está, evidentemente, a política conduzida pelo ministro da Cultura de François Mitterrand, Jack Lang, que ousou fazer com que a música saísse de suas salas de

---

13. IBIDEM, p. 502.
14. Ver POMIAN, 2000a.
15. Ibidem, p. 116.
16. FINKIELKRAUT, [1987] 1996
17. BLOOM, 1987a.

concertos, reservadas a um pequeno público de melômanos, da sala Pleyel ou Gaveau, para vê-la proliferar na rua sob todas as suas formas. Segundo Finkielkraut, uma fronteira foi transgredida, aquela que opõe a esfera da cultura à esfera do simples entretenimento em uma inversão que obriga o criador a se apagar diante das exigências do consumidor.

Milan Kundera estabelece igualmente um laço entre o advento da modernidade e o rebaixamento da cultura.[18] Segundo o escritor tchecoslovaco, um mundo que postulava uma coerência e se pensava no núcleo de uma mensagem cultural deu lugar a um mundo da disseminação de fragmentos disparatados e sem ligação coerente, um mundo que revela um declínio inexorável, o qual acentua o processo de despersonalização e de burocratização. Entretanto, segundo Kundera, ainda resta um último refúgio: "Na época da divisão excessiva do trabalho, da especialização desenfreada, o romance é uma das últimas posições em que o homem pode ainda manter relações com a vida em seu conjunto."[19]

Jean Baudrillard, por sua vez, se faz o arauto das teses de declínio, dessa vez sem recorrer a qualquer refúgio: o mundo moderno que ele descreve desemboca em um deserto. Ele deplora a mentira dos signos e aquela das imagens, tanto os simulacros quanto a simulação, fontes de alienação que substituíram o real da experiência: "A democracia é a menopausa das sociedades ocidentais, a Grande Menopausa do corpo social."[20] Não resta senão aguentar e esperar "o tempo do deserto".

Embora mantenha distância crítica das temáticas de declínio, Olivier Mongin faz também a constatação do mal-estar atravessado pela ficção francesa. Ele estabelece uma relação entre a crise de languidez do romance na França, sua falta de inspiração e o sentimento de esgotamento da experiência histórica: "O que alguns experimentam, a começar por Pierre Nora, como o fim histórico do 'romance nacional', não deixa de afetar a imaginação dos escritores contemporâneos."[21] O que está em jogo não é o

---

18. KUNDERA, 1986.
19. Ibidem, p. 89.
20. BAUDRILLARD, 1985, p. 25.
21. MONGIN, 1994, p. 229.

desaparecimento de escritores de talento, mas um déficit de representação histórica que compromete toda iniciativa de refiguração do mundo pelo viés da ficção. Enquanto os heróis romanescos eram animados pelo desejo de entrar no mundo social ou de se descolarem dele de modo crítico, as iniciativas literárias, ao se verem longe da experiência histórica do mundo, fecham-se no memorial e no ego: "Não surpreende que a escritura íntima seja uma das réplicas possíveis para as perturbações do 'romance nacional' em um imaginário em que as paixões privadas e públicas não cessam de se cruzar e de trocar suas energias respectivas."[22]

Com a crise das vanguardas artísticas e o declínio cultural tornados temas obsessionais, Luc Ferry apresenta em 1988 um dossiê na revista *L'Express* intitulado "L'Avant-garde se meurt" [A vanguarda morre]. Ele constata que essa crise afeta todos os domínios da expressão cultural, com espetáculos que simplesmente são testemunhas da impotência, como aqueles concertos de silêncio, aqueles filmes sem trilha sonora nem imagens, ou essas exposições de imateriais: "Para muitos de nós, a arte da vanguarda se tornou 'inabitável'. Nem feia, nem mesmo desinteressante de um ponto de vista filosófico, mas, antes, inabitável pelo fato de não mais constituir um universo simbólico no seio do qual nós poderíamos nos reconhecer, ou, mesmo, encontrar algum prazer em nos perder."[23] Em 1985, *Esprit* publica uma mesa-redonda com Jeanyves Guérin, Pierre Mayol e Maurice Mourier sobre o romance francês[24] e enuncia um balanço avassalador, enquanto no mesmo ano Marguerite Duras recebe o Goncourt com *O amante* — que será um best-seller: "Há felizmente ainda a literatura estrangeira. Os editores não assumem risco algum em publicar Shahar, Rushdie, Styron, Kundera, Soljenítsin, Morante; eles são publicados e assim o leitor ainda sabe o que é um romance."[25]

Entretanto, não são todos os intelectuais que partilham essa concepção da cultura. Jack Lang é símbolo de uma abordagem bastante

---

22. Ibidem, p. 230.
23. FERRY, 1988.
24. GUÉRIN; MAYOL; MOURIER, 1985.
25. Jeanyves Guérin, ibidem, p. 115.

diferente, alargada. Ele foca sua atenção nos aspectos de hibridização, de sincretismo cultural em suas formas subjetivas e em sua dimensão prática. Contudo, essa descanonização da cultura escapa ao relativismo absoluto na medida em que certo número de critérios identificáveis é mantido para distinguir o que advém das práticas culturais a serem valorizadas, que devem emanar dos próprios indivíduos, tornar-se uma fonte de subjetivação e contribuir com um *savoir-faire* que escape aos dispositivos de controle. Elas se inscrevem, pois, em um processo mais amplo de emancipação do indivíduo. No início de sua atuação no Ministério da Cultura, Jack Lang solicita ao historiador Michel de Certeau que ele redija um relatório sobre "A questão das línguas regionais na França hoje". Em seguida, um novo contrato com o Ministério da Cultura dá lugar em 1983 a uma publicação de Michel de Certeau e Luce Giard[26], que estabelecem um estado da arte das disfunções e determinam os mecanismos necessários para o alargamento das práticas de circulação da cultura, com uma série de sugestões concretas para os poderes públicos. A implicação de Certeau se vê reforçada por sua proximidade com Marc Guillaume, ele também engajado nas reflexões do Ministério da Cultura. Para além do relatório que Certeau realiza com Luce Giard para Lang, *L'Ordinaire de la communication* [O comum da comunicação] (1983), suas publicações constituem a maior fonte de um relatório que este último e Michel Rocard, então ministro encarregado do Planejamento, encomendam a Marc Guillaume sobre o tema das relações entre as mudanças econômicas e culturais. Os dois ministérios concordam em confiar a Pierre Dumayet a presidência do grupo de reflexão do qual Marc Guillaume é designado relator-geral. Esse relatório aparece em 1983 sob o título *L'Impératif culturel* [O imperativo cultural].[27]

Encarregado de estudo no Departamento de Estudos e de Prospectiva do Ministério da Cultura, Olivier Donnat constata que a noção de cultura desintegrou-se de modo espetacular segundo diversas linhas de fuga.[28]

---

26. CERTEAU; GIARD, [1983] 1994, capítulo III, pp. 163-224.
27. *L'Impératif culturel*, 1983.
28. DONNAT, 1988.

Além disso, o peso da comunicação, em uma sociedade que liberou tempo livre e que concedeu lugar crescente ao lazer graças ao desenvolvimento das indústrias culturais, torna-se de tal modo importante que o ministro da Cultura, Jean-Philippe Lecat, vê-se igualmente à frente da pasta da Comunicação em 1978. Todos esses fatores convidam a abordar diferentemente o campo cultural. Olivier Donnat o pensa em torno de quatro polos: estético, comercial, informativo-educativo e, enfim, lúdico. É a partir desse quadrilátero que ele torna inteligíveis as escolhas da política de Jack Lang tão censuradas por alguns: "A política conduzida por J. Lang aparece como a primeira tentativa de verdadeiramente considerar as mutações transcorridas ao longo dos quinze anos precedentes e de gerenciar a complexidade daí resultante."[29]

A preocupação de Jack Lang terá sido a de evitar o funcionamento de um sistema cultural dual, clivado, de um lado, por indústrias culturais privadas e, de outro, por setores artísticos subvencionados. Pelo contrário, ele favorece a aproximação entre eles, apostando em sua sinergia potencial, e retira as lições do diagnóstico de Jacques Rigaud ao chamar a atenção para os riscos de um "cisma cultural"[30], de um fosso de incompreensão entre uma elite criativa e um público do qual ela se aparta cada vez mais e que não pode aceder às suas obras. Uma tal reconciliação conduz a tomar medidas destinadas a favorecer modos de expressão artísticos considerados como menores, como, por exemplo, a história em quadrinhos, o rock, o circo, e a estar atento à preservação do conteúdo cultural, estético da "cultura de massa". Eis aí as ambições que inspiraram a lei sobre o preço único do livro, medidas em favor do cinema ou, ainda, intervenções do ministério no mercado do audiovisual.

Essa política voluntarista provoca reações negativas junto a muitos intelectuais. Alguns se inquietam com os riscos de uma estatização da criação artística e com o questionamento da hierarquia dos valores culturais. Em *Commentaire*, Marc Fumaroli estigmatiza a lógica estatal do Ministério

---

29. Ibidem, p. 98.
30. Rigaud, 1975.

da Cultura sob Lang[31], lembrando que esse intervencionismo do Estado nas questões artísticas provém de uma longa tradição. Entretanto, ele se insurge contra a ideia de uma filiação que remontaria a Francisco I: aí estaria um clichê equivocado e de uma simples ilusão retrospectiva a respeito de um Estado real que estava longe de ter meios para conduzir uma política cultural. Em contrapartida, o jacobinismo, o maurrasismo e o gaullismo bem alimentaram esse mito do intervencionismo fecundo do Estado no domínio cultural que, segundo Fumaroli, assume proporções desmedidas com o ministro socialista Jack Lang. Esse Estado "não é senão um elefante em uma loja de porcelanas. Ele deve aprender a medir seus passos, com o risco de aumentar os estragos, o barulho e a poeira que, seja lá como for, a 'feira na praça'[32] das cidades modernas não consegue por si só desencadear".[33] Opondo a esfera do espírito à da cultura, Marc Fumaroli deplora o sacrifício do primeiro em benefício da segunda. Ele define esta última como o domínio de uma sociologia do lazer dominada pelas manipulações publicitárias e a propaganda política. Essa concepção contemporânea da cultura coloca em perigo a liberdade do espírito: "O 'cultural' é devocional, raciocinante, pedante, invasor, desordenado [...]. Ele se quer terrivelmente moral. Ora, 'o espírito', a dúvida, a ironia, a liberdade têm uma tradição, cumplicidades, alianças."[34] Fumaroli reconhece em todos os setores da criação a intervenção castradora do Leviatã, que, longe de favorecer o desabrochar do espírito, mergulhou-o em uma mediocridade crescente, rompendo o laço dito natural entre os atores e seu público, "frequentemente danificado pelo serviço inútil da ajuda pública".[35]

---

31. FUMAROLI, 1982.
32. Referência tomada de empréstimo do escritor Romain Rolland, que de 1904 a 1912 publica sob a forma de folhetim o romance em cinco volumes intitulado *Jean-Christoph*, um dos quais "La Foire sur la place" [A feira na praça]. Nesse volume, enuncia-se uma severa censura da sociedade francesa, sobretudo do mundo da arte e do jornalismo. [N.T.]
33. Ibidem, p. 258. Marc Fumaroli denunciará mais tarde *L'État culturel* [O Estado cultural] (FUMAROLI, 1991).
34. Idem, 1992, p. 82.
35. Ibidem, p. 81.

Os projetos arquitetônicos de Mitterrand considerados como faraônicos são regularmente contestados na revista *Commentaire*, assim como os poderes exorbitantes atribuídos a Pierre Boulez no IRCAM (Instituto de Pesquisa e Coordenação Acústica/Musical), que reina como mestre absoluto sobre a música contemporânea. Apesar das ajudas concedidas pelo diretor da Música do Ministério de Maurice Fleuret, o público continua afastado das criações musicais contemporâneas, que seguem sendo o território exclusivo de uma pequena elite. Uma publicação do sociólogo Pierre-Michel Menger, *Le Paradoxe du musicien* [O paradoxo do músico], confirma esse isolamento da vanguarda e as aporias da democratização musical.[36]

A política de ajuda aos artistas e o mecenato de Estado são violentamente censurados por alguns intelectuais que os repreendem por constituir uma forma de controle do Estado sobre a criação e por transformá-la em simples animação lúdica. No domínio das artes plásticas, Jean Clair, Raymonde Moulin ou Yves Michaud atacam o poder discricionário dos galeristas assim como dos funcionários de Estado dos FRAC (Fundos Regionais de Arte Contemporânea).[37] Eles contestam a dominação do mercado da arte por um certo número de intermediários, de burocratas e de colecionadores que colocam sob sua tutela os criadores, impondo-lhes seus gostos e sua escala de valores. Nesse registro, o ministro pensa desempenhar um papel ativo: "Jack Lang fez do apoio à 'criação' (frequentemente associada à 'formação' e à 'pesquisa') uma prioridade de sua ação."[38] Ao obter a duplicação do orçamento do Ministério da Cultura e ao fazer aceder à dignidade expressões artísticas populares, Jack Lang conta lograr a democratização das práticas culturais, algo que Malraux não conseguiu. Com o apoio de certo número de editores, ele conseguiu sem dúvida salvar, graças à sua lei sobre o preço único do livro, a rede excepcional de livrarias de qualidade na França.

---

36. MENGER, 1983.
37. CLAIR, 1983; MICHAUD, 1989; MOULIN, 1992. Os FRAC são coleções públicas de arte contemporânea criadas a partir de 1982 a fim de divulgar a arte atual junto a diferentes públicos e de inventar formas de sensibilização à criação contemporânea. [N.T.]
38. MARTIN, 2008, p. 196.

A chegada de François Mitterrand ao Eliseu dá lugar à realização de grandes obras: desenvolvimento do Orsay, da Villette com uma cidade musical e uma cidade das ciências, da Défense, construção de uma cidade internacional da música, projeto do Grande Louvre, Ópera Bastilha, Instituto do Mundo Árabe... Com o objetivo de derrubar as fronteiras entre cultura, economia e sociedade, entre arte e indústria, essa política opõe-se evidentemente a uma tradição que via na figura do artista uma forma de resistência à técnica e ao mundo econômico. Esse intervencionismo suscita, aí também, severas críticas, como a de Bernard Frank, que censura os excessos de solicitude do Estado pela cultura e estigmatiza "os irmãozinhos da Gestapo".[39] Essas grandes obras provocam vivas críticas quanto à sua ambição desmedida, seu caráter megalômano e, frequentemente, sua estética não convencional, como é o caso das colunas de Buren na *cour d'honneur* do Palácio Real.

Um canteiro de obras encontra-se no coração de uma bela polêmica: a construção de uma nova Biblioteca Nacional da França, grande projeto do segundo setenato, a partir de 1988. A TGB (Très Grande Bibliothèque [Biblioteca muito grande]) é particularmente contestada por certo número de intelectuais. Esse assunto de Estado começa pela asfixia da Biblioteca Nacional, que desmorona na rua Richelieu sob o peso de suas aquisições e não tem mais capacidade para acolher um número crescente de pesquisadores que desejam ali estudar. A situação é de tal maneira ingovernável que seu administrador, André Miquel, demite-se em 1987, deixando seu posto para o historiador Emmanuel Le Roy Ladurie. É urgente administrar o problema do futuro da Biblioteca Nacional, assim como das bibliotecas em geral, como proclama o relatório que Francis Beck, encarregado de uma missão de estudo, acaba de elaborar e que é publicado em *Le Débat* em um dossiê que alcança grande repercussão.[40]

Desde a sua reeleição, em 1988, o presidente Mitterrand faz desse assunto uma prioridade. Não há dúvidas de que se trata de uma questão presidencial, pois que ele não espera nem mesmo a constituição de um

---

39. FRANK, 1982.
40. "Sauver les bibliothèques" [Salvar as bibliotecas], *Le Débat*, n. 48, janeiro-fevereiro de 1988, pp. 4-111.

novo governo para, no dia seguinte às eleições, chamar Émile Biasini, reputado por ser um verdadeiro trator e que já havia demonstrado eficácia na gestão do Grande Louvre: ele lhe propõe o posto de secretário de Estado das Grandes Obras. Dentre essas obras, a construção de uma nova Biblioteca Nacional da França faz parte da lista dos encargos prioritários.

Por ocasião da festa nacional de 14 de julho de 1988, François Mitterrand anuncia a realização por vir de "uma das maiores ou da maior e mais moderna biblioteca do mundo...". Nesse momento, ele pensa no conselho de Jacques Attali de instalar um escritório virtual totalmente informatizado, puramente imaterial, mas essa ideia logo se revelará muito onerosa e muito demorada para ser concretizada. Com efeito, Emmanuel Le Roy Ladurie calcula que seriam necessários 76 anos e que os custos chegariam a cerca de vinte milhões de francos. Definitivamente, o projeto assumirá a forma de uma verdadeira construção arquitetônica moldada no cimento e no aço. Constitui-se então uma comissão sob a dupla direção do presidente do conselho de administração da Biblioteca Nacional, Patrice Cahart, e do diretor da Biblioteca Pública de Informação (BPI) do Centro Georges Pompidou, Michel Melot, e se decide pela construção de uma nova biblioteca. Em 16 de agosto de 1989, o concurso/edital de arquitetura escolhe o projeto de um jovem arquiteto de 36 anos, Dominique Perrault, que apresentou sua intenção de edificar quatro torres nas margens do Sena, em Tolbiac, que evocassem um livro aberto. *Le Débat* publica um extenso dossiê dedicado a esse projeto em sua edição de maio de 1989, cedendo a palavra a Michel Melot e a um certo número de pesquisadores que utilizam a Biblioteca Nacional.[41] Se a revista se felicita pelo fato de os poderes públicos terem se preocupado em responder ao estado de miséria pelo qual passavam as bibliotecas, ela se inquieta com a "insustentável ruptura cronológica em 1945, entre a Biblioteca Nacional e o futuro estabelecimento".[42] É fato que se havia considerado estabelecer a ruptura cronológica em 1789, 1870, 1900 ou 1914. Finalmente, a data de 1945 foi escolhida, o que permitiu à biblioteca da rua Richelieu

---

41. "Quelle Très Grande Bibliothèque?" [Biblioteca muito grande?], *Le Débat*, n. 55, maio-agosto de 1989.

42. Ibidem, p. 136.

conservar a maior parte do acervo e não ceder ao novo estabelecimento senão quatro milhões de obras, isto é, um terço do volume.

O jornalista de *Quotidien de Paris* Dominique Jamet, aliado de François Mitterrand, é nomeado para conduzir esse projeto que suscita a indignação dos pesquisadores. Como cindir assuntos de pesquisa de um lado e de outro de 1945? Pierre Nora tenta alertar Mitterrand pessoalmente sobre essa questão e pede a Georges Kiejman que organize um encontro; Kiejman recusa, pois que não deseja indispor ainda mais o presidente, cada vez mais aborrecido com essa revolta dos intelectuais. Mitterrand está pronto para aceitar as observações da comunidade científica se ela previamente lhe agradecer por ter levado muito a sério o problema das bibliotecas. Pierre Nora, que conhece as boas relações de Georges Duby com François Mitterrand, pede a ele que fale com o presidente. Duby aceita, sob a condição de Nora acompanhá-lo; este último, que julga a estratégia absurda, recusa.

Entretanto, Pierre Nora dispõe de um interlocutor no Eliseu: Bernard Latarjet, o conselheiro cultural de François Mitterrand, encarregado sobretudo de seguir as grandes obras. Bernard Latarjet recebeu como missão apagar os incêndios e, em particular, aquele acendido por Pierre Nora, à frente de uma revolta cuja determinação exaspera o presidente. Intervindo nessa batalha, Jacques Julliard escreve uma "Lettre ouverte au président de la République" [Carta aberta ao presidente da República] no *Nouvel Observateur*. Ele está igualmente persuadido de que não se pode separar geograficamente o acervo das obras: "Não se pode cortar em duas a memória erudita de um país, é preciso deixar tudo no lugar ou, como os ingleses, fazer uma mudança completa."[43] No mesmo momento, *Le Débat* publica um dossiê para conclamar a uma melhor concertação com os atores e utilizadores, alarmando-se com esse projeto de cisão cronológica a ponto de Krzysztof Pomian falar de "abatedouros da memória"[44],

---

43. JULLIARD, 1988.
44. POMIAN, 1989.

e de o historiador modernista Danis Crouzet qualificar a TGB de "*Très Grave Bévue*".⁴⁵

Essa reação produz um efeito imediato. Alertado pela reação negativa, Dominique Jamet decide organizar um fórum em 11 de setembro de 1989, na pequena sala da Ópera Bastilha, para discutir sobre o projeto com todos os responsáveis, em torno de Jack Lang e Émile Biasini. O sopro dos protestos é enfim ouvido: renuncia-se à partilha, todas as obras serão reagrupadas na nova biblioteca, isto é, doze milhões de volumes; caberá ao arquiteto encontrar uma solução para acolhê-los. Quanto à questão de saber se o novo estabelecimento será uma biblioteca de conservação e de consulta para os pesquisadores ou uma biblioteca aberta a um amplo público, ela é resolvida pela ideia de conceber duas bibliotecas em um mesmo local, uma para os pesquisadores no andar térreo e outra para o grande público no andar superior. Em 1990, Pierre Nora se felicita por esse primeiro sucesso e adota um tom mais tranquilo: "Por muito tempo, temeu-se o pior; e, digamos logo, o pior parece estar em vias de ser afastado."⁴⁶

Novos referenciais intelectuais

Os anos 1980 veem o paradigma negligenciado do estruturalismo ser substituído por uma nova ambição unitária, puxada por um engate disciplinar bastante diferente. Esse novo paradigma chama-se cognitivismo e, com o passar dos anos, ele se torna fonte de muitas esperanças para as cogniciências, que reagrupam os especialistas da inteligência artificial, algumas correntes da linguística, uma parte da filosofia analítica — a filosofia do espírito —, algumas correntes da psicologia e, sobretudo, as neurociências em pleno desenvolvimento. Na França, Jean-Pierre Changeux encarna

---

45. CROUZET, 1989, p. 158. Ou, "Equívoco Muito Grande". Entretanto, na tradução não é possível obter a equivalência entre a expressão e a sigla do original francês: "*Très Grande Bibliothèque*"/ "*Très Grave Bévue*"; em ambas, a sigla é TGB. [N.T.]
46. NORA, 1990, p. 4.

essa esperança de um abandono da separação entre ciências da natureza e ciências do espírito em torno da figura do "homem neuronal".

Le Débat dedica em 1987 um número inteiro a essa "Émergence du cognitif" [Emergência do cognitivo] que tem por ambição oferecer uma melhor visibilidade para esse paradigma nascente, desenhar as perspectivas que ele permite abrir, assim como as controvérsias, as cisões e as contradições apresentadas pelo fenômeno.[47] É todo um campo problemático que se abre e arrisca tudo arrastar em sua passagem, em nome de uma nova cientificidade. Ricœur, que havia dialogado com os partidários do estruturalismo, retomará seu cajado de peregrino para apoiar os avanços que tornam viáveis as ciências cognitivas, sem deixar de advertir para as tentações de reducionismo por elas inspiradas. Mais tarde, ele empreenderá, ao final dos anos 1990, um diálogo com aquele que encarna as neurociências em sua mais forte ambição, Jean-Pierre Changeux, diálogo que resultará em um livro em 1998.[48] Assim como ele havia acolhido favoravelmente as descobertas da psicologia nos anos 1950, Ricœur está disposto a admitir a procedência e a contribuição das ciências cognitivas, mas à condição, também aí, de que elas não se erijam em *mathesis* universal: "Eu combaterei pois o que doravante chamarei um amalgama semântico, e que vejo resumido na fórmula, digna de um oxímoro, 'O cérebro pensa'."[49] Ricœur opõe ao reducionismo potencial das neurociências um dualismo semântico que possa expressar uma dualidade de perspectiva. Com efeito, ele distingue três regimes discursivos que permanecem incomensuráveis: ao discurso do corpo-objeto, que advém das competências de Changeux, é preciso acrescentar o discurso do corpo próprio com suas incitações éticas e o discurso normativo, jurídico-político.

Ricœur desempenha ainda uma vez o papel de sentinela, atento às passagens dos limites: "Minhas reservas não concernem em absoluto aos fatos que vocês articulam, mas ao uso não crítico que vocês fazem da

---

47. "Émergence du cognitif" [Emergência do cognitivo], *Le Débat*, n. 47, novembro-dezembro de 1987.
48. CHANGEUX; RICŒUR, 1998.
49. Ibidem, p. 25.

categoria de causalidade na passagem do neuronal ao psíquico."⁵⁰ Ricœur critica sobretudo a relação de identidade postulada por Changeux entre o significado psíquico e a realidade cortical. Essa identificação aniquila a diferença entre o signo e aquilo que ele designa. Para Ricœur, muito pelo contrário, é a heterogeneidade semântica entre o fenômeno psíquico e sua base cortical que é importante, tornando o primeiro nível indício do outro.

O período se caracteriza sobretudo por uma busca plural de referências intelectuais que pensaram ou atravessaram o trágico. As maiores referências desse momento não são mais aquelas que se vestem com a roupa da denúncia e se colocam em evidência em nome de um saber erudito, mas aquelas que se inscrevem em uma compreensão do percurso seguido por nosso século. Essas obras, as de Hannah Arendt, Marc Bloch, Charles Péguy ou Walter Benjamin, assim como as de Ricœur ou Levinas, tentam reencontrar a unidade dilacerada do pensamento e da existência, que permaneceu muito tempo separada entre o "O que é existir?" e o "O que é pensar?". Essa busca de sentido privilegia novas figuras que permitem tecer uma unidade entre um pensamento da vida e sua vida de pensamento. É à luz de certo número de experiências do mal radical que a passagem para um novo século se efetua. Mais do que um pensamento nos extremos, privilegia-se o julgamento prudente, que considera a complexidade das situações e se determina em função de escolhas éticas. Dessas exigências resulta uma ambição talvez mais modesta, uma maior atenção às singularidades, uma postura mais humilde e uma preocupação mais elevada com o justo e com os campos do possível. Os anos 1960 haviam sido aqueles da exigência crítica levada a seu paroxismo em torno de uma tríade de figuras transgressivas, Marx, Freud e Nietzsche, e do tema do retorno: retorno a Marx para as leituras althusserianas, retorno a Freud para os lacanianos e retorno a Nietzsche para Foucault e Deleuze. Essa tríade constituiu uma verdadeira máquina de suspeita de toda forma de expressão manifesta em nome de lógicas inconscientes que funcionam à revelia dos atores. Esses mestres da suspeita não desapareceram verdadeiramente por ocasião da

---

50. Ibidem, p. 60.

mudança de paradigma nos anos 1980, mas, se permanecem referências vivas, isso se dá ao preço de uma transformação radical.

Freud impôs-se como o teórico da prática analítica. Se a voga do psicanalismo em certa época declinou e a psicanálise perdeu incontestavelmente seu brilho intelectual, ela conquistou como disciplina, entretanto, uma legitimidade amplamente admitida. Os tópicos freudianos (inconsciente/pré-consciente, em seguida isso/supereu/eu) se tornaram categorias familiares de uma disciplina que conquistou ao longo do século um sólido fundamento epistemológico. Esse "núcleo duro" da teoria freudiana é cada vez mais pensado como um *corpus* aberto a revisões e a novas descobertas, em vez de como um dogma a ser gerido em nome de um mítico "retorno a Freud". Embora não se coloque mais como uma chave de leitura totalizante do real, a psicanálise irriga ainda muitos trabalhos como alavanca parcial de análise em uma sociedade que se tornou pós-freudiana.

Em contrapartida, é surpreendente o contraste entre o Nietzsche mobilizado pelos anos 1960 e aquele do período seguinte. Inicialmente compreendido como um pensador niilista, anti-humanista, liberto das aporias do imperativo de verdade, aquele que estigmatiza a face escondida de uma metafísica a ser desvelada: "mais do que a morte de Deus [...], o que o pensamento de Nietzsche anuncia é o fim de seu assassino, é a desagregação do rosto do homem"[51]; ele se torna doravante mensageiro de uma estética da existência, um antídoto ao niilismo e ao ceticismo ambientes. Ele não é tanto o desconstrutor do imperativo de verdade, mas o detentor de uma verdade estética tributária da razão e que se opõe às diversas formas de verdade mecânica.[52] As releituras de Nietzsche se beneficiam da edição dos *Fragmentos póstumos* e da consideração do caráter inacabado de *Vontade de potência*, que ele havia desistido de publicar. Uma nova perspectiva é dada à sua obra ao se enunciarem questões diferentes e que contribuem à emergência de um novo Nietzsche, que se tornou fonte de inspiração para uma reflexão

---

51. FOUCAULT, 1966, pp. 396-397.
52. PHILONENKO, 1995.

sobre a estética[53], sobre o corpo[54], pensador de uma moral biológica que prefigura a bioética.[55]

Quanto a Marx, se ele continua uma referência, é um Marx bem diferente daquele dos anos 1960. Como estrela cadente, ele desapareceu, dando lugar ao que Jacques Derrida chama de um espectro que vem assombrar a história ocidental.[56] O dogma marxista explodiu para dar lugar a recomposições de um Marx embalado a vácuo, expurgado de seu destino histórico, de todo *telos*, edulcorado para melhor salvá-lo do desastre das sociedades que se diziam suas herdeiras e que doravante contornam sistematicamente o referencial marxista. Com a doxa marxista deixada no banco de reservas, Marx volta metamorfoseado, como em Daniel Bensaïd.[57] Afastando as múltiplas leituras economicista, sociologista ou historicista de Marx, ele privilegia o pensador que dá lugar à contingência, à emergência do acontecimental, segundo temporalidades descontínuas. Seu Marx "está consciente de que não há mais acordo espontâneo entre temporalidade econômica e política. Marx dá a última palavra às circunstâncias encarregadas de restabelecer a harmonia".[58] Essa leitura faz prevalecer um pensador desembaraçado de todo determinismo histórico e de todo sentido preestabelecido do processo da história.

A mutação pela qual passa Marx é igualmente espetacular junto ao filósofo Étienne Balibar, que caminhou do althusserianismo e do processo sem sujeito para a defesa de uma política dos direitos humanos fundada sobre uma filosofia da democracia, sem entretanto renunciar à referência marxista.[59] Ao final de sua obra dedicada à filosofia de Marx, Balibar, exprimindo uma aporia sob forma de oxímoro, apresenta o marxismo como filosofia a um tempo improvável e mais atual do que nunca. Esse impasse o obriga a adotar um novo elã ao colocar em evidência os limites

---

53. BLONDEL, 1986.
54. RAYMOND, 1999.
55. EDELMAN, 1999.
56. DERRIDA, 1993.
57. BENSAÏD, 1995.
58. Ibidem, p. 46.
59. BALIBAR, 1992 e 1993.

da política marxista e ao distinguir três dimensões ao mesmo tempo necessárias e em tensão: a emancipação, a transformação e a civilidade.[60] Com essas considerações sobre a construção de uma política da civilidade apartada da identidade total, está-se longe das determinações em última instância e das instâncias dominantes da perspectiva althusseriana.

Marx é também o objeto de uma revisão radical pelo lado da teoria dos jogos e da justiça em nome de um marxismo analítico que deixou de se apoiar em uma visão global do mundo. Esse marxismo é então utilizado como sequências, momentos isoláveis e refutáveis no sentido popperiano, em um uso de Marx profundamente modificado, passando do holismo a uma perspectiva inspirada pelo individualismo metodológico para melhor enunciar a questão complexa da racionalidade individual e, por isso mesmo, da intencionalidade.[61]

Essa tríade dos mestres-pensadores da suspeita foi substituída por outras referências intelectuais, a cujos itinerários pessoais se dedicou uma maior atenção. Da dominação de uma interrogação transcendental ou epistemológica sobre as condições de possibilidade de um objeto de saber para um sujeito, passou-se a um questionamento ontológico sobre o ser, sobre a presença em seu tempo, em uma preocupação de pensar percursos engajados nos desafios de seu século e, em conjunto, de confrontá-los com o pensamento por eles apresentado.

As figuras tutelares mais mobilizadas se caracterizam por destinos arrasados, dilacerados pela tragédia da história. O percurso destroçado de Hannah Arendt fascina a ponto de ser erigido em mito: essa emigrada judia errante, afastada de sua terra natal alemã, crítica do destino de seu povo encarnado na nova nação de Israel e fiel à sua primeira revolta, teria resistido até o fim ao perigo totalitário e às derivas nacionalitárias. A conjunção da mulher, do exílio, das fidelidades afetivas postas à prova dos desastres da história, as tomadas de posição intempestivas segundo alguns elãs do coração e da razão dão a ela uma estatura de consciência aguda desse século entregue ao mal comum. Outras autoridades morais

---

60. Idem, 1997.
61. Cohen, 1978; Elster, 1989; Van Parijs, 1992.

são também particularmente solicitadas: Charles Péguy foi *dreyfusard* até o fim de seu engajamento, rompendo com o socialismo oficial. Em consonância com suas posições nacionais, ele morre em combate em setembro de 1914. O judeu berlinense Walter Benjamin, fugindo do nazismo, perdido na primavera de 1940 em meio ao pesadelo francês, tenta chegar à Espanha clandestinamente por Portbou. Ao ter sua autorização de trânsito recusada, ele decide pôr fim a seus dias. Marc Bloch vê seu percurso de erudito e historiador destruído pelo nazismo, que o obriga a abandonar a direção da revista *Annales* e o leva a se engajar na Resistência. Preso na primavera de 1944 pela Gestapo, encarcerado em Montluc, torturado, ele é executado pelos nazistas.

Graças à sua capacidade de atravessar e de pensar filosoficamente os maiores desafios da Cidade, Arendt domina soberanamente os anos 1980. *Esprit* dedica a ela um número especial[62], em seguida muitas outras revistas fazem o mesmo.[63] A grande biografia americana de Elisabeth Young-Bruehl é reeditada[64], e múltiplos estudos veem em Arendt a forma mais resoluta do amor do mundo, da refundação de um mundo comum, de um "ser juntos" apesar dos desastres sofridos.[65] Por detrás da teoria do político e do totalitarismo, esses estudos dão a ver seu temperamento apaixonado, esse horizonte conjunto do justo e do amor definidos por Santo Agostinho — a quem Arendt havia dedicado sua tese de doutorado em 1929 —, e ratificado com brilho pela publicação de sua correspondência com seu segundo marido, Heinrich Blücher.[66] Fora dos registros instituídos, Arendt oferece uma via exemplar pela liberdade com que sempre expressou suas convicções. Acolhida pelos Estados Unidos depois de ter fugido do nazismo, ela não deixa de ser menos crítica das disfunções da democracia militante. Militante pela causa judia, ela não suporta que a política fundadora de Israel deixe de lado a questão da população palestina. Quando é encarregada de cobrir o processo de Eichmann para a revista *New Yorker*

---

62. *Hannah Arendt*, 1980.
63. Ibidem, 1986a e 1986b, 1987 e 1999.
64. YOUNG-BRUEHL, 1999.
65. KRISTEVA, 1999; TASSIN, 1999; COLLIN, 1999.
66. ARENDT; BLÜCHER, 1999.

em 1961, ela exprime publicamente seu menosprezo em face do que se tornou a sociedade israelense. "Passageira no navio do século XX", como a qualifica Hans Jonas, ela enfrenta as tempestades graças a sua forte ancoragem na tradição filosófica.

Para além de suas análises sobre o totalitarismo, que suscitaram muitas exegeses, os intelectuais franceses são fascinados por sua capacidade de elevar ao máximo as exigências de uma dimensão política específica em tempos em que a desesperança tende a provocar o ensimesmamento e o retorno às raízes como consolo para esses amanhãs que não cantam mais. Essa "jovem que vem do estrangeiro" dá uma lição não de otimismo beato, mas de lucidez. A fidelidade de seus engajamentos é garantia de verdade, atestado de tomadas de posição totalmente dedicadas a esclarecer o presente: "O que confere uma unidade a seu pensamento é o amor que ela compreendeu ser o que nos une aos outros — *Amor mundi*."[67] Ao buscar essa adequação entre uma atividade filosófica proveniente da atitude puramente contemplativa e sua encarnação em uma vida singular, Arendt terá carregado a cruz de sua época. Sua posição bastante controversa sobre Little Rock em 1957 exprime bem essa preocupação em não se entregar a engajamentos teoricamente justos, mas que com frequência ignoram seus efeitos concretos: "O que eu faria se fosse uma mãe negra? O que eu faria se fosse uma mãe branca do Sul?"[68] Levada ao exílio pelo trágico da história, Arendt pensa o mal a ponto de fazer dele a tarefa maior de seu pensamento político. A partir do choque traumático de Auschwitz, ela toma distância do "mal radical" de Kant para colocar em seu lugar a "banalidade do mal" por ocasião do processo de Eichmann. Sua tese constata o primado da ideologia, da concepção intencionalista. Ela considera que havia até então superestimado "o impacto da ideologia sobre o indivíduo" e coloca em seu lugar uma perspectiva funcionalista, apresentando Eichmann como um funcionário tranquilo, que chega mesmo a sentir certa repugnância "a cometer o crime".[69] Para além desse diagnóstico, ele também objeto de

---

67. YOUNG-BRUEHL, 1999, p. 427.
68. ARENDT, 1957, p. 179.
69. Idem, 1966, p. 109.

viva controvérsia, Arendt se tornou uma relevante referência por pensar *A condição humana*.[70] Segundo Arendt, a empreitada política como meio de imortalização reveste-se de um duplo aspecto: ela é uma grandeza que convém não recusar, apesar de sua vaidade, e, ao mesmo tempo, como toda atividade humana, fundamentalmente ilusória. O registro da ação é o verdadeiro revelador do homem como começo de alguma coisa no mundo e pressupõe uma distinção estrita entre o domínio privado e o domínio público. Essa "antropologia filosófica", segundo os termos de Paul Ricœur, postula que a ação na história é marcada pela fragilidade dos assuntos humanos. Sobre essa trajetória da experiência temporal, Arendt insiste para que se supere a ideia de futilidade a fim de melhor se ater à fragilidade e, ao mesmo tempo, à preservação da esperança em torno da exaltação experimentada diante de cada novo começo, que encontra sua maior expressão na boa-nova anunciada pelos Evangelhos: "Uma criança nasceu para nós."[71]

Mesmo que se esteja longe do ser-pela-morte de Heidegger, a obra do mestre de Friburgo continua a desempenhar um papel relevante na trajetória filosófica de Hannah Arendt, desde aquele dia em que, jovem estudante de 18 anos em Marburg em 1924, ela entreteve uma ligação amorosa com seu professor, então com 35 anos. Essa união do fogo e da água assume um volteio tão passional que Arendt escreve nessa ocasião que Heidegger é "o rei secreto do reino do pensar".[72] Essa relação não deixará de surpreender, tanto mais porque Arendt permanecerá até o fim em uma relação de fidelidade frente àquele pelo qual ela experimentou "uma inflexível devoção". Ao fim da guerra, em 1949, indo sucessivamente a Bâle para ver Jaspers e a Friburgo para ver Heidegger, ela escreve a seu marido, Blücher: "Nós realmente falávamos um ao outro, pela primeira vez na vida." Ainda em 1975, Arendt, em visita à Europa, enfraquecida por uma crise cardíaca que quase foi fatal, faz questão de ir a Friburgo para reencontrar Heidegger, apesar da opinião desfavorável dos médicos. Em

---

70. Idem, 1983.
71. Ibidem, p. 278.
72. Ver PAYEN, 2016.

Arendt, essa fidelidade na afeição não é falta de discernimento; se *Ser e tempo* foi para ela uma obra importante, muitas de suas posições filosóficas se apresentam como uma forma de resistência/proximidade em face de certas orientações do pensamento heideggeriano. Quando é publicada *A condição humana* em alemão, em 1960, ela escreve a Heidegger: "O livro provém diretamente dos primeiros dias em Marburg e é devedor a você de quase tudo, sob todos os aspectos." Mas a obra pode ser igualmente considerada como uma verdadeira réplica a Heidegger.[73] Em 1946, Arendt já havia tomado distâncias públicas na *Partisan Review*, denunciando o narcisismo das teses de *Ser e tempo* que fazem do homem "o que Deus era na antiga ontologia" e o caráter falacioso da "ontologia de Heidegger [que] esconde um funcionalismo rígido no qual o Homem não aparece senão como o resultado de uma série de maneiras de Ser". Mais tarde, ela o confrontará com suas teses pessoais, dentre as quais o uso do "nós" como expressão do ser-juntos diante do agregado de anônimos revelado pelo uso da partícula apassivadora "se" em Heidegger. Contrariamente a seu antigo mestre, ela não opõe dimensão ontológica e dimensão antropológica, recusando-se a subordinar o agir humano ao Ser. Ela chega mesmo a inverter o argumento de Heidegger ao apresentar sua "analítica existencial" como um esquecimento da questão do sentido humano do ser, isto é, um esquecimento da questão do sentido do mundo.[74] Arendt contribui para uma crítica radical das posições de Heidegger que, segundo ela, não somente carecem da dimensão plural do existir, mas interditam sua compreensão. Ao longo de seu último ano, ela ainda pensa submeter o pensamento de Heidegger a uma análise crítica mais sistemática; a morte de Arendt em 1975 a impede de realizar seu projeto.

Outra figura tutelar desse fim de século trágico, Walter Benjamin, amigo de Hannah Arendt, a quem ela dedica à sua morte um poema de adeus intitulado "W. B.", torna-se uma fonte muito presente na desconstrução do *telos*, no questionamento da ilusão de um sentido preestabelecido da história, na valorização de um presente e de um tempo

---

73. Ver Taminiaux, 1985.
74. Tassin, 1999, p. 106.

dilacerado articulado em torno de um pensamento do acontecimento. O messianismo judaico inspira seu pensamento da história em razão de sua capacidade de integrar as decepções da experiência do tempo do século XX, escapando ao finalismo e ao evolucionismo do século XIX.[75] Walter Benjamin apoia-se no paradigma estético para definir "um laço que não seja uma relação de causalidade" entre os diversos momentos do tempo.[76] O sentido se desvela a partir de uma temporalidade descontínua, em um trabalho hermenêutico solidamente tributário da instância do presente, que se encontra em situação prevalente, verdadeiramente constitutiva do passado. Não é senão no *après-coup*, no rastro, que se pode reapreender um sentido que não é um *a priori*. Segundo Benjamin, todo acontecimento é um choque, um trauma em sua irreversibilidade. A tradição, ao incorporar os acontecimentos em uma lógica contínua, tem a tendência a dela apagar as asperezas e a naturalizá-las. Uma data não é nada em si mesma senão um dado vazio que é preciso preencher: "É preciso *animá-la* com a ajuda de um saber que não é conhecimento, mas reconhecimento e rememoração, e que, de certo modo, chama-se memória."[77] Escrever a história significa então "dar sua fisionomia às datas".[78] Ao dissociar a relação entre passado e presente de uma simples relação de sucessividade, Benjamin enuncia uma contribuição relevante para a definição de um novo regime de historicidade. O passado é contemporâneo ao presente, pois ele se constitui ao mesmo tempo que o presente: "Passado e presente se *superpõem* e não se justapõem. Eles são simultâneos e não contíguos."[79] Segundo Benjamin, assim igualmente perceberam os psicanalistas, a história se faz *a posteriori*, no futuro anterior. Esse passado volta, assombra o espaço dos vivos, e é no modo do lamento que o sentido tenta se dizer no presente e necessita possuir a arte do presente, que é uma arte do *contratempo*: "Pois

---

75. A respeito de Walter Benjamin, ver MISSAC, 1987; TIEDEMANN, 1987; PROUST, [1994] 1999; MOSÈS, 1992; BENSAÏD, 1990; CHESNEAUX, 1996; BUCI-GLUCKSMANN, 1992; DIDI-HUBERMAN, 1992.
76. MOSÈS, 1992, p. 122.
77. PROUST, [1994] 1999, p. 29. Em itálico, no original. [N.T.]
78. BENJAMIN, 1982, p. 216.
79. PROUST, [1994] 1999, p. 36.

é preciso, inicialmente, seguir a linha do tempo, acompanhá-la até sua dolorosa eclosão final e, no último instante, sair de sua longa paciência e de sua grande desconfiança, atacar o tempo e dele retirar outras possibilidades, entreabrir uma porta."[80] O historiador pode dar o nome que permaneceu secreto para as experiências humanas abortadas. Ele nomeia e escreve para salvar os nomes do esquecimento: "A narrativa histórica não salva os nomes, ela dá nomes que salvam."[81]

Essa perspectiva criacionista da história implica questionar a distância instituída pela maioria das tradições historiográficas entre um passado morto e o historiador encarregado de objetivá-lo. Pelo contrário, a história deve ser recriada e o historiador é o mediador, o propagador dessa recriação que se realiza no trabalho do hermeneuta que lê o real como uma escritura cujo sentido se desloca com o correr do tempo em função de suas diversas fases de atualização. O objeto da história é, então, construção para sempre aberta por sua escritura, e a história é acontecimental como inscrição em um presente que lhe confere uma atualidade sempre nova, pois que situada em uma configuração singular.

No domínio da disciplina histórica, a referência à dupla fundadora da revista *Annales* em 1929 se torna objeto de uma reviravolta espetacular. Lucien Febvre, o mais velho, foi o iniciador do projeto, que dirigiu sozinho de 1944 a 1956, e a Escola dos Annales durante muito tempo se pensou como a filha de Lucien Febvre, antes de ela reconsiderar a herança de Marc Bloch. Em 1949, mesmo Lucien Febvre deplorava o número ainda bastante restrito dos leitores de *A estranha derrota*. O brilho inegável da obra de Marc Bloch, após anos de confinamento ao meio estrito dos historiadores de ofício, como mostra Olivier Dumoulin[82], não deixou de crescer desde o início dos anos 1980. A reviravolta é tanto mais surpreendente porque nos anos 1960 e 1970, no momento do sucesso da história das mentalidades, a Nova História triunfante na França se dizia herdeira sobretudo

---

80. Ibidem, p. 169.
81. Ibidem, p. 232.
82. Dumoulin, 2000.

de Lucien Febvre.⁸³ A tensão entre o erudito historiador, o juiz cidadão e a testemunha ator, sobre a qual muito trabalhou Marc Bloch, contribui bastante para esse reconhecimento tardiamente conquistado. Para Marc Bloch, assim como para Arendt ou Benjamin, tudo parte do presente e volta ao presente em suas tramas com o passado, a ponto de ele recusar definir a história como ciência do passado: "A meu ver, isso significa falar sem propriedade."⁸⁴ Ele chega mesmo a definir uma dimensão heurística do presente para suas pesquisas de medievalista, preconizando um procedimento recorrente, regressivo, uma verdadeira leitura às avessas do passado: "O procedimento natural de toda pesquisa é ir do mais bem conhecido ou menos bem conhecido ao mais obscuro."⁸⁵ O grande especialista da Idade Média se vê pois recentemente considerado como um inspirador essencial para o diretor do IHTP (Instituto de História do Tempo Presente), Henry Rousso: "O senhor Bloch revela-se um historiador do tempo presente com uma lucidez fulgurante."⁸⁶

A referência à lembrança de Marc Bloch supera de longe a corporação dos historiadores. Seu nome torna-se objeto de controvérsias em numerosas iniciativas memoriais, o que vale a canonização daquele que Marcel Detienne chama de "santo Marc Bloch".⁸⁷ A consagração torna-se geral, a ponto de as ruas, as turmas das Grandes Escolas e os estabelecimentos escolares disputarem seu nome. Em Estrasburgo, o adjunto do prefeito, Norbert Engel, termina da seguinte maneira seu discurso de inauguração de uma rua em 18 de junho de 1994: "Estrasburgo nesse dia não honra Marc Bloch; Estrasburgo nesse dia se sente honrada com seu nome. E nossa dívida é imensa e inesgotável."⁸⁸ Pouco tempo depois, em 1996, são os formandos da ENA que usam seu nome como um estandarte. Esse verdadeiro "momento Bloch" expressa um desejo de pensar em conjunto a exigência científica e a mensagem cívica. Ele encontra em seu nome uma

---

83. Ver DELACROIX; DOSSE; GARCIA, 1999.
84. BLOCH, 1974, p. 32.
85. Ibidem, pp. 48-49.
86. ROUSSO, 1997, p. 53.
87. DETIENNE, 2000, p. 29.
88. ENGEL, 1997, p. 33.

preocupação ética de dizer o justo e torna-se então, muito rapidamente, objeto de um desafio político.

Outra figura de liberdade e de paixão pelo presente, fora da norma e fora da instituição, expressando suas iras sem limites, Charles Péguy, torna-se igualmente uma referência relevante para os intelectuais franceses na mesma época. Está-se longe das críticas de Bernard-Henri Lévy, que ataca a língua "ignóbil" de um Péguy confundido com a componente do "nacional-socialismo à francesa".[89] Péguy é então amplamente reivindicado como figura da resistência aos conformismos tranquilizadores e símbolo da vida dedicada ao pensamento. Inclassificável, ele terá fundamentalmente permanecido fiel a seu primeiro combate, em ruptura com o socialismo oficial, cujo dogmatismo o decepciona. Ele cria em 5 de janeiro de 1900 os *Cahiers de la quinzaine* a fim de exprimir suas convicções e um certo número de verdades fora das limitações institucionais. Laico — e belo exemplo das vitórias de uma escola republicana que permitiu a esse filho de uma mãe empalhadora de cadeiras e de um pai carpinteiro seguir longos estudos, inicialmente no Lycée Lakanal, em seguida na Escola Normal Superior da rua d'Ulm em 1894 —, ele confessa publicamente sua fé católica em 1910 em *Le Mystère de la charité de Jeanne d'Arc* [O mistério da caridade de Joana d'Arc]. Militante socialista convicto, ele rompe com o dogmatismo do guesdismo[90]; filho da escola republicana, ele rompe com a universidade depois de seu malogro na *Agrégation*. Convertido ao patriotismo contra o pacifismo de certa direita, ele é morto em Villeroy no início da batalha do Marne, em 5 de setembro de 1914.

Essa figura fora dos padrões é mobilizada como escritor em tempos de crise. Os estudos de sua obra se multiplicam[91] e o conjunto de seus escritos é publicado em formato de bolso.[92] O Péguy de Jean-Michel Rey

---

89. Lévy, 1980, pp. 114-123.
90. "*Guesdisme*", no original, substantivo proveniente de Jules Guesdes. Trata-se da doutrina dominante do socialismo francês até 1914. [N.T.]
91. Laichter, 1985; Rey, 1987; Bertrand-Sabiani; Gerbod; Leroy, 1991; Bastaire, 1991; Finkielkraut, 1992; Maritain; Baillet, 1997; Lenne, 1993; Leplay, 1998.
92. Péguy, 1993a e 1993b.

é um ser dilacerado, preso a uma tensão paradoxal entre os "curas laicos e os curas eclesiásticos"[93], atravessado por iras multiformes, animado por uma postura quase mística de ruptura com as instituições: "Péguy é aquela ira que se produz no presente."[94]

O modernismo e os historiadores que o encarnam no início do século XX são violentamente contestados, acusados de tentar tomar o lugar de Deus sob a máscara da ciência. Para Péguy, essa tentação se choca com o retorno inexorável do recalque: de tanto desejar expulsar a alteridade, ela retorna para assombrar o discurso moderno. O famoso método histórico de que se orgulhava Langlois e Seignobos estaria fundado sobre um branco, um esquecimento, e é essa interrogação incessante lançada por Péguy que o orienta até mesmo em seu modo de escritura: "Péguy: um leitor dos silêncios, dos brancos, dessas coisas quase imperceptíveis na época em que elas se produzem."[95] Se Péguy não tem odor de santidade nos anos 1960, ele retoma toda a sua atualidade, e Alain Finkielkraut muito contribui para isso com a publicação a ele dedicada em 1992.[96] O Péguy de Finkielkraut é aquele que fustiga as diversas modalidades da modernidade opondo a elas os valores tradicionais do enraizamento, não no solo ou na raça, mas na expressão da autoridade, como aquela do pai de família, fonte de responsabilidade e de limitação da disponibilidade. Ele é igualmente a consciência desperta e inquieta para designar os caminhos impraticáveis. Se ele mantém uma atitude de revoltado, não é para sonhar com um mundo melhor, mas para "acordar de todos os sonhos, descer do céu para a terra, da imortalidade para a finitude e a morte, e do futuro radiante para o aqui e agora concreto".[97] Reconhece-se em Péguy uma preocupação comum com Arendt em sua busca do amor do mundo como virtude pública e não simples preocupação consigo.

Edwy Plenel apoia-se também em Péguy para exprimir seu sentimento de inacabamento dos valores republicanos. Ele inscreve a crise

---

93. Idem, 1992, p. 386.
94. REY, 1987, p. 10.
95. Ibidem, p. 45.
96. FINKIELKRAUT, 1992.
97. Ibidem, p. 130.

da instituição de ensino no contexto de uma crise mais geral de uma sociedade em mau funcionamento, presa entre o erudito e o mamute. Recusando a um só tempo o ensimesmamento desesperado e o recurso a um Estado-nação, um Estado forte capaz de restabelecer a ordem disciplinar, Plenel se volta para o Péguy que enfrenta os amanhãs desiludidos do dreyfusismo e as incertezas da virada do século, e apropria-se da resposta dada pelo escritor: "Na ausência das teologias e das filosofias providenciais, uma única via permanece aberta, que é aquela de uma eterna inquietação."[98] Para Benoît Chantre, a gesta de Péguy advém de uma "mística republicana": "A graça peguyana não é outra senão esse avanço da mística que resiste ao peso do tempo morto, injusto em razão de sua própria imobilidade, de seu hábito."[99] À amnésia mortífera e à crise do sentido resultante, Péguy opõe uma filosofia do trabalho capaz de reanimar uma memória viva no interior do corpo social. Essa reação à crise histórica e espiritual de seu tempo assume uma atualidade nova nesse final do século XX, quando o futuro parece encerrado, e o horizonte de expectativa, totalmente indeterminado.

Em razão da paixão que encarnaram, sinal de sua presença constante em seu tempo, Péguy, Bloch, Benjamin e Arendt acompanham e inspiram as novas iras, as posições transgressivas, os engajamentos plenos. Eles são como que os fiadores morais e a atestação de uma liberdade possível em tempos muito sombrios, razão mesma para que não se deixe de acreditar no gênero humano e na ação humana.

Uma ética atravessada pelo trágico

Esses anos 1980 são igualmente o momento de reencontro entre uma nova geração consciente de que é preciso se desembaraçar dos pensamentos prontos, que malograram em elucidar o trágico da história, e de algumas grandes figuras do pensamento até então confinadas a uma certa marginalidade.

---

98. PLENEL, [1997] 1999, p. 20.
99. CHANTRE, 1999; ver também idem, 2000, e LINDENBERG, 2000.

Essa situação oferece uma repercussão bastante nova às ideias de Paul Ricœur e de Emmanuel Levinas, na sua capacidade de pensar o século sob sua dimensão trágica. A consagração de ambos, tão recente quanto espetacular, em meados dos anos 1980, deve-se sobretudo ao fato de que um e outro integraram desde cedo a seu pensamento a questão do mal. Ambos renunciam à ideia de um homem que encarna a toda-potência, capaz de fazer tábula rasa do passado, e partilham a mesma preocupação em fazer prevalecer uma dimensão mais horizontal das relações humanas, do ser-juntos.

Essa renúncia corresponde a um movimento profundo e antigo em Ricœur: pode-se identificar raízes pessoais em sua resistência aos temas augustinianos e calvinistas sobre o pecado original, a predestinação e a individualização da culpabilidade.[100] Participando plenamente da família calvinista francesa, Ricœur opõe a essa insistência no pecado a graça que funda uma assimetria original, o "quanto mais" de São Paulo. No entanto, toda uma temática calvinista da falta, da mancha, do pecado e da experiência do mal, relançada pela guerra, assombra Ricœur, que, na verdade, faz dela seu objeto privilegiado de interrogação filosófica. É um confronto, um torneio com ele mesmo no qual se engaja ao problematizar estreitamente os fundamentos da culpabilidade. Ele elabora aquela ontologia da desproporção e da assimetria durante os anos que passa em Estrasburgo, entre 1948 e 1957. Ela dá matéria aos dois volumes complementares de sua tese sobre a *Philosophie de la volonté: L'Homme faillible* [A filosofia da vontade: o homem falível] e *A simbólica do Mal*, que constitui o segundo volume de *Finitude e culpabilidade*, publicados em 1960. Ricœur se dá ali como objeto pensar a tensão própria à condição humana presa entre a vontade finita, "implícita à dialética do agir e do padecer"[101], e o polo da infinitude. Essa desproporção está na raiz da falibilidade humana e de sua vulnerabilidade ao mal. É pois na não coincidência do homem com ele mesmo, nessa tensão entre finito e infinito, que Ricœur procurará uma pré-compreensão do caráter falível do homem. Ele se inscreve em uma

---

100. Ver Dosse, [1997] 2008.
101. Ricœur, 1995, p. 28.

perspectiva kantiana, transcendental, de busca das condições que permitem pensar essa desproporção.

Retomando as três dimensões centrais do agir humano — o ter, o poder e o valer —, ele mostra que a fragilidade se manifesta como conflito no coração mesmo destas. Nos três casos, nessas paixões do sentimento, a aspiração a estar ligado às coisas, aos seres e ao ser se encontra no fundamento de seu elã, enquanto, *a contrario*, o movimento de objetivação divide, opõe esse elã pessoal ao mundo. Resultado: uma falibilidade própria à condição humana. Se o homem é falível, é porque "a *possibilidade* do mal moral está inscrita na constituição do homem".[102] Ricœur retoma a tríade kantiana das categorias de qualidade, realidade, negação e limitação, para com elas formar uma nova, a afirmação originária, a diferença existencial e a mediação humana, que atravessa os três momentos da progressão, que vai do conhecer ao sentir, passando pelo agir. Ali, a finitude não aparece como uma origem, mas como um resultado: "O Homem é a alegria do Sim na tristeza do finito."[103] O homem é, pois, dilaceramento, fissura, não coincidência de si a si; ele é revelado pela esfera do sentimento como conflito originário. Essa situação torna insuperável a condição de falibilidade, ou seja, da possibilidade do mal. No entanto, Ricœur afirma logo de início que "culpabilidade não é sinônimo de falta".[104] A dimensão do mal, da falta é, pois, interna à afirmação das paixões humanas. Sua evacuação é impensável; não se pode nem mesmo atenuar esse contraste imanente sem dele dissipar o sentido. Mas é evidente que, segundo Ricœur, "por mais *radical* que seja o mal, ele não saberia ser tão *originário* quanto a bondade".[105] Os dois polos permanecem em tensão inelutável entre finito e infinito, mas segundo uma disposição dissimétrica. O mal não pode ser compreendido senão confrontado com a liberdade humana em uma relação de reciprocidade.

---

102. Idem, [1960] 1988a, p. 149. Em itálico, no original. [N.T.]
103. Ibidem, p. 156.
104. Idem, [1960] 1988b, p. 255
105. Ibidem, p. 306. Em itálico, no original. [N.T.]

Outra grande figura tutelar requerida para pensar o trágico do século XX é Emmanuel Levinas, ele também introdutor da fenomenologia na França, e cuja obra, assim como a de Ricœur, conheceu inicialmente uma recepção marginal e sofreu uma espécie de prisão domiciliar: filosofia judaica, dizia-se, para limitá-la a um pequeno cenáculo de iniciados, assim como se reduzia o pensamento de Ricœur a uma filosofia protestante. Levinas permaneceu durante bastante tempo confinado aos círculos do pensamento judaico. No pós-guerra, Jean Wahl lhe dá a oportunidade de se fazer conhecer em meios mais amplos, abrindo para ele seu Colégio Filosófico. Mais tarde, Ricœur lhe possibilita deixar Poitiers ao recrutá-lo para o Departamento de Filosofia de Nanterre em 1967, data a partir da qual Levinas começa a ser reconhecido nos meios filosóficos. Ele alcança certo grau de notoriedade no momento em que Jacques Derrida, comentando seus textos, escreve "Violence et métaphysique" [Violência e metafísica] para a *Revue de métaphysique et morale* em 1964, e, sobretudo, quando esse artigo é retomado em 1967 em *A escritura e a diferença*.[106] Entretanto, seu pensamento permanece subterrâneo, e será preciso esperar pelos anos 1980 para que sua obra irrigue amplamente o mundo intelectual. A realização episódica de um colóquio de intelectuais judeus de língua francesa desempenha um papel importante nessa apropriação a partir do início dos anos 1970: o epílogo desses encontros foi constituído pela lição talmúdica dada no domingo à noite pelo próprio Levinas — que observa que não é senão um "talmudista do domingo", como Philippe Ariès é um "historiador do domingo", isto é, um grande especialista do gênero. O trabalho de tradução cultural de Levinas, que chega a dizer em grego, na língua da filosofia crítica, do *logos*, o núcleo da sabedoria bíblica, a mensagem do pensamento judaico, marcará fortemente o meio intelectual francês bem além dos limites confessionais.[107]

---

106. DERRIDA, 1967.

107. Dentre muitas outras, as publicações das atas desses colóquios incluem *Politique et religion* [Política e religião], 1981; *La Bible au present* [A Bíblia no presente], 1982; *Israël, le Judaisme et l'Europe* [Israel, o judaísmo e a Europa], 1984. Ali estão sobretudo os nomes de Henri Atlan, Simone Veil, Alain Finkielkraut, Daniel Sibony, Jean Halpérin, Émile Touati, Stéphane Mosès, Simon Markish, Jacques Ellul, Henri

Em 1984, Jacques Rolland reúne textos dedicados a Levinas[108], enquanto Finkielkraut publica uma obra diretamente inspirada em seu pensamento.[109] Constatando que a mediação inatual de Levinas sobre a responsabilidade em relação ao próximo foi durante muito tempo dada como "fora de moda"[110], ele insiste, ao contrário, sobre a força da injunção de Levinas para que se saia do ensimesmamento, para que sejam superadas as tentações de uma egologia husserliana. Levinas mostra no que o rosto do Outro interpela e engaja o eu a partir de uma exterioridade. Esse rosto não é determinado apenas à vista: sendo "a maneira pela qual o Outro se apresenta, ultrapassando a ideia do Outro em mim, nós, com efeito, o chamamos rosto".[111]

Desde muito cedo, Levinas foi mais seduzido pelas teses de Heidegger do que pelas de Husserl. Participando em 1928 do seminário do mestre de Friburgo, ele assiste com admiração ao famoso debate de Davos entre Heidegger e Cassirer, e se torna o primeiro introdutor de Heidegger na França[112]: "Durante os anos hitleristas, muito me censurei por ter preferido Heidegger em Davos."[113] Em seguida, sua reflexão se orienta rapidamente para uma crítica radical das teses mais relevantes de Heidegger. É como escreve Jean Wahl em 1946: "A meditação de Levinas dirige-se para o ser, mas é, antes, que se diga, contra o ser, pois que ele admite uma superioridade do existente sobre o ser, invertendo assim a hierarquia estabelecida por Heidegger."[114] Em 1955, ele se recusa a comparecer à célebre década consagrada a Heidegger em Cerisy. Em 1968, por ocasião de uma

---

Meschonnic, Freddy Raphaël, Gilles Bernheim, Paul Beauchamp e muitos outros ao lado de Levinas.
108. ROLLAND (org.), 1984, com as contribuições de Jacques Colette, Guy Petitdemange, Jean-Louis Schlegel, Francis Wybrands, Catherine Chalier, David Burron, Marc Faessler, Francesco Paolo Ciglia, Jean Greisch, Jean-Luc Marion, Alain David, Olivier Mongin e Emmanuel Levinas.
109. FINKIELKRAUT, 1984.
110. Ibidem, p. 18.
111. LEVINAS, 1971, p. 21.
112. Idem, 1932.
113. Idem, 1992a, p. 67.
114. WAHL, [1946] 1962, p. 163.

conferência sobre Martin Buber, ele esclarece: "Não é evidentemente em Heidegger que se deve buscar lições de amor pelo homem ou pela justiça social."[115] Em sua obra *Autrement qu'être ou au-delà de l'essence* [Outramente que ser ou mais-além da essência][116], ele logra selar a unidade da Elevação e da Exterioridade, que definem a noção de testemunho. Em sua preocupação em mobilizar a dimensão ética, a ruptura com Heidegger é evidente: "Para Levinas, a ética começa de si sem preparo ontológico."[117] Levinas tem duas maneiras de se descolar das reduções de uma ontologia da consciência autoposicional. Em primeiro lugar, ele lembra a *arché*, o começo que sempre nos precedeu e nos coloca em relação com a Elevação. Em segundo lugar, ele utiliza uma linguagem hiperbólica, aquela do excesso, para expressar a dimensão ética.

Nesses anos 1990, o processo de apropriação do pensamento de Levinas se acelera ainda com a publicação em 1991 de um *Cahier de l'Herne*, organizado por Catherine Chalier e Miguel Abensour, com a publicação da biografia que a ele dedica Marie-Anne Lescourret em 1994[118], e de um importante estudo de Benny Lévy sobre seu pensamento em 1998.[119]

Sua morte no dia de Natal de 1995 motiva um elogio fúnebre de uma emoção e de uma densidade excepcionais, pronunciado em seu funeral por Jacques Derrida. Ele assim começava:

> Há muito, há realmente muito tempo, eu temia ter de dizer adeus a Emmanuel Levinas. Eu sabia que minha voz tremeria no momento de fazê-lo e, sobretudo, de fazê-lo em voz alta, aqui, diante dele, tão perto dele, pronunciando esta palavra de adeus, esta palavra "a-Deus" que, de certo modo, toma emprestada dele, esta palavra que ele me ensinou a pensar e a pronunciar diferentemente[;]

e terminava com os seguintes termos:

---

115. LEVINAS, 1987, p. 32.
116. Idem, 1974.
117. RICŒUR, [1989] 1994, p. 97.
118. LESCOURRET, 1994.
119. LÉVY, 1998.

Mas disse que não desejava apenas lembrar o que ele nos confiou do a-Deus, mas inicialmente lhe dizer adeus, chamá-lo por seu nome, chamar seu nome, seu prenome, tal como ele se chama quando, se não responde mais, é também porque responde em nós, no fundo de nosso coração, em nós mas antes de nós, em nós diante de nós, chamando-nos, lembrando-nos: "a-Deus". Adeus, Emmanuel.[120]

O recurso ao religioso

Com o retraimento de toda esperança de alternativa societal, o político reflui, e o religioso, depois de um longo eclipse, retoma seu lugar no coração da Cidade, nessa terra da laicidade que é a França, que havia reprimido a interrogação religiosa a ponto de considerar que um clérigo devia, por definição, ser agnóstico para não ser acusado de ser cura, pastor ou rabino mascarado. As desilusões suscitadas pela descoberta do totalitarismo, na origem da "nova filosofia", constelação reunida e santificada por Maurice Clavel, contribuíram fortemente para uma relegitimação de um elemento religioso que se acreditava historicamente ultrapassado, sobretudo nos movimentos maoistas em que alguns, ao abandonar Deus pelo Grande Timoneiro, abandonam Mao para reencontrar as vias do divino. A mais espetacular reviravolta é aquela de Benny Lévy, ex-dirigente da Esquerda Proletária, que se converte ao judaísmo. Philippe Nemo segue um percurso similar. Em 1975, ele retoma os quatro discursos tais como foram definidos por Lacan em seu seminário de 1970, deslocando seu sentido para valorizar a posição do discurso do Mestre. Se retoma a terminologia lacaniana, é para sair do lacanismo pelo alto, em uma perspectiva transcendental: "O homem como alma é o contemporâneo da transcendência que o atravessa: ele é filho de Deus."[121] O próprio título de sua obra, *L'Homme structural* [O homem estrutural], atesta a vontade de seu autor de reconciliar um pensamento da estrutura e um pensamento religioso

---

120. DERRIDA, [1995] 1997.
121. NEMO, 1975, p. 234.

que não deveriam mais ser buscados em um alhures, mas no interior do próprio homem estrutural. Guy Lardreau e Christian Jambet, antigos maoistas, esvaziam o real, que não será senão discurso, e, sob a lógica da falta lacaniana, descobrem a Lei escondida de Deus: "Nós reencontramos o desapego cristão: menosprezo de todas as coisas, esquecimento dos pais e horror do próprio mundo."[122]

Nos anos 1980, constata-se uma aceleração do fenômeno de desafiliação, de secularização da sociedade e de desafeição às instituições religiosas. O conjunto das práticas e dos rituais religiosos da maioria católica está em queda livre. O fenômeno é geral e afeta todas as instituições, como mostra o psicanalista Gérard Mendel em *54 millions d'individus sans appartenance* [54 milhões de indivíduos sem pertença].[123] A prática religiosa é particularmente afetada por esse fenômeno. Enquanto 30% dos franceses ainda iam à missa todos os domingos em 1950, eles são apenas 10% em 1994. Todos os índices de vínculo institucional com o catolicismo estão em retração: os batizados, a catequese, a profissão de fé, o casamento religioso. Apenas o funeral religioso parece resistir a essa erosão. Esse fenômeno é acompanhado de uma crise das vocações e, pois, do número de ordenações, que conhece uma baixa de 43% entre 1971 e 1991. Em 1998, uma enquete do INSEE (Instituto Nacional de Estatística e Estudos Econômicos) revela que um francês em cada quatro declara-se sem religião, e a mesma enquete mostra que, considerando todas as faixas de idade, são sobretudo os mais jovens (15 a 25 anos) que não se reconhecem mais em nenhuma família religiosa: 40%.

Paralelamente a esse colapso, um fenômeno de redescoberta da importância social e cultural dos fatos religiosos faz aparecer um paradoxo religioso, preso entre demanda e esquecimento, entre desintegração e disseminação. Essa busca é atestada pelas enquetes conduzidas por Danièle Hervieu-Léger, socióloga do fenômeno religioso, que fala de religião como memória a fim de designar a nova relação entre a sociedade e sua parte

---

122. LARDREAU; JAMBET, 1976a, p. 133.
123. MENDEL, 1983.

religiosa.¹²⁴ Ela revela uma anedota que bem caracteriza essa tensão entre demanda e esquecimento. Ela se dá em uma grande escola parisiense, o Lycée Buffon, nos anos 1980. Danièle Hervieu-Léger ali está como mãe de aluno. Por ocasião do retorno às aulas, o diretor da escola faz com que os novos alunos de segundo ano visitem o estabelecimento, e para com eles diante de um quadro bem conhecido de Mantegna que representa São Sebastião trespassado de flechas. Ele pergunta aos alunos se podem explicar a cena representada; um aluno, pensando conhecer a resposta, diz que a cena deve se situar no Oeste americano, pois o personagem central do quadro parece vítima de um ataque de índios. O diretor, um tanto desconcertado, decide pedir ajuda para Danièle Hervieu-Léger como especialista do domínio religioso, a fim de que ela pense numa solução para o que ele considera uma perda de saber prejudicial e uma ameaça ao próprio patrimônio cultural, que arrisca se tornar indecifrável. Hervieu--Léger propõe que o diretor convide alguns especialistas de sua rede de pesquisadores e organize um ciclo de conferências destinadas a transmitir rudimentos de conhecimentos sobre o cristianismo, o islão, o judaísmo... Para surpresa geral, quando ela espera apenas acolher um pequeno grupo de curiosos, essas conferências atraem uma tal multidão de alunos e de pais de alunos que a maior sala da escola é mobilizada para recebê-los. O sucesso dessas conferências indica uma demanda premente, para a qual Danièle Hervieu-Léger dá continuidade fazendo com que sejam publicadas.¹²⁵

Quando se pensava que a modernidade havia assegurado o triunfo da razão contra a religião, definitivamente relegada ao esquecimento da história, recalcada e condenada à insignificância, Danièle Hervieu-Léger mostra com suas enquetes que, pelo contrário, longe de acabar com a crença, a modernidade a fez proliferar. É certo que a instituição religiosa, dissimulada entre outras na sociedade moderna, não é mais capaz de encarnar por si só o fato social total representado pelo fenômeno do crer. Em contrapartida, o processo de racionalização, de desencanto do mundo e de afirmação da autonomia do indivíduo analisado por Max Weber não

---

124. Hervieu-Léger, 1993.
125. Idem, 1990.

conduz em absoluto ao colapso do crer; o que entra em crise é, antes, a instituição do crer, a regulação institucional das crenças, não o crer, que prospera de modo desregulado, fragmentado. Práticas de bricolagem entre as diversas crenças substituem o dogma em uma busca cada vez mais individual de um sentido espiritual que possa convir à singularidade de cada um, ao meio de agenciamento com frequência ortodoxo a serviço daqueles que Danièle Hervieu-Léger chama os "crentes deambuladores". Segundo uma enquete sobre as crenças religiosas, 25% das populações da América do Norte e da Europa, isto é, os territórios modernos marcados pelo cristianismo, acreditam na reencarnação como retomada possível de sua própria existência, sendo a segunda caracterizada pela tomada dos bons cruzamentos. A busca de sentido não desapareceu em absoluto, ela simplesmente tomou emprestados encaminhamentos mais individuados, o que é atestado pela progressão de duas figuras de crentes apesar da constatada desafeição religiosa: a do peregrino e a do convertido, que procedem de escolhas apartadas da herança simplesmente legada por uma família espiritual de origem.

A demanda por conhecimentos sobre essa Atlântida que é o continente desaparecido do saber religioso tem incidências sobre a definição dos programas escolares. O ministro da Educação Nacional da época, Lionel Jospin, confia ao historiador Philippe Joutard uma missão de enquete a fim de fornecer proposições sobre o ensino religioso na escola, do ensino infantil ao médio. O relatório Joutard, entregue ao ministro em setembro de 1989, especifica quatro finalidades ao reforço do lugar dedicado ao ensino da história do fenômeno religioso na escola pública. Em primeiro lugar, trata-se de fazer recuar a ignorância, que impede que se compreenda o patrimônio cultural francês, que se conceda um lugar importante ao cristianismo latino ocidental e que se refira ao texto bíblico pensado sob diversos ângulos interpretativos com a preocupação de uma contextualização espacial e histórica. Em segundo lugar, importa contribuir com uma melhor inteligibilidade do mundo contemporâneo e, por isso mesmo, atribuir um papel relevante ao islão para melhor compreender certo número de conflitos que se propagam, assim como ao protestantismo, religião dominante da potência americana. Em terceiro lugar, essa reavaliação do saber religioso deve considerar diversas componentes religiosas presentes na França e então dar lugar ao islão como segunda religião praticada no território. Enfim, esse ensino deve se inscrever em uma perspectiva laica global que privilegie a apresentação de uma pluralidade espiritual e que trabalhe na superação do antigo conflito entre as duas Franças, aquela que crê no céu e aquela que não crê. Os programas do ensino médio, levando em conta as prescrições do relatório Joutard, colocarão o foco na luta "contra o analfabetismo religioso", como dirá um dos dois autores dos programas, Dominique Borne.[126]

A virada teológica assumida pela corrente fenomenológica tal como a diagnostica de maneira crítica Dominique Janicaud é significativa de um questionamento ascendente do elemento religioso no domínio do pensamento. Entretanto, Janicaud reserva um tratamento à parte para Ricœur na paisagem fenomenológica francesa: "Ricœur evitou dar o próximo passo. Seus escrúpulos metodológicos o conduziram a multiplicar as precauções hermenêuticas prévias a toda passagem da fenomenologia à teologia."[127] Respeitando literalmente o espírito husserliano, Ricœur chega a se apropriar de um programa fenomenológico que se limita ao aparecer das coisas. A esse respeito, a fenomenologia não pode pretender, na condição de travessia da experiência, ser o todo da filosofia e, menos ainda, englobar seu outro: "Também para isso, Ricœur apresentou uma formulação que nos parece feliz: 'Ela não será a filosofia, mas apenas seu limiar.'"[128] Lendo *Na Escola da Fenomenologia*, Dominique Janicaud admira-se com o rigor metodológico de Ricœur, que permite ao leitor ignorar seu engajamento religioso, sem nada perder do ensinamento filosófico introduzido. Nunca pego desprevenido, Ricœur é, pois, o único dos críticos poupados por Janicaud, que, partindo de uma definição minimalista do programa fenomenológico, ataca aqueles que passam sem mediação para o aparente, opondo-se a suas guinadas na direção da metafísica. Ele passa em revista essa transferência da fenomenologia para o terreno

---

126. BORNE, 2000.
127. JANICAUD, 1991, p. 13.
128. Ibidem, p. 85 (citação de RICŒUR, 1986a, p. 77).

da teologia em Emmanuel Levinas, Jean-Luc Marion, Michel Henry e Jean-Louis Chrétien. O filósofo Jean-Luc Marion, que sucederá Ricœur na Universidade de Chicago, contesta tal crítica sobre sua pertinência, subentendida pela ideia de que a fenomenologia seria a teoria da constituição do objeto, uma forma de idealismo transcendental, enquanto desde Husserl o objeto decisivo da fenomenologia é a descrição dos fenômenos não objetivos: a temporalidade, a carne, a intersubjetividade... Ora, como postula Janicaud, se "teológico" quer dizer "não objetival", toda tradição filosófica cai por terra sob o golpe do que se apresenta como um ato de acusação. Toda interrogação filosófica responde a abstrações, seja ela a dúvida hiperbólica, o *ego cogito* ou o Eu transcendental de Kant. Considerando como não aceitável o argumento de Janicaud, Jean-Luc Marion convida Jean-François Courtine para dedicar uma jornada de seu seminário a essa relação entre fenomenologia e teologia e a publicar dela as atas.[129] A sessão ocorre nos Arquivos Husserl, rua d'Ulm, em 15 de maio de 1992. Trata-se de confrontar a fenomenologia a fenômenos limites como a hermenêutica da religião, e de se perguntar se a fenomenologia da religião é simples ciência ôntica (regional) ou se ela afeta "em sua visada central a própria fenomenologia, pensada em sua função e seu estilo próprio".[130] O filósofo católico Jean-Luc Marion estima que a restrição do programa fenomenológico teria como efeito empobrecer a filosofia, que não se permitiria envolver domínios deixados para uma filosofia selvagem que não diria seu nome. Segundo Marion, pelo contrário, a filosofia deve abarcar questões do desejo, do amor, da morte: quer se trate de metafísica, quer de fenomenologia, ela não pode fazer como se os textos da teologia revelada não fizessem parte do mundo e do horizonte fenomenal.

O lugar cada vez maior conquistado pela questão do elemento religioso no mundo não deixará de se impor como dos mais relevantes e de reconsiderar a relação com o elemento político. Em 1979, a revolução iraniana institui um poder teológico-político com o retorno a Teerã do aiatolá Khomeini. Se, no início, Michel Foucault deixou-se seduzir por

---

129. COURTINE (org.), 1992, com textos de Jean-Louis Chrétien, Michel Henry, Jean-Luc Marion e Paul Ricœur.
130. Ibidem, p. 10.

aquilo que entrevia como uma insurreição popular que ligava às suas aspirações políticas uma dimensão espiritual, foi preciso se desiludir diante de um poder totalitário que instrumentaliza o religioso para controlar toda uma população, acordando um islão que encontrou, nessa derrubada de um regime fortemente apoiado pela potência América, a ocasião de uma revanche histórica contra o Ocidente. Ao mesmo tempo, em Cabul, os islamistas colocam em dificuldade a potência soviética, cujo Exército se afunda em um combate que perderá para os talibãs. Pode-se, pois, a partir desses anos, diagnosticar um "retorno do islão", como o fez Bernard Lewis[131], ao revisitar ironicamente a longa tradição ocidental que se recusou a reconhecer o fato islâmico como fenômeno religioso, e ao lembrar a importância assumida no século XX pela organização dos Irmãos Muçulmanos, constituída no Egito sob a batuta de um professor de religião, Hasan al-Banna. Certos do caráter universal de sua mensagem, os Irmãos Muçulmanos conquistaram um poder crescente e favoreceram o nascimento de toda uma série de pequenos movimentos paralelos, para além do mundo árabe. Esses anos foram marcados por uma progressão espetacular e uma pressão cada vez maior dos movimentos de reafirmação do religioso no mundo islâmico sobre os poderes políticos, a multiplicação dos atentados terroristas em nome do *jihad*, assim como de novas tensões internacionais. Esses movimentos contestam radicalmente a modernidade a partir da qual se compuseram os países muçulmanos e pensam regressar a um islão puro, afastado de todo compromisso com os valores seculares da modernidade. Gilles Kepel sublinha o papel de guia espiritual de um pensador islamista de origem egípcia que esteve em campo de concentração sob o regime de Nasser, Sayyid Qutb. Para este último, não existe mais sociedade que possa ser qualificada de muçulmana: "Todas as sociedades participam da *Jahiliya*, conceito corânico que designa o universo da Arábia do século VII, politeísta e idólatra, contra o qual Maomé combateu para fazer triunfar suas próprias concepções político-religiosas."[132] Nesse registro, esses movimentos conclamam a se

---

131. LEWIS, 1981.
132. KEPEL, 1990, p. 53.

retomar a chama dos combates do Profeta e a impor regras do isláo sobre as ruínas da *Jahiliya*, o que pode assumir, como diz Gilles Kepel, diversas formas, sobretudo as de revoluções islâmicas ou a de assassinatos, como foi o caso para o presidente egípcio Sadat.

Na comunidade judaica, em Israel e na França, assiste-se a um despertar da tradição religiosa. As desilusões sucessivas provenientes do mundo totalitário alimentam um retorno ao religioso. A evolução de Benny Lévy é reveladora: intelectual muito integrado na sociedade francesa, depois de passar pelo maoismo ele acaba por integrar uma *yeshiva*; assim como a da historiadora Annette Wieviorka, militante do Oriente vermelho do presidente Mao que se tornou especialista na memória judaica dos sobreviventes do Holocausto. "A afirmação identitária judaica na França, da qual se nota hoje sobretudo as manifestações religiosas, parece estar se reforçando, e muitos observadores tendem a falar de 'declínio' na direção da 'comunidade'."[133] Uma pesquisa de 1988 realizada por Erik Cohen, sociólogo israelense, revela a relação muito forte existente entre essa afirmação identitária e o laço de solidariedade experimentado com o Estado de Israel. A Guerra dos Seis Dias desempenhou um papel seminal nessa intensificação identitária.

Nos anos 1970 e 1980, assiste-se a uma multiplicação das organizações que difundem a cultura judaica, como o centro Rachi, um grande centro comunitário moderno que foi aberto ao final da Guerra do Yom Kippur. As rádios judaicas, aproveitando a liberalização das ondas, podem difundir em Paris e no interior a partir de 1981, e aparecem novas revistas, como *Combat pour la Diaspora*, *Traces*, *Pardès*, etc. Nessa afirmação identitária, o problema da transmissão da memória do Holocausto para uma comunidade que vê a geração dos sobreviventes abandoná-la assume igualmente um lugar importante. Nessa mutação, nota-se o papel relevante desempenhado por um jovem franco-israelense, então com 27 anos, Shmuel Trigano, judeu de origem argelina. Nascido em Blida, ele se tornou assistente de ciências políticas na Universidade de Jérusalem. Seu *Récit de la disparue. Essai sur l'identité juive* [A história dos desaparecidos.

---

133. COHEN, 1993, p. 101.

Ensaio sobre identidade judaica], publicado pela Gallimard em 1977, revela um vasto movimento de retorno ao texto bíblico, sobretudo junto à comunidade judaica. Ele opera então uma tentativa histórica, filosófica, de repensar o fenômeno judaico em sua especificidade e em sua positividade. Os estudos bíblicos renascem um pouco por toda parte. A fim de acompanhá-los, Shmuel Trigano funda em 1985, com Annie Kriegel, *Pardès*, uma revista europeia de estudos judaicos. Enuncia-se então a questão do que se chamará o dever de memória com a multiplicação das publicações, exposições, filmes que relembram o genocídio, cujo exemplo mais espetacular é o filme monumental de Claude Lanzmann, *Shoah* [Holocausto], que vai para as salas de cinema em 1985 e cujo título dá seu nome ao genocídio. No mesmo momento, os partidos políticos laicos israelenses são contestados por movimentos integristas religiosos como o SHAS, "Sefarditas guardiões da Torá", que assegura sua progressão recrutando os sefarditas decepcionados com o Likud: "Hoje, em Israel, o mundo religioso conhece uma prosperidade sem precedentes na história judaica recente."[134]

Em 1978, a eleição de um papa polonês, João Paulo II, permite à Igreja católica, sobretudo na Polônia, erigir-se como força de resistência espiritual ao totalitarismo, como ela o fez, de maneira decisiva, em face das ditaduras latino-americanas. Na hora em que a ideologia marxista-leninista desaba, as práticas religiosas constrangidas até então pelos interditos logo assumem o lugar. O caso mais surpreendente, evocado por Krzysztof Pomian, é o da Boêmia, na Tchecoslováquia, o mais secularizado país europeu desde o século XVII, onde o catolicismo foi considerado como uma imposição estrangeira. Ali, vê-se progredir um movimento religioso de massa que permite ao clero desempenhar um papel de primeiro plano no nível político. Assiste-se assim, por todos os lados, a "uma relegitimação do que se poderia chamar a cultura da religião".[135] Incontestavelmente, o religioso assume o lugar do político, que não oferece mais perspectiva de futuro. Ele leva a esperança de um futuro melhor para um além e traz

---

134. Dieckhoff, 1990, p. 60.
135. Nora, 1988, p. 159.

uma resposta à crise de historicidade, à perda de confiança no futuro, que intensifica por sua vez a relação com a tradição: "Tornando-se o passado esse tempo que dá o sentido, a religião, passadista por natureza, teve de assumir uma nova importância."[136] Quanto à comunidade protestante, apesar do fato de os reformados formarem uma minoria bem pequena, ela é atravessada por uma onda de entusiasmo de amplitude internacional para as correntes evangelistas.

Esse retorno ao proscênio do religioso não abala entretanto as análises de Marcel Gauchet, que historiciza o desencanto do mundo[137], considerando que o cristianismo enquanto o monoteísmo transcendental liberou a lógica social de sua marca religiosa e assegurou uma saída da religião no Ocidente: "Desse modo, o cristianismo terá sido *a religião da saída da religião*."[138] Contudo, Marcel Gauchet aponta para o paradoxo de uma sociedade cuja ruptura com a religião não contrariou a proliferação do religioso, que permanece sendo um esquema estruturante em outros lugares que aqueles reservados ao culto: "Com efeito, ele é observado em três níveis: ele continua a habitar as operações de pensamento, ele preside à organização do imaginário, ele governa as formas do problema de si."[139]

Esprit passa a considerar a saída do purgatório da referência religiosa. Jean-Louis Schlegel cita a cobertura pela imprensa da viagem do papa João Paulo II à França em outubro de 1986 como exemplo de confirmação de uma nova sensibilidade ao fenômeno religioso na França.[140] No final da década, sempre em *Esprit*, Jean-Claude Eslin, Dominique Bourg e Alex Derczansky estimam que "há quinze anos as religiões tomaram em nossa cultura um lugar cada vez mais amplo, levando-nos a nos interrogar a um tempo sobre sua anterior ocultação e sobre a significação do interesse que novamente a elas é dado".[141] Na sociedade moderna secularizada,

---

136. POMIAN, 1990a, p. 65.
137. GAUCHET, 1985.
138. Ibidem, p. II. Em itálico, no original. [N.T.]
139. Ibidem, p. 293.
140. SCHLEGEL, 1987.
141. ESLIN; BOURG; DERCZANSKY, 1989.

a referência cristã deve se tornar um simples suplemento de alma? — pergunta-se a revista, que ali vê um dos elãs da dimensão do simbólico na sociedade. Ela bem reconhece a necessidade de modificar a articulação entre modernidade e religião e de dar lugar às lógicas dos indivíduos, ao individualismo ambiente, capaz de se acomodar ao novo aumento do interesse pelas religiões. Entretanto, o indivíduo, menos apoiado e menos conduzido pela instituição do que outrora, deve mobilizar um pouco mais de vontade pessoal.

É significativo que revistas muito laicas como *Commentaire* ou *Le Débat* abram suas respectivas colunas para o cardeal Lustiger. Aliás, *Commentaire* reconhece que fazer a abertura de seu número de outono de 1987 com o arcebispo de Paris pode surpreender seus leitores. Lembrando que sua linha não tem nada de confessional, como atestam os quarenta números precedentes, a redação publica uma conferência sobre a Europa proferida em Friburgo, na Suíça, em 5 de maio de 1987 pelo cardeal Jean-Marie Lustiger.[142] No limiar do bicentenário da Revolução Francesa e da comemoração dos valores de liberdade, igualdade e fraternidade, o cardeal Lustiger contesta a filiação geralmente evocada desses grandes princípios, pretensamente saídos das Luzes filosóficas e emancipados do cabresto religioso. Ao contrário, ele os vê como a expressão dos ideais cristãos e conclama a que se reencontre a fonte evangélica de seu conteúdo autêntico, que escapa aos responsáveis pela vida social, política ou econômica, e que se encontra nos ensinamentos de Cristo ou de São Paulo: "Eu gostaria de mostrar que a fraternidade, também ela, essa reivindicação de ordem social e política, não pode ser satisfeita se ela não se referir religiosamente a Deus ou, ao menos, se ela não encontrar algumas testemunhas que assegurem essa referência e que dela sejam os fiadores."[143] Quanto a *Débat*, ela publica uma longa entrevista concedida por Jean-Marie Lustiger em 1982 a um jornal israelense, logo após ter sido nomeado arcebispo de Paris no ano precedente, sem deixar de assinalar: "Nenhum leitor poderá permanecer indiferente à vontade de ir ao fundo das coisas,

---

142. LUSTIGER, 1987a.
143. Ibidem, p. 444.

à autoridade e à probidade com as quais essa questão, dentre todas a mais difícil e dolorosa, é aqui tratada."[144] No final da década, Jean--Marie Lustiger faz novamente a abertura de *Débat* com uma grande entrevista conduzida por François Furet que inicia a era comemorativa da Revolução de 1789.[145]

---

144. Idem, 1982.
145. Idem, 1989.

18

O momento 1989

O fim do comunismo

Por definição, o acontecimento constitui o que não é esperado nem programado, e surpreende por sua novidade. Ele é uma irrupção intempestiva, uma brecha, uma ferida temporal que rasga o fio contínuo do tempo. Quando em 9 de novembro de 1989 cai o muro de Berlim sob as marteladas de uma população que foge do mundo carcerário da República Democrática Alemã — a Alemanha Oriental —, aquilo a que se assiste é mais do que a explosão de alegria da liberdade reencontrada e o reencontro entre as duas partes separadas da antiga capital alemã; é, ainda, mais do que o transbordamento de entusiasmo nascido com a realização de esperanças que se pensavam inacessíveis; é, igualmente, simbolicamente, a derrocada do totalitarismo, "a queda do muro" — que atua como uma sinédoque.

Esse acontecimento-ruptura descortina uma nova era, ao mesmo tempo que encerra uma fase histórica. O que parecia ontem inexpugnável, essa divisão que emerge no coração da Europa nos entornos de 1947 que terá durado mais de quarenta anos, sobrepondo à fronteira entre dois mundos a fronteira dos espíritos, dissolve-se com um um só e único golpe, com uma rapidez e uma facilidade que parecem inacreditáveis. Em um primeiro momento, o acontecimento semeia o desconcerto junto a todos os governantes incrédulos. Claude Lefort evoca o acontecimento libertador em relação ao totalitarismo, a ruptura que desloca as linhas, dando todos os créditos ao chefe de Estado soviético por essa transformação: "É essa imagem do irreversível, impressa no sistema totalitário, que Gorbachev rompeu. É nesse sentido que sua política nos parece nova, porque a petrificação da história sob o poder totalitário se revelou impossível."[1] Esse acontecimento que encerra um século e abre outro constitui o ápice de um processo que se acelerou durante o outono de 1989. Havia alguns anos, o dirigente soviético conduzia uma nova política que conjugava a *perestroika* e a *glasnost*, isto é, uma política de reconstrução econômica e social apoiada na transparência do sistema. O fundador do Solidarność, Lech Wałęsa, prêmio Nobel em 1983, aparece cada vez mais como a encarnação de uma alternativa ao poder comunista. Em abril de 1989, o poder polonês aceita o princípio do pluralismo sindical e político, e o Solidarność, fora da lei desde o golpe de Estado de Jaruzelski em 1981, é novamente autorizado. Em junho de 1989, por ocasião das primeiras eleições livres, a oposição ao regime sai amplamente vitoriosa e os candidatos do Solidarność obtêm 199 cadeiras sobre as duzentas do Senado e o conjunto das cadeiras concedidas ao independentes na Dieta, isto é, 161 cadeiras na Câmara Baixa do Parlamento, enquanto 299 cadeiras são ainda reservadas ao POUP (Partido Operário Unificado Polonês). Em agosto, Tadeusz Mazowieski, membro do Solidarność, forma o primeiro governo não comunista desde o final da guerra, e Wałęsa transforma o experimento fazendo-se eleger presidente da República em 1990.

A pressão acentua-se nas fronteiras entre os países do bloco do Leste. Em fevereiro, a sessão plenária do Comitê Central do PC húngaro, o mais avançado do bloco do Leste em vontade de reformar profundamente o sistema, aceita o princípio do multipartidarismo: em maio de 1989, os húngaros põem fim às cercas de arame farpado que os separavam dos austríacos. A Corte Suprema reabilita o antigo secretário do PC húngaro, líder da revolução de 1956, Imre Nagy. Quanto aos alemães do Leste, eles começam a se infiltrar nessas brechas para fugir do regime, que permanece o mais stalinista do talude soviético, sob a mão de ferro de Erich Honecker. Dezenas de milhares de alemães do Leste passam pela fronteira austro-húngara a bordo de seus Trabant, de seus Lada ou em ônibus ou

---

1. LEFORT, [1990] 2007, p. 661.

trens fretados por organizações caritativas. Em maio de 1989, na Tchecoslováquia, o escritor Václav Havel pode sair da prisão.

No decurso dos meses de outubro e novembro, a contestação na RDA cresce. Erich Honecker é destituído e substituído na liderança do PC e do Estado por Egon Krenz; esse subterfúgio não convence ninguém e a mobilização aumenta: trezentos mil manifestantes em Leipzig em 23 de outubro, e quinhentos mil em 30 de outubro. Em 4 de novembro, em Berlim, é uma multidão de um milhão de pessoas reunidas que exige a renúncia do governo, que acontece em 6 de novembro. Toda essa efervescência contestatária contra um regime infame resulta em um ato de bravura dos primeiros jovens que, sob os olhos das câmeras de televisão do mundo inteiro, desafiam os VoPos, encarregados em Berlim Oriental de atirar naqueles que não respeitam a interdição de passar para o Oeste. A polícia tenta intimidar os audaciosos com canhões de água, mas ela não faz senão colocar contra si o escárnio da multidão e a determinação redobrada de ultrapassar o muro. Atrás desses corajosos segue uma coorte de berlinenses do Leste que atacam o muro com golpes de cinzel e de martelo. Uma vez o muro posto abaixo, a multidão de alemães do Leste invade Berlim Ocidental, não menos do que doze milhões em quatro dias! A RDA desaparece sem transição nas lixeiras da história, e o chanceler da RFA, Helmut Kohl, apresenta ao Bundestag um plano em dez pontos para a reunificação da Alemanha a partir do final do mês de novembro.

A queda do muro reabre o campo das possibilidades e coloca um ponto-final à experiência histórica desastrosa do comunismo na Europa e alhures. Estupefatos, os intelectuais franceses, que denunciaram com determinação o totalitarismo, não podem senão se alegrar com aquilo a que assistem com surpresa e com entusiasmo. O editorial de *Esprit* de 20 de novembro de 1989 exprime a alegria de toda a redação:

> O acontecimento permaneceu nosso mestre: a força revolucionária de 1789, a "razão na história", como diria Hegel, realizou-se em 1989, no Leste. Em nome da liberdade — e da igualdade! —, os povos oprimidos havia décadas derrubaram o edifício podre e corrompido das sociedades

comunistas batizadas "democracias populares". Nós não pechincharemos nossa alegria.²

Desde o verão de 1989, *Esprit* já havia diagnosticado a derrocada do sistema comunista confrontado com a aspiração democrática dos países do Leste. Entretanto, a equipe de redação reconhece seu espanto, pois que essa linha de clivagem estruturou a vida intelectual na França desde o final do pós-guerra: "La fin du communisme nous prend au déporvu" [O fim do comunismo nos pegou desprevenidos].³ Na primavera de 1990, *Le Débat* dedica um dossiê ao "*l'après-communisme: une troisième voie?*" [pós-comunismo: uma terceira via?].⁴ Especialistas interrogaram-se sobre a possibilidade de uma via mediana entre o todo-Estado do totalitarismo e o capitalismo clássico, sabendo que a questão da transição de um tipo de sociedade para outro seria rapidamente enunciada. Na prática, o desejo de romper radicalmente com tantos anos de jugo totalitário é de tal modo potente que, uma vez o muro caído, esquece-se da fase de transição em prol de uma simples adesão aos princípios e aos valores do mundo ocidental, para grande satisfação do chanceler alemão Helmut Kohl, que logo propõe uma reunificação da RDA e da RFA. Menos de um ano mais tarde, em 3 de outubro de 1990, a reunificação é realizada e o território da RDA é simplesmente absorvido pela antiga RFA. Dois anos depois da queda do muro, é a URSS que deixa de existir. Essas revoluções ocorrem pacificamente, sem confrontos sangrentos. Se é possível discernir as causas de uma tal ruptura histórica, estas não põem fim à irrupção de uma novidade que não apenas transborda suas condições de possibilidade, mas igualmente modifica a inteligibilidade que se pode ter do passado. Com efeito, o acontecimento "queda do muro" modifica a memória ao colorir o passado de modo diferente, e 1989 ganha espaço ao final de uma série de pré-acontecimentos: "Pode-se selecionar sete 'pré-acontecimentos' que anunciam o Acontecimento [...]: a crise petrolífera (1973-1974), a assinatura

---

2. *Esprit*, dezembro de 1989, p. 3.
3. *Esprit*, julho-agosto de 1989, p. 3.
4. *Le Débat*, n. 59, março-abril de 1990.

dos acordos de Helsinque (1975), a revolução iraniana (1979), a revolução neoliberal (1979), o Solidarność (1980), a invasão do Afeganistão (1980), a chegada de Gorbachev ao poder (1985)."[5] Como sublinha Olivier Mongin, essas linhas de fratura reenviam a dois fenômenos heterogêneos: a ruptura culturalista perceptível a partir da revolução iraniana de 1979 e a ruptura da globalização com a centralidade dada aos fenômenos de ordem econômica.

Ainda em 1989, outro grande país totalitário, a China, torna-se objeto de uma contestação crescente: inicialmente, a Primavera de Pequim é o fato de trezentos mil estudantes que desfilam nas ruas da capital até a praça Tiananmen, que ocupam em maio de 1989. Três mil entre eles iniciam uma greve de fome para obrigar o poder a ouvir suas reivindicações. Os estudantes recebem o apoio de centenas de milhares de habitantes de Pequim: operários, funcionários públicos, engenheiros, médicos, jornalistas, chefes de empresa vêm temporariamente juntar-se a eles para apoiar sua exigência de liberdade e de democracia. Em 19 de maio, o poder reage decretando a lei marcial em Pequim, e o primeiro-ministro, Li Peng, convoca o Exército na expectativa de intimidar esse movimento de massa que cresce e ocupa o centro da capital sob os olhares inquietos das mídias do mundo inteiro. Esse recurso à força endurece ainda mais a determinação e a influência dos estudantes, aos quais se junta uma população que se coloca como uma barreira de proteção entre os tanques e o núcleo mais determinado da contestação. A situação é ainda muito incerta e tensa até que, na noite de 3 para 4 de junho de 1990, ordem é dada ao Exército para tomar a praça Tiananmen, o que ele faz ao preço de milhares de vidas sem defesa ante os tanques que avançam sobre uma multidão desarmada, ceifada por metralhadoras pesadas. Uma onda de prisões e de execuções sumárias se segue, tendo como pano de fundo apelos a denúncias e rumores de ingerência estrangeira. Em 9 de junho, Deng Xiaoping felicita o Exército por ter restabelecido a ordem "proletária".

Se o fim do comunismo encontra aí seus limites, esse retorno à ordem do partido tem um preço: a fotografia de um homem só enfrentando os

---

5. Laïdi (Org.), 1997, pp. 26-27.

tanques dá a volta ao mundo, evidenciando para todos a natureza criminosa desse regime. Ele massacra uma multidão pacífica que paga um preço alto por esses 49 dias vividos em uma atmosfera de quermesse e de livre debate. Se a ordem é restabelecida, "a calma que reina em Pequim é aquela dos cemitérios".[6]

Dessa vez, acabou-se definitivamente essa impostura maoista que suscitara tanto entusiasmo nos anos 1960 junto a muitos intelectuais franceses. Não é mais possível se dizer tributário de um imaginário social inspirado pela sociedade chinesa, mesmo que o poder logre assegurar um ritmo excepcional de crescimento ao conjugar regime totalitário e capitalismo selvagem.

Simon Leys, embora só em 1971 por ocasião da publicação de *Habits neufs du président Mao* [Roupas novas do presidente Mao], vê dessa vez seu texto polêmico alcançar um amplo público graças a sua republicação em brochura em 1989, com um novo prefácio: "Vingt ans après. De la Révolution culturelle aux massacres de Pékin" [Vinte anos depois. Da Revolução Cultural aos massacres de Pequim]. Mais uma vez, ele denuncia um roteiro que se tornou costumeiro na China: "Sua máquina sangrenta contenta-se em esmagar sempre mais brutalmente uma população que tem cada vez mais sede de liberdade."[7] Simon Leys chega mesmo a se surpreender com a surpresa dos ocidentais, que ele julga significativa não de uma mudança de natureza do poder chinês, mas da inflexão do olhar que o Ocidente dedica à China. Dessa vez, o poder não pôde, como se diz na China, "bater no cachorro atrás da porta fechada": "pela primeira vez, a porta do açougue permaneceu totalmente aberta (talvez seja isso o que se chama 'a política da abertura')."[8] Se até então as centenas de milhares de vítimas da Revolução Cultural não haviam chegado ao conhecimento da opinião pública internacional senão graças a poucos testemunhos de sobreviventes e de exilados, as mídias dão, ao vivo, uma ressonância

---

6. BÉJA, 1989, p. 6.
7. LEYS, [1971] 1989, p. 5.
8. Ibidem, p. 10.

planetária ao massacre, que perturba milhões de telespectadores e modifica consideravelmente a representação desse regime.

Incontestavelmente, a abolição definitiva de toda esperança comunista assegura o fim de uma utopia que animou, para defendê-la ou combatê--la, os engajamentos dessa segunda metade do século: "1989 fecha uma época: o século XX ideológico, político e militar. Daquele que começou, discerne-se mal as linhas de força."[9] Após muitas escansões e rupturas ao longo do segundo século XX, a crise de historicidade aparece dessa vez evidente. O futuro torna-se totalmente opaco e o horizonte de expectativa se esvai para deixar lugar a um presentismo condenado a reciclar o passado revisitado com nostalgia. O historiador Reinhart Koselleck já havia observado uma conversão do regime de historicidade ao longo do século XVIII que instituía uma nova relação entre passado/presente e futuro. Até então, o futuro era pensado como reprodução do espaço de experiência, simples respeito e transmissão da tradição para as próximas gerações. Com a modernidade, o Ocidente pensa-se a partir de uma distância em relação a seu passado, em uma espera do novo, levado pela ideia de um progresso da racionalidade e do desenvolvimento das forças produtivas em ruptura com a tradição. O presente volta-se então para o futuro, seja ele escatológico ou utópico, em um imaginário social-histórico que projeta o tempo da modernidade na direção de um horizonte de expectativa. Esse regime moderno de historicidade, ainda bastante pregnante durante toda a segunda metade do século XX, sofre entretanto com os reveses que fazem retroceder a ideia de um futuro sobre o espaço de experiência de um presente estagnado. A ruptura 1989 dá um golpe fatal nessa dialética temporal. Com ela, desaparece o horizonte em benefício de um presentismo e de uma opacificação total do futuro, em virtude da ausência de um projeto societal. Ambivalente, o momento 1989 simboliza a um só tempo a liberação dos povos de um regime de sujeição e a derrocada de todo projeto alternativo ao capitalismo. A fusão do horizonte com o espaço de experiência traz a perda de uma dimensão de projeção essencial ao homem:

---

9. POMIAN, 2000b, p. 29.

Imaginar o não lugar é manter aberto o campo do possível. Ou, para conservar a terminologia que adotamos em nossa meditação sobre o sentido da história, a utopia é aquilo que impede o horizonte de expectativa de fusionar com o campo da experiência. É o que mantém a distância entre a esperança e a tradição.[10]

Para preservar a utopia de um funesto destino, compete às sociedades preservar essa distância fazendo prevalecer a *phronesis*, a *prudentia*, na elaboração de um projeto coletivo que sirva de moldura à figuração de uma sociedade outra:

> De um lado, é preciso resistir à sedução de esperas puramente *utópicas*; elas não fazem senão desesperar a ação [...]. Sim, é preciso impedir que o horizonte de expectativa se esvaia; é preciso aproximá-lo do presente graças a um escalonamento de projetos intermediários passíveis de ação [...]. Por outro lado, é preciso resistir ao estreitamento do espaço de experiência. Para isso, é preciso lutar contra a tendência a não considerar o passado senão sob o ângulo do acabado, do imutável, do encerrado.[11]

Olivier Mongin, diretor de *Esprit*, considera em toda a sua dimensão o acontecimento-ruptura da queda do muro, que apaga as "marcas" habituais e anima comportamentos desconhecidos, pouco comuns, pois não há pontos de apoio usuais; ele insiste sobre seus limites: "A força simbólica desse grande momento de ilusão lírica foi deixar acreditar, durante o tempo de um breve parêntese, que se caminhava na direção de uma vitória universal da democracia."[12] Esse acontecimento intervém na encruzilhada de dois ciclos: um ciclo curto ligado ao processo de modernização da França tal qual aparece a partir de 1945, e o ciclo longo do devir da democracia. É inegável que há um efeito contundente do acontecimento ao chegar ao conhecimento de todos pelas mídias: "No momento de Berlim, estávamos

---

10. Ricœur, 1986b, pp. 390-391.
11. Idem, [1985] 1991, pp. 389-390. Em itálico, no original. [N.T.]
12. Mongin, 1998, p. 11.

fascinados, o olho pregado na tela, tragados pelas imagens de uma liberdade reencontrada."[13] Isso foi incontestavelmente um momento de intensa emoção, sobretudo para aqueles que, de Oeste a Leste, havia anos lutavam contra o totalitarismo. É igualmente momento de inovação radical, de criação em ato da história em curso, de poesia transposta para o terreno do acontecimento. Ao mesmo tempo, à distância do acontecimento, constata-se que essa ilusão lírica, esse momento de alegria e de emoção partilhadas rapidamente se dissipou para dar lugar não a um mundo pacificado, mas à multiplicação dos conflitos identitários e à construção de novos muros.

No momento em que se pensava que a democracia havia definitivamente vencido o totalitarismo e que 1989 trazia augúrios de um amplo movimento de universalização do modelo democrático, muito rapidamente se verificou que, ao contrário, essa ruptura torna evidente um "divórcio entre a democracia política e o desenvolvimento econômico".[14] A democracia não aparece verdadeiramente como uma condição do crescimento econômico e da integração ante os processos de globalização. Na França, onde o elemento político desempenha um papel relevante e onde o debate de ideias ocupa um lugar excepcional desde 1945, essa dupla importância concedida ao identitário e ao todo-econômico é apreendida com uma particular intensidade. Desde 1990, o mundo se engaja em outra guerra, a do Golfo, em linhas de clivagem que não são mais tributárias da guerra fria. Todos os referenciais sobre os quais se construíra a ordem mundial desde 1945 foram modificados, e com eles entra em colapso a dimensão messiânica que animava a esperança dos intelectuais, inicialmente comunistas, mais amplamente de esquerda, e mesmo bem além. É significativo que um filósofo tão afastado da URSS como Emmanuel Levinas possa escrever: "Hoje, vimos desaparecer o horizonte que aparecia atrás do comunismo, de uma esperança, de uma promessa de libertação. O tempo prometia alguma coisa. Com a derrocada do sistema soviético, a perturbação atinge

---

13. Ibidem, p. 30.
14. Ibidem, pp. 80-81.

as mais profundas categorias da consciência europeia."[15] A partir desse abalo incontestável, pode-se falar de "fim da história"?

Fome de história?[16]

Nesse ano de 1989, o sentimento de fim de um momento histórico inspira a Francis Fukuyama um artigo que enuncia uma tese radical, e que foi redigido após uma conferência pronunciada no Olin Center, da Universidade de Chicago, e publicado em seguida pela revista *The National Interest* em seu número do verão de 1989. Esse artigo, que aparece no mesmo ano da queda do muro, retomado pela revista *Commentaire* em sua edição de outono de 1989 sob o título "La fin de l'histoire?" [O fim da história?][17], torna-se rapidamente objeto de um debate internacional. Fukuyama é professor de economia política na Universidade Johns Hopkins, em Baltimore. Ligado a Paul Wolfowitz, com quem trabalhou no Departamento de Estado junto a especialistas do complexo militar-industrial americano, ele vê na derrocada do mundo sovietizado do Leste a vitória final de um dos dois campos opostos durante a guerra fria: os Estados Unidos, modelo de sociedade liberal e democrática que encarna por si só o imaginário social-histórico de todas as nações que aspiram ao bem-estar econômico e político. Esse artigo soa como um longo comunicado de vitória:

> É possível que aquilo a que assistimos não seja apenas o fim da guerra fria ou de uma fase particular do pós-guerra, mas o fim da história enquanto tal: o ponto-final da evolução ideológica da humanidade e

---

15. LEVINAS, 1992b.
16. "*Faim d'histoire?*", no original. "*Faim*" e "*fin*", em francês, são termos homófonos que jogam, em efeito quase especular, com a expressão que encerra o parágrafo anterior, "*fin de l'histoire*" — "fim da história". Em português, essa homofonia não existe. [N.T.]
17. FUKUYAMA, 1989. Esse artigo será rapidamente desenvolvido e transformado em livro (Idem, [1992] 2008).

da universalização da democracia liberal ocidental como forma final de governo humano.[18]

Fukuyama reconhece que esse tema do fim da história não é propriamente novo. Se ele o era como diagnóstico, ele já se encontrava no centro das filosofias hegeliana e marxista, com a ideia de uma superação dialética contínua no processo histórico que assegurava progressivamente o triunfo da racionalidade e da transparência. Ele apoia sua tese essencialmente sobre o ensinamento de Alexandre Kojève, discípulo de Hegel e admirador de Stálin, que deu aulas em Paris e que foi fortemente influenciado pelo mundo intelectual francês. Kojève ressuscitou a passagem de *A fenomenologia do espírito* em que Hegel declara que toda a história está contida em Iena em 1806, sobre os ombros de Napoleão, a encarnação do ideal revolucionário de 1789 de um Estado que concretizasse os princípios de liberdade e de igualdade. À época, Hegel, professor na Universidade de Iena, assiste fascinado, não longe dele, à passagem do imperador sobre seu cavalo, no momento em que a batalha contra a Prússia se faz virulenta: "Eu vi o imperador — essa alma do mundo — sair da cidade para dela fazer seu reconhecimento; é efetivamente uma sensação maravilhosa ver um semelhante indivíduo que, concentrado em um ponto, montado em um cavalo, expande-se pelo mundo e o domina."[19]

À semelhança do jovem Hegel que reflete sobre a significação da batalha de Iena, Fukuyama vê na derrocada do comunismo a universalização dessa racionalidade em obra na história. Os fatores materiais foram longamente evocados para explicar a história, quando é a força da ideia que predomina e se realiza na concretude histórica. Contudo, essa vitória da sociedade liberal pode ter um gosto amargo, concorda Fukuyama, pois esse fim do conflito frontal, com vocação universal que caracteriza o fim da história, arrisca-se fortemente a provocar o nascimento de um mundo onde reine o tédio: "Não haveria senão a conservação perpétua do museu

---

18. Idem, 1989, p. 458.
19. Hegel, carta a Niethammer, 13 de outubro de 1806, em *Hegel. Correspondance* [Hegel. Correspondência], tradução de J. Carrère, Gallimard, col. "Tel", 1990, tomo 1, pp. 114-115.

da história da humanidade. Eu mesmo experimento, e vejo em torno de mim outros experimentarem, uma nostalgia potente da época em que a história existia."[20]

Na obra que publica pouco depois desse artigo, Fukuyama desenvolve sua tese e responde às múltiplas objeções que lhe foram feitas. Ele resolve sem dificuldades o mal-entendido tramado por muitos daqueles que o contradisseram: fim da história não significa que não haverá mais acontecimentos nem conflitos depois de 1989. Em contrapartida, confirma que não existe ideologia alternativa àquela do livre mercado, que triunfa por todos os lados. Voltando a Hegel, ele afirma que o elã da história não se apoia, longe disso, sobre a satisfação dos interesses econômicos, mas sobre a luta pelo reconhecimento. É mesmo nesse desejo de ser reconhecido em sua singularidade e em sua dignidade de ser humano que a humanidade se definiria em relação à animalidade. A condição de possibilidade de reconhecimento de outrem passa pela aceitação platônica do *thumos*, da estima de si. É nesse sentido que Hegel viu na Revolução Francesa a superação da dialética do mestre e do escravo, instaurando uma cidadania que reconhece em cada um uma igual dignidade. Transposta para o plano do choque dos nacionalismos, esse esquema do reconhecimento conduz Kojève a considerar que o Estado está em vias de concluir sua construção como "Estado universal e homogêneo", o que significa que, "para nós, a democracia liberal resolveu definitivamente a questão do reconhecimento ao substituir a relação do mestre e do escravo pelo reconhecimento universal e igual".[21] Entretanto, Fukuyama conclui seu livro moderando o otimismo de Hegel. Retomando à sua maneira as *Considerações extemporâneas* de Nietzsche sobre o último homem, ele interpreta o sucesso da democracia moderna não pela emancipação dos antigos escravos, mas pela vitória da mentalidade servil. Na mesma ordem de pensamento, Fukuyama se pergunta se uma parte da humanidade, insatisfeita com o advento da paz perpétua, não buscaria pelo contrário a audácia, a luta, o perigo.

---

20. Fukuyama, 1989, p. 469.
21. Idem, [1992] 2008, p. 22.

Commentaire, que publica o artigo de Fukuyama em sua edição do outono de 1989, saúda "o fim da história" como um verdadeiro acontecimento intelectual e fonte de um grande debate que a revista irá orquestrar. Os colaboradores dessa revista liberal congratulam-se com essa tese, que corrobora sua convicção de que a batalha ideológica está definitivamente ganha, e abrem suas colunas para intelectuais estrangeiros.[22] Apesar de tudo, Pierre Hassner pergunta-se se não convém se mostrar prudente e considerar que se trata mais de um fim de ciclo e menos do fim da história. Se ele julga que a tese de Fukuyama é mais acertada do que equivocada, descreve o intelectual americano com distância, lamentando que ele trilhe "um caminho a golpes de machado através do dédalo das complexidades políticas e filosóficas para afirmar uma tese vergonhosamente provocadora".[23] Por sua vez, Jean-François Revel exprime entusiasmo: "Estou completamente de acordo com o fundamento da tese de Francis Fukuyama."[24] Ele enuncia uma única reserva, observando que a vitória do liberalismo proclamada por Fukuyama é sobretudo tributária da vitória moral e virtual e não das realidades concretas, pois que as lentidões e as regressões em geral se impõem: "Faça-se mentalmente uma rápida volta ao mundo; perceber-se-á que, com muita frequência, a razão prática dá as costas à razão pura."[25] Alain-Gérard Slama adere igualmente à tese de Fukuyama, estimando que a vitória do liberalismo nos cérebros é evidente, mesmo que não o seja sobre o terreno. Sublinhando seu mérito de ter relembrado o primado da Ideia na inteligibilidade do processo histórico, Slama censura porém o analista americano por desconsiderar a complexificação do mundo moderno, por se apoiar em esquemas binários e por passar ao lado da evolução dos movimentos de opinião e das mentalidades em direção a modos de expressão cada vez mais inapreensíveis. Além disso, ele desconhece "o papel

---

22. O artigo de Fukuyama é comentado por Allan Bloom, Pierre Hassner, Alain Besançon, Gertrude Himmelfarb, Irving Kristol, Stephen Sestanovitch, Robert W. Tucker, Leon Wieseltier, Jean-François Revel, Stanley Hoffmann, Harvey C. Mansfield Jr., Alain-Gérard Slama, Samuel P. Huntington, Julien Cheverny, Anthony Hartley, Philippe Raynaud, Philippe Salin, em *Commentaire*, números 47, 48 e 49, 1989-1990.
23. HASSNER, 1989, p. 473.
24. REVEL, 1989-1990, p. 669.
25. Ibidem, p. 671.

capital das técnicas, que sugere a ideia de uma *aceleração* da história, mais do que seu *fim*".²⁶

A essas reservas acrescentam-se outras, mais fundamentais, que dizem respeito a um ângulo morto da análise de Fukuyama: a dimensão culturalista e os processos de reterritorialização identitária. Philippe Raynaud lembra a força crescente de certo número de movimentos fundamentalistas: "Aquilo de que se deve tomar consciência hoje é o fim de toda contestação consciente do 'sistema' contemporâneo. Ora, é aí, parece-me, que a proposição de Fukuyama perde um pouco de sua força, quando ele constata, por exemplo, a aptidão do islão 'integrista' a se apresentar como uma alternativa global à ordem moderna."²⁷ No mesmo espírito, menos otimista, aquele que tematizará mais tarde a guerra entre as civilizações, o choque das culturas, Samuel Huntington considera que, longe de pacificar as relações internacionais, o fim da guerra fria tem toda a chance de acordar os conflitos entre nacionalidades. Ela chega mesmo a instalar "uma instabilidade, uma imprevisibilidade e uma violência crescentes nos assuntos internacionais. É possível que ela signifique o fim da longa paz".²⁸

Se *Commentaire* retransmite as teses de Fukuyama com fervor, esse não é o caso de outras revistas, que não levam efetivamente a sério essa declaração peremptória. Olivier Mongin e Gérard Araud, em *Esprit*, não dão a essa tese senão um breve comentário em sua seção "Controverse" [Controvérsia], surpreendendo-se com tal anúncio e julgando que se trata "menos do fim da história do que de um enfraquecimento da história americana [...]. O fim da história é um assunto bastante americano."²⁹ Eles lembram que a construção histórica dos Estados Unidos é fundada na negação de um passado europeu marcado pelos conflitos, pelas perseguições, pelas crises e pela miséria.

Le Débat não dedica igualmente muita importância à tese de Fukuyama; e quando o faz é para se surpreender, como Krzysztof Pomian em maio

---

26. SLAMA, 1990, p. 79. Em itálico, no original. [N.T.]
27. RAYNAUD, 1989-1990.
28. HUNTINGTON, 1990, p. 66.
29. ARAUD; MONGIN, 1989, p. 143.

de 1990, com sua repercussão: "A ressurreição recente da ideia do fim da história, e a repercussão que acaba de provocar nas mídias, é o acontecimento *a priori* mais improvável de nossa vida político-intelectual."[30] Ele lembra que essa ideia disparatada já havia sido abandonada por Hegel no final de sua vida; com efeito, era dificilmente defensável que o Estado prussiano em construção pudesse encarnar a história universal. Quanto ao historiador Jean-Noël Jeanneney, ele dá conta de seu ceticismo diante dessa tese muitas vezes proclamada no passado.[31]

Adeus 1989, ou a Revolução de luto

Situação paradoxal: no mesmo momento em que o horizonte revolucionário se apaga, a França prepara-se para festejar o bicentenário da Revolução Francesa. Concordância ou discordância dos tempos? 1989 encontra-se com 1789: nesse presente pós-moderno e pós-Gulag, que olhar lançar sobre uma revolução fortemente marcada por sua posteridade bolchevique e o peso do destino funesto da Revolução de Outubro de 1917? Desde 1983, Mona Ozouf, historiadora especialista no período, coloca-se abertamente a questão — "Pode-se comemorar a Revolução Francesa?"[32] —, expressando o mal-estar que experimenta com a ideia de que se celebre um acontecimento de ruptura, que divide, enquanto a comemoração deveria reenviar a um consenso, a uma memória pacífica, a uma reconciliação. Como celebrar a própria ideia de revolução agora que não se pode ignorar a trágica fortuna conhecida por sua filiação: "No desastre das experiências comunistas, a palavra 'revolução' tem perdido todo o crédito intelectual que durante muito tempo lhe foi concedido em razão de sua fisionomia. Dito brevemente, nós não temos mais muito ânimo para celebrar a Revolução Francesa como uma aquisição e temos

---

30. POMIAN, 1990b, p. 258.
31. JEANNENEY, 2001.
32. OZOUF, 1983.

ainda muito menos vontade de celebrá-la como uma promessa."³³ Posto que haverá inelutavelmente comemoração, Mona Ozouf deseja que não sejam sacrificadas algumas interrogações desconcertantes em nome de uma relação de devoção para com a herança revolucionária.

Desde 1978, François Furet tomou suas distâncias, afirmando que 1789 abre um período de deriva da história.³⁴ Enquanto a defesa da ideia revolucionária torna-se cada vez mais marginal, a celebração da Revolução Francesa é preparada em um contexto de entusiasmo sem precedentes pelas comemorações, mas, dessa vez, a partir de um conteúdo que se tornou problemático. É caminhando para trás que o país se prepara para essa festa programada: a situação interior não se presta em absoluto ao júbilo popular. As festividades dessa revisitação da Revolução se dão no clima tenso da coabitação entre um presidente socialista, François Mitterrand, e um primeiro-ministro de direita, Jacques Chirac, com este último opondo-se ao grande projeto do presidente de organizar em Paris uma Exposição Universal. Para fazer contrapeso, ele apoia ativamente uma comemoração alternativa, aquela da chegada ao poder de Hugo Capeto em 987, que ele pensa celebrar com fausto. O milênio capetiano de 1987 tem por vocação desviar a atenção do bicentenário por vir de 1789. O historiador Laurent Theis constata com surpresa que os preparativos do acontecimento comemorativo, que não concernia até então senão a um pequeno cenáculo de medievalistas, ganham outra dimensão: "Até a primavera de 1986, parece que a comemoração do advento de Hugo Capeto teve de ser confinada em um círculo estreito."³⁵ Assiste-se então a uma aceleração do processo e das iniciativas de grande alcance. O evento se dá em Amiens, e setenta manifestações na Picardia recebem a marca do comitê de pilotagem do milênio. Até mesmo o chefe de Estado socialista deve se submeter aos imperativos desse grandioso milênio, assistindo em 3 de abril de 1987 a uma missa seguida de um espetáculo de som e luz na catedral de Amiens, ao lado do conde de Paris. Simbolicamente, com

---

33. Ibidem, p. 170.
34. Furet, 1978.
35. Theis, 1994, p. 99.

esse ato comemorativo, a República parece ter logrado sua reconciliação com o passado monarquista da França, para grande alegria daqueles que pensam nuançar o alcance da ruptura revolucionária de 1789 e asseguram que a França tem doravante mil anos, juntando-se ao general De Gaulle e sua famosa profissão de fé de suas *Memórias de guerra*: "A França vem da profundeza das idades."

No mesmo momento, a preparação do bicentenário conhece diversos percalços. Os dois primeiros responsáveis pela comemoração falecem. Michel Baroin, nomeado presidente da missão do bicentenário em 1986, morre em um acidente de avião na África em 1987; Edgar Faure, que lhe sucede, morre em 1988. Enquanto uma maldição parecia pesar sobre o dossiê da comemoração, o sucesso da esquerda em 1988 traz bonança e restabelece o equilíbrio entre o Executivo e o Legislativo. Jean-Noël Jeanneney é nomeado como o novo presidente da missão. No plano universitário, a historiografia da Revolução Francesa está então nas mãos dos historiadores do PCF ou daqueles próximos desse partido. É um comunista, aberto, inovador e afável, Michel Vovelle, que dirige o Instituto de História da Revolução Francesa na Sorbonne. Entretanto, ele tem o sentimento em 1987 de ser "assediado" e dirá mais tarde: "Estamos em 1815"[36], isto é, na época da Restauração.

Seja como for, será que se caminha para um processo da Revolução? O ceticismo e a ironia prevalecem, e espera-se pelo pior. Será "Disneyland-sur-Seine", previne Jean d'Ormesson, e a emissora de televisão TF1 o demonstra confiando a Yves Mourousi uma encenação grotesca do processo do rei difundida em 12 de dezembro de 1988, com Jean-Edern Hallier no papel do acusador público Fouquier-Tinville; o advogado Jacques Vergès naquele do defensor de Luís XVI, e Léon Zitrone, abandonando seus comentários *hippies*, para presidir essa farsa, durante a qual Jean-Edern Hallier exclama: "Capeto, tu perdes a cabeça!" No *Figaro Magazine*, Louis Pauwels felicita-se pelo sucesso da tradição hostil à Revolução Francesa que, na linhagem de Pierre Gaxotte, rejeita totalmente a herança de 1789: "Para acabar com a Revolução Francesa, simplesmente", escreve ele em

---

36. VOVELLE, 1991, p. 10.

seu editorial.[37] Toda uma historiografia contrarrevolucionária ressurge dos escombros onde fora enterrada pelas soluções de compromisso da corrente maurrasiana com o ocupante durante a guerra. Os temas de um regime de terror nascido de 1789 ou de um genocídio programado na Vendeia voltam à tona, como atesta um certo número de publicações.[38] O historiador Pierre Chaunu, sem ser efetivamente hostil a 1789, o é muito mais ao terror revolucionário: ele cospe no chão todas as vezes que passa diante do Lycée Carnot e se faz o arauto do combate contra a comemoração do bicentenário, cuja organização pelo alto o faz reagir de maneira epidérmica: "Eu detesto a comemoração de Estado. Tenho a reação de Diógenes: 'Afasta-te de meu sol.'"[39] Nessa corrente crítica da comemoração, a Revolução é descrita como uma máquina infernal: "Esse esquema é encontrado em Frédéric Bluche. Este não descreve apenas, em *Septembre 1792* [Setembro 1792][40], as lógicas de um massacre, mas a concretização de uma lógica revolucionária."[41]

Muito marcadas politicamente, essas teses afetam a corrente dominante no momento do bicentenário, aquela dos historiadores engajados à esquerda e marcados pelo destino sinistro da ideia revolucionária nos países totalitários. O itinerário do historiador François Furet, especialista no período revolucionário, é representativo dessa evolução que o conduz a aderir ao PCF em 1947 para em seguida deixá-lo em 1956. Nessa época stalinista, pronunciando um discurso particularmente sectário, ele considera que a noção de "*sans-culottes* parisienses" do mestre da historiografia comunista Albert Soboul é heterodoxa em face da teoria marxista. Em 1965, depois de sua ruptura com o PCF e de sua descoberta da Escola dos Annales, ele publica com seu colega Denis Richet uma obra que se torna o carro-chefe do discurso dito "revisionista" em relação à vulgata marxista, defendendo a tese da derrapagem da Revolução a partir de um

---

37. PAUWELS, 1986.
38. Ver, por exemplo, SÉCHER, 1986.
39. CHAUNU, 1994, p. 207.
40. BLUCHE, 1986.
41. BÉTOURNE; HARTIG, 1989, p. 168.

acontecimento externo, a guerra.[42] Nessa leitura da Revolução, 1789 é um ano feliz que cristaliza o desejo e a realização da emancipação coletiva. Em sua obra de 1978[43], a análise de Furet é totalmente outra. Dessa feita, a política do terror já está lá, antes do desencadeamento da guerra, na própria ideia de revolução, desde 1789, que "abre um período de deriva da história".[44] Apoiando-se em Alexis de Tocqueville e Augustin Cochin, ele assume claramente uma releitura da Revolução contra a "catequese revolucionária" que toma emprestados seus ensinamentos do totalitarismo: "Hoje, o Gulag conduz a repensar o Terror em virtude de uma identidade no projeto. As duas revoluções permanecem ligadas."[45] A partir de 1986, às vésperas do bicentenário, François Furet inflete seu discurso, reconhece a força emancipadora de 1789 — que ele revaloriza —, mas fecha ao mesmo tempo o ciclo revolucionário e confirma sua convicção enunciada em 1978 de que a "revolução acabou". Essa tese menos polêmica e mais consensual permite a François Furet e a Mona Ozouf publicarem as mais marcantes obras dentre aquelas dedicadas ao bicentenário.[46] Essa reorientação oferece uma representação ambivalente de 1789, apreendido dessa vez como momento inaugural do "*homo democraticus* em sua pureza moderna"; "Eu sou um grande admirador de 1789".[47]

O bicentenário inscreve-se nesse contexto de derrocada do ideal revolucionário propício à sagração de Furet e à marginalização das leituras universitárias impulsionadas pelo Instituto de História da Revolução Francesa liderado por Michel Vovelle. Este último terá despendido uma enorme atividade em torno do bicentenário, animando muitos colóquios, encontros, publicações, com alguns momentos fortes como o Congresso Mundial para o Bicentenário, organizado na Sorbonne em julho de 1989 sob a presidência de François Mitterrand, que vem encerrar uma sucessão

---

42. FURET; Richet, 1965.
43. FURET, 1978.
44. Ibidem, p. 69.
45. Ibidem, p. 25.
46. Idem, 1988; Idem; OZOUF (Orgs.), 1988.
47. FURET, 1988, p. 106; Idem, 1986.

de setecentas manifestações científicas em cinquenta países.⁴⁸ Essa história universitária orquestrada por Michel Vovelle é sustentada pelas orientações dos responsáveis do Estado: Régis Debray, encarregado de missão junto ao presidente da República, afirma o laço forte, identitário, da França com a herança revolucionária, chegando mesmo a declarar que enterrar a Revolução Francesa significaria rasgar a carteira de identidade francesa. Quanto a Jean-Noël Jeanneney, o novo presidente da missão do bicentenário, seus apoios vão sem ambiguidade para os trabalhos universitários que provêm do Instituto de História da Revolução Francesa. Nomeado tardiamente, em maio de 1988, ele enfrenta o que o historiador Steve Kaplan designa como uma "missão impossível".⁴⁹ Entretanto, ele logra assegurar uma celebração cujo ponto culminante é a famosa parada de Jean-Paul Goude: em 14 de julho de 1989, desfilam representantes de todas as nações que trazem cada uma seu emblema e que se agrupam em torno dos valores universais da Revolução Francesa. Encarregado de evocar a harmonia da festa da Federação, Jean-Paul Goude expande o alcance da mensagem revolucionária para a escala planetária. Essa mensagem, retransmitida para 112 países, reveste-se de uma forte carga simbólica e atesta que o eco de 1789 continua a se fazer ouvir duzentos anos mais tarde em todos os pontos do planeta. Na hora do desfile de Jean-Paul Goude, o totalitarismo chinês limpou a praça Tiananmen, em Pequim, de seus estudantes contestatários que cantavam a Marselhesa. Um tanque mudo representando a China abre o desfile nos Champs-Elysées em memória daqueles estudantes que pagaram com suas vidas a luta pela liberdade. As comemorações encontram aí seu sentido, o de falar do passado ao presente a partir dos desafios contemporâneos. Como analisou François Furet, ao sublinhar o movimento de ida e volta entre esses dois acontecimentos⁵⁰, o que se produziu com essa comemoração foi uma repetição invertida

---

48. Ver *Les Colloques du bicentenaire* [Os colóquios do bicentenário], repertório dos encontros científicos nacionais e internacionais apresentado por Michel Vovelle, com a colaboração de Danielle Le Monnier, coedição La Découverte, Instituto de História da Revolução Francesa, Sociedade dos Estudos sobre Robespierre, 1991.
49. KAPLAN, 1993, p. 295.
50. FURET, 1989.

de 1917 sobre 1789 que se liberta das projeções da Revolução Russa. Ele lembra que toda a esquerda, inclusive a socialista, viu na Revolução Russa de 1917 uma realização dos ideais da Revolução Francesa de 1789, e que a descoberta do totalitarismo permitiu liberar 1789 do esquema bolchevique que recobria esse momento libertador, pois que carregava a universalidade dos direitos humanos: "Os homens de 1789 conferem aos novos princípios um brilho excepcional, fazendo de uma das mais famosas nações da época o teatro da universalidade dos direitos. Por isso mesmo não é nem inexato nem excessivo considerar o acontecimento francês como fundador e universal."[51] Dessa vez, 1789, para Furet, não inaugura mais um momento de deriva da história, e o acontecimento comemorado é esvaziado de seu componente revolucionário para deixar apenas subsistir a celebração de sua mensagem. Para Furet, esse momento crepuscular da ideia de revolução advém do fato de que seus ideais entraram no espaço político e foram assimilados. O recurso ao ideal revolucionário torna-se a um só tempo inútil e perigoso. Em 1989, festejou-se a democracia, os direitos humanos, para melhor "esquecer a revolução".[52] "A estrela de Outubro, ao se extinguir, dá a ver aquela de 1789 que pensara ter apagado [...]. Ao menos, o que é certo é que a Revolução Francesa emancipou-se para sempre da tirania que a Revolução Russa exerceu sobre ela durante três quartos de século. Aqui está ela duzentos anos depois, como que rejuvenescida por ter sido durante tanto tempo encoberta."[53]

Outro aspecto desse bicentenário, menos visível, mas mais profundo, que conhece um amplo sucesso, é o da comemoração local. Em sua tese sobre o bicentenário da Revolução Francesa, Patrick Garcia insiste sobre o vigor do entusiasmo popular suscitado pelas manifestações nas pequenas cidades e nos vilarejos. Também aí esse eco é revelador de uma crise e de uma preocupação de nova certeza identitária pelo estreitamento dos laços que unem as populações em sua vida cotidiana, no momento em que a missão estruturante da nação perde em vitalidade para se transportar a uma escala

---

51. Ibidem, p. 7.
52. Ibidem, p. 10.
53. Ibidem, p. 16.

europeia e mundial. A demanda de proximidade que daí resulta encontra no ato comemorativo a ocasião para se expressar: "O que a comemoração local busca instituir é o território vivido no cotidiano, aquela do município, do bairro."[54] Esses reagrupamentos festivos reúnem gerações, e os habitantes saem do anonimato para encontrar seus vizinhos. Esse desejo de sociabilidade e de convivialidade se traduz em banquetes republicanos e em plantações de árvores da Liberdade nos vinte mil municípios:

> O sucesso desse gesto depende do funcionamento da árvore como metáfora imediata da perenidade do município: suas raízes evocam o passado; seu tronco, o presente, e sua folhagem, o futuro. Por isso mesmo é ele o suporte ideal para exaltar genealogias bastante diversas da árvore do Paraíso perdido àquela do Gólgota, combates pela liberdade com preocupação ecológica e, por vezes, o todo misturado em uma evocação sincrética segundo a inspiração do orador.[55]

Signo de fragilização da identidade nacional, esse entusiasmo pela afirmação de uma identidade local aparece como uma possível compensação daquilo que está em vias de ser perdido: "Trata-se de transformar os habitantes de Bobigny em *Balbyniens*, os de Saint-Denis em *Dyonisiens*, os de Saint-Dié em *Déodatiens* ou, para mudar de escala, os habitantes da Île-de-France em *Franciliens*."[56] Não menos de 27 mil municípios festejaram então o bicentenário, cada um escolhendo seus cantos, suas danças e seus espetáculos no prazer da afirmação de um viver-juntos.

Os responsáveis políticos celebram, pois, o acontecimento 1789 em marcha para trás, valorizando o menor denominador comum entre franceses; 86% deles respondem a uma pesquisa do Instituto CSA de 1989 afirmando que o acontecimento que melhor simboliza a Revolução Francesa é a Declaração dos Direitos do Homem e do Cidadão. A violência terá sido

---

54. GARCIA, 2000, p. 304.
55. Idem, 1999.
56. Ibidem, p. 307. Isto é: "*Balbyniens*", habitantes de Bobigny; "*Séquano-Dyonisiens*", habitantes de Saint-Denis; "*Déodatiens*", habitantes de Saint-Dié; *Franciliens*, habitantes da Île-de-France. [N.T.]

expulsa das evocações da Revolução em uma sociedade pacificada que busca se tranquilizar e cuja única verdadeira projeção no futuro passa pela redescoberta das vias de um viver-juntos fraternal esvaziado de todo conflito. Na ocasião, os discursos pronunciados pelos prefeitos são sintomáticos dessa evacuação de uma violência que, mesmo que evocada, nunca é imputada à própria lógica da Revolução, mas a seus adversários internos e externos que a teriam imposto. Os símbolos da violência revolucionária, como a guilhotina, são neutralizados pelo seu uso lúdico nas demonstrações dos vilarejos. Eles reinam nos cortejos como lembretes de um instrumento de morte definitivamente desaparecido.[57] De modo significativo, a comemoração de 1989 revela que não se teme mais verdadeiramente uma guerra civil entre cidadãos e que a inquietação diz respeito, antes, ao esgotamento do laço social, à anomia crescente de uma sociedade de indivíduos cada vez mais separados uns dos outros, como assinala François Mitterrand em julho de 1989: "A ausência de convivialidade desloca nossa sociedade."[58]

Em três anos quase consecutivos, 1987, 1989 e 1990, a França terá vivido três grandes comemorações que a terão reconciliado com seu passado monarquista, por ocasião do milênio capetiano de 1987, em seguida revolucionário em 1989 e, finalmente, gaullista em 1990, com a comemoração da mobilização do 18 de junho de 1940 que integra o general De Gaulle ao patrimônio nacional.

A crise dos modelos explicativos

No domínio da epistemologia, esses anos são aqueles do questionamento dos grandes paradigmas em *ismos* (funcionalismo, estruturalismo, marxismo) que tinham a pretensão de reduzir o real a uma explicação determinante. Certa forma de causalidade mecânica, que havia até então prevalecido, é contestada em nome de uma pluralidade causal e do princípio de incompletude. A mudança da situação epistemológica que daí resulta afeta

---

57. Idem, 1995.
58. MITTERRAND, 1989.

sobretudo as ciências humanas. A divisão entre o sujeito e o objeto, com a posição de proeminência que ela implicava, deixava compreender que as ciências humanas poderiam atingir uma situação de fechamento do conhecimento na qual o sujeito poderia saturar o objeto graças ao invólucro de seu saber. O princípio de subdeterminação inspirado em Pierre Duhem[59] tornou-se o fundamento filosófico de um número crescente de estudos em ciências humanas, tornando vã toda tentativa de redução monocausal. Esse princípio encontra um prolongamento nas *Irréductions* [Irreduções], de Bruno Latour.[60] Para além e para aquém, o fechamento causalista reenvia a uma aporia na medida em que não há experiências senão singulares, não há equivalências, mas traduções, e, na outra ponta da cadeia, "nada é em si dizível ou indizível, tudo é interpretado".[61]

Além disso, a evolução das ciências humanas na direção de uma reorganização dos níveis de explicação segundo um duplo plano micro ou macro, com uma variação das relações causais de um a outro, contribui para a abertura geral dos procedimentos científicos na direção de uma indeterminação para saber que nível é prioritário. Isso conduz a considerar a complexidade de um real composto por diversos estratos, sem prioridade evidente, tomado em hierarquias sobrepostas, que dão lugar a múltiplas descrições possíveis. Aliás, a virada interpretativa adotada no plano filosófico permite escapar da falsa alternativa entre uma cientificidade que reenviaria a um esquema monocausal organizador e uma deriva estetizante.

René Thom lança a controvérsia contra uma corrente epistemológica que confere, segundo ele, muita importância ao aleatório, algo que ele julga anticientífico.[62] Ele ataca as publicações recentes — *O acaso e a necessidade*, de Jacques Monod; *O método*, de Edgar Morin; *Entre o cristal e a fumaça*, de Henri Atlan; *La Nouvelle Alliance* [A nova aliança], de Ilya Prigogine e Isabelle Stengers; e *O nascimento da física no texto de Lucrécio*, de Michel Serres — que têm em comum uma apologia do acaso que pretende romper

---

59. DUHEM, 1981.
60. LATOUR, 1984.
61. Ibidem, p. 202.
62. THOM, 1980.

com a valorização anterior, nos anos 1960, da constância, da invariância da estrutura: "Eu gostaria de dizer inicialmente que esse fascínio pelo aleatório testemunha uma atitude anticientífica por excelência."[63]

A carga é severa, pois René Thom, que vê na profusão dessas teses a ressurgência do anticientificismo dos anos 1880-1890, explica esse fascínio pela pequena flutuação aleatória "em razão de uma certa preciosidade literária".[64] Segundo ele, o acaso é um conceito vazio e puramente negativo, que não apresenta interesse algum para um cientista, enquanto o determinismo é rico em poderes heurísticos. Ele alfineta sobretudo os autores de *La Nouvelle Alliance* por terem se aventurado a "dançar a dança do escalpe em torno do cadáver do determinismo".[65] René Thom se pergunta por que essas publicações, que qualifica como epistemologia "popular", obtêm tanto sucesso em um país como a França, onde prevaleceu uma forte tradição epistemológica com pesquisadores como Poincaré, Duhem, Meyerson, Cavaillès ou Koyré.

Como era de prever, esse artigo desencadeia uma polêmica epistemológica de que a revista *Le Débat* se faz eco, dando a palavra às teses adversas. Edgar Morin, Jean Largeault, Antoine Danchin, Ilya Prigogine e Michel Serres replicam sucessivamente aos argumentos de René Thom. Este último, por sua vez, encerra a marcha respondendo aos argumentos que lhe são opostos.[66] Edgar Morin desloca a alternativa entre determinismo e acaso, considerando que a tensão se joga entre ordem e desordem. Ele estima o qualificativo epistemologia "popular", particularmente apropriado às teses de René Thom, e zomba do "campo vazio do tio Thom"[67]: se há um dogma popular que diz respeito à essência da ciência, isso se dá graças à convicção de que ela pode desvelar os determinismos. Morin objeta a René Thom que os questionamentos do determinismo que ele julga enigmáticos resultam simplesmente da evolução das ciências elas mesmas, e, sobretudo, das ciências físicas e químicas. Não se trata de abandonar

---

63. Ibidem, pp. 119-120.
64. Idem, 1990, p. 71.
65. Ibidem, p. 75.
66. Idem, 1981.
67. MORIN, 1990, p. 81.

a pesquisa de invariantes, mas de dar conta da dimensão de mecanismos mais complexos. Ele julga a noção de desordem mais rica do que a de acaso enquanto "macroconceito". Já presente no universo físico desde as descobertas da termodinâmica, "a desordem se instalou na individualidade microfísica".[68] Entretanto, Morin não faz disso um absoluto ontológico, pois que a desordem se relaciona com um observador, com um inventor de conceito e, por isso mesmo, está ligada a uma ordem: "Toda deificação/reificação do Determinismo ou do Acaso é pobre e estéril."[69]

Entretanto, tornar-se o suporte desse tipo de debate não é coisa fácil, como poderá constatá-lo aquele que tomou a iniciativa de orquestrar essa controvérsia, Krzysztof Pomian. Ele precisa de muita diplomacia para organizar um verdadeiro diálogo, pois muitos se sentem agredidos. Quando ele propõe o projeto de uma obra coletiva na coleção "Le Débat", ele se choca durante muito tempo com respostas evasivas da parte de Ilya Prigogine. É preciso o acaso de um congresso que ocorre em Florença, no qual Prigogine profere a aula inaugural para as ciências da natureza, e Pomian, para as ciências humanas, para que Prigogine reconheça que não se trata de uma armadilha e que não haverá uma chuva de injúrias; ele consente em comunicar sua contribuição e a obra será publicada em 1990.[70]

Em 2 de dezembro de 1993, Michel Serres remete a Isabelle Stengers o grande prêmio de filosofia da Academia Francesa, recompensando o itinerário singular de uma pesquisadora pouco acadêmica que sempre recusou toda forma de enclausuramento em um molde e que sempre cultivou prazerosamente o gosto pela transversalidade e pelo nomadismo. Franco-atiradora de um pensamento pleno de liberdade, ela denuncia sem cessar as tentativas de captura entre disciplinas científicas. Colhendo nos terrenos floridos e pisoteando os interditos, ela é, segundo seu amigo Bruno Latour, "uma feiticeira [...], o aguilhão e a pedra no sapato. Enquanto um problema não é resolvido com Isabelle, não se pode resolver a filosofia

---

68. Ibidem, p. 85.
69. Ibidem, p. 90.
70. Ibidem.

das ciências".⁷¹ Isabelle Stengers situa-se assim na filiação das orientações de Michel Serres, realizando nos fatos as funções de Hermes, aquelas da mediação e da tradução. Química de formação, ela descobre em seu percurso que as outras disciplinas científicas, sobretudo a física, consideram a química como fora do prazo de validade, em vias de extinção. O fato de pertencer a uma ciência minoritária, da qual ela descobre o estado de "servidão", materialmente poderosa, mas ideologicamente dominada, torna Isabelle Stengers particularmente sensível a essas batalhas de legitimidade entre disciplinas. Daí ela apreende a noção essencial de "minoria", que atravessa toda a sua obra, e se dedica, entre outras, à história dessa minoria, para conferir voz a uma ciência reduzida ao silêncio.⁷² No início de 1970, ela escolhe se matricular em filosofia para se tornar filósofa das ciências. Uma vez filósofa, Isabelle Stengers volta atrás e reencontra seu antigo mestre Ilya Prigogine, que ainda não recebeu o Nobel de Química (1977). Ele acaba de concluir suas pesquisas científicas sobre as estruturas dissipativas e interroga-se sobre a difusão de sua descoberta. A chegada de Isabelle Stengers, que ele instala em um escritório de seu laboratório, é uma oportunidade: ele precisa dela e de sua formação de filósofa para colocar em palavras as estruturas dissipativas.

Uma colaboração começa, que se traduz inicialmente em artigos em revistas especializadas; em seguida, na escrita a duas vozes de uma obra que obtém uma enorme repercussão, *La Nouvelle Alliance*, publicada em 1979.⁷³ Nesse livro, Stengers cruza a argumentação de Prigogine com a de Whitehead: "A função da filosofia seria, então, para Whitehead reconciliar a permanência e o devir, pensar as coisas como processos, pensar o devir como constitutivo de entidades identificáveis."⁷⁴ Consciente de que desenvolver a argumentação de Prigogine invocando uma demonstração que pertence a um registro outro comporta um risco, Stengers considera que é melhor separar os domínios a fim de evitar os deslocamentos enganosos

---

71. Bruno Latour, citado in Spire, 1994.
72. Stengers; Bensaude-Vincent, 1993.
73. Prigogine; Stengers, [1979] 1986.
74. Ibidem, p. 159.

de um modo argumentativo a outro. A transdisciplinaridade não implica a confusão dos gêneros. É mesmo contra essa confusão que ela se insurge quando denuncia as pretensões da física clássica em encarnar uma verdade mais geral e válida em todos os outros campos do saber, a começar pelo mais próximo, a química. A aliança preconizada entre disciplinas deve evitar a armadilha do reducionismo. Desse ponto de vista, a amplitude do eco experimentado por *La Nouvelle Alliance* deve-se ao questionamento do modelo da física clássica, mecânica.

Os trabalhos de Ilya Prigogine sobre a termodinâmica de não equilíbrio e sua teoria das estruturas dissipativas permitem reintroduzir a flecha do tempo no discurso científico e substituem um modelo, em que a invariância é signo de lei científica, por aquele do reconhecimento da irreversibilidade no seio mesmo da matéria, ultrapassando a alternativa secular entre o determinismo e o aleatório. A noção de lei constituída pela mecânica clássica já estava perturbada com as descobertas de Niels Bohr e de Werner Heisenberg e com a substituição do paradigma galileano pela mecânica quântica. Mesmo que o modelo quântico não deva se tornar um sésamo que permita impor um novo paradigma válido em todos os outros campos do saber, é forçoso constatar que certo número de descobertas perturba o antigo modelo da física clássica e liberta a cientificidade de uma concepção estreita e equivocada. O abandono da noção de trajetória linear, com tudo o que implicava de determinismo, introduz o conceito de operador e de relação de incerteza de Heisenberg: "A objetividade clássica identifica descrição objetiva do sistema 'tal qual nele próprio' e descrição completa. Nesse sentido, a mecânica quântica nos impõe, é fato, a necessidade de redefinir a noção de objetividade."[75] São a um só tempo a relação entre observador e seu objeto e a relação com o tempo que se transformaram, abrindo para um amplo campo de possíveis.

Os problemas clássicos discutidos pela filosofia e pela pesquisa em ciências humanas são enunciados em termos novos. Bernard d'Espagnat postula, como físico, que não se pode mais pensar a observação dos objetos independentemente da posição daquele que observa. A mecânica

---

75. Ibidem, p. 312

quântica subverte o esquema de separabilidade entre um sistema de elementos estudado em suas interações intrínsecas e um observador que a ele aplica seus instrumentos de medida.⁷⁶ Quando Bohr opõe, termo a termo, o simbólico ao intuitivo, ele designa a questão da elaboração dos conceitos. Ele escreve em 1928: "O estado atual das coisas mostra uma profunda analogia com as dificuldades gerais da formação dos conceitos humanos, fundadas na separação do sujeito e do objeto."⁷⁷ O fundacionalismo sob todas as suas formas, logicista ou transcendental, está perturbado e, com ele, a concepção kantiana da objetividade. Por essa razão, "o problema torna-se, ele também, aquele de reconstruir um conceito coerente de sujeito".⁷⁸ É nessa direção que o físico Bernard d'Espagnat avança, considerando que a ciência é mais "objetiva" do que pensam os epistemólogos das ciências como Kuhn ou Feyerabend, mas que não se trata de uma fraca objetividade, "o que eu chamo precisamente de intersubjetividade".⁷⁹ No debate apresentado classicamente, e um pouco de maneira caricata, como aquele que opõe as teses positivistas (Bohr) às teses realistas (Einstein), Bernard d'Espagnat se situa no meio do caminho e propõe a noção de "realidade velada".

Essas convulsões próprias às descobertas das ciências da natureza afetam, frequentemente com atraso, as ciências humanas. O deslocamento epistemológico em curso no final dos anos 1980 solicita interrogações transdisciplinares sobre as noções de "caos", de "complexidade", de auto-organização. O ideal determinista de Pierre-Simon de Laplace fica seriamente perturbado, e as ciências humanas se julgam autorizadas a sair de um fatalismo que elas tendiam a conceber como o critério mesmo da cientificidade. Quando as ciências ditas duras consideram as noções de acontecimental, de irreversibilidade, de desordem criadora ou de interação, isso permite reintroduzir a implicação necessária do observador. O esquema

---

76. ESPAGNAT (D'), 1985.
77. Niels Bohr, citado in CHEVALLEY, 1992, p. 75.
78. Ibidem, p. 76.
79. Bernard d'Espagnat, citado in PESSIS-PASTERNAK, 1991, p. 119.

interpretativo e o sentido dado ao agir humano encontram aí matéria em consonância com as recentes contribuições das ciências da natureza.

Um pesquisador como Henri Atlan personifica a recusa do reducionismo e a busca de ética desse final de século. Médico, biólogo, teórico da complexidade e da auto-organização, ele é igualmente membro do Comitê Consultor Nacional de Ética para as Ciências da Vida. Grande conhecedor do Talmud, ele esboça um diálogo entre a tradição judaica e a reflexão científica: "É pelas comparações e pelas diferenças que o diálogo pode ser interessante, mais do que pelas similitudes e pelas analogias."[80] Segundo Henri Atlan, a transdisciplinaridade é uma exigência essencial, e os novos conceitos apresentados pela biologia molecular e celular devem ser elucidados pela filosofia, pois os dilemas clássicos da história da filosofia oferecem-se de maneira nova. Essa interfecundação não implica reducionismo algum; para Atlan, à diferença de Hilary Putnam, as relações entre valores e verdades devem ser repensadas como sendo ontologicamente diferentes: "A verdade científica não nos fornece valor moral algum. Esses valores são sempre herdados."[81] A aceitação dessa cisão deve permitir que a confrontação ocorra em praça pública e que assuma a forma de uma "intercrítica"[82], a partir da qual o método científico se distancia do mito; em contrapartida, a tradição deve ser reativada para se distanciar das novas tecnologias elaboradas pela ciência. Desse dialogismo pode resultar um ponto de vista ético que emana de uma comunidade plural que não pode ser elaborada senão ao preço de acordos provisórios e pragmáticos.

A singularidade das ciências é a condição para que se escape de toda iniciativa reducionista. O discriminante essencial que caracteriza as ciências humanas é a implicação das competências inscritas junto ao indivíduo que age. Essa autonomia das ciências humanas encontra sua fonte, segundo Max Weber, em seu objeto específico, a saber, a ação dotada de sentido, a competência de simbolização dos indivíduos. A transdisciplinaridade assegura uma complexidade suplementar às ciências humanas, que torna

---

80. Henri Atlan, citado in ibidem, p. 54.
81. ATLAN, 1991.
82. Ibidem.

caduca toda iniciativa causalista mecanicista, e permite que estas últimas se libertem daquele complexo de inferioridade que as fez adotar um modelo, aliás ultrapassado, considerado como próprio às ciências exatas. Não apenas a física quântica perturba esse modelo, mas, para Sylvain Auroux, que lembra que as ciências da linguagem remontam à virada do terceiro e do segundo milênio antes de nossa era, o "privilégio de antiguidade, de importância e de sucesso das ciências da natureza é uma falácia".[83] É assim que, desembaraçado de complexos ultrapassados, Bruno Latour, ao definir seu procedimento na articulação do real (a natureza sem substancialismo), do narrado (o discurso sem narrativismo) e do coletivo como sociedade (sem reificação), situa-se categoricamente no interior das ciências humanas. É fato que a antropologia das ciências está próxima das ciências da natureza, que ela se introduz nos laboratórios dos físicos, dos químicos, dos biólogos; que ela considera seus instrumentos, suas descobertas, mas na medida em que eles constroem um coletivo. Ela não visa, pois, alguma síntese ilusória que recolha elementos disparatados: ela experimenta conceitos próprios às ciências humanas para alcançar uma melhor inteligibilidade do social.

Partir do postulado da diferenciação de duas ontologias, a das ciências da natureza e a das ciências do homem, não significa recusar a transdisciplinaridade, ainda mais indispensável quando certas disciplinas são atravessadas frontalmente por essa cisão, como a antropologia, que se situa no cruzamento de uma busca do espírito humano, dos comportamentos mentais, das invariantes próprias à espécie humana e das singularidades, das diferenças, das variações. Essa tensão interna sempre habitou o discurso antropológico, que conheceu com Lévi-Strauss a tentação de um realismo estrutural integral, sobretudo na última parte de sua obra, no momento em que postula uma homologia entre a semântica e a natureza. A tendência pesada dos anos 1980 leva com maior frequência o antropológico para um horizonte mais histórico, uma consideração do vivido, do contingente, do dizer, mesmo que os esquemas explicativos devam sofrer com isso.

---

83. AUROUX, 1993, p. 34.

A Europa, novo horizonte?

Com a derrocada do comunismo, 1989 assinala o fim da divisão entre as duas Europas. A nova configuração que se desenha permite reabrir um pouco o futuro para o projeto voluntarista da construção de uma Europa democrática. De um lado e de outro do antigo muro se sente um desejo de Europa. Após ter sido uma fonte de repúdio ou de indiferença para a maioria dos intelectuais, como expressa Edgar Morin no livro *Penser l'Europe* [Pensar a Europa], em que ele expõe sua conversão tardia à causa europeia, a Europa se torna uma fonte de esperança e um projeto cultural e histórico suscetível de transcender sua realidade econômica.

Durante séculos, a ideia europeia reenviou, para os países longínquos, a visão dos vencedores, dos colonizadores, dos exploradores, e, no plano interior, ela foi o lugar de sempiternas guerras intestinas, a causa de duas guerras mundiais do século XX e o lugar de emergência da barbárie com o nazismo e Auschwitz. A rejeição da ideia europeia justificava-se tanto mais porque entre 1940 e 1945 Hitler se apresentava como o arauto de uma Europa purificada de seus elementos alóctones. Edgar Morin inicia seu ensaio sobre a Europa, publicado em 1987, com as lembranças do antieuropeu que era. Ao término da guerra, o termo simbolizava a mentira e a ignomínia, lembrando a "Europa Nova" de Hitler e a "brutalidade aterradora dos conquistadores do México e do Peru, a África escravizada e explorada".[84] Sempre voltado para a dimensão universal dos problemas enunciados, Morin permanece indiferente à formação do Conselho da Europa em 1949, assim como à criação da Comunidade Europeia do Carvão e do Aço (CECA) em 1951, que lhe parece restringir o horizonte. Nos anos 1950, seu interesse se volta para os países do Terceiro Mundo. É preciso esperar o choque do petróleo, que atinge gravemente a economia europeia, para que Morin se interesse pelo futuro de uma Europa repentinamente fragilizada, em posição de fraqueza. Em 1987, ele afinal expressa fortes convicções. A Europa retém sua atenção e se torna a fonte

---

84. MORIN, 1987, p. 9.

de um projeto coletivo de paz e de emancipação dos povos junto aos quais ele reencontra os temas que sempre defendeu: a multiplicidade na unidade e a complexidade que dá a pensar a Europa a partir do princípio de uma dialógica: "duas ou mais 'lógicas' diferentes são ligadas em uma unidade, de modo complexo (complementar, concorrente, antagônico), sem que a dualidade se perca na unidade."[85] Para Morin, a ruptura de 1989 tem o efeito de reforçar a ideia "de nova consciência europeia e de comunidade de destino".[86] Um futuro imprevisível, ainda inconcebido, abre-se diante da Europa, que conhece em 1989 um novo ano zero, à semelhança da Alemanha em via de reunificação. Libertada da ameaça do Império Soviético, a Europa nova pode pensar o futuro de uma identidade em construção, graças a um novo projeto capaz de provocar novos entusiasmos. Para Edgar Morin, a Europa pode encarnar uma dupla mensagem: contribuir, pela problematização, para abrir a dialógica europeia ao exterior, e "regenerar, revitalizar, desenvolver e reencarnar a democracia".[87]

A construção de uma Europa democrática pode encarnar uma nova utopia na aurora do século XXI: essa é a aposta feita por Dominique Wolton em *La Dernière Utopie* [A última utopia].[88] A metamorfose de uma Europa tecnocrática para uma Europa democrática não se fará de modo natural; ela pressupõe "uma fantástica revolução intelectual e cultural".[89] Os obstáculos são numerosos para que esse sonho se realize, sonho que deve permitir transcender divisões historicamente ancoradas e motivar populações que até então haviam permanecido à margem da construção de uma Europa que é ainda um anão político. Se após 1989 a saída das tragédias e dos massacres do século XX parece possível graças a essa identidade europeia nova, a superação de um passado de conflitos não será fácil e precisará do voluntarismo de uma população martirizada por uma memória ferida e por ferimentos ainda não cicatrizados.

---

85. Ibidem, p. 28.
86. Ibidem, "Second prologue: le nouvel an zéro" [Segundo prólogo: o novo ano zero], p. 30.
87. Ibidem, p. 235.
88. WOLTON, 1993.
89. Ibidem, p. 397.

O contexto nacional e internacional de 1988-1989 é particularmente propício à ideia europeia: além do fim da divisão da Europa de um lado e de outro de um muro, ele leva mais uma vez François Mitterrand, fervoroso partidário europeu, à chefia do Estado em 1988, em um momento em que a Europa recuperou os meios de um crescimento econômico favorável ao "grande desígnio" fixado para 1992, data na qual é prevista a unidade monetária na Comunidade Europeia. Jacques Delors, bem decidido a relançar a construção europeia em mau funcionamento, conduz uma hábil política à frente da Comissão Europeia desde o início de 1985. Com 59 anos, ele já tem uma longa experiência de sindicalista da CFDT e de intelectual cristão; foi ainda o conselheiro do escritório de Chaban-Delmas para a "nova sociedade" no início dos anos 1970, antes de se filiar ao novo PS de Mitterrand, em 1974. Profundo partidário da Europa, mas não federalista, ele pretende preservar a identidade dos Estados: "Desejo não apenas unir os povos como desejava Jean Monnet, mas igualmente associar as nações."[90]

Mal é nomeado e Jacques Delors faz a volta das capitais para convencê-las a superar os obstáculos e realizar um consenso em torno de uma "reforma institucional destinada a dar uma solidez e uma visibilidade política mais fortes à Europa; uma aceleração na direção da união monetária a partir das conquistas do sistema monetário europeu, uma defesa comum".[91] Esse esforço resulta na adoção do Ato Único pelo Conselho Europeu de Luxemburgo em dezembro de 1985, a partir de uma ideia original do italiano Altiero Spinelli. No catálogo de mais de duzentas medidas previstas, a mais importante mutação é a constituição de um mercado único fundado na livre circulação das mercadorias, dos serviços, dos capitias e das pessoas. Esse Ato Único expande igualmente as competências da Comunidade a respeito da moeda. Ele entra em vigor depois da ratificação pelos doze Estados membros em 31 de dezembro de 1987. A Europa, que havia perdido dois milhões e meio de empregos entre 1980 e 1984, cria nove milhões de empregos entre 1985 e 1991. Graças a esse

---

90. Jacques Delors, discurso pronunciado em Bruges, março de 1989, citado in ROTH, 2005, p. 123.
91. DELORS, 1995, p. 5.

sucesso, Jacques Delors põe em execução uma reflexão coletiva sobre o projeto de moeda comum e de banco central europeu. Apesar da recusa categórica de Margaret Thatcher, que não quer em caso algum abandonar a libra esterlina, o projeto é adotado em junho de 1989.

Nessa trajetória favorável, a ruptura de novembro de 1989 intervém como um novo desafio a ser superado: "Com efeito, 1989 enunciou à geração que estava no comando a questão: nosso dever não é, hoje, estender ao conjunto da Europa os valores de paz e de reconhecimento mútuo?"[92] Para Jacques Delors, a resposta não causa dúvida alguma, ela é positiva; trata-se de um imperativo absoluto cuja responsabilidade política e histórica cabe essencialmente à França, a fim de que ela reate com a confiança em sua capacidade de influenciar o mundo graças aos valores universalizantes. Se Jacques Delors faz avançar a construção da Europa tomando como motor a realização de sua unidade monetária e econômica, seu horizonte permanece fundamentalmente o de construir uma sociedade e um conjunto político cuja ambição é se tornar os fiadores da paz e evitar as escolhas extremas e trágicas: "A Europa, em relação aos outros blocos, é o continente do equilíbrio. O equilíbrio entre a sociedade e a pessoa, entre a convivialidade e a solidão que permite que se renove. No plano filosófico, é o continente da dúvida, do homem que se interroga."[93] Em 1990, as trocas com o Reino Unido são menos tensas e John Major, que substitui Margaret Thatcher, declara, pouco depois de assumir suas funções: "Desejo ver a Grã-Bretanha no coração da Europa."[94] Helmut Kohl quer conduzir a todo vapor a tarefa de reunificar a Alemanha. Ele pretende situar esta última no seio da construção europeia. Quanto a François Mitterrand, ele faz da política europeia a prioridade de seu segundo mandato.

Esses avanços na construção europeia se traduzem na assinatura do Tratado de Maastricht. Ratificado pelo referendo na França em setembro de 1992, esse tratado sobre a União Europeia se impõe a partir de 1º

---

92. Ibidem, p. 11.
93. Ibidem, p. 21.
94. John Major, citado in ROTH, 2005, p. 129.

de janeiro de 1993. Entretanto, a União Europeia não se constrói sem dificuldades e muitos são aqueles que a ela se opõem, denunciando uma Europa dos tecnocratas implantada nas costas dos povos e cujos mecanismos democráticos de controle das decisões cada vez mais escaparão das mãos dos cidadãos. Alguns temem, ainda, que a progressão da união política europeia obrigue as instituições nacionais a se submterem às decisões de Bruxelas. Um amplo debate então se abre, e dele participam os intelectuais franceses, que exprimem sua adesão, seja ao reforço da integração europeia, seja à manutenção das prerrogativas dos Estados nacionais. Laurent Cohen-Tanugi, fervoroso partidário da Europa, sublinha as fragilidades do processo em curso.[95] A Europa teria compensado sua ausência de identidade comum e de poder político comum pela construção de natureza essencialmente jurídica. Segundo ele, convém ganhar maior velocidade, aquela de uma verdadeira política europeia. Ele questiona os intelectuais que permanecem em sua maioria exteriores à construção europeia, justamente ela que funda "a única grande aventura coletiva desse século XX".[96]

Entretanto, nesse final de século, os intelectuais começam a sair desse estado de atonia: dentre muitas publicações dedicadas à Europa, nasce uma revista cujo título é evocador, lançada por Alain Finkielkraut em 1987, *Le Messager européen*, com um conselho de patronos prestigioso.[97] A ambição da revista é reativar rapidamente o diálogo entre essas duas partes da Europa artificialmente separadas e revivificar, no Leste, o espírito europeu. Essa revista se dá assim como ambição "reconstituir uma comunidade europeia no sentido primeiro de república dos espíritos".[98] Na mesma época, se são publicadas sínteses novas[99], igualmente se buscam bases históricas antigas para a ideia europeia, como aquelas oferecidas por *L'Idée d'Europe dans*

---

95. COHEN-TANUGI, 1992b.
96. Idem, 1992a, p. 6.
97. A revista dirigida por Alain Finkielkraut, ao ritmo de publicação anual, dota-se de um conselho de patronos composto por Élisabeth de Fontenay, François Furet, Pierre Hassner, Danilo Kiš, Milan Kundera, Octavio Paz, Philip Roth, Jacques Rupnik, Danièle Sallenave e Pierre Soulages.
98. FINKIELKRAUT, 1987, p. 11.
99. CARPENTIER; LEBRUN (Orgs.), 1992.

l'histoire [A ideia de Europa na história], obra de referência do historiador Jean-Baptiste Duroselle.[100]

O debate se cristaliza entre os partidários de um federalismo amplo e os defensores do registro nacional. Esse confronto opõe as forças políticas, mas divide igualmente o mundo intelectual. Significativo dessa discussão aberta, o número de *Esprit* do mês de maio de 1984 apresenta em seu editorial duas contribuições contraditórias. A de Paul Thibaud, que estigmatiza uma Europa que não teria saído do irrisório, presa em um debate cada vez mais opaco, apartada das opiniões públicas e atravessada por interesses contrários, como aqueles que opõem a França e a Inglaterra sobre a política agrícola comum: "Há uma divergência fundamental entre o inglês e o francês: eles liquidaram seu campesinato há 150 anos; nós queremos ainda conservar o nosso, mesmo que muito reduzido, e isso por razões que dizem a respeito em nosso país à identidade nacional."[101] Guillaume Malaurie, pelo contrário, dá como título para sua contribuição "L'Europe de toute urgence" [A Europa com a máxima urgência], e pensa apoiar sobre a alavanca europeia para tirar de seu sono dogmático a ideia mesma do político.

Em 1992, a confrontação continua entre Paul Thibaud, que havia deixado a direção de *Esprit*, e o filósofo Jean-Marc Ferry.[102] Os países europeus estão incontestavelmente engajados em uma aventura histórica inédita, durante a qual eles devem inventar soluções de ordem política para administrar o novo espaço que estão criando. Nessa empreitada difícil, aos responsáveis se apresentam, de modo tenso, o modelo federalista e aquele de uma Europa das nações. Esse é o sentido do confronto entre Thibaud e Ferry, quando se joga a um só tempo a questão da natureza da identidade política e aquela da dimensão restrita ou continental da Europa a ser construída. Paul Thibaud se mantém à distância crítica do processo de integração das nações na União Europeia, que ele acusa de fazer crescer a entropia democrática e de desapossar os cidadãos de seu poder de

---

100. DUROSELLE, [1965] 1985.
101. THIBAUD, 1984a, p. 3.
102. FERRY; THIBAUD, 1992.

controle, controle que não pode se efetuar segundo ele senão no registro do Estado-nação. Ele critica um processo técnico-burocrático que se impõe a todos à maneira de uma engrenagem infernal em nome da realização de uma Ideia abstrata que pouco se importa com a adesão cidadã: "Vê-se atualmente que a lógica prática não é a única a ser questionada, que ela recobre por vezes o imperialismo da Ideia. Essa preeminência da intenção atribuída a partir do consentimento efetivo, que concerne ao concreto da efetuação, faz pensar no autoritarismo de um diretor de consciência abusivo."[103] Porém, Paul Thibaud, que defende o registro estruturante da nação, não a considera como um fulcro de ensimesmamento identitário, mas como meio de preservar as condições de possibilidade de exercício da democracia política. Ele opta, pois, por uma "europeização das nações". Pelo contrário, Jean-Marc Ferry considera que a progressão de um direito comunitário e a adoção de mecanismos econômicos comuns supraestatais não questionam em absoluto o registro estruturante da nação como espaço deliberativo. Ele preconiza "pensar hoje, a partir de hoje, alguma coisa como o 'político europeu'"[104], e conta com o advento de uma cultura partilhada para realizar a utopia europeia, tomando o cuidado de distinguir o poder comunitário compreendido como poder de regulamentação, e o espaço físico propriamente dito como espaço deliberativo.

O sentimento de pertença europeu que se exprime com alegria no reencontro entre as populações dos dois blocos separados desde 1948 rapidamente se enfraquece; o entusiasmo suscitado pela queda do muro fenece, dando lugar a novas crispações identitárias, a querelas de fronteiras e de legitimidade que desencadeiam uma nova guerra, na ex-Iugoslávia. Esses excessos identitários põem fim ao que Olivier Mongin qualificou de ilusão lírica. O que aparecia como a nova grande utopia capaz de levar o movimento dos povos para o século XXI perde sua capacidade mobilizadora. A referência positiva que ligava a defesa da Europa à defesa dos direitos humanos encontra seus limites nessa recrudescência de reivindicações nacionalitárias, nesse desejo de reterritorializar, mesmo que ao preço de

---

103. Ibidem, p. 15.
104. Ibidem, p. 137.

uma explosão geral. O entusiasmo europeu choca-se com seus limites: "A referência à Europa se tornou mais jurídica e moral do que política, ela remete a uma 'antipolítica', para retomar a expressão de Václav Havel ou de György Konrád[105] na época da dissidência."[106] Assiste-se ao crescimento do euroceticismo, a avanços populistas hostis que contestam as decisões de Bruxelas, estigmatizada como referência de tecnocratas afastados das realidades e das verdadeiras pessoas. As identidades nacionais acirram-se ao ritmo de uma crise que se agrava e que atiça os conflitos de interesses em vez de apaziguá-los. Por um tempo reencantada, a Europa prossegue seu caminho no desencanto de suas opiniões públicas, cujos votos manifestam uma desconfiança crescente em relação às autoridades europeias. Se o Tratado de Maastricht constitui um real avanço da União econômica, ele relega a segundo plano as dimensões simbólica, cultural e política, encorajando o fechamento sobre a nação e agravando a ruptura entre especialistas e opiniões públicas. Na ausência de projeção política, os eleitores exprimem seu desejo de se reterritorializar para melhor controlar os processos de decisão e responder a suas necessidades securitárias. Olivier Mongin apresenta a dupla demanda contraditória que daí resulta como um retorno do paradoxo político: não se busca mais criar uma comunidade política, mas simplesmente tomar consciência "de uma dominação do político para imaginar comunidades apolíticas".[107]

---

105. KONRÁD, 1987.
106. MONGIN, 1994, p. 146.
107. Ibidem, p. 150.

Conclusão

Um fim de século sem bússola

Com os acontecimentos de 1989, a época vacila; entra-se em um novo regime de historicidade. O apagão de imaginário social-histórico, já latente, torna-se evidente, marcado pelo desaparecimento de todo futuro pensável, pelo presentismo[1] e pela revisitação do passado. Como escreveu Marcel Gauchet ao esboçar os contornos de um novo mundo que logrou liberar a sociedade das grades por detrás das quais o Estado a fechava, "não há mais entraves à manifestação dos pensamentos, a não ser naquele concerto cacofônico onde as vozes se neutralizam; nenhuma orientação está em condições de se desprender; nenhum julgamento, mesmo o mais motivado; nenhum desígnio, mesmo o mais indispensável estão em condições de pesar sobre um futuro sem bússola".[2] Desde 1993, por ocasião de uma entrevista com Marc Weitzmann para *L'Autre Journal*, Castoriadis faz a seguinte constatação:

> Há atualmente um tempo imaginário que consiste na negação do verdadeiro passado e do verdadeiro futuro; um tempo sem verdadeira memória e sem verdadeiro projeto [...]. Não há mais escansão verdadeira, mas o que você chama um perpétuo presente que é, antes, um melaço, uma sopa realmente homogênea onde tudo é aplainado, colocado no mesmo nível de significação e de importância. Tudo é tomado nessa massa informe de imagens; e isso se faz com a perda do futuro histórico,

---

1. Ver HARTOG, 2003.
2. GAUCHET, 2017, p. 375.

a perda de um projeto, e a perda da tradição, o fato de que o passado é, seja um objeto de erudição para os excelentes historiadores de que dispomos, seja um passado turístico: visita-se a Acrópole como se visita as quedas do Niágara.[3]

Ele diagnostica o fim da fase triunfante do projeto de controle racional do capitalismo em escala mundial e a recusa da busca de autonomia em benefício de uma privatização de indivíduos que perderam toda noção do coletivo. Daí resulta uma perda de sentido, uma crise generalizada. As sociedades entram em uma fase de torpor, de grande sono, na qual se sujeitam ao jugo de forças superiores e perdem pouco a pouco o controle sobre as decisões a tomar para construir um modo de vida em comum, que se torna cada vez mais problemático pelo agravamento das desigualdades e das destruições ambientais. Esse fechamento temeroso sobre o passado é regularmente denunciado por Castoriadis, que aí vê todos os sinais de uma decadência, sobretudo nessa Europa que havia sido até então a ala mais dinâmica dos avanços democráticos. Doravante, um processo de decomposição generalizado das sociedades ocidentais afeta todas as categorias sociais.[4] Essa incapacidade de tomar seu destino nas mãos não atinge apenas os executantes, mas as categorias dirigentes, também elas reduzidas à impotência: "Superficialidade, incoerência, esterilidade das ideias e versatilidade das atitudes são, pois, de modo evidente, os traços característicos das direções políticas ocidentais".[5]

Ascensão da insignificância

Ao considerarem essa impotência dos dirigentes em dominar os processos em curso, os povos se desviam da política, desinteressam-se dela e se refugiam na abstenção. Os movimentos sociais refluem, os partidos que ainda

---

3. Castoriadis, [1993] 2011, p. 330.
4. Idem, [1982] 2007, pp. 11-29.
5. Ibidem, p. 15.

exercem alguma influência sobre os assalariados perdem seus referenciais e não creem nem mesmo mais em sua própria linguagem, penosa litania de corpos que "morrem de inanição ideológica".[6]

É certo que os grandes choques do século XX — as duas guerras mundiais, o Holocausto, a derrocada do sistema comunista — perturbaram seriamente as visões teleológicas da história. É preciso acrescentar que, durante a segunda metade do século XX, os povos do Terceiro Mundo acordaram para rejeitar o jugo colonial e a prótese ocidental e para fazer valer seus próprios interesses. O Ocidente, que já havia perdido seu *telos*, vê suas pretensões ao universalismo se deteriorarem: "Graças a um curioso fenômeno de ressonância negativa, tudo se dá como se a descoberta pelas sociedades ocidentais de sua especificidade histórica acabasse por perturbar sua adesão ao que elas foram e desejaram ser, e, mais ainda, sua vontade de saber o que, no futuro, desejam ser."[7]

Enquanto Castoriadis denuncia os efeitos desastrosos da privatização dos indivíduos na ascensão da insignificância, certo número de sociólogos veem nela, ao contrário, a abertura do leque de opções de que dispõe um indivíduo libertado de seus grilhões. Esse é o sentido da demonstração feita por Gilles Lipovetsky em seu elogio dos fenômenos de moda publicado em 1987[8], lugares privilegiados para escrutar a sociedade contemporânea. Ele se surpreende que a moda seja menosprezada pelos intelectuais e que nunca tenha sido objeto de um estudo sistemático, embora esteja presente por todos os lados, na rua, nas empresas, nas mídias. Em ruptura com uma sociologia da distinção social que explica o fenômeno em termos de estratificação, como o faz Bourdieu, Lipovetsky considera que a moda "é um dos espelhos onde se dá a ver o que torna nosso destino histórico mais singular".[9] Ele interpreta o papel cada vez maior desempenhado pela moda como expressão de uma sociedade emancipada que cede lugar à singularidade dos indivíduos. Antes ligada ao frívolo, ela se tornou um

---

6. Ibidem, p. 18.
7. Ibidem, p. 29.
8. LIPOVETSKY, 1987.
9. Ibidem, p. 13.

dos princípios fundamentais da organização da vida coletiva. Longe de deplorar ou de denunciar valores enganosos, Lipovetsky faz, ao contrário, a apologia da moda como alavanca da felicidade: "Quanto mais a sedução se implanta, mais as consciências se convertem ao real; quanto mais o lúdico vence, mais o *ethos* econômico é reabilitado; quanto mais o efêmero ganha, mais as democracias são estáveis, pouco diaceradas em profundidade, reconciliadas com seus princípios pluralistas."[10] Para ele, a moda oferece muitas vantagens: possível satisfação de desejos do momento, escola de tolerância, meio de descrispação ou antídoto eficaz para as tentações do fanatismo e do obscurantismo. Antes de toda conquista do indivíduo em sua autonomia, ela consagra a primazia do presente sobre o futuro e sobre o passado, a apoteose do presente social: "A moda é nossa lei porque toda a nossa cultura sacraliza o Novo e consagra a dignidade do presente."[11] As tradições perdem seu lustro e se desfazem na livre escolha, no presente, daquilo que os indivíduos conservam ou de que se desfazem. Quanto às práticas costumeiras, elas se dissolvem ao ritmo dos progressos da personalização, da individuação. Daí resulta um mundo pacificado, climatizado e confortável no qual a própria ideia de conflito se torna obsoleta. É fato, reconhece Lipovetsky, que a sociedade hiperindividualizada não traz o desaparecimento dos conflitos sociais, mas estes últimos adquirem um caráter cada vez mais despolitizado e desideologizado, subentendidos por reivindicações individualistas: "O reino do Ego não se erige em um deserto social. Ele colonizou a esfera das próprias ações coletivas."[12]

Por sua vez, Marcel Gauchet saúda nas mutações em curso o nascimento de uma nova subjetividade que não mais se choca com sua exterioridade social, que ela logrou metabolizar. Por conseguinte, o sujeito que daí resulta é de tal modo descolado de toda instituição, de toda pertença, de todo estado de gravidade que ele se mostra paradoxalmente "sem objeto, se se ousar assim dizer. Ele se define pela primazia de sua própria experiência

---

10. Ibidem, p. 17.
11. Ibidem, p. 317.
12. Ibidem, p. 329.

e de suas próprias representações em face do que o circunda e da esfera da objetividade".[13]

No mesmo momento e na mesma editora, Gallimard, aparece a obra do sociólogo Paul Yonnet, que pretende demonstrar os efeitos do enfraquecimento do critério de classe social sobre as práticas. Tomando como objeto de estudo a ascensão das práticas lúdicas e o triunfo da sociedade de entretenimento, ele escruta o lugar reservado à loteria, ao *jogging*, à música *pop*, ao automóvel, à zoofilia e à moda em geral, e aí reconhece as manifestações de uma sociedade enfim moderna que dá lugar aos desejos individuais. Com a sociedade de consumo, um passo civilizacional decisivo é dado, que ele situa no mesmo nível que aquele observado, antes dele, por Norbert Elias com a sociedade de corte: "O automóvel já concretizou seu ofício histórico transicional entre o afloramento das preocupações individualizantes sob o império do constrangimento e da urbanidade profundamente individuada onde entramos."[14] A partir dessa constatação de um embaralhamento dos signos de pertença social como característica da sociedade moderna, Yonnet conclui um pouco rápido demais que as clivagens sociais não são mais pertinentes.

Nesse mesmo registro otimista, Pascale Weil, diretora do planejamento estratégico de Publicis Conseil, realiza um estudo sobre o imaginário dos franceses no início dos anos 1990.[15] Ela utiliza as distinções estabelecidas pelo especialista das estruturas do imaginário Gilbert Durand[16], que diferencia um imaginário diurno de oposição e de exclusão que separa, opõe, decide com a ajuda de um raciocínio binário; um imaginário de fusão, de integração e de comunhão; e, enfim, um imaginário da relação, da conciliação, da negociação. Pascale Weil nota que, entre os anos 1960 e os anos 1990, um imaginário de oposição cedeu lugar a um imaginário de fusão, de amálgama, dito de "pós-modernidade", entre 1975 e 1985, e enfim de aliança. A característica desse último momento histórico, que

---

13. GAUCHET, 2017, p. 620.
14. YONNET, 1986, p. 290.
15. WEIL, 1993.
16. DURAND, 1960.

assiste ao triunfo do indivíduo e à derrocada dos sonhos de ruptura, seria uma busca incessante de aliança no interior de uma sociedade que não é mais objeto de rejeição, mas lugar de desejo de integração: "as relações podem ser negociadas".[17] Entretanto, essa aliança característica do novo período que se abre em 1989-1990 não significa confusão, mas aceitação do paradoxo constituído pela existência de contradições e pela necessidade de articulá-las, sem poder superá-las: "A aliança não é nem mestiçagem, nem amálgama, nem sincretismo; ela é articulação dialética de identidades distintas."[18]

Resistir ao ceticismo

Diante do ceticismo da história gerado pela opacificação do horizonte de expectativa, é grande a tentação de dar as costas ao devir social e político para cultivar seu jardim. Se alguns intelectuais com isso se felicitam, pois ali veem a realização das potencialidades humanas e o fim da história, outros se inquietam e lembram a necessidade de manter uma tensão entre o singular e o universal, entre a pessoa e o coletivo, assim como os imperativos próprios aos avanços de uma sociedade democrática que não pode ser fundada sobre a passividade crescente de seus cidadãos. Dentre os intelectuais que conclamam a não desertar o universo democrático da Cidade está Olivier Mongin, que publica em 1994 uma obra cujo título é evocador: *Face au scepticisme* [Em face do ceticismo].[19] Em janeiro de 1989, o editorial de *Esprit* já se pronuncia "Contre le scepticisme" [Contra o ceticismo], no momento em que a revista assume suas distâncias em relação à sua filiação personalista e se abre para uma séria mudança de referências teóricas. A revista estigmatiza então um "discurso de pacotilha" sobre o individualismo "que se pretende religião civil" e simplesmente esquece que a história não pode ser feita sem dois tipos de homem: "o homem

---

17. WEIL, 1993, p. 28.
18. Ibidem, p. 34.
19. MONGIN, 1994.

trágico e o homem cômico".[20] As injustiças subsistem, as fragilidades da sociedade são reais, os perigos ainda estão aí, e não se pode baixar a guarda sacrificando o futuro em nome de uma paixão pelo presente. Se não há mais mensagem universal a fazer prevalecer por todos os cantos, "nós temos uma infinidade de pequenos combates a conduzir na França, na Europa e em escala mundial".[21] A vigilância deve ser mantida, mesmo à prova do arrebatamento, como em novembro de 1989 por ocasião da queda do muro. Olivier Mongin surpreende-se com o paradoxo que vê as democracias do Ocidente duvidarem delas mesmas no exato momento em que triunfam os valores por elas encarnados. Uma nova época se abre, ainda plena de riscos de derrapagens; Olivier Mongin observa com preocupação os processos de fechamento identitário na Iugoslávia: "Através desses diversos fenômenos, enuncia-se a fragilidade do Estado. Nós havíamos criticado o peso do Estado no Leste, nós descobrimos — e eis aí o sentido da libanização — o vazio social que se abre quando a máquina estatal se desregula completamente."[22] Desde o início dos anos 1980, Edgar Morin constata um "desarranjo ideológico".[23] Ele retoma a metáfora das águas baixas de seu amigo Castoriadis para qualificar o estado das mitologias políticas e das esperanças messiânicas presentes no proletariado ou nos povos do Terceiro Mundo. Também não se acredita mais que os progressos da tecnociência possam resolver os problemas sociais e o esgotamento das reservas do planeta: "Estamos no necessário desencanto. Devemos viver em um mundo desencantado."[24] Nesse clima deletério, correm-se grandes riscos de desencorajamento e de ensimesmamento. Para Edgar Morin, é preciso reagir a essa tentação que desviaria de toda ação e de toda busca criativa: "A desmitificação é necessária, mas ela deve igualmente se refletir ela mesma e descobrir esse enorme problema: o mito faz parte da realidade humana e política. Disse, escrevi, reescreverei

---

20. *Esprit*, janeiro de 1989, p. 7.
21. Ibidem.
22. MONGIN, 1990, p. 52.
23. MORIN, 1981, p. 67.
24. Ibidem, p. 78.

em outro lugar que a própria noção de real tem um componente imaginário."²⁵ Nesse momento histórico em que o destino se tornou informe, após ter reencontrado o Holocausto e em seguida o Gulag no transcorrer desse século trágico, "é do fundo desse horror e dessa indiferença que precisamos emergir".²⁶ Seguro dessa travessia, Edgar Morin conclama à exigência de melhor pensar o mundo, a um dever de inteligência, como outros conclamam a um dever de memória: "Esse milênio está morrendo. Esse século prematuramente podre, desgastado. *É preciso com a máxima urgência operar a revisão dos dois mil.*"²⁷

No final dos anos 1980, o cardeal Jean-Marie Lustiger afirma de modo surpreendente que "a história já está salva, e o fim será positivo". Convidado a explicar uma apreciação tão paradoxal, ele lembra que a interrogação de seus 20 anos havia sido a de saber se a história tinha um sentido. Ele havia enunciado essa questão para o filósofo Raymond Aron, assim como para o historiador Henri-Irénée Marrou: "Tínhamos então em mente o horizonte dos 'amanhãs que cantam' a partir desse nosso mundo, isto é, o horizonte marxista. Aqueles que interrogamos nos recomendaram uma maior modéstia."²⁸ No mesmo momento, quando Jean-Marie Lustiger tem a impressão de ter visto o pior, Emmanuel Mounier fala da "esperança dos desesperados", de "esperar contra toda esperança". O acreditar permite não soçobrar na melancolia, na desesperança, apesar de Auschwitz, apesar do Gulag: "Esperar é atestar uma redenção possível do homem [...], é assegurar que nunca se desacreditará no homem, pois que Deus nunca deixou de acreditar nele."²⁹

Uma reconfiguração do debate intelectual resulta da convulsão de 1989, mais interrogativa, mais aberta para o estrangeiro, como atesta a criação de uma revista, a partir de uma iniciativa de Bernard-Henri Lévy, *La Règle du jeu*, que reúne certo número de escritores: "Para além das euforias, essa saída do comunismo solicitava um autêntico esforço

---

25. Ibidem, pp. 78-79.
26. Ibidem, p. 86.
27. Ibidem, p. 87. Em itálico, no original. [N.T.]
28. Lustiger, 1987b, p. 465.
29. Ibidem, p. 466.

de pensamento. É o que se disseram, em uma manhã de novembro de 1989, um dia depois da queda do muro de Berlim, alguns escritores que desejaram essa revista."[30] O título soa como uma dupla homenagem a Michel Leiris e a Jean Renoir. A ambição é a de sair do fervor suscitado pelos dogmas para melhor entrar em um século marcado pela descrença.

Rumo ao choque das identidades

No final dos anos 1980, sinais tangíveis permitem pensar que a democracia irá triunfar: a democratização dos países da Europa do Leste e de muitos países latino-americanos liberados de seus regimes ditatoriais, o fim do *apartheid* na África do Sul com a eleição de Frédérik de Klerk, a retirada do Exército Vermelho do Afeganistão ocupado desde 1979... O desencanto logo aparece: o fim da guerra fria, como é chamada, entre os dois blocos se abre imediatamente para a contestação das fronteiras e a explosão de reivindicações nacionalitárias separatistas. Passa-se da guerra fria à guerra quente no seio mesmo de uma Europa que se acreditava pacificada. A antiga união dos eslavos do Sul, na Iugoslávia, implode em uma guerra entre sérvios, croatas, kosovares, eslovenos e bósnios, enquanto a Eslováquia se separa da República Tcheca. Ao choque entre nações cujo exclusivismo ressurge com sua saída do jugo do Império Soviético, é preciso acrescentar uma situação internacional que vê a progressão e a ofensiva do islamismo, que leva o fogo até o Ocidente e que se traduz em uma onda de atentados na França em 1986 e na criação, na Argélia, em março de 1989, da Frente Islâmica de Salvação (FIS), dirigida por Abbassi Madani — seu sucesso eleitoral é tamanho que o Estado argelino a proíbe, o que provoca uma muito longa e cruel guerra civil. O início dos anos 1990 corresponde igualmente ao momento de uma nova guerra, a primeira Guerra do Golfo, em 1991, contra o regime iraquiano de Saddam Hussein, que invadiu o Kuwait. Esse clima conflituoso é propício

---

30. *La Règle du jeu*, n. 1, maio de 1990: diretor, Bernard-Henri Lévy; redator-chefe, Guy Scarpetta.

para o sucesso das teses culturalistas de Samuel Huntington, que vê brotar no futuro um choque entre as civilizações[31] e distingue diversas zonas de civilização exclusivas umas das outras, dedicadas a se afrontarem por motivações essencialmente religiosas.

Nesse contexto de crescimento das preocupações identitárias, a Frente Nacional (FN) na França continua sua inexorável ascensão, iniciada no início dos anos 1980. As eleições legislativas de 1986 abrem para ela as portas da Assembleia Nacional, graças à adição da representação na proporcional dos deputados. Com mais de dois milhões e meio de eleitores em 16 de março de 1986, a FN forma um grupo parlamentar de 35 deputados e conta com 137 conselheiros regionais. Seguro dessa implantação nacional e de seu enraizamento local, o partido de extrema direita dá uma vasta amplitude às suas campanhas contra a imigração e ao reforço da segurança diante da delinquência. Essa penetração na sociedade não é um sinal de boa saúde, como nota Pascal Perrineau apoiando-se nas análises de Durkheim sobre a anomia social no século XIX: "Ao final do século XX, a ascensão da FN e as angústias que a alimentam são igualmente sintomas patológicos de uma desagregação social e política."[32]. Esse diagnóstico está em consonância com o estudo publicado pelo demógrafo Hervé Le Bras sobre o voto lepenista: "O voto Le Pen deve, pois, ser levado a sério. Ele indica uma degenerescência das formas políticas intermediárias que filtravam até então os impulsos imediatos."[33] A irresistível ascensão prossegue no correr dos anos 1980 e na eleição presidencial de 1988. Le Pen reúne em torno de seu nome 14,4% dos votos expressos, isto é, mais de quatro milhões de eleitores. Esse bom resultado é ainda mais espetacular e surpreendente porque ele é obtido apesar da enorme provocação de Le Pen nas ondas da rádio RTL em 13 de setembro de 1987, quando declara que as câmaras de gás não são senão "um pequeno detalhe da história da Segunda Guerra Mundial". A comoção é geral e a "maioria dos próximos de Jean-Marie

---

31. HUNTINGTON, 2000.
32. PERRINEAU, 1993, p. 270.
33. LE BRAS, [1986] 1993, p. 271.

Le Pen compreende naquela noite que ele se desvia do poder".³⁴ Le Pen apropria-se das teses negacionistas de Faurisson e de outros. Entretanto, ele obtém um resultado até então nunca atingido pela extrema direita em uma eleição presidencial. Contudo, ele está furioso, pois as sondagens davam a ele de 17% a 18% dos votos: "O que Le Pen nunca reconhecerá é esse pequeno detalhe. Isso foi devastador. Esse caso muito nos abalou em termos de reunificação dos notáveis. Demo-nos um tiro em cada pé."³⁵ Entretanto, a reintrodução do escrutínio majoritário tem como efeito mecânico reenviar a FN para as margens da vida política francesa. Sem eleições a curto prazo para consolidar seu poder, a FN pode dar livre curso à sua ideologia racista e antissemita. Le Pen, cuja existência se dá a golpes de escândalos, ataca em setembro de 1988, ao final da *université d'été*³⁶ de seu movimento, o "Sr. Durafour-crematório"³⁷; em 1989, ele denuncia no jornal *Présent* o papel antinacional da "internacional judaica". Em setembro, o cineasta e deputado europeu da FN Claude Autant-Lara declara: "Pois bem, quando me falam de genocídio, eu digo: de todo modo, eles deixaram escapar a mãe Veil [...]. A esquerda atual é dominada pela judiaria cinematográfica internacional, pelo cosmopolitismo e pelo internacionalismo [...]. O pretenso genocídio [...]."³⁸ É nesse clima nauseabundo que explode no outono de 1989, na volta às aulas, o caso dito do *foulard*. Três alunas de um colégio de Creil, na região Oise, recusam-se a retirar o véu em sala de aula, o que suscita um debate nacional sobre o respeito à laicidade e sobre o lugar do religioso no espaço público e escolar; esse debate dá origem, mais tarde, a uma missão confiada a Bernard Stasi e, em seguida, à adoção em 2004 da lei que proibirá o uso de quaisquer signos ostensivos de pertença religiosa no espaço da escola como um todo,

---

34. ESLIN, 1984, p. 189.
35. Carl Lang, entrevista com Valérie Igounet, ibidem, p. 200.
36. "*Université d'été*" é uma expressão para designar a reunião de homens políticos e de militantes de um mesmo partido — ela ocorre ao final das férias de julho, isto é, no verão (*été*) europeu. [N.T.]
37. O jogo de palavras começa com o nome Durafour — "*four*" quer dizer "forno": Durafour crematório. [N.T.]
38. Claude Autant-Lara, citado in PERRINEAU, 1993, p. 286.

isto é, da educação infantil ao ensino médio. Enquanto isso, esse caso, que suscita uma viva controvérsia sobre o que se pode admitir ou proibir, ocupa todas as famílias políticas e os intelectuais durante diversas semanas, e permite à FN — sem exagero — angariar com ela benefícios políticos: em novembro de 1989, por ocasião de duas eleições parciais, em Marseille e em Dreux, os dois candidatos da FN obtêm respectivamente 33,04% e 42,49% dos votos expressos no primeiro turno. Em Dreux, Marie-France Stirbois é amplamente eleita no segundo turno, com 61,3% dos votos.

O que se chama o retorno do religioso, observável por todos os lados, assume em certos países a forma de uma crispação identitária. Os grupos fundamentalistas proliferam, e alguns irão passar ao terrorismo. Daryush Shayegan, filósofo e romancista iraniano, eminente indianista, julga que esse retorno do religioso, que pode ser proveitoso no Ocidente no plano da espiritualidade, não o é em absoluto no Oriente: "O que é enriquecimento do ser no Ocidente torna-se, no Oriente, regressão pura e simples. Pois no Oriente a religião é ainda uma vulcão ativo, e a racionalidade não se enraizou suficientemente nos espíritos."[39] Em 1989, está-se longe das esperanças expressas por Michel Foucault em 1979 sobre a revolução iraniana; ele se dizia fascinado pela ressurgência de espiritualidade política encarnada pelo aiatolá Khomeini. Com efeito, este último acaba de pronunciar uma *fatwa* que visa ao autor dos *Os versos satânicos*, Salman Rushdie. Em 1988, a publicação da obra em língua inglesa suscita comoção nos meios religiosos do mundo muçulmano, que ali denunciam as declarações que blasfemam o Profeta. O aiatolá Khomeini, que se apresenta então como o dirigente da comunidade xiita desde a revolução iraniana de 1979, condena o que ele qualifica de apostasia e pronuncia uma sentença sem equívocos, a famosa *fatwa*:

> Em nome de Deus todo-poderoso. Não há senão um Deus para o qual todos nós retornaremos. Quero informar a todos os muçulmanos que o autor do livro intitulado *Os versos satânicos*, que foi escrito, impresso e publicado em oposição ao islão, ao profeta e ao Corão, assim como

---

39. SHAYEGAN, 1992, p. 281.

aqueles que o publicaram ou conhecem seu conteúdo, foram condenados à morte. Conclamo todos os muçulmanos zelosos a executá-los rapidamente, onde quer que se encontrem, a fim de que ninguém insulte as santidades islâmicas. Aquele que for morto em seu caminho será considerado um mártir. É a vontade de Deus. Além disso, quem quer que se aproxime do autor do livro, sem ter o poder de executá-lo, deverá traduzi-lo diante do povo para que ele seja punido por suas ações. Que Deus abençoe a todos vocês.

É nesse contexto de intimidação e de violência que o editor Christian Bourgois toma a delicada decisão de publicar uma versão francesa do livro de Rushdie. Quando a *fatwa* vem a público, os jornalistas procuram imediatamente Bourgois, que obteve os direitos da edição francesa. Ele dirá em 1990 que nunca se sentiu tão editor quanto no dia em que, tomando consciência da fragilidade da liberdade editorial e do poder subversivo dos livros, decidiu publicar Rushdie. Diante do risco que expõe todos aqueles que trabalham em sua editora, assim como toda a cadeia do livro até os livreiros e os próprios leitores, Bourgois não quer se desdizer, mas pretende adotar uma posição responsável. Em 15 de fevereiro, no dia seguinte ao decreto da *fatwa*, ele decide suspender a publicação em língua francesa da obra, desejando suscitar uma reação da profissão diante do *Diktat* iraniano. Toda uma série de jornais cotidianos, de hebdomadários, assim como muitas editoras se dizem prontos a se engajar na publicação da obra, observando que nada farão sem a concordância de Bourgois, o único a ter os direitos autorais. Em face desses apoios, Bourgois decide então acelerar a tradução d'*Os versos satânicos*, instalando o tradutor, sob um pseudômino, em um hotel. O livro é publicado em setembro de 1989 com uma primeira tiragem de 65 mil exemplares, que se esgotam em 48 horas. Finalmente, serão vendidos 260 mil exemplares. As precauções necessárias para assegurar a segurança da família Bourgois são difíceis de sustentar, e a cada quinze dias um representante dos Renseignements généraux[40] indica o que

---

40. Os Renseignements généraux integram a Direção Geral da Polícia Nacional francesa (DGPN). Trata-se do serviço de inteligência da polícia francesa. [N.T.]

acontecerá. Todas as noites, eles são assediados e ameaçados ao telefone. Pierre Joxe, então ministro do Interior, tranquiliza Dominique, esposa de Christian Bourgois, indicando-lhe que a preocupação não se justificará senão quando eles não mais telefonarem. Durante todo esse período, os filhos de Bourgois vão escoltados por guarda-costas para a escola ou para o parque público. Não menos de cinco milhões de francos da época foram gastos em segurança. Todo o pessoal da editora treme de medo. Pierre Joxe, colega de Bourgois na universidade, mostra-se bastante vigilante e envia-lhe um comissário especializado para assegurar a segurança de seus escritórios. Os islamistas acabam finalmente por atacar em 1990, em um belo domingo de Pentecostes: os depósitos da editora são incendiados, e em duas horas quatorze milhões de livros são destruídos. Se o incêndio não foi reivindicado, foram encontradas provas tangíveis de um ato criminoso, manifestamente ligado ao caso Rushdie, à guisa de represália. Autos de fé se multiplicam e Salman Rushdie deve se enclausurar na mais estrita clandestinidade para escapar de um assassinato. Atentados atingem livrarias que expuseram o livro em vitrine, os tradutores japonês e italiano de Rushdie são apunhalados em julho de 1991; em 1993, em Oslo, seu editor norueguês escapará por pouco de diversos tiros de revólver.

Ao menos em 1989, é possível se alegrar com o diálogo retomado entre intelectuais do Oeste e do Leste, com esse reencontro entre as duas partes de um povo europeu artificialmente separadas. Entretanto, ainda aí as decepções são múltiplas. Pierre Hassner, graças ao seminário que animava desde 1975 e que muito trabalhou por esse diálogo no tempo em que a cortina de ferro dividia o continente, organizando as trocas entre intelectuais dos países comunistas, com personalidades como Jacques Rupnik, Aleksander Smolar, Pierre Kende, Mihnea Berindei e intelectuais, diplomatas ou pesquisadores franceses como Marie Mendras, especialista em Rússia, expressa seus temores e a decepção recíproca dos intelectuais das duas partes da Europa.[41] Alguns anos mais tarde, suas inquietações se confirmam: longe de tecer um diálogo fecundo, "as duas Europas deixaram

---

41. HASSNER, 1990.

não apenas de se interessar uma pela outra como de acreditar nelas próprias ou na Europa como tal".[42]

Decididamente, seja qual for o lado a partir do qual se olhe, sente-se muito bem que um ciclo se fechou, que o século XX se afasta do horizonte para entrar em um passado pouco glorioso, essencialmente traumatizante, e o devir permanece bem obscuro, incerto. A sociedade está sem bússola, confrontada com uma exasperação dos antagonismos, com uma ascensão do ódio e com um enfraquecimento geral da história. Para o filósofo Jean-Luc Nancy, esse esgotamento da historicidade testemunha "a dissolução, o deslocamento ou a conflagração da comunidade".[43] Também ele diagnostica, como alguns sociólogos ou demógrafos, a progressão de uma anomia social lá onde alguns, como Lipovetsky ou Yonnet, acreditam assistir à realização do indivíduo desabrochado. Segundo Jean-Luc Nancy, não se faz um mundo sem *clinamen*, sem um espaço no qual o indivíduo possa se apoiar: "O individualismo é um atomismo inconsequente, que esquece que o desafio do átomo é aquele de um mundo."[44] O filósofo insiste no valor performativo da historicidade. Dito de outro modo: o que acontece quando se inaugura uma nova página de história? O tempo presente, aquele do final dos anos 1980, é o "da *suspensão* da história — em um sentido a um tempo rítmico e angustiante: a história está suspensa, sem movimento, e nós esperamos, na incerteza e na ansiedade, o que acontecerá se ela retomar sua marcha para a frente".[45] Essa suspensão traduz o fim de toda forma de cronosofia. Trata-se de um tempo fugidio e aberto para a incerteza e para o abismo. Para recolocar a história em marcha, importa recriar o comum, o ser em comum, o ser-junto, que Jean-Luc Nancy considera como próprio do homem: "Eu sou 'eu' (eu existo) somente se posso dizer 'nós'."[46]

Essa entrada no século XXI exige uma mutação da figura do intelectual. Ele pode contribuir para superar a clivagem entre opinião e saber,

---

42. Idem, 2010, p. 110.
43. NANCY, [1986] 1999, p. 11.
44. Ibidem, p. 17.
45. Ibidem, p. 239. Em itálico, no original. [N.T.]
46. Ibidem, p. 258.

desempenhar ativamente um papel de aprofundamento democrático graças à sua atividade de sentinela nos conflitos de interpretações no interior de uma zona que Olivier Mongin qualifica de intermediária entre *doxa* e *épistémè*, aquela da opinião justa, já entrevista por Aristóteles sob o nome de *doxazein*:

> Permanecer em uma oposição intransigente entre a esfera da opinião (o preconceito, a alienação) e aquela do saber (o saber neutro do Estado que representa a vontade geral na República) penaliza duplamente o intelectual e o retira do debate democrático: ele permanece prisioneiro de uma atitude que o mantém à distância da sociedade e o proíbe de ser parte integrante da discussão pública.[47]

Esse intelectual democrático deve se dedicar a reforçar as mediações necessárias para a transmissão do saber, renunciar à sua postura de destaque e evitar o dilema enganoso entre ética de convicção e ética de responsabilidade. Esse intelectual de terceiro tipo seria um mediador crítico que se recusa a se deixar enredar nas ilusões da transparência da comunicação, ao mesmo tempo que contribui para retirar a cultura de especialista de seu gueto para fazê-la participar plenamente do debate democrático. Dessa nova configuração, duas prioridades competem ao intelectual: de início, aquela de discutir o saber do especialista; em seguida, aquela de esclarecer a opinião sobre seus próprios procedimentos. É reinvestindo nos ateliês da razão prática e atravessando nosso espaço de experiência que o intelectual está em condições de reconstruir uma nova esperança. É apenas assim que o intelectual pode impedir o horizonte de expectativas de fugir e é assim que pode recriar as condições de uma esperança coletiva. Entretanto, essa perspectiva pressupõe uma renúncia: aquela de uma posição de saliência, e uma exigência: reabrir os possíveis não verificados do passado. Essa revisitação da memória voltada para o agir humano deve recriar, a partir do presente, os fundamentos de um projeto societal aberto e em debate, tornando "nossas esperas mais determinadas e nossa experiência,

---

47. MONGIN, 1994, p. 363.

mais indeterminada".[48] Raymond Aron já conclamava em 1955 a essa lição de modéstia e a renunciar a essa postura de profeta: "O historiador, o sociólogo, o jurista depreendem *os* sentidos dos atos, das instituições, das leis. Eles não descobrem o sentido do todo. A história não é absurda, mas ninguém pode dela apreender *o* sentido último."[49]

Nessa saída do século xx, Edgar Morin não está longe de definir o mesmo horizonte para o intelectual. Também ele se recusa a entoar o canto do cisne e a enterrar a missão dos intelectuais em nome do cinismo e do ceticismo. Em primeiro lugar, o intelectual é obrigado a praticar um trabalho de autorreflexão em sua busca da verdade e da ação boa. Ele deve, pois, estar no interior de suas próprias observações e concepções, e assim renunciar a toda postura de domínio a partir da qual ele poderá se postar como juiz: "O intelectual deve operar uma ruptura capital. Ele deve deixar o sítio central (hélio-egocêntrico) da Verdade-sol para entrar no movimento de busca de verdade que não tem sítio algum fixo ou privilegiado."[50] A situação impõe um recomeço, uma reconversão, sob o risco de "consternar Saint-Germain-des-Prés, de desesperar a rua d'Ulm, para deixar de se iludir sobre Billancourt".[51]

Longe de conclamar o intelectual para que ele se demita de seu papel, Morin o exorta a preencher plenamente sua "missão", missão que assume a um tempo uma função crítica e uma função mitológica, em tensão constante entre o universal e o comunitário, entre a abstração e a concretude da experiência. O intelectual deve se assumir como tal e aspirar ao ideal de um metaintelectual que "tentaria lutar incessantemente contra o padre-mago que sempre tende a voltar nele".[52] Esse metaintelectual, habituado a um trabalho intelectual sobre ele próprio, evitaria malograr sobre as múltiplas armadilhas que o espreitam graças à adoção de posturas sistemáticas de denúncia, de excomunhão, de menosprezo ou de autointoxicação.

---

48. Ricœur, [1985] 1991, p. 390.
49. Aron, [1955] 2002, p. 146. Em itálico, no original. [N.T.]
50. Morin, 2004, p. 256.
51. Ibidem, p. 263.
52. Ibidem, p. 265.

O contraste é flagrante. A explosão existencialista de 1945, momento de todas as esperanças de uma França liberada da barbárie nazista, de uma França de todos os possíveis, de uma França onde abundam os imaginários coletivos, cedeu lugar a 1989, e sua chapa de chumbo se abateu sobre um futuro pleno de ameaças. Não é mais tempo de refazer o mundo, mas, como afirmou Albert Camus em 1957 em Estocolmo, por ocasião da entrega de seu prêmio Nobel de Literatura, de impedir que ele "se desfaça". Um horizonte de expectativas pleno de esperanças foi substituído por um horizonte de angústia, de medo de uma catástrofe que pode pôr em perigo o conjunto da humanidade. Companheiros do medo, o temor e o ódio do outro progrediram no decorrer dessas décadas de desesperança. O futuro, na ausência de utopia, se viu debruçado apenas sobre a projeção de um presente perpétuo. Renunciou-se a desenhar perspectivas e assistiu-se ao abandono de toda alternativa, em prol da alternância única. O desejar-viver juntos não parece mais se fundar senão sobre o menor denominador comum.

Entretanto, uma outra via é possível, aquela que recusa toda forma de ceticismo e de decadentismo se se considerar 1989 como encerramento não da história, mas do século XX, do século das ilusões perdidas. A derrocada do mundo comunista seria então a ruptura instauradora capaz de alimentar novas utopias concretas que aprenderam com os ensinamentos do destino funesto de mutações, que não gerarão outras emancipações senão aquelas, enganosas, do totalitarismo. Resta ainda ao século XXI encarnar um ser-juntos, inventá-lo para que ele se vire para a via boa das instituições justas. O ano de 1989 poderia se tornar esse ano zero da retomada da marcha da humanidade na direção de uma refundação desse ser-juntos.

A saída em 1989 desse trágico século XX, tornado o cemitério dos imaginários sócio-históricos do século XIX, se ela pode ser vivida como um momento de crise angustiante, como é sempre o caso quando um mundo antigo se esvanece enquanto o mundo novo ainda encontra dificuldades para nascer, é a ocasião de operar um olhar retrospectivo. É o projeto de *A saga dos intelectuais franceses*, cuja intenção não é acompanhar a nostalgia ou a melancolia e nelas se comprazer. Sua ambição é suscitar o necessário trabalho de luto das categorias do antigo mundo e dar lugar a uma autorreflexão que possa, afastando os impasses do passado, lançar as bases de um novo horizonte de expectativas e de esperança, de um futuro não traçado que teria encontrado uma bússola para guiar a ação do homem.

Esse legado intelectual da segunda metade do século xx, apesar de suas derivas, de seus delírios, de seus excessos, permanece muito rico. Ele é aquele de um período particularmente efervescente, criativo, da *intelligentsia* francesa, a ponto de suas obras, conhecidas sob o nome de *French Theory* nos Estados Unidos, terem brilhado por todo o mundo. Se o período foi trágico, os intelectuais se deram como tarefa pensá-lo, apoiando-se nas ciências sociais em plena explosão. Os olhares etnológico, psicanalítico, a nova maneira de conceber a história modificaram profundamente nossa visão do homem. Revisitar esse período significa sublinhar seus impasses; significa igualmente exumar suas luzes para alimentar o futuro. Nós ainda vivemos na sombra trazida por essa época e pelas obras que ela viu nascer, sem as quais não seríamos o que somos.

Como observava Bernard de Chartres no século xii, em uma fórmula que se tornou célebre, retomada por Newton e por Blaise Pascal, importa se apoiar sobre as obras dos grandes pensadores do passado: não somos senão "anões sobre os ombros de gigantes". Se não há lições do passado, há uma sedimentação do saber e um papel de sentinela do intelectual que deve relembrar em que essa herança nos permite pensar de modo diferente.

Entre a exaltação profética de 1945 e o sentimento de fim da história de 1989, não se trata, pois, de escolher. O desvio realizado por *A saga dos intelectuais franceses* sobre esse longo período é, ao contrário, um convite para nos prevenirmos contra as armadilhas, os excessos dessas duas posições extremas, a euforia cega e o ceticismo decadentista. Convém, pelo contrário, sair dessa alternativa redutora e empobrecedora abrindo-nos para um espaço-tempo mediano capaz de rearmar um desejo de emancipação coletiva. A esperança secreta do autor é de ter construído um túmulo para o morto a fim de atribuir um lugar ao passado que permita, graças à rica herança que ele nos legou, relançar as possibilidades de um futuro desembaraçado dos desvios do passado.

Conclusão

É fato que vivemos um tempo desorientado, e sabemos que a razão não precisa mais doravante habitar o tempo. Mas uma tal convicção deve suscitar um acréscimo de responsabilidade que incumbe os próprios atores de apreenderem o *kairos* por eles atravessado em sua experiência histórica e, assim, novamente, darem um rumo à história, à história deles.

APÊNDICES

APPENDICES

Fontes citadas

Abélès, Marc (org.). *Le Défi écologique*. Paris: L'Harmattan, 1993.
Abirached, Robert (org.). *La Décentralisation théâtrale*, iii. *1968, le tournant*. Arles: Actes Sud, 1994.
Albert, Michel. *Le Pari français*. Paris: Éd. du Seuil, 1983.
Althusser, Louis. Idéologie et appareils idéologiques d'État. *La Pensée*, n. 151, jun. 1970; reproduzido in Idem. *Positions (1964-1975)*. Paris: Éditions sociales, 1976.
Amouroux, Henri. *Monsieur Barre*. Paris: Robert Laffont, 1986.
Andrieu, René. Les grandes orgues. *L'Humanité*, 15 fev. 1974.
Antoine, Monique. "Une histoire du MLAC". In: *Le Féminisme et ses enjeux. Vingt-sept femmes parlent*. Paris: Édilig, 1988.
Aragon, Louis. "Ce roman que je tiens pour une oeuvre majeure". Prefácio a Kundera, 1968.
—. La Valse des adieux. *Les Lettres françaises*, 11 out. 1972.
—. "Théâtre/Roman". In: Idem. *Œuvres romanesques complètes*. Paris: Gallimard, col. "Bibliothèque de la Pléiade", t. V, 2012.
Araud, Gérard; Mongin, Olivier. Une fin de l'histoire... très américaine! *Esprit*, nov. 1989.
Arendt, Hannah. A Reply to Critics. *Dissent*, primavera, 1957.
—. *Eichmann à Jérusalem*. Paris: Gallimard, 1966. [Ed. bras.: *Eichmann em Jerusalém*. São Paulo: Companhia das Letras, 1999.]
—. *La Condition de l'homme moderne*. Prefácio de Paul Ricœur. Paris: Calmann-Lévy, 1983. [Ed. bras.: *A condição humana*. Rio de Janeiro: Forense Universitária, 2016.]
—. *Qu'est-ce que la politique?* Paris: Éd. du Seuil, 1995.
—; Blücher, Heinrich. *Correspondance, 1936-1968*. Paris: Calmann-Lévy, 1999.

ARMEL, Aliette. *Michel Leiris*. Paris: Fayard, 1997.

ARON, Raymond. *L'Opium des intellectuels*. Paris: Calmann-Lévy, 1955; reed. Hachette, col. "Pluriel", 2002. [Ed. bras.: *O ópio dos intelectuais*. São Paulo: Três Estrelas, 2016.]

—. *Le Figaro*, 8 maio. 1968a.

—. La Crise de l'université: une mise en garde et un appel de Raymond Aron. *Le Figaro*, 11 jun. 1968b.

—. *La Révolution introuvable*. Paris: Fayard, 1968c.

—. *Les Désillusions du progrès*. Paris: Calmann-Lévy, 1969.

—. Tocqueville retrouvé. *The Tocqueville Review*, v. I, n. 1, outono 1979.

—. *Mémoires*. Paris: Robert Laffont, 2003; reed. col. "Bouquins", 2010.

ARTIÈRES, Philippe. In: ARTIÈRES; ZANCARINI-FOURNEL (orgs.), 2008.

—; QUÉRO, Laurent; ZANCARINI-FOURNEL, Michelle. "Le Groupe d'information sur les prisons: archives d'une lutte, 1970-1972". Saint-Germain la Blanche--Herbe: Éd. de l'Imec, 2005.

—; ZANCARINI-FOURNEL, Michelle (orgs.) *68. Une histoire collective (1962-1981)*. Paris: La Découverte, 2008.

ASGER, Jorn. Discours aux pingouins. *Cobra*, n. 1, reproduzido in BERRÉBY, Gérard (org.). *Documents relatifs à la fondation de l'Internationale situationniste*. Paris: Éd. Allia, 1985.

ATLAN, Henri. Entrevista. *Le Monde*, 19 nov. 1991.

ATTALI, Jacques; LÉVY, Bernard-Henry. Réponse à Noam Chomsky: et Timor, et le Cambodge? *Le Matin de Paris*, 17 dez. 1979.

AUBERT, Claude; BIANCO, Lucien; CADART, Claude; DOMENACH, Jean-Marie. *Regards froids sur la Chine*. Paris: Éd. du Seuil, 1976.

AUBRAL, François; DELCOURT, Xavier. *Contre la nouvelle philosophie*. Paris: Gallimard, 1977.

AUDIER, Serge. *Tocqueville retrouvé. Genèse et enjeux du renouveau tocquevillien français*. Paris: Vrin, EHESS, 2004.

AUDRY, Colette. Colette Audry explique sa collection Femme. *Femmes diplômées*, n. 51, 3º trimestre 1964, citado in LIATARD, 2010.

AUGÉ, Marc. Y a-t-il encore des idées de gauche? *Le Débat*, n. 42, nov.-dez. 1986.

AUROUX, Sylvain. Entrevista. *Sciences humaines*, n. 24, jan. 1993.

AVON, Dominique; ROCHER, Philippe. *Les Jésuites et la société française. XIXe-XXe siècles*. Paris: Privat, 2001.

Avortement, une loi en proces. L'affaire de Bobigny. Apresentação de Gisèle Halimi. Prefácio de Simone de Beauvoir. Paris: Gallimard, 1973.

BAECQUE (DE), Antoine. *Les* Cahiers du cinéma, *histoire d'une revue*, II. *Cinéma, tours détours, 1959-1981*. Paris: Éd. des Cahiers du cinéma, 1991.

—. "De l'affaire Langlois au Festival de Cannes: le cinéma s'insurge". In: ARTIÈRES; ZANCARINI-FOURNEL (orgs.), 2008.

BAIR, Deirdre. *Simone de Beauvoir*. Paris: Fayard, 1990.

BALIBAR, Étienne. *Écrits pour Althusser*. Paris: La Découverte, 1991.

—. *Les Frontières de la démocratie*. Paris: La Découverte, 1992.

—. *La Philosophie de Marx*. Paris: La Découverte, 1993.

—. *La Crainte des masses. Politique et philosophie avant et après Marx*. Paris: Galilée, 1997.

BARD, Christine. Été 1970: la révolution MLF. *L'Histoire*, n. 352, abr. 2010.

—. *Le Féminisme au-delà des idées reçues*. Paris: Le Cavalier bleu, 2012a.

— (org.). *Les Féministes de la deuxième vague*. Rennes: Presses universitaires de Rennes, 2012b.

BARDÈCHE, Maurice. *Nuremberg ou la Terre promise*. Paris: Les Sept Couleurs, 1948.

BARRAU, Grégory. *Le Mai 68 des catholiques*. Paris: Éd. de l'Atelier, 1998.

BARREAU, Jean-Claude. Redéfinir l'héritage. *Le Monde*, 13 ago. 1983.

BARRET-KRIEGEL, Blandine. La Guerre et la crise des démocraties. *Le Débat*, dossiê "De quoi l'avenir intellectuel sera-t-il fait?", n. 4, set. 1980.

BARTHES, Roland. *Tel Quel*, n. 47, 1971.

—. *Le Plaisir du texte*. Paris: Éd. du Seuil, 1973.

—. La Chine, comme l'a vue Roland Barthes. *Le Monde*, 24 maio. 1974, citado in ARTIÈRES; ZANCARINI-FOURNEL (orgs.), 2008.

—. *Roland Barthes par Roland Barthes*. Paris: Éd. du Seuil, 1975. [Ed. bras.: *Roland Barthes por Roland Barthes*. São Paulo: Estação Liberdade, 2003.]

—. *Fragments d'un discours amoureux*. Paris: Éd. du Seuil, 1977. [Ed. bras.: *Fragmentos de um discurso amoroso*. São Paulo: Unesp, 2018.]

—. "Leçon inaugurale au Collège de France", 7 jan. 1977. In: Idem. *Leçon*. Paris: Éd. du Seuil, 1978.

—. Entrevista com Jacques Henric. *Art Press*, maio. 1977; retomado in Idem, 1981.

—. Carta de Roland Barthes a Bernard-Henri Lévy, 1977, citado in COHEN, 2005.

—. Entrevista com Philip Brooks. *Le Nouvel Observateur*, 14 abr. 1980a.

—. *La Chambre claire. Note sur la photographie*. Paris: Gallimard/Éd. du Seuil, 1980b.

—. *Le Grain de la voix*. Paris: Éd. du Seuil, 1981.

BARTOŠEK, Karel. *Les Aveux des archives. Prague-Paris-Prague, 1948-1968*. Paris: Éd. du Seuil, 1996.

BASTAIRE, Jean. *Péguy, l'inchrétien*. Paris: Desclée de Brouwer, 1991.

BAUBÉROT, Jean. Pour la création de maquis idéologiques. *Christianisme social*, n. 11-12, 1967.

—. "Un exemple de mise en question des institutions ecclésiastiques: la révue *Le Semeur* (publiée par la FFACE) et la *crise* de 'L'Alliance des équipes unionistes'". In: MEHL, Roger (org.). *Crises et mutations institutionnelles dans le protestantisme français*. Atas do *3ᵉ colloque de sociologie du protestantisme*, Estrasburgo, 1972, Librairie protestante e CPED, 1974.

—. *Le Pouvoir de contester*. Genebra: Labor et Fides, 1983.

BAUDRILLARD, Jean. *Le Système des objets*. Paris: Gallimard, 1968. [Ed. bras.: *O sistema dos objetos*. São Paulo: Perspectiva, 2019.]

—. Fonction-signe et logique de classe. *Communications*, n. 13, 1969; retomado in Idem. *Pour une critique de l'économie politique du signe* [1972]. Paris: Gallimard, 1982.

—. La Gauche divine, I. La Fin des passions historiques? *Le Monde*, 21 set. 1983; retomado in *La Gauche divine*. Paris: Grasset, 1985.

—. *Cool Memories, 1980-1985*. Paris: Galilée, 1985.

—. Entrevista com François Ewald. *Le Magazine littéraire*, n. 264, abr. 1989.

—. *La Guerre du Golfe n'a pas eu lieu*. Paris: Galilée, 1991.

BAVEREZ, Nicolas. *Raymond Aron*. Paris: Perrin, col. "Tempus", 2006.

BAYNAC, Jacques. *Mai retrouvé*. Paris: Laffont, 1978.

BEAUVOIR, Simone de. *Le Deuxième Sexe*, 2 vols., 1949. [Ed. bras.: *O segundo sexo*. Rio de Janeiro: Nova Fronteira, 2019.]

—. "La Femme révoltée", textos reunidos por Alice Schwarzer. *Le Nouvel Observateur*, 14 fev. 1972.

—. *Choisir la cause des femmes. Le procès de Bobigny*, [1973] 2006.

BECKER, Jean-Jacques. 1984: la dernière bataille de l'école. *L'Histoire*, n. 135, jul.-ago. 1990.

BÉJA, Jean-Philippe. L'Ordre règne à Pékin. *Esprit*, jul.-ago. 1989.

BELO, Fernando. *Lecture matérialiste de l'Évangile de Marc*. Paris: Éd. du Cerf, 1974.

BENJAMIN, Walter. *Charles Baudelaire. Un poète lyrique a l'apogée du capitalisme*. Prefácio e trad. J. Lacoste. Paris: Payot, 1982.

BENOIST (DE), Alain. *Europe-Action*, n. 36, dez. 1965.

—. *Vu de droite*. Paris: Copernic, 1977.

—. Ce que nous disons. *Le Monde*, 29 set. 1979a.

—. *Les Idées à l'endroit*. Paris: Hallier, 1979b.

—. *Nouvelle École*, n. 33, verão 1979, citado in CHEBEL D'APPOLLONIA, 1988.

—. *Comment peut-on être paien?* Paris: Albin Michel, 1981.

—. *Orientations pour des années décisives.* Paris: Le Labyrinthe, 1982.

—. Conclusão de uma conferência proferida em 24 nov. 1985 por ocasião do *XIXe colloque national du Grece*; retomado in *Une certaine idée de la France*, Grece/Le Labyrinthe, 1985, p. 87, e citado in Taguieff, 1994, p. 63.

—. Pensée politique: l'implosion. *Krisis*, n. 1, verão 1988.

Bensaïd, Daniel. *Walter Benjamin. Sentinelle messianique.* Paris: Plon, 1990.

—. *Marx l'intempestif.* Paris: Fayard, 1995.

—. Weber, Henri. *Mai 1968: une répétition générale.* Paris: Maspero, 1968.

Berstein, Serge; Rioux, Jean-Pierre. *La France de l'expansion*, II. *L'Apogée Pompidou, 1964-1974.* Paris: Éd. du Seuil, col. "Points", 1995.

Bertrand-Sabiani, Julie; Gerbod, Françoise; Leroy, Géraldi. *La Réception de Charles Péguy en France et à l'étranger.* Orléans: Centre Charles Péguy, 1991.

Besnier, Jean-Michel; Thomas, Jean-Paul. *Chronique des idées d'aujourd'hui.* Paris: PUF, 1987.

Bétourné, Olivier; Hartig, Aglaia I. *Penser l'histoire de la Révolution. Deux siècles de passion française.* Paris: La Découverte, 1989.

Bianco, Lucien, in Aubert; Bianco; Cadart; Domenach, 1976.

—. Prefácio a Frolic, 1982.

Bible au présent (La). Paris: Gallimard, 1982.

Bident, Christophe. *Maurice Blanchot, partenaire invisible. Essai biographique.* Paris: Champ Vallon, 1998.

Blanchot, Maurice. Les Intellectuels en question: ébauche d'une réflexion. *Le Débat*, n. 29, mar. 1984.

Bloch, Marc. *Apologie pour l'histoire.* Paris: Armand Colin, 1974.

Blondel, Éric. *Nietzsche. Le Corps et la culture.* Paris: PUF, 1986.

Bloom, Allan. *L'Âme désarmée. Essai sur le déclin de la culture générale.* Paris: Julliard, 1987a.

—. La Musique et l'âme des jeunes. *Commentaire*, n. 37, primavera 1987b.

Bluche, François. *Louis XIV.* Paris: Fayard, 1986.

Bluche, Frédéric. *Septembre 1792. Logiques d'un massacre.* Prefácio de Jean Tulard. Paris: Laffont, 1986.

Bodard, Lucien. Bernard-Henri Lévy ne veut pas être du côté du manche. *France Soir*, 6 jul. 1977.

Boggio, Philippe. Le Trouble. *Le Monde*, 2 set. 1983.

Boltanski, Luc. *L'Amour et la Justice comme compétences.* Paris: Métailié, 1990.

—; THÉVENOT, Laurent. *De la justification. Les Économies de la grandeur*. Paris: Gallimard, 1991.

BONCENNE, Pierre. *Le Parapluie de Simon Leys*. Paris: Philippe Rey, 2015.

BONTÉ, Louis-Michel; DUCHADEUIL, Pascal. *Éloge de la volonté a l'usage d'une France incertaine*. Paris: Éd. universitaires, 1988.

BORNE, Dominique. Lutter contre l'analphabétisme religieux. *Le Monde*, 28 set. 2000.

BOSQUET, Alain. *Pas d'accord Soljenitsyne!* Paris: Filipacchi, 1974.

BOUC, Alain. Chine. Simon Leys, *Les Habits neufs du président Mao*. *Le Monde*, 19 nov. 1971.

BOUDIC, Goulven. *Esprit, 1944-1982. Les Métamorphoses d'une revue*. Saint-Germain-La-Blance-Herbe: Éd. de l'Imec, 2005.

BUKOVSKI, Vladimir. *Une nouvelle maladie mentale en URSS: l'opposition*. Paris: Éd. du Seuil, 1971.

BOURDIEU, Pierre. La Mort du philosophe Michel Foucault. Le Plaisir de savoir. *Le Monde*, 27 jun. 1984.

BOURG, Dominique; FRAGNIÈRE, Augustin. *La Pensée écologique. Une anthologie*, Paris: PUF, 2014.

BOURRICAUD, François. *Le Bricolage idéologique. Essai sur les intellectuels et les passions démocratiques*. Paris: PUF, 1980.

—. *Le Retour de la droite*. Paris: Calmann-Lévy, 1986.

BOUTIER, Jean; JULIA, Dominique (orgs.). *Passés recomposés. Champs et chantiers de l'histoire*. Paris: Autrement, 1995.

BOUYER, Christian. *Odéon est ouvert. Tribune libre*. Paris: Nouvelles Éditions Debresse, 1968.

BRAUMAN, Rony (org.). *Le Tiers-mondisme en question*. Paris: Olivier Orban, 1986.

BRILLANT, Bernard. *Les Clercs de 68*. Paris: PUF, 2003.

BROYELLE, Claudie. *La Moitié du ciel. Le Mouvement de libération des femmes aujourd'hui en Chine*. Paris: Denoël/Gonthier, 1973.

—; BROYELLE, Jacques; TSCHIRHART, Évelyne. *Deuxième Retour de Chine*. Paris: Éd. du Seuil, 1977.

BRUCKNER, Pascal. *Le Sanglot de l'homme blanc. Tiers-monde, culpabilité, haine de soi*. Paris: Éd. du Seuil, 1983; reed. col. "Points", 1986.

BRUHAT, Jean. *Il n'est jamais trop tard. Souvenirs*. Paris: Albin Michel, 1983.

BRUNEAU, Ivan. Quand des paysans deviennent "soixante-huitards". In: DAMAMME, Dominique; GOBILLE, Boris; MATONTI, Frédérique; PUDAL, Bernard (orgs.). *Mai-Juin 68*. Paris: Éd. de l'Atelier, 2008.

Buci-Glucksmann, Christine. *L'Enjeu du beau. Musique et passion*. Paris: Galilée, 1992.

Burguière, André. *Histoire et Structure*. Paris: A. Colin, 1971.

—. In: *Le Tiers-monde et la gauche*. Paris: Le Seuil, 1979.

Burnier, Michel-Antoine; Rambaud, Patrick. *Le Roland-Barthes sans peine*. Paris: Balland, 1978.

Cadart, Claude. In: Aubert; Bianco; Cadart; Domenach, 1976.

Calvet, Louis-Jean. *Roland Barthes*. Paris: Flammarion, 1990.

Camus, Albert. *Discours de Suède* [1957]. Paris: Gallimard, col. "Folio", 1997.

Cans, Roger. *Petite Histoire du mouvement écolo en France*. Paris: Delachaux et Niestlé, 2006.

Cardonnel, Jean. *Dieu est mort en Jésus-Christ*. Bordeaux: Ducros, 1968a.

—. L'Évangile et la Révolution. *Cahiers du Témoignage chrétien*, n. 50, 1968b.

Caroux, Jacques. Glissements vers la xénophobie. *Esprit*, jun. 1985.

Carpentier, Jean; Lebrun, François (orgs.). *Histoire de l'Europe*. Paris: Éd. du Seuil, 1992.

Casanova, Jean-Claude. Pour Raymond Aron. *Commentaire*, n. 24, inverno 1983, p. 699, citado in Rieffel, 1993.

—. Après trois ans... *Commentaire*, n. 27, outono 1984.

—. Des anciens aux modernes: les raisons du renouveau libéral. *Commentaire*, n. 39, outono 1987.

Castel, Robert. *Le Psychanalysme*. Paris: Maspero, 1973; reed. 10/18, 1976.

Castoriadis, Cornelius. La Révolution anticipée [1968]; retomado in Morin; Lefort; Idem, 2008.

—. *L'Institution imaginaire de la société*. Paris: Éd. du Seuil, 1975. [Ed. bras.: *A instituição imaginária da sociedade*. São Paulo: Paz e Terra, 2008.]

—. Les Divertisseurs. *Le Nouvel Observateur*, 20 jun. 1977; retomado in Idem, 1979.

—. Le Régime social de la Russie. *Esprit*, jul.-ago. 1978.

—. *La Société française*. Paris: 10/18, 1979.

—. L'industrie du vide. *Le Nouvel Observateur*, 9 jul. 1979; retomado in Idem, [1986] 1999.

—. Transformation sociale et création culturelle. *Sociologie et sociétés*, v. XI, n. 1, abr. 1979; retomado in Idem. *Fenêtre sur le chaos*. Paris: Éd. du Seuil, 2007.

—. *Devant la guerre*. Paris: Fayard, 1981; reed. Hachette, col. "Biblio-essais", 1983. [Ed. bras.: *Diante da guerra*. São Paulo: Brasiliense, 1982.]

—. Illusions ne pas garder. *Libération*, 21 dez. 1981; retomado in Idem, [1986] 1999.

—. "Pologne, notre défaite". Prefácio a *Banque d'images pour la Pologne*. Limage 2, 1982; retomado in Idem, [1986] 1999.

—. La Crise des sociétés occidentales. *Politique internationale*, n. 15, primavera 1982; retomado in Idem, [1996] 2007.

—. *Les Carrefours du labyrinthe*, II. *Domaines de l'homme*. Paris: Éd. du Seuil, 1986; reed. col. "Points", 1999.

—. Nous traversons une basse époque... *Le Monde*, 12 jul. 1986; retomado in Idem, [2005] 2011.

—. "Voie sans issue?". In: JACQUARD, Albert (org.). *Les Scientifiques parlent*. Paris: Hachette, 1987; retomado in Idem, [1990] 2000.

—. "L'Époque du conformisme généralisé" [1989]; retomado in Idem, [1990] 2000.

—. *Les Carrefours du labyrinthe*, III. *Le Monde morcelé*. Paris: Éd. du Seuil, 1990; reed. "Points", 2000.

—. "La Force révolutionnaire de l'écologie", entrevista [1992]; retomado in Idem, [2005] 2011a.

—. L'Écologie contre les marchands. *Le Nouvel Observateur*, 7-15 maio. 1992; retomado in Idem, [2005] 2011b.

—. Une société à la dérive. Entrevista com Marc Weitzmann. *L'Autre Journal*, n. 2, mar. 1993; retomado in Idem, [2005] 2011.

—. "La Montée de l'insignifiance". Entrevista com O. Morel. *Rádio Plurielle*, 18 jun. 1993; retomado in Idem, [1996] 2007.

—. *Les Carrefours du labyrinthe*, IV. *La Montée de l'insignifiance*. Paris: Éd. du Seuil, 1996; reed. col. "Points", 2007.

—. *Une société a la dérive. Entretiens et débats, 1974-1997*. Paris: Éd. du Seuil, 2005; reed. col. "Points", 2011.

—; COHN-BENDIT, Daniel. *De l'écologie à l'autonomie*. Paris: Éd. du Seuil, 1981.

CERTEAU, Michel de. Pour une nouvelle culture: prendre la parole. *Études*, jun.-jul. 1968; retomado in Idem. *La Prise de parole. Pour une nouvelle culture*. Paris: DDB, 1968, e in Idem; GIARD. *La Prise de parole et autres écrits politiques*. Paris: Éd. du Seuil, col. "Points", 1994.

—. La Culture dans la société. *Analyse et prévision*, número especial *Prospective du développement culturel*, out. 1973; retomado in *La Culture au pluriel*. Paris: UGE, 1974; reed. col. "Points", 1993.

—. "Comme une goutte d'eau dans la mer". In: Idem; DOMENACH, 1974.

—. *L'Invention du quotidien*, I. *Arts de faire*. Paris: Gallimard, col. "Folio", 1990.

—. *La Prise de parole et autres écrits politiques*. Paris: Éd. du Seuil, "Points", 1994.

—; DOMENACH, Jean-Marie. *Le Christianisme éclaté*. Paris: Éd. du Seuil, 1974.

—; GIARD, Luce. *L'Ordinaire de la communication*. Paris: Dalloz, 1983; retomado in Idem; GIARD, 1994.

CHALIAND, Gérard. In: BRAUMAN (org.), 1986.

CHANGEUX, Jean-Pierre; RICŒUR, Paul. *La Nature et la Règle*. Paris: Odile Jacob, 1998.

CHANTRE, Benoît. La Mystique républicaine de Charles Péguy et Simone Weil. *Esprit*, out. 1999.

—. Charles Péguy, à contre-courant. *Esprit*, jan. 2000.

CHAPERON, Sylvie. "Momone et les bonnes femmes, ou Beauvoir et le MLF". In: BARD (org.), 2012.

CHAPIER, Henri. L'Aveu de Costa-Gavras. Une religion trahie. *Combat*, 29 abr. 1970.

CHAPSAL, Madeleine. Œdipe connais plus. *L'Express*, 27 mar.-2 abr., 1972.

CHARBONNEAU, Bernard. *Le Jardin de Babylone*. Paris: Gallimard, 1969.

CHARPIER, Frédéric. *Génération Occident*. Paris: Éd. du Seuil, 2005.

CHARTIER, Anne-Marie. Sur l'école. *Le Débat*, n. 31, set.-out., 1984.

CHÂTELET, François. Le Combat d'un nouveau Lucrèce. *Le Monde*, 28 abr. 1972.

CHAUNU, Pierre. "Prefácio". In: FAYARD, Jean-François. *La Justice révolutionnaire*. Paris: Laffont, 1987.

—. *Le Grand Déclassement. À propos d'une commémoration*. Paris: Robert Laffont, 1989.

—. *L'Instant éclaté. Entretiens avec François Dosse*. Paris: Aubier, 1994.

CHAVARDÈS, Maurice. Machiavel est-il de gauche? *Témoignage chrétien*, 6 set. 1973.

—. De la liberté pour chacun au socialisme pour tous. *Témoignage chrétien*, 7 fev. 1974.

CHEBEL D'APPOLLONIA, Ariane. *L'Extrême-Droite en France. De Maurras à Le Pen*. Bruxelas: Complexe, 1988.

CHESNEAUX, Jean. *Habiter le temps*. Montrouge: Bayard, 1996.

CHEVALLEY, Catherine. Physique quantique et philosophie. *Le Débat*, n. 72, nov.-dez. 1992.

CHOMBART DE LAUWE, Marie-José. *Images de la femme dans la société*. Paris: CNRS, 1962.

CHRISTOFFERSON, Michael. *Les Intellectuels contre la gauche. L'idéologie antitotalitaire en France (1968-1981)*. Paris: Agone, 2009.

Cixous, Hélène. Le Rire de la méduse. *L'Arc*, n. 61, número especial, *Simone de Beauvoir et la lutte des femmes*, 1975; retomado in *Le Rire de la méduse. Et autres ironies*. Prefácio de Frédéric Regard. Paris: Galilée, 2010.

—. "Pré-histoire". In: Djian, Jean-Michel (org.). *Vincennes. Une aventure de la pensée critique*. Paris: Flammarion, 2009.

Clair, Jean. *Innovatio* et *Renovatio: de l'avant-garde au postmoderne*. *Le Débat*, n. 21, set. 1982.

—. *Considérations sur l'État des Beaux-Arts. Critique de la modernité*. Paris: Gallimard, 1983.

Clastres, Pierre. *Chronique des Indiens Guayaki*. Paris: Plon, col. "Terre humaine", 1972. [Ed. bras.: *Crônica dos índios Guayaki*. São Paulo: Editora 34, 1995.]

—. *La Société contre l'État*. Paris: Éd. de Minuit, 1974. [Ed. bras.: *A sociedade contra o Estado*. São Paulo: Ubu Editora, 2017.]

"Liberté, Malencontre, Innommable". In: La Boétie, [1976] 1993.

Clavel, Maurice. *Les Paroissiens de Palente*. Paris: Grasset, 1974.

—. Un inquiétant jeune homme. *Le Nouvel Observateur*, 5-16 dez. 1977.

Clément, Catherine. *Mémoire*. Paris: Stock, 2009.

Clévenot, Michel. *Haut-le-pied. Itinéraire d'un homme de foi*. Paris: La Découverte, 1989.

Closets (de), François. *Toujours plus!* Paris: Grasset, 1982.

—. *Tous ensemble*. Paris: Éd. du Seuil, 1985.

Cohen, Gerry. *Karl Marx's Theory of History. A Defence*. Princeton: Princeton University Press, 1978.

Cohen, Martine. Les Juifs de France: affirmations identitaires et évolution du modèle d'intégration. *Le Débat*, n. 75, maio-ago. 1993.

Cohen, Philippe. *BHL. Une biographie*. Paris: Fayard, 2005.

Cohen-Solal, Annie. *Sartre. 1905-1980*. Paris: Gallimard, 1985.

Cohen-Tanugi, Laurent. L'Engagement européen. *Le Débat*, n. 71, set.-out. 1992a.

—. *L'Europe en danger*. Paris: Fayard, 1992b.

Cohn-Bendit, Daniel. *Le Gauchisme. Remède a la maladie sénile du communisme*. Paris: Éd. du Seuil, 1968.

—. Le bon plaisir de Castoriadis. *France Culture*, 20 abr. 1996.

Cointet, Michèle; Riemenschneider, Rainer. Histoire, déontologie, médias: à propos de l'affaire Roques. *Revue d'histoire moderne et contemporaine*, v. XXXIV, jan.-mar. 1987.

COLLIN, Françoise. *L'Homme est-il devenu superflu? Hannah Arendt*. Paris: Odile Jacob, 1999.

—. Entrevista com Florence Rochefort e Danielle Haase-Dubosc. *Clio. Histoire, femmes et sociétés*, n. 13, *Intellectuelles*, 2001.

COLOMBEL, Jeannette. Pour une défense de gauche de Soljenitsyne. *Libération*, 22 out. 1973.

COMARIN, Elio. *Libération*, 12 jan. 1985.

COMBES, Patrick. *La Littérature et le Mouvement de Mai 1968*. Paris: Seghers, 1984.

COMTE-SPONVILLE, André. Une éducation philosophique. *La Liberté de l'esprit*, n. 17, inverno 1988; retomado in *Une éducation philosophique*. Paris: PUF, 1989.

—. Le Maître brisé. *Le Monde*, 24 out. 1990.

COQ, Guy; MAYOL, Pierre. La paix scolaire est possible, si on la veut! Editorial. *Esprit*, dez. 1983.

COURTINE, Jean-François (org.). *Phénoménologie et théologie*. Paris: Critérion, 1992.

CRESPIN, Raoul. *Des protestants engagés. Le Christianisme social, 1945-1970*. Paris: Les Bergers et les Mages, 1993.

CROUZET, Denis. Sur le projet de "Très Grande Bibliothèque". *Le Débat*, n. 55, maio-ago. 1989.

CUSSET, François. *La Décennie. Le grand cauchemar des années 1980*. Paris: La Découverte, 2006; reed. col. "La Découverte Poche", 2008.

DAIX, Pierre. *Journal de Prague*. Paris: Julliard, 1968a.

—. Le Printemps de Prague: note pour comprendre les écrivains tchécoslovaques. *Les Lettres françaises*, 3-10 abr. 1968b.

—. *Les Lettres françaises*, 21 maio 1969; retomado in Idem, 1974.

—. *Les Lettres françaises*, 5 maio 1971; retomado in Idem, 1974.

—. *Les Lettres françaises*, 25 ago. 1972; retomado in Idem, 1974.

—. *Prague au coeur*. Paris: 10/18, 1974.

—. Prefácio à edição francesa de *Listy*, 27 jan. 1974; retomado in *Recherches croisées*, n. 14, 2013.

—. *J'ai cru au matin*. Paris: Robert Laffont, 1976.

—. Pourquoi refuser l'existence de l'art moderne? *Le Débat*, n. 15, set.-out. 1981.

—. Aragon et son journal. *Recherches croisées*, n. 14, 2013.

DANIEL, Jean. L'Archipel Europe. *Le Nouvel Observateur*, 18 fev. 1974.

—. Les Prophéties de Soljenitsyne, 20 abr. 1975; retomado in Idem, 2002.

—. Une libération exemplaire. *Le Nouvel Observateur*, 19 jan. 1976a.

—. Pliouchtch parmi nous. *Le Nouvel Observateur*, 16 fev. 1976b.

—. *L'Ere des ruptures*. Paris: Grasset, 1979.

—. La Passion de Michel Foucault. *Le Nouvel Observateur*, 29 jun. 1984.

—. *Œuvres autobiographiques*. Paris: Grasset, 2002.

DAUBIER, Jean. La Chine d'aujourd'hui. *Tel Quel*, n. 50, verão 1972, citado in PAQUET, 2016.

DAVID, Catherine. *Simone Signoret ou la Mémoire partagée*. Paris: Robert Laffont, 1990.

DEBEAUVAIS, Michel (org.). *L'Université ouverte. Les Dossiers de Vincennes*. Grenoble: Presses universitaires de Grenoble, 1976.

DEBORD, Guy. Le Commencement d'une époque. *Internationale situationniste*, n. 12, set. 1969.

—. "Rapport sur la construction des situations et sur les conditions de l'organisation et de l'action de la tendance situationniste". In: BERRÉBY, Gérard (org.). *Textes et documents situationnistes 1957-1960*. Paris: Allia, 2004.

DEBRAY, Régis. *La Guérilla du Che*. Paris: Éd. du Seuil, 1974.

—. *Le Pouvoir intellectuel en France*. Paris: Ramsay, 1979.

—. "République ou démocratie". In: Idem. *Contretemps. Éloges des idéaux perdus*. Paris: Gallimard, 1992.

—. *I. F. Suite et fin*. Paris: Gallimard, 2000.

—; NORA, Pierre. Pourquoi des revues?, respostas às questões de Jean-Paul Enthoven [1980]. *Le Débat*, n. 160, maio-ago. 2010.

DEFERT, Daniel. "L'Émergence d'un nouveau front: les prisons". In: ARTIÈRES; QUÉRO; ZANCARINI-FOURNEL, 2005.

DELACAMPAGNE, Christian. Ce qu'Occident veut dire. *Le Débat*, dossiê "De quoi l'avenir intellectuel sera-t-il fait?", n. 4, set. 1980.

DELACROIX, Christian. La Falaise et le rivage: histoire du tournant critique. *EspacesTemps*, n. 59-60-61, *Le Temps réfléchi*, 1995.

—; DOSSE, François; GARCIA, Patrick. *Les Courants historiques en France, XIXe-XXe siècle*. Paris: Armand Colin, 1999.

DELANNOI, Gil. *Les Années utopiques. 1968-1978*. Paris: La Découverte, 1990.

DELEUZE, Gilles. *Différence et répétition*. Paris: PUF, 1968. [Ed. bras.: *Diferença e repetição*. São Paulo: Paz e Terra, 2018.]

—. Ce que les prisonniers attendent de nous. *Le Nouvel Observateur*, 31 jan. 1972a.

—. *Un nouvel archiviste*. Montpellier: Fata Morgana, 1972b.

—. À propos des nouveaux philosophes et d'un problème plus général. *Minuit*, suplemento do n. 24, maio 1977; retomado in LAPOUJADE, D. (Ed.). *Deux Régimes de fous. Et autres textes (1975-1995)*. Paris: Éd. de Minuit, 2003.

—. Curso em Paris VIII, arquivos audiovisuais da BNF, 28 jan. 1986.

—. *L'Abécédaire de Gilles Deleuze*, com Claire Parnet, produzido e realizado por Pierre-André Boutang, 3 videocassetes VHS. Paris: Éd. Montparnasse, 1997.

—. *Pourparlers. 1972-1990*. Paris: Éd. de Minuit, col. "Reprise", 2003.

—; FOUCAULT, Michel. Les Intellectuels et le pouvoir. *L'Arc*, n. 49, 4 mar. 1972; retomado in FOUCAULT, *Dits et Écrits. 1954-1988*, II. *1970-1975*. Paris: Gallimard, 1994.

—; GUATTARI, Félix. *L'Anti-Œdipe. Capitalisme et schizophrénie*. Paris: Éd. de Minuit, 1972. [Ed. bras.: *O anti-Édipo*. São Paulo: Editora 34, 2011.]

—. Entretien sur *L'Anti-OEdipe*, avec Catherine Backès-Clément. *L'Arc*, n. 49, 1972; retomado in DELEUZE, 2003.

—. *Mille Plateaux*. Paris: Éd. de Minuit, 1980. [Ed. bras.: *Mil platôs*. São Paulo: Editora 34, 2019.]

—. *Anti-Œdipus. Capitalism and Schizophrenia*. Prefácio de Michel Foucault. Nova York: Viking Press, 1977.

—; LYOTARD, Jean-François, folheto distribuído em dez. 1974, retomado in DEBEAUVAIS (org.), 1976.

DELI, Peter. *De Budapest à Prague. Les Sursauts de la gauche française*. Paris: Anthropos, 1981.

DELORS, Jacques. Le Moment et la méthode, entrevista. *Le Débat*, n. 83, jan.-fev. 1995.

DELPHY, Christine. *L'Ennemi principal*, 2 v. Paris: Syllepse; I. *Économie du patriarcat*, Paris: Syllepse, 1998; II. *Penser le genre*, 2001.

—; CHAPERON, Sylvie (orgs.). *Cinquantenaire du Deuxième sexe*. Paris: Syllepse, 2002.

DERRIDA, Jacques. *L'Écriture et la différence*. Paris: Éd. du Seuil, col. "Points", 1967. [Ed. bras.: *A escritura e a diferença*. São Paulo: Perspectiva, 2019.]

—. *La Carte postale. De Socrate à Freud et au-delà*. Paris: Flammarion, 1979.

—. Les Morts de Roland Barthes. *Poétique*, n. 47, set. 1981.

—. *Spectres de Marx*. Paris: Galilée, 1993.

—. Adieu. *Libération*, 28 dez. 1995; texto integral in Idem. *Adieu à Emmanuel Levinas*. Paris: Galilée, 1997.

DESCOMBES, Vincent. Le Besoin de philosophie. *Le Débat*, dossiê "De quoi l'avenir intellectuel sera-t-il fait?", n. 4, set. 1980.

DÉSIR, Harlem. *Touche pas à mon pote*. Paris: Grasset, 1985.

DESPIN, Jean-Pierre; BARTHOLY, Marie-Claude. *Le Poisson rouge dans le Perrier. Enquête sur une école au-dessus de tout soupçon*. Paris: Critérion, 1983; reed. 10/18, 1987.

Detienne, Marcel. *Comparer l'incomparable*. Paris: Éd. du Seuil, 2000.

Dibie, Pascal, "Avertissement". In: Moscovici, 2002.

Didi-Huberman, Georges. *Ce que nous voyons, ce qui nous regarde*. Paris: Éd. de Minuit, 1992. [Ed. bras.: *O que vemos, o que nos olha*. São Paulo: Editora 34, 2010.]

Dieckhoff, Alain. Y a-t-il un retour du religieux? Debate. *Le Débat*, n. 59, mar.-abr. 1990.

Dix ans de combat culturel pour une renaissance, Grece, 1977.

Domenach, Jean-Marie. La Révolte des étudiants dans le monde. *Esprit*, maio 1969.

—. Œdipe à l'usine. *Esprit*, dez. 1972.

—. Carta a Jean Daniel. *Le Nouvel Observateur*, 11 fev. 1974a.

—. "Le Regain". In: Certeau; Domenach, 1974b.

—. Soljenitsyne et le destin de l'Europe. *Esprit*, mar. 1974c.

—. Avec quoi faut-il rompre? *Esprit*, nov. 1974d.

—. Révolution et totalitarisme. *Esprit*, set. 1976a.

—. Sans adieu. *Esprit*, dez. 1976b.

—. *Enquête sur les idées contemporaines*. Paris: Éd. du Seuil, 1981.

— (org.). Comment connaissons-nous la Chine? Mesa-redonda. *Esprit*, nov. 1972; retomado in Aubert; Bianco; Cadart; Domenach, 1976.

Donnat, Olivier. Politique culturelle et débat sur la culture. *Esprit*, nov. 1988.

Donzelot, Jacques. Une anti-sociologie. *Esprit*, dez. 1972.

Dorst, Jean. *Avant que nature meure. Pour que nature vive*. Lonay: Delachaux et Niestlé, 1965.

Dosse, François. *L'Histoire en miettes*. Paris: La Découverte, 1987; reed. "La Découverte Poche", 2010.

—. *Histoire du structuralisme*, t. II, *Le Chant du cygne. De 1967 à nos jours*. Paris: La Découverte, 1992.

—. *L'Empire du sens. L'Humanisation des sciences humaines*. Paris: La Découverte, 1995; reed. "La Découverte Poche", 1997.

—. *Paul Ricœur. Les Sens d'une vie,* La Découverte, 1997; reed. "La Découverte Poche", 2008.

—. *Le Pari biographique. Écrire une vie*. Paris: La Découverte, 2005.

—. *Gilles Deleuze, Félix Guattari. Biographie croisée*. Paris: La Découverte, 2007.

—. *Renaissance de l'événement. Un défi pour l'historien: entre sphinx et phénix*. Paris: PUF, 2010.

—. *Castoriadis. Une vie*. Paris: La Découverte, 2014.

Dossier de l'affaire Pasternak (Le). Archives du Comité central et du Politburo. Trad. S. Benech. Paris: Gallimard, 1994.

DROIT, Roger-Pol. *Le Monde*, 15 nov. 1974.

DUBET, François. SOS-Racisme et la revalorisation des valeurs. *Esprit*, nov. 1987.

DUBY, Georges; PERROT, Michelle. *Histoire des femmes en Occident*, 5 vols. Paris: Plon, 1990-1991.

DUFRENNE, Mikel. Humaniste, je n'endosse pas la redingote de Monsieur Thiers. *Le Monde*, 30 nov. 1968.

DUHEM, Pierre. *La Théorie physique. Son objet, sa structure*. Paris: Vrin, 1981.

DUMONT, René. *L'Utopie ou la mort*. Paris: Éd. du Seuil, 1973. [Ed. bras.: *A utopia ou a morte*. São Paulo: Círculo do Livro, 1973.]

—; ROSIER, Bernard. *Nous allons à la famine*. Paris: Éd. du Seuil, 1966.

DUMOUCHEL, Paul; DUPUY, Jean-Pierre (orgs.). *L'Auto-organisation. De la physique au politique*. Paris: Éd. du Seuil, 1983.

DUMOULIN, Olivier. *Marc Bloch*. Paris: Presses de Sciences Po, 2000.

DUPRAT, François. *Les Mouvements d'extrême droite en France depuis 1944*. Paris: Albatros, 1972.

DUPUY, Jean-Pierre. *Ordres et désordres. Enquête sur un nouveau paradigme*. Paris: Éd. du Seuil, 1982.

—. Libres propos sur l'égalité, la science et le racisme. *Le Débat*, n. 37, nov.-dez. 1985.

—. D'Ivan Illich aux nanotechnologies. *Esprit*, fev. 2007.

DURAND, Gilbert. *Les Structures anthropologiques de l'imaginaire*. Paris: PUF, 1960.

DURANTON-CRABOL, Anne-Marie. *Visages de la nouvelle droite. Le Grece et son histoire*. Paris: Presses de la Fondation nationale des sciences politiques, 1988.

DUROSELLE, Jean-Baptiste. *L'Idée d'Europe dans l'histoire*. Prefácio de Jean Monnet. Paris: Denoël, 1965; reed. 1985.

EDELMAN, Bernard. *Nietzsche. Un continent perdu*. Paris: PUF, 1999.

ELIAS, Norbert. *La Civilisation des moeurs* [1939]. Paris: Calmann-Lévy, 1973.

ELLUL, Jacques. *La Technique ou l'Enjeu du siècle*. Paris: Armand Colin, 1954. [Ed. bras.: *A técnica e o desafio do século*. Rio de Janeiro: Paz e Terra, 1968.]

—. *L'Illusion politique*. Paris: Robert Laffont, 1965.

—. *De la révolution aux révoltes*. Paris: Calmann-Lévy, 1972.

ELSTER, Jon. *Karl Marx. Essai d'interprétation analytique*. Paris: PUF, 1989.

EMMANUELLI, Xavier. *Au vent du monde*. Paris: Flammarion, 1990.

Engel, Norbert. "Inauguration de la plaque Marc Bloch". In: Deyon, Pierre; Richez, Jean-Claude; Strauss, Léon (orgs.). *Marc Bloch, l'historien et la cité*. Estrasburgo: Presses universitaires de Strasbourg, 1997.

Enthoven, Jean-Paul. Pour un ultime hommage au camarade Lacan. *Le Nouvel Observateur*, 29 out. 1979.

Épistémon (Didier Anzieu). *Ces idées qui ont ébranlé la France*. Paris: Fayard, 1968.

Éribon, Didier. *Michel Foucault*. Paris: Flammarion, 1989.

Eslin, Jean-Claude. La Perturbation Le Pen. *Esprit*, set. 1984.

—; Bourg, Dominique; Derczansky, Alex. Les Religions sur la scène publique. *Esprit*, jan. 1989.

Espagnat (d'), Bernard. *Une incertaine réalité*. Paris: Gauthier-Villars, 1985.

Espérandieu, Véronique; Lion, Antoine; Bénichou, Jean-Pierre. *Des illettrés en France: rapport au Premier ministre*. Paris: La Documentation française, 1984.

Étiemble. Un livre qui est l'aveu chinois. *Le Nouvel Observateur*, 13 dez. 1971.

Ewald, François. Il y a tant d'aurores qui n'ont pas encore lui... *Le Débat*, dossiê "De quoi l'avenir intellectuel sera-t-il fait?", n. 4, set. 1980.

Faurisson, Robert. Le Problème des chambres à gaz ou la rumeur d'Auschwitz. Tribuna livre. *Le Monde*, 29 dez. 1978.

—. *Mémoire en défense. Contre ceux qui m'accusent de falsifier l'histoire. La question des chambres à gaz*. Paris: La Vieille Taupe, 1980.

Ferenczi, Thomas. M. Giscard étudie le nouveau projet de libéralisation de l'avortement. *Le Monde*, 25 out. 1974.

—. Responsabilité partagée. *Le Monde*, 19 ago. 1983.

Ferro, Marc. *Mes histoires parallèles. Entretiens avec Isabelle Veyrat-Masson*. Paris: Carnets Nord, 2011.

Ferry, Jean-Marc. *Les Puissances de l'expérience*. Paris: Éd. du Cerf, 1991.

—; Thibaud, Paul. *Discussion sur l'Europe*. Prefácio de Pierre Rosanvallon. Paris: Calmann-Lévy, 1992.

Ferry, Luc. L'Avant-garde se meurt. *L'Express*, 22-28 jul. 1988.

Fesquet, Henri. La Crise de l'Église romaine. *Le Monde*, 17 maio 1968.

Finkielkraut, Alain. *La Sagesse de l'amour*. Paris: Gallimard, 1984.

—. Y a-t-il encore des idées de gauche? *Le Débat*, n. 42, nov.-dez., 1986.

—. Présentation. *Le Messager européen*, n. 1, 1987.

—. *La Défaite de la pensée*. Paris: Gallimard, 1987; reed. col. "Folio", 1996. [Ed. bras.: *A derrota do pensamento*. São Paulo: Paz e Terra, 2012.]

—. *Le Mécontemporain. Péguy, lecteur du monde moderne*. Paris: Gallimard, 1992.

—; GAUCHET, Marcel. Malaise dans la démocratie. L'école, la culture, l'individualisme. *Le Débat*, n. 51, set.-out. 1988.

FOREST, Philippe. *Histoire de Tel Quel. 1960-1982*. Paris: Éd. du Seuil, 1995.

—. *Aragon*. Paris: Gallimard, 2015.

FORESTIER, Patrick. Les Impostures du tiers-mondisme. *Paris Match*, 22 fev. 1985.

FOUCAULT, Michel. *Les Mots et les Choses. Une archéologie des sciences humaines*. Paris: Gallimard, 1966. [Ed. bras.: *As palavras e as coisas. Uma arqueologia das ciências humanas*. São Paulo: Martins Fontes, 2016.]

—. *L'Archéologie du savoir*. Paris: Gallimard, 1969a. [Ed. bras.: *A arqueologia do saber*. Rio de Janeiro: Forense Universitária, 2012.]

—. La Naissance d'un monde. Entrevista com Jean-Michel Palmier. *Le Monde*, 3 maio 1969b.

—. L'Enseignement de la philosophie est-il trop orienté à Vincennes? *Le Monde*, 27 jan. 1970.

—. Pouvoir et corps. Entrevista (jun. 1975). *Quel Corps?*, n. 2, set.-out. 1975a; retomado in Idem, 1994a.

—. Hospícios. Sexualidade. Prisões. Entrevista. *Revista Versus*, n. 1, out. 1975b; retomado in Idem, 1994a.

—. *La Volonté de savoir. Histoire de la sexualité 1*. Paris: Gallimard, 1976.

—. "Cours au Collège de France", 7 jan. 1976a; retomado in Idem, 1994b.

—. "Intervista a Michel Foucault". Entrevista, jun. 1976b. In: FONTANA, Alessandro; PASQUINO, Pasquale (orgs.). *Microfisica del potere. Interventi politici*. Turim: Einaudi, 1977; retomado in Idem, 1994b.

—. La grande colère des faits. *Le Nouvel Observateur*, 9-15 maio 1977.

—. Entrevista com Bernard-Henri Lévy, *Le Nouvel Observateur*, 12 mar. 1977, republicado em 29 jun. 1984.

—. Prefácio a DELEUZE; GUATTARI, 1977; retomado in Idem, 1994b.

—. À quoi rêvent les Iraniens? *Le Nouvel Observateur*, 16 out. 1978a.

—. Le Chef mythique de la révolte. *Corriere della Sera*, 26 nov. 1978b.

—. *Herculine Barbin dite Alexina B*. Paris: Gallimard, 1978c.

—. Inutile de se soulever? *Le Monde*, 11-12 maio 1979; retomado in Idem, 1994b.

—. Entrevista. *Libération*, 30 maio 1981.

—. Entrevista. *Le Nouvel Observateur*, 1º jun. 1984a.

—. Entrevista. *Les Nouvelles littéraires*, 8 jun. 1984b.

—. *L'Usage des plaisirs. Histoire de la sexualité 2*. Paris: Gallimard, 1984c.

—. *Le Souci de soi. Histoire de la sexualité 3*. Paris: Gallimard, 1984d.

—. *Dits et Écrits. 1954-1988*, II. *1970-1975*. Paris: Gallimard, 1994a.

—. *Dits et Écrits. 1954-1988*, III. *1976-1979*. Paris: Gallimard, 1994b.

—. *L'Herméneutique du sujet*, EHESS. Paris: Gallimard, Éd. du Seuil, col. "Hautes études", 2001.

—. *Le Gouvernement de soi et des autres*, I. Paris: EHESS, Gallimard, Éd. du Seuil, col. "Hautes études", 2008.

—. *Le Gouvernement de soi et des autres*, II. Paris: EHESS, Gallimard, Éd. du Seuil, col. "Hautes études", 2009.

—. *Subjectivité et vérité*. Paris: EHESS, Gallimard, Éd. du Seuil, col. "Hautes études", 2014.

—. *Les Aveux de la chair. Histoire de la sexualité 4*. Paris: Gallimard, 2018.

FOUCHET, Christian. *Au service du général De Gaulle. Londres 1940, Varsovie 1945, Alger 1962, Mai 1968*. Paris: Plon, 1971; citado in BRILLANT, 2003.

FOUQUE, Antoinette. Femmes en mouvements: hier, aujourd'hui, demain; entrevista. *Le Débat*, n. 59, mar.-abr. 1990.

—. *Il y a deux sexes*. Paris: Gallimard, 1995.

—. *Qui êtes-vous? Antoinette Fouque. Entretiens avec Christophe Bourseiller*. Paris: François Bourin, 2009.

FOURNIER, Pierre. *Hara-Kiri Hebdo*, 28 abr. 1969, citado in CANS, 2006.

FRANK, Bernard. La dernière victime du général. *Le Nouvel Observateur*, 19 nov. 1964.

—. Les petits frères de la Gestapo. *Le Matin de Paris*, 8 jan. 1982.

FRAPPAT, Bruno. "Laissez-les-vivre" maintient son hostilité à toute "loi qui autorise le meurtre". *Le Monde*, 19 nov. 1974.

FRESCO, Nadine. *Fabrication d'un antisémite*. Paris: Éd. du Seuil, 1999.

FREUND, Julien. *La Fin de la Renaissance*. Paris: PUF, 1980.

FRIEDMAN, Milton. Les Pauvres? Que l'État les laisse tranquilles! *Le Nouvel Observateur*, 14 set. 1984.

FRODON, Jean-Michel. *L'Âge moderne du cinéma français. De la Nouvelle Vague à nos jours*. Paris: Flammarion, 1995.

FROIDEVAUX-METTERIE, Camille. *La Révolution du féminin*. Paris: Gallimard, 2015.

FROLIC, Michael B. *Le Peuple de Mao. Scenes de la vie en Chine révolutionnaire*. Paris: Gallimard, 1982.

FROSSARD, André. La Barbarie à visage humain. *Le Point*, 2-8 maio 1977.

FUKUYAMA, Francis, La Fin de l'histoire? *Commentaire*, n. 47, outono 1989.

—. *La Fin de l'histoire et le dernier homme*. Paris: Flammarion, 1992; reed. col. "Champs-Flammarion", 2008.

Fumaroli, Marc. Une leçon des Ténèbres. Méditation au chevet d'une Reine morte: la littérature. *Commentaire*, n. 8, inverno 1979-1980.

—. De Malraux à Lang: l'excroissance des Affaires culturelles. *Commentaire*, n. 18, verão 1982.

—. *L'État culturel*. Paris: Éd. de Fallois, 1991.

—. L'État, la culture et l'esprit. *Le Débat*, n. 70, maio-ago. 1992.

Furet, François (org.). *L'Historien entre l'ethnologue et le futurologue*. Atas do seminário internacional organizado sob os auspícios da Associação Internacional para a Liberdade da Cultura, da Fundação Giovanni Agnelli e da Fundação Giorgio Cini. Haia: Mouton, 1971.

—. Faut-il brûler Marx? *Le Nouvel Observateur*, 28 jul. 1975.

—. Au centre de nos représentations politiques. *Esprit*, set. 1976.

—. *Penser la Révolution française*. Paris: Gallimard, 1978. [Ed. bras.: *Pensar a Revolução Francesa*. São Paulo: Almedina, 1988.]

—. Une Révolution sans révolution. *Le Nouvel Observateur*, 28 fev. 1986.

—. *Histoire de France. La Révolution française*. Paris: Hachette, 1988.

—. 1789-1917: aller et retour. *Le Débat*, n. 57, nov.-dez. 1989.

—; Julliard, Jacques; Rosanvallon, Pierre. *La République du centre. La fin de l'exception française*. Paris: Calmann-Lévy, 1988; reed. Hachette, col. "Pluriel", 1989.

—; Ozouf, Mona (orgs.). *Dictionnaire critique de la Révolution française*. Paris: Flammarion, 1988.

—; Richet, Denis. *La Révolution française*. Paris: Fayard, 1965.

Furtos, Jean; Roussillon, René. "L'Anti-Œdipe": essai d'explication. *Esprit*, dez. 1972.

Gallo, Max. Les Intellectuels, la politique et la modernité. *Le Monde*, 26 jul. 1983.

—. *Le Monde diplomatique*, out. 1988.

Garaudy, Roger. Entrevista. *Le Nouvel Observateur*, 16-23 set. 1968.

—. *Le Grand Tournant du socialisme*. Paris: Gallimard, 1969.

Garcia, Patrick. "Bicentenaire de la Révolution française: la guerre civile n'a jamais eu lieu". In: Martin, Jean-Clément (org.). *La Guerre civile entre histoire et mémoire*. Nantes: Ouest Éditions, 1995.

—. Le Symptôme commémoratif: l'exemple du Bicentenaire de la Révolution française. *Cahiers de la Villa Gillet*, n. 10, *La Transmission*, nov. 1999.

—. *Le Bicentenaire de la Révolution française. Pratiques sociales d'une commémoration*. Paris: CNRS Éditions, 2000.

—; Lévy, Jacques; Mattei, Marie-Flore. *Révolutions, fin et suite*. Paris: Espaces--Temps, 1991.

Gauchet, Marcel. L'Expérience totalitaire et la pensée de la politique. *Esprit*, jul.-ago. 1976.

—. Les Mystères du best-seller ou les fortunes de la vertu. *Le Débat*, n. 2, jun. 1980a.

—. Tocqueville, l'Amérique et nous. *Libre*, n. 7, 1980b.

—. Les Droits de l'homme ne sont pas une politique. *Le Débat*, n. 3, jul.-ago. 1980; retomado in *La Démocratie contre elle-meme*. Paris: Gallimard, 2002.

—. *Le Désenchantement du monde*. Paris: Gallimard, 1985.

—. L'École à l'école d'elle-même. Contraintes et contradictions de l'individualisme démocratique. *Le Débat*, n. 37, nov. 1985b.

—. Changement de paradigme en sciences sociales. *Le Débat*, n. 50, maio-ago. 1988a.

—. De l'esprit, encore de l'esprit. *Commentaire*, n. 41, primavera 1988b.

—. Pacification démocratique, désertion civique. *Le Débat*, n. 60, maio-ago. 1990.

—. Le Mal démocratique. Entrevista. *Esprit*, ou 1993.

—. "Entretien avec Bénédicte Delorme". In: Idem, *La Revue* Le Débat: *tradition nationale et valeurs contemporaines*. Projeto de DEA (Diploma de Estudos Aprofundados), dir. Pierre Birnbaum. Paris I, 1994.

—. *L'Avenement de la démocratie*, iv. *Le nouveau monde*. Paris: Gallimard, 2017.

—; Finkielkraut, Alain. Malaise dans la démocratie. L'école, la culture, l'individualisme. *Le Débat*, n. 51, set.-out. 1988.

Gavi, Philippe; Sartre, Jean-Paul; Victor, Pierre. *On a raison de se révolter. Discussions*. Paris: Gallimard, 1974.

Gayme, Laurent. "La Commission des affaires culturelles du VIe Plan (1969-1971)". In: Girard; Gentil (orgs.), 1995.

Geismar, Alain; July, Serge; Morane, Erlyn. *Vers la guerre civile*. Paris: Éditions et Publications premières, 1969.

Genet, Jean. Les Maîtresses de Lénine. *Le Nouvel Observateur*, 30 maio 1968, citado in White, Edmund. *Jean Genet*. Paris: Gallimard, 1993.

George, François. *L'Effet 'yau de poêle. De Lacan et des lacaniens*. Paris: Hachette, 1979.

Georgi, Frank. Mai, le mouvement social et l'autogestion (1968-2007). *Vingtième siècle. Revue d'histoire*, n. 98, 2008/2.

Gianinazzi, Willy. *André Gorz. Une vie*. Paris: La Découverte, 2016.

Girard, Augustin. *Développement culturel. Expériences et politiques*. Paris: Unesco, 1972.

—. "Les enquêtes sur les pratiques culturelles". In: Rioux; Sirinelli, 1997.

—. *Trente Ans d'études au service de la vie culturelle*. Publicação do Ministério da Cultura, 8 mar. 1993, citado in Mollard, 1999.

—; Gentil, Geneviève (orgs.). *Les Affaires culturelles au temps de Jacques Duhamel. 1971-1973*. Atas das jornadas de estudo de 7-8 dez. 1993. Paris: La Documentation française, 1995.

Girard, René. *Mensonge romantique et vérité romanesque*. Paris: Grasset, 1961.

—. Système du délire. *Critique*, nov. 1972.

Giraud, Henri-Christian. En exclusivité: l'attitude des Français face à l'hégémonie russe. *Le Figaro Magazine*, 13 fev. 1982.

Giroud, Françoise. Le Droit à la vie. *L'Express*, 20 nov. 1972.

Glucksmann, André. Le Marxisme rend sourd. *Le Nouvel Observateur*, 4 mar. 1974.

—. *La Cuisinière et le Mangeur d'hommes. Essai sur l'État, le marxisme, les camps de concentration*. Paris: Éd. du Seuil, 1975; reed. col. "Points", 1976.

—. *Les Maîtres penseurs*. Paris: Grasset, 1977.

—. La Preuve par le Cambodge. *Le Nouvel Observateur*, 25 nov. 1979.

Gobille, Boris. *Le Mai 68 des écrivains. Crise politique et avant-gardes littéraires*. Paris: CNRS éditions, 2018.

Godet, Bernadette. Se libérer des promoteurs. *Combat*, 8-9 jun. 1968.

Goldman, Pierre. *Souvenirs obscurs d'un juif polonais né en France*. Paris: Éd. du Seuil, 1975.

Gorz, André. *Le Socialisme difficile*. Paris: Éd. du Seuil, 1967.

—. *Réforme et Révolution*. Paris: Éd. du Seuil, 1969.

—. *Écologie politique*. Paris: Galilée, 1975; citado in Bourg; Fragnière, 2014.

—. *Adieux au prolétariat. Au-delà du socialisme*. Paris: Galilée, 1980. [Ed. bras.: *Adeus ao proletariado. Para além do socialismo*. Rio de Janeiro: Forense, 1982.]

—. *Les Chemins du paradis. L'agonie du capital*. Paris: Galilée, 1983.

—. *Métamorphoses du travail. Quête de sens*. Paris: Galilée, 1988.

—. "La Vie, la nature, la technique" [1990]. In: Idem. *Le Fil rouge de l'écologie. Entretiens inédits en français*. Paris: Éd. de l'EHESS, 2015.

—. *Ecologica*. Paris: Galilée, 2008.

—; Bosquet, Michel. *Écologie et politique*. Paris: Galilée, 1975.

—; Idem. *Écologie et liberté*. Paris: Galilée, 1977.

—; Idem. *Le Nouvel Observateur*, 17 out. 1981.

Grappin, Pierre. *L'Île aux peupliers*. Nancy: Presses universitaires de Nancy, 1993.

Grece. *Dix ans de combat culturel pour une renaissance*. Paris: Grece, 1977.

GREIMAS, Algirdas Julien. "Sur l'histoire événementielle et l'histoire fondamentale". In: KOSELLECK, Reinhart; STEMPEL, Wolf-Dieter (orgs.). *Geschichte. Ereignis und Erzählung*. Munique: Fink, 1973.

GRÉMION, Pierre. *Paris-Prague. 1968-1978*. Paris: Julliard, 1985.

—. L'Échec des élites modernisatrices. *Esprit*, nov. 1987.

—. *Intelligence de l'anticommunisme. Le Congrès pour la liberté de la culture à Paris (1950-1975)*. Paris: Fayard, 1995.

GRIMAUD, Maurice. *En Mai, fais ce qu'il te plaît*. Paris: Stock, 1977.

GRISONI, Dominique-Antoine. Inter-influences de la philosophie contemporaine. *Le Magazine littéraire*, n. 125, jun. 1977.

GROS, Frédéric (org.). *Foucault. Le Courage de la vérité*. Paris: PUF, 2002.

Guattari, Félix. "Extraits de discussion", 23 jun. 1968; retomado in *Psychanalyse et transversalité. Essais d'analyse institutionnelle*. Paris: Maspero, 1972.

—. La Contre-révolution est une science qui s'apprend. *Tribune du 22 mars*, 5 jun. 1968; retomado in *Psychanalyse et transversalité*. Paris: Maspero, 1972; reed. La Découverte, 2003.

—. Machine et structure; comunicação de 1969, publicado na revista *Change*, n. 12, 1972; retomado in Idem. *Psychanalyse et transversalité*. Paris: Maspero, 1972; reed. La Découverte, 2003.

—. *Les Années d'hiver. 1980-1985*. Paris: Barrault, 1986.

—. *Les Trois Écologies*. Paris: Galilée, 1989.

GUENÉE, Bernard. *Entre l'Église et l'État. Quatre vies de prélats français à la fin du Moyen Âge (XIIIe-XVe siècle)*. Paris: Gallimard, 1987.

GUÉRIN, Jeanyves; MAYOL, Pierre; MOURIER, Maurice. Y a-t-il encore un roman français? Mesa-redonda. *Esprit*, maio 1985.

GUILLEBAUD, Jean-Claude. *Les Années orphelines*. Paris: Éd. du Seuil, 1978.

GUILLERMAZ, Jacques. Six livres sur la Chine: Simon Leys, *Ombres chinoises*. *Le Monde*, 12 fev. 1975.

GUISNEL, Jean. *Libération. La Biographie*. Paris: La Découverte, 1999.

GUITTON, Jean. *Un siècle, une vie*. Paris: Robert Laffont, 1988.

—. *Feltrinelli, Maspero, Wagenbach. Une nouvelle génération d'éditeurs politiques d'extrême gauche en Europe occidentale, 1955-1982: histoire comparée, histoire croisée*. Tese de doutorado, sob a direção de Jean-Yves Mollier. Saint-Quentin-en-Yvelines, 2010.

HALIMI, Gisèle. "Simone de Beauvoir, une femme engagée: de la guerre d'Algérie au procès de Bobigny". In: DELPHY; CHAPERON (orgs.), 2002.

HALLEREAU, Véronique. *Soljenitsyne et les médias: les premiers chocs médiatiques*. Dissertação de mestrado sob a orientação de Marie-Pierre Rey. Université Paris I, 1999.

HAMON, Hervé; ROTMAN, Patrick. *Génération*, 2 vols., I. *Les Années de rêve*; II. *Les années de poudre*. Paris: Éd. du Seuil, 1987-1988.

"Hannah Arendt", número especial. *Esprit*, jun. 1980.

—. *Les Cahiers du Grif*, n. 33, 1986a.

—. *Études phénoménologiques*, n. 2, 1986b.

—. *Les Cahiers de philosophie*, n. 4, 1987.

—. *Revue internationale de philosophie*, n. 208, 1999.

HARTOG, François. *Régimes d'historicité. Présentisme et expérience du temps*. Paris: Éd. du Seuil, 2003.

HASSNER, Pierre. Prosaïque et puissante: l'URSS vue d'Europe occidentale. *Commentaire*, n. 8, inverno 1979-1980.

—. Reconnaître la complexité sans tomber dans l'ambiguïté. *Le Débat*, n. 50, maio-ago. 1988.

—. Fin de l'histoire ou phase d'un cycle? *Commentaire*, n. 47, outono 1989.

—. Communisme impossible, démocratie improbable. *Esprit*, out. 1990.

—. "Intellectuels de l'Est et de l'Ouest: un dialogue interrompu". In: URFALINO; ZUBER (orgs.), 2010.

HAYEK, Friedrich von. *Droit, législation et liberté*, I. *Règles et ordre*. Paris: PUF, 1980; II. *Le Mirage de la justice sociale*. Paris: PUF, 1981. [Ed. bras.: *Direito, legislação e liberdade*. São Paulo: Visão, 1985.]

—. *Droit, législation et liberté*, III. *L'Ordre politique d'un peuple libre*. Paris: PUF, 1983, citado in BESNIER; THOMAS, 1987.

—. *La Route de la servitude*. Paris: PUF, 1993. [Ed. port.: *O caminho da servidão*. Lisboa: Edições 70, 2009.]

HENRIC, Jacques. *Le Chêne et le Veau* d'Aleksandr Soljenitsyne. *Tel Quel*, n. 65, primavera 1976.

HÉRITIER, Françoise. *Masculin/féminin. La Pensée de la différence*. Paris: Odile Jacob, 1996.

HERVIEU-LÉGER, Danièle. *Le Retour à la nature. Au fond de la forêt... l'État*. Paris: Éd. du Seuil, 1979.

—. *La Religion au lycée. Conférences au lycée Buffon, 1989-1990*. Paris: Éd. du Cerf, 1990.

—. *La Religion pour mémoire*. Paris: Éd. du Cerf, 1993.

Histoire et structure, número especial, *Annales. Économies, Sociétés, Civilisations*, v. XXVI, n. 3-4, maio-ago. 1971.

HOFFMAN, Stanley. Aron et Tocqueville. *Commentaire*, n. 28-29, inverno 1984.

HOLZER, Bernard; LENOIR, Frédéric. *Les Risques de la solidarité. Entretiens sur le CCFD*. Paris: Fayard, 1989.

HOURMANT, François. *Le Désenchantement des clercs. Figures de l'intellectuel dans l'après-68*. Rennes: Presses universitaires de Rennes, 1997.

—; LECLERC, Arnauld (orgs.). *Les Intellectuels et le pouvoir. Déclinaisons et mutations*. Rennes: Presses universitaires de Rennes, 2012.

HUNTINGTON, Samuel P. On ne sort pas de l'histoire: à propos de l'article de Francis Fukuyama. *Commentaire*, n. 49, primavera 1990.

—. *Le Choc des civilisations*. Paris: Odile Jacob, 2000.

HUYGUE, François-Bernard; BARBÈS, Pierre. *La Soft-idéologie*. Paris: Robert Laffont, 1987.

IGOUNET, Valérie. *Histoire du négationnisme en France*. Paris: Éd. du Seuil, 2000.

—. *Robert Faurisson. Portrait d'un négationniste*. Paris: Denoël, 2012.

—. *Le Front national. De 1972 à nos jours. Le Parti, les hommes, les idées*. Paris: Éd. du Seuil, 2014.

ILLICH, Ivan. *Libérer l'avenir*. Paris: Éd. du Seuil, 1971a.

—. *Une société sans école*. Paris: Éd. du Seuil, 1971b. [Ed. bras.: *Sociedade sem escolas*. Petrópolis: Vozes, 2018.]

—. *La Convivialité*. Paris: Éd. du Seuil, 1973.

—. *Œuvres complètes*, II. Paris: Fayard, 2005.

IMBERT, Claude. Résistez au prêt-à-penser. *Commentaire*, n. 41, primavera 1988.

L'Impératif culturel. Ministério da Organização e do Planejamento do Território. Relatório do grupo de trabalho a longo termo Cultura. Paris: La Documentation française, 1983.

IRIGARAY, Luce. *Speculum. De l'autre femme*. Paris: Éd. de Minuit, 1974.

—. *Éthique de la différence sexuelle*. Paris: Éd. de Minuit, 1984.

Israël, le judaisme et l'Europe. Paris: Gallimard, 1984.

JACCARD, Roland. Salve contre Lacan. *Le Monde*, 21 set. 1979.

JACOB, Jean. *Histoire de l'écologie politique*. Paris: Albin Michel, 1999.

JANICAUD, Dominique. *Le Tournant théologique de la phénoménologie française*. Paris: L'Éclat, 1991.

JANNOUD, Claude. *Le Figaro*, 16 maio 1977.

JARDIN, André. *Alexis de Tocqueville (1805-1859)*. Paris: Hachette, 1984.

JEANNENEY, Jean-Noël. *L'Histoire va-t-elle plus vite?* Paris: Gallimard, 2001.

Joffrin, Laurent. *La Gauche en voie de disparition. Comment changer sans trahir?* Paris: Éd. du Seuil, 1984.

Jonas, Hans. *Le Principe responsabilité.* Paris: Éd. du Cerf, 1990.

Joseph, Camille. *Les Éditions La Découverte: la gestion d'un héritage éditorial.* Tese de doutorado em sociologia, sob a orientação de Gisèle Sapiro. Paris, EHESS, 2010.

Jouffroy, Alain. Il y a une première fois pour tout. *Opus international,* n. 8, out. 1968.

Jouvenel (de), Bertrand. *Arcadie. Essais sur le mieux-vivre.* Paris: Gallimard, 1968.

Julliard, Jacques. Le Tiers-Monde et la gauche. *Le Nouvel Observateur,* 5 jun. 1978; retomado in *Le Tiers-monde et la gauche,* 1979.

—. La Nouvelle Idole de la droite. *Le Nouvel Observateur,* 6 abr. 1984.

—. *La Faute à Rousseau. Essai sur les conséquences historiques de l'idée de souveraineté populaire.* Paris: Éd. du Seuil, 1985.

—. Laissez-la partir! *Le Nouvel Observateur,* dossiê "France, ta culture fout le camp?", 7-13 ago. 1987.

—. Lettre ouverte au président de la République. *Le Nouvel Observateur,* 22-28 jun. 1988.

July, Serge. Gauchisme à vendre. *Libération,* 7 dez. 1974.

—. Un démineur des lendemains. *Libération,* 26 jun. 1984.

Jumilhac, Michel. *Le Massacre des innocents. France, que fais-tu de ta jeunesse?* Paris: Plon, 1984.

Juquin, Pierre. *Aragon. Un destin français, 1939-1982.* Paris: La Martinière, 2013.

Kant, Emmanuel. *Le Conflit des facultés* dans *la philosophie de l'histoire.* Paris: Gonthier, 1964.

Kantorowicz, Ernst. *Les Deux Corps du Roi.* Paris: Gallimard, 1989.

Kaplan, Steve L. *Adieu 89.* Paris: Fayard, 1993.

Karol, K. S. Tragédie de Louis Althusser. *Le Nouvel Observateur,* 24 nov. 1980.

Kepel, Gilles. Y a-t-il un retour du religieux? Debate. *Le Débat,* n. 59, mar.-abr. 1990.

Knibiehler, Yvonne. *Qui gardera les enfants? Mémoire d'une féministe iconoclaste.* Paris: Calmann-Lévy, 2007.

Koedt, Anne. Le Mythe de l'orgasme vaginal. *Partisans,* n. 54-55, jul.-out. 1970.

Konrád, György. *L'Antipolitique.* Paris: La Découverte, 1987.

Kouchner, Bernard. *L'Île de lumière.* Paris: Ramsay, 1980.

Koupernik, Cyrille. Un délire intelligent mais gratuit. *Le Monde,* 28 abr. 1972.

Kravetz, Marc. Pierre Goldman, notre ami. *Libération*, 10 dez. 1974.

Kristeva, Julia. Un nouveau type d'intellectuel: le dissident. *Tel Quel*, n. 74, inverno 1977.

—. La Réfutation du discours de gauche. *Tel Quel*, dossiê "Sur la dissidence", n. 76, verão 1978, citado in Forest, 1995.

—. *Le Génie féminin. Hannah Arendt*. Paris: Fayard, 1999.

Kundera, Milan. *La Plaisanterie*. Paris: Gallimard, 1968. [Ed. bras.: *A brincadeira*. São Paulo: Companhia das Letras, 2012.]

—. *L'Art du roman*. Paris: Gallimard, 1986. [Ed. bras.: *A arte do romance*. São Paulo: Companhia das Letras, 2016.]

La Boétie. *Discours sur la servitude volontaire*, seguido de *La Boétie et la question du politique*. Apresentação de Miguel Abensour e Marcel Gauchet. Paris: Payot, 1976; reed. col. "Petite bibliothèque Payot", 1993. [Ed. bras.: *Discurso sobre a servidão voluntária*. São Paulo: Edipro, 2017.]

Lacan, seminário de 15 jan. 1980, publicado in *Le Monde*, 26 jan. 1980.

Lacoste, Yves. *La Géographie, ça sert, d'abord, à faire la guerre*. Paris: Maspero, 1976.

—. *Contre les anti-tiers-mondistes et contre certains tiers-mondistes*. Paris: La Découverte, 1985.

Lacouture, Jean. Cambodia: Corrections. *New York Review of Books*, 26 maio 1977, citado in Hourmant, 1997.

—. *Survive le peuple cambodgien*. Paris: Seuil, 1978.

—. Pour répondre à quelques trouble-fête. *Le Nouvel Observateur*, 26 jun. 1978; retomado in *Le Tiers-monde et la gauche*, 1979.

—. *De Gaulle*, iii. *Le souverain*. Paris: Éd. du Seuil, 1986.

—. *Enquête sur l'auteur*. Paris: Arléa, 1989.

—. *Paul Flamand, éditeur. La grande aventure des Éditions du Seuil*. Paris: Les Arènes, 2010.

Lacroix, Bernard. *L'Utopie communautaire. Histoire sociale d'une révolte*. Paris: PUF, 1981.

Lacroix, Justine; Pranchère, Jean-Yves. *Le Procès des droits de l'homme*. Paris: Éd. du Seuil, 2016.

Laichter, Frantisek. *Péguy et ses Cahiers de la Quinzaine*. Paris: Éd. de la MSH, 1985.

Laïdi, Zaki (org.). *Le Temps mondial*. Paris: Complexe, 1997.

Lalonde, Brice; Simonnet, Dominique. *Quand vous voudrez*. Paris: Jean-Jacques Pauvert, 1978.

LALONDE, Brice; MOSCOVICI, Serge; DUMONT, René. *Pourquoi les écologistes font-ils de la politique?* Entrevistas com Jean-Paul Ribes. Paris: Éd. du Seuil, 1978.

LANDSBERG, Paul-Louis. Réflexions sur l'engagement personnel. *Esprit*, nov. 1937.

LAPORTE, Roger. Gilles Deleuze, Félix Guattari: capitalisme et schizophrénie, l'Anti-Œdipe. *Les Cahiers du chemin*, n. 16, 15 out. 1972.

LARDREAU, Guy. Ne pas céder sur la pensée. *Le Débat*, dossiê "De quoi l'avenir intellectuel sera-t-il fait?", n. 4, set. 1980.

—; JAMBET, Christian. *L'Ange*. Paris: Grasset, 1976a.

—. *Le Magazine littéraire*, n. 112-113, maio 1976b.

LASCH, Christopher. *Le Complexe de Narcisse. La nouvelle sensibilité américaine.* Paris: Robert Laffont, 1981.

LATOUCHE, Serge. *L'Occidentalisation du monde.* Paris: La Découverte, 1989.

LATOUR, Bruno. "Irréductions". In: Idem. *Les Microbes. Guerre et paix,* seguido de *Irréductions.* Paris: Métailié, 1984.

—. *Nous n'avons jamais été modernes. Essai d'anthropologie symétrique.* Paris: La Découverte, 1991.

LAUXEROIS, Jean. *L'Utopie Beaubourg vingt ans après.* Paris: Éd. du Centre Georges-Pompidou, 1996.

LE BRAS, Hervé. *Les Trois France.* Paris: Odile Jacob, 1986, citado in PERRINEAU, 1993.

LECA, Jean. Questions sur la citoyenneté. *Projet*, n. 171-172, jan.-fev. 1983.

LECLAIRE, Serge. "La réalité du désir". In: *Sexualité humaine.* Paris: Aubier, 1970.

LECLERC, Annie. *Parole de femme.* Paris: Grasset, 1974.

LECOURT, Dominique. *Pour une critique de l'épistémologie.* Paris: Maspero, 1972.

—. *Dissidence ou révolution.* Paris: Maspero, 1978.

LE DANTEC, Jean-Pierre. *Les Dangers du soleil.* Paris: Presses d'aujourd'hui, 1978.

—. Une barbarie peut en cacher une autre. *Le Nouvel Observateur*, 22 jul. 1978, retomado in *Le Tiers-monde et la gauche*, 1979.

LEDUC, Victor. *Les Tribulations d'un idéologue.* Paris: Syros, 1985.

LEFORT, Claude. Soljenitsyne. *Textures*, n. 13, 1975; retomado in Idem. *Un homme en trop. Essai sur* L'Archipel du Goulag. Paris: Éd. du Seuil, 1975.

—. Entrevista. *L'Anti-Mythes*, n. 14, 19 abr. 1975; retomado in Idem. *Le Temps présent.* Paris: Belin, 2007.

—. La Question de la Révolution. *Esprit*, set. 1976.

—. Maintenant. *Libre*, n. 1, 1977.

—. Droits de l'homme et politique. *Libre*, n. 7, 1980; retomado in *L'Invention démocratique*. Paris: Fayard, 1981; reed. Hachette, col. "Biblio essais", 1983.

—. *Temps présent. Écrits (1945-2005)*. Paris: Belin, 2007.

—. "Le Désordre nouveau". In: MORIN; Idem; CASTORIADIS, 2008.

LE GALLOU, Jean-Yves. *La Préférence nationale. Réponse à l'immigration*. Paris: Albin Michel, 1985.

LÉGER, Danièle; HERVIEU, Bertrand. *Le Retour a la nature. Au fond de la forêt... l'État*. Paris: Éd. du Seuil, 1979.

—. *Des communautés pour les temps difficiles. Néoruraux ou nouveaux moines*. Paris: Le Centurion, 1983.

LEGRAND, Henry. *Le Cercle amoureux*. Paris: Gallimard, 1979.

LENIAUD, Jean-Michel. *L'Utopie française. Essai sur le patrimoine*. Paris: Menges, 1992.

LENNE, Francine. *Le Chevetre. Une lecture de Péguy*. Lyon: Presses universitaires de Lyon, 1993.

LEPLAY, Michel. *Charles Péguy*. Paris: Desclée de Brouwer, 1998.

LEROY, Roland. Une déclaration de Roland Leroy. *L'Humanité*, 28 jan. 1974.

LE ROY LADURIE, Emmanuel. Aula inaugural no Collège de France, 30 nov. 1973, retomado in Idem. *Le Territoire de l'historien*, II. Paris: Gallimard, 1978.

—. L'Histoire immobile. *Annales. Économies, Sociétés, Civilisations*, v. XXIX, n. 3, maio.-jun. 1974, retomado in *Le Territoire de l'historien*, II. Paris: Gallimard, 1978.

LESCOURRET, Marie-Anne. *Levinas*. Paris: Flammarion, 1994.

LESOURNE, Jacques. L'Immigration, une dimension majeure du XXIe siècle européen. *Le Débat*, n. 37, nov. 1985.

LEVINAS, Emmanuel. Martin Heidegger et l'ontologie. *Revue philosophique de la France et de l'étranger*, v. LXIII, jan.-jun.1932.

—. *Totalité et infini*. Leiden: Nijhoff, 1971.

—. *Autrement qu'être ou au-delà de l'essence*. Haia: Martinus Nijhoff, 1974.

—. "La Pensée de Martin Buber, le judaïsme contemporain". In: *Hors sujet*. Paris: Fata Morgana, 1987.

—. Entrevistas com François Poirié. Paris: La Manufacture, 1992a.

—. Un entretien avec Emmanuel Levinas. "Il nous est impossible, à nous Occidentaux, de nous situer dans la perspective d'un temps prometteur". *Le Monde*, 2 jun. 1992b.

LÉVI-STRAUSS, Claude. Les Lundis de l'histoire. *France Culture*, 25 jan. 1971.

—. Entrevista com Raymond Bellour, 1972; retomado in Autoria coletiva. *Claude Lévi-Strauss*. Paris: Gallimard, col. "Idées", 1979.

—. Le Métier perdu. *Le Débat*, n. 10, mar. 1981.

—. Le dernier des sages. *L'Express*, 21-27 out. 1983.

—. *De près et de loin*. Paris: Odile Jacob, 1988a.

—. Le Sens de l'équilibre. *Commentaires*, n. 81, X^e *anniversaire*, primavera 1988b.

LÉVY, Benny. *Visage continu. La Pensée du retour chez Emmanuel Levinas*. Lagrasse: Verdier, 1998.

LÉVY, Bernard-Henri. Récits d'URSS. *Le Quotidien de Paris*, 28 maio 1974, citado in COHEN, Philippe, 2005.

—. Les nouveaux philosophes. *Les Nouvelles littéraires*, 10 jun. 1976.

—. *La Barbarie à visage humain*. Paris: Grasset, 1977; retomado in Hachette, col. "Biblio-essais", 1985.

—. Comme le condamné monte à l'échafaud. *Le Nouvel Observateur*, 18 jun. 1979.

—. *L'Idéologie française*. Paris: Grasset, 1981.

LEWIS, Bernard. Le Retour de l'islam. *Le Débat*, n. 14, jul.-ago. 1981.

LEYRAC, Serge. L'Opération Soljenitsyne. *L'Humanité*, 23 jan. 1974.

LEYS, Simon. *Les Habits neufs du président Mao*. Paris: Champ libre, 1971; reed. Hachette, col. "Biblio-essais", 1989.

—. *Images brisées*. Paris: Robert Laffont, 1976.

LIATARD, Séverine. *Colette Audry 1906-1990. Engagements et identités d'une intellectuelle*. Rennes: PUR, 2010.

LINDENBERG, Daniel. Logiques de la révolte: généalogie des *Cahiers*. *Esprit*, jan. 2000.

LINDGAARD, Jade; LA PORTE (DE), Xavier. *Le BA-BA du BHL. Enquête sur le plus grand intellectuel français*. Paris: La Découverte, 2004.

LINHART, Robert. Gauchisme à vendre? *Libération*, 7 dez. 1974.

LIPIETZ, Alain. Y a-t-il encore des idées de gauche? *Le Débat*, n. 42, nov.-dez. 1986.

LIPOVETSKY, Gilles. Narcisse ou la stratégie du vide. *Le Débat*, n. 5, out. 1980.

—. La Société humoristique. *Le Débat*, n. 10, mar. 1981.

—. *L'Ere du vide. Essais sur l'individualisme contemporain*. Paris: Gallimard, 1983. [Ed. bras.: *A era do vazio*. Rio de Janeiro: Manole, 2005.]

—. *L'Empire de l'éphémere*. Paris: Gallimard, 1987.

LOI, Michelle. *Pour Luxun (Lou Sin). Réponse a Pierre Ryckmans (Simon Leys)*. Lausanne: Alfred Eibel, 1975.

LONDON, Artur. *Aux sources de* L'Aveu. Paris: Gallimard, 1997.

Löwit, Valérie. La Pensée à huit clos. *Autrement*, "Prague: secrets et métamorphoses", n. 46, maio 1990.

Loyer, Emmanuelle. "Odéon, Villeurbanne, Avignon: la contestation par le théâtre en mai, juin et juillet 1968". In: Artières; Zancarini-Fournel (orgs.), 2008.

—; de Baecque, Antoine. *Histoire du Festival d'Avignon*. Paris: Gallimard, 2007.

Lucioni, Xavier. Sur quelques événements en Chine. *Les Temps modernes*, n. 380, mar. 1978.

Lustiger, Jean-Marie. Puisqu'il le faut... *Le Débat*, n. 20, maio 1982.

—. La Dimension spirituelle de l'Europe. *Commentaire*, n. 39, outono 1987a.

—. *Le Choix de Dieu. Entretiens avec Jean-Louis Missika et Dominique Wolton*. Paris: Éd. de Fallois, 1987b.

—. L'Église, la Révolution et les droits de l'homme. Entrevista com François Furet. *Le Débat*, n. 55, maio-ago. 1989.

Lyotard, Jean-François. Capitalisme énergumène. *Critique*, n. 306, nov. 1972; retomado in Idem. *Des dispositifs pulsionnels*, Paris: 10/18, 1973.

—. *La Condition postmoderne*. Paris: Éd. de Minuit, 1979. [Ed. bras.: *A condição pós-moderna*. Rio de Janeiro: José Olympio, 1986.]

—. Tombeau de l'intellectuel. *Le Monde*, 8 out. 1983; retomado in *Tombeau de l'intellectuel et autres papiers*. Paris: Galilée, 1984.

—. *Le Postmoderne expliqué aux enfants*. Paris: Galilée, 1988.

Macciocchi, Maria-Antonietta. *De la Chine*. Paris: Éd. du Seuil, 1971.

—. Comment connaissons-nous la Chine? Mesa-redonda. *Esprit*, nov. 1972.

—. *Deux Mille Ans de bonheur*. Paris: Grasset, 1983.

Madélénat, Daniel. La Biographie aujourd'hui. *Mesure*, n. 1, 1989.

Maggiori, Robert. *Libération*, 24 out. 1990.

Mandelstam, Nadejda. *Contre tout espoir. Souvenirs*. Trad. M. Minoustchine. Paris: Gallimard, t. i, 1972, t. ii, 1974, t. iii, 1975; reed. col. "Tel", 3 v., 2012-2013.

Manent, Pierre. *Tocqueville et la nature de la démocratie*. Paris: Julliard, 1982; reed. Fayard, 1993.

—. *Les Libéraux*. Paris: Gallimard, 1986.

Manin, Bernard. Éloge de la banalité. *Le Débat*, dossiê "De quoi l'avenir intellectuel sera-t-il fait?", n. 4, set. 1980.

—. Le Libéralisme radical de Friedrich-August Hayek. *Commentaire*, n. 22, verão 1983.

Marcuse, Herbert. *Éros et civilisation. Contribution à Freud* [1955]. Trad. J.-G. Nény e B. Fraenkel. Paris: Éd. de Minuit, 1963. [Ed. bras.: *Eros e civilização*. São Paulo: Grupo Gen/LTC, 1982.]

—. *L'Homme unidimensionnel. Études sur l'idéologie de la société industrielle* [1964]. Trad. M. Wittig et l'auteur. Paris: Éd. de Minuit, 1968. [Ed. bras.: *O homem unidimensional*. São Paulo: Edipro, 2015.]

MARITAIN, Jacques; BAILLET, Louis. *Péguy au porche de l'Église*. Paris: Éd. du Cerf, 1997.

MARTIN, Laurent. *Jack Lang. Une vie entre culture et politique*. Bruxelas: Complexe, 2008.

MARZORATI, Jean-Louis. *Les Années Pompidou. 1969-1974*. Paris: François Bourin, 2012.

MATHON, Tania; MARIE, Jean-Jacques (orgs.). *L'Affaire Pliouchtch*. Paris: Éd. du Seuil, 1976.

MATONTI, Frédérique. *Intellectuels communistes. Essai sur l'obéissance politique.* La Nouvelle Critique *(1967-1980)*. Paris: La Découverte, 2005.

MAURIAC, Claude. L'Œdipe mis en accusation. *Le Figaro*, 1 abr. 1972.

—. Il ne faut pas tuer l'espérance. *Le Monde*, 6 jul. 1977.

—. *Le Temps immobile*, VI. *Le Rire des pères dans les yeux des enfants*. Paris: Grasset, 1981.

—. *Mauriac et Fils*. Paris: Grasset, 1986.

—. *Le Temps immobile*. Páginas escolhidas e comentadas por José Cabanis. Paris: Grasset, 1993.

MAURIAC, François. Bloc-notes. *Le Figaro littéraire*, 14-23 jun. 1968a.

—. Bloc-notes. *Le Figaro littéraire*, 16-22 set. 1968b.

—. *Bloc-notes*, V. *1968-1970*. Paris: Éd. du Seuil, 1993.

MAURY, Guillaume. *L'Église et la subversion. Le CCFD*. Paris: UNI, 1985.

MELMAN, Charles. *Ornicar?*, n. 10, jul. 1977.

MENDEL, Gérard. *54 millions d'individus sans appartenance*. Paris: Robert Laffont, 1983.

MENDRAS, Henri. *La Fin des paysans*. Paris: Sédéis, 1967.

—. *La Seconde Révolution française*. Paris: Gallimard, 1988.

MENGER, Pierre-Michel. *Le Paradoxe du musicien*. Paris: Flammarion, 1983.

MÉNY, Yves (org.). *Idéologies, partis politiques et groupes sociaux*. Paris: Presses de la Fondation nationale des sciences politiques, 1989.

MICHAUD, Yves. *L'Artiste et les commissaires*. Paris: Jacqueline Chambon, 1989.

MICHEL, Andrée; TEXIER, Geneviève. *La Condition de la Française d'aujourd'hui*. Paris: Femme, 1964.

MILLER, Judith. Entrevista com Madeleine Chapsal e Michèle Manceaux. *L'Express*, 16 mar. 1970.

MILLIEZ, Paul. *Médecin de la liberté*. Paris: Éd. du Seuil, 1980.

MILNER, Jean-Claude. *De l'école*. Paris: Éd. du Seuil, 1984.

MILZA, Pierre. *Fascisme français. Passé et présent*. Paris: Flammarion, 1987; reed. col. "Champs", 1991.

MINC, Alain. *L'Avenir en face*. Paris: Éd. du Seuil, 1984.

—. *La Machine égalitaire*. Paris: Grasset, 1987; reed. Le Livre de Poche, 1989.

MISKÉ, Ahmed Baba. Les nouveaux civilisateurs. *Le Nouvel Observateur*, 19 jun. 1978; retomado in *Le Tiers-monde et la gauche*, 1979.

MISSAC, Pierre. *Passage de Walter Benjamin*. Paris: Éd. du Seuil, 1987.

MITTERRAND, François. *L'Unité*, 9 fev. 1974.

—. La France endeuillée, citado in *L'Humanité*, 25 dez. 1982.

—. Entrevista a *L'Express*, 14-20 jul. 1989.

MOI, Toril. *Simone de Beauvoir. Conflits d'une intellectuelle*. Paris: Diderot Éditeur, 1995.

MOLLARD, Claude. *Le 5e Pouvoir. La Culture et l'État de Malraux à Lang*. Paris: Armand Colin, 1999.

MONGIN, Olivier. Le Politique en question. *Esprit*, jul.-ago. 1976.

—. D'une vulgate à l'autre: à propos de la nouvelle philosophie. *Esprit*, dez. 1977.

—. De la possibilité d'un avenir. *Le Débat*, n. 4, set. 1980.

—. Les infortunes du sens et de la vertu. *Esprit*, jan. 1983.

—. Incertitudes françaises. *Esprit*, "Français/Immigrés", jun. 1985.

—. Le grand virage démocratique. *Esprit*, jan. 1990.

—. *Face au scepticisme. Les mutations du paysage intellectuel*. Paris: La Découverte, 1994.

—. *L'Après 1989. Les nouveaux langages du politique*. Paris: Hachette, 1998.

—; POUTHIER, Jean-Luc. Libéralisme/socialisme: une confrontation manquée. *Esprit*, mar.-abr. 1988.

MONTARON, Georges. Ça n'est plus comme avant. *Témoignage chrétien*, n. 1.245, 16 maio 1968.

MONTEIL, Claudine. "Simone de Beauvoir et le mouvement des femmes. Un témoignage". In: DELPHY; CHAPERON (orgs.), 2002.

MOREAU, Yves. Campagne orchestrée. *L'Humanité*, 30 ago. 1973.

MORIN, Edgar. Une révolution sans visage: de la révolte étudiante à la contestation du pouvoir. *Le Monde*, 5 jun. 1968a.

—. Une révolution sans visage: conflit de générations et luttes de classes. *Le Monde*, 6 jun. 1968b.

—. *Le Paradigme perdu: la nature humaine*. Paris: Éd. du Seuil, 1973.

—. *Pour sortir du vingtième siècle*. Paris: Nathan, 1981.

—. *Penser l'Europe*. Paris: Gallimard, col. "Folio actuel", 1987.

—. "Au-delà du déterminisme: le dialogue de l'ordre et du désordre". In: POMIAN (org.), 1990.

—. "Mes années Lefort". In: HABIB, Claude; MOUCHARD, Claude (orgs.). *La Démocratie à l'oeuvre. Autour de Claude Lefort*. Paris: Éd. Esprit, 1993.

—. *Pour entrer dans le XXIe siècle*. Paris: Éd. du Seuil, col. "Points", 2004.

—; LEFORT, Claude; CASTORIADIS, Cornelius. *Mai 68. La brèche*, seguido de *Vingt ans après*. Paris: Fayard, 2008.

MOSCOVICI, Serge. *La Société contre nature*. Paris: 10/18, 1972.

—. "La Polymérisation de l'écologie". In: ABÉLÈS (org.), 1993; retomado in MOSCOVICI, 2002.

—. *De la nature. Pour penser l'écologie*. Paris: Métailié, 2002.

MOSÈS, Stéphane. *L'Ange de l'histoire. Rosenzweig, Benjamin, Scholem*. Paris: Éd. du Seuil, 1992.

MOSSUZ-LAVAU, Janine. De Simone de Beauvoir à Virginie Despentes: les intellectuelles et la question du genre. *Modern & Contemporary France*, 9 abr. 2009.

MOTHÉ, Daniel. *Journal d'un ouvrier*. Paris: Éd. de Minuit, 1958.

—. *Le Métier de militant*. Paris: Éd. du Seuil, 1972.

MOULIN, Raymonde. "Vivre sans vendre". In: Autoria coletiva. *Art et contestation*. Bruxelas: La Connaissance, 1968.

—. *L'Artiste, l'Institution et le Marché*. Paris: Flammarion, 1992.

MOUNIER, Emmanuel. *Qu'est-ce que le personnalisme?* Paris: Éd. du Seuil, 1947, citado in RICŒUR, Paul, [1983] 1992.

MURARD, Lion; ZYLBERMAN, Patrick. La Révolution du pessimisme. *Le Débat*, dossiê "De quoi l'avenir intellectuel sera-t-il fait?", n. 4, set. 1980.

MUSIL, Robert. *L'Homme sans qualités*. Paris: Éd. du Seuil, 1957.

NANCY, Jean-Luc. *La Communauté désoeuvrée* [1986]. Paris: Christian Bourgois, 1999.

NÉMO, Philippe. *L'Homme structural*. Paris: Grasset, 1975.

NIETZSCHE, Friedrich. *Considérations inactuelles*, II [1874]. Paris: Gallimard, col. "Folio essais", 1992.

NOBÉCOURT, Jacques. La Stupéfaction domine au Vatican. *Le Monde*, 1 ago. 1968, citado in SEVEGRAND, 1995.

NOIROT, Paul. *La Mémoire ouverte*. Paris: Stock, 1976.

Nora, Pierre. L'Événement monstre. *Communications*, n. 18, 1972; retomado e remanejado sob o título "Le retour de l'événement", in Idem; Le Goff (orgs.), 1974, t. i.

—. "Avertissement de l'éditeur". In: Stern, 1976.

—. Que peuvent les intellectuels? *Le Débat*, n. 1, maio 1980a.

—. Entrevista com Jacqueline Piatier. *Le Monde*, 2 maio 1980b.

—. Un idéologue bien de chez nous. *Le Débat*, n. 13, jun. 1981; retomado in Idem. *Historien public*. Paris: Gallimard, 2011.

—. "Entre histoire et mémoire". In: Idem (org.), t. i, 1984.

—. Nos années Michel Foucault. *Le Nouvel Observateur*, 29 jun. 1984; retomado in Idem. *Historien public*. Paris: Gallimard, 2011.

—. Relégitimation du religieux. *Le Débat*, n. 50, maio-ago. 1988.

—. Dans le bon sens. *Le Débat*, n. 62, nov.-dez. 1990.

—. "De l'archive à l'emblème". In: Idem (org.), t. iii, v. 3, 1993.

—. "Avertissement de l'éditeur". In: London, 1997.

—. Pierre Nora, éditeur. Entrevista com Anne Simonin e Pascal Fouché. *Entreprises et histoire*, n. 24, jun. 2000.

—. Pour une histoire au second degré. *Le Débat*, n. 122, nov.-dez. 2002; retomado in *Présent, nation, mémoire*. Paris: Gallimard, 2011.

—. L'Explosion du patrimoine. *Revue de l'Institut national du patrimoine*, n. 2, 2006.

— (org.). *Les Lieux de mémoire*, 7 vols. Paris: Gallimard, 1984-1993; i. *La République*, 1984; iii. *Les France*, v. 1, *Héritage — historiographie — paysages*, 1993a; v. 3, *De l'archive à l'emblème*, 1993b.

—; Le Goff, Jacques (orgs.). *Faire de l'histoire*, 3 vols., i. *Nouveaux Problemes*, ii. *Nouvelles Approches*, iii. *Nouveaux Objets*. Paris: Gallimard, 1974.

Notin, Bernard. Le Rôle des médias dans la vassalisation nationale: omnipotence ou impuissance? *Économies et sociétés*, hors-série n. 32, ago. 1989.

Noudelmann, François. *Le Génie du mensonge*. Paris: Max Milo, 2015.

Ormesson (d'), Jean. Tombeau pour un poète. *Le Figaro*, 25 dez. 1982.

Ozouf, Mona. Peut-on commémorer la Révolution française? *Le Débat*, n. 26, set. 1983.

Padoul, Gilbert. La Chine en débat. *Esprit*, abr. 1975.

Palmier, Jean-Michel. *Présentation d'Herbert Marcuse*. Paris: 10/18, 1968.

—. *Marcuse et la Nouvelle Gauche. Philosophie et révolution*. Paris: Belfond, 1973.

Paquet, Philippe. *Simon Leys. Navigateur entre les mondes*. Paris: Gallimard, 2016.

Paquot, Thierry. Prefácio a Illich, 2005.

—. *Introduction à Ivan Illich*. Paris: La Découverte, 2012.

Passeron, Jean-Claude. *Le Raisonnement sociologique*. Paris: Nathan, 1991.

Patočka, Jan. *Le Monde naturel comme probleme philosophique* [1936]. Trad. J. Danè e H. Declève. Haia: Nijhoff, 1976.

—. *Essais hérétiques sur la philosophie de l'histoire* [1975]. Trad. E. Abrams, prefácio de Paul Ricœur, posfácio de Roman Jakobson. Lagrasse: Verdier, 1981.

Paugam, Jacques. *Génération perdue*. Paris: Robert Laffont, 1977.

Pauwels, Louis. Pour en finir avec la Révolution française, tout simplement. *Le Figaro Magazine*, 11 out. 1986.

Pavard, Bibia. *Les Éditions des femmes. Histoire des premières années, 1972-1979*. Paris: L'Harmattan, 2005.

—. *Si je veux, quand je veux. Contraception et avortement dans la société française (1956-1979)*. Rennes: Presses universitaires de Rennes, 2012.

Payen, Guillaume. *Martin Heidegger*. Paris: Perrin, 2016.

Peeters, Benoît. *Derrida*. Paris: Flammarion, 2010.

Péguy, Charles. *Œuvres en prose complètes*, II. *Période des* Cahiers de la Quinzaine *de la onzième à la quinzième et dernière série (1909-1914)*. Paris: Gallimard, col. "Bibliothèque de la Pléiade", 1992.

—. *Notre jeunesse*, precedido por *De la raison*. Paris: Gallimard, col. "Folio", 1993a.

—. *De Jean Coste*. Arles: Babel, 1993b.

Pelletier, Denis. 1985-1987: une crise d'identité du tiers-mondisme catholique? *Le Mouvement social*, n. 177, out.-dez. 1996.

—. *La Crise catholique*. Paris: Payot, 2002.

—; Schlegel, Jean-Louis (orgs.). *À la gauche du Christ. Les chrétiens de gauche en France de 1945 à nos jours*. Paris: Éd. du Seuil, 2012.

Perrineau, Pascal. "Le Front national: 1972-1992". In: Winock (org.), 1993.

Perrot, Michelle. *Les Femmes ou les silences de l'histoire*. Paris: Flammarion, 1998.

Pessis-Pasternak, Guitta. *Faut-il brûler Descartes?* Paris: La Découverte, 1991.

Petit, Jean-François. *Histoire de la philosophie française au XXe siecle*. Paris: Desclée de Brouwer, 2009.

Peyrefitte, Alain. *Quand la Chine s'éveillera... Le monde tremblera*. Paris: Fayard, 1973.

Pfister, Thierry. La Nouvelle droite s'installe. *Le Monde*, 22 jun. 1979.

Philonenko, Alexis. *Nietzsche. Le Rire et le tragique*. Paris: Le Livre de Poche, 1995.

Picq, Françoise. *Libération des femmes. Les années-mouvement.* Paris: Éd. du Seuil, 1993.

Pinto, Diana. Le Socialisme et les intellectuels: le conflit caché. *Le Débat*, n. 18, jan. 1982.

—. Sur l'immigration. Modèle américain, modèle français. *Le Débat*, n. 39, mar.-maio 1986.

Pividal, Rafaël. Psychanalyse, schizophrénie, capitalisme. *Le Monde*, 28 abr. 1972.

Plenel, Edwy. Le directeur général du CNRS sanctionne la publication d'un article raciste. *Le Monde*, 18-19 fev. 1990.

—. Rollat, Alain. *La République menacée.* Paris: Le Monde Éditions, 1992.

—. *La République inachevée.* Paris: Stock, 1997; reed. Le Livre de Poche, 1999.

Pleynet, Marcelin. "La poésie doit avoir pour but…". *Tel Quel. Théorie d'ensemble* [1968]. Paris: Éd. du Seuil, 1980.

Plyushch, Leonid. *Dans le carnaval de l'histoire. Mémoires.* Trad. T. Plyushch. Paris: Éd. du Seuil, 1977.

Polack, Jean-Claude; Sivadon-Sabourin, Danielle. *La Borde ou le Droit à la folie.* Paris: Calmann-Lévy, 1976.

Politique et religion. Données et débats. Paris: Gallimard, 1981.

Pomian, Krzysztof. La Crise de l'avenir. *Le Débat*, n. 7, dez. 1980.

—. Les abattoirs de la mémoire? *Le Débat*, n. 55, maio-ago. 1989.

—. Y a-t-il un retour du religieux? *Le Débat*, n. 59, mar.-abr. 1990a.

—. La Fin de l'histoire n'a pas eu lieu. *Le Débat*, n. 60, maio-ago. 1990b.

—. Post- ou comment l'appeler? *Le Débat*, n. 60, maio-ago. 1990c.

—. La Querelle de l'"art moderne". *Le Débat*, n. 110, maio-ago. 2000a.

—. La vraie fin du XXe siècle. *Le Débat*, n. 111, set.-out. 2000b.

— (org.). *La Querelle du déterminisme. Philosophie de la science aujourd'hui.* Paris: Gallimard, 1990.

Pommier, René. *Assez décodé.* Paris: Roblot, 1978.

Ponchaud, François. Le Cambodge neuf mois après: 1) un travail gigantesque; 2) un nouveau type d'homme. *Le Monde*, 17-18 fev. 1976.

—. *Cambodge année zéro.* Paris: Julliard, 1977.

Pouillon, Jean. Réconcilier Sartre et Lévi-Strauss. *Le Monde*, 30 nov. 1968.

Poujade, Robert. *Le Ministère de l'impossible.* Paris: Calmann-Lévy, 1975.

Pouthier, Jean-Luc. "Libéralisme: voilà l'ennemi!". In: Mongin; Pouthier, 1988.

PRIGOGINE, Ilya; STENGERS, Isabelle. *La Nouvelle Alliance. Métamorphose de la science*. Paris: Gallimard, 1979; reed. col. "Folio essais", 1986. [Ed. bras.: *A nova aliança*. Brasília, DF: UnB/Edição 3, 1997.]

Procès de Bobigny (Le). Choisir la cause des femmes [1973]. Paris: Gallimard, 2006.

PROCHASSON, Christophe. *François Furet. Les chemins de la mélancolie*. Paris: Stock, 2013.

PROST, Antoine. Le Discours de restauration: essai d'interprétation. *Le Débat*, n. 31, set.-out., 1984.

PROUST, Françoise. *L'Histoire à contretemps*. Paris: Éd. du Cerf, 1994; reed. Le Livre de Poche, 1999.

Querelle du déterminisme (La). Philosophie de la science aujourd'hui, dossiê reunido por Krzysztof Pomian, com as contribuições de Stephan Amsterdanski, Henri Atlan, Antoine Danchin, Ivar Ekeland, Jean Largeault, Edgar Morin, Jean Petitot, Krzysztof Pomian, Ilya Prigogine, David Ruelle, Isabelle Stengers e René Thom. Paris: Gallimard, col. Le "Débat", 1990.

RAISON DU CLEUZIOU, Yann. "À la fois prêts et surpris: les chrétiens en Mai 1968". In: PELLETIER; SCHLEGEL (orgs.), 2012.

RANGEL, Carlos. *Du bon sauvage au bon révolutionnaire*. Prefácio de Jean-François Revel. Paris: Robert Laffont, 1976. [Ed. bras.: *Do bom selvagem ao bom revolucionário*. Brasília, DF: Cadernos da UnB, 1981.]

—. *L'Occident et le Tiers-monde*. Paris: Robert Laffont, 1982.

RASSINIER, Paul. *Le Mensonge d'Ulysse. Regard sur la littérature concentrationnaire*. Bourg-en-Bresse: Éd. Bressanes, 1950.

—. *Ulysse trahi par les siens. Complément au* Mensonge d'Ulysse. Paris: Documents et témoignages, 1961.

—. *Le Véritable Procès Eichmann ou les Vainqueurs incorrigibles*. Paris: Les Sept Couleurs, 1962.

—. *Le Drame des juifs européens*. Paris: Les Sept Couleurs, 1964.

RAVIGNANT, Patrick. *La Prise de l'Odéon*. Paris: Stock, 1968.

RAYMOND, Didier. *Nietzsche ou la Grande Santé*. Paris: L'Harmattan, 1999.

RAYNAUD, Philippe. Pour l'école républicaine. *Esprit*, jul.-ago. 1984.

—. Un problème philosophique sérieux. *Commentaire*, n. 48, inverno 1989-1990.

REBÉRIOUX, Madeleine (org.). *L'Extrême Droite en questions*. Paris: Études et documentation internationales, 1991.

—. SCHWARTZ, Laurent. Le Dilemme vietnamien. *Le Monde*, 17-18 dez. 1978.

RÉMOND, René. *Vivre notre histoire. Aimé Savard interroge R. Rémond*. Paris: Le Centurion, 1976.

—. *La Règle et le Consentement*. Paris: Fayard, 1979.

—. Évolution des droites. *Le Débat*, n. 33, jan. 1985.

—. *Pour une histoire politique*. Paris: Éd. du Seuil, 1988.

RENAN, Ernest. "Qu'est-ce qu'une nation?". Conferência pronunciada na Sorbonne em 11 mar. 1882. Paris: Presses-Pocket, col. "Agora", 1992.

REPAIRE, Sébastien. *Sartre et Benny Lévy. Une amitié intellectuelle, du maoisme triomphant au crépuscule de la révolution*. Paris: L'Harmattan, 2013.

REVEL, Jean-François. *La Tentation totalitaire*. Paris: Robert Laffont, 1976a.

—. Prefácio a RANGEL, 1976b.

—. Revenons à l'instruction publique. *Le Point*, 21 maio 1984.

—. "Démocratie et développement". In: BRAUMAN (org.), 1986.

—. Socialistes-communistes: l'exception française. *Le Point*, 3 out. 1988.

—. Raison pure et raison pratique: à propos de la fin de l'histoire. *Commentaire*, n. 48, inverno 1989-1990.

REY, Jean-Michel. *Colère de Péguy*. Paris: Hachette, 1987.

RIALS, Stéphane. La Droite ou l'horreur de la volonté. *Le Débat*, n. 33, jan. 1985.

RIBES, Bruno. Editorial (datado de 2 jun.). *Études*, jun.-jul. 1968.

RICHIR, Marc. L'Aporie révolutionnaire. *Esprit*, set. 1976.

RICŒUR, Paul. Le Paradoxe politique. *Esprit*, maio 1957; retomado in Idem, 1964.

—. *Philosophie de la volonté*, t. II. *Finitude et culpabilité*, v. 1, *L'homme faillible* [1960]. Paris: Aubier, 1988a.

—; Ibidem, v. 2, *La symbolique du mal* [1960]. Paris: Aubier, 1988b.

—. Faire l'université. *Esprit*, maio-jun. 1964; retomado in Idem, 1991.

—. Comentário eucarístico, reconstituído de memória por um de seus participantes. *Christianisme social*, n. 7-10, 1968.

—. Réforme et révolution dans l'université. *Le Monde*, 9, 11 e 12 jun.; retomado in Idem, 1991.

—. Un communiqué du doyen. *Le Monde*, 4 mar. 1970.

—. Prefácio a Patočka, [1975] 1981; retomado in Idem, 1991.

—. Jan Patocka, le philosophe résistant. *Le Monde*, 19 mar. 1977; retomado in Idem, 1991.

—. Meurt le personnalisme, revient la personne. *Esprit*, jan. 1983; retomado in Idem, 1992.

—. *Temps et récit*, III. *Le temps raconté*. Paris: Éd. du Seuil, 1985; reed. col. "Points", 1991.

—. *À l'école de la phénoménologie*. Paris: Vrin, 1986a.

—. *Du texte à l'action. Essai d'herméneutique* II. Paris: Éd. du Seuil, 1986b.

—. "Emmanuel Levinas, penseur du témoignage" [1989], retomado in Idem, 1994.

—. *Lectures I. Autour du politique.* Paris: Éd. du Seuil, 1991.

—. *Lectures II. La Contrée des philosophes.* Paris: Éd. du Seuil, 1992.

—. *Lectures III. Aux frontières de la philosophie.* Paris: Éd. du Seuil, 1994.

—. *Réflexion faite. Autobiographie intellectuelle.* Paris: Éd. Esprit, 1995.

—. *La Nature et la Règle.* Paris: Odile Jacob, 1998.

—. *La Mémoire, l'Histoire, l'Oubli.* Paris: Seuil, 2000. [Ed. bras.: *A memória, a história, o esquecimento.* Campinas: Ed. da Unicamp, 2018.]

RIEFFEL, Rémy. *La Tribu des clercs. Les Intellectuels sous la Ve République.* Paris: Calmann-Lévy, 1993.

RIGAUD, Jacques. *La Culture pour vivre.* Paris: Gallimard, 1975.

RIGOULOT, Pierre. Le Goulag et la crise du marxisme. *Les Temps modernes*, n. 360, jul. 1976.

—. *Les Paupières lourdes. Les Français face au Goulag: aveuglements et indignations.* Paris: Éd. universitaires, 1991.

RIOUX, Jean-Pierre. "Des clandestins aux activistes (1945-1965)". In: WINOCK (org.), 1993.

—; SIRINELLI, Jean-François (orgs.). *Pour une histoire culturelle.* Paris: Éd. du Seuil, 1997.

RIOUX, Lucien. *Le Nouvel Observateur des bons et des mauvais jours.* Paris: Hachette, 1982.

—. BACKMANN, René. *L'Explosion de Mai.* Paris: Robert Laffont, 1968.

RIQUET, Michel (s.j.). L'Enseignement traditionnel de l'Église maintenu et précisé. *Le Figaro*, 30 jul. 1968.

ROBIN, Régine; GUILHAUMOU, Jacques. L'Identité retrouvée. *Dialectiques*, n. 15-16, 1976.

ROCHEFORT, Christiane. *Le Repos du guerrier.* Paris: Grasset, 1958.

—. Le Mythe de la frigidité féminine. *Partisans*, n. 54-55, jul.-out. 1970.

ROCHEFORT, Florence. "L'Insurrection féministe". In: ARTIÈRES; ZANCARINI-FOURNEL (orgs.), 2008.

ROGERS, Rebecca. Rencontres, appropriations et zones d'ombre: les étapes d'un dialogue franco-américain sur l'histoire des femmes et du genre. *Revue d'histoire des sciences humaines*, n. 11, 2004.

ROGNON, Frédéric. *Génération Ellul. Soixante héritiers de la pensée de Jacques Ellul.* Genebra: Labor et Fides, 2012.

Rolland, Jacques (org.). *Les Cahiers de la nuit surveillée. Emmanuel Levinas.* Lagrasse: Verdier, 1984.

Rollat, Alain. *Les Hommes de l'extrême droite.* Paris: Calmann-Lévy, 1985.

Roman, Joël. La Vie intellectuelle au regard de l'université, de l'édition et des médias. *Esprit*, mar.-abr. 2000.

Romilly (de), Jacqueline. *L'Enseignement en détresse.* Paris: Julliard, 1984.

Roqueplo, Philippe. *Le Partage du savoir. Science, culture, vulgarisation.* Paris: Éd. du Seuil, 1974.

Roques, Henri. In: Bernard, Philippe. Les Mandarins déconfits. *Le Monde*, 25-26 maio 1986.

Rosanvallon, Pierre. *L'Âge de l'autogestion ou la Politique au poste de commandement.* Paris: Éd. du Seuil, 1976.

—. *La Crise de l'État providence.* Paris: Éd. du Seuil, 1981; reed. col. "Points", 1992.

—. *Le Moment Guizot.* Paris: Gallimard, 1985.

—. "Le Politique". In: Revel, Jacques; Wachtel, Nathan (orgs.). *Une école pour les sciences sociales.* Paris: Éd. du Cerf/Éd. de l'EHESS, 1996.

—. Entrevista. *Raisons politiques*, n. 1, fev.-abr. 2001.

—. Viveret, Patrick. *Pour une nouvelle culture politique.* Paris: Éd. du Seuil, 1977.

Rosenberg, Harold. *La Tradition du nouveau* [1959]. Trad. A. Marchand. Paris: Éd. de Minuit, 1962.

Ross, George. "Fragmentation du marché intellectuel et disparition de l'intellectuel de gauche". In: Mény (org.), 1989.

Roth, François. *L'Invention de l'Europe.* Paris: Armand Colin, 2005.

Roudinesco, Élisabeth. *Histoire de la psychanalyse en France*, ii. *La Bataille de cent ans, 1925-1985.* Paris: Éd. du Seuil, 1986.

—. *Jacques Lacan. Esquisse d'une vie, histoire d'un systeme de pensée.* Paris: Fayard, 1993.

Roudy, Yvette. "De l'influence de Simone de Beauvoir sur le ministère des Droits de la femme (1981-1986)". In: Delphy; Chaperon (orgs.), 2002.

Rousseau, Sabine. "Les Cathos de gauche: l'engagement dans les luttes politiques". In: Artières; Zancarini-Fournel (orgs.), 2008.

Rousso, Henry. *Le Syndrome de Vichy.* Paris: Éd. du Seuil, 1987; reed. col. "Points", 1990.

—. *Vichy, un passé qui ne passe pas.* Paris: Fayard, 1994; reed. Gallimard, col. "Folio histoire", 1996.

—. *La Hantise du passé.* Paris: Textuel, 1997.

Roustang, François. *Un destin si funeste.* Paris: Éd. de Minuit, 1976.

Rouyer, Muriel. Editorial. *Raisons politiques*, n. 1, 2001.

Roy, Claude. Des Chinois pas comme les autres. *Le Nouvel Observateur*, 27 dez. 1976.

Rubin, Jerry. *Do It*. Paris: Éd. du Seuil, 1971.

Rumney, Ralph. *Le Consul*. Paris: Allia, 1999.

Rupnik, Jacques. "Paris-Prague". In: Urfalino; Zuber (orgs.), 2010.

Sakharov, Andrei. *Mon Pays et le Monde*. Paris: Éd. du Seuil, 1975.

Salini, Laurent. Le Langage de Jean Daniel. *L'Humanité*, 30 ago. 1971.

Salo, Marcia; McAffee, Kathie. Histoire d'une longue marche. *Partisans*, n. 54-55, jul.-out. 1970.

Samoyault, Tiphaine. *Roland Barthes*. Paris: Éd. du Seuil, 2015.

Sartre, Jean-Paul. Les Bastilles de Raymond Aron. *Le Nouvel Observateur*, 19-25 jun. 1968a.

—. L'Imagination au pouvoir. Une interview de Daniel Cohn-Bendit par Jean--Paul Sartre. *Le Nouvel Observateur*, 20 maio 1968b.

—. Prefácio. In: Manceaux, Michèle. *Les Maos en France*. Paris: Gallimard, 1972.

—; Lévy, Benny. L'Espoir maintenant. *Le Nouvel Observateur*, 10, 17 e 24 mar. 1980; retomado in *L'Espoir maintenant. Les Entretiens de 1980*. Lagrasse: Verdier, 1991.

Schlegel, Jean-Louis. Comment parler de l'immigration? *Esprit*, jun. 1985.

—. Devenir de la sécularisation? *Esprit*, abr.-maio 1986.

—. La Visibilité retrouvée du catholicisme. *Esprit*, jan. 1987.

—. La Révolution dans l'Église. *Esprit*, maio 2008.

Schwartz, Laurent. Un "fou" exemplaire: Leonid Pliouchtch. *Le Nouvel Observateur*, 21 abr. 1975.

Sécher, Reynald. *Le Génocide franco-français. La Vendée-Vengé*. Paris: PUF, 1986.

Sennett, Richard. *Les Tyrannies de l'intimité*. Paris: Éd. du Seuil, 1979.

Serrou, Robert. *Dieu n'est pas conservateur*. Paris: Robert Laffont, 1968.

Sevegrand, Martine. *Les Enfants du bon Dieu. Les Catholiques français et la procréation au XXe siècle*. Paris: Albin Michel, 1995.

Shayegan, Daryush. *Sous les ciels du monde. Entretiens avec Ramin Jahanbegloo*. Paris: Éd. du Félin, 1992.

Sirinelli, Jean-François. *Génération intellectuelle. Khâgneux et normaliens dans l'entre-deux-guerres*. Paris: Fayard, 1988.

—. *Intellectuels et passions françaises. Manifestes et pétitions au XXe siecle*. Paris: Fayard, 1990; reed. Gallimard, col. "Folio histoire", 1996.

—. "Les Élites culturelles". In: Rioux; Sirinelli (orgs.), 1997.

—. Les Enfants de l'éclipse. *Le Débat*, n. 103, jan.-fev. 1999.

SLAMA, Alain-Gérard. Le Triomphe de l'idée. *Commentaire*, n. 49, primavera 1990.

SOLÉ, Robert. Ivan Illich, prophète ou rêveur? *Le Monde*, 8 mar. 1974.

SOLJENÍTSIN, Aleksandr. *L'Archipel du Goulag*. Paris: Éd. du Seuil, 1974. [Ed. bras.: *Arquipélago Gulag*. São Paulo: Carambaia, 2019.]

SOLLERS, Philippe. Contestation ou révolution? *Tel Quel*, n. 34, verão 1968.

—. "Écriture et révolution" [1968]. Entrevista com Jacques Henric. In: *Tel Quel. Théorie d'ensemble*, Éd. du Seuil, 1980.

—. M. Sollers n'ira pas à la Fête de l'Humanité. *Le Monde*, 11 set. 1971.

—. À propos du maoïsme. *Tel Quel*, n. 68, inverno 1976.

—. Marx et Octobre: les intellectuels européens et la crise. *Le Monde*, 12 nov. 1977.

SORMAN, Guy. *La Révolution conservatrice américaine*. Paris: Fayard, 1983.

—. Sa solution libérale embarrasse toute la classe politique: "Pour moi, le vrai libéralisme, c'est ça". *Le Figaro Magazine*, 22 set. 1984a.

—. *La Solution libérale*. Paris: Fayard, 1984b.

SOULAGES, Pierre. Le prétendu métier perdu. *Le Débat*, n. 14, jul.-ago. 1981.

SOULIÉ, Charles. Le Destin d'une institution d'avant-garde: histoire du département de philosophie de Paris VIII. *Histoire de l'éducation*, n. 77, jan. 1998.

— (org.). *Un mythe a détruire? Origines et destin du Centre universitaire expérimental de Vincennes*. Paris: Presses universitaires de Vincennes, 2012.

SPIRE, Antoine. *Le Bon Plaisir d'Isabelle Stengers*. Paris: France Culture, 5 mar. 1994.

STENGERS, Isabelle; BENSAUDE-VINCENT, Bernadette. *Histoire de la chimie*. Paris: La Découverte, 1993.

STERN, August. *Un procès "ordinaire" en URSS*. Paris: Gallimard, col. "Témoins", 1976.

STORTI, Martine. L'Internationale des bourgeoises: des hôtesses en tailleurs bleus pour ces dames. *Libération*, 3-4 mar. 1975 retomado in Idem. *Je suis une femme, pourquoi pas vous?* Paris: Michel de Maule, 2010.

—. À la télévision, l'année de la Femme, c'est fini. *Libération*, 2 jan. 1976; retomado in Idem, 2010.

SUFFERT, Georges. *Les Intellectuels en chaise longue*. Paris: Plon, 1974.

SULLEROT, Évelyne. *Demain les femmes*. Paris: Robert Laffont, 1965.

—. *Histoire et sociologie du travail féminin*. Paris: Gonthier, 1968.

SZCZEPANSKI-HUILLERY, Maxime. L'Idéologie tiers-mondiste: constructions et usages d'une catégorie intellectuelle en crise. *Raisons politiques*, n. 18, maio 2005.

Tabet, Alexei. *La Pensée d'Ivan Illich en France: essai d'histoire intellectuelle*. Dissertação de mestrado, Paris I, sob a orientação de Pascal Ory, 2012.

Taguieff, Pierre-André. *La Force du préjugé. Essai sur le racisme et ses doubles*. Paris: La Découverte, 1988.

—. *Sur la Nouvelle droite. Jalons d'une analyse critique*. Paris: Descartes & Cie, 1994.

Taminiaux, Jacques. Arendt, disciple de Heidegger? *Études phénoménologiques*, n. 2, 1985.

Tassin, Étienne. *Le Trésor perdu. Hannah Arendt, l'intelligence de l'action politique*. Paris: Payot, 1999.

Testart, Alain. *Essai d'épistémologie. Pour les sciences sociales*. Paris: Christian Bourgois, 1991.

Thalmann, Rita. *Tout commença à Nuremberg*. Paris: Berg, 2004.

Thébaud, Françoise. *Écrire l'histoire des femmes*. Fontenay-aux-Roses: ENS Éd., 1998.

—. "L'Aventure intellectuelle de l'histoire des femmes en France". In: Racine, Nicole; Trebitsch, Michel (orgs.). *Intellectuelles. Du genre en histoire des intellectuelles*. Bruxelas: Complexe, 2004.

Theis, Laurent. Le Temps et le Roi. Sur la commémoration du millénaire capétien. *Le Débat*, n. 78, jan.-fev. 1994, p. 99.

Thibaud, Paul. Créativité sociale et révolution. *Esprit*, set. 1976.

—. Un anniversaire prophétique. *Esprit*, jan. 1977.

—. Apresentação, dossiê "Les fissures du totalitarisme et la démocratie en germes". *Esprit*, jul.-ago. 1978.

—. L'Autre modernité, dossiê "Que penser? que dire? qu'imaginer?". *Esprit*, set.-out. 1979.

—. La Gauche pour quoi faire? *Esprit*, out.-nov. 1981.

—. Le Christianisme d'*Esprit:* ferment ou latence? *Esprit*, número do cinquentenário, jan. 1983.

—. L'Europe: sortir du dérisoire. Editorial. *Esprit*, maio 1984a.

—. Faux procès et vraies questions. *Esprit*, jul.-ago. 1984b.

—. Dérives françaises. *Esprit*, nov. 1987.

—. Rendre plus sobre. *Le Débat*, n. 50, maio-ago. 1988.

Thibaudeau, Jean. *Mes années*. Paris: Tel Quel, col. "Écriture", 1994.

Thion, Serge. *Réflexions sur quelques ouvrages concernant le Vietnam. 1974-1975*. Nanterre: Groupe de recherches sociologiques, Paris X, 1977.

—. *Vérité historique ou vérité politique?* Paris: La Vieille Taupe, 1980.

Thom, René. Halte au hasard, silence au bruit. *Le Débat*, n. 3, jul.-ago. 1980.

—. En guise de conclusion. *Le Débat*, n. 15, set.-out. 1981.

—. "Halte au hasard, silence au bruit". In: POMIAN (org.), 1990.

THUILLIER, Pierre. *Socrate fonctionnaire. Essai sur (et contre) l'enseignement de la philosophie a l'université*. Paris: Robert Laffont, 1970.

TIEDEMANN, Rolf. *Études sur la philosophie de Walter Benjamin*. Arles: Actes Sud, 1987.

Tiers-monde et la gauche (Le), apresentado por *Le Nouvel Observateur*. Paris: Éd. du Seuil, 1979.

TIGRID, Pavel. *Le Printemps de Prague*. Paris: Éd. du Seuil, 1968.

—. *La Chute irrésistible d'Alexandre Dubček*. Paris: Calmann-Lévy, 1969.

TILLETTE, Xavier. Le Féminisme et les problèmes de la femme. *Études*, maio 1965.

TOCQUEVILLE (DE), Alexis. *De la démocratie en Amérique* [1835]. Paris: Garnier-Flammarion, 2010.

—. *L'Ancien Régime et la Révolution* [1856]. Paris: Gallimard, 1967.

TODD, Olivier. *André Malraux. Une vie* [2001]. Paris: Gallimard, col. "Folio", 2002.

TOURAINE, Alain. *Le Mouvement de Mai ou le Communisme utopique*. Paris: Éd. du Seuil, 1968.

— et al. *Au-delà de la crise*. Paris: Éd. du Seuil, 1976.

—. *L'Après-socialisme*. Paris: Grasset, 1980.

—. Y a-t-il encore des idées de gauche? *Le Débat*, n. 42, nov.-dez. 1986.

—. *Critique de la modernité*. Paris: Fayard 1992.

TRESPEUCH-BERTHELOT, Anna. *L'Internationale situationniste. De l'histoire au mythe (1948-2013)*. Paris: PUF, 2015.

URFALINO, Philippe. *L'Invention de la politique culturelle*. Paris: La Documentation française, 1996.

—; ZUBER, Martha (orgs.). *Intelligences de la France. Onze essais sur la politique et la culture*. Paris: Presses de Sciences Po, 2010.

VALLAEYS, Anne. *Médecins sans frontières. La Biographie*. Paris: Fayard, 2004.

VAN PARIJS, Philippe. *Qu'est-ce qu'une société juste?* Paris: Éd. du Seuil, 1992.

VENNER, Dominique. *Europe-Action*, n. 38, fev. 1966.

VERNANT, Jean-Pierre. *Les Origines de la pensée grecque*. Paris: PUF, 1962. [Ed. bras.: *As origens do pensamento grego*. Rio de Janeiro: Bertrand Brasil, 2002.]

—. *Mythe et pensée chez les Grecs* [1965]. Paris: Maspero, col. "PCM", 2 v., 1971.

—. *Il Mito greco*. Ata do congresso internacional. Roma: Edizioni de l'Ateneo-bizoni, 1973.

—. Entrevista com Judith Miller. *L'Âne*, jan.-mar. 1987.

—. *Entre mythe et politique*. Paris: Éd. du Seuil, 1996; reed. col. "Points", 2000.

—. *La Traversée des frontieres*. Paris: Éd. du Seuil, 2004.

VERNY, Françoise. *Le Plus Beau Métier du monde*. Paris: Olivier Orban, 1990.

VEYNE, Paul. Le bon plaisir. *France Culture*, 2 jul. 1988.

—. *Foucault. Sa pensée, sa personne*. Paris: Albin Michel, 2008.

VIANSSON-PONTÉ, Pierre. In: PAUGAM, Jacques. *Génération perdue*. Paris: Robert Laffont, 1977.

VIDAL-NAQUET, Pierre. Pierre Vidal-Naquet à la rédaction du *Nouvel Observateur*. *Le Nouvel Observateur*, 18 jun. 1979.

—. Un Eichmann de papier. *Esprit*, set. 1980; retomado in Idem, [1987] 2005.

—. *Les Assassins de la mémoire. Un Eichmann de papier et autres essais sur le révisionnisme*. Paris: La Découverte, 1987; reed. col. "La Découverte Poche", 2005.

VIÉNET, René. *Enragés et situationnistes dans le mouvement des occupations*. Paris: Gallimard, 1968.

VIGARELLO, Georges. Le Deuxième âge de l'individualisme. *Esprit*, jul.-ago. 1984.

VIGNA, Xavier. *L'Insubordination ouvrière dans les années 68. Essai d'histoire politique des usines*. Rennes: Presses universitaires de Rennes, 2007.

VIGREUX, Jean. *Croissance et contestations. 1958-1981*. Paris: Éd. du Seuil, 2014.

VILGIER, Philippe (org.). *La Droite en mouvement. Nationaux et nationalistes, 1962-1981*. Panchkula: Vastra, 1981, citado in PERRINEAU, 1993.

VIVERET, Patrick. *Attention Illich!* Paris: Éd. du Cerf, 1976.

VOVELLE, Michel. Prefácio a GARCIA; LÉVY; MATTEI, 1991.

WAECHTER, Antoine. *Dessine-moi une planète. L'écologie, maintenant ou jamais*. Paris: Albin Michel, 1990.

—; DASKE, Daniel. *Vosges vivantes*. Ingersheim: Saep, 1972.

—. *Animaux d'Alsace*. Estrasburgo: Mars et Mercure, 1974.

WAHL, François. La Chine sans utopie. *Le Monde*, 15-19 jun. 1974.

WAHL, Jean. *Tableau de la philosophie française* [1946]. Paris: Gallimard, col. "Idées", 1962.

WEIL, Pascale. *À quoi revent les années 90?* Paris: Éd. du Seuil, 1993.

WIEVIORKA, Michel. *La Démocratie a l'épreuve. Nationalisme, populisme, ethnicité*. Paris: La Découverte, 1993.

WINOCK, Michel (org.). *Histoire de l'extrême droite en France*. Paris: Éd. du Seuil, 1993.

WITTIG, Monique. *L'Opoponax*. Paris: Éd. de Minuit, 1964.

—. *La Pensée straight* [1980]. Paris: Balland, 2001.

Wolton, Dominique. *La Dernière Utopie. Naissance de l'Europe démocratique.* Paris: Flammarion, 1993.

Wolton, Thierry. Une leçon d'optimisme. *Les Temps modernes*, n. 376-377, nov.-dez. 1977.

Yerushalmi, Yosef Hayim. *Zakhor. Histoire juive et mémoire juive.* Paris: La Découverte, 1984.

Yonnet, Paul. *Jeux, Modes et Masses.* Paris: Gallimard, 1986.

Young-Bruehl, Elisabeth. *Hannah Arendt.* Paris: Calmann-Lévy, 1999.

Zamoyska, Hélène. L'Archipel du Goulag. *Esprit*, jul.-ago. 1974.

Zancarini-Fournel, Michelle. Histoire(s) du MLAC, 1973-1975. *Clio. Histoires, femmes et sociétés*, n. 18, 2003.

—. "Histoire des femmes, histoire du genre". In: Delacroix, Christian; Dosse, François; Garcia, Patrick; Offenstadt, Nicolas (orgs.). *Historiographies. Concepts et débats*, t. I. Paris: Gallimard, col. "Folio", 2010.

Zelensky-Tristan, Anne. *Histoire de vivre. Mémoires d'une féministe.* Paris: Calmann-Lévy, 2005.

Índice onomástico

A

Abel, Olivier: 140.
Abélès, Marc: 93.
Abensour, Miguel: 300, 455, 593.
Adorno, Theodor Wiesengrund: 136.
Aguesse, Pierre: 370.
Alain (Émile-Auguste Chartier, *conhecido como*): 419.
Al-Banna, Hasan: 600.
Albert, Michel: 479.
Albinoni, Tomaso: 473.
Althusser, Hélène (*nascida* Hélène Rytmann): 521.
Althusser, Louis: 45, 87-92, 194, 255, 521-522
Amalrik, Andrei: 356.
Ambroise-Rendu, Marc: 390.
Amin Dada, Idi (Idi Awo-Ongo Angoo, *conhecido como*): 446.
Andrieu, René: 261, 346.
Anger, Didier: 38, 386.
Antelme, Robert: 297.
Antoine, Monique: 216.
Antony, Bernard (*pseudônimo* Romain Marie): 492.
Anzieu, Didier (*pseudônimo* Épistémon): 40, 43-44.
Apollinaire, Guillaume: 472.
Aragon, Louis: 26-27, 243-246, 252, 268, 525-526.
Araud, Gérard: 620.
Arendt, Hannah: 298, 304, 544, 575, 578-582, 585, 587-588.
Ariès, Philippe: 230, 591.
Aristóteles: 455, 556, 664.
Armand, Louis: 372.
Aron, Raymond: 13-14, 25, 46, 71-75, 110, 186, 270-271, 295, 338-240, 356, 359-360, 371, 401, 444, 451-452, 456-457, 466-468, 474-475, 656, 665.
Arquimedes: 520.
Artaud, Antonin: 175.
Astruc, Alexandre: 102.
Atlan, Henri: 133, 630, 636.
Attali, Jacques: 333, 418, 571.
Aubral, François: 288-290, 302.
Audard, Catherine: 353-354.
Audier, Serge: 460.
Audry, Colette: 198, 223, 226-227.
Augé, Marc: 427.

Auroux, Sylvain: 637.
Autant-Lara, Claude: 659.
Averty, Jean-Christophe: 302.

B

Bach, Jean-Sébastien: 399.
Backès-Clément, Catherine: 44, 179, 206, 227.
Badia, Gilbert: 241.
Badinter, Robert: 467.
Badiou, Alain: 107, 154-156, 159, 161.
Badré, Mgr Jean: 56.
Baechler, Jean: 74, 270, 468.
Baez, Joan: 139.
Balavoine, Daniel: 495.
Balibar, Étienne: 154-155, 353, 522, 577.
Balzac, Honoré de: 411.
Barangé, Charles: 504.
Barbin, Pierre: 76.
Bardèche, Maurice: 480, 488, 498-501.
Bardet, Jean: 30-31, 259.
Baroin, Michel: 623.
Barrau, Grégory: 56.
Barrault, Jean-Louis: 65, 75.
Barré, François: 168.
Barre, Raymond: 466, 475.
Barreau, Jean-Claude: 420.
Barrès, Maurice: 481.
Barret-Kriegel, Blandine: 408.
Barth, Karl: 47.
Barthes, Henriette: 512.

Barthes, Roland: 40, 45-46, 108, 151, 186, 203, 206, 281, 286-287, 329, 438, 511-516, 526-529.
Barton, Paul: 267.
Basaglia, Franco: 68.
Basch, Françoise: 229.
Bascher, Anne de: 209.
Baubérot, Jean: 48, 140.
Baudelaire, Charles: 562.
Baudelot, Christian: 91.
Baudrillard, Jean: 39-40, 420, 438-439, 564.
Baudry, François: 158.
Baudry, Jean-Louis: 107.
Bausch, Pina: 472.
Beaud, Michel: 160.
Beauvoir, Simone de: 11, 103, 197, 202-203, 206-207, 209-210, 214-215, 217-218, 223, 226, 233, 252, 350, 400, 433-434.
Beck, Francis: 570.
Beck, Julian: 64-65, 79.
Becker, Gary: 451.
Beckett, Samuel: 175.
Béjart, Maurice: 79.
Bellemin-Noël, Jean: 153.
Belloin, Gérard: 239.
Belo, Fernando: 116.
Ben Ali, Djellali: 113.
Benda, Julien: 41.
Benjamin, Walter: 575, 579, 582-583, 585, 588.
Benny Lévy (*pseudônimo* Pierre Victor): 100, 102, 112, 180,

313-314, 324, 433-434, 493, 594, 601.
Benoist, Alain de (*pseudônimos* Fabrice Laroche, Robert de Herte, David Barney): 125-126, 480-486.
Benoist, Jean-Marie: 280.
Bensaïd, Daniel: 88, 97, 577.
Bérard, Ewa: 349.
Bérégovoy, Pierre: 418.
Berg, Alban: 560.
Berger, Henry: 219.
Berindei, Mihnea: 662.
Bernadet, Maurice: 502.
Bernard de Chartres: 667.
Bernheim, Cathy: 198.
Bernier, Philippe: 337.
Berque, Jacques: 240.
Bers, Lipman: 345.
Bertolucci, Bernardo: 169.
Bertone, Franco: 249.
Bertuccelli, Jean-Louis: 107.
Besançon, Alain: 74, 270, 444, 466, 475.
Besançon, Julien: 252.
Besnier, Jean-Michel: 458, 471.
Besret, Bernard: 116.
Bettati, Mario: 339.
Bettelheim, Charles: 108.
Bettencourt, André: 372.
Bian Zhongyun: 318.
Bianco, Lucien: 315.
Biasini, Émile: 571, 573.
Bideau, Jean-Luc: 169.

Billard, Pierre: 486.
Biot, François: 118.
Bishop, Tom: 327.
Bisk, Anatole (*ver* Bosquet, Alain): 269.
Bizot, Jean-François: 169, 421.
Blanchot, Maurice: 13, 41, 83-84, 199.
Blanquart, Paul: 53, 55, 242.
Bloch, Marc: 184, 189, 575, 579, 584-585, 588.
Bloom, Allan: 471-472, 563.
Blot, Jean: 270.
Blot, Yvan: 485.
Bluche, Frédéric: 624.
Blücher, Heinrich: 579, 581.
Blum, Léon: 418.
Bock, Fabienne: 228.
Bodard, Lucien: 286-287.
Boggio, Philippe: 419.
Bohr, Niels: 634-63.
Boisard, Pierre: 39.
Boisset, Yves: 107.
Boissonnas, Sylvina: 225.
Bokassa, Jean-Bedel: 446.
Böll, Heinrich: 259.
Boltanski, Luc: 535-536.
Bonis, Jacques de: 105, 239, 265.
Bonnefoy, Yves: 245.
Bonner, Elena: 344.
Bonté, Louis-Michel: 473.
Bontems, Roger: 113.
Borel, Raymond: 337-338.
Borissov, Boïko: 348.

Borne, Dominique: 598.
Bosc, Jean: 48.
Bosquet, Alain (Anatole Bisk, *conhecido como*): 266, 268-269.
Bosquet, Michel (*ver* Gorz, André).
Bothorel, Jean: 286.
Bott, François: 288.
Bouc, Alain: 319.
Bouchardeau, Huguette: 227.
Boucher, Philippe: 523.
Boudon, Raymond: 475.
Bukovski, Vladimir Konstantinovitch: 273, 343, 347-348.
Boulez, Pierre: 569.
Boulte, Nicolas: 54.
Bourdieu, Pierre: 40, 91, 398-399, 418, 424, 523, 651.
Bourg, Dominique: 603.
Bourgeois, Denis: 286.
Bourgeois, Dominique: 662.
Bourgine, Raymond: 484.
Bourgois, Christian: 245, 661-662.
Bourricaud, François: 414, 463, 465.
Bourroux, Monique: 198.
Bousquet, Joë: 69.
Bousquet, Pierre: 125.
Boutmy, anfiteatro: 70.
Bové, José: 141.
Brahms, Johannes: 399.
Brasillach, Robert: 488.
Braudel, Fernand: 46, 183-186, 187, 377, 538.

Brauman, Rony: 444-445.
Brejnev, Léonid: 238, 257, 272, 341, 343-344, 348, 356.
Brelich, Angelo: 195.
Brigneau, François: 124, 490-491.
Broca, Philippe de: 78.
Broyelle, Claudie: 108, 324, 328, 335-336, 339.
Broyelle, Jacques: 108, 324, 328, 335-336.
Bruckner, Pascal: 446-450.
Bruhat, Jean: 241.
Buber, Martin: 593.
Buchanan, James: 451.
Buffet, Claude: 113.
Buren, Daniel: 570.
Burguière, André: 184-185, 191, 423, 440.
Burguière, Pierre: 145.
Burgy, Raymond: 147.
Burin des Roziers, Henri: 54.
Butor, Michel: 84.

C

Cabot, Jean: 161.
Cabu (Jean Cabut, *conhecido como*): 371.
Cadart, Claude: 315, 328.
Cahart, Patrice: 571.
Caillavet, Henri: 77.
Caillé, Alain: 37-38.
Caillois, Roland: 74.
Calas, caso: 341.
Callon, Michel: 536.

Calvet, Louis-Jean: 515.
Calvez, Jean-Yves: 57.
Camus, Albert: 11, 462, 466.
Canetti, Elias: 398.
Canguilhem, Georges: 151, 187, 468.
Capeto, Hugo: 622-623.
Caquot, André: 193.
Cardan (*ver* Castoriadis).
Cardonnel, Jean: 51-52.
Carlier, Jean: 371, 390.
Cartan, Henri: 424.
Cartier, Raymond: 445.
Carzou, Jean-Marie: 74.
Casalis, Georges: 55.
Casanova, Antoine: 105.
Casanova, Jean-Claude: 74, 270, 359, 444, 456, 466-469.
Cassen, Bernard: 151.
Cassirer, Ernst: 592.
Castel, Robert: 151, 516.
Castoriadis, Cornelius (*pseudônimos* Paul Cardan, Pierre Chaulieu, Jean-Marc Coudray): 15, 34--38, 44, 140, 143, 292-294, 296-297, 302-307, 310, 363, 373, 386, 393-394, 408-410, 423-424, 437, 445-446, 458, 486, 542-543, 559-560, 649--651, 655.
Castro, Fidel: 33, 447.
Cau, Jean: 274.
Cavaillès, Jean: 631.
Cavani, Liliana: 161.
Cavour, Camillo: 423.

Cayrol, Jean: 30.
Certeau, Michel de (Michel Jean Emmanuel de La Barge de Certeau, *conhecido como*): 15--16, 36, 57-59, 119-121, 158, 165-167, 546-547, 566.
Chaban-Delmas, Jacques: 372, 640.
Chalamov, Varlam: 255, 349.
Chaliand, Gérard: 442, 446.
Chalidze, Valery: 344.
Chalier, Catherine: 593.
Chalin, Claude (reitor): 28.
Chambaz, Jacques: 240.
Chanel, Josiane: 199.
Changeux, Jean-Pierre: 573-574.
Chantre, Benoît: 588.
Chapsal, Jacques: 70-71.
Chapsal, Madeleine: 176.
Char, René: 245.
Charbonneau, Bernard: 139, 371, 382.
Chartier, Anne-Marie: 509.
Chatagner, Jacques: 115.
Châtelet, François: 154, 156, 175--176, 281, 289, 306.
Chauchard, Paul: 212.
Chaulieu (*ver* Castoriadis).
Chaunu, Pierre: 38, 71, 213, 274, 475, 624.
Chauvierre, Bruno: 493.
Chavardès, Maurice: 262.
Chelminski, Rudolph: 322.
Chevalier, Jean-Claude: 150, 152.
Chevalier, Marie-Claire: 213.

Chevalley (cientista): 382.
Chevènement, Jean-Pierre: 70.
Cheysson, Claude: 423.
Chikanovitch, Yuri: 245.
Chirac, Jacques: 622.
Chomsky, Noam: 331-333.
Chrétien, Jean-Louis: 598.
Chtcharanski, Natan: 348.
Churchill, Winston: 470.
Chvatík, Ivan: 355.
Ciulioli, Antoine: 28.
Cixous, Hélène: 151, 206-207, 225-227, 232.
Clair, Jean: 562, 569.
Clastres, Pierre: 176, 300, 306.
Clavel, Maurice: 99, 102, 117, 147, 266, 287-288, 594.
Clavreul, Jean: 158-159.
Clemenceau, Georges: 423.
Clément (*ver* Backès-Clément).
Clément, Jean: 54.
Clément, Olivier: 266.
Clémenti, Pierre: 199.
Clerc, Julien: 495.
Clévenot, Michel: 115-116.
Clístenes: 194.
Closets, François de: 479.
Cochet, Yves: 386.
Cochin, Augustin: 625.
Cocker, Joe: 139.
Cohen, Erik: 601.
Cohen, Francis: 266, 268.
Cohen, Leonard: 139.

Cohen, Philippe: 277.
Cohen-Tanugi, Laurent: 642.
Cohn-Bendit, Daniel: 24, 27, 33--34, 43, 49, 52, 64-65, 74, 84, 88, 239, 386.
Cohn-Bendit, Gabriel: 34.
Collin, Françoise: 231.
Colombel, Jeannette: 268.
Coluche (Michel Colucci, *conhecido como*): 417-418.
Comarin, Elio: 444.
Combes, Émile: 504.
Comenius (Jan Amos Komensky, *conhecido como*): 357.
Comte-Sponville, André: 88-89, 522.
Conan, Éric: 554.
Confúcio: 162.
Constant, Benjamin: 452, 460, 469, 475.
Cooper, David: 68, 361.
Copfermann, Émile: 245.
Coq, Guy: 505, 508.
Coquillat, Michelle: 223.
Corvalán, Luis: 348.
Costa-Gavras (Konstantínos Gavrás, *conhecido como*): 169, 250, 253.
Costil, Jean: 494.
Cot, Jean-Pierre: 426.
Coudray, Jean-Marc (*ver* Castoriadis).
Courbet, Gustave: 562.
Courtès, Joseph: 194.
Courtine, Jean-François: 599.
Cousteau (comandante): 388.

Cox, Harvey: 51.
Crouzet, Denis: 573.
Crozier, Michel: 475.
Culioli, Antoine: 241.
Cusset, François: 479.

D

Dadoun, Roger: 163, 176.
Daillencourt, Claude: 227.
Daix, Pierre: 244-246, 251, 257, 268, 271, 355, 562.
Dali, Salvador: 158.
Danchin, Antoine: 631.
Daniel, Jean (Jean Bensaïd, *conhecido como*): 45, 141, 264--267, 271, 360, 376, 434, 462, 514, 524.
Daniel, Jules (Iouli): 258, 343, 347.
Darquier de Pellepoix, Louis: 500.
Daske, Daniel: 374.
Dassin, Julie: 198.
Daubier, Jean: 319.
Dauphin, Cécile: 229.
Davezies, Robert: 55, 115.
Debord, Guy: 59-63.
Debray, Régis: 332, 402-403, 411, 420, 442, 447, 458, 626.
Debré, Michel: 97, 145, 148, 375, 470, 504.
Debreu, Gérard: 470.
Decaux, Alain: 265.
Defert, Daniel: 112.
Defferre, Gaston: 467.
Delacampagne, Christian: 522.

Delacroix, Christian: 538.
Delanoë, Bertrand: 494.
Delbecque, Frédéric: 501.
Delcourt, Xavier: 288-290, 302.
Deleuze, Gilles: 15, 68-69, 111, 113-114, 126, 154, 156-157, 160, 171-173, 175-179, 285, 289-292, 295, 401, 417-418, 487, 524, 530, 575.
Deli, Peter: 250.
Delorme, Christian: 494.
Delorme, Danièle: 199.
Delors, Jacques: 154, 426, 640-641.
Delphy, Christine: 198, 204, 206, 209, 219.
Demornex, Jacqueline: 227.
Deng Tuo: 315.
Deng Xiaoping: 611.
Denis, Jacques: 169, 239.
Derczansky, Alex: 603.
Derrida, Jacques: 151, 157, 206, 354-355, 515, 517, 577, 591, 593.
Desanti, Jean-Toussaint: 92, 281, 378.
Descombes, Vincent: 406.
Deshayes, Richard: 97.
Désir, Harlem: 494.
Desroche, Henri: 308.
Detienne, Marcel: 194-196, 585.
Devaquet, Alain: 485, 500.
Dibango, Manu: 495.
Diógenes: 624.
Djilas, Milovan: 347.
Dobrovolsky, Alexeï: 347.

Dollé, Jean-Paul: 281, 288.
Dolto, Françoise: 519.
Domenach, Jean-Marie: 112, 118--120, 130-132, 142, 144, 176, 178-179, 250, 262, 267, 271, 302, 307, 315, 360, 372-373, 458, 480.
Dommergues, Pierre: 151.
Donnat, Olivier: 566.
Donovan, Philip Leitch: 139.
Donzelot, Jacques: 178.
Dorst, Jean: 370, 372.
Doubin, François: 494.
Dray, Julien: 494.
Dreyfus, caso: 29, 262, 341.
Drieu la Rochelle, Pierre: 84.
Droit, Roger-Pol: 159, 287-288, 523.
Dubček, Alexander: 237, 244, 248--249, 253.
Dubet, François: 495.
Dubois, Jean: 150, 152.
Duby, Georges: 229-230, 572.
Duchadeuil, Pascal: 473.
Duchet, Claude: 153.
Duchet, René: 108.
Duclos, Jacques: 239.
Ducrocq, Françoise: 199.
Dufrenne, Mikel: 25, 43-44.
Duhamel, Jacques: 163-165, 167-168.
Duhem, Pierre: 630-631.
Dumayet, Pierre: 566.
Duméry, Henry: 25.

Dumézil, Claude: 158, 193, 483.
Dumont, Louis: 353, 544.
Dumont, René: 386, 388-390, 446.
Dumoulin, Olivier: 584.
Dumur, Guy: 252.
Dupré, Georges: 31.
Dupuy, Jean-Pierre: 132-133.
Durafour, Michel: 659.
Durand, Claude: 30-31, 258-260, 278, 348.
Durand, Gilbert: 653.
Durand, Jean-Louis: 194.
Durand, Pierre: 124.
Duras, Marguerite (Marguerite Donnadieu, *conhecida como*): 83, 99, 199, 565.
Durkheim, Émile: 186, 658.
Duroselle, Jean-Baptiste: 643.
Duteuil, Jean-Pierre: 24.
Dutronc, Jacques: 313.
Duverger, Maurice: 286.
Duvignaud, Jean: 42, 44, 80, 83.

E

Egnell, Erik: 268.
Eichmann, Adolf: 579-580.
Einstein, Albert: 635.
Elias, Norbert: 379, 540, 653.
Elleinstein, Jean: 265.
Ellington, Duke: 472.
Ellul, Jacques: 139-141, 382-383.
Emmanuel, Pierre: 165, 355.
Emmanuelli, Xavier: 334, 338.
Encrevé, Pierre: 48, 153.

Engel, Norbert: 585.
Engels, Friedrich: 200.
Enthoven, Jean-Paul: 286, 402-403, 519.
Épistémon (*ver* Anzieu, Didier).
Erhel, Catherine: 227.
Eslin, Jean-Claude: 492, 603.
Espagnat, Bernard d': 634-635.
Espinoza, Edgardo Enríquez: 347.
Establet, Roger: 91.
Estang, Luc (Lucien Bastard, *conhecido como*): 31.
Étiemble, René: 319.
Ewald, François: 408.

F

Fabbri, Paolo: 194.
Fabian, Françoise: 209.
Fabius, Laurent: 464, 505.
Faladé, Solange: 519.
Farge, Arlette: 229.
Faure, Edgar: 57, 93, 150, 623.
Faurisson, Robert: 501-502, 659.
Fauroux, Roger: 452.
Fauvet, Jacques: 287, 423.
Favre Le Bret, Robert: 78.
Faye, Jean-Pierre: 47, 99, 332, 417.
Febvre, Lucien: 584.
Fejtö, François: 271, 360, 444, 468.
Feldman, Jacqueline: 198, 201.
Feltrinelli, Giangiacomo: 351.
Fenn, Suzanne: 199.
Ferenczi, Thomas: 420.

Fernex, Michel: 373.
Fernex, Solange (*nascida* Solange de Turckheim): 373.
Ferreri, Marco: 169.
Ferro, Marc: 46, 184, 191.
Ferry, Jean-Marc: 555, 643-644.
Ferry, Luc: 565.
Fesquet, Henri: 54.
Feyerabend, Paul Karl: 635.
Fillioux, Georges: 426.
Finas, Lucette: 153.
Finkielkraut, Alain: 427, 472-473, 510, 563-564, 587, 592, 642.
Fischer, Serge: 240.
Fiszbin, Henri: 241.
Flacelière, Robert: 24.
Flamand, Paul: 30-31, 129-130, 135-137, 259-260.
Flandrin, Jean-Louis: 228.
Fleisch, Yves: 24.
Fleuret, Maurice: 569.
Foerster, Heinz Von: 133.
Fonda, Jane: 168.
Fontaine, André: 210, 410.
Fontaine, Brigitte: 209.
Fontanet, Joseph: 466.
Forest, Philippe: 106.
Foucault, Michel: 40, 45-46, 91, 102, 106-114, 119, 126, 150-152, 154-157, 176, 181, 187-191, 206, 279, 289, 338, 353, 356, 399, 401, 414-415, 424, 451, 516, 523-524, 529-534, 575, 599, 660.
Fouchet, Christian: 45.

Fouchet, Max-Pol: 265-266.

Fouque, Antoinette: 199-200, 202--204, 207, 224-225.

Fouquier-Tinville, Antoine: 269, 295, 623.

Fourastier, Jean: 475.

Fournier, Pierre: 371, 375.

Foyer, Jean: 215, 221.

Francisco I: 568.

Frank, Bernard: 570.

Freud, Sigmund: 91, 137, 175-176, 178, 181, 200-201, 203, 207, 511, 517, 575-576.

Freund, Julien: 435-436.

Friedan, Betty: 227.

Friedman, Milton: 451, 470.

Froidevaux-Metterie, Camille: 232-233.

Frolic, Michael B.: 323.

Frossard, André: 287.

Fukuyama, Francis: 12, 616-620.

Fumaroli, Marc: 270, 466, 468, 562, 567-568.

Furet, François: 14, 187, 191, 267, 271-272, 302, 304, 363-364, 452-455, 458-459, 460, 468, 605, 622, 624-627, 642.

Furtos, Jean: 178.

G

Galanskov, Youri: 343, 347.

Gallimard, Antoine: 399, 525.

Gallimard, Claude: 399, 525.

Gallo, Max: 419, 426, 454.

Garaudy, Roger: 247-249

Garcia, Patrick: 627.

Gascar, Pierre: 372.

Gattégno, Jean: 420.

Gauchet, Marcel: 19, 38-39, 298, 300, 306, 362-363, 398-401, 404-405, 437-438, 452, 455, 457, 460, 475, 509, 510, 534, 544, 603, 649, 652.

Gauchon, Pascal: 491.

Gaulle, Charles de (general): 30, 59, 66, 73-75, 101, 169, 375, 418, 465, 489-490, 519, 623, 629.

Gaussen, Frédéric: 129.

Gautrat, Jacques (*pseudônimo* Daniel Mothé): 35, 142-143, 307-308.

Gavi, Philippe: 102-103.

Gaxotte, Pierre: 623.

Geismar, Alain: 28, 72, 74, 101--102, 111, 122, 200, 336, 339.

Genet, Jean: 43, 64, 84, 99, 114.

Gentil, Geneviève: 165.

George, François: 517-519.

Gernet, Louis: 192, 194.

Gerstein, Kurt: 500.

Gianini Belotti, Elena: 225.

Giard, Luce: 566.

Gide, André: 403, 419.

Gignoux, Hubert: 80.

Ginzburg, Alexandre: 347.

Girard, Augustin: 164-165.

Girard, René: 177-178.

Girardet, Raoul: 70.

Giraud, Henri-Christian: 410.

Giroud, Françoise (*nascida* Lea France Gourdji): 77, 101, 219, 221-222.

Giscard d'Estaing, Valéry: 14, 127, 146, 219, 221, 340, 356, 390, 549.

Gisselbrecht, André: 248-249.

Gladstone, William Ewart: 423.

Glucksmann, André: 266, 278-280, 284, 288-289, 338-340, 403.

Gluzman, Semyon: 347.

Godard, Jean-Luc: 77, 78, 107, 168.

Godelier, Maurice: 185.

Goebbels, Joseph Paul: 207.

Goethe, Johann Wolfgang von: 528.

Goldman, Jean-Jacques: 495.

Goldman, Pierre: 123.

Goldring, Maurice: 239.

Gollnisch, Bruno: 493.

Gonin, Marcel: 243.

Gorbachev, Mikhaïl: 607, 611.

Gorz, André (Gérard Horst, *conhecido como*; *pseudônimo* Michel Bosquet): 41, 132, 141--142, 249, 266, 383-385, 432--434, 448, 541-542.

Goubert, Pierre: 184.

Goude, Jean-Paul: 626.

Goustine, Luc de: 259.

Grailly, Michel de: 122.

Gramsci, Antonio: 91, 125, 482.

Granet, Danièle: 227.

Grappin, Pierre (decano): 23, 49.

Green, André: 176.

Greimas, Algirdas Julien: 43-45, 512.

Grémion, Pierre: 238, 267, 474.

Gresh, Alain: 449.

Grima, Claire: 32.

Grimaud, Maurice: 28.

Griotteray, Alain: 485.

Grisoni, Dominique-Antoine: 287.

Gross, Maurice: 152-153.

Grothendieck, Alexandre: 370, 381.

Guattari, Félix: 15, 63-69, 114, 171-173, 175-180, 285, 289, 291-292, 386-388, 417-418, 487.

Guenée, Bernard: 549.

Guérin, Jeanyves: 565.

Guevara, Che (Ernesto Rafael Guevara de la Serna, *conhecido como*): 70, 441, 447.

Guichard, Olivier: 155.

Guilbert, Paul: 281, 286.

Guilhaumou, Jacques: 90.

Guillain, Robert: 319.

Guillaume, Marc: 566.

Guillaume, Pierre: 501.

Guillaumin, Colette: 204.

Guillebaud, Jean-Claude: 140, 273-275.

Guillermaz, Jacques: 321.

Guiot, Gilles: 97.

Guitton, Jean: 69-70, 117.

Guizot, François: 460, 475.

Guo Moruo: 320.

Gurdjieff, Georges: 484.

H

Habermas, Jürgen: 429.
Hainard, Robert: 373-374.
Hajek, Jiri: 355.
Halimi, Gisèle (*nascida* Zeiza Gisèle Élise Taïeb): 210, 213-216, 219.
Hallier, Jean-Edern: 217, 282-283, 286, 623.
Halter, Marek: 494.
Hamon, Hervé: 411-412.
Hardy, Yves: 102.
Hartog, François: 12, 196.
Hassner, Pierre: 74, 271, 475, 619, 662.
Haupt, Georges: 349.
Havel, Václav: 355-357, 609, 645.
Haven, Richie: 139.
Hayek, Friedrich von: 469-471.
Hébert, Jean-Pierre: 483.
Hébrard, Jean: 509.
Heeb (advogado): 259.
Hegel, Georg Wilhelm Friedrich: 16, 154, 279, 289, 430, 434--435, 461, 542, 609, 617-618, 621.
Heidegger, Martin: 126, 136, 355, 510, 581-582, 592-593.
Heisenberg, Werner: 634.
Hejdánek, Ladislav: 352-353.
Hendrix, Jimi (James Marshall Hendrix, *conhecido como*): 139.
Henric, Jacques: 267.
Henry, Michel: 598-599.
Héritier, Françoise: 233.

Hermann, Jean-Maurice: 240.
Hersant, Robert: 484.
Herte, Robert de (*ver* Benoist, Alain de).
Hervé, Alain: 371-372, 376, 391.
Hervieu, Bertrand: 369.
Hervieu-Léger, Danièle: 369, 436, 595-597.
Hesíodo: 195.
Heuclin, Albert: 489.
Himmler, Heinrich: 293, 502.
Hincker, François: 241.
Hitler, Adolf: 163, 247, 256, 501, 638.
Ho Chi Minh: 447.
Hoffmann, Stanley: 457.
Holeindre, Roger: 124.
Holzer, Bernard: 450.
Homero: 134.
Honecker, Erich: 608-609.
Horay, Pierre: 227.
Horer, Suzanne: 227.
Hugo, Victor: 70, 395.
Huntington, Samuel: 620, 658.
Husák, Gustáv: 160, 244, 253, 351.
Huss, Jan: 353-354, 357.
Hussein, Saddam: 657.
Husserl, Edmund: 355-356, 592, 599.
Hyppolite, Jean: 89.

I

Iff, Simone: 214, 216.
Igounet, Valérie: 498.

Illich, Ivan: 129-135, 137, 140--142, 373, 383-384, 386.
Imbert, Claude: 475.
Ionesco, Eugène: 65, 360.
Irigaray, Luce: 158, 205-207, 227, 232.
Isorni, Jacques: 488.
Isserman, Aline: 102.
Issermann, Dominique: 199.
Ivens, Joris (Georg Henri Anton Ivens, *conhecido como*): 103.

J

Jaccard, Roland: 175, 519, 523.
Jacob, François: 28, 214.
Jacob, Jean: 378.
Jacob, Pierre: 93.
Jacoviello, Alberto: 104, 108.
Jacquard, Albert: 390.
Jaeger, Marcel: 39.
Jakobson, Roman: 186, 355.
Jambet, Christian: 280-281, 283, 299, 301, 595.
Jamet, Dominique: 572-573.
Janicaud, Dominique: 598-599.
Jankélévitch, Wladimir: 89, 398.
Jannoud, Claude: 287.
Jardin, André: 457, 559.
Jaruzelski, Wojciech: 276, 422, 425, 608.
Jaspers, Karl: 581.
Jaubert, Alain: 97.
Jaulin, Robert: 378.

Jdanov, Andreï Aleksandrovitch: 349.
Jeanneney, Jean-Noël: 621, 623, 626.
Jeanningros, Michel: 147.
Jensen, Arthur R.: 482.
Jesus Cristo: 13, 51-52, 516, 604.
Jiang Qing: 313.
João Paulo II: 602-603.
Jobert, Michel: 423.
Joffre, Joseph: 389.
Joffrin, Laurent: 420-421.
Joly, Guy: 521.
Jonas, Hans: 13, 580.
Jorn, Asger: 62.
Jospin, Lionel: 510, 697.
Jourdan, Charles: 472.
Joutard, Philippe: 597-598.
Jouvenel, Bertrand de: 371.
Joxe, Louis: 28.
Joxe, Pierre: 70, 662.
Joyce, James: 560.
Julia, Dominique: 56.
Julien, Claude: 449.
Jullian, Marcel: 222.
Julliard, Jacques: 424, 441-442, 451, 453-455, 462, 471, 473--474, 572.
July, Serge: 102, 112, 180, 395, 468, 524.
Jumilhac, Michel: 506.
Jünger, Ernst: 126.
Juquin, Pierre: 248.

K

Kafka, Franz: 175, 560.
Kaisergruber, David: 93.
Kalfon, Jean-Pierre: 77.
Kandinsky, Vassily: 560.
Kant, Emmanuel: 407, 461, 580, 599.
Kanté, Mory: 495.
Kantorowicz, Ernst: 460.
Kaplan, Steve: 626.
Karman, Harvey: 216.
Karmitz, Marin: 168.
Karol, K. S. (Karol Kewes, *conhecido como*): 108, 521.
Kastler, Alfred: 28, 99, 112.
Kaupp, Katia D.: 209.
Keïta, Salif: 495.
Kende, Pierre: 271, 310, 662.
Kepel, Gilles: 600.
Kerblay, Basile: 268.
Kern, Anne-Brigitte: 387.
Keynes, John Maynard: 470, 560.
Khayati, Mustapha: 61.
Khomeini (aiatolá): 408, 415, 599, 660.
Khrushchov, Nikita Sergueïevitch: 235, 257, 324, 341, 344, 351.
Kiejman, Georges: 112, 523, 572.
King, Alexander: 368.
Kirk, Geoffrey Stephen: 195.
Kissinger, Henry: 468.
Klapisch, Christiane: 230.
Klerk, Frédérik de: 657.
Klíma, Ladislav: 245.
Klossowski, Pierre: 41.
Knibiehler, Yvonne: 228.
Knoll, Hans: 149.
Kohl, Helmut: 609-610, 641.
Kohout, Pavel: 245.
Kojève, Alexandre: 16, 617-618.
Kołakowski, Leszek: 120, 271.
Kolář, Jiří: 250.
Kondratiev, Nikolaï: 465.
Konrád, György: 645.
Kopelev, Lev Zinovievitch: 257.
Koselleck, Reinhart: 613.
Kouchner, Bernard: 336, 338, 340, 442.
Koupernik, Cyrille: 176.
Koyré, Alexandre: 631.
Král, Petr: 250.
Kravtchenko, Viktor Andreïevitch: 274.
Krenz, Egon: 609.
Kriegel, Annie (*nascida* Becker, *casada* Besse, *depois* Kriegel): 74, 271, 602.
Kristeva, Julia: 107-108, 206-207, 225, 232, 326-327, 342-343, 360, 515.
Krivine, Alain: 32, 97, 124.
Kuentz, Pierre: 150, 153.
Kuhn, Thomas Samuel: 635.
Kundera, Milan: 244-245, 248--249-250, 252, 264-265.
Kuron, Jacek: 349.
Kuznetsov, Eduard: 349.

L

La Boétie, Étienne de: 300-301.
Labbé, Claude: 220.
Lacan, Jacques: 41, 157-160, 171, 178, 199, 202-203, 206, 280, 398, 515-521, 528, 594.
Lacoste, Yves: 161, 449.
Lacouture, Jean: 31, 129, 331, 442-444.
Lafon, Guy: 121.
Lafont, Bernadette: 209.
Lagneau, Gérard: 75.
Laing, Ronald David: 68.
Lallier, Marc: 147.
Lalonde, Brice: 375-378, 381, 390-393.
Laloy, Jean: 270.
Lamour, Catherine: 227.
Lang, Jack: 420-421, 426, 514, 551-552, 563, 565-569, 573.
Langevin, Paul: 419.
Langlade, Xavier: 23.
Langlois, Henri: 76-78, 587.
Lanzmann, Claude: 252, 419, 434, 602.
Laot, Jeannette: 216.
Lapassade, Georges: 42, 79, 151.
Laplace, Pierre-Simon de: 635.
Lapoix, François: 371.
Lardet, Pierre: 121.
Lardreau, Guy: 280, 299, 301, 407, 595.
Largeault, Jean: 631.
Laroche, Fabrice (*ver* Benoist, Alain de).

Las Vergnas, Raymond: 150-151.
Lasch, Cristopher: 539-540.
Lashkova, Vera: 347.
Latarjet, Bernard: 572.
Latouche, Serge: 141, 385-356, 393.
Latour, Bruno: 536, 630, 632, 637.
Lautréamont (Conde de Lautréamont, Isidore Ducasse, *conhecido como*): 245, 501.
Lavilliers, Bernard: 495.
Lavisse, Ernest: 552.
Lazard, Francette: 239.
Lazarus, Sylvain: 107.
Lazitch, Branko: 271, 444.
Le Bot, Huguette: 168.
Le Bras, Hervé: 658.
Le Bris, Michel: 98-99, 101.
Le Dantec, Jean-Pierre: 98, 101, 280, 442.
Le Forestier, Maxime: 495.
Le Gallou, Jean-Yves: 485, 493.
Le Garrec, Évelyne: 102.
Le Goff, Jacques: 185-186, 191.
Le Goff, Jean-Pierre: 39.
Le Pen, Jean-Marie: 124, 489, 491--492, 497, 502, 658-659.
Le Roy Ladurie, Emmanuel: 15, 74, 151, 183-187, 191, 228, 267, 360, 538, 570-571.
Léaud, Jean-Pierre: 77.
Lebel, Jean-Jacques: 65.
Lebreton, Philippe: 373, 392.
Lecanuet, Jean: 475.

Lecat, Jean-Philippe: 549-550, 567.
Leclaire, Serge: 152, 157-159, 176-177.
Leclerc, Annie: 205.
Leclerc, Henri: 112.
Lecourt, Dominique: 188, 360.
Leduc, Victor: 241-242, 697.
Lefebvre de Laboulaye, Édouard: 460.
Lefebvre, Henri: 24, 27, 33, 39, 41, 44, 116, 280.
Lefebvre, Mgr Marcel: 116, 280.
Lefeuvre, Jean-Claude: 370.
Lefort, Claude: 36-38, 44, 143, 271, 296-297, 299-302, 304--307, 361-363, 408, 455-456, 460, 544, 607.
Léger, Danièle (*ver* Hervieu-Léger).
Legrand, Louis: 506.
Leiris, Michel: 83-84, 99, 114, 245, 657.
Lejeune, Jérôme: 212, 214.
Lelouch, Claude: 78.
Leniaud, Jean-Michel: 550.
Lênin (Vladimir Ilitch Ulianov): 48, 70, 247, 263, 272.
Lenoir, Yves: 377.
Lentin, Albert-Paul: 240.
Lepage, Henri: 451, 475.
Lepetit, Bernard: 539.
Leroy, Roland: 240, 245-246, 249.
Lescourret, Marie-Anne: 593.
Lesseps, Emmanuelle de: 199.
Levaillant, Jean: 153.

Levinas, Emmanuel: 40, 387, 575, 589, 591-592, 593, 598, 615
Lévi-Strauss, Claude: 43-44, 46, 72, 184-186, 193, 195-196, 233, 281, 372, 379, 403, 468, 475, 561, 562, 637.
Levy Moreno, Jacob: 40.
Lévy, Benny (*pseudônimo* Pierre Victor): 100, 102, 112, 180, 313-314, 324, 433-434, 593--594, 601.
Lévy, Bernard-Henri: 277, 280-283, 285-287, 292-293, 295, 333, 494, 586, 656.
Lévy, Tony: 188.
Lewin, Kurt: 40.
Lewis, Bernard: 600.
Leyrac, Serge: 261.
Leys, Simon (*ver* Ryckmans, Pierre).
Li Peng: 611.
Li Yi Zhe: 328.
Liao Mosha: 315.
Liébert, Georges: 270, 474.
Liehm, Antonín: 243, 248-249.
Lin Pin: 317-318.
Lindon, Jérôme: 32, 137, 290.
Linhart, Robert: 180-181, 188, 324.
Linhartová, Věra: 250.
Lin Piao: 162, 325.
Lip, Fred: 146.
Lipietz, Alain: 387, 428.
Lipovetsky, Gilles: 540-541, 543, 651-652, 663.
Litvinov, Maxime: 343.

Liu Shaoqi: 317.
Loi, Michelle: 108, 320.
Lon Nol: 330.
London, Artur: 244, 250-252.
London, Françoise (esposa Daix): 244.
London, Lise: 244, 251, 252.
Longuet, Gérard: 490.
Lonsdale, Michael: 355.
López Arias, Victor: 347.
Loraux, Nicole: 196.
Loridan, Marceline: 103.
Lortat-Jacob, Bernard: 215.
Lourau, René: 39.
Loyer, Emmanuelle: 61.
Lucioni, Xavier: 327.
Luís XIV: 458, 462.
Luís XVI: 623.
Lustiger, Jean-Marie (cardeal): 604--605, 656.
Lutero, Martinhoho: 48, 353.
Luther King, Martin: 494.
Lyotard, Jean-François: 13, 25, 160, 177, 413, 428-429, 559.

M

Macciocchi, Maria-Antonietta: 104--106, 162, 314, 318, 328.
Madani, Abbassi: 657.
Madelénat, Daniel: 548.
Maggiori, Robert: 522, 524.
Maire, Edmond: 143, 308, 424.
Maisonneuve, Jean: 40.
Maistre, Joseph de: 126.

Major, John: 641.
Malamoud, Charles: 501.
Malaurie, Guillaume: 643.
Malhuret, Claude: 333, 338, 444.
Malina, Judith: 79.
Malle, Louis: 107.
Mallet, Serge: 152.
Malraux, André: 75-78, 80, 163--164, 282, 419, 569.
Malraux, Clara: 226.
Mamère, Noël: 141.
Manceaux, Michèle: 100, 209.
Mandelstam, Nadejda: 349.
Mandelstam, Ossip: 349.
Mandouze, André: 115.
Manent, Pierre: 270, 455, 460, 466, 469.
Manin, Bernard: 407, 455, 470.
Mansholt, memorando: 368.
Mantegna, Andrea: 596.
Mao, Tsé-Tung: 31, 33, 100, 103--107, 222, 280, 313, 315-318, 320-324, 326, 328, 372, 447, 594, 601, 612.
Maomé: 600.
Maquiavel, Nicolau: 300-301.
Marc'O (Marc-Gilbert Guillaumin, *conhecido como*): 199.
Marcellin, Raymond: 97, 101, 111.
Marchais, Georges: 84, 242, 246, 269.
Marcuse, Herbert: 136-138, 141, 175, 199-200
Marie, Jean-Jacques: 271.
Marie, Michel: 161.

Marienstras, Élise: 327.
Marion, Jean-Luc: 407, 498-499.
Marker, Chris: 168.
Marrou, Henri-Irénée: 656.
Martchenko, Anatoli: 343.
Martineau, Christine: 108.
Martineau, Gaston: 112.
Martinet, André: 153.
Martinet, Gilles: 267, 271, 355.
Martinez, Jean-Claude: 493.
Marty, André: 53, 56, 99.
Marx, Karl: 35, 38, 45, 57, 72, 89-90, 104, 112, 137, 139, 154, 175, 194, 200, 246, 249, 272-273, 278-280, 294, 298, 307, 326, 361, 363, 402, 434, 456-457, 459-460, 511, 522, 575, 577-578.
Masaryk, Jan: 357.
Mascolo, Dionys: 83.
Maspero, François: 32, 89-91, 201, 245, 282, 348-349, 449.
Massé, Pierre: 164.
Massera, José Luis: 347.
Mathey, François: 168.
Mathiez, Albert: 302.
Maulnier, Thierry: 286.
Mauriac, Claude: 102, 114, 176, 288, 339.
Mauriac, François: 75-76, 117, 258
Mauroy, Pierre: 422, 426, 508.
Maurras, Charles: 465, 481.
Maury, Guillaume (*ver* Jean-Pierre Moreau).
Mauss, Marcel: 192.

Mauzi, Robert: 514.
Max, Alfred: 108.
Maximov, Vladimir: 336.
Mayol, Pierre: 505, 565.
Mazowieski, Tadeusz: 310, 608.
Mead, Margaret: 137.
Meadows, Dennis: 367-368.
Médecin, Jacques: 485.
Mégret, Bruno: 493.
Mellon, Christian: 121.
Melman, Charles: 517.
Melot, Michel: 571.
Mendel, Gérard: 486, 539, 595.
Mendès France, Pierre: 78.
Mendras, Henri: 232, 553.
Mendras, Marie: 662.
Menger, Pierre-Michel: 569.
Merleau-Ponty, Maurice: 309, 357, 544.
Metz, Christian: 161, 185.
Meyerson, Émile: 631.
Michaud, Yves: 659.
Michaux, Henri: 245.
Michel, Andrée: 198, 228.
Michel, Natacha: 107.
Michnik, Adam: 349.
Miller, Gérard: 155, 158, 407.
Miller, Jacques-Alain: 158-160, 171, 519-520
Miller, Judith: 154-156,158.
Milliez, Paul: 215.
Milner, Jean-Claude: 399, 507-509.
Minc, Alain: 462, 476-477.

Miquel, André: 570.
Miquel, Jacques: 339.
Miské, Ahmed Baba: 442.
Missika, Jean-Louis: 451.
Mitterand, Henri: 153.
Mitterrand, Danielle: 426.
Mitterrand, François: 77, 146, 198, 219, 223, 260, 165, 354, 359, 369, 392, 408, 412, 418--419, 426, 453, 467-468, 494, 504-505, 514, 525-526, 551, 563, 569-572, 622, 625, 629, 640-641.
Mnouchkine, Ariane: 209.
Modiano, Colette: 108.
Moinot, Pierre: 76.
Moitessier, Bernard: 372.
Moles, Abraham: 60.
Molière (Jean-Baptiste Poquelin, *conhecido como*): 562.
Mollard, Claude: 167.
Mondrian, Piet (Pieter Cornelis Mondriaan, *conhecido como*): 560.
Mongin, Olivier: 19, 300-302, 307, 309, 404, 461, 496, 541, 543--544, 611, 614, 620, 644-645, 654-655, 664.
Monnet, Gabriel: 80.
Monnet, Jean: 640.
Monod, Jacques: 28, 214, 630.
Monod, Théodore: 371-372, 374, 388.
Montaigne (Michel Eyquem de Montaigne, *conhecido como*): 300.

Montand, Yves (Ivo Livi, *conhecido como*): 114, 168, 251, 339, 462, 479.
Montaron, Georges: 53.
Montefiore, Alan: 353.
Montesquieu, Charles de Secondat, baron de La Brède et de: 457, 469.
Montrelay, Michèle: 158.
Mora, Sylvestre: 267.
Morante, Elsa: 656.
Moravia, Alberto (Alberto Pincherle, *conhecido como*): 108.
Morazé, Charles: 72.
Moreau, Jeanne: 209.
Moreau, Jean-Pierre (*pseudônimo* Guillaume Maury): 450.
Moreau, Yves: 260.
Morin, Edgar: 31, 35-36, 43-44, 74, 250, 266-267, 306-308, 360, 373, 376, 378, 630-632, 638-639, 655-656, 665.
Moscovici, Serge: 377-382.
Mossé, Claude: 196.
Mothé, Daniel (*ver* Gautrat, Jacques).
Moulin, Raymonde: 569.
Mounier, Emmanuel: 307, 310, 372, 543, 545, 656.
Mourier, Maurice: 565.
Mourousi, Yves: 623.
Mucha, Alfons: 245.
Muchnik, Nicole: 209.
Müller, Jiří: 347.
Musil, Robert: 429.

Mussolini, Benito: 321.
Muyard, Pierre: 69.

N
Nabokov, Vladimir: 472.
Nadeau, Maurice: 41, 176, 286.
Nagy, Imre: 271, 608.
Nahoun, Philippe: 102.
Nancy, Jean-Luc: 663.
Nansen, Eigill: 339.
Napoleão Bonaparte: 617.
Nasser, Gamal Abdel: 600.
Nassif, Jacques: 158.
Néfertiti: 206.
Nemo, Philippe: 594.
Neuschwander, Claude: 148.
Neuwirth, Lucien: 116, 208.
Newton, Isaac: 667.
Nezval, Vítězslav: 246.
Nicolaï, André: 160.
Nietszche, Friedrich: 119, 166, 175, 487, 498, 502, 547-548, 588.
Nin, Anaïs: 225.
Nivat, Georges: 270.
Nobécourt, Jacques: 117.
Nogrette, Robert: 122.
Noiret, Philippe: 494.
Noirot, Paul: 239-242.
Nora, Pierre: 14-15, 29, 70, 183, 190-191, 251-253, 295-296, 322, 349, 396-397, 399, 400--403, 455, 524, 547, 550-551, 564, 572-573.
Nordon, Didier: 141.
North, Douglass: 451.
Notin, Bernard: 503.
Noudelmann, François: 530.
Nourissier, François: 243, 252.
Novotný, Antonín: 253.

O
Ockham, Guillaume d': 126.
Ogier, Bulle: 169, 199.
Olivier, Claude: 246.
Oppenheimer, Julius Robert: 110.
Oraison, abbé: 118.
Orengo, Charles: 36.
Orlov, Youri: 348.
Ormesson, Jean d': 271, 395, 468, 526, 623.
Oury, Fernand: 64, 68.
Overney, Pierre: 122.
Ozouf, Jacques: 14.
Ozouf, Mona: 14-15, 621-622, 625.
Oztenberger, Claude: 315.

P
Padoul, Gilbert: 321.
Paillard, Denis: 348.
Palach, Jan: 244, 357.
Palmier, Jean-Michel: 136.
Panaget, Jo: 65.
Pany, Kurt: 244.
Papaïoannou, Kostas: 73-74.
Paquot, Thierry: 132.
Pariente, Francine: 530.

ÍNDICE ONOMÁSTICO

Pascal, Blaise: 667.
Pasqualini, Jean (Bao Ruo-Wang): 322-323, 328.
Passeron, Jean-Claude: 151.
Passet, René: 387.
Pasternak, Boris: 267, 351.
Pasteur, Louis: 70.
PatoČka, Jan: 355-3557.
Patrix, Georges: 80.
Paugam, Jacques: 282.
Paulhan, Jean: 84, 402.
Paulo VI: 116-117.
Pauvert, Jean-Jacques: 377.
Pauwels, Louis: 274, 360, 477, 484, 623.
Peccei, Aurelio: 368.
Pechar, Jiří: 353.
Pêcheux, Michel: 185, 522.
Péguy, Charles: 575, 579, 586.
Peignot, Jérôme: 99.
Péju, Sylvie: 102.
Pelikan, Jiri: 254.
Pelletier, Denis: 450.
Perdriel, Claude: 376.
Perrault, Dominique: 571.
Perrineau, Pascal: 658.
Perrot, Michelle: 227-230, 232.
Pétain, Philippe (marechal): 84, 403, 488, 492.
Petitdemange, Guy: 121.
Peyrefitte, Alain: 103, 319, 475.
Pézerat, Pierrette: 329.
Pfister, Thierry: 484.
Pflimlin, Pierre: 489.

Piaget, Charles: 147-148.
Piatier, Jacqueline: 400.
Picard, Raymond: 513.
Picasso, Pablo Ruiz: 175.
Piccoli, Michel: 355.
Pidoux-Payot, Jean-Luc: 305.
Pierre-Émile, Jeannine: 147.
Pigot, Daniel: 113.
Pinochet, Augusto: 348, 360.
Pinto, Diana: 421.
Pio XII: 130.
Pisier, Évelyne: 459.
Pisier, Marie-France: 209.
Pitchall, docteur: 306.
Pivert, Marceau: 499.
Pividal, Rafaël: 175-176.
Pivot, Bernard: 222, 266, 271, 288, 328, 395, 482.
Pizzey, Erin: 226.
Planchon, Roger: 80.
Platão: 192, 279, 386, 556-557.
Plenel, Edwy: 503, 587-588.
Pleven, René: 112.
Pleynet, Marcelin: 92, 107, 326-327.
Plyushch, Leonid: 273, 345-346, 356, 360.
Poincaré, Jules Henri: 389, 631.
Poirot-Delpech, Bertrand: 323.
Pol Pot (Saloth Sâr, *conhecido como*): 273, 329, 330, 444.
Polac, Michel: 494.
Polin, Claude: 75.

Pomian, Krzysztof: 271, 306, 360, 400, 405, 406, 428, 455, 563, 572, 602, 620, 632.
Pommier, René: 513.
Pompidou, George: 57, 160, 168, 376, 388, 571.
Ponchaud, François: 329-332.
Ponge, Francis: 472.
Poniatowski, Michel: 485.
Pons, Alain: 468.
Potel, Jean-Yves: 349.
Pouillon, Jean: 44, 419.
Poujade, Robert: 372.
Poulantzas, Nicos: 152, 522.
Prévert, Jacques: 245.
Prigogine, Ilya: 379, 630-634.
Privat, Bernard: 283.
Prochasson, Christophe: 459.
Prost, Antoine: 506, 509.
Proust, Marcel: 173, 560.
Puskas, Akos: 310.
Putnam, Hilary: 636.

Q

Qin Shi Huang: 321.
Quinet, Edgar: 469.
Qutb, Sayyid: 600.

R

Rabant, Claude: 158.
Raguenès, Jean: 148.
Rajk, László: 250, 264.
Rakovski, Marc: 310.
Rancière, Danielle: 112.
Rancière, Jacques: 154.
Rangel, Carlos: 440-441.
Rassinier, Paul: 499-501.
Rawicz, Piotr: 268.
Raynaud, Philippe: 508, 620.
Reagan, Ronald: 462, 464, 477.
Rebérioux, Madeleine: 241, 334-335.
Recanati, Michel: 17, 97, 124.
Regnault, François: 154.
Reich, Wilhelm: 175.
Reiser, Jean-Marc: 371.
Rémond, René: 23, 93, 95, 96.
Rémusat, Charles de: 460.
Remy, Jacqueline: 102.
Renan, Ernest: 555.
Renaud, Madeleine: 65.
Renoir, Jean: 77, 657.
Resnais, Alain: 161.
Revel, Jacques: 185, 191, 509.
Revel, Jean-François: 270-271, 274, 321, 360, 444-445, 454, 475, 507, 619.
Revesz, Bruno: 121.
Rey, Jean-Michel: 586.
Rials, Stéphane: 470.
Ribes, Bruno: 56-57, 116-117, 212.
Richard, Jean-Pierre: 152-153.
Richelieu, Armand Jean du Plessis de (cardeal-duque): 442.
Richet, Denis: 14, 624.
Richir, Marc: 302-305, 363.
Richta, R.: 248.

Ricoeur, Paul: 12, 15, 24-25, 40, 48-50, 93-97, 99, 112, 118, 141, 299, 354-357, 364, 537, 544-545, 556-558, 574-575, 581, 589-591, 598.
Rieffel, Rémy: 270, 468.
Riesel, René: 61.
Rigaud, Jacques: 567.
Rigoulot, Pierre: 267, 419.
Rinaldi, Angelo: 288.
Riquet (padre): 117.
Robert, Alain: 124, 490, 491, 491.
Robespierre, Maximilien de: 269, 458.
Robin, Jacques: 387.
Robin, Régine: 90.
Rocard, Michel: 134, 214, 238, 308, 566.
Roche (reitor): 23-24, 26, 28.
Roche, Denis: 107.
Rochefort, Christiane: 202, 209.
Rochefort, Florence: 205.
Rochet, Waldeck: 238, 252.
Rogers, Carl: 40.
Rogers, Rebecca: 232.
Rolin, Olivier: 122, 314-115.
Rolland, Jacques: 592.
Roman, Joël: 414.
Romilly, Jacqueline de: 193, 506.
Rômulo: 321.
Roqueplo, Philippe: 242.
Roques, Henri: 500-501.
Rosanvallon, Pierre: 133-134, 143, 308-309, 424, 431, 453-455, 460-461.

Rose, P.: 176.
Rosenberg, Harold: 562.
Rostand, Jean: 214, 372.
Rothenburg, Marcia: 199.
Rotman, Patrick: 411-412.
Rottenberg, Pierre: 107.
Roudy, Yvette: 198, 223, 226.
Rougemont, Guy de: 80.
Roussillon, René: 178.
Rousso, Henry: 554, 585.
Roustang, François: 516-518.
Roustang, Guy: 308.
Roy, Claude: 80, 267, 322-333.
Rozenberg, Paul: 241.
Rubin, Jerry: 540.
Rupnik, Jacques: 662.
Rushdie, Salman: 565, 660-662.
Ryckmans, Pierre (*pseudônimo* Simon Leys): 299, 316-322, 328, 612.

S

Sadate, Anouar el-: 601.
Sade, marquis de: 163.
Saint Sébastien: 596.
Saint-Esprit, Jacques: 146.
Saint-John Perse (Alexis Leger, *conhecido como*): 245.
Saint-Marc, Philippe: 388.
Sakharov, Andreï: 344-345.
Salazar, António de Oliveira: 79.
Salmon, Jean-Marc: 158.
Salzedo, Michel: 514.
Samuel, Pierre: 370, 377, 381.

Sanguinetti, Alexandre: 222.
Santana, Carlos: 139.
Santo Agostinho: 579.
São Paulo: 589, 604.
Sarraute, Nathalie: 199.
Sartre, Jean-Paul: 27, 40-44, 73-74, 99-102, 108, 110, 114, 141, 207, 217-218, 245, 249, 256, 292, 327, 338-340, 342, 350, 356, 395, 400-401, 403, 406, 433-435, 465.
Saunier-Seïté, Alice: 502.
Sauvageot, Jacques: 72.
Savary, Alain: 426, 505.
Schlegel, Jean-Louis: 121, 436, 493, 603.
Schlesinger, Arthur: 468.
Schlumberger, família: 225.
Schmitt, Pauline: 228.
Schoenberg, Arnold: 560.
Schumann, Maurice: 76, 360.
Schuster, Jean: 26.
Schwartz, Laurent: 334, 346.
Schwarzer, Alice: 225.
Scott, Joan W.: 231.
Seghers, Pierre: 245.
Séguéla, Jacques: 398.
Seignobos, Charles: 587.
Sellier, François: 308.
Semprún, Jorge: 309, 555.
Sénéchal, Jean-Claude: 340.
Sennett, Richard: 540.
Serreau, Coline: 222.
Serres, Michel: 154, 281, 631-633.

Sert, Janine: 198.
Seyrig, Delphine: 209-210, 214, 219.
Shahar, David: 565.
Shakespeare, William: 472.
Shayegan, Daryush: 660.
Sichère, Bernard: 107, 161.
Sidos, Pierre: 489.
Siegel, Liliane: 103.
Signoret, Simone: 114, 251, 339, 494.
Sihanouk, prince: 330.
Sik, O.: 248.
Simiand, François: 465.
Simon, Michel: 78.
Simonnet, Dominique: 377.
Simonnot, Philippe: 102.
Sinclair, Anne: 494.
Siniavski, Andreï: 258, 343, 347.
Sirinelli, Jean-François: 16, 19, 359.
Sitbon, Guy: 442.
Slama, Alain-Gérard: 619.
Slánský, Rudolf: 251-252.
Smolar, Aleksander: 310, 360, 410, 662.
Soboul, Albert: 624.
Soljenítsin, Alexandre Issaïevitch: 11, 255-265, 26-273, 275, 277-278, 282, 297, 313, 322, 326, 331, 333, 335, 341, 348, 356, 364, 367, 405, 476, 565.
Sollers, Philippe (Philippe Joyaux, *conhecido como*): 46-47, 105-108, 163, 286, 326-327, 239, 342, 360.

Sorel, Georges: 403.
Sorman, Guy: 475, 477-478.
Soulages, Pierre: 562.
Souriau, Christiane: 228.
Suslov, Mikhaïl: 343.
Sperber, Dan: 185.
Spinelli, Altiero: 640.
Spinoza, Baruch: 156, 522.
Stálin, Joseph (Iossif Vissarionovitch, *conhecido como*): 38, 104, 163, 255-257, 343, 617.
Stasi, Bernard: 659.
Stengers, Isabelle: 379, 630, 632-633.
Stephenson, Margaret: 198-199.
Stern, August: 350.
Stern, Mikhaïl (doutor): 350.
Stern, Victor: 350.
Stirbois, Jean-Pierre: 491-492.
Stirbois, Marie-France: 670.
Stirn, Olivier: 494.
Storti, Martine: 221.
Straub, Jean-Marie: 107.
Strauss, Leo: 563.
Struve, Nikita: 260, 266.
Styron, William: 568.
Sudreau, Pierre: 502.
Suffert, Georges: 410, 476.
Sutton, Nina: 227.
Swain, Gladys: 401.

T

Tabet, Alexeï: 131.

Taguieff, Pierre-André: 483, 496-497.
Taine, Hippolyte: 70.
Tanner, Alain: 169.
Tapie, Bernard: 480.
Tautin, Gilles: 67.
Tavernier, Bertrand: 77.
Taylor, Frederick Winslow: 181.
Téchiné, André: 199.
Thalmann, Rita: 211.
Thatcher, Margaret: 464, 477, 641.
Thébaud, Françoise: 231-232.
Theis, Laurent: 622.
Thérame, Victoria: 226.
Thévenot, Laurent: 535-536.
Thibaud, Paul: 302, 304, 307-310, 342, 422, 444, 474-475, 509, 543-544, 643-644.
Thion, Serge: 332, 501.
Thom, René: 630-631.
Thomas, Jean-Paul: 458, 471.
Thorez, Maurice: 71.
Thorez-Vermeersch, Jeannette: 249.
Tigrid, Pavel: 250, 360.
Tilliette, père Xavier: 59, 224.
Tillon, Charles: 99, 254.
Tixier-Vignancour, Jean-Louis: 480, 489-490.
Tocqueville, Charles Alexis Henri Clérel de: 452, 456-460, 465, 469, 625.
Togliatti, Palmiro: 33.
Tomin, Julius: 352-353.
Torrubia, Horace: 176.

Tostain, René: 158.
Touraine, Alain: 24, 28, 31, 33, 39, 49, 308, 373, 379, 424, 427, 430-431, 458.
Toynbee, Arnold Joseph: 130.
Tramoni, Jean-Antoine: 112.
Trigano, Shmuel: 601-602.
Trintignant, Nadine: 209.
Triolet, Elsa (*nascida* Ella Kagan): 243, 268, 525.
Trótski, Leon (Liev Davidovitch Bronstein, *conhecido como*): 255.
Truffaut, François: 77-78, 107.
Tschirhart, Évelyne: 328.
Tsepeneag, Dumitru: 360.
Tucídides: 134, 559.
Tvardovski, Alexandre Trifonovitch: 257.
Tverdokjlebov, Andreï: 344.

V

Vaculík, Ludvík: 245, 249.
Vadrot, Claude-Marie: 102, 371.
Valla, Jean-Claude: 127, 485.
Vaneigem, Raoul: 60-61.
Varda, Agnès (*nascida* Arlette Varda): 209.
Varela, Francisco: 133.
Vedel (reitor): 57.
Véga: 308.
Veil, Simone: 219-221, 659.
Venner, Dominique: 481.
Vergès, Jacques: 623.

Vermeer, Johannes: 473.
Vernant, Jean-Pierre: 72, 151, 191--196, 242, 353-354.
Vernant, Lida (*nascida* Lida Nahimovitch): 242.
Verny, Françoise: 282, 286, 294, 295, 479.
Veuillot, Pierre-Marie-Joseph (cardinal): 53.
Veyne, Paul: 398-399, 451-423, 531, 533-534.
Viansson-Ponté, Pierre: 15. 56, 289.
Victor, Pierre (*ver* Benny Lévy).
Vidal-Naquet, Pierre: 31, 74, 99, 112, 196, 228, 293, 294, 306, 502-503.
Vieillard-Baron, Hervé: 474.
Vigarello, Georges: 541.
Vilar, Jean: 79, 80.
Villefosse, Louis de (Louis Héron de Villefosse, *conhecido como*): 269.
Villon, Pierre: 239.
Vincent, Gérard: 70.
Vincent, Jean-Marie: 152.
Vinci, Léonard de: 561.
Virilio, Paul: 418.
Vittot, Roland: 147.
Vivaldi, Antonio Lucio: 399.
Viveret, Patrick: 54, 134, 309, 461.
Vladislav, Jan: 250.
Vlassov (general): 261.
Vo Van Ai: 336.

Voltaire (François-Marie Arouet, *conhecido como*): 234, 341, 395, 465.
Voronianskaïa, Elisabeth: 258.
Voulzy, Laurent: 495.
Vovelle, Michel: 623, 625-626.
Voynet, Dominique: 387, 393.

W

Waechter, Antoine: 373-375, 381, 384.
Wahl, François: 107-108, 203, 399.
Wahl, Jean: 591-592.
Wałęsa, Lech: 425, 608.
Weber, Henri: 17, 88, 97, 154.
Weber, Max: 596, 636.
Webern, Anton: 560.
Weil, Pascale: 653.
Weitzmann, Marc: 649.
Weizmann, Chaïm: 501.
Wellers, Georges: 501.
Whitehead, Alfred North: 633.
Wieviorka, Annette: 601.
Wieviorka, Michel: 487.
Willener, Alfred: 373.
Wilson, Edward Osborne: 482.
Wittig, Gille: 199.
Wittig, Monique: 198-200, 205, 219.
Wolfowitz, Paul: 616.
Wolton, Dominique: 451, 639.
Woolf, Virginia: 225.
Wuhan: 315.

Y

Yannakakis, Ilios: 249, 336, 444.
Ying Hsiang, Cheng: 328.
Yonnet, Paul: 39, 653, 663.
Young-Bruehl, Elisabeth: 579.

Z

Zamoyska, Hélène: 262-263.
Zancarini-Fournel, Michelle: 232.
Zelensky, Anne: 198, 201, 209, 218-219.
Ziegler, Jean: 442.
Zitoun, Robert: 339.
Zitrone, Léon: 623.
Zola, Émile: 341.
Zwierniak, Pierre: 267.

Do mesmo autor

Vincennes. Heurs et malheurs d'une université de tous les possibles. Paris: Payot, 2024.
Les vérités du roman. Une histoire du temps présent. Paris: Éd du Cerf, 2023.
Amitié philosophiques. Paris: Odile Jacob, 2022.
Le Philosophe et le président. Ricœur & Macron. Paris: Stock, 2017.
Castoriadis. Une vie. Paris: La Découverte, 2014.
Les Hommes de l'ombre. Portraits d'éditeurs. Paris: Perrin, 2014.
Paul Ricœur. Penser la mémoire. Organizado com Catherine Goldenstein. Paris: Éd. du Seuil, 2013.
Paul Ricœur. Un philosophe dans son siècle. Paris: Armand Colin, 2012.
Pierre Nora. Homo historicus. Paris: Perrin, 2013.
Historiographies. Concepts et débats. Organizado com Christian Delacroix, Patrick Garcia e Nicolas Offenstadt, 2 vols. Paris: Gallimard, col. "Folio histoire inédit", 2010.
Renaissance de l'événement. Un défi pour l'historien: entre sphinx et phénix. Paris: Presses universitaires de France, 2010.
Historicités. Dirigido com Christian Delacroix e Patrick Garcia. Paris: La Découverte, 2009.
Gilles Deleuze et les images. Organizado com Jean-Michel Frodon. Paris: Éd. des Cahiers du cinéma, 2008.
Gilles Deleuze et Félix Guattari. Biographie croisée. Paris: La Découverte, 2007.
Paul Ricœur et les sciences humaines. Organizado com Christian Delacroix e Patrick Garcia. Paris: La Découverte, 2007.
La Mémoire, pour quoi faire? Com Jean-Claude Guillebaud e Alain Finkielkraut. Paris: Éd. de l'Atelier, 2006.
Paul Ricœur et Michel de Certeau. L'Histoire entre le dire et le faire. Paris: Éditions de L'Herne, 2006.

Le Pari biographique. Ecrire une vie. Paris: La Découverte, 2005; reed. col. "La Découverte poche", 2011.

Histoire et historiens en France depuis 1945. Com Christian Delacroix e Patrick Garcia. Paris: ADPF, 2003.

La Marche des idées. Histoire des intellectuels, histoire intellectuelle. Paris: La Découverte, 2003.

Michel de Certeau. Les Chemins d'histoire. Organizado com Christian Delacroix, Patrick Garcia e Michel Trebitsch. Paris: Complexe, 2002.

Michel de Certeau. Le Marcheur blessé. Paris: La Découverte, 2002; reed. col. "La Découverte poche", 2007.

L'Histoire. Paris: Armand Colin, 2000; reed. atualizada, 2010.

L'Histoire, ou le temps réfléchi. Paris: Hatier, 1999.

Les Courants historiques en france, XIXe-XXe siècle. Com Christian Delacroix e Patrick Garcia. Paris: Armand Colin, 1999; reed., Gallimard, col. "Folio", 2007.

Paul Ricœur. Les Sens d'une vie. Paris: La Découverte, 1997; reed. atualizada, col. "La Découverte poche", 2008.

L'Empire du sens. L'humanisation des sciences humaines. Paris: La Découverte, 1995.

L'Instant éclaté. Entretiens avec Pierre Chaunu. Paris: Aubier, 1994.

Histoire du structuralisme. I. *Le Champ du signe, 1945-1966*. Paris: La Découverte, 1991; reed. Hachette, col. "Le Livre de poche", 1995. II. *Le Chant du cygne, 1967 à nos jours*. Paris: La Découverte, 1992; reed. Hachette, col. "Le Livre de poche", 1995.

L'Histoire en miettes. Des annales à la nouvelle histoire. Paris: La Découverte, 1987; reed. col. "La Découverte poche", 2010.

ESTE LIVRO FOI COMPOSTO EM ADOBE GARAMOND PRO
CORPO 11,6 POR 15,6 E IMPRESSO SOBRE PAPEL AVENA
70 g/m² NAS OFICINAS DA RETTEC ARTES GRÁFICAS E
EDITORA, SÃO PAULO — SP, EM OUTUBRO DE 2023